『더욱 큰 확신으로』는 성경적 설교학의 진수다. 이 책은 하나님을 경외하고, 말씀 앞에 떨 줄 아는 저자의 오랜 시간에 걸친 깊은 연구의 열매다. 하나님을 경외하는 설교는 말씀 아래서, 말씀 뒤에서, 말씀을 드러내는 것이다. 성경의 원리는 단순하다. 하나님의 말씀을 붙잡은 사람을 하나님이 붙잡아 주시고, 하나님의 말씀을 버린 사람을 하나님이 버리신다. 설교자로 부름을 받은 후로 자주 생각하는 말씀이 있다. "왕이 여호와의 말씀을 버렸으므로 여호와께서 왕을 버려 왕이 되지 못하게 하셨나이다"(삼상 15:23). 하나님은 여호와의 말씀을 버린 사울 대신에 여호와의 말씀을 붙잡은 다윗을 왕으로 세우셨다.

지금 어느 때보다 말씀 앞에 떠는 설교자가 필요한 때다. 말씀을 존귀하게 여기며, 말씀의 능력을 확실히 알고, 성령님 안에서 큰 확신으로 말씀을 전하는 설교자가 필요한 때다. 설교란 하나님의 말씀을 대변하는 것이며, 하나님의 영광을 드러내는 것이다. 그러므로 설교자는 두려운 영광 속에 살아간다. 저자는 성경적 설교의 중요성을 역설하면서, 동시에 어떻게 하나님의 말씀을 잘 전할 것인가에 관심을 두고 이 책을 썼다. 설교자는 하나님의 말씀을 전하는 것과 함께 어떻게 잘 전할지를 고심해야 한다.

예수님은 "나를 보내신 아버지께서 내가 말할 것과 이를 것을 친히 명령하여 주셨으니"(요 12:49)라고 말씀하신다. 하나님 아버지께서는 예수님께 무엇을 말하고, 어떻게 말할 것인가(what to say and how to say, NIV 영어 성경 참조)를 알려 주셨다. 설교자는 무엇을 말할 것과 함께 어떻게 말씀을 효과적으로 전할지를 함께 고심해야 한다. 설교 내용과 함께 소통 방법을 함께 고심해야 한다.

나는 이 책을 성경적 설교의 진수를 배우고 싶은 분들에게 추천하고 싶다. 성도들을 거듭 하나님의 말씀으로 인도하고, 하나님께로 인도하고 싶은 설교자들에게 추천하고 싶다. 성경적 설교에 대한 이론과 실제를 배우고 싶은 설교자들에게 추천하고 싶다. 성경적 설교에 관심을 가지고 성경적 설교학을 공부하고 싶은 평신도들에게 추천하고 싶다. 복음을 알고 복음을 전할 뿐 아니라 복음적 삶을 살기 원하는 분들에게 추천하고 싶다. 성령님 안에서 말씀의 부흥을 사모하는 모든 분에게 강력히 추천하고 싶다.

강준민 L.A.새생명비전교회 담임목사

윤용현 박사(목사)의 『더욱 큰 확신으로』라는 설교학 책이 출판되었다. 이것은 설교 구조 면에서 깊이 있는 연구와 성찰로 쓴 설교학 책이다. 윤용현 박사는 성경에 근거한 개혁주의적 설교 방법을 '귀납적 연역법'에서 찾아내어 설명했다. 윤용현 박사는 총신대학교 목회신학전문대학원 학생 시절부터 사고와 연구와 발표가 남달리 깊어서, 나는 '학자 겸 목회자'라는 강한 인상을 받았다. 언젠가는 책을 내서 크게 공헌할 줄 알았는데 이번에 책을 내어 바쁜 목회 생활에서도 성실한 연구를 계속한 것이 드러났다.

윤 박사는 전통적인 설교학과 신설교학의 구조적 측면을 성경적인 설교 개념에서 출발해서 논한 다음 신설교학은 계몽주의, 합리주의, 자유주의 신학과 실존주의 신학 및 철학과 신해석학을 영향을 받은 것으로 분석했다. 윤 박사는 이어서 성경적 설교의 구조적 모델을 신구약 성경에서 분석해서 연역과 귀납의 '혼합적 구조'로 제시했다.

윤 박사는 혼합적 구조의 새로운 모델로 '귀납적 연역법'을 제안하면서 설교 전반부에서 귀납적으로, 후반부에서 연역법으로 전개하면서 확장해 나갈 것을 제안했다. 윤 박사는 설교 구성에 있어서 명료한 구성, 충실한 해석, 중심 사상 부각, 청중 유념, 적실한 적용 등을 고려사항으로 제시하면서 성령의 조명과 역사에 의존해야 한다고 했다. 윤 박사는 귀납적 연역 구조의 설교 예시까지 제시함으로 독자가 선명하게 이해할 수 있게 했다.

윤 박사는 구조 측면에서 설교를 분석한 점이 특출하다. 귀납적 구조를 통해 신설교학의 장점을 살리면서도 연역적 구조를 통해 신설교학의 '결론적 호소 없음'의 함정을 극복했다는 점도 주목할 만하다. 현대적이면서도 전통적이고, 무엇보다 성경적 개혁주의에 정초하고 있다는 장점을 보여 주기도 했다. 무엇보다 주목할 것은 구조적 측면을 제시할 때 형식적 인지적 연구에 치우칠 수 있는데 그런 쪽으로 가지 않았다는 점이다. 성령의 조명과 역사에 의존해야 할 것을 강조함으로써 '성령의 능력으로 성경을 전해서 그리스도 닮은 사람으로 변화시키는' '성령 설교'의 핵심까지 꿰뚫고 들어갔다는 점을 눈여겨볼 만하다.

현대 설교학의 숲을 보여 주면서도 '성경을 전해 성령으로 변화시키는' 하나님의 말씀의 정곡을 찌른 귀한 책이 널리 읽히고 적용되기를 기대하면서 기쁜 마음으로 추천한다.

권성수 대구동신교회 원로목사, 미국 웨스트민스터신학교 특훈교수, 백석대학교 석좌교수

저자는 본서를 통해 무엇보다 '성경적인 설교'를 고민한다. 이는 개혁주의 설교학이 나아가야 할 바른 방향이 분명하다. 복음이 선포되고 지금까지 교회는 설교를 멈춘 적이 없다. 그리고 그 선포를 통해 이 땅에 하나님 나라가 확장되어 왔다. 동시에 시대마다 복음을 어떻게 전할 것인지에 관한 고민과 학문적 노력이 계속되어 왔다. 이는 복음의 내용을 온전한 방식으로 선포하고 전달해서 더욱 능력 있게 말씀 사역을 감당하기 위한 당연한 노력의 결과였다. 그러나 때로는 설교가 복음을 듣고 변해야 하는 성도들을 고려하지 않은 채 성경의 내용을 단순히 진술하는 것만으로 진행되어 복음을 화석화시키기도 했고, 때로는 설교를 듣는 이들의 귀에만 초점을 맞춰서 복음의 본질보다는 그 외의 요소들을 부각하며 흥미롭고 감미로운 소리로만 전달되게 했다. 저자는 이러한 상황 중에 본서를 통해 복음이 복음 되게 하며, 동시에 그 복음이 성도들에게 어떻게 효과적으로 전달되어야 그 능력을 온전히 나타낼 것인지에 관해 학문적으로 깊이 고민하고 연구한다. 그러면서 변화하는 설교학의 새로운 흐름 속에서 그 무엇으로도 대체할 수 없는 하나님의 말씀인 성경의 의미를 온전하게 드러내려는 개혁주의 설교학의 근본을 지켜내고 있다. 그 결과물을 신학적으로 높이 평가한다.

적지 않은 분량으로 이뤄진 본서의 1-4장은 현재까지의 설교에 관한 학문적 논의에 대한 저자의 평가와 반성 및 성경적인 설교를 위한 저자의 연구 결과를 제시한다. 그 결과를 저자는 '성경적인 설교 구조'로 언급하는데, 설교에 있어서 철학, 신학, 해석학의 중요성을 강조하면서 개혁주의 설교를 위한 방식으로 '혼합법'의 구조를 제시한다. 특히 혼합법 중에서도 저자가 강조하는 '귀납적 연역법'이란 성경 본문에서 찾은 중심 주제와 의미를 귀납적으로 전개하여 이를 신학적으로 규정한 후에 이를 연역적 주제로 삼아 설명하고 적용하면서 성도들에게 전하는 설교의 구성 방식을 말한다. 저자는 이를 통해 본문 설명에만 관심을 가진 고전적 설교 방식과 본문보다는 청중에게 초점을 둔 신설교학의 한계와 신학과 철학의 문제를 극복하려고 시도한다. 이는 그가 총신대 신학과 재학 시절부터 설교학 박사과정에 이르기까지 복음과 복음 전파에 관한 문제를 두고 일생 동안 씨름한 학문적 결과물이다. 한편, 5장 이하에서 저자는 자신이 강조한 성경적 설교 구성의 혼합법에 따른 설교를 제시한다. 그 적용의 핵심을 요약하면 "본문에 따라서 비평적인 해석 방법을 통해 본문에 대한 정당성을 확보한 해석의 내용과 과정을 귀납적 전개 안에 담아내라. 그리고 이후에 적실한 적용과 결론을 실행하여 성경적 설교를 실천하라"다. 이러한 모토(motto) 하에, 저자는 자신의 모교(총신대학교)에서 설교학으로 박사학위를 취득한 이래 현재 우이중앙교회를 담임하면서 말씀에 중심을 둔 목회를 감당하며 설교 사역에 적용한 실천적 노력의 결과물을 학문적인 방식으로 제시한다.

저자는 본서에서 앞서 언급한 이론적-적용적 노력을 통해 "더욱 큰 확신으로" 복음을 전달할 수 있는 규범적 설교 방식을 본서에서 제안한다. 이는 분명 개혁주의 설교학의 진일보한 학문적 성과라고 평가할 만하다. 아무쪼록 복음을 사랑할 뿐만 아니라 그것을 온전히 전하는 일에 헌신된 이들이 본서를 통해 큰 유익을 얻기를 바라며 기쁘게 추천한다.

김주한 총신대학교 조교수 / 신약신학

참으로 사랑하고 아끼는 제자요 동역자 된 윤용현 목사의 책을 추천하게 되어 기쁨과 감격의 마음을 억누를 수 없다. 무엇보다 위기라는 말이 현실이 되어 가는 한국교회의 강단에 새로운 바람을 불러일으킬 탁월한 책을 만났기 때문이다. 설교학에서 오랜 세월 고민해 왔던 숙제를 말끔하게 해결한 듯한 저자의 책에 감탄과 고마움을 느끼게 된다. 감탄의 이유는 설교학에서 다루어야 할 거의 모든 논의를 담고 있는 책의 방대함과 씨줄과 날줄처럼 치밀하게 엮어낸 학문적 탐구, 그리고 성경적 설교에 대한 신학적 기초와 실제적 제안을 선명하게 보여 주고 있기 때문이다. 고마움을 갖는 이유는 이 책이 단순히 설교학 이론을 제안하는 학문서적을 넘어서 성경을 진리의 말씀으로 확신하고 매주 강단에 서는 많은 설교자에게 어떤 설교학적 기반을 가져야 할 것인지 확신 있게 보여 주는 명저이기 때문이다.

저자는 설교에서 핵심을 이루는 설교 구조에 대하여 치밀하게 다루고 있다. 1970년대부터 시작된 신설교학은 기존의 삼대지 설교형식처럼 진리를 일방적으로 선포하는 연역적 설교를 비판하며 말씀을 직접적으로 전달하는 방식을 지양하고 간접적으로 전달하는 귀납적 설교를 주창했다. 본서의 탁월함은 이러한 신설교학의 위험성을 잘 지적하면서 설교 전달 형식 면에서 필요한 장점을 살려내고 있다는 점에 있다. 신설교학의 위험성이란 그 뿌리가 성경 진리에 근거해 있지 않은 성경관에 있으며, 그 강점이란 전통적 설교에서 미흡하다고 여겨지거나 특별한 관심의 대상이 되지 못했던 설교 전달의 영역에 새로운 접근을 시도했다는 점이다. 저자는 전통적 설교의 강점과 신설교학의 강점을 잘 살려내어 새로운 구조인 '귀납적 연역법'이라는 형식을 제안한다.

정기적으로 하나님의 말씀으로 강단에 서는 설교자라면 이러한 논의가 얼마나 중요하며 성경에 근거한 방법을 찾는 것이 설교 사역에 얼마나 절실한 요청인지 피부로 느끼고 깨닫기 마련이다. 성경을 하나님의 말씀으로 확신하고 성도들에게 생명의 양식을 먹이고자 소망하는 설교자라면 철저하게 본문을 드러내면서 청중의 귀와 가슴을 적시는 설교를 열망하기 때문이다. 본서를 읽는 설교자라면 누구나 개혁신학에 근거한 설교학을 정립하고 강단을 역동적으로 살려낼 설교 기법에 절대적인 도움을 받게 될 것이다.

한국교회는 지금 다양한 역경 앞에서 밝은 미래를 꿈꾸기 어려운 시기라고 말한다. 기독교 역사는 위기로 인하여 교회가 무너지기보다 위기를 기회로 삼고 오히려 비상하는 은혜를 경험해 왔다. 초대교회는 죽음의 위기 앞에 사도행전의 역사를 이루었고 중세교회의 어둠을 뚫고 고난의 바람을 맞으면서 종교개혁을 이루어 냈다. 한국교회도 일제 강점기와 한국전쟁을 겪으면서 많은 위기의 광야를 건너왔다. 그러나 이 모든 위기를 뚫고 교회가 비상의 날개를 펼친 것은 강단에서 예수 그리스도의 복음이 확신 있게 선포되었기 때문이다. 강단이 살아날 때 다시 교회가 살아났다. 강단에 생명수가 흐를 때 영혼이 깨어나며, 하나님을 경외하는 민족이 탄생할 때 그 민족은 소망이 있다. 저자의 책은 분명히 이 시대 강단에 새로운 바람을 불러일으킬 불씨가 될 것이다. 설교자들은 이 책을 통해 그 불씨를 발견할 것이며 그 불씨는 각 교회에서 타오르는 불길이 되어 강단을 새롭게 할 것이다.

류응렬 와싱톤중앙장로교회 담임목사, 고든콘웰 신학대학원 객원교수, 전 총신대학교 신학대학원 설교학 교수

윤용현 목사의 글은 명쾌하고 역동적이다. 독자들로 하여금 시원함을 안겨 준다. 신학적 지성과 목회적 영성이 어우러진 논리이기에 더 마음이 간다. 책상 위에서만 논의되는 이론이 아니다. 매주 말씀 사역 가운데 드러나는 청중들의 열매를 보면서 터득된 이론이기에 생명력이 더 있는 것이 확실하다.

현대 설교학에서 성경적 설교에 대한 관심은 매우 높지만 성경적 설교를 구현하려는 구조에 대한 연구는 미흡하다. 윤용현 목사님의 책은 성경적 설교의 성경적인 구조를 규명하려는 값진 연구의 열매임이 분명하다. 귀납적 연역법의 혼합식 구조의 활용은 본문의 내용과 의미를 더욱 효과적으로 전달할 수 있는 탁월한 성경적 방법론이다. 신설교학의 구조 이론을 넘어 개혁주의 설교학에서 반드시 숙지하고 활용하길 바라는 성경적 방법론이다. 이러한 성경적 구조의 다양화를 통

해 한국교회 강단이 더욱 풍성해지고 기름져지기를 기대한다. 성령의 새로운 바람이 불어오기를 소망한다.

저자는 이 책을 쓴 이유와 목적을 이렇게 말한다. "크래독을 비롯한 신설교학자들은 자신들의 신학과 철학을 구조에 담아냈다고 말하는데, 우리 개혁주의 성경적 설교에 대해서 가르치지만 정작 개혁주의 설교 신학을 담아내는 구조 이론이 없었기 때문이다." 그러면서 저자는 성경의 권위를 부정하고 신해석학과 철학을 구현하는 신설교학의 구조 이론을 개혁주의에서도 단순히 소개하는 데 그치는 것이 심히 우려스러운 문제라고 말했다.

이에 윤용현 목사는 개혁주의 설교학의 자리에서 성경적인 설교의 구조 이론에 대한 성실하고 깊은 연구를 통해 우리에게 새로운 도전을 주고 있다. 무엇보다 이 책은 성경에 나오는 설교를 분석하고, 청교도들과 마틴 로이드 존스와 여러 탁월한 설교자들이 사용했던 구조를 소개하면서 본서의 구조 이론의 정당성을 확증하고 있다. 그것이 바로 '혼합적 구조'인데, 이를 3장에서 자세히 설명하고 있다.

그리고 4장에서는 더욱 성경적인 설교를 실현할 수 있는 구조로 '귀납적 연역법'이라는 구조를 제시하고 있다. 이는 자연과학에서 출발한 크래독의 귀납법이 아니라, 논리적인 귀납법으로 혼합적 설교를 출발하고 이를 연역적으로 설명하고 적용하는 형식이라는 점에서 독특하고 학문적 가치가 있다.

본서는 개혁주의 설교 신학을 담아내는 구조 이론의 필요성과 유익과 방법론을 제시하기 위해 전통 설교학, 신설교학, 구조 이론, 수사법, 연역법과 귀납법, 시대적인 정황 등을 전방위적으로 고찰하면서 기록한 책이다. 그 이론들을 살펴보고 이해하는 것만으로도 개인의 설교학의 발전에 지대한 영향을 줄 것이 틀림없다. 많은 분이 이 책의 톡톡 튀는 생생한 내용들을 접하며 내면의 불꽃이 튀는 것을 경험하게 될 것이다. 그리고 강단의 풍성함을 누리게 될 것을 의심하지 않는다. 설교에 관심이 있는 모든 분에게 강력히 추천해 드리고 싶다.

백동조 목포 사랑의 교회 담임목사

목회자라면 누구나 설교에 대한 고민을 안고 산다. 설교는 목회자가 누리는 특권이요 영광이면서 동시에 큰 부담이다. 그런 면에서 목회자는 설교에 관한 한 끊임없는 연구를 계속하지 않을 수 없다.

시중에 설교학적인 다양한 접근을 하는 책들이 상당히 많다. 시대적인 흐름에 따라 다양한 진영에서의 설교학에 대한 변화들이 일어나면서 혼란스러운 부분도 없지 않아 있었다. 저자는 이 책을 통하여 성경적인 설교라는 기본적인 틀을 놓치지 않으면서 설교의 전달에 있어 중요한 구조의 문제를 다루고 있다. 그것이 바로 귀납적인 연역법이라는 혼합적 구조에 관한 접근이다.

본문을 중요하게 다루면서도 청중을 무시하지 않는 설교를 어떻게 할 것인가? 설교에 있어 본질적인 것을 놓치지 않으면서도 방법론적인 것에 대한 고민을 계속해 온 설교자라면 누구나 한 번쯤은 접하고 싶은 주제를 심도 있게 다루고 있어 설교의 지평을 넓히고 싶은 목회자들에게 기쁨으로 추천하고 싶다.

이규현 수영로 교회 담임목사

더욱 큰 확신으로
혼합적 설교 구조의 이론과 실제

윤용현 지음

이는 우리 복음이 너희에게 말로만 이른 것이 아니라
또한 능력과 성령과 큰 확신으로 된 것임이라
(살전 1:5)

차례

추천의 글
서론　　　15

1장. 성경적인 설교와 구조　　　25

1. 성경적인 설교의 개념　　　28
  1) 성경적인 설교의 구성 요소　　　29
  2) 구성 요소로 본 성경적인 설교의 개념과 정의　　　50
  3) 성경적인 설교에서 논외로 다뤄온 영역　　　51

2. 성경적인 설교의 새로운 영역: 구조　　　64
  1) 성경적인 설교에서 구조를 논하지 않는 이유　　　65
  2) 성경적인 설교에서 구조를 중시해야 하는 이유　　　82
  3) 구조의 개념과 이해　　　118

3. 구조와 관련된 설교의 역사와 평가　　　128
  1) 전통적인 설교학의 흐름과 내용　　　130
  2) 전통적인 설교학의 구조적 문제　　　136
  3) 신설교학의 등장과 구조의 다양화　　　147
  4) 신설교학의 공헌과 문제점 분석　　　148

4. 나가면서: "전통적인? 새로운? 이제는 성경적으로!"　　　170

2장. 성경적인 설교의 구조　　　175

1. 설교 구조 형성에 영향을 주는 요인　　　177
  1) 철학　　　179
  2) 신학　　　185
  3) 해석학　　　202

2. 신설교학 구조 이론에 영향을 준 요인 … 204
   1) 계몽주의와 합리주의 철학과 자유주의 신학 … 205
   2) 실존주의 철학과 신학 … 209
   3) 신해석학 … 219

3. 신설교학에 대한 반응과 방향 … 222
   1) 신설교학에 대한 반응 … 223
   2) 설교학이 나아가야 할 방향 … 226

4. 성경적인 설교의 구조를 위한 조건 … 227
   1) 성경적인 설교의 구조를 위한 세 가지 요인 … 228
   2) 성경적 설교의 요인들을 반영하는 구조 … 238

5. 성경에 나오는 성경적인 설교의 모델 … 244
   1) 구조의 모델이 될 수 없는 설교 … 245
   2) 구조의 모델로 삼아야 할 설교 … 255
   3) 구약의 설교 분석 … 257
   4) 신약의 설교 분석 … 271
   5) 설교 구조들의 분석 결과 … 286

6. 성경적인 설교의 구조: '혼합적 구조'(integrative structure) … 289

3장. 혼합적 구조와 설교 … 293

1. 기본적인 혼합적 구조의 개념 … 294
   1) 기본적인 논리 구조 이해 … 296
   2) 혼합적 구조의 이해 … 301

2. 혼합적 구조의 기능과 효과 … 309
   1) 상실된 진리의 회복 … 309
   2) 무너진 성경의 권위 회복 … 314
   3) 설교의 영광 회복 … 318

4) 다양한 인식 체계를 가진 청중의 필요 충족	322
5) 연역적 구조의 문제 개선	324
6) 귀납적 구조의 문제 개선	338
7) 기본적 구조들의 강점 강화	359
8) 성경적인 설교 신학과 철학의 구조적 실천	371

3. 혼합적 구조의 시대적 적응성   372

1) 인식 체계의 변화	374
2) 권위의 문제	379
3) 불확실성의 시대	386
4) 과학적 사고와 합리적 추론에 익숙	390
5) 체험과 경험 중시	394
6) 언어의 위기	397
7) 열린 체계와 융통성 선호	402

4. 나가면서: "마지막 고지를 향해"   403

4장. 혼합적 구조의 새로운 모델: '귀납적 연역법'   407

1. 새로운 혼합적 설교의 구조   412

1) 기능상 귀납적으로 움직이는 전반부	413
2) 밝혀진 의미를 중심으로 연역적으로 전개되는 후반부	432
3) 새로운 혼합적 방식: '귀납적 연역법'	446
4) 귀납적 연역법 구조의 확장	452

2. 구성을 위해 고려해야 할 사항들   459

1) 명료한 구성	460
2) 구조를 고려한 충실한 해석	473
3) 중심 사상을 따라 구성	482
4) 청중을 염두에 둔 구성	485
5) 적실한 적용이 있는 구성	487
6) 성령의 조명과 역사 의존	489

3. 귀납적 연역법 구조의 유익과 효과   491
  1) 성경적인 구조   491
  2) 기본적 혼합적 구조의 보완과 발전   494
  3) 성경 본문에 더욱 충실   516
  4) 청중을 중시하는 구조   538
  5) 설교자가 얻는 유익   568
  6) 현시대의 설교학적 필요성 충족   582

4. 나가면서: "더욱 큰 확신으로, 더욱 큰 능력을"   615

5장. 귀납적 연역법 구조의 설교 예시   621

1. 비평적 해석의 내용과 과정의 설교 반영의 예   622
  1) 언어적, 문맥적 해석과 그 과정이 반영된 설교의 예   624
  2) 문예적, 역사적, 신학적 해석과 그 과정이 반영된 설교의 예   630
  3) 나가면서   634

2. 귀납적 연역법 설교문 예시   635

결론   657

참고도서   664

서론

 본서를 출간하려는 시간이 다가올수록 근심이 커져만 갔습니다. 이 고귀하고 막중한 설교 사역에 대해 제게 무슨 말을 더할 수 있는 자격이 있을지에 대한 깊은 고민 때문입니다. 역사 속에서 탁월한 설교자들과 설교학자들도 두려워하며 겸손하게 마다했던 설교 이론서를 제가 감히 출간하다니요. 지금도 목회 현장에서 말씀 사역과 목양 사역에 혼신의 힘을 다하고 있는 존경스러운 목회자분들과 더 잘 준비되어 쓰임 받고자 학문에 정진하고 있는 신학도들에게 과연 조금이라도 도움이 될 수 있을지, 그리고 학문적으로 공헌할 수 있을지에 대한 염려로 며칠 밤잠을 설쳤습니다.

 그런데도 끝끝내 용기를 냈던 이유는 살아계신 하나님의 생명의 말씀인 성경이 '비밀스럽게' 외면받고 있는 작금의 강단의 현실, 그리고 깊이 고민해야 할 설교학 이론에 대한 무비판적 수용으로 인한 문제를 함께 나눠야 했기 때문입니다. 그리고 성경적인 설교학을 통해 설교의 근본 목적인 하나님의 말씀을 통한 생명 사역이 활발하게 일어나기를 원하는 갈망 때문입니다. 그런 고민 중에 류응렬 교수님의 반복된 격려와 권성수 교수님께서 보내 주신 한 통의 이메일은 부족한 글이지만 출판에 대한 결심을 굳혀 주었습니다.

"원고를 읽고 놀랐습니다. … 신설교학이 설교의 혁명을 일으키면서 구설교학과 신설교학의 단점을 극복하고 장점을 이용하는 방식으로 취사선택하는 글이 대부분이었는데, 목사님은 설교구조 면에서 근본적인 성찰을 해서 큰 공헌을 할 것이 분명합니다. 특히 설교구조 배후에 있는 시대정신, 철학, 신학, 해석학 등을 두고 반응을 보이면서 성경적 설교구조를 찾아가는 것이 놀라웠습니다. … 저의 가장 큰 관심은 목사님의 탁월한 책이 그저 설교학 책 중의 하나가 되지 않고 요즈음 가장 큰 관심사, '뭘 해도 안 된다. 설교로도 안 된다'라고 하는 고민, 즉 어떻게 하면 살릴까, 이런 생명 고민을 설교구조 쪽에서 해결해 주는 책이 되기를 바라는 마음이 간절합니다."

이에 출간을 결심하게 되었고, 먼저 책의 전체적인 내용에 대한 이해를 돕고 책을 출간하려는 구체적인 이유와 본서의 전체 방향성을 간단하게 설명하고자 합니다.

20세기에 들어서면서 교회는 '성경적인 설교'라는 명칭을 사용하기 시작했고 그 이론을 체계적으로 정립하기 시작했다. 그리고 20세기 중반부터 지금까지 많은 학자가 '성경적인 설교'라는 이름으로 다양한 설교학 서적들을 출간했다. 우리가 쉽게 접하고 있는 '성경적인 설교'는 그리 역사가 오래된 설교학 이론이 아니다. 겨우 지난 1세기 안팎에 일어난 새로운 움직임이었다. 이 운동이 등장하게 된 이유는 시대적인 변화 때문이기도 했지만, 사실 돌아보면 다른 신학 진영에서 일어난 '신설교학 운동'의 영향으로부터 교회의 설교 신학을 지키고 하나님께서 원하시는 설교 사역을 바로 정립하고자 하는 의중에서 일어난 반작용이었다. 이후 '성경적인 설교'는 개혁주의와 보수주의, 그리고 건전한 복음주의 진영에서 고수하고자 하는 설교를 대변하는 명칭이 되었다. 따라서 성경적인 설교를 이해하기 위해서는 이 시대의 변화와 신설교학의 이론을 먼저 정확히 알아야 한다.

신설교학을 한마디로 설명하면 구조의 변화를 일으킨 운동이었다. 과거 전통적인 설교학의 연역적 구조의 여러 문제를 딛고 일어나 구조의 변화를 통해 설교학의 새로운 중흥기를 열고자 했다. 그리고 크래독(Fred B. Craddock)의 귀납적 설교를 필두로 지난 50여 년간 구조의 다변화를 이뤄냈다. 과거 오랫동안 설교학은 설교의 '내용'에만 관심을 두었는데, 이제 신설교학의 업적으로 '구조'에도 눈을 뜨게 된 것이다. 구조가 바뀌어야 설교의 전달력이 살아나고, 일단 설교가 전달되어야 그다음도 생각할 수 있다는 사실을 주지시켰다. 그래서 많은 학자는 신설교학이 설교학에 혁명적인 패러다임의 전환을 이뤄냈다고 평가한다.

하지만 신설교학이 주도한 대변혁기는 혼란스러웠다. 그리고 그 혼란기에 성경을 중시하는 개혁주의, 보수주의 신학자들과 건전한 복음주의 진영에서는 하나님께서 진정으로 원하시는 설교가 무엇인지에 대해 더욱 진지하게 고민하게 되었다. 이미 오래전부터 시작된 자유주의 신학의 심각한 도전 앞에서 성경의 권위와 설교 사역의 영광이 사라져 가고 있었고, 교회는 '성경적'이라는 용어와 개념으로 모든 신학과 철학과 세계관과 그 실천을 재정립해야만 하는 상황이었다. 그리고 언제부터인가 '성경적인 설교'라는 이름으로 설교학 서적들을 출간하기 시작했다. 비록 성경적인 설교학은 신설교학처럼 주목할 만한 이슈가 많지 않고 특별한 공로도 인정받지 못했지만, 하나님께서 의도하신 진정한 설교가 무엇인지에 대해 끊임없이 고민하며 개혁주의의 길을 묵묵히 걸어왔다.

그런데 한 가지 중요한 문제가 대두되었다. '신설교학'과 '성경적인 설교 이론들' 사이에는 넘을 수 없는 여러 간극이 있는데, 이를 연결하는 접촉점이 생긴 것이다. 신학이 다르고 철학이 다르고 해석학이 다른 두 진영에서 같은 실천을 외치기 시작했다. 좀 더 정확히 말하면 성경적인 설교의 진영에서 신설교학의 구조 이론들을 고스란히 받아들인 것이다. 성경적인 설교를 고민하는 학자들이 신설교학의 다양한 구조들을 사용해야 한다고 말하기 시작했다.

신설교학에서 제시한 구조 이론들은 무중력 상태에서 만들어진 것이 아니다. 하나의 구조를 제시하기까지 그 안에는 그들의 철학, 신학, 해석학 등의 여러 요인이 복합적으로 반영되었다. 원래부터 구조는 신학적 실천이다. 신설교학은 설교의 위기를 해결하고자 방법을 모색했고, 그 방법을 자신의 철학적 신학에서 찾아낸 것이다. 그리고 이를 구조에 담아 실천했다. 그래서 그들이 제시한 방법론에는 곧 그들의 신학과 철학과 사상이 고스란히 내포되어 있다. 그런데 그 신학이 자유주의와 실존주의 신학이다. 그리고 이는 인간의 이성의 산물인 계몽주의, 합리주의, 실존주의 철학을 반영한다. 또한 신설교학은 이 철학들에 영향을 받은 신해석학의 이론까지 수용했다. 우리는 이 신학과 철학과 해석학을 똑바로 이해해야 한다. 그렇지 않고 신설교학의 구조를 그대로 사용한다면 그들의 신학을 구현하는 결과를 초래하기 때문이다. 실천신학은 성경신학과 조직신학의 통합적 결과물이라는 사실을 기억해야 한다.

'성경적인 설교'는 분명한 성경적인 철학과 신학을 통해 설교 철학을 정립했다. 성경적인 설교의 이론서들은 바로 이 내용들을 기술하는 데 주력한다. 하지만 구조 이론에서만큼은 자신의 신학과 달리 자유주의 신학과 실존주의 신학이 만들어 놓은 실천신학을 받아들였다. 철학적 신학은 성경적인데, 그 실천은 비성경적이다. 바로 여기에 문제가 있다. 만약 성경적인 설교학의 입장에서 신설교학의 구조를 있는 그대로 분별없이 사용하면, 성경적인 설교학을 가지고 비성경적인 실천을 하게 되는 것이다. 이론이 성경적이라면 그 실천도 성경적이어야 한다. 설교 철학이 성경적이라면 설교의 구조 역시 성경적이어야 한다.

본서는 바로 이런 내용을 구체적으로 다루고 있다. 성경적인 설교의 구조는 과연 무엇인지를 규명하는 것이 본서의 일차적인 목표다. 실천은 철학적 신학을 따라 바르게 이뤄져야 한다는 사실을 논리적으로 규명하고자 했다. 그래서 다시 성경적인 설교 철학을 정립해서 제시했고, 성경에 나오는 여러 설교의 구조를 분석해서 성경적인 설교의 '구조'를 제시했다. 미리 밝히면, 그 구조가 바로 '혼합적 구조'다. 그중에서도 '귀납적 연역법'의 구조가 가장 효과적이다.

혼합적 구조의 여러 특징은 많은 설교학적 유익을 보여 준다. 이는 연역적 구조의 논리적 문제, 심리적 문제, 구조적 문제, 시대착오적 문제 등을 해결한다. 또한 귀납적인 구조가 가지고 있는 신학적 문제, 철학적 문제, 해석학적 문제, 논리적 문제 등을 동시에 해결한다. 그뿐만 아니라 연역적 구조와 귀납적 구조가 가지고 있는 각각의 강점을 보전하거나 극대화하기도 한다. 또한 설교에 꼭 필요한 혼합적 구조만의 탁월하고 독특한 특징들도 가지고 있다. 무엇보다 시대와 청중의 변화에도 불구하고 뛰어난 적응성과 여러 효과를 나타낸다. 이를 통해 가장 성경적인 것이 이 시대에도 가장 효과적이라는 사실을 깨닫게 한다. 따라서 다른 내용들을 차치하고서라도 혼합적 구조의 특징을 살펴보는 것만으로도 분명 유익이 있을 것이다. 그 내용은 3장에 담겨 있다.

또한 필자는 혼합적인 구조 중에서도 '귀납적 연역법'이라는 독특한 구조를 제시했다. 이는 일반적으로 설교학에서 말하는 귀납법과 달리 '기능상' 귀납적인 움직임을 갖는 전개를 특징으로 한다. 일반 귀납법은 자연과학의 탐구 방법을 설교학에 응용한 방식이지만, '기능상 귀납적' 방식은 논리학의 귀납법을 적용한 방식이라는 데에 차이가 있다. 그리고 이 방법은 성경에 나오는 혼합적 설교들의 보편적인 전개 방식이었다. 본서의 가장 핵심적인 부분은 '귀납적 연역법'을 소개하는 데 있고, 그 이론은 본서의 4장에 기록되어 있다.

이제 성경적인 설교는 단지 철학과 신학만 성경적이라는 사실에 만족하지 말고 그 실천까지 성경적으로 실행해야 한다. 연역적 구조와 귀납적 구조에도 논리적으로 각각 많은 강점이 있지만, 좀 더 성경적인 구조인 귀납적 연역법의 혼합식 구조를 통해 설교학의 새로운 길을 제시하려 한다. 그러나 본서는 성경적인 설교의 하나의 실천인 구조를 위한 연구의 첫걸음에 지나지 않을 것이다. 앞으로도 성경적인 설교의 철학과 신학을 온전히 구현할 수 있는 설교 구조를 위한 심도 있는 연구가 계속되길 기대한다.

하나님의 말씀에는 생명력이 있습니다. 그 말씀은 살아 있어 큰 능력으로 역사합니다. 말씀이 바르게 선포되는 곳에는 영혼이 살아나는 생명 사역이 활발하게 일어납니다. 죽어 있던 영혼이 살아나고 성장하고 변화되고 치유됩니다. 삶에 회복이 일어납니다. 성령께서 그리스도의 복음과 말씀의 능력으로 생명 사역을 이루십니다. 위기의 강단을 다시 힘 있게 살려내십니다. 단순히 인간의 지혜나 지식을 전하는 강연에는 생명을 살리는 능력이 없습니다. 기록된 말씀을 바르게 준비해서 전할 때 하나님께서 역사하십니다. 목회자에게는 이 놀라운 하나님의 말씀을 전해야 하는 막중한 책임이 있습니다. 그 말씀을 개인의 은사와 창의력을 사용해 철저히 준비해서 효과적으로 전달해야 합니다. 부족하지만, 필자는 본서가 학문적 영역에 머무는 사변적인 논리의 전개가 아니라 생명 사역에 쓰임 받는 하나의 도구가 되기를 기도하면서 조심스럽게 교회 앞에 내놓습니다.

　　본서가 나오기까지 결정적인 가르침을 주셨던 권성수 교수님과 류응렬 교수님과 정우홍 교수님께 진심으로 감사드립니다. 부족한 제자에게 조금이라도 나눌 것이 있다면 모두 교수님들께 배웠기 때문입니다. 부족한 후배 목회자를 위해 기도해 주시고 목회자로서의 길을 섬세히 인도해 주시고 작은 학문적 결과물에도 크게 칭찬하시며 축복해 주신 강준민 목사님, 백동조 목사님, 이규왕 목사님, 이규현 목사님께도 진심으로 감사드립니다. 후학을 키우면서 개혁주의 신학의 기치를 높이고 가르치는데 온 힘을 기울이고 있는 오랜 벗 김주한 교수에게도 감사드립니다. 그 외에도 기도해 주시고 기대해 주시고 사랑해 주신 모든 분께 감사의 말씀을 드립니다. 무엇보다도 안식년을 허락해 주셔서 책을 완성하게 해주신 우이중앙교회 당회와 성도님들께 진심으로 감사드립니다. 섬기면서 그리고 사랑받으면서 하늘의 기쁨을 누리고 있습니다. 감사합니다.

1장. 성경적인 설교와 구조

설교학은 크게 두 영역으로 나뉜다. 하나는 '무엇을 전할까?'에 관한 것이고, 다른 하나는 '어떻게 전할까?'에 관한 것이다.[1] 곧 '내용'과 '전달'의 두 측면이다. 이 둘은 서로 분리될 수 없는 긴밀한 관계인데도 지금까지 설교학 역사에서 양분되어 발전되어 왔다. 설교학에서 오랫동안 논의의 대상으로 삼은 것은 주로 '내용'에 관한 것이다. '무엇을 전할지'의 문제가 설교학의 핵심 논제였다. 이는 일반 연설과 다른 기독교 설교만의 독특성과 고유성을 보여 준다. 내용을 구성하고 전달하는 방식은 일반 논리학과 수사학의 영역에서 얼마든지 다룰 수 있지만, 내용 자체는 일반 학문의 영역에서 다룰 수 없는 성격의 것이다. 그리고 설교의 내용은 개인의 신앙뿐만 아니라 기독교의 형성과 유지, 교회의 부흥과 발전에 가장 결정적인 영향을 주었다. 하지만 그 내용을 '어떻게 전할지'의 문제는 20세기 초까지 설교학의 변두리에 놓여 있었다.

그러다가 20세기 말에 이르러 갑자기 '전달'과 관련된 학문적 논의가 활발해지기 시작했다. '신설교학'(the New Homiletics)이라고 불리는 일단의 학자들이 등장하면서 새로운 논점으로 부상하게 된 것이다. "'신설교학'은

---

[1] O. Wesley Allen Jr., *Determining the Form: Structures of Preaching* (Minneapolis: Fortress Press, 2008), 1.

1960년대 말과 1970년대 초에 찰스 라이스(Charles Rice), 프레드 크래독(Fred B. Craddock), 에드문트 스타이믈(Edmund Steimle), 그리고 여러 사람을 포함하는 초기 개척자들과 함께 나타나기 시작"한 설교학의 혁명적인 움직임을 말한다.[2] 이들은 설교학 연구 분야의 혁명적인 전환을 이뤄내었고 그 영향은 50여 년이 지난 지금까지 계속되고 있다.

신설교학은 이 시대의 강단의 위기를 분석하면서 무엇보다 '시대의 변화'와 '청중의 변화'를 주목했다. 이와 관련된 여러 변화로 인해 이제 과거의 전달 방식으로는 더 이상 청중의 귀를 사로잡을 수 없게 되었다는 것이다. 그리고 그런 변화가 설교에서 문제가 되어 버린 중요 원인을 전통적 설교의 구조에서 찾았다. 전통적인 설교는 주로 설교의 내용을 연역적으로 구성해서 권위를 가지고 선포하는 형식을 취한다. 게다가 천편일률적이라 말할 정도로 3대지를 고집한다. 이 시대의 청중은 그처럼 일방적인 방식으로 수직 하달하는 설교에 흥미를 잃고 귀를 닫는다는 것이다. 그리고 전달되지 않는다면 설교 내용이 아무리 좋아도 소용이 없기에 새로운 변화를 시도한다고 천명했다.

그런 연유로 신설교학은 해결책을 찾기 시작했다. 그리고 전통적인 설교의 '오래된 설교 형식의 예측 가능성'과 '성경 이야기의 익숙함'으로 인해 점점 더 기독교 청중과 효과적으로 의사소통할 수 없다는 사실을 인식하면서, 다른 구조로 설교할 것을 해결 방안으로 제시했다.[3] 그 결과 이제 설교자의 손에 새로운 방식으로 설교할 수 있는 새로운 도구가 들려졌다. 또한 그 과정에서 신설교학은 과거 '성경'과 설교의 '내용'에만 집중되어 있던 설교자들의 시선과 학문적 관심을 '청중'에게로 돌리는 학문적 전환도 이뤄내

---

[2] Richard L. Eslinger, *The Web of Preaching* (Nashville: Abingdon Press, 2002), 11.

[3] James W. Thompson, *Preaching Like Paul* (Louisville: Westminster John Knox Press, 2001), 1.

었다.

그런데 이 부분에서 새로운 문제가 발생했다. 신설교학의 학문적 결과물과 전환을 통해 설교학은 더 심각한 위기를 직면하게 된 것이다. 설교학의 중심추가 '내용'에서 '전달'로 옮겨지면서 내용의 측면을 무시하는 더 큰 위기가 초래되었다. 또한 청중을 중시하면서 성경 본문을 무시하는 새로운 풍조가 조성되었다. 하나님께서 본문을 통해 말씀하시려는 바를 충실하게 밝히는 작업을 소홀히 하면서 청중이 설교를 통해 어떤 은혜와 위로를 받을 것인지에 대해서만 지대한 관심을 기울이게 되었다. 설교학은 신설교학의 학문적 결과물을 통해 그동안 잃어버렸던 내용과 전달 사이의 학문적 균형을 찾을 수도 있었겠지만, 사실 내용을 무시하고 전달만 중시하는 설교학의 더 심각한 위기로 나아가게 된 것이다.[4]

이에 대한 반작용으로 다른 한 편에서는 설교의 내용을 다시 강조하며 '성경적인 설교'(Bbiblical Preaching)라는 타이틀을 걸고 설교학을 연구하는 또 다른 무리의 학자들이 등장했다. '성경적인 설교'는 오랜 역사를 가진 설교학의 주제가 아니다. 20세기에 이르러 새롭게 등장한 연구 방향이다. 이들은 '신설교학'이라고 규명된 사람들처럼 서로 통찰을 주고받으며 통일된 방향으로 움직이지는 않았지만, 마치 약속이라도 한 듯이 거의 비슷한 시기에 등장해서 각자 '성경적'이라는 단어를 통해 나름대로 진정한 설교가 무엇인지 규명하려고 노력해 왔다.

하지만 굳이 신설교학을 염두에 두지 않았더라도 원래 교회는 20세기에 이르러 '성경적인 설교'를 절실하고 간절하게 필요로 했다.[5] 20세기는 자

---

4 신설교학자들이 이렇게 학문을 발전시킨 것은 사실 의도적이다. 그 이면에 감춰져 있는 신학적인 이유와 목적이 있다. 뒤에서 밝히도록 하겠다.

5 Haddon W. Robinson, *Making a Difference in Preaching*, ed. Scott M. Gibson (Grands Rapids: Baker Books, 1999), 61.

유주의 신학자들이 인간의 이성을 신뢰하며 역사비평, 편집비평 등으로 성경의 권위에 유독 도전장을 많이 던진 시기였기 때문이다. 당연히 교회는 성경을 바르게 설교하면서 성경에 기록된 하나님의 말씀을 변호하고 그 중요성을 강조해야 했다. 또한 기독교는 세상의 철학과 과학, 인문학과 해석학 등의 거센 도전을 받으면서 위기의식을 느꼈기에 성경적인 설교의 규명과 실천은 교회가 취했어야 하는 마땅한 태도였다.

그러다 보니 개혁주의 신학자들과 건전한 복음주의 진영의 학자들은 그 어느 시기보다 성경 본문의 내용에 충실하며 하나님의 말씀으로서의 설교를 성경적으로 바르게 전하려는 자세를 고수하게 되었다. 말씀의 권위와 신적 영감과 성경의 무오를 믿는 학자들은 기독교에 거센 도전의 파도가 밀려올수록 더욱 말씀을 바르게 설교할 것을 강조해 왔다. 그래서 이 시기의 강단은 더욱 연역적인 선언적 설교가 주류를 이루게 되었다.[6]

그러다 20세기 말에 이르러 '성경적인 설교'라는 특별한 방법론에 대한 학문적 관심이 활발해졌다. 강단과 설교학계는 유독 '성경적인 설교'라는 표현에 많은 관심을 기울였고 본격적인 연구 결과물들을 쏟아내기 시작했다. 그 이유는 다음과 같은 몇 가지로 정리해 볼 수 있다.

첫째, 20세기를 지배해 왔던 '성경적 설교'라는 개념에 대해 교회의 통일된 약속과 규명이 필요했기 때문이다. '성경적'이라는 말은 강력한 권위와 더불어 많은 매력을 지닌 단어다. 설교학에도 '성경적'이라는 단어를 붙인다면 그 이론의 경계를 넘어서는 다른 작업을 깊이 의심해야 할 정도로 절대적인 의미를 지니게 된다. 따라서 성경적 설교에 대해 바른 정립과 규명이 없으면 누구나 중구난방으로 이 단어를 사용함으로써 개념의 혼란을 가져올 수 있다. 그래서 성경적인 설교가 무엇인지에 대한 정확한 개념 정

---

6 Kenton C. Anderson, *Choosing to Preach* (Grand Rapids: Zondervan, 2006), 134.

리가 필요했던 것이다.

둘째, 오랜 시간 교회를 흔들었던 '자유주의 신학'으로 인해 무너져버린 성경에 대한 믿음과 잃어버린 강단의 힘을 회복하기 위해서였다. 자유주의 신학은 합리주의와 실존주의 철학과 신해석학(new hermeneutic)과 세속적인 세계관의 영향을 받아 기독교의 이름으로 성경의 진리를 무너뜨리는 일에 앞장서 왔다. 많은 신학자가 이에 위기의식을 가지고 성경적인 설교를 가르쳤고, 비로소 학문적으로 정립할 시기에 이르게 된 것이었다. 자유주의의 거센 도전 앞에 다소 모호했던 이론을 명료하게 정리해서 성경과 기독교 역사를 통해 하나님께서 의도하셨던 진정한 설교론을 제시할 필요성을 느꼈다.

마지막으로, 가장 중요한 이유는 역시 '신설교학'의 등장 때문이었다. 신설교학은 역사와 무관하게 어느 날 갑자기 혜성처럼 등장한 실천신학이 아니다. 자유주의의 거센 공격이 조금 둔해진 시기에 자유주의 신학의 새로운 공격의 물꼬를 튼 신학적 실천이었다. 상당히 온건한 태도를 보이고 있고 이론의 배경이 되는 신학과 사상 대부분은 시대의 변화라는 가면 뒤에 감춰져 있지만, 자신들 안에 있는 자유주의 철학과 신학을 설교 구조 이론으로 구현해 낸 학문적 실천이었다. 바로 이에 대한 위기의식을 가지고 '성경적인 설교'라는 이름으로 활발하게 설교학 이론서들을 내기 시작한 것이다. 이러한 움직임이 혹시 신설교학에 대한 직접적인 반작용이 아니었다면, 이는 하나님께서 이 시대의 교회와 강단을 지키기 위해 두신 소위 '신의 한 수'임이 분명하다.

이처럼 설교학계는 '신설교학'이 주도하는 설교 구조와 관련된 새롭고 다양한 시도들 속에서 무섭게 소용돌이치기 시작했다. 신설교학은 북미의 강단을 지배하고 전 세계 설교학자들의 시선을 사로잡았다. 이에 학자들은 설교학계에 불어온 혁명적인 코페르니쿠스적 변화가 과연 발전인지 외도인지 고심하게 되었다.[7] 그리고 이런 우려 속에서 하나님께서 의도하신 설교에 대해 깊이 고민하는 학자들은 자연스럽게 '성경적인 설교'에 대한 질문을 학계의 중요한 이슈로 대두시켰다. 그리고 신설교학과 성경적 설교학의 커다란 두 흐름은 21세기인 지금까지 계속되고 있다.

여기서 놀라운 사실 한 가지는 신설교학도 자신들의 입장을 옹호하기 위해서 '성경적'이라는 단어를 사용한다는 점이다. 따라서 '성경적인 설교'가 무엇인지 신설교학의 주장과 비교하면서 그 의미를 정확히 규명하고자 한다.

1. 성경적인 설교의 개념

'성경적인 설교'를 간단히 말하면 성경이 설교에 대해 말하거나 보여 주는 바를 최대한 그대로 반영한 설교라고 할 수 있다. 이는 성경이 말하고 있는 '바로 그 설교에' 가장 부합한 설교다. 성경적인 설교는 성경에서 시작하며 성경이 설교의 모든 것을 지배한다. 성경 본문의 주제와 내용이 설교의 중심 사상과 내용의 주요 골격을 이룬다. 설교자는 하나님께서 당신의 말씀을 전하는 설교 사역에 대해 성경을 통해 말씀하신 바를 따라 그대로 이행하며 실천한다. 이와 같은 '성경적인 설교'는 설교자가 그 무엇보다 우선으로 추구하고 끝까지 고수해야 하는 방식이자 설교 철학이다.

그렇다면 성경적인 설교는 정확히 무엇을 의미할까? 그 어떤 시대보다 성경적으로 설교한다는 사실에 더욱 많은 관심을 기울이는 지금은 과연 성

---

7 리처드 에슬링거는 신설교학의 학문적 전환을 '코페르니쿠스적 혁명'이라고 묘사했다. Richard L. Eslinger, *A New Hearing: Living Options in Homiletic Method* (Nashville: Abingdon Press, 1987), 14.

경적인 설교를 무엇이라 설명하고 있을까? 지금까지 성경적인 설교에 대한 이해와 이론은 얼마나 진척되었을까? 그 개념은 완벽할까? 이런 몇 가지 질문을 품고 성경적인 설교에 대해 규명된 바를 정리하고자 한다.

1) 성경적인 설교의 구성 요소

성경적인 설교의 개념은 다양한 요소로 구성되어 있다. 학자마다 경중을 두고 그 요소들을 제시하기에 각기 비중과 각도와 강조의 차이는 있지만 신설교학을 제외하면 거의 대부분 비슷한 결론에 도달해 있다. 그 내용 가운데 공통적이면서 필수적인 요소들을 정리하면 다음과 같다.

① 자료: 설교의 원천으로서의 성경 본문

성경적인 설교의 가장 중요한 요소는 성경 본문 그 자체에 있다. 성경적인 설교는 다른 무엇이 아니라 오직 성경 본문에 뿌리를 내리고 있는 설교다.[8] '성경적'이라는 단어 자체가 '성경'을 배제하고는 생각할 수 없는 설교관이라는 사실을 분명하게 보여 준다. 설교자마다 성경 본문의 역할에 대한 이해와 본문이 설교에 어떻게 반영되어야 할지에 대한 이해에 다른 견해를 가질 수 있지만, 성경적인 설교는 본문 자체를 가장 중요한 설교 자료로 삼는 방식이라는 사실에는 이견이 없다. 그것은 무엇보다 하나님께서 오늘 말씀하시는 주요 경로와 수단이 바로 성경이라고 믿기 때문이다. 해돈 로빈슨(Haddon W. Robinson)의 말처럼 "하나님은 모든 시대에 모든 사람에게 성경 본문을 통해서 말씀하신다"라는 사실을 분명하게 확신한다.[9]

성경적으로 설교하려는 목회자들은 이 확신으로 본문에 집중하고 정

---

8 Jerry Sutton, *A Primer on Biblical Preaching* (Bloomington: CrossBooks, 2011), 33.

9 Haddon W. Robinson, *Making a Difference in Preaching*, 63.

확히 해석해서 하나님께서 전하시려는 의미와 내용을 청중에게 전달하려고 노력한다. 성경 안에 교훈으로 삼을 내용이 많거나, 인간이 살아가는 데 필요한 유익한 정보가 많아서 이를 인용하거나 참고하려는 것이 아니다. 기독교 경전이라서 성경을 중시하는 것도 아니다. 성경이 살아 계신 하나님의 말씀이고 지금도 그 말씀을 통해 당신의 뜻과 섭리를 밝히시기에 설교자는 성경에 순종하려는 마음으로 설교에 임한다.

설교에 있어서 가장 중요하고 절대적인 것은 우리의 견해나 선호가 아니라 하나님께서 무엇을 말씀하시느냐이다. 개혁주의는 이러한 사실을 분명히 믿고 설교한다. 하지만 전체 기독교를 보면 성경을 설교하는 문제에 대해 서로 이견이 있음을 알 수 있다.

첫째, 성경 본문을 해석하고 전하지 않아도 얼마든지 성경적으로 설교할 수 있다고 주장하는 진영이 있다. 이는 주로 자유주의 신학에서 발견되는 사상이다. 그들은 성경보다 청중과 상황을 더 중시하고 기록된 말씀보다 자신이 전하는 설교에 더 높은 권위를 둔다. 또한 하나님의 말씀보다 교회의 전통이나 각자의 입장을 더 중시한다. 그리고 신설교학은 바로 이런 신학의 전통 위에 서 있다.

신설교학은 본문을 해석해서 그 의미를 밝히며 설교하지 않는다. 그런데 흥미롭게도 자신들의 설교 방식을 '성경적'이라고 말한다. 설교의 내용이 성경적인 분위기이고 설교의 형식이 성경에서 나왔다면 비록 설교 내용이 본문과 직접 상관이 없어도 성경적인 설교라는 것이다. 그들이 이런 주장을 하는 이유는 무엇보다 기록된 성경에 대한 불신 때문이다. 그들은 성경을 오류가 많은 인간의 저작물 정도로 이해한다. 이런 성경관의 문제가 성경적인 설교에 대한 이해에 고스란히 반영되었다.

신설교학자 루시 로즈(Lucy Atkinson Rose)는 하나님의 말씀은 성경과 더불어 교회의 전통과 성령의 역사까지 전부 포함한다고 말했다.[10] 신설교 학자 버트릭(David G. Buttrick)은 성경을 해석하고 본문의 메시지를 전하지 않아도 설교가 하나님의 구속을 목적으로 한다면 곧 하나님의 말씀이라고 했다.[11] 신설교학 학자들은 대부분 성경의 권위와 무오를 부정한다. 그래서 반드시 성경 본문을 설교해야만 하나님의 말씀이 될 수 있다는 사실을 무시한다. 발 빠른 실천가들은 개인의 단상이나 다른 문학이나 역사적인 사건을 성경처럼 해석하고 설교한다. 또한 많은 경우엔 성경을 읽고 본문과 상관없는 사상을 전개하면서 성경적이라고 말한다. 그러나 그들이 '성경적'이라는 단어를 사용할지라도 이런 설교들은 결코 성경적인 설교가 아니다. 성경 본문에서 떠났기 때문이다. 그런 설교들은 "하나의 종교 에세이이거나, 또는 단순한 인간의 사고를 발표하는 종교적 연설에 불과하다."[12]

둘째, 두 번째 부류의 학자들은 성경을 설교해야 한다고 말하지만, 정작 성경을 오류가 많은 인간의 책으로 여기거나 아직 완성되지 않은 계시의 말씀으로 본다. 계시는 기록된 성경이 아니라 선포되는 설교 행위를 통해서 완성된다고 말한다. 그래서 그들은 성경 본문에서 설교를 시작하지만 본문의 정확한 의미를 밝히기보다 자신이 하고 싶은 말을 하면서 내용을 전개해 나간다.

이런 입장을 견지하는 대표적인 학자 가운데 한 사람이 칼 바르트(Karl Barth)다. 그는 신정통주의자로 알려진 존경받는 학자다. 그의 설교학 저서들을 보면 개혁주의 설교학과 뚜렷하게 구분되는 차이점이나 문제점을 발

---

10 김운용, 『설교의 새로운 패러다임』 (서울: 장로회신학대학교 출판부, 2004), 89,90.
11 David G. Buttrick, *A Captive Voice: The Liberation of Preahcing* (Louisville: Westminster/John Knox Press, 1994), 30.
12 정장복, "성서적 설교의 기본 요건", 『성경과 설교』 (서울: 한국성서학연구소, 1993), 81.

견하기가 쉽지 않다.[13] 그는 성경을 중시하면서 설교의 내용뿐만 아니라 형식까지도 성경에서 나와야 한다고 말한다.[14] 그렇게만 보면 그는 성경적인 설교의 이상에 가장 근접한 학자처럼 보인다. 하지만 그는 자유주의 신학의 그늘에서 완전히 벗어나지 못했기에 성경의 무오성을 의심했다. 그리고 하나님의 계시는 성경으로 완성된 것이 아니라, 사도들과 선지자들이 그러했던 것처럼, 지금도 설교자의 설교 행위를 통해 완성되어 간다고 보았다.[15]

이들은 성경에서 완전히 떠나지는 않았지만 성경 외의 영역까지 하나님의 계시의 말씀으로 확장해서 이해하고 있다. 따라서 성경을 들고 설교할 때도 진정한 의미에서 성경적인 설교를 시행한다고 볼 수 없다. 아무리 성경적으로 포장을 잘했어도 불완전한 계시의 말씀을 설교 행위를 통해 완전하게 완성해 간다고 믿고 행하기 때문이다. 하나님의 뜻을 인간의 말로 더 온전케 하려고 한다.

셋째, 마지막으로 기록된 성경의 무오성과 신적 계시의 완전성에 대한 확신으로 설교해야 한다는 학자들이 있다. 개혁주의도 이 확신에서 설교학을 전개한다. 그들은 성경적인 설교는 정확무오한 하나님의 말씀을 해석해서 의미를 찾아 청중에게 적실하게 적용하며 전하는 방식이라는 사실을 분명하게 표방한다. 설교는 오직 성경 본문에 근거해야 비로소 하나님의 말씀이 될 수 있다. 설교자가 회중에게 이 시대에 새롭게 주시는 하나님의 말씀을 전하고자 한다면 하나님의 완전한 계시의 말씀인 성경을 해석하고 설교하는 것 외에 다른 방법은 없다. 진정한 의미에서 성경적인 설교는 바로 이

---

13 이를 자세히 살펴보길 원하면, Karl Barth, *Homiletik: Wesen und Vorbereitung der Predigt*, 『칼 바르트의 설교학』, 정인교 역(서울: 한들출판사, 1999)을 읽어 보라.

14 Karl Barth, 104.

15 바르트는 *Homiletik*, 90에서 "설교자의 좋은 태도를 좌우하는 것은 축자영감설을 고집하는 것이 아니요, 오히려 하나님이 여기에서 자신에게 말씀하시려 한다는 사실을 기대하고 있는가의 여부에 달려있다"라고 말했다.

세 번째 부류의 학자들에게서 나온다.

따라서 여기서 성경 본문을 설교의 가장 중요한 원천으로 삼는다는 말은 적어도 두 가지의 중요한 전제를 함축하고 있다. 첫째, 성경은 성령의 영감으로 기록되었으며 그 기록에는 전혀 오류가 없다는 확신이다. 성령은 인간 저자의 특성과 개인적인 경험과 학문적 역량뿐만 아니라 여러 한계와 결함까지도 적절하게 통제하셔서 하나님의 모든 뜻을 오류 없이 본문에 기록하게 하셨다. 그래서 성경은 완전한 하나님의 말씀이며 그 무엇과도 비견될 수 없는 신적 권위를 가진다. 어제나 오늘이나 장래에나 영원토록 그 말씀은 충분하고 완전하다.

둘째, 성경 본문은 신앙과 삶에 가장 권위 있고 구체적이고 적실한 답을 줄 수 있는 유일한 하나님의 말씀이라는 확신이다. 에릭 알렉산더(Eric J. Alexander)는 이 두 번째 측면을 강조하면서, 신앙과 삶에 가장 권위 있고 구체적인 답을 줄 수 있는 유일한 하나님의 말씀으로서의 전체 본문의 권위에 대한 이슈는 설교에 대한 우리의 생각의 가장 중심을 이뤄야 한다고 말했다.[16] 우리는 하나님의 말씀이 오류가 없을 뿐만 아니라 바로 오늘을 살아가는 우리에게 유일한 신앙과 삶의 규범이 될 수 있다는 사실까지 반드시 확신해야 한다. 성경 본문이 아니라면 오늘의 청중을 위해 권위 있고 적실하게 그 길을 밝혀 줄 다른 말씀은 없다. 하나님은 자연 계시를 통해서도 당신의 뜻을 밝히시지만, 그것들도 성경을 통해 이해되고 설명되고 확증되어야 한다. 개인의 양심이나 모든 만물이 하나님을 만나는 접촉점이 될 수 있어도 하나님의 뜻을 확실하고 선명하고 구체적으로 보여 주는 것은 오직 성경밖에 없다. 성경적인 설교는 이 확신들로부터 출발한다.

하나님의 말씀인 성경에서부터 설교의 모든 가능성이 시작된다. 설교

---

16 Eric J. Alexander, *What is Biblical Preaching* (New Jersey: P&R Publishing, 2008), 8.

는 성경에 근거할 때 진정한 날개를 달고 생명력 있게 움직일 수 있다. "설교가 성경의 텍스트를 떠난다면 설교는 자유롭지 못하고 규칙이나 심리학적 수사학적 법칙 등을 요구하게 된다."[17] 성경에서 떠난 설교는 청중에게 전할 메시지를 찾기 위해 다른 본문을 의지할 수밖에 없는데, 거기엔 생명력이 없다. 영혼을 살리지도 구원하지도 못한다. 오직 성경 본문에 근거하고 성경 본문의 지배를 받을 때 설교는 청중의 삶과 신앙과 영혼을 향하는 날개를 달게 된다. 살아서 역사하는 능력이 된다. 죽은 언어의 나열이 아니라 생명력 있는 사건이 된다. 오직 기록된 하나님의 말씀인 성경만이 성경적인 설교를 가능케 하는 유일한 원천이다.

② 내용: 본문의 구체적인 내용을 중심

성경이 정확무오한 하나님의 말씀이며, 설교자는 성경 본문을 통해 이 시대와 청중을 향한 하나님의 메시지를 전해야 한다는 사실을 분명히 믿는다면, 이제 성경 본문이 설교의 중심 사상을 결정하고 설교의 뼈대와 내용을 이루는 가장 중요한 자료가 되게 해야 한다. 즉, 성경 본문을 실제 설교의 내용으로 삼아야 한다. 그래서 청중으로 성경 본문을 중심으로 하는 대화에 참여하게 해야 한다.[18] 설교의 예화나 비유나 인용이나 간증도 본문의 의미를 더 밝히 드러내려는 목적으로 사용되어야 한다. 성경적인 설교는 설교의 중심 사상을 비롯한 설교의 모든 내용을 본문이 지배하고 결정하게 하는 설교다. 설교자가 목적하는 바는 "자기 자신의 길을 만드는 것이 아니라 성경 저자들이 만들어 놓은 길을 따라가는 것이다."[19]

---

17 Dietrich Ritschl, *A Theology of Proclamation*, 『설교의 신학』, 손규태 역(서울: 대한기독교서회, 1990), 147,148.

18 Walter Brueggemann, *The Word Militant* (Minneapolis: Fortress Press, 2007), 36.

19 Donald G. McDougall, "Central Ideas, Outlines, and Titles," in *Preaching: How to*

이는 단순히 성경 본문을 설교에 들어가는 출발선 정도로 이해하는 차원과 다르다. 본문에서 하나의 중심 주제를 찾아 본문 외의 내용으로 설교를 전개하는 주제 설교와도 다른 개념이다. 성경 본문이 설교의 주제를 결정하고 그 내용을 지배하고 설교의 서론에서 결론까지 실질적인 뼈대와 살을 이루게 하는 설교가 바로 성경적인 설교다. 제리 스톤(Jerry Sutton)의 말처럼 "성경적인 설교는 본문 안에 고정되어 있고, 본문에 의해서 움직여지고, 본문으로부터 표면화되는 설교다."[20]

하나님은 성경 본문을 전하는 설교 안에 실재하신다. 그 말씀을 듣는 청중의 삶에 들어오셔서 주권적으로 역사하신다. 그래서 성경 본문의 내용을 전할 때 설교는 비로소 권위 있는 하나님의 말씀이 될 수 있다. "만약 어떤 설교자가 성경 본문을 설교하지 않는다면 그는 권위를 포기하는 것이다."[21] 그런 설교는 개인의 견해를 밝히는 연설이나 다를 바 없다. 오늘날 강단에 찾아온 위기의 가장 중요한 원인은 성경 본문을 설교하지 않으려는 신학적 경향 때문이라는 사실을 알아야 한다. 시대의 조류나 후현대주의의 강풍보다 하나님의 말씀을 인간의 연설로 전락시킨 이들에 의해 강단의 위기는 더욱 가속화되었다.

성경 본문을 설교의 중심 주제와 뼈대와 내용으로 삼지 않으면서도 얼마든지 설교할 수 있다고 주장하는 설교자가 의외로 많다. 그렇게 성경이 배제된 설교에는 '텍스트의 역전'(text reversal) 현상이 발생한다. 본문(text)이 아니라 청중의 상황(context)이 새로운 텍스트가 되는 것이다. 세상의 이야기가 설교를 위한 본문이 된다. 설교자는 성경 본문이 아니라 청중의 마음을 다룬다. 하나님의 뜻을 전하지 않고 성도를 이해하고 위로하려 한다.

Preaching Biblically, ed. John MacArthur (Nashville: Thomas Nelson, 2005), 187.
20 Jerry Sutton, 33.
21 Haddon W. Robinson, Making a Difference in Preaching, 63.

그래서 진리가 아니라 공감되는 이야기를 전개한다. 영적인 긴급성보다 청중의 만족이 더 중요하다. 이를 신설교학이 주도하는데, 그들은 이런 내용을 설교학 이론으로 정립해서 청중이 공감할 수 있는 공통 경험과 이야기로 설교를 구성해야 한다고 가르친다. 그러다 보니 인간의 상황과 사건이 정말 새로운 텍스트가 되어 버렸다. 설교자는 상황의 텍스트를 해석하고 거기에 의미를 부여한다. 설교의 전개는 해석된 개인의 삶을 중심으로 이뤄진다. 그렇다면 적어도 이런 설교를 성경적이라고 말해서는 안 되는 것이다.

그처럼 '텍스트의 역전 현상'이 발생하는 강단에는 언제나 하나님의 말씀이 인간의 말로 대체되는 '말씀의 역전 현상'까지 꼬리를 물고 등장한다. 설교 시간은 하나님의 뜻이 아니라 설교자 개인의 사사로운 생각을 전하는 시간이 되어 버린다. 설교의 텍스트는 인간의 삶과 사건으로, 하나님의 말씀은 인간의 사사로운 말로 대체되는 것이다.

인간의 삶의 정황과 사건은 설교의 텍스트가 될 수 없다. 월터 브루그만(Walter Brueggemann)은 우리 주변에서 일어나는 수많은 사건과 위기와 폭력과 문제들은 우리 사회 전반에 흐르는 '우상숭배의 텍스트'와 밀접하게 관련되어 있다면서 인간의 삶을 설교의 본문으로 삼으려는 가능성 자체를 일축해 버렸다.[22] 그러므로 인간의 삶의 이야기로 설교를 시작하고 그 이야기를 설교의 중심으로 삼아 복음을 엿보게 하려는 신설교학의 시도는 성경적인 설교라고 할 수 없다. 청중의 상황을 아예 외면할 수는 없지만 그렇다고 상황이 설교의 내용을 점거하도록 방치하고 뒤로 물러나서도 안 된다. 설교의 주제와 목적을 비롯한 모든 내용은 오직 성경 본문이 주도하고 결정하게 해야 한다. 상황에 대한 적용은 본문의 빛을 따라야 한다. 이것이 성경적인 설교다.

---

22 Walter Brueggemann, 42.

③ 해석: 저자 중심 해석

일반 해석학은 크게 '저자 중심 해석학'(author-centered approach to meaning), '본문 중심 해석학'(text-centered approach to meaning), 그리고 '독자 중심 해석학'(reader-centered approach to meaning)으로 나눠진다. 그리고 해석의 중심축과 방향이 위의 세 곳 중 어디에 위치하느냐에 따라 해석된 내용이 달라진다. 성경 해석학도 관점에 대해서는 일반 해석학을 적용해서 따르는데, 설교자의 성경 해석에 영향을 주는 것은 그가 가진 성경에 대한 신학적 관점과 확신이다. 오류가 없는 하나님의 말씀으로 믿는 이와 인간의 저작으로 여기는 이의 해석학은 달라질 수밖에 없다.

성경적인 설교는 성경의 계시와 신적 영감에 대한 믿음을 전제로 하기에 성경을 통해 말씀하시는 하나님의 뜻에 집중하며 해석한다. 즉, 저자 중심 해석학으로 본문의 의미를 찾는다. 그런데 한국 강단은 본문을 한 절 한 절 읽고 단어 하나까지 전부 해석해서 전하는 방식으로 설교하는 경우가 많다. 이는 '본문 중심 해석학'을 따르기 때문이다. 이런 방식은 성경적인 설교가 아니다. 그 자리에 본문을 주신 하나님의 의도는 사라지고 오직 본문만 남아 있기 때문이다.

오늘날에는 신해석학(new hermeneutic)의 영향으로 '독자 중심 해석학'을 자연스럽게 받아들이고 있다. 그 결과 하나님께서 말씀하시려는 의미를 해석하기보다 청중의 삶의 정황과 개인의 상황이 본문을 해석하는 근거가 되어 의미를 찾아야 한다는 해석학적 대역전(hermeneutic great reversal) 현상이 발생했다. 과거에는 인간이 가지고 있는 여러 한계 때문에 성경의 의미를 왜곡해서 이해할 수밖에 없는 고질적인 문제를 해결하려고 부단히 고심하며 씨름했었다. 그런데 이제는 개인의 경험과 전제, 그리고 그로 인한 영향을 당연히 해석의 도구로 삼아야 한다고 당당하게 말한다. 마틴 하이데거(Martin Heidegger)와 한스 가다머(Hans-George Gadamer)를 거치면서 신해석학에서는 '전제'라고 일컫는 개인의 본문을 통해 성경 본문을 해석하고 이해하는 방식을 자연스러운 해석의 과정으로 보고 이를 권장하고 있다.[23] 신설교학은 이러한 경향을 성경 해석과 설교 이론에 고스란히 반영한다. 먼저 설교자가 자신의 목적과 경험을 따라 본문을 마음대로 해석하고 그 최종적인 석의 마저 설교를 듣는 청중에게 맡겨 버린다. 하나님께서 본문을 통해 말씀하시는 것이 아니라 청중이 나름대로 알아서 판단하고 이해하고 적용하게 한다.

하지만 성경의 무오성을 신뢰하고 신적 계시의 유일성과 완전성을 확신하는 설교자는 성경 본문이 담고 있는 하나님의 뜻과 의미에 집중한다. 하나님께서 본문을 통해 무엇을 말씀하시는지 귀 기울여 듣고 그것을 전하기 위해 해석한다. '저자 중심의 해석학'으로 본문에 접근하는 것이다.

저자 중심 해석학은 먼저 하나님께서 원래 청중에게 주신 본문의 의미를 해석한다. "성경적인 설교자의 목표는 무엇보다도 성경의 저자가 그의 원래의 회중들과 소통하려고 했던 아이디어를 이해하는 것"이다.[24] 그리고 과거의 청중에게 주신 의미가 오늘을 살아가는 청중에게 어떤 의미가 있는지 해석한다. 본문의 신학적인 의미는 통시대적으로 적용 가능한 원리이기에 이를 찾아 오늘의 청중을 향한 메시지로 수용하고 적용하려는 것이다.

이처럼 성경적인 설교는 '저자 중심 해석학'을 통해 본문을 이해하고 그 내용을 구조화해서 전달하는 설교다. 류응렬 교수는 "성경적인 설교는 성경이 말씀하고자 하는 것을 전하는 것이며 잘못된 설교란 본문에 나타난 저자의 의도와 관계없이 자신이 임의로 해석하고 전하는 것이다"라고 말했다.[25] 성경적으로 설교하려는 설교자는 원저자이신 하나님의 의도와 의미

---

23 권성수,『성령 설교』(서울: 국제제자훈련원, 2009), 30,31.
24 J. Kent Edwars, 145.
25 류응렬, "개혁주의 강해설교가 나아가야 할 다섯 가지 방향",『신학지남』, 통권

파악을 최우선적 목표로 삼아야 한다. 시간이 얼마나 걸리든지 하나님의 의도를 발견하기에 힘써야 한다. 본문을 통해 말씀하시는 중심 주제를 찾을 뿐만 아니라 저자의 생각이 본문 안에서 어떻게 전개되는지도 정확히 이해해야 한다. 설교자의 직무는 오류가 없는 하나님의 말씀 안에서 그가 깨달은 하나님의 마음을 전하는 것이기 때문이다.[26]

④ 하나의 중심 사상

성경적인 설교는 전체 내용이 하나의 중심 사상으로 묶이는 설교다. 여기서 "중심 사상은 선택한 본문 전체를 집약할 수 있는 하나의 주제"를 의미한다.[27] 성경적인 설교는 본문의 의도를 따라 반드시 하나의 중심 사상을 중심으로 구성되어야 한다.

마빈 맥미클(Marvin A. McMickle)은 성경적인 설교의 중요 요소인 중심 사상만을 설명하기 위해서 한 권의 책을 썼다.[28] 마크 엘리엇(Mark Barger Elliott)은 해돈 로빈슨이 성경적인 설교의 개념에 대해 제시한 하나의 중요한 통찰은 "주의 깊게 하나의 단락을 선택해서 하나의 성경적 개념을 발굴하는 것"이라고 말했다.[29] 해돈 로빈슨은 그 하나의 개념을 'Big Idea'라고 불렀다. 또한 존 스토트(John R. W. Stott)는 이를 'Dominant Thought'라고 불

284호(2005년 가을호), 201,202.

26 John MacArthur, "The Mandate of Biblical Inerrancy: Expository Preaching," in *Preaching: How to Preaching Biblically*, ed. John MacArthur (Nashville: Thomas Nelson, 2005), 26.

27 류응렬, "중심사상을 찾아가는 개혁주의 강해설교", 『신학지남』, 통권 285호(2005년 겨울호), 201,202,215.

28 Marvin A. McMickle, *Shaping the Claim* (Minneapolis: Fortress Press, 2008)

29 Mark Barger Elliott, *Creative Styles of Preaching* (Louisville: Westminster John Knox Press, 2000), 135.

렸다.[30] 제리 바인스(Jerry Vines)와 짐 새딕스(Jim Shaddix)는 이를 'CIT'(the central idea of the text)라고 불렀다. 그 외에도 많은 학자가 나름대로 중심 사상을 지칭하는 명칭을 만들어 그 중요성을 드러내 왔다. 각자 부르는 명칭은 다르지만 성경적인 설교는 이처럼 하나의 중심 사상을 따라 구성되는 설교다.

성경적인 설교는 하나의 중심 사상을 가진다. 성경의 모든 본문이 하나의 중심 주제를 가지고 있기 때문이다.[31] 이는 모든 문학의 공통적인 기술 방식이다. 한 편의 글은 하나의 중심 주제를 담고 있다. 그 하나의 중심 주제를 효과적으로 전달하려고 다양한 자료와 수사법을 동원해서 적절한 구조로 구성한다. 마찬가지로 하나님은 무엇인가 하실 말씀이 있어서 분명한 목적을 가지고 다양한 수사법을 동원해 본문을 조직화해서 전달해 주셨다. 따라서 만일 설교자가 본문의 범위를 적절하게 잡았다면, 그 본문에는 하나의 중심 주제가 드러나게 되어 있다. 설교자는 그 본문을 저자 중심으로 해석해서 하나님께서 주신 중심 주제를 찾아야 한다. 성경적인 설교는 본문이 보여 주는 바로 그 한 가지의 중심 사상을 드러내기 위해 구성하는 설교다. 그래디 데이비스(H. Grady Davis)의 말처럼 "잘 준비된 설교는 한 가지 중요한 사상의 구체화이며 발전이고 완전한 진술이다."[32]

그래서 한 절씩 읽고 설교하는 주해 설교나 절별 강해 설교는 성경적인 설교라고 할 수 없다. 설교자 나름대로 분명한 철학과 목적을 가지고 그렇게 설교하겠지만 한 설교에서 여러 주제를 다루기 때문에 성경적인 설교와 거리가 멀다. 해석학도 본문 중심 해석학이어서 성경적인 설교의 개념에 부

---

30 John R. W. Stott, *Between Two World: The Art of Preaching in the Twentieth Century* (Grand Rapids: Eerdmans, 1982), 224.
31 John R. W. Stott, *Between Two Worlds*, 224.
32 H. Grady Davis, *Design for Preaching* (Philadelphia: Muhlenberg, 1958), 20.

합하지 않는다. 성경적인 설교는 오직 하나의 중심 사상이 설교 전체에 면면히 흐른다.

하나의 중심 사상으로 설교를 구성하는 것은 설교자의 선택사항이 아니다. 이는 하나님의 뜻에 대한 순종이고 설교할 수 있는 자격을 얻는 최소한의 조건이다. 우리는 설교 준비에 앞서 반드시 하나의 중심 사상을 손에 들고 있어야 한다.

> 당신이 하나의 전체로서 본문을 고려할 때, 전체를 아우르는 하나의 주제는 무엇인가? 당신이 부가하려는 주제는 무엇인가? 당신의 첫 번째 직무는 그 하나의 의미를 확인하는 것이다.[33]

아무리 가슴을 뚫고 나오는 메시지가 있고 반드시 전달하고 싶은 여러 이야기가 있어도 본문의 중심 주제와 상관없다면 과감히 내려놓아야 한다. 성경적인 설교는 반드시 본문에 나오는 단 하나의 중심 주제를 근거로 구성되어야 한다.

⑤ 기본적 주제: 구속사적

성경적인 설교는 하나님께서 성경을 통해 보여 주신 방식을 따라 설교하려는 철학이고 방법이다. 그렇다면 성경적인 설교는 그리스도 중심의 구속사를 담아내야 한다. 왜냐하면 성경 자체가 하나님의 구속 역사를 담고 있는 거대 담론이고 하나님의 구원 역사는 그리스도를 중심으로 이뤄지고 완성되었기 때문이다.

교회의 설교는 분명 여러 목적을 담아낼 수 있다. 많은 경우 교회력이

---

[33] Jerry Sutton, 105.

나 설교자의 목회 계획을 따라 설교를 준비하기도 한다. 하지만 "교회력을 따라 많은 주제를 다루고, 다양한 흥미로운 예들을 제시할지라도, 복음은 항상 그 중앙에 위치해야 한다."[34] 모든 본문이 하나님의 구원 역사에 관한 내용이기 때문이다. 이러한 복음의 귀착 논리는 기독교 설교의 중심 메시지를 이룬다.[35]

설교자는 설교를 통해서 구원자 되시는 하나님의 주권과 영광을 드러내야 하는데 이는 복음을 전함으로 이루어진다.[36] 복음을 전할 때 믿는 자의 영혼에 하나님의 왕좌가 회복된다. 만일 그리스도의 십자가가 없다면 죄인의 기쁨과 감사를 통해 의로우신 하나님께 영광을 돌리고자 하는 설교는 그 타당성을 잃게 된다. 성경적인 설교는 어떤 식으로든 성경 전체의 주제인 그리스도와 그를 중심으로 하는 하나님의 구속 사역을 드러내야 한다.

기독교 설교는 언제나 복음 메시지가 중심을 이뤄왔다. 초기 기독교 설교는 예수 그리스도를 전하는 복음이 전부였다. 그리스도를 통한 하나님의 구원 사역이 모든 설교의 핵심이었다. 사도들과 교회 지도자들은 복음 전파를 최우선적 사명으로 삼았다. 이에 비견할 만한 다른 가치는 없었다. 이후 교회의 역사는 그리스도와 부활의 영광을 선포하는 영광스러운 발자취를 남겨 왔다. "기독교의 설교는 언제나 복음을 근간으로 하여 이루어진다."[37] 박해 속에서 복음을 전함으로 교회들이 세워졌고, 핍박을 받으면서도 복음을 전하며 많은 사람을 구원했다. 복음이 선포되는 곳마다 영적 부흥이 일

---

34 Michael Rogness, *Preaching to a TV Generation: The Sermon In The Electronic Age* (Lima, Ohio: The CSS Publishing Company, 1994), 51.

35 Hans Frei, *Types of Christian Theology*, ed. George Hunsinger and William C. Placher (New Haven: Yale University Press, 1992), 124-126.

36 John Piper, *Supremacy of God in Preaching*, 『하나님을 설교하라』, 박혜영 역(서울: 복있는 사람, 2012), 27-40.

37 김운용, 『현대설교 코칭』 (서울: 장로회신학대학교 출판부, 2012), 33.

어났고, 그리스도 중심의 사회와 국가가 세워져 헤아릴 수 없는 복을 누려 왔다. 앞으로도 그리스도를 중심으로 하는 하나님의 구속 역사는 모든 세대가 들어야 할 가장 귀한 설교의 핵심 메시지다. 그리고 성경적인 설교는 이처럼 그리스도의 복음을 전하는 설교다.

그런데 구속사적 설교가 성경적인 설교라고 할지라도 이 말이 모든 본문에서 반드시 그리스도의 십자가와 부활을 언급해야 한다는 의미는 아니다. 만약 그래야 한다면 우리는 상당 부분의 본문을 풍유적으로 해석할 수밖에 없다. 억지로 그리스도를 끌어다가 본문에 껴맞추는 식의 알레고리 해석이 아니면 모든 본문에서 그리스도를 설교할 다른 방법이 없다. 그런데 알레고리 해석은 성경적인 설교의 정당한 해석 방법이 아니다.

또한 많은 경우 너무 빨리 '그리스도께 나아가는' 바람에 그 본문의 특정한 메시지를 제대로 전하지 못하는 실수를 범하곤 한다.[38] 우리는 이를 경계하면서 본문의 원래 의미의 해석과 전달을 가장 우선시해야 한다. 각각의 본문은 고유한 의미를 담고 있는 하나님의 계시이다.[39] 우리는 해석할 때 먼저 각 본문이 가지고 있는 고유의 의미를 찾아야 한다. 그 의미를 설교하는 것이 하나님에 대한 설교자의 마땅한 순종이다. 류응렬 교수는 이 문제를 경계하며 주의하도록 당부했다.

> 구속사적 설교라는 이름을 사용하든 하지 않든 예수를 전한다는 선한 목적으로 때로는 본문을 무시한 채 빠르게 그리스도로 나아가는 과오가 종종 나타난다. 이는 주어진 성경 본문 자체의 권위를 자신도 모르게 떨어뜨리는 행위일 뿐 아니라 성경 해석의 가장 기본인 본문의 일차적 의미에 충실하라는 원칙에

---

38 Timothy Keller, *Preaching*, 『팀 켈러의 설교』, 채경락 역(서울: 두란노, 2016). 92.
39 류응렬, "구속사적 설교", 『신학지남』, 통권 296호(2008년 가을호), 88.

도 어긋난 해석이다.[40]

설교자는 먼저 본문의 고유한 의미를 찾아야 한다. 그 이후에 본문의 의미가 성경 전체에서 어떤 위치에서 어떤 역할을 하는지 이해해야 한다. 그 과정에서 무조건 '그리스도'라는 단어나 '그리스도의 사역'으로 연결하지 말고 더 넓은 관점으로 해석해야 한다. 곧 하나님의 전체 구속사 안에서 어느 부분에 해당하고 어떤 의미가 있는지 살펴보아야 한다. 또한 그리스도는 한 분이시나 삼위로 존재하시는 하나님이시기에 성부와 성자와 성령의 모든 견지에서 우리를 구원하시는 능력과 영광의 풍성함을 이해하고 해석해야 한다. 월터 브루그만(Walter Brueggemann)은 구약에서 구속사를 설교하는 일을 설명하면서 이 사실을 강조했다.

> 나는 구약성경이 신약과 예수 그리스도의 복음으로 이어진다고 믿는다. 그러나 직접적으로 거기에 이어지지 않고, 엄청난 해석 작업이 있어야 한다. 게다가 오로지, 필연적으로 거기에만 이어지지도 않는다. … 우리가 성자 안에 나타나는 성부의 충만함을 고백하듯이, 성부 안에 있는 이스라엘에 나타나는 하나님의 충만함을 고백할 수 있다.[41]

우리를 구원하시는 삼위 하나님을 설교한다면 이는 당연히 구속사적 설교다. 그 외에도 구속사 안에는 많은 내용이 포함되어 있다. 구속사 안에 하나님의 창조가 있다. 일반 은총의 영역도 구속사에 일부분이다. 이는 보존하시고 복을 주시고 구원하시기까지 기다리시는 하나님의 은혜를 이해하는

---

40 류응렬, "구속사적 설교", 79.
41 Walter Brueggemann, 56.

데 필수적이다. 인간의 타락도 구속사의 중요한 부분이기에 죄에 대한 설교도 당연히 그리스도 중심의 구속사적 설교다. 또한 거듭난 그리스도인의 성화도 구속사의 과정에 속하기에 그리스도인의 삶과 기독교 윤리를 전하는 것도 역시 구속사적 설교인 것이다. 에드먼드 클라우니(Edmund P. Clowney)는 신약의 예를 들어 윤리적인 설교가 구속사적 설교에 반하지 않는다는 사실을 설명했다.

> 구속사적 설교를 주장해 온 사람들은 '도덕화'(moralizing)를 공격했다. 어떤 사람들은 윤리적 설교와 구속 역사적 설교 중 하나를 선택해야만 한다고 생각했다. 그러나 신약은 양쪽을 인정할 뿐만 아니라 그것들을 대립 관계에 두지도 않는다.[42]

바울은 그리스도와 십자가를 전한 후에 자연스럽게 윤리의 문제를 다뤘다. 그렇게 제시되는 그리스도인의 삶까지 포함해서 모두 복음이기 때문이다. 시드니 그레이다누스(Sidney Greidanus)는 도덕적이고 모범적인 설교에 대한 반발로 모든 설교자는 구속사적인 설교를 해야 한다고 주장했다.[43] 물론 그는 성경 인물을 통해 단순히 인간적인 윤리와 교훈을 찾아내는 설교를 비판한 것이었지만, 성경 본문이 분명하게 인간의 윤리적 측면을 강조하고 있다면 이는 구속사의 한 영역에 속한다. 따라서 우리는 주저하지 말고 본문에 순종하여 그 내용을 전해야 한다. 구원받은 하나님의 백성의 삶의 양식은 성령의 열매로 나타날 수밖에 없고 또한 믿음은 반드시 변화를 수반하

42　Edmund P. Clowney, *Preaching and Biblical Theology* (Grand Rapids: Eerdmans, 1961), 78.

43　Sidney Greidanus, *Sola Scriptura: Problems and Principles in Preaching Historical Texts* (Eugene, OR: wipf & stock Publishers, 2001)

기 때문이다.

그러므로 기본적으로 그리스도를 중심으로 하되 이처럼 넓은 구속사의 틀 안에서 설교한다면 모두 그리스도 중심의 구속사적 설교이며 이런 설교는 성경적인 설교라고 할 수 있다.

⑥ 성령의 간섭과 주도

설교는 교회의 위대한 사역이지만 본질적으로 우리의 것이 아니라 하나님의 사역이다. 그렇기 때문에 성경적인 설교는 하나님께 모든 주권을 내어드려야 한다. 성경을 기록할 때 유기적 영감으로 역사하신 성령께서 성경을 해석하고 설교를 전하기까지의 전 과정에 유기적으로 조명하시며 역사하셔야 한다. 설교는 해석부터 청중 개개인의 변화에 이르기까지 전적으로 성령의 주권적인 사역이다.

그래서 설교자는 궁극적으로 성령의 은혜와 능력을 의존해야 한다. 자신의 무능력을 고백하는 겸손함과 하나님을 향한 신실함을 가지고 성령의 은혜를 구해야 한다. 설교자는 하나님의 말씀을 해석하고 전할 수 있는 남다른 능력을 부여받은 사람들이 아니다. 하나님을 알 만한 것이 온 세상에 가득해도 성령께서 눈을 열어 주시고 깨닫게 하셔야만 비로소 바르게 이해하고 전할 수 있다. 또한 성경은 영적으로 깨어 있고 성령의 역사를 기뻐하는 사람들에게만 이해의 문을 열어 주는 거룩한 책이다.[44] 성경 해석은 독자의 마음대로 의미를 규정할 때가 아니라 성령께서 말씀을 통해 들려주고자 하는 하나님의 뜻을 발견할 때 그 정당성을 얻는다.[45] 설교의 전 과정은 성령의 사역으로만 하나님의 역사를 나타낼 수 있다. 그 과정에서 설교자는

---

44 J. Kent Edwars, 159.
45 류응렬, "설교는 들음에서 나며: 설교자와 경건한 읽기", 『신학지남』, 통권 286호(2006년 봄호), 296,297.

성령의 손에 쓰임 받는 거룩한 도구다. 우리는 그 사실을 알고 철저히 자신을 낮추어 겸손하게 성령을 의지해야 한다.

해돈 로빈슨은 강해설교를 정의하면서 "하나님께서 성경 저자에게 의도한 본문의 의미를 묵상과 주해를 통해서 바르게 파악하여 성령이 먼저 설교자에게 적용시키고 그다음에 청중의 변화를 위하여 적용시키기 위해 가장 효과적인 방법으로 설교하는 것"이라고 말했다.[46] 이 정의의 여러 강조점 중에 특별히 '성령'의 역할을 주의 깊게 살펴봐야 한다. 설교에 있어서 성령의 역할은 중차대하고 절대적이다. 성령이 진리의 말씀을 밝히시고 말씀의 적용을 이뤄가신다. 성령이 먼저 설교자에게 말씀을 적용해 주실 때 설교자는 청중을 위한 말씀을 준비할 힘과 내용을 얻게 된다. 성령이 없으면 과거의 기록이 오늘을 살리는 능력이 되지 못한다. "설교는 하나님으로부터 듣고 백성들을 돕는 것이다."[47]

성경적인 설교는 이처럼 성령의 간섭과 주권적인 역사를 믿고 성령을 의지하여 행하는 설교다. 설교의 전 과정을 성령께 내어 드리는 설교다. 그래서 성경적인 설교는 본질상 영적이다.

⑦ 적용: 현대 청중을 향한 적실한 메시지

성경적인 설교는 적용을 중시하고 또 적실하게 시행한다. 직접적인 적용과 간접적인 적용 모두 필요 적절하게 설교의 과정에 포함시킨다. 오늘날 몇몇 설교학자는 직접적인 적용의 무용론을 주장하지만 성경적인 설교는 적용을 반드시 요구하며 간접적인 방식뿐만 아니라 직접적인 적용까지 필요로 한다.

---

46 Haddon W. Robinson, *Biblical Preaching: The Development and Delivery of Expository Messages*, 2nd ed. (Grand Rapids, MI: Baker, 2001), 20.

47 Kenton C. Anderson, *Choosing to Preach*, 38.

설교는 고대의 이야기를 들려주는 역사 해설 시간이 아니다. 지금, 바로, 여기, 설교가 이뤄지는 그 자리는 오늘 말씀하시는 하나님의 음성을 듣고 하나님을 만나는 적용이 일어나는 자리다. 성경에 기록되어 있는 설교들 역시 단순히 과거의 이야기를 들려주고 끝맺으려는 목적으로 시행된 적이 없다. 과거의 역사와 말씀의 의미를 밝히면서 그 의미가 당시 청중에게 어떤 교훈과 책망을 주었는지, 어떤 하나님의 뜻을 밝혔는지를 드러내며 적용하기를 목적으로 했다. 예수님의 설교가 보여 주는 교훈도 "성경적 설교는 더 이상 청중을 제외하고 오직 메시지에만 초점을 둘 수 없다"라는 것이었다.[48] 성경이 보여 주듯이 설교는 적용적이어야 한다. 그래야 성경적인 설교가 될 수 있다.

성경적인 설교는 적용을 시도한다. 마이클 퀵(Michael J. Quicke)은 성경적인 설교의 네 가지 특성을 설명하면서, "그것은 예언적, 변혁적, 성육신적, 그리고 다양하다는 점"이라고 말했다.[49] 여기에 나오는 성경적 설교의 특성들은 모두 적용과 관련되어 있다. '예언적' 설교는 "구약의 선지자들이 주님의 말씀을 들었을 때 했던 것처럼, 기독교 설교자들이 성경에 반응할 때 신적 실재의 '오늘 됨'에 대한 것이다."[50] '변혁적'이라는 말은 이 시대 청중의 삶의 변화를 의도한다는 말이다. '성육신적'이라는 말은 그리스도께서 인간의 몸을 입고 성육신하신 것처럼 과거의 기록이 오늘 우리 청중의 삶의 정황과 개인의 신앙에 직접적이고 구체적으로 적용되어야 한다는 의미다. 또한 '다양하다'라는 말은 전달의 효과를 위해서 청중의 다양성을 고려하고

---

[48] Ralph L. Lewis & Gregg Lewis, *Learning to Preaching like Jesus* (Westchester: Crossway Books, 1989), 16.

[49] Michael J. Quicke, *30-degree Preaching: Hearing, Speaking, and Living the Word* (Grand Rapids: Baker Academic, 2003), 19.

[50] Michael J. Quicke, 20.

구조의 다양성을 도모해야 한다는 의미다.

성경적인 설교의 특징은 이처럼 적용과 밀접한 관련이 있다. 적용은 설교에서 선택사항이 아니라 성경적인 설교의 필수 과정이면서 중요 목적 가운데 하나다. 성경적으로 설교하려는 설교자는 간접적인 방식으로뿐만 아니라 직접적으로도 적용해야 하며, 그 내용은 구체적이고 적실하고 다양해야 한다.

설교에서 적용이 중요한 이유는 청중의 변화를 위해서 하나님의 뜻을 전달하는 것이 설교이기 때문이다. 류응렬 교수는 "설교의 목적은 당시의 말씀을 오늘날로 적용하여 청중의 삶에 거룩한 변화를 일으키는 것"이라고 말했다.[51] 특히 성경적인 설교는 청중으로부터 구체적인 반응을 요구하기 위해 적용을 시도한다.[52] 이를 통해 예수 그리스도를 영접하고 죄를 뉘우치고 이전의 삶에서 돌이켜 변화된 삶을 살아가도록 결단하게 한다.

그런데 신설교학은 직접적인 적용의 무용론을 주장한다. 설교자가 청중에게 직접 적용을 시도하지 말고 청중에게 맡기라고 한다. 이는 하나님께서 무엇을 말씀하시느냐보다 청중이 어떻게 듣고 이해하느냐를 더 중요하게 여기는 신해석학의 영향 아래 있기 때문이다. 또한 성경의 권위를 무시하고 청중 개개인에게 이해와 판단에 주권을 넘기는 자유주의 신학을 따르기 때문이다. 나아가 개인의 주관적 이해를 중시하는 후현대주의 세계관과 철학을 고스란히 담아냈기 때문이다. 그래서 신설교학은 성경적인 설교와 거리가 멀다.

성경적인 설교는 간접적인 적용뿐만 아니라 본문에서 비롯된 바르고 구체적인 적용을 직접 시도한다. 하나님의 뜻을 따르는 청중의 변화를 목적

51　류응렬, "구속사적 설교", 90.

52　Bill D. Whittaker, *Preparing to Preach*, 『설교 리모델링』, 김광석 역(서울: 요단출판사, 2002), 20.

으로 하기 때문이다. 성경적인 설교는 적용을 주저하지 않고 말씀과 성령께 순종하여 적극적으로 적용을 실행한다.

성경적인 설교의 적용과 관련해서 알아야 할 중요한 특징이 하나 있다. 이는 적용이 이뤄지는 방식에 관한 것인데, 성경적인 설교의 적용은 '본문 내향적 방식'(intratextually)으로 이뤄져야 한다.[53] '본문 내향적 방식'이란 적용할 때 본문이 성도의 상황 밖으로 끌려 나와서 독자 중심으로 이뤄질 것이 아니라, 독자의 상황이 본문 안으로 끌려 들어가서 본문 안에서 해석되게 해야 한다는 개념이다.

설교자는 자신의 의도에 맞춰서 본문을 짜 맞추는 오류를 조심해야 할 뿐만 아니라 청중의 상황에 맞추거나 청중의 필요를 채우기 위해 본문을 끌고 나오는 오류도 역시 주의해야 한다. 성경적인 설교에서의 적용은 오직 '본문 내향적'으로 이뤄져야 한다. 본문의 상황과 의미가 청중의 상황과 삶의 의미를 제시하고 결정하고 안내하게 해야 한다.

2) 구성 요소로 본 성경적인 설교의 개념과 정의

지금까지 성경적인 설교를 이루는 기본적인 요소들의 중요 개념을 간략하게 살펴보았다. 여기서 그 강조점들을 다시 한번 정확하게 기억할 필요가 있다.

성경적인 설교는 첫째, 성경 본문에서 설교의 중심 사상과 설교의 내용과 적용이 나와야 한다. 본문이 설교의 모든 것을 주도해야 한다. 구체적이고 다양한 적용까지 본문 내향적이어야 한다. 둘째, 성경적인 설교는 한 가지 중심 사상을 중심으로 구성되어야 한다. 설교자가 본문을 적절하게 선택했다면 해석을 통해 단 하나의 중심 주제를 찾게 될 것이다. 설교는 바로 이

---

[53] Charles L. Campbell, *Preaching Jesus: New Directions for Homiletics in Hans Frei's Postliberal Theology* (Grand Rapids: Wm. B. Eerdmans Publishing, 1997), 74 참조.

본문의 중심 주제를 설교의 중심 사상으로 삼아 전달하는 과정이다. 셋째, 성경적인 설교는 반드시 본문을 통해 말하고자 하는 원저자이신 하나님의 의도와 의미를 파악하고 그 내용을 설교해야 한다. 성경을 기록한 목적과 의도를 무시한 채 설교자나 청중이 각자 나름대로 의미를 결정할 수 없다. 넷째, 성경적인 설교는 본문의 중심 내용이 그리스도를 중심으로 하는 하나님의 구속사를 드러내야 한다. 그런데 그 안에는 윤리적인 적용도 포함되어 있을 정도로 광범위하다는 사실을 잊지 말아야 한다. 또한 구속사와 전혀 상관없어 보이는 본문일지라도 구속사적 관점과의 연결을 확인해야 한다. 마지막으로, 이러한 설교의 전 과정과 내용은 반드시 성령의 조명과 인도와 역사 아래서 진행되어야 한다. 그때 인간의 연설이 아닌 하나님의 말씀을 전하는 성경적인 설교가 될 수 있다.

이를 종합해서 성경적인 설교를 정의하면 다음과 같다. "성경적인 설교는 오직 성령의 조명과 인도를 따라 하나님께서 성경 본문을 통해서 의도하신 하나의 의미를 찾아 이에 순종하여 자신과 이 시대의 청중에게 전달하고 이를 구체적이고 적실하게 적용하되 그 모든 내용이 철저히 본문에서 나오는 설교다." 이 정의는 앞에서 설명한 모든 개념을 함축하고 있다. 앞으로 본서에서 말하는 성경적인 설교의 내용과 철학은 기본적으로 이 정의에 근거하며, 필자는 이를 온전히 실현할 수 있는 성경적인 설교 방법을 제시하도록 할 것이다. 하지만 이는 성경적인 설교의 완성된 개념은 아니다. 본서는 그 마지막 퍼즐을 제시하려는 목적으로 기록되었다.

3) 성경적인 설교에서 논외로 다뤄온 영역

지금까지 논의한 성경적인 설교에 대한 정의와 개념은 성경적인 설교의 가장 기본적인 내용을 종합하여 정리한 것이기에 대부분 큰 논란 없이 받아들일 수 있을 것이다. 하지만 이제부터 다룰 내용은 그동안 성경적인 설교를 규명하는 작업에서 소외되었던 영역이다. 그래서 생소할 수 있다. 이는 신설교학의 작업을 통해 설교학에서 새롭게 깨닫게 된 영역으로 그동안 개혁주의와 건전한 복음주의 진영에서는 성경적인 설교의 개념으로 잘못 다루었거나 너무 가볍게 취급해 왔던 부분이다.

필자는 성경적인 설교의 기본적인 개념을 정리하는 과정에서 한 가지 공통적인 개념을 의도적으로 배제했다. 바로 그 부분에 학문적 검토와 논의가 필요하기 때문이다. 성경적인 설교에 대한 이론서들에 공통적으로 등장하는 내용이 하나 더 있었다. 그것은 바로 위의 개념들을 기본으로 한다면, 설교의 '구조'는 목적에 따라 얼마든지 다양하게 선택될 수 있다는 점이다. 오늘날 성경적인 설교의 구조와 관련한 대다수의 논의는 "복음은 변함없지만, 스타일과 형식은 변할 수 있다"라는 결론에 이르고 있다.[54] 강해 설교학의 대부인 해돈 로빈슨(Haddon W. Robinson)의 진술을 통해서 이러한 사실이 신설교학의 주장만은 아니라는 사실을 확인할 수 있다.

> '최상의 설교 형식'으로서의 실체는 없다. 설교들은 다양한 형식들을 취할 수 있다. 그러나 하늘로부터 내려온 설교 형식은 없다.[55]

그런데 이 결론이 정말 사실일까? 신설교학이 비판하는 전통적 설교의 '천편일률적인 형식'의 문제는 개혁주의 신학자와 설교학자들도 반박할 수 없는 고질적인 약점이었다. 어쩌면 그에 대한 비판과 다양한 구조 제시는 설교에 대해 고민하던 목회자들 모두에게 비추는 서광이었을지도 모른다. 신설교학이 제시한 여러 구조로의 구성은 성경적인 설교학에서도 외면할

54　Michael Rogness, 79.

55　Haddon W. Robinson and Torrey W. Robinson, *It's All in How You Tell It: Preaching First-Person Expository Messages* (Grand Rapids: Baker Books, 2003), 10.

수 없는 매력이 있었다. 무엇보다 구조적 다양성이 성경적인 설교로의 귀결의 근거가 될 수 있는 이유가 명확했다. 구조의 다양성을 주장하는 학자들이 이론적 근거로 내세운 부분이 상당히 성경적으로 보였기 때문이다. 그들은 그 이론적 근거로 하나님께서 다양한 방식으로 말씀하셨다는 사실을 내세운다. 이런 주장은 설득력이 있었다. 성경적으로 보였다. 당연히 이에 대해서 누구도 심각하게 문제를 제기하지 않았다. 노골적으로 지지하지 않더라도 암묵적으로 동의해 왔다. 다양한 구조로 설교하는 것이 정말 성경적으로 보였기 때문이다. 이 말은 '구조의 문제'는 성경적인 설교의 개념 속에 고려 대상이 될 수 없다는 의미이기도 하다. 어떤 구조든지 성경적인 설교의 정의와 개념 속에서 시행될 수 있다면 '성경적'이라고 말할 수 있게 되었다.

그러나 성경적인 설교를 논할 때, 우리는 구조를 배제하는 문제를 반드시 재고해야 한다. 구조의 다양성을 옹호하는 이론은 많지만, 성경적인 설교의 구조가 특정한 형식으로 구체화될 수 없는 이유에 대해서 납득할 만한 근거를 제시하는 이론은 없다. 당연히 성경적인 설교학을 고수하는 학자들도 신설교학의 구조와 관련된 개혁의 바람에 편승하여 성경적인 설교 개념과 철학을 실현할 수 있는 최상의 구조에 대해 논의하지 않는다. 처음부터 성경적인 설교를 위한 구조가 있을 수 있다는 아이디어를 배제하기로 약속이라도 한 듯 말이다.

하지만 그처럼 성경적인 설교와 구조의 다양성의 관계를 인정하려면 '성경적인 설교를 위한 특정한 구조는 없다'라는 사실에 대해 성경적이면서 설득력 있는 분명한 이론적 근거를 제시해야 한다. 그렇지 않다면 성경적인 설교를 위한 구조 연구는 반드시 실행되어야 한다.

성경적인 설교에서 특정한 구조에 대해 논의하지 않은 또 다른 이유가 하나 더 있다. 신학의 분야에서 이제까지 방법론은 중요한 연구 분야가 아니라는 관념이 지배적이었기 때문이다. 많은 신학자는 방법론은 신학이 아니라고 생각한다. 방법론은 주로 신학적 지식을 가지고 목회 현장에 나아가서 경험을 통해 습득하는 기술의 차원으로 이해한다. 그러나 방법론은 신학에서 분리될 수 없다. 대표적인 신설교학자의 말을 빌리자면 "설교의 내용뿐만 아니라 설교 방법도 근본적으로 신학적인 고려사항이다."[56] 이제 본서에서 다룰 내용은 바로 이와 관련되어 있다. 성경적인 설교에서 공통적으로 다루고 있지만 사실 배제하고 있는 영역, 바로 '성경적인 설교의 구조'에 관해 살펴보는 일이다.

이제까지 출판된 성경적인 설교에 관한 서적들은 성경적인 설교를 구현할 수 있는 특정한 구조에 대해 깊이 다루지 않는다. '무엇을 전할지'에 대해서는 깊은 고민이 있어도, 그것을 '어떻게 전할지'에 대해서는 여전히 학문의 진척이 더디다. 이성주의 사조에 대한 우려와 신설교학의 이론에 대한 반발로 성경적인 설교를 집대성하고 있는 설교학자들은 성경적인 설교의 '철학적 정립'과 '신학적 입장에 대한 논쟁'에는 심혈을 기울이지만 성경적인 설교의 '구조'와 관련된 이론 전개에는 거의 발전이 없다. 이 부분에 있어서만큼은 신설교학의 대부분의 이론을 그대로 수용하고 있다. 결과적으로 신설교학이 스스로 당당하게 밝히고 있는 구조와 내용의 상호 불가분의 관계를 굳이 외면하는 것이다.

내용은 구조와 밀접한 관련이 있으며 구조를 배제하고 내용을 생각할 수 없다. 내용은 구조를 통해 드러나고 구조는 내용을 최종적으로 결정한다. 또한 설교학에서 구조는 특정한 신학과 철학을 내용으로 실현해서 의미를 형성하는 방법이기에 우리는 반드시 구조에 대해서도 성경적인 설교의 신학과 철학을 담아내야 한다. 이제 성경적인 설교학에서도 구조까지 성경적으로 하는 방법론을 연구하고 그 결과를 내놓아야 한다. 특히 '성경적인 설

---

56 Fred B. Craddock, *As One without Authority*, 4th ed. (St. Louis: Chalice Press, 2001), 44,45.

교의 구조'는 바른 성경관을 가지고 있는 개혁주의 신학자들이 성경적으로 다시 깊이 연구해야 한다.

따라서 성경적인 설교를 위한 성경적인 구조가 과연 있을 수 있을지 살펴보고, 나아가 성경적인 설교를 위한 가장 기본적인 구조를 찾아보려고 한다. 데니스 케힐(Dennis M. Cahill)의 지적처럼 성경적인 설교를 규명하려는 진영에서도 분명 설교의 내용과 형식 사이에 균형이 필요하다.[57]

① 신설교학이 말하는 성경적인 설교의 요소

신설교학의 공헌 중의 하나는 성경의 장르와 본문의 구조에 관심을 가지게 한 것이다. 그들은 성경 본문의 구조를 따라 설교해야 한다면서 그들의 구조 이론을 전개했다. 특히 성경의 다양한 장르를 주목하면서 새로운 구조 이론을 제시해왔다. 그리고 그처럼 본문의 구조에 따른 설교 형식의 변화를 '성경적'인 설교의 실현으로 보았다. 하지만 성경의 장르와 본문의 전개 방식에 주의를 기울인 것과는 달리 본문의 내용과 의미를 설교하는 일에 대해서는 성경적인 설교를 논하지 않는다. 사실 본문의 내용과 의미에 관해선 절대적으로 관심이 없다. 그들에게 중요한 것은 성경에 나오는 '형식'에 한정되어 있다. 그중에도 특히 내러티브 형식을 주목하며 다양한 이론을 전개한다.

신설교학은 본문의 형식을 따르는 설교를 '성경적'이라고 말한다. 그리고 성경에서 사용하고 있는 수사학의 형태만큼이나 다양한 형식을 사용해야 한다고 주장한다. 그렇다면 설교의 구조는 정말 다양해질 것이다. 이야기의 구조만 봐도 하나로 일관해서 표현할 수 있는 형식이 없기 때문이다. 그래서 그들은 설교의 형식과 관련해 딱 잘라서 "'설교'라고 고정화될 수 있는

---

57 Dennis M. Cahill, *The Shape of Preaching: theory and practice in sermon design* (Grand Rapids: Baker Books, 2007), 47.

형식은 없다"라고 말한다.[58]

신설교학의 학문적 발전에 통찰을 제공한 그레디 데이비스(H. Grady Davis)는 성경적 설교는 본문의 의도와 형태에 충실한 설교의 구조를 가져야 한다고 말했다.[59] 그는 설교의 구조에 대해서 이론서를 정립한 초기의 학자로서 구조를 강조하다 보니 '성경적'이라는 단어를 붙여서 설명했다. 그리고 이후 신설교학은 모두 구조와 관련된 논의에서 '성경적'이라는 단어를 사용하고 있다. 대표적인 신설교학자인 크래독은 성경적인 설교를 다음과 같이 묘사한다.

> 송가는 송가답게, 내러티브는 내러티브답게, 논증은 논증답게, 시는 시답게, 비유는 비유답게 설교해야 한다. 다시 말해 성경적인 설교는 성경적이어야 한다.[60]

크래독은 개혁주의와 건전한 복음주의 설교자들과 마찬가지로 '성경적인 설교'를 주장한다. 그는 자신은 "천박한 쇼가 아니라 신실한 성경적 설교에 목표"를 가지고 있다고 말했다.[61] 그는 성경적인 설교를 정립하고 구현하는 일을 사명으로 알았던 것 같다. 그런데 단지 설교의 형식이 성경 본문을 따르는 것을 '성경적'이라고 표현했을 뿐이다. 성경적인 설교를 실현하는 일에 성경 본문의 내용은 별로 중요하지 않았다. 형식이 본문을 따르면 성경적인 설교다. 이는 개혁주의 설교학에서 말하는 성경적인 설교의 개념과 완전히 다르다. 성경적인 설교라는 이름으로 정리된 다른 이론서들의 공통

---

58 Fred B. Craddock, *Preaching*, 25th Anniversary ed. (Nashville: Abingdon, 2010), 170.
59 H. Grady Davis, 157.
60 Fred B. Craddock, *As One without Authority*, 163.
61 Charles L. Campbell, 126.

적인 견해와도 완전히 다르다.

신설교학자 유진 로우리(Eugene L. Lowry)는 성경의 장르와 본문의 형식을 존중하는 설교를 위해서 플롯(plot)으로서 설교해야 할 필요성을 지적했다.[62] 그는 전통적인 설교학은 성경 본문이 행하고자 하는 바를 온전히 수행하지 못하기에 이야기식 설교를 통해 본문이 말할 수 있게 해야 한다고 주장한다. 그리고 그러한 이야기식 설교가 성경적인 설교의 실천이라고 믿었다. 그는 그 주장의 근거로 최근의 성서학 이론을 제시했다. 비유나 성경의 의미를 굳이 밝히지 않고 있는 그 자체를 그대로 전달하기만 해도 성경의 의미를 충분히 전달할 수 있다는 이론이다. 이를 근거로 성경의 비유를 그대로 이야기만 해도 설교자의 역할은 끝났다고 말한다.[63] 본문의 내용을 해석해서 의미를 전할 필요가 없는 것이다.

그 외에 다른 신설교학 학자들도 성경 장르나 본문의 형식을 따라 설교해야 비로소 성경적인 설교가 될 수 있다고 말한다. 이는 성경적인 설교는 구조적 실천을 통해 이뤄진다는 주장이다. 그러면 성경적인 설교의 구조는 다양하게 나타나게 된다. 성경은 다양한 구조로 이뤄져 있기 때문이다. 여기서 주지해야 할 사실은, 이러한 다양한 구조로의 귀결이 있기까지 신설교학은 본문의 내용은 버리고 본문의 구조만 취하는 과정을 지나왔다는 점이다. 그렇다면 거기에는 분명한 '철학적 신학'(Philosophical theology)이 있는 것이다.[64] 이를 먼저 이해해야 한다. 그런데 개혁주의 설교자들은 신설교학의 구조 이론에 내재되어 있는 철학적 신학을 먼저 제대로 파악하지 않고 신설

---

62 Eugene L. Lowry, *The Homiletic Plot* (Atlanta: John Knox, 1980, 15.

63 Eugene L. Lowry, *How to Preach a Parable: Designs for Narrative Sermons* (Nashiville: Abingdon Press, 1989), 20,21.

64 '철학적 신학'은 신설교학자 버트릭이 그의 책에서 말한 것으로, 하나의 구조가 나오기까지 영향을 주는 특정한 신학과 철학과 해석학 등을 총칭하는 용어였다. David G. Buttrick, *A Captive Voice*, 73을 참조하라.

교학의 이론을 있는 그대로 받아들이고 있다. 신설교학이 어떤 동기와 목적으로 구조 이론을 전개하는지 알아보지 않고 단지 방법론만 적극적으로 수용한다. 그래서 개혁주의 설교자들 역시 목적과 대상에 따라 다양한 구조로 설교하는 것을 성경적인 설교의 구조적 실천이라고 믿고 있다.

이런 주장은 많은 학자에게서도 쉽게 찾아볼 수 있다. 김운용 교수는 하나의 설교 구조에 귀착해서 다양하게 설교하지 못하는 설교자는 하나의 옷만 입기를 고집하는 어린아이와 같고 성경적 방식을 거부하는 설교자가 되려는 것과 같다고 말했다.[65] 켄 랭리(Ken Langley)는 성경에서 말씀하는 하나님의 뜻을 전하는 설교를 교리적 설교라고 했고 성경의 장르를 고려해서 구조적으로 적절히 반영하는 설교를 성경적 설교라고 지칭했다.[66] 그들뿐만 아니라 성경적인 설교를 주장하는 개혁주의 진영에서도 이러한 진술에 대체로 동의하고 있다. 성경적인 설교로써 강해설교를 정립한 해돈 로빈슨이나 그의 제자로서 영향력 있는 강해 설교학자인 라메쉬 리차드(Ramesh Richard)도 설교의 구조는 다양해야 한다고 말했다. 그리고 성경적인 설교의 철학을 가장 잘 실천할 수 있는 형식에 대해서는 별로 고민하지 않는다.

신설교학의 주장을 논리상 귀납적인 전개를 통해 다시 한번 이 시대에 가장 적합한 양식으로 제언한 사람 중에 그래함 존스톤(Graham Johnston)이라는 학자가 있다. 그는 『후현대주의 세계를 위한 설교』에서 이 시대 청중의 특징과 시대의 변화를 다루면서 제일 마지막 장에서 이 시대에 적합한 형식의 설교를 제시했다.[67] 그 책에는 '성경적 설교'(biblical preaching)라는 단어가

---

[65] 김운용, 『현대설교 코칭』, 215.

[66] Ken Langley, "본문의 화음을 울리는 장르별 설교를 익히십시오", 『그말씀』, 통권 175호(2004년 1월호), 53.

[67] Graham Johnston, *Preaching to a Postmodern World* (Grand Rapids: Baker Books, 2001) 참조.

자주 등장한다. 그는 후현대주의 시대에도 성경적으로 설교해야 한다고 주장하는데, 그가 말하는 성경적인 설교는 결국 '귀납적 설교', '이야기식 설교', '이미지를 이용한 설교', '감정과 감각에 충실한 설교', '대화식 설교'라는 형식에 국한되어 있다. 이 책은 이 시대를 충실히 분석해서 성경적인 설교의 구조에 대한 이론을 새롭게 정립한 것이 아니라 후현대주의의 특징과 신설교학자들의 이론을 연결해서 그들의 이론을 그대로 열거했을 뿐이다. '성경적'이라는 단어는 역시 신설교학자들이 펼치고 있는 구조와 관련된 이론들을 주로 설명하는 데 사용되었다.

이런 주장들에 대한 예시는 얼마든지 보여 줄 수 있을 정도로 많다. 하지만 이런 주장들이 과연 성경적으로 정당성을 확보하고 있을까? 우리는 이 문제를 좀 더 진지하게 고민해 봐야 한다. 일리언 존스(Ilion T. Jones)의 지적처럼 사실 구조와 관련해서 "너무 많은 설교들이 인식할 수 있는 원리들을 언급하지 않고 그냥 느슨하게 함께 던지고 있다."[68] 신설교학에서 성경적인 설교는 단순히 구조만 성경에 근거한다면 내용을 배제해도 얼마든지 실현될 수 있다고 본다. 이 이론의 문제들을 차차 자세히 살펴보게 될 텐데, 우선 우리가 주목해야 할 사안은 성경적인 설교의 개념에서 '구조'에 대한 이해에 문제와 오류가 있다는 사실이다.

신설교학이 성경적인 설교의 요소로서 설교의 구조를 주목한 것 자체는 결코 문제가 아니다. 이는 모든 설교자에게 필요한 중요한 통찰이다. 하지만 그들이 말하고 있는 구조 이론에는 크게 두 가지 깊이 생각해야 할 부분이 있다.

첫 번째는 이미 설명해 왔듯이 설교의 구조를 성경에서처럼 다양하게 취할 수 있다는 주장이다. 지금까지 이 부분은 오히려 신설교학의 공헌으로

---

[68] Ilion T. Jones, *Principles and Practice of Preaching* (Nashville: Abingdon Press, 2001), 87.

회자되고 있다. 많은 학자가 성경 본문의 다양성을 근거로 설교 구조의 다변화를 이뤄냈다는 점을 신설교학의 학문적 공헌으로 인정한다. 그리고 실제 오늘에 이르기까지 많은 설교학자가 설교의 구조와 관련된 연구를 통해 설교학의 새로운 중흥기를 이뤄냈다. 하지만 정확히 말하면 성경의 특정 장르인 서사에 관심을 가지게 되었을 뿐이다. 신설교학은 다른 장르에서는 그 장르에 맞게 효과적으로 설교하는 방법을 사실상 제시하지 못했다. 또한 본문이 말하고자 하는 바를 정확하게 해석해야 한다는 측면에서는 오히려 멀어졌다. 그들이 말하는 성경적인 설교는 본문의 내용에 근거한 설교가 아니라 주로 성경의 서사성과 내러티브 장르를 설교의 형식으로 구현하는 것에 국한되어 있다.

물론 그들이 주장하는 설교 구조의 다양성 자체를 완전히 틀렸다고 말할 수는 없다. 설교 구조의 다양성에 대한 학문적 성과는 긍정적인 측면도 많아서 학습하고 사용하도록 권장해야 할 사안이다. 하지만 그 다양성에 대한 주장으로 인해 성경적인 설교의 철학과 신학을 구현할 수 있는 진정한 '성경적인 설교의 구조'를 연구해야 할 필요성을 생각하지 못하고 있다. 이 부분이 중요하다. 바로 여기에 문제가 있다. 우리는 성경적인 설교는 무조건 다양한 구조를 사용해야 한다고 말할 것이 아니라 가장 성경적인 설교를 실천할 수 있는 최선의 구조에 대해 논해야 한다.

그보다 중요한 두 번째 문제는 '구조'만으로 성경적인 설교를 규명할 수 있다는 주장에 있다. 신설교학에 있어 성경적인 설교에서 내용은 별로 중요치 않다. 이는 그들의 철학과 신학과 해석학의 영향 때문이다. 여기에 가장 주목해야 할 문제가 있다. 성경적인 설교는 그 개념에서 볼 수 있듯이 성경적인 의미와 철학을 반드시 실천할 수 있어야 한다. 단지 형식만으로 성경적이라고 주장하는 것은 알맹이를 전부 빼버린 빈 봉지를 들고 원래 내용물이 가득할 때의 가치와 동등하게 여기는 것과 별반 다르지 않다.

그들의 이론은 구조의 변화를 통해서 설교의 전달을 강조했다는 점에서는 아무런 문제가 없어 보이지만 하나의 특정한 구조를 제시하기까지의 이론적인 배경과 '무엇을 전할지'에 대한 설교학의 다른 이론들은 대부분 비성경적인 설교 신학에서 비롯되었다. 신학과 철학과 해석학에 모두 문제가 있다. 그렇기 때문에 그들이 제시한 구조와 관련된 이론들을 아무런 비판 없이 그대로 수용해선 안 된다. 하나의 방법론을 꽃피우기까지 보이지 않는 깊은 뿌리를 면밀하게 살펴봐야 한다.

전통적인 설교학과 성경적인 설교를 구현하려는 최근의 개혁주의 설교학자들은 설교의 내용의 측면에 많은 관심을 두면서 정작 성경적인 구조에 대한 이론은 배제하고 있어서 문제이고, 신설교학은 구조를 강조하지만 그들의 신학과 철학의 뿌리에 문제가 있어서 비성경적이다. 그리고 바로 이러한 양측의 문제 속에서 우리가 해결해야만 하는 중요한 사안이 하나 드러난다. 바로 설교의 내용과 설교의 구조는 함께 성경적이어야 한다는 점이다.

설교의 '구조'는 '내용'과 불가분의 관계에 있다. 마이클 퀵(Michael J. Quicke)은 "필연적으로, 구조가 내용에 영향을 주는 것처럼 내용은 구조에 영향을 준다"라고 말했다.[69] 그러므로 성경적인 설교를 하려면 성경적인 설교의 철학과 신학을 구현할 수 있는 구조를 선택해야 한다. 모든 구조가 다 성경적인 설교를 구현하는 데 적합한 것은 아니다. 반면 어떤 구조는 성경적인 설교를 구현하는 데 좀 더 적합할 수 있다. 최선의 구조도 찾을 수 있을 것이다. 아무리 성경적인 설교를 지향하는 설교자라 할지라도 비성경적인 철학적 신학을 구현한 구조를 선택한다면 결국 비성경적인 설교를 실천하게 된다. 설교 내용에 개혁주의 신학과 전혀 다른 신학적 실천이 담기게 된다. 구조가 달라지면 그 내용도 달라진다. 성경적인 설교의 재료는 성경적인

---

[69] Michael J. Quicke, 170.

설교의 그릇에 담아서 전달해야 한다.

② 성경적인 설교의 발전적 제언

20세기 말에 일어난 '성경적인 설교'라는 용어와 이론에 대한 폭발적인 관심은 시대의 변화와 그로 인한 설교학의 변화 때문에 일어난 새롭고도 갑작스러운 움직임이었다. 설교학자들은 때로는 그 변화에 대한 반작용으로, 때로는 그 변화를 옹호하고 변호하기 위한 노력의 일환으로 '성경적'이라는 단어를 각자의 설교 이론에 사용했다. 그래서 양측에서 '성경적'이라는 단어로 전개한 이론은 서로 다른 영역을 다루고 있다.

성경의 권위와 절대성을 설교의 출발점으로 보는 측에서는 성경적인 설교의 요소로 설교학과 관련된 대부분의 영역을 다루면서도 특이하게 수사학의 '배열'이나 설교의 '구조'에 관한 내용은 배제하였다. 단적인 예로 해돈 로빈슨은 '성경적인 설교'에 관한 그의 서적들에서 성경적인 설교의 철학이나 내용에 충실하다면 어떤 구조로 설교하든지 모두 성경적이라고 예증했다.[70] 그렇다면 어떤 구조의 설교도 성경적일 수 있다는 말이다. 더 나아가 구조의 '다양성'을 성경적인 설교의 핵심적인 요소 중의 하나로 말하는 학자들도 있다.[71] 그들은 다양한 구조를 목적과 대상에 따라 적절하게 사용하는 것이 성경적인 설교를 실현하는 방법이라고 주장한다. 특별히 어떤 특정한 구조를 언급하며 성경적인 설교의 방식이라고 구분하지 않는다.

반면, 신설교학자들은 '성경적'이라는 단어를 유독 그들의 구조와 관

---

[70] '성경적인 설교'라는 제목 하에 철학을 보여 준 책과 다양한 설교 장르의 적응성을 설명한 해돈 로빈슨의 책은 다음과 같다. Haddon W. Robinson, *Biblical Preaching: The Development and Delivery of Expository Messages*, 2nd ed. (Grand Rapids, MI: Baker, 2001); Haddon W. Robinson, *Biblical Sermons* (Grand Rapids, MI: Baker, 1989).

[71] Michael J. Quicke, 19.

련해서 사용하고 있다. '귀납적인 설교 형식'(inductive preaching)이나 그 방법론을 기반으로 발전시킨 '이야기식 설교'(narrative preaching), '이야기 설교'(storytelling sermon), '소설 설교'(novel preaching), '대화 설교'(conversational preaching) 등의 구조 이론을 펼치면서 예수님의 비유나 성경에 나오는 다양한 내러티브 양식을 근거로 '성경적'이라고 말한다. 하지만 그들은 구조와 관련된 영역을 제외한 다른 영역에서는 오히려 비성경적인 신학을 전제로 비성경적인 설교론을 전개하고 있다.

그렇다면 과연 성경적인 설교는 어떤 방향으로 나아가야 할까? 전통적인 설교학, 개혁주의 설교학, 그리고 건전한 복음주의 진영의 설교학을 따라 성경적인 설교의 철학적 신학을 지니고 있다면 구조는 얼마든지 다양하게 취해도 되는 것일까? 아니면 신설교학의 주장처럼 성경적인 설교의 개념과 철학은 없어도 성경의 구조를 반영했으니 충분히 성경적인 설교라고 할 수 있는 것일까? 개혁주의 설교학자의 입장에서 그 대답은 분명하고 명백하다. 신설교학자들의 진술처럼 설교에 있어서 하나의 철학과 신학은 반드시 특정한 형식을 통해 구현된다. 그렇다면 성경적인 설교 역시 그 철학과 신학을 가장 잘 구현할 수 있는 형식을 찾아야 한다.

이제 우리의 과제는 명확하다. 성경적인 설교는 그동안 성경적인 설교의 개념과 철학과 신학적 입장은 분명히 가지고 있었지만 그러한 내용을 실천할 수 있는 성경적인 설교의 구조는 가지고 있지 않았다. 그리고 신설교학은 '성경적'이라는 단어를 차용해서 오직 설교의 구조를 설명하는 데 사용하고 있음에도 그들의 설교 구조가 성경적이지 않은 이유는 성경적인 설교의 개념과 철학이 잘못되었기 때문이다. 앞에서 논의한 성경적인 설교의 개념을 충족시킬 수 있는 요소들이 없으면서 그저 형식이 본문에서 나왔다는 이유만으로 성경적인 설교라고 말할 수는 없다.

따라서 우리는 성경적인 설교의 개념과 철학을 가장 잘 구현할 수 있는 성경적인 설교의 구조를 찾아야 한다. 단지 무엇을 설교할지만이 아니라 어떻게 설교할지에 관해서도 성경적이어야 한다. 진정한 의미에서 성경적인 설교라고 말할 수 있으려면 그 내용과 형식 모두 성경적이어야 한다. 잘못된 형식을 성경적이라는 이름을 붙여 제시할 것이 아니라 진정 성경적인 설교의 철학적 신학을 그대로 담아내는 구조를 성경적인 설교의 구조라고 칭해야 한다. 이제 "성경적 설교를 위하여 성경의 내용을 충실히 담을 구조가 필요하다."[72]

본서의 주목적은 바로 여기에 있다. 성경적인 설교의 철학과 신학을 가장 잘 구현할 수 있는 성경적인 설교를 위한 구조를 제안하는 일이다. 그리고 그 구조가 급변하고 있는 시대에 강단의 위기를 극복할 수 있는 대안이 될 수 있을지도 함께 살펴보려고 한다. 가장 성경적인 것이 가장 효과적이고 가장 시대적인 적응성이 뛰어나다는 사실을 밝히려 한다. 이제 성경적인 설교를 완성하기 위해서 논의의 중점으로 끌고 들어와야 하는 것은 바로 성경적인 설교를 위한 구조를 규명하는 일이다.

2. 성경적인 설교의 새로운 영역: 구조

설교에서 개요의 중요성은 누구나 잘 알고 있을 것이다. 아무리 좋은 건축 자재를 많이 가지고 있어도 뼈대를 잘 세우지 않으면 건물이 올라갈 수 없는 것처럼, 설교를 위해 좋은 자료를 많이 확보했을지라도 개요를 잘 세우지 않으면 완성된 설교를 작성할 수 없다. 반면 개요만 잘 구성하면 설교의 내용이 명료해지고 청중에게 효과적으로 전달되어 설교의 목적을 온전히

---

[72] 정성영, 『설교 스타일』 (서울: 한들출판사, 2004), 43.

이루게 한다. 그런데 개요는 설교 구조화의 과정에서 일부의 작업에 불과하다. 그렇다면 설교에서 구조가 도대체 얼마나 중요하단 말인가.

하지만 구조에 대한 논의는 어려운 작업이다. 설교에서 가장 중요한 영역 중 하나가 구조라는 사실을 알아도 구조에 대한 논의는 언제나 다루기 어렵다. 이 논의는 종종 잘못된 결론에 이르곤 한다. 그래서일까, 많은 설교자가 설교를 준비할 때 구조를 고민하지 않고 자신에게 익숙한 구조를 습관적으로 사용한다. 혹 구조화에 관심이 있는 설교자라면 학자들이 제시한 방법론을 비판 없이 사용한다. 하나의 구조 이론이 탄생하기까지 생각보다 훨씬 복잡한 신학과 철학과 해석학과 목적과 이유가 작용했다는 사실을 알지 못한다. 학자들의 구조 이론의 실용성만 따져 보고 긍정적으로 받아들인 후에 그 효과를 기대하며 설교에 적용할 뿐이다.

1) 성경적인 설교에서 구조를 논하지 않는 이유

성경적인 설교를 추구하는 학자들은 하나님께서 원하시는 가장 이상적인 설교를 규명하기 위해 오랜 기간 연구하면서 이론을 정립했다. 하지만 그들은 공통적으로 '구조'에 대한 부분을 심도 있게 다루지 않는다. 개혁주의 신학도 마찬가지다. 개혁주의는 성경을 신앙과 삶의 유일한 규범이자 원리로 보고 그 무엇보다 성경대로 실천하기를 최고의 가치로 고백한다. 개혁주의 설교학은 같은 확신 아래에서 성경적으로 설교하기 위해 갱신하고 개혁하기를 기꺼워한다. 그런데 개혁주의도 성경적인 설교에 대한 논의에서 구조에 대한 논의를 배제하고 있다. 단순히 다양한 방식으로 설교하는 것을 성경적이라 하는데, 이는 신학적인 논의의 결과가 아니라 다른 이론들을 그대로 수용한 결과다.

실례로, 수눅키안(Donald R. Sunukjian)은 『성경적인 설교로의 초대』에서 성경적인 설교의 구조를 설명하기 위해 한 챕터를 할애하고 있다.[73] 그런데 그 논지는 성경에서 찾은 진리를 전달하기 위해서 얼마든지 구조를 다양하게 사용할 수 있다는 것이다. 이 논리는 현재 성경적 설교론이 가지고 있는 구조에 대한 이해와 입장을 명확히 보여 준다. 성경적인 설교로서 강해설교에 대해 깊은 통찰을 제공한 해돈 로빈슨(Haddon W. Robinson)도 『성경적인 설교』에서 다양한 구조의 설교가 어떻게 성경적인 설교일 수 있는지 여러 예시로 증명하려 했다.[74] 결국 철학만 성경적이라면 어떤 구조의 설교든지 다 성경적인 설교라는 말을 하고 싶은 것이다.

이는 대부분의 학자에게서 공통으로 발견되는 특징이다. '성경적인 설교'가 무엇인지에 대해서 저술한 에릭 알렉산더(Eric J. Alexander)는 성경적인 설교의 중요한 구성 요소 중 하나로 '형식'을 말했다. 하지만 그 역시 성경적인 구조에 대한 논의보다 설교의 구조를 잘 계획해서 명료하게 구성하라는 측면만 강조한다.[75] 김운용 교수도 "설교 방법론은 세대, 문화, 집단의 특성에 따라서 다양하게 활용될 수 있으며, 모든 설교가 반드시 따라야 하는 가장 이상적이고 표준적이며, 반드시 이것이어야만 하는 불변의 형식이 있는 것은 아니다"라고 말했다.[76] 오늘날 성경적인 설교를 표방하는 대부분의 학자는 거의 같은 결론에 도달하고 있다.

이처럼 성경적인 설교는 설교의 구조, 형식, 패턴 등에 대해 거의 무관심하다. 그 부분에 이르면 거의 신설교학의 이론과 노선을 같이하고 있다.

---

73 이에 대해서 그(Donald R. Sunukjian)의 책 *Invitation to Biblical Preaching* (Grand Rapids: Kregel Publication, 2007), 142-220을 참조하라.

74 이에 대해서 그(Haddon W. Robinson)의 책 *Biblical Sermons* (Grand Rapids: Baker Book House, 1989)를 참조하라.

75 Eric J. Alexander, 21-23, 25-27.

76 김운용, 『설교의 새로운 패러다임』, 173.

어떤 면에서 성경적인 설교를 연구한 학자들이 성경적인 구조를 밝히지 않았다는 것은 곧 성경적인 구조로 어떤 특정한 구조를 사용하는 것이 옳지 않다는 결론으로 보인다. 그러나 구조의 다양성의 귀결은 구조에 대한 진지하고 합리적인 신학적 연구 결과로 보이지 않는다. 그렇다면 왜 이런 결과를 내놓는 것일까? 구조의 다변화가 정답이라고 말하는 몇 가지 이유가 있다.

① 강해 설교의 철학화

신설교학과 그들의 이론을 긍정적으로 수용한 학자들을 제외하면, 보통 성경적인 설교가 무엇인지에 대한 논의는 '강해 설교'라는 결론으로 나아갔다. 그래서 '강해 설교'를 설명하는 많은 책자가 '성경적인 설교'라는 타이틀을 붙이고 있다. 성경의 본문을 설교하되 적합한 해석 도구들을 사용해서 성경 전체의 범위 안에서 그 구절의 가장 정확한 뜻을 찾아내어 오늘의 청중의 삶과 상황에 적용하는 설교가 '성경적인 설교'이며, 그 설교가 바로 '강해 설교'라는 인식이 연결되어 있기 때문이다. 켄톤 엔더슨(Kenton C. Anderson)은 "나는 본문의 메시지, 의도, 효과, 그리고 심지어 본문의 형식에도 충실한 설교를 묘사하기 위해 '강해'라는 용어를 사용하고 싶다"라고 말했다.[77] 강해 설교가 가장 성경적인 설교라는 의미다. 이현웅 교수는 강해 설교의 장점을 말하면서 "설교의 내용과 양식에 있어서 최선의 성서적 설교"라고 말했다.[78] 에릭 알렉산더도 성경적인 설교 이론을 전개하면서 '진정한 강해 설교'를 '성경적인 설교'와 동의어로 사용한다.[79]

그러나 강해 설교라는 이름 아래 있는 모든 설교 방식을 전부 성경적인

---

77 Kenton C. Anderson, *Choosing to Preach*, 35.

78 이현웅, 『현대설교 코칭』 (서울: 예배와설교아카데미, 2011), 168.

79 Eric J. Alexander의 *What is Biblical Preaching* 참조.

설교로 볼 수는 없다. 강해 설교라는 용어가 의미하는 바를 오해하거나 곡해하는 경우가 비교적 많기 때문이다. 강해 설교는 한 권의 책을 순서대로 설교하는 연속 설교나 한 구절씩 주해하는 주해 설교와 다르다. 강해 설교는 특정한 설교 형식을 가진, 여러 설교 형식 가운데 하나도 아니다. 설교학자들은 때로는 진정한 성경적인 설교를 강해 설교로, 때로는 성경적인 설교 안에 포함되는 중심적인 설교 방법으로 강해 설교를 묘사하곤 한다. 켄톤 엔더슨이 그런 경우다. 그는 가장 성경적인 설교가 강해 설교라고 말했지만 '성경적인 설교'를 '강해 설교'보다 더 넓은 영역의 용어로 설명하고 있다.[80]

이처럼 강해 설교를 성경적인 설교로 인식하는 이유는 강해 설교에 대한 개념이 달라졌기 때문이다. 이제 강해 설교학에서는 강해 설교를 하나의 스타일이나 설교 방법론으로 설명하지 않는다. 강해 설교를 성경적 설교를 위한 '철학'으로 이해한다. 강해 설교의 대부 해돈 로빈슨은 분명하게 "강해 설교는 설교의 형식이 아니라 철학"이라고 말했다.[81]

강해설교가 하나의 방법론이 아니라 설교 철학이라는 사실은 이제 설교자들 사이에서 많은 공감을 얻으며 널리 알려졌다. 그리고 강해 설교의 철학화에 따라 성경적인 설교를 강해 설교라는 용어와 혼용해서 사용할 만큼 같은 맥락에서 이해하게 되었다. 더 나아가서 강해 설교를 "특정 방법의 문제가 아니라 하나님의 말씀에 대한 헌신 혹은 확신의 문제"로 설명하기도 한다.[82] 하지만 하나의 철학과 신학은 방법론과 분리되지 않는다. 강해설교를 철학으로 보는 것은 분명히 맞는 말이고 이는 강해설교학의 지평을 확장

---

80 Kenton C. Anderson, *Choosing to Preach*, 35.
81 Haddon W. Robinson, *Making a Difference in Preaching*, 64; Steven D. Mathewson, *The Art of Preaching Old Testament Narrative* (Grand Rapids: Baker Academic, 2002), 25.
82 Steven D. Mathewson, 25.

한 이해다. 하지만 철학은 곧 방법론으로 연결되어야 한다.

오늘날 설교학은 강해 설교의 철학 아래서 다양한 구조로 설교할 것을 권고하고 있다. 강해 설교가 철학이기에 그 안에서 구조의 다양화가 얼마든지 가능하게 된 것이다. 강해 설교를 준비할 때 설교자에게 가장 잘 맞는 설교 형식을 취하는 것도 좋겠지만, 다양한 구조로 설교하는 것이 더 바람직하다고 말한다. 켄톤 엔더슨은 "하나의 강해 설교는 하나의 특정한 형식을 요구하지 않으며, 차라리 본문의 장르와 청중의 필요들에 따라 다양한 모양을 취해야 한다"라고 말했다.[83] 스티븐 메튜슨(Steven D. Mathewson)도 "획일적인 강해설교의 형식이란 것은 존재하지 않는다"라며 이런 사실을 강조했다.[84] 해돈 로빈슨도 구조의 다양성을 설명하면서 "성경은 기독교 설교들이 취해야만 하는 단 하나의 형식을 제공하지 않는다"라고 분명히 말했다.[85] 이처럼 강해 설교의 철학화가 구조의 다양화로 자연스럽게 연결된 것이다.

강해 설교 철학에 충실히 따른다면 설교 방법론이나 구조를 별로 중요하지 않다고 본다. 오히려 다양한 설교 형식을 사용하는 것이 성경적이라고 설명한다. 그 결과 오늘날 성경적인 설교는 다양한 설교 형식을 취하게 되었다.

물론 이런 구조의 다양화를 무조건 비판할 수는 없다. 사실 전통적인 설교학에서는 이제까지 강해 설교라고 하면서 그 구조로 연역적인 3대지 설교의 기본적인 틀을 취하거나 본문을 한 절 한 절 읽고 의미를 밝히는 형식을 취해 왔다. 설교의 구조는 반드시 내용에 영향을 주게 되어 있는데, 오히려 이런 형식들은 강해 설교를 성경적인 설교가 되지 못하도록 방해해 왔다. 모든 본문을 단순히 3대지로 나누어 설교하는 것은 성경 본문에 순종하

---

83 Kenton C. Anderson, *Choosing to Preach*, 35.
84 Steven D. Mathewson, 26.
85 Haddon W. Robinson and Torrey W. Robinson, 11.

는 설교 형식이 아니다. 그리고 절별로 차례로 읽고 주해하는 것은 본문을 통해서 말씀하시는 하나님의 의도를 외면하는 형식이다. 일정한 본문을 통해 말씀하시는 하나님의 뜻은 하나이기 때문이다. 전통적인 설교의 전형적인 형식은 설교자가 자신의 의도나 특정 설교관을 따라 본문의 내용을 가감하면서 정확한 의도를 드러내지 못하게 방해해 왔다. 형식으로 본 강해 설교는 본래의 목적과 달리 성경보다 설교자의 판단과 의도에 주도권을 내주고 있었다.

하지만 이제 강해 설교가 하나의 방법론이 아니라 철학이 되었기에 그 철학 아래서 본문이 보여 주는 내용을 충실히 반영하는 설교가 나올 수 있게 되었다. 그 본문 안에 담겨 있는 하나님의 의도를 설교의 중심 사상이 되게 했다. 또한 성경의 장르와 본문의 중심 명제를 수사적으로 더 분명하게 드러낼 수 있게 되었다. 이제 다양한 형식의 변화와 설교 방법론이 발전될 수 있는 길이 열리게 된 것이다.

그런데 강해 설교의 진정한 의미를 찾게 되었고 구조적 다양화의 길이 열렸지만 단 하나, 성경적인 설교의 구조를 연구할 수 있는 길은 막혀버렸다. 강해 설교의 철학을 담아낼 수 있는 보다 적합한 그릇에 대한 연구는 시작조차 하지 못하게 되었다. 구조의 다양성을 거부할 수 없지만, 보다 성경적인 설교를 시행할 수 있는 구조에 대한 연구는 진행되어야 한다. 남의 것을 빌려 쓸 수 있다고 우리 것을 찾으려는 노력을 접어서는 안 된다.

② 성경 장르의 다양성

두 번째 이유는 성경 장르의 문학적 다양성 때문이다. 성경은 시, 서신, 율법서, 복음서, 역사서, 예언서, 묵시 등의 다양한 문학 장르로 구성되어 있다. 그리고 각 장르는 그 중심 주제를 상이한 방식으로 드러내고 있다. 하나님께서 당신의 뜻을 전달하는 데 다양한 장르를 사용하신 것이다. 그리고 각각의 장르는 하나님의 말씀을 전하는 데 조금도 문제가 되지 않는다. 오히려 각 장르의 특성은 하나님의 뜻을 전달하는 풍요롭고 다채로운 방식이 되었다. 하나님께서 문학 장르를 사용해서 당신의 뜻을 계시하셨기에 설교자도 다양한 해석 방법을 통해 하나님의 뜻을 알아가고 하나님을 경험하는 기쁨을 누리게 되었다. 그런데 바로 이와 같은 장르의 다양성이 설교 구조의 다양성을 주장하는 또 하나의 근거가 되고 있다.

설교학은 장르의 다양성을 설교 구조와 연결한다. 특히 문학 비평 작업에 해석학의 기반을 두고 있는 설교자들은 하나의 본문의 형식은 그 설교의 구조에 영향을 주어야 한다고 말한다.[86] 또한 페르디낭 드 소쉬르(Ferdinand de Saussure)나 자크 데리다(Jacques Derrida) 등의 연구를 통해 20세기 후반에 일어난 언어 구조 비평의 견지에서는 글의 저자가 아니라 문학 자체의 구조와 문화가 의미를 결정한다는 전제로 성경을 대하고 있다. 이와 같은 구조주의 비평으로 성경을 보면 본문의 특정 장르의 구조는 반드시 의미의 일부가 되어야 한다. 설교학자들은 이런 측면에서 장르와 구조의 긴밀한 연관성을 이해하고 구체적인 방법론으로 발전시키고자 했다. 성경 본문을 구조화해서 전달할 때 성경의 장르를 존중해야 한다는 것이다.

근래에 발전한 문학 비평에서 이론의 당위성을 찾은 설교학자들은 성경의 장르가 설교 구조에 어느 정도 영향을 주는 정도가 아니라 아예 설교 구조를 결정해야 한다고 말한다. 신설교학자 크래독(Fred B. Craddock)은 문학 비평의 직접적인 영향을 받아, 성경의 장르와 문학적 구조를 무시하는 설교를 비판하며 "설교자는 물을 다 끓여서 증발시켜 놓고, 그릇 바닥에 남은 찌꺼기만 설교한다"라고 말했다.[87] 이러한 주장과 맥락을 같이하는 학자

---

[86] Dennis M. Cahill, 60.

[87] Fred B. Craddock, *Preaching*, 123.

들은 오늘날 '장르별 설교'라는 특수한 연구 분야를 발전시켰다. 장르별 설교를 주장하는 캔 랭리(Ken Langley)는 "본문이 어떻게 자신의 의미를 그 형태 안에 담고 있는가를 인식하고, 설교 역시 같은 형식으로 이뤄지지 않으면 본문의 수사학적인 효과를 담아낼 수 없다"라고 말한다.[88]

이처럼 설교의 구조는 성경의 장르를 따라야 한다는 이론이 속속 제기되었다. 그리고 각 장르별로 적합하고 효과적인 설교 방법론에 대한 연구가 계속되었다. 역사서는 이야기식(narrative)으로, 서신서는 연역적인 방식으로 설교하는 등 성경의 장르가 설교의 구조에 직접적인 영향을 주어야 한다고 주장한다. 특히 성경의 서사성의 발견은 이야기식 설교학의 발전을 이뤄냈다. 존 홀버트(John Holbert)는 "내러티브를 가장 잘 표현하는 것은 내러티브뿐이다"라고 말했다.[89] 홍문표 교수도 "역사적 실재는 이야기적 구조로서의 신앙적 플롯에 의하여 의미를 제공받게 되는 것"이라고 말하며 역사서의 가장 효과적인 전달 방식은 이야기식 구조라고 말한다.[90]

장르가 설교 구조에 영향을 미친다는 이론은 내러티브를 중심으로 발달해 왔지만, 성경의 모든 장르를 설교 구조를 위해 사용해야 한다는 이론으로 점차 확대되고 있다. 심지어 헨리 미첼(Henry Mitchell)은 "본문에 담겨 있는 것과 다른 형식을 사용하는 것은 본문의 의미에 폭력을 가하는 것"이라고 말했다.[91] 이와 같은 맥락에서 각 장르마다 가장 적합한 설교 스타일을

---

88 Ken Langley, 54. ; 여기서 '본문'은 '장르'를 의미한다.

89 John C. Holbert, *Preaching Old Testament: Proclamation and Narrative in the Hebrew Bible* (Nashville: Abingdon, 1991), 47. quoted in Dennis M. Cahill, 60.

90 홍문표, 『기독교 문학의 이론』 (서울: 창조문학사, 2005), 61.

91 Henry Mitchell, "The Hearer's Experience of the Word" in *Listening to the Word*, ed. Gail R. O'Day and Thomas G. Long (Nashville: Abingdon, 1985), 233. quoted in Dennis M. Cahill, 60.

찾아서 설교하기 위한 노력과 연구가 계속되고 있다.[92] 이러한 연구는 분명 설교학의 학문적 영역을 발전시켰다. 그리고 이는 설교 구조의 다양성을 정당화하는 또 하나의 근거가 되고 있다.

그런데 구조주의 문학 비평에 근거한 설교 구조에 대한 이론을 이렇게 무조건 수용해서는 안 된다. 그 배경에는 '저자'의 의도는 무시하고 '본문'만 남아 있다는 분명한 해석학적 입장이 있기 때문이다. 엄밀하게 말하면, 성경이 특정 구조로 의미를 표현한다고 해서 "하나님께서 특정 본문을 소통하기 위하여 사용한 형식과 도구를 오늘의 설교자가 그대로 사용해야 한다는 의미는 아니다."[93] 우리는 '장르'와 '설교'의 연결을 하나님께서 의도하셨다는 확신을 가질 수 없다. 그렇다면 성경의 저자이시며 설교를 그 백성과의 소통 방식으로 정하신 하나님께서 원하시는 설교 형식은 과연 무엇일까? 하나님은 어떤 형식을 우리 설교의 구조로 보여 주셨을까? 우리는 이러한 관점에서 설교 구조 이론을 연구해야 한다.

장르를 주목하게 된 것은 물론 해석학에서는 괄목할 만한 발전이다. 이는 해석학에서 시작한 질문이고 해석학에서 본문을 정확하게 이해하기 위해 찾은 하나의 방법이었다.[94] 하지만 저자를 무시하는 전제에서가 아니라 저자의 의도와 의미를 파악하는 방향으로 발전되어야 한다. 본문을 해석할 때 장르별 구조를 잘 분석해서 하나님께서 전하려는 뜻을 정확히 찾으면 그걸로 충분하다. 본문이 뜻을 드러내는 방식도 얼마든지 설교의 구조로 드러낼 수 있다. 하지만 더 넓은 의미에서 장르의 형식을 설교의 형식에 반영하

---

92 Elizabeth Achtemeier, *Preaching from the Old Testament*, 『구약, 어떻게 설교할 것인가』, 이우제 역(서울: 이레서원, 2004); Scott M. Gibson, *Preaching the Old Testament* (Grand Rapids: Baker Books, 2006) 참조.

93 Zack Eswine, *Preaching to a Post-Everything World*, 『현대인을 위한 성경적 설교』, 이승진 역(서울: CLC, 2010), 156.

94 정창균, 『고정관념을 넘어서는 설교』 (수원: 합동신학대학원출판부, 2002), 27.

려는 시도는 오히려 하나님의 뜻을 왜곡시킬 위험이 크고 실제 서사 설교들을 제외하면 전달의 효과를 약화시키게 될 것이 분명하다.

③ 수사적 구조의 다양성

셋째, 본문에 나타나는 수사적 다양성이 다양한 방식으로 설교해야 한다는 또 다른 이유가 되고 있다. 성경 안에는 비유, 상징, 아이러니, 유머, 역설법, 교차대구법, 은유, 비교, 대조 등의 다양한 문학 기법과 수사 기법이 사용되었다. 하나님은 전달하시려는 의미를 강조하거나 두드러지게 드러나게 하시려고 수사법을 사용하셨고, 이는 문단과 문장 안에서 다양한 구조와 형태로 나타나고 있다. 수사적 구조에는 귀납법과 연역법 같은 글의 전개 방식도 포함되어 있다. 설교학자들은 이러한 수사적 다양성을 설교 구조 다양성의 또 다른 이론적 근거로 설명한다.

잭 에즈윈(Zack Eswine)은 "설교자들은 본문이 말한 것을 결정하는 방법을 배워야 하지만, 그와 동시에 그 본문이 어떻게 말하고 있는지의 형식도 찾아낼 줄 알아야 한다"라고 말했다.[95] 워렌 위어스비(Warren Wiersbe)도 성경적인 설교를 설명하면서 "성경적으로 설교한다는 의미는 성경의 진리를 정확하게 설교한다는 것 이상의 의미로, 성경의 저자나 연설자가 제시하는 방식으로 그 진리를 제시하는 것을 의미한다"라고 말했다.[96] 이들의 말이나 다른 신설교학자들의 주장처럼 설교자들이 설교의 내용뿐 아니라 형식을 가르치기 위해서 성경 본문을 허용하는 것은 분명히 많은 가치가 있다. 이는 개혁주의 설교학에서도 중요하게 다루는 내용이다. 본문의 수사법이나 글의 전개 방식은 본문의 해석뿐만 아니라 설교의 구조를 결정할 때도

---

[95] Zack Eswine, 156.

[96] Warren W. Wiersbe, *Preaching and Teaching with Imagination: The Quest for Biblical Ministry* (Grand Rapids: Baker, 1999), 36.

영향을 주어야 한다. 알버트 몰러(R. Albert Mohler Jr.)는 이는 성경이 설교자들에게 요구하는 바로써 마땅히 따르라고 말했다.

> 성경은 역사적인 내러티브, 직접적인 담론, 그리고 묵시적 상징주의 등을 포함한다. 문학적 구조의 이런 다른 양식들로 인해 설교자는 본문에 주의를 집중하며 본문이 메시지를 형성하도록 해야만 한다는 요청을 받고 있다.[97]

크래독도 "사실상, 설교의 형태는 신약성경 안에서 사용되고 있는 수사학의 형태만큼이나 다양해져야 한다"라고 말했다.[98] 예를 들어, 나단 선지자의 귀납적 이야기식 설교를 설교의 구조에 직접 사용하고, 예수님의 비유 형태를 설교의 구조에 직접 반영해야 한다는 식이다. 선지서의 연역적 전개를 설교의 구조로 사용하고, 에베소서의 빛과 어두움에 속한 자녀의 대조를 설교의 구조에 가져와서 사용해야 한다는 것이다.

그렇게 보면 설교의 구조는 매우 다양하게 나타날 수 있다. 성경 본문에는 매우 다양한 수사법과 수사적 전개 방식이 사용되었기 때문이다. 그래서 성경적인 설교를 완성하기 위한 특정한 구조보다 다양한 구조로 설교하는 것이 성경적이라는 논리가 세워지고 있다.

④ 하나님의 발화의 다양성

넷째, 설교 구조의 다양성의 또 다른 근거로 하나님께서 다양한 형식으로 말씀하셨다는 사실을 들고 있다. 위에서 성경을 문학적인 장르와 수사적인

---

[97] R. Albert Mohler Jr., "강해설교: 기독교 예배의 핵심", in *Give Praise to God*, ed. Philip Graham Ryken & Derek W. H. Thomas & J. Ligon Duncan III, 『개혁주의 예배학』, 김병하, 김상구 역(서울: 개혁주의신학사, 2012), 199-200.

[98] Fred B. Craddock, *As One without Authority*, 45.

기법 등으로 표현했지만, 성경은 단순한 문학 작품을 넘어 살아 계신 하나님께서 주신 계시의 말씀이다. 하나님께서 다양한 형식으로 성경을 기록하셨고, 그 기록을 통해 지금도 말씀하고 계신다. 성경은 하나님의 말씀이기 때문에, 단순히 성경을 읽는 자체도 우리를 향한 설교를 듣는 것으로 이해할 수 있다.

그렇게 보면 성경에 나오는 문학적 다양성은 곧 "하나님께서 우리에게 다양한 방식으로 말씀하신다"라는 의미를 지닌다. 그리고 바로 이 사실이 설교 구조의 다양성을 주장하는 또 다른 이유가 되고 있다. 하나님의 다양한 발화 양식을 근거로 해서 구조와 관련해 "한 가지 정해진 패턴은 주어진 적이 없었고, 우리의 급변하는 시대에도 우리는 신약성경에서 찾을 수 있는 것과 같은 다양성을 인정해야만 한다"라고 주장한다.[99] 또한 가장 위대한 커뮤니케이터였던 예수님께서 다양한 방법으로 말씀을 전하셨다는 사실도 역시 구조적 다양성의 근거로 제시되고 있다.

이처럼 최근의 설교학은 하나님의 말씀인 성경의 문학성과 예수님의 설교가 설교 구조의 다양성을 지지해 준다고 주장한다.[100] 그러다 보니 성경적인 설교의 구조를 따로 규명할 필요가 없는 것이다.

⑤ 설교 목적의 다양성

다음으로 설교 목적의 다양성이 구조의 다양화와 연결되고 있다. 설교자는 여러 다른 목적으로 각각의 설교를 준비한다. 그리고 설교자가 어떤 목적으로 설교를 준비하느냐에 따라서 설교의 배열과 구조는 다양하게 나타날 수 있다. 필립 브룩스(Phillips Brooks)는 설교의 목적과 구조의 관계를 다음과 같

---

99 Michael J. Quicke, 26.
100 Jeffrey D. Arthurs, *Preaching with Variety* (Grand Rapids: Kregel Publications, 2007), 17-18.

이 말했다.

> 좋은 설교를 만들어야겠다는 열심은 필요하지만, 그 맡은 임무를 다하지 못하는 설교를 좋은 설교라고 생각해서는 안 된다. 설교하고자 하는 목적이 자유로이 활동하도록 하고 그 목적이 설교의 형식을 수정하도록 해야 한다.[101]

이처럼 설교의 형식은 설교의 목적을 따라서 얼마든지 달라질 수 있다. 예를 들어, 교리 설교와 같이 성경의 특정한 교리를 가르치려는 목적의 설교라면 연역적인 구조를 사용하는 것이 가장 효과적일 것이다. 또한 성경 지식이 부족한 성도에게 성경의 진리를 가르치기 위해서 설교를 구성할 때도 연역적인 방식은 매우 효과적인 배열 방법이 될 것이다. 하지만 설교의 내용을 흥미진진하게 전달하거나 성경의 내용을 청중으로 체험하게 하는 것이 목적이라면 이야기식 설교처럼 일정한 플롯을 따라 설교를 구성하든지 스토리텔링의 방식으로 설교를 구성하면 좋을 것이다. 어떤 경우에는 청중의 마음을 위로하고 치유하기 위한 목적으로 설교를 구성할 수 있다. 그런 경우에는 성경 인물의 심리적인 변화를 분석하며 심리 진행을 따라 설교 내용을 순차적으로 배열할 수 있다. 이 경우 시간의 순서에 따라 일렬로 배열하는 열거식 방식의 구조가 될 것이다. 또한 어떤 문제에 대한 해답을 제시하는 설교를 준비할 때는 문답식이나 귀납적인 방식도 적절하게 사용될 수 있다. 특히 그 문제에 대해서 본문이 원인과 결과를 제시하고 있다면 귀납적인 방식은 더욱 적합한 설교 구조가 될 것이다.

이처럼 설교의 목적에 따라 설교의 구조는 얼마든지 달라질 수 있다. 그 목적의 차이 때문에 전통적인 설교학에서는 주로 선포하고 설득하려는 연

---

101 Phillips Brooks, *Lectures on Preaching* (London: Richard D. Dickinson, 1881), 115.

역적인 구조를 취했고, 신설교학에서는 복음을 경험하게 하려는 귀납적인 구조를 취하고 있다. 각각의 구조는 설교의 목적에 따라 그 효능성을 달리 나타내기 때문이다. 그런데 이러한 사실이 성경적인 설교의 구조를 위한 연구에는 해가 되었다.

우리는 오히려 목적과 구조의 관계 안에서 성경적인 설교를 구현하려는 목적을 이루는 방법을 찾아야 한다. 설교자의 목적을 생각하기 전에 성경적인 설교를 실천하려는 목적이 선행되어야 한다. 또한 성경을 통해 보여주시는 하나님의 뜻에 순종하려는 목적이 우선되어야 한다. 설교자 나름대로 다양한 목적을 가질 수 있고 그것이 설교 구조를 변화시킬 수 있겠지만, 그 모든 목적은 먼저 성경적인 설교를 시행하려는 목적 아래서 진행되어야 한다.

그래서 가장 바람직한 방향은 목적에 따른 다양성을 시도할지라도 성경적인 설교의 구조를 먼저 찾아보는 것이다. 그리고 그 기본적인 구조의 틀 아래서 설교자의 다양한 목적을 실현할 수 있는 방향으로 다변화를 이뤄가는 것이다. 성경적인 설교를 하기 위한 목적이 설교의 구조를 결정하는 가장 근본적인 목적이 되어야 한다.

⑥ 청중의 다양성

설교를 듣는 청중이 다양하다는 현실적인 문제도 설교 구조의 다양성의 근거가 되고 있다. 설교의 구조를 준비할 때 청중은 중요한 고려 대상이다. 모든 설교에서 논리적인 순서를 따라 배열을 결정하는 것이 항상 좋은 선택인 것은 아니다. 때로는 청중의 느낌이나 욕망이나 기대를 고려하는 심리적인 순서를 따르는 것이 특정한 설교를 통해 소기의 목적을 이루는 데 더 효과적일 수 있다.¹⁰² 심리적 순서 말고도 청중에 대해 고려해야 할 사안이 많고, 그때마다 다른 구조의 설교를 고민해야 할 필요가 있다. 그리고 설교를 듣는 청중은 여러 면에서 다양하게 구분될 수 있기에 설교의 구조는 다양하게 나타날 수 있는 것이다.

부자와 나사로의 비유를 성인에게 전하기 위해 설교를 배열하는 것과 아이들을 대상으로 설교를 배열하는 것은 완전히 달라진다. 설교 구조는 도시와 시골의 청중에 따라서도 달라질 수 있다. 또한 지적 수준, 인식 체계, 성별, 나이별, 문화적 차이 등의 여러 고려 사안이 설교 구조에 직접적인 영향을 줄 수 있다. 그렇게 보면 설교의 구조는 매우 다변화하게 될 것이다. 우리가 생각하는 것 이상으로 청중은 다양하기 때문이다. 기본적으로 남성과 여성으로 양분된다. 내성적인 사람과 외향적인 사람, 감각적인 사람과 직관적인 사람으로도 나눌 수 있다. 사고형과 감정형으로 나누거나, 판단형과 인식형으로도 나눌 수도 있다. 또한 두뇌의 활용도에 따라 우뇌형과 좌뇌형으로 구분할 수도 있다. 하워드 가드너(Howard Gardner)는 그의 다중 지능 이론을 통해 인간을 언어적, 수학적, 공간적, 운동 감각적 특징으로 나누기도 한다.¹⁰³ 그리고 그 가운데 어떤 청중을 대상으로 하느냐에 따라 설교의 구조는 달라질 수 있다. 각기 더 효과적으로 기능할 수 있는 구조가 있기 때문이다.

또한 이처럼 청중이 다양하다는 말은 곧 청중의 필요가 다양하다는 의미이기도 하다. 설교자는 청중을 고려할 때 그들의 욕구와 필요를 살펴야 한다. 그리고 그 이해를 설교 형식 선택에 반영해야 한다. 크래독은 회중의

---

102 James W. Cox, *Preaching*, 『설교학』, 원광연 역(경기도: 크리스챤다이제스트, 1999), 160.

103 Howard Gardner, *Multiple Intelligences: The Theory in Practice* (New York: Basic, 1999) 참조.

필요에 대한 설교자의 감각은 형식을 결정하는 데 중요한 한 가지 요인이 된다고 말했다.[104] 박영재 목사는 청중들의 욕구를 충족시켜 주고자 하는 목적에서 설교 구조의 다변화를 설명하기도 했다.[105]

이처럼 청중에 대한 이해를 강조하는 학자들은 청중의 다양성과 청중이 느끼는 욕구와 필요의 다양성 때문에 오랫동안 하나의 구조로만 설교하는 것은 무리가 있다고 말한다. 천편일률적인 구성은 어떤 청중에게는 비효율적이거나 쉽게 이해할 수 없거나 자신과 관계없는 설교로 느끼게 만들기 때문이다. 그래서 이를 설교 구조의 다양화 주장의 실제적인 근거로 삼는다.

⑦ 형식에 대한 거부

마지막으로, 설교 역사에 면면히 흐르고 있는 특정한 형식 자체를 거부하는 경향도 구조적 다양화에 정당성을 부여하고 있다. 토마스 롱(Thomas G. Long)은 무형식의 문제를 지적하면서 "오랜 시간 동안 직면하게 되는, 성가실 정도로 항상 제기되어 온 의문, 그것은 설교자에게 있어서 설교를 디자인하는 데 어떤 중요한 방식을 고려하는 것은 어울리지 않는다는 것이다"라는 말을 했다.[106] 과거 수많은 설교자가 설교 구조에 대해 고민하지 않았고, 오히려 이를 당연시했다는 것이다. 그런데도 설교 사역은 그 목적을 충분히 이룰 수 있었다. 그렇다면 특정한 형식을 주장할 필요가 없는 것이다.

많은 설교자가 신약의 사도들과 설교자들이 설교의 형식에 관심을 두

---

104 Fred B. Craddock, *Preaching*, 180.
105 박영재, 『청중욕구 순서를 따른 16가지 설교구성법』 (서울: 규장, 2000)을 읽어 보라.
106 Thomas G. Long, "Form," in *Concise Encyclopedia of Preaching*, ed. William H. Willimon and Richard Lischer (Louisville: Westminster John Knox, 1995), 144.

지 않았다는 사실에 의견을 같이한다.[107] 그러나 이는 처음부터 잘못된 분석이다. 성경의 저자들은 치밀한 구조화를 통해 하나님의 말씀을 전했다. 사도들 역시 특정한 구조를 사용했고, 특히 바울은 매번 통일성이 있는 형식으로 자신의 메시지를 전했다. 무엇보다 하나님은 인간의 언어와 규칙과 수사법을 동원해서 성경을 기록하게 하셨다. 토마스 롱은 사람들의 생각과 달리 신약의 저자들은 의도적으로 수사적인 구조를 사용했고 신약시대의 설교는 의사소통 기술을 필요로 하는 회당 설교를 기반으로 했다는 점을 분명히 했다.[108] 사도들과 성경 저자들은 신약성경을 기록하면서 복음을 선포하기 위한 하나의 형식으로서 헬라의 수사학을 채택하였다.

하지만 여전히 많은 설교자는 특정한 구조의 불필요성을 주장한다. 설교의 형식이나 구조는 성경으로부터 자연스럽게 흘러나오는 것이며 설교를 잘하려면 지나치게 구조에 얽매이지 말라고 한다. 설교 구조에 너무 관심을 기울이다 자칫 설교의 생명력을 잃을까 봐 염려한다.

이러한 견해는 자연스럽게 설교 구조의 다양화에 영향을 주었다. 구조를 고려하지 않아도 한 편의 설교는 구조화되어 전달될 수밖에 없기 때문이다. 뼈대가 없는 글감은 완성된 연설이 될 수 없다. 따라서 설교 구조를 부정하는 사람도 의도하지 않았을지라도 다양한 구조를 실현하게 된다. 특정한 구조를 반대하지만 사실 다양한 구조를 실현하는 결과를 가져오는 것이다.

우리는 무목적성이 가져오는 문제를 주의해야 한다. 구조에 있어서 목적이나 철학 없이 다양한 실천만 이뤄진다면 오히려 효과 없는 설교의 구조를 난발하게 될 것이다. 설교는 분명한 목적과 철학을 가지고 시행되어야 하며, 하나의 구조는 반드시 내용과 의미와 목적에 밀접하게 연결되어야 한

---

107 Dennis M. Cahill, 46.
108 Thomas G. Long, "Form," 145.

다. 따라서 설교자는 자신이 선택하는 설교의 구조를 명확히 이해하면서 사용해야 하며, 그 구조를 통해 이루려는 목적에 대한 인식 또한 분명히 해야 한다. 성경적인 설교는 형식을 거부하는 식으로는 결코 이뤄질 수 없다. 형식에 대한 분명한 이해가 수반될 때 그 내용은 더욱 빛을 발할 수 있고 성경적인 설교를 하려는 목적을 온전히 이룰 수 있다.

2) 성경적인 설교에서 구조를 중시해야 하는 이유

근래의 설교학은 앞서 살펴본 다양한 이유를 근거로 설교 구조의 다양화를 주장한다. 그리고 이런 영향 아래서 성경적인 설교를 주장하는 학자들도 성경적으로 설교하기 위해서 특정한 구조를 구하지 않는다. 그러면서 구조에 대해서만큼은 신설교학의 이론을 쉽게 수용하여 따르고 있다. 하지만 성경적인 설교를 실현하려면 구조의 측면에서도 활발한 연구를 진행해야 한다. 성경적인 설교학의 철학적 신학을 구현할 수 있는 가장 적합한 구조를 찾아야 한다.

특별히 구조에 대한 이론은 기본적으로 수사학의 범주에 속한다. 그리고 일반 학문의 영역에서는 설교학을 수사학의 하위 범주로 여기고 있다.[109] 이는 설교학이 그 자체로서의 특수성에도 불구하고 어떤 부분 말을 다루는 학문이기 때문이다. 하지만 설교학의 영역에서는 설교학을 수사학의 하위 범주로 보지 않는다. 설교학은 분명 수사학과 밀접한 관련이 있지만, 이는 설교학이 수사학을 도구로 사용하는 면에서 그렇다. 일반 학문이 쉽게 이해할 수 없는 설교학의 고유성과 독특성과 영광이 있다. 설교학은 단순히 말을 다루는 학문이 아니다. 오히려 설교학과 관련된 기독교 역사에서는 수사법을 거부하는 거센 반발도 종종 있었다. 설교는 하나님의 사역이지만 수사

---

[109] 양태종, 『수사학 이야기』 (서울: 동아대학교 출판부, 2002), 11 참조.

학은 인간의 기술적인 측면이 강조되기 때문이다.

하지만 현대에는 성경에 나타나는 수사법, 실제 설교 사역에 도움을 주는 수사법의 효과, 부정하고 거부해도 수사법을 사용할 수밖에 없는 현실 등을 인식하면서 다시 적극적으로 설교학과 수사학의 상호 관계를 연구하고 있다. 수사학은 설교 구성법과 문장 사용, 그리고 논리 개발에 집중적으로 공헌할 수 있어서 실제 설교에 도움이 되는 학문이기 때문이다.[110] 브라이언 채플(Bryan Chapell)은 설교에서 수사학의 필요성을 언급하면서 "고전 수사학적 구분들은 비록 영감된 것은 아니지만, 우리가 무엇을 어떻게 말하는 것에 걸려 다른 사람들이 넘어지지 않도록 하는 데 불필요하지 않도록 우리가 설교하는 모든 메시지를 이루는 기본적인 구성 요소들을 이해하도록 우리를 도울 수 있다"라고 말했다.[111] 오늘날엔 수사학을 설교학의 발전을 위해 꼭 필요한 학문으로 여기게 된 것이다. 그리고 구조에 대한 논의는 그중에서도 가장 뜨거운 감자가 되었다.

수사학이 의미를 효과적으로 전달하게 하고 하나님의 말씀을 청중에게 정확하고 적실하게 전하는 데 도움을 준다면 설교자는 이를 능숙하게 사용할 수 있어야 한다. 어차피 수사학은 연설을 위한 기법이고 규칙이기에, 수사학을 거부하는 사람일지라도 이를 사용하지 않을 수 없다. 그렇다면 오히려 더욱 적극적으로 수사적 능력을 키워야 한다. 수사학을 설교를 돕는 익숙한 도구로 삼아야 한다.

특별히 오늘날은 수사학에서 '배열'(arrangement), 즉 설교학으로 말하면 '구조', 혹은 '형식'의 중요성과 역할에 대해서 새롭게 눈을 뜨게 되었다. 수사적 관심이 '문체'에서 '배열'로 옮겨온 것이다. 그리고 수사학의 배열과 관

---

110 박영재, 『설교자가 꼭 명심할 9가지 설득의 법칙』 (서울: 규장, 1997), 21.
111 Bryan Chapell, *Christ-Centered Preaching: Redeeming the Expository Sermon*, 2nd ed. (Grand Rapids: Baker, 2005), 34.

련된 설교학의 구조는 "설교에서 무엇을 말하고 행할 것인가와 무엇을 계속 연결시킬 것인지를 결정하기 위한 조직적인 계획이다."[112] 이와 같은 조직적인 계획은 설교의 준비 단계에서부터 설교의 선포와 전달에 이르기까지 중요한 역할을 감당하고 있다. 설교 행위 이후에도 청중의 기억을 지속시켜서 메시지가 청중의 삶에 오래 관여하게 하는 데 결정적으로 작용한다.

하지만 학문의 영역과 달리 목회 현장에서는 많은 설교자가 아직 구조의 효과와 중요성을 제대로 인식하지 못하고 있다. 그래서 과거 전통적인 설교 방식을 따르거나 신설교학에서 제시하는 구조 이론들을 실용적인 목적으로 따라 가져와 무분별하게 사용하고 있다. 따라서 성경적인 설교의 구조를 다루면서 구조에 대한 일반적인 고찰과 더불어 성경적인 설교의 구조를 찾아야 하는 이유를 동시에 밝히려고 한다. 이를 통해 구조와 관련된 신학적 중요성과 성경적인 설교 구조를 위한 이론적 정당성을 확인하자.

① 내용과 의미의 뼈대 역할 수행

일반적으로 건축이나 조형물이나 자동차와 같은 물건을 만들 때 가장 기본이면서 중요한 부분은 뼈대다. 또한 살아 있는 모든 생물은 골격을 중심으로 형상화되고 골격으로 전체 육체를 지탱한다. 설교에 있어서 구조는 이와 같은 역할을 한다. "구조는 설교에 모양을 제공하는 뼈대"다.[113] 구조는 설교의 중심으로서 중요한 기능을 수행한다. 효과적인 설교는 좋은 내용에만 의존하지 않고 잘 구성된 커뮤니케이션의 형식을 요구하기 마련이다.

무엇보다 내용과 구조는 의미를 전달하는 데 불가분의 관계로 함께 연

---

112 Thomas G. Long, *The Witness of Preaching* (Louisville: Westminster John knox Press, 1989), 118.

113 Dennis M. Cahill, 18.

결되어 작용한다. "형태와 내용은 하나의 의사소통 단위로 전달된다."¹¹⁴ 구조는 의미의 뼈대가 되고 내용은 그 살을 이루어 하나로써 청중에게 전달된다. 구조의 변화는 당연히 내용의 변화를 가져온다. 크래독은 "대부분의 청중에게 형식의 변화는 내용의 변화와 동일한 것"이라고 말했다.¹¹⁵

하지만 내용을 전달하는 데 있어서 구조의 중요성은 비교적 널리 알려지지 않았다. 근래에 와서야 의미의 전달을 위해 화려하고 아름다운 수사적 문체보다 글의 구조를 더 강조하기 시작했다. 설교의 능력이 수사적 문체가 아니라 구조에 달려 있다는 사실을 깨닫게 된 것이다. 할포드 루콕(Halford E. Luccock)은 "설교의 능력은 설교의 장식이 아니라, 설교의 형식에 달려 있다"라며 이 사실을 강조했다.¹¹⁶ 불과 40-50년 전만 해도 모든 연설과 설교는 장식과 관련된 수사법에 치중했으나 이제는 구조의 중요성에 눈을 뜨고 배열에 큰 관심을 두고 있다. 구조는 설교를 더욱 의미 있게 하는 데 절대적으로 필요한 요인이자 설교에 활력을 가져다주는 요소이기 때문이다.

설교에서 구조는 우리가 생각하는 것보다 훨씬 더 중요한 기능을 수행한다. 수사학과 문학은 모두 구조와 형식을 연설과 글쓰기의 가장 중요한 구성 요소라고 말한다. 당연히 설교학에서도 구조의 중요성이 계속 강조되고 있다. 설교는 구조적이며 구조는 설교 작업의 모든 면에 관여한다.¹¹⁷ 설교의 내용이 아무리 좋아도 구조가 적절하지 않으면 설교를 통해 기대하는 효과를 보기 어렵다. 설교의 구조는 필요에 따라 덧붙일 수 있는 정도의 요소가 아니다. 효과적인 설교, 능력 있는 설교를 위해서 반드시 고려해야 하는 필수적인 요소다. 구조 없는 설교는 골조 없는 건물, 뼈대 없는 생물, 구

---

114 Ken Langley, 54.

115 Fred B. Craddock, *Preaching*, 174.

116 Halford E. Luccock, *In the Minister's Workshop* (New York: Abingdon, 1944), 118.

117 Dennis M. Cahill, 18.

도 없는 작품과 같다. 또한 구조는 물이 흐르는 길과 같다. 물길을 따라 흐르면 아름다운 강줄기가 되지만 길을 벗어나 범람하면 모든 것을 폐허로 만드는 홍수가 된다.

이제 설교자는 구조의 중요성을 알고 설교를 준비할 때 적절한 구조를 사용하기 위해 힘을 쏟아야 한다. 알렌(O. Wesley Allen Jr.)이 말한 것처럼, "당신이 말하려는 것을 어떻게 말할지를 결정할 때 가장 중요한 고려들 가운데 하나는 당신의 설교의 구조를 결정하는 것이다."[118]

② 치밀하게 구조화되어 있는 성경

둘째, 치밀하게 구조화되어 있는 성경은 구조의 필요성과 중요성을 더욱 분명히 한다. 하나님의 말씀인 성경은 철저하게 구조화되어 있다. 각 장르는 다양한 문학 구조를 통해 하나님께서 의도하신 핵심적인 주제를 체계화하고 수사 기법을 동원해서 본문의 내용을 치밀하게 조직화하고 강조하며 전달한다. 각각의 문학 형태들이 각기 다른 형식을 따라 '의미'를 전달한다. 하나님은 인간의 언어로 성경을 기록하셨고 그 과정에서 언어의 구조화 작업을 통해 당신의 뜻을 밝히셨다. 설교의 구조가 중요한 또 하나의 이유는 이처럼 하나님께서 구조를 사용하셔서 성경을 기록하여 명료하게 전달하셨기 때문이다.

> 말씀은 하늘의 언어가 인간의 언어로 번역된 언어다. 그런데 이 번역의 과정에는 계시적인 언어의 형식을 취하게 되는데 이 계시적인 언어가 바로 시적이고 문학적인 형식을 요구하게 된다. 그리하여 그 말씀은 문학적인 구성과 형식을 통하여 더욱 감동적이고 은혜로운 살아 있는 말씀이 되고 우리의 삶 속

---

[118] O. Wesley Allen Jr., 3.

에 영원히 역사하시는 말씀이 된다.[119]

하나님은 당신의 말씀을 효과적으로 전달하고 의도하신 바를 이루려고 구조를 사용하셨다. 내러티브 구조, 시적 구조, 율법서의 구조, 서신서의 구조 등 장르별로 적절한 구조를 사용하셨을 뿐 아니라, 그 안에 다양한 수사적 배열을 사용하셨다. 또한 목적에 따라 글의 기본적 전개 방식인 귀납적 구조와 연역적 구조도 사용하셨다. 의미는 이처럼 형식을 통해 우리에게 전달되었다. 따라서 우리는 하나님이 하신 것처럼 한 편의 설교를 준비할 때 '구조'를 적절하게 사용할 수 있어야 한다.

신설교학이 태동하는 초기에 그레디 데이비스(H. Grady Davis)는 이와 같은 본문의 서사성과 본문 형식의 다양성을 적용하는 작업을 설교 내용과 더불어 성경적인 설교의 중요 요소로 보았다. 이후 신설교학은 그 이론을 기반으로 구조에 관한 다양한 이론을 전개했다. 성경의 형식과 구조의 존재가 설교학에서 구조 이론을 활발하게 일으킨 것이다. 그렇다고 우리도 구조의 다양성을 추구하자는 말을 하려는 것이 아니다. 구조의 중요성에 눈을 떠야 한다는 사실을 강조하고 있다.

성경의 구조는 설교자들에게 설교에 일정한 형식을 갖추도록 요구한다. 크래독은 "성경은 설교자들과 청중에게 설교의 내용뿐만 아니라 설교의 방법까지도 끊임없이 상기시킨다"라고 말했다.[120] 하나님께서 진리의 내용을 가장 효과적으로 전달하기 위해서 특정한 형식을 선택하셨다면 우리도 설교를 위해 최선의 형식을 취해야 한다. 형식을 무시하고 내용만 뽑아내는 설교는 하나님의 의도를 외면하는 처사다. 하나님은 다양한 방식으로 말씀

---

119 홍문표, 55.
120 Fred B. Craddock, *Preaching*, 27.

하신 위대한 커뮤니케이터이시다. 하나님께서 당신의 뜻을 계시하실 때 최선의 구조를 선택하셔서 의미를 명료하게 하시고 효과적으로 전달하셨듯이, 설교자도 하나님의 뜻을 전할 때 최선의 구조를 사용해서 효과적으로 전달할 수 있어야 한다.

③ 일반 연설과 설교의 상이성

설교는 넓은 의미에서 연설의 범주에 속한다. 발화자가 목적하는 바를 이루려고 청중에게 말하는 행위이기 때문이다. 그러나 설교는 일반 연설과 구별되는 몇 가지 독특성이 있다. 가장 큰 차이 두 가지는 '말하는 주체'와 '말하는 내용'에 있다.

먼저, 설교는 말하는 주체가 다르다. 연설은 발화자 자신이 주체로 대중을 상대하지만, 설교에서 인간 발화자는 대리인일 뿐이다. 설교자는 하나님의 손에 들린 도구다. 하나님은 설교자를 사용하셔서 그의 백성에게 직접 말씀하신다. 둘째, 설교는 일반 연설과 달리 반드시 이미 주어진 성경 말씀을 설교의 내용으로 조직화해서 전달해야 한다. 설교자는 자신의 말이 아니라 하나님의 말씀인 성경 본문의 메시지를 전해야 하는 의무와 책임이 있다. 그때에야 비로소 기독교 설교로서 최소한의 가치를 인정받을 수 있다. 그렇기에 설교는 일반 연설이 흉내 낼 수 없는 독특한 내용으로 구성된다. 그리고 이와 같은 설교의 독특성은 일반 연설과 다른 구조의 설교문을 요구한다.

설교는 성경의 내용을 전해야 하기에 일반 연설과 완전히 다른 내용과 구조를 가질 수밖에 없다. 설교는 예수 그리스도를 중심으로 한 구속사와 하나님께서 본문을 통해 말씀하시려는 고유한 의미를 반드시 드러내야 한다. 그리고 바로 이것, 성경 본문의 내용을 반드시 말해야 한다는 사실이 다른 일반 연설과 비교할 때 구조에 있어서 분명한 차이를 나타내게 한다.

일반 연설은 자신의 주장을 전달하기 위해 반드시 해석하고 밝혀야 하는 어떤 텍스트가 없다. 하지만 설교는 성경 본문이라는 분명한 텍스트를 가지고 있다. 자신이 하고 싶은 말이 아니라 성경 본문에 순종하면서 본문이 하려는 말씀을 전해야 한다. 청중은 설교를 들으면서 본문의 의미를 깨달을 수 있어야 하며 본문을 통해 말씀하시는 살아 계신 하나님의 음성을 들어야 한다. 이처럼 반드시 전해야 하는 텍스트를 가지고 있는 설교와 그런 텍스트 없이 자신의 주장을 펼치는 일반 연설은 그 출발점에서부터 같은 구조로 전개할 수 없는 차이를 안고 시작한다. 둘 다 연역적인 구조를 사용하거나 혹은 귀납적인 구조를 사용할지라도 구조에 영향을 주는 절대적인 요건인 성경을 가지고 설교하는 것과 단순히 자신의 주장을 진술하는 연설의 구조에는 분명한 차이가 나타날 수밖에 없다.

설교는 본문을 해석해서 그 의미를 밝혀야 한다. 설교를 통해 본문의 의미를 설명하고 논증하고 예증하고 적용해야 한다. 그래서 청중으로 본문을 통해 주의 음성을 듣게 해야 한다. 그리고 바로 이런 내용과 과정이 구조 안에 들어가기에 다른 연설과 구별되는 차이가 나타날 수밖에 없다. 만약 이 모든 과정을 생략하거나 이미 청중이 본문의 내용을 알고 있을 거라는 식으로 본문을 배제한 채 일반 연설과 똑같은 구조로 설교한다면 기독교 진리는 설교자 개인의 견해나 비판 가능성을 열어 둔 토론 거리 정도로 전락하게 될 것이다. 그 메시지는 설교로서의 정당성과 권위를 잃게 될 것이다. 따라서 성경적인 설교를 고민하는 학자나 설교자는 설교라는 독특한 연설 방식에 가장 적절하면서 동시에 그 일을 가능케 하는 성경적인 설교의 구조를 찾아야 한다.

④ 신학의 구현
성경적인 설교의 구조를 찾아야 하는 정말 중요한 이유는 구조는 반드시 특

정한 신학과 철학을 구현하게 되어 있기 때문이다. 어떤 구조 이론도 진공 상태에서 만들어지지 않는다. '성경'에 대한 신학, '하나님의 말씀'의 개념과 범위에 대한 신학적 입장, '설교'에 대한 관점, '성경 해석 방법론'의 견지, '설교의 목적'에 대한 신념 등의 철학과 신학이 구조 이론을 만들어 낸다. 데니스 케일(Dennis M. Cahill)의 말처럼 "형식은 단지 실천의 문제가 아니라 신학의 문제다."[121]

따라서 어떤 특정한 구조를 사용할 때는 반드시 그 구조 이론 안에 담겨 있는 신학적 입장과 철학적 목적을 살펴보아야 한다. 만약 성경에 대한 신적 계시의 완전성을 부인하는 설교자가 있다면, 그는 굳이 하나님의 말씀을 해석해서 그 의미를 드러내는 식으로 설교를 구조화하지 않을 것이다. 칼 바르트(Karl Barth)의 주장처럼 신적 계시는 설교자의 발언을 통해서도 얼마든지 새롭게 완성될 수 있기 때문이다. 이처럼 철학과 신학은 설교의 내용뿐만 아니라 형식에도 결정적인 영향을 주기에 구조 이론을 접할 때 면밀한 검토와 비판적 수용이 필요하다. 자칫 잘못된 신학을 설교 실천을 통해 실현하게 될 위험이 있기 때문이다.

하나의 형식은 고유하고 특정한 신학적 입장의 실천이다. 그 실천을 통해 자신의 신학을 구현해 낸다. 그래서 그 신학적 전제를 제대로 이해하지 못한 채 사용한다면 전달하려는 의미에까지 문제가 생길 수 있다. 형식과 내용은 의미 형성과 전달에 있어 함께 작용하기 때문이다. 크래독은 "형식과 내용의 분리는 설교에 있어서 치명적인데, 왜냐하면 커뮤니케이션 방법에 있어서 신학적인 함축을 인식하지 못하기 때문이다"라고 밝혔다.[122] 자신의 설교학이 신학의 구현이라는 말을 거리낌 없이 한 것이다. 그러므로 형

---

121 Dennis M. Cahill, 46.
122 Fred B. Craddock, *As One without Authority*, 5.

식 속에 담긴 신학적 의도를 이해하지 못하고 무분별하게 사용한다면 성경적인 설교를 제대로 실행할 리 만무하다. 성경적인 설교를 하려고 해도 비성경적인 신학이 담긴 구조를 통해 왜곡된 의미를 전달하게 될 것이다. 구조를 통해 설교의 의미가 달라지고 구조를 통해 설교의 목적이 드러나고 구조를 통해 성경에 대한 관점이 실천된다.

따라서 구조를 어떻게 취하느냐의 문제는 성경적으로 설교하려는 설교자라면 매우 중요하게 다뤄야 할 사안이다. 단순히 설교자가 알고 있는 여러 구조 중에 실용적인 측면만 보고 사용해서는 안 된다. 특정 신학이 담긴 구조를 반복적으로 실행하면 그 신학이 함축하고 있는 이론과 철학을 목회 현장에서 실천하는 것이기 때문이다. 그 실천은 진리의 말씀을 훼손하고, 기독교의 진리를 상대화하고, 십자가와 복음의 절대성을 희석하는 방향으로 나아갈 공산이 크다. 성경적으로 설교하려는 설교자는 내용뿐만 아니라 설교의 구조를 선택하는 문제에도 신중하고 또 신중해야 한다.

⑤ 구조의 수사적 효과

"수사학은 설득을 위해서 고안된 말하기나 쓰기를 의미한다."[123] 수사적인 효과는 말하려는 바와 직접 관련이 있기에 수사 지식이 없는 사람과 수사 지식이 풍부한 사람이 각자 말할 때 그 전달력과 영향력에 차이가 나타날 수밖에 없다. 말을 통해 청중에게 영향을 끼치려면 당연히 수사법의 적극적인 조력이 필요하다.

설교자는 말을 통해서 하나님의 진리를 드러낸다. 말을 통해 회중의 회개와 변화와 성화를 도모한다. 설교하는 모든 순간 말로써 회중의 반응과

---

[123] Martin E. Marty, "Preaching Rhetorically: Thanks, Aristotle and Apostles," in *The Folly of Preaching: Models and Methods*, ed. Michael P. Knowles, (Grand Rapids, Eerdmans Publishing, 2007), 99.

순종을 요구한다. 그래서 설교자에게 수사적 능력이 절대적으로 필요하다. 수사법은 청중을 이끌도록 말에 힘을 실어 준다. 실제 탁월한 설교자는 모두 수사법 사용에 능숙한 사람들이다. 그렇다면 이제 설교자는 자기 사상을 조직화하고 진리를 분명하게 선포할 수 있도록 다양한 수사법을 익혀서 능숙하게 사용할 수 있어야 한다.[124]

그런데 중요한 사실은 우리 시대에는 강조하는 수사법의 영역에 변화가 일어났다는 점이다. 20세기 말 이전에 설교학에서 관심을 가진 수사법의 영역은 주로 내용을 꾸미는 문체(style)나 문채(trope)와 관련되어 있었다. 효과적인 내용 구성을 위해 어떤 표현을 선택하고 어떤 은유와 상징과 비유를 사용할지 고민했다. 설교를 빛내기 위해서 단어 하나까지도 신중하게 선택하라고 가르쳤다. 존 스토트(John R. W. Stott)는 다른 수사 영역인 설교의 구조를 설명할 때도 단어 선택의 문제를 중요하게 다루었고, 설교를 위해 단어를 신중하게 선택하고 아름답게 사용해야 한다고 말했다.[125]

그런데 20세기 중반에 형식의 중요성을 인식하는 흐름이 시작되었다. 설교의 내용을 어떻게 배열하느냐에 따라 그 효과가 완전히 달라진다는 사실을 깨달았다. 찰스 브라운(Charles R. Brown)과 그레디 데이비스로부터 태동한 이 움직임은 크래독을 기점으로 완벽하게 꽃을 피웠다. 이후 신설교학 학자들을 중심으로 활발히 연구가 진행되어 작금에 이르렀다. 다양한 구조의 결과물들을 손에 들고 있게 된 것이다. 지금 우리는 존 스토트와 그레디 데이비스의 주장 중에 누구의 주장이 더 옳았는지 깨닫고 있다.

21세기에는 더 이상 '문체'와 '문채'의 중요성, 즉 단어를 선택하고 그 단어로 설교를 아름답게 꾸미고 그 단어를 어떤 용도로 사용해야 할지에 대

---

[124] Al Fasol, "청중에게 전달되는 설교 방법", 『그말씀』, 통권 121호(1999년 7월호), 53,54.
[125] John R. W. Stott, *Between Two World*, 228-243을 살펴보라.

한 논의는 거의 이뤄지지 않고 있다. 우리 시대는 수사학에서 '배열' 즉, 구조의 영역을 훨씬 더 중요하게 다루고 있다. 구조와 형식은 내용과 상관없이 청중을 끌어당기는 힘이 있다는 사실을 새롭게 인식하게 되었다. 형식만 달라져도 일단 청중의 시선을 사로잡을 수 있다는 사실을 분명히 깨달았다. 이제 수사적인 효과는 배열, 즉 구조를 통해 완전히 달라질 수 있다는 사실을 알게 된 것이다.

논리학의 측면에서 보면 구조의 중요성은 더욱 커진다. 논리학은 원래 문체보다 구조를 더 중요하게 다루는 학문이다. 논리학의 관심사는 논증을 진술하는 다양한 방식이며 그 방식들이 갖는 명료성에 있다.[126] 전제와 진술과 결론으로 구성되는 일련의 논증 방식이 논리를 명확하게 만들어 주기 때문에 논리학은 구조에 대한 이론을 중점으로 다룬다. 그에 비하면 문체는 매우 부수적이다.

설교는 하나님의 말씀인 성경에서 하나님의 뜻을 찾아 전달하는 작업이기에 논리적으로 명확하고 분명해야 한다. 그래서 더욱 구조가 중요하다. 설교의 형식은 논리성을 증대시키고 명확하게 하나님의 뜻을 밝혀주고 내용을 명료하게 전달되게 한다. 언어의 위기의 시대에 문체를 통해서 설교의 돌파구를 마련해 보려는 시도는 이제 힘을 잃었다. 이 시대 청중은 화려한 미사여구에 현혹되지 않는다. 더 이상 언어의 화려함으로 청중에게 감동을 주거나 청중을 설득할 수 없다. 이제 설교자들은 구조의 수사력을 통해 청중의 생각과 마음을 동시에 움직이면서 설교의 내용을 효과적으로 전달해야 한다.

이처럼 이 시대는 수사학의 요소 중에 '배열'(arrangement)을 가장 중시하고 있다. '배열'에 따라 설교의 효과가 달라지고 설득력에 차이가 생긴다

---

[126] Brian Skyrms, *Choice and Chance: An Introduction to Inductive Logic*.『귀납 논리학』, 김선호 역(서울: 서광사, 1990), 14.

는 사실을 깨달았기 때문이다. 설교자가 목적을 따라 설교의 내용을 균형 있게 적절히 배열할 때 그 내용은 효과적으로 전달될 수 있다. 반면 체계적으로 배열되지 않은 설교 내용은 청중에게 제대로 전달되지 않는다. 여기서 청중에게 잘 전달된다는 말은 곧 청중이 설교자의 목적대로 내용을 잘 이해하게 된다는 말이다. 즉, 구조를 어떻게 했느냐에 따라서 청중의 이해도가 달라지는 것이다. 드 클레르크(J. J. de Klerk)는 "잘 구성된 구조는 듣는 자가 메시지를 기억하고 이해하는 데 핵심적"이라고 말했다.[127] 보통 말의 선포는 순식간에 일어나고 일단 말로 표현되는 순간 곧바로 사라져 버리는데, 잘 구성된 설교의 구조는 선포된 말을 정확하게 이해하게 하고 오랫동안 기억하게 하는 뛰어난 수사적 효과를 나타낸다.

또한 어떤 구조는 설교에서 커뮤니케이션을 활발하게 한다. 후현대주의 시대의 청중은 연설에서 '대화'와 '소통'의 측면을 중요하게 여긴다. 설교를 들을 때도 마찬가지다. 오늘날 청중은 일방적인 메시지의 전달을 거부한다. 설교에 자신이 직접 참여해서 그 내용을 경험하면서 이해하길 원한다. 구조는 바로 이런 수사적 필요를 채워 준다. 잘 구성된 구조는 인식의 흐름을 유도해서 청중으로 직접 대화에 참여케 한다. 아무리 좋은 내용을 적실하게 전해도 구조가 나쁘면 청중의 인식과 이해를 방해하게 되지만, 좋은 구조의 설교는 청중으로 설교 내용에 적극적으로 참여하고 반응하면서 말씀의 내면화를 이루게 한다.

이처럼 설교의 구조는 수사적 효과를 극대화해서 우리의 설교에 원기, 양념, 활력까지 더해 줄 수 있다.[128] 그렇다면 우리는 이왕이면 구조를 통해 수사력을 나타내는 설교자가 되어야 한다. 인간 설교자로서도 더 능력 있게

---

[127] J. J. de Klerk, *Predikantswerk* (Pretoria: N. G. Kerkboekhandel, 1977), 108.

[128] Jeffrey D. Arthurs, 18.

말씀 사역을 감당할 수 있어야 한다.

⑥ 설교 준비의 필수적 단계

존 브로더스(John A. Broadus)는 설교자를 건축가에 비유했다. 그리고 "설교자는 수집한 자료에서 건축물을 설계해야 한다"라고 말했다.[129] 여기에서 건축가로서 건축물을 '설계'하는 작업이 설교의 구조를 결정하는 단계다. 건축물을 세울 때 설계는 분명한 목적을 가지고 진행되는 기본적이면서 필수적인 과정이다. 건축가들은 설계가 반 이상이라는 말을 할 정도로 건축에서 설계의 중요성을 강조한다. 설계가 없으면 건물은 세워질 수 없고, 좋은 건물은 반드시 좋은 설계에서 나온다.

설교도 마찬가지다. 한 편의 설교를 완성하려면 먼저 구조를 잘 구성해야 한다. 존 스토트는 "설교자의 접근이 시각적이든 논리적이든, 우리는 설교의 내용들을 전달할 수 있도록 어떤 구조로 우리의 사고들을 조직해야만 한다"라고 말했다.[130] 설교의 구조는 설교의 가장 기본적이면서 동시에 가장 중요한 골격이다. 시작이 반이라는 말이 있듯이 구조만 잘 잡으면 설교 준비의 절반이 끝난 것이나 다름없다. "일단 개요가 만족스럽게 만들어지면, 설교에 있어서 가장 어려운 준비는 끝난 것이다."[131] 설교자는 한 편의 완성된 설교를 위해서 자료들을 어떻게 배열할지에 대한 조직적인 계획을 세워야 한다. 전체로서의 배열과 각 단락에서의 배열을 각기 계획하며 구체적으로 정해야 한다. 심지어 한 문장 안에서도 단어들의 배열을 계획해야 한다.

---

129 John A. Broadus, *On the Preparation and Delivery of Sermons*, ed. J. B. Weatherspoon (Nashville: Broadman Press, 1944), 93.

130 John R. W. Stott, *Between Two Worlds*, 228,229.

131 llion T. Jones, *Principles and Practice of Preaching* (Nashville: Abingdon Press, 2001), 90.

이처럼 구조를 세우는 일은 설교 준비에서 매우 필수적인 과정이다. 설교자는 성경에서 찾아낸 진리와 그 진리를 전달하기 위한 자료들을 일정한 목적을 따라 배열해야 한다. 성경의 내용을 구조에 대한 계획 없이 무작위로 나열해선 안 된다. 설교는 단순히 성경을 주해하는 시간이 아니다. 해석한 본문의 내용과 의미를 청중이 잘 받을 수 있도록 다시 재구성해서 전달하는 시간이다. 따라서 설교자는 본문의 중심 주제를 가장 잘 드러내는 방식을 찾아서 자료를 배열하는 구조화 작업을 반드시 실행해야 한다.

우리는 오랜 시간 설교의 구조와 형식에 무관심해 왔다. 심지어 누군가는 그런 작업을 "성령을 의지하지 않는 처사이며, 믿음이 없는 데서 나오는 '인본적인' 요소"라고 매도했었다.[132] 그래서 크래독은 "아마도 설교의 형태 혹은 방법론이라는 말보다도 더 학대를 받던 말은 없었을 것"이라고 말했다.[133] 이제 성경적인 설교학에서도 수사학의 '배열'과 설교의 '구조' 혹은 '형식'에 대해 깊은 연구를 시작해야 한다.

⑦ 설교의 내용에 관여

설교의 내용과 구조는 서로 불가분의 관계에 있다. 구조와 내용은 필연적으로 서로 영향을 주고받는다. 내용은 구조 없이 전달될 수 없고 구조는 내용이 없으면 사실 아무 필요가 없다. 내용은 구조에 의해서 달라질 수 있고 구조는 내용을 통해서 완성된다. 웨슬리 알렌(O. Wesley Allen Jr.)은 "다른 형식들은 청중에게 복음에 대해 다른 경험들, 다른 방식의 생각과 느낌과 행동들을 제공한다"라고 말했다.[134] 형식만 달라져도 내용이 완전히 바뀐다. 구

---

[132] 김운용, 『새롭게 설교하기』 (서울: 예배와설교아카데미, 2005), 222.

[133] Fred B. Craddock, *Overhearing the Gospel*, revised and expended ed. (St. Louis: Chalice Press, 2002), 10

[134] O. Wesley Allen Jr., 5.

조에는 전하려는 내용 자체를 바꿔 버릴 힘이 있다.

그래서 그레디 데이비스는 "적절한 형식은 메시지 자체의 요지에서 파생되어야 하고, 내용과 분리될 수 없고, 내용과 하나가 되어야 한다"라고 말했다.[135] 우리는 구조와 내용을 분리해서 각기 별개의 부분으로 취급하지 말고 둘을 하나로 보고 접근해야 한다. 설교의 구조화를 통해 전달하려는 내용을 체계화해야 한다.

설교 준비에서 구조를 결정하는 일은 정말 중요하다. 구조는 생각보다 내용에 깊이 관여하기 때문이다. 구조는 설교의 내용을 주도한다. 구조는 설교의 내용을 압도하기도 한다.[136] 구조는 의미를 바꿔 버린다. 구조는 설교 내용 전반에 직접적으로 작용한다. 데니스 케힐(Dennis M. Cahill)은 설교 작성에서 구조가 어떻게 기능하는지에 대해 다음과 같이 설명했다.

> 설교의 형식은 설교에서 사용되는 내용에 관여한다. 설교자가 설교가 어디로 나아가며 어떻게 그곳에 도달하게 될 것인지 알기 전에는 내용의 종류와 그 내용의 형태에 대한 최종적인 결론을 내릴 수 없다. 설교의 구조는 설교자가 사용할 소재의 종류에 영향을 준다. … 설교자들이 설교할 내용을 찾거나 예화, 이미지, 예들을 위해 브레인스토밍을 할 때 설교 구조가 설교자들을 안내할 것이다.[137]

구조가 없다면 내용은 의미를 잃는다. 구조 없이 설교하면 두서없는 말이 된다. 구조를 통해 전달할 내용의 순서를 정하고 말하려는 바를 명확하게 드러내야 한다. 이제 우리는 설교의 내용과 형식 사이의 상호 관계를 이

---

135 H. Grady Davis, 9.
136 강준만, 『대학생 글쓰기 특강』 (서울: 인물과 사상사, 2005), 228.
137 Dennis M. Cahill, 19-20.

해하고 설교를 준비할 때 구조화에 심혈을 기울여야 한다.

⑧ 아이디어 배열에 관여

설교자들은 성경 해석을 통해 살아 계신 하나님의 보석 같은 메시지들을 발견한다. 그 메시지들은 거룩하신 하나님의 말씀으로 하나같이 귀한 진리다. 그러다 보니 "많은 설교자가 끊임없이 한 편의 설교 안에 너무 많은 내용을 담아서 그것들을 '형식 없이 공허하게' 함께 던져 준다."[138]

또한 성경적인 설교는 본문에 순종하는 설교라는 철학을 가지고 본문을 한 절 한 절 읽고 해석하면서 내용 전체를 전하려는 경우도 있다. 그런 설교는 하나의 선명한 중심 사상이 없어서 설교자 자신도 말하려는 바를 정확히 알지 못한 상태에서 전하게 되고 그 말씀을 듣는 청중도 무엇을 들었는지 제대로 이해할 수 없게 된다. 그런 가운데 청중이 할 수 있는 일은 여러 메시지 중에 자신의 상황에 비추어 필요하거나 개인적으로 좀 더 은혜로운 말씀을 선택하는 것이다. 성경이 아무리 버릴 것 없는 보석으로 가득 차 있어도 설교는 하나의 중심 사상으로 통일성 있게 구성되어야 진정한 가치를 지닌다. 그리고 이를 가능하게 하는 것이 구조다. 설교는 표현하고 싶은 내용이 모두 갖춰져 있을 때 그것을 담아낼 형식을 필요로 한다.[139]

설교를 완성하기 위해선 보석 같은 아이디어를 배열하는 작업을 거쳐야 한다. 설교를 계획과 목적에 따라 조직화하는 것을 '구성한다'라고 말할 수 있는데, "구성은 주제와 글의 목적을 가장 효율적으로 표현하기 위해 자료를 알맞게 배열하는 것을 말한다."[140] 그리고 한 편의 설교를 구성할 때 어

---

[138] llion T. Jones, 90.

[139] Natalie Goldberg, *Wild Mind Living the Writer's Life*, 『글쓰며 사는 삶』, 한진영 역 (서울: 페가수스, 2010), 32.

[140] 김주미, 『현대인의 글쓰기』 (서울: 한국문화사, 2005), 61.

떤 순서로 아이디어들을 배열할지 결정하게 돕는 것이 바로 구조다.

설교학에서 배열은 개요를 잡는 일과 연관되어 있다. 설교자가 본문 해석을 마치면 이어서 중심 주제에 관련된 자료들을 순서대로 나열하며 질서 있게 정돈한다. 보통 이 단계에서 설교의 구조를 만들어 가는 것 같지만, 사실 이미 결정한 구조를 따라 자료들을 배열한다. 미리 정한 구조가 없다면 아이디어와 자료들은 배열되지 않는다.

설교는 하나의 목적지를 가지고 있지만 그 길을 따라 수많은 정거장이 있는 어떤 여행과 같다. 여행자들이 마지막 목적지에 가장 잘 도착할 수 있도록 정거장의 배열에 대해 결정들을 내려야 한다. 선택들은 피할 수 없는 것이다. 만약 설교에 다섯 가지의 주요 요점들이 있다면, 그 요점들은 반드시 어떤 순서를 따라서 말해져야만 한다.[141]

여기서 '어떤 순서'가 바로 미리 정한 '구조'다. 설교자는 가장 효과적인 순서를 찾아 자료를 나열해야 한다. 본문이 말하는 바를 드러내야 하고, 본문을 통해 청중을 이끌기 위해 설득해야 한다. 이를 위해서 가장 효과적으로 아이디어를 배열해야 하는데, 구조는 이때 자료의 배열에 깊이 관여한다. 구조가 없으면 배열의 원칙도 없다. 그러면 본문의 의미를 전하거나 설교의 목적을 이루기에 효과적일 수 없다. 드러내야 할 것을 적당한 위치에 두고 목적하는 바를 두드러지게 하고 적절하게 예증하며 설명하고 논증하는 모든 과정이 배열을 통해 이뤄지는데, 이 배열은 구조를 따라 진행되는 것이다.

---

141 Dennis M. Cahill, 19.

⑨ 설교의 움직임에 관여

설교에는 움직임이 있어야 한다. 물이 흐르듯 자연스럽게 일정한 방향을 향해야 한다. 신설교학은 전통적인 설교학에는 이런 움직임이 없다고 말했다. 전통적인 설교학은 '개요'로 구조를 정하기에 움직임이 실종되었고, 그렇기에 '플롯'으로 구성해서 설교에 움직임을 나타내야 한다고 말한다.[142] 그러나 개요도 각 단락의 배치와 그 배열된 단락을 연결하는 전환을 잘 구성하면 얼마든지 자연스러운 움직임을 갖게 하기에 신설교학의 주장처럼 그들만의 전유물은 아니다.

움직임은 플롯이라는 내러티브 장르의 고유한 형식에서만이 아니라 모든 구조에서 나타날 수 있다. 다만 움직임이 좋으냐, 움직여야 할 방향을 잃고 방황하느냐, 움직임을 느끼지 못하게 만드느냐의 차이가 있을 뿐이다. 그리고 움직임은 '구조'를 어떻게 하느냐에 따라 얼마든지 나아질 수 있다. 실제 강해 설교 역시 단순히 본문의 내용을 나열할 것이 아니라 "계속된 움직임과 진전"이 드러나는 구조로 구성되어야 한다.[143] 모든 설교에는 움직임과 진전이 있을 수 있고, 또한 필요하다.

움직임이 좋은 설교는 일정한 목적을 향해 나아가는 설교다. 설교에 분명한 목적이 세워지면 그 목적을 향해 정지되어 있지 않고 꾸준히 움직여 간다. 설교에 목적이 없으면 내용은 움직임을 잃고 방황하게 된다. 그러면 설교는 청중의 시선에서 벗어나게 된다. 사람의 시선이나 사고의 흐름은 정적으로 멈춰 있거나 산만한 것에 오래 집중할 수 없다. 설교가 어떤 방향을 향해 의도적으로 움직여 나갈 때 청중은 설교에 집중하며 하나님의 뜻을 발견하고 이해할 수 있다. 설교에서 움직임은 청중을 이끄는 데 매우 중요한

142　Richard L. Eslinger, *The Web of Preaching*, 15.
143　김창훈, "'강해 설교'의 이해", 『신학지남』, 통권 283호(2005년 여름호), 199.

역할을 한다.

구조는 설교의 움직임에 관여하고 어떤 경우에는 적극적으로 주도한다. 구조는 설교가 어떤 방향으로 움직여야 할지, 그리고 어떻게 그곳에 도달할 수 있을지를 결정한다. 설교의 구조는 설교의 흐름과 방향을 결정해 준다. 움직임이 있는 설교를 위해 설교자는 자신이 어디를 향하는지 그리고 어떻게 그곳에 도달하는지 알아야 하는데,[144] 좋은 구조는 설교자로 설교의 여정을 정확히 계획하게 하고 각각의 중요 지점으로 인도해 준다. 그리고 각 지점에서 설교자가 해야 할 일을 알려 주고 그다음 지점으로 향하게 한다. 구조는 이처럼 논리적 전개를 자극하여 설교의 방향을 특정한 목표를 향하도록 이끌어 간다.[145]

그러므로 움직임이 좋은 설교를 위해서 무엇보다 구조를 잘 조직해야 한다. 구조는 "요구되는 제한들 안에 설교를 한정하고, 설교의 과정을 조절하고, 설교를 이해할 수 있도록 단계별로 전개하고, 설교가 의도한 목적을 향하게 한다."[146] 좋은 구조는 물 흐르듯이 자연스럽게 진행되면서 선명하고 강력한 하나님의 음성을 들려준다. 구조는 설교를 살아 있게 만드는 강력한 힘이다.

⑩ 설교의 의미 전달에 관여

성경은 역사 속에 실존했던 인물들이 성령의 영감을 따라 역사적 사건 중에서 필요한 내용을 선택해서 기록한 책이다. 역사를 선택적으로 기록한 이유

---

[144] Warren Wiersbe & David Wiersbe, *The Elements of Preaching*, 『설교의 정석』, 남병훈 역(서울: IVP, 2012), 25.

[145] Thomas G. Long, *Preaching and the Literary Forms of the Bible* (Philadelphia: Fortress Press, 1989), 92.

[146] llion T. Jones, 90.

는 분명한 의도와 목적이 있기 때문이다. 그래서 일반적으로 기록된 역사는 항상 저자에 의해서 해석된 역사다.

성경을 단순히 역사서로 분류할 수 없지만, 분명히 성경은 역사 속에서 이뤄진 일들을 기록하고 있고 그 가운데 목적을 가지고 의미를 전달하고자 내용을 선별해서 기록했다. 그리고 하나님은 역사 속에서 일어난 사건을 통해 의미를 전달하려고 '특정한 형식들'을 의도적으로 사용하셨다. 형식은 의미 전달에 결정적인 역할을 하기 때문이다. "본문의 의미는 본문의 형식과 깊이 관련되어 있다."[147] 그래서 해석자가 각 본문의 형식을 고려하면서 해석하지 않는다면 저자가 의도한 의미를 온전히 파악할 수 없다. 성경은 역사적 사건 중에서 의도를 가지고 몇 가지 내용을 선별한 후에 구조화의 작업을 통해 작성한 것이기에 설교자는 그 구조를 따라 해석해야 한다. 그때 기록된 역사는 비로소 의미를 드러내게 될 것이다.

> 의미는 곧 이야기적 플롯에 의해서 이루어진 해석의 결과다. 따라서 해석된 역사적 실재는 일정한 플롯에 의해서만 가능하다. 비록 플롯이 이야기적 기술에 의해서 부여된 것이 아니라 거꾸로 실재적 사건에서 발견된 것으로 실증주의자들이 말한다 하더라도 플롯이 부여되지 않은 역사적 담화란 있을 수 없다.[148]

역사 기술과 마찬가지로 설교는 선택된 자료를 재구성하는 과정을 통해 작성된다. 성경 본문과 그 본문을 설명하고 예증할 수 있는 다양한 자료 중에서 본문의 주제에 맞는 내용을 선택하고 재구성해서 전하는 연설이 설

---

147 Dennis M. Cahill, 33.
148 홍문표, 59.

교다. 그 재구성의 과정에 구조화가 진행되고, 구조화를 통해서 본문의 주제와 의미를 구성한다. 이때 구조 없이 본문의 의미를 제대로 조직할 수 없다. 구조화의 과정 없이 설교자가 목적하는 말씀의 의미를 효과적으로 전달할 수 없다. 설교의 형식은 설교의 의미 구성과 전달에 절대적으로 기능한다. 설교자는 본문의 중심 주제를 드러내고 강화하고 설명하고 논증하기 위해서 자료를 가장 적합한 구조로 조직해야 한다.

설교자들은 이 사실을 이해하고 의미를 제대로 전달하고자 구조를 적절히 사용해야 한다. 여러 수사법과 문학적 기교를 통해 의미를 구성해서 전달하는 것도 물론 좋은 시도이지만, 그중에서도 의미를 전달하는 데 구조가 가장 결정적인 역할을 한다는 사실을 알고 이를 적절하게 사용할 수 있어야 한다. 좋은 설교자나 유명한 연설자들은 이 사실을 본능적으로라도 알고 있기에 전하고 가르칠 내용을 논리적으로 명쾌한 구조로 만들기 위해 노력한다.[149] 구조는 이런 이유로도 매우 중요한 설교의 요소라는 사실을 알아야 한다.

⑪ 설교의 목적에 효과적으로 작용

설교에는 분명한 목적이 있다. 설교의 주체이신 하나님은 목적을 가지고 설교를 통해 역사하신다. 설교자들은 하나님의 목적을 따라 충실하게 설교를 준비하고 전해야 한다. 본문에 나오는 하나님의 의도에 순종하면서 청중으로 말씀을 믿고 따르게 해서 구원과 성화를 이루도록 도와야 한다. 그래서 설교는 설득적이어야 한다.[150] 청중을 말씀으로 설득해서 설교의 목적을 이뤄내야 하기 때문이다. 실제 성경은 여러 곳에서 설교를 설득으로 표현했

---

149 Kenton C. Anderson, *Choosing to Preach*, 95.

150 정성영, 61.

다. 특히 바울은 복음을 전하는 행위를 여러 곳에서 '설득'이라는 헬라어 단어인 peitho를 사용해서 표현했다(행 18:4, 행 13:43, 고후 5:11, 행 19:26, 행 28:23 참조).

하나님은 말씀을 기록할 때 수사법을 사용하셨는데, 수사법의 중요한 목적은 강조를 통한 설득에 있다. 박영재 목사는 수사법은 "우리의 뜨거운 영성이 담긴 설교를 논리적으로 조리 있게 표현하도록 돕고 청중들의 심리에 뚜렷하게 호소하도록 돕는다"라면서 설득의 효과를 설명했다.[151] 그리고 수사법 중에서도 현재 설득을 위한 가장 뜨거운 감자로 논의되고 있는 영역이 바로 '구조'다.

설교에서 구조를 사용하는 중요한 이유 중의 하나는 청중을 효과적으로 설득하기 위해서다. 이를 통해 하나님의 목적을 이뤄내야 하기 때문이다. 이때 "설교 구조는 결국 설교의 목적을 이루어내는 데 영향을 끼치기에 청중의 삶 속에서 하나님의 말씀을 살아 있게 하는 중요한 요소다."[152] 설교자는 적절한 구조 사용을 통해 목적한 바를 이뤄내는 설교의 능력을 크게 더할 수 있다.

만약 아이들에게 설교를 쉽고 재미있게 전달하려는 목적이라면 내러티브 구조가 효과적이다. 하나의 이슈를 쟁점화해서 청중이 직접 설교 과정에 동참하고 함께 결론에 도달하게 하려면 문답식의 구조를 사용할 수 있다. 중심 사상을 감추어 청중의 흥미를 유발하고 결론에 이르기까지 설교에 집중하게 하려면 귀납적 구조를 사용할 수 있다. 양보할 수 없는 진리를 권위 있는 메시지로 천둥처럼 전하려면 연역적 구조를 사용할 수 있다. 청중의 다양한 욕구를 충족시키기 위해서 설교할 때마다 다양한 구조를 번갈아

---

[151] 박영재, 『설교자가 꼭 명심할 9가지 설득의 법칙』, 24.
[152] 정성영, 45-46.

가며 사용할 수도 있다. 이처럼 설교자는 구조를 통해 다양한 설교의 목적을 이룰 수 있다. 그래서 우리는 목적에 따라 적절한 구조를 사용할 수 있어야 한다.

⑫ 청중의 이해에 관여

설교에서 구조를 중시해야 하는 또 다른 이유는 구조는 청중의 이해를 돕기 때문이다. 설교의 구성이 치밀하면 청중이 쉽게 알아들을 수 있고 자연스럽게 받아들일 수 있다. 구조가 복잡해서 명료성을 잃으면 설교에 대한 이해가 떨어질 수밖에 없다. 구조는 다른 어떤 수사법보다 내용 이해에 직접적으로 관여한다.

이해와 관련해서 구조가 가지는 몇 가지 중요한 효과가 있다. 첫째, 좋은 구조는 청중의 집중력을 높여 준다. 청중이 말씀에 갈급함을 가지고 있어도 설교가 들리지 않고 이해되지 않으면 집중력을 쉽게 잃어버린다. 보통 사람이 집중할 수 있는 시간은 대략 30초밖에 되지 않는다.[153] 30분에서 40분에 이르는 긴 설교 시간 동안 청중의 시선을 사로잡는 일은 결코 쉬운 일이 아니다. 하지만 좋은 구조는 청중의 집중력을 높여 준다.

청중의 시선을 사로잡고 오랜 시간 높은 집중력으로 설교를 듣게 하려고 쉬운 언어, 유머, 아름다운 문체, 예화, 경구 등을 사용해도 좋지만, 좋은 구조를 사용하는 것이 훨씬 더 효과적이다. 좋은 구조는 청중의 관심을 끌고 필요를 채워 주며 다음에 이어질 내용에 대한 기대와 흥미를 갖게 하고 답을 기대하게 하며 은혜를 바라보게 한다. 이는 모두 구조가 가지고 있는 힘이다. 청중의 흥미를 증가시키고 유지해서 설교에 높은 집중력을 갖게 만든다.

---

153 Milo O. Frank, *How To Get Your Point Across In Thirty Seconds Or Less* (New York: Pocket Books, 1996), 15.

둘째, 구조는 청중의 이해를 돕는다. "구조는 설교를 이해하기 쉽게 만들어 준다."[154] 설교의 구조가 분명할 때 청중이 얻는 최고의 유익은 쉽게 설교를 이해한다는 데 있다.[155] 이해가 중요한 이유는 일단 이해가 되어야 결단도 하고 적용도 할 수 있기 때문이다. 청중은 진리를 이해할 때 변화의 길로 들어설 수 있다. 제리 스톤(Jerry Sutton)은 성경을 조직적으로 구성하는 것의 중요성을 말하면서 "사람들은 우리가 한 말에 의해서 변화되는 것이 아니라 그들이 우리가 한 말을 이해한 것에 의해서 변화된다"라고 말했다.[156] 이해가 중요하다. 청중이 설교의 내용을 이해하지 못한다면 변화의 가능성은 그만큼 줄어들게 된다. 우리는 먼저 좋은 구조 사용을 통해 청중의 이해를 도모하고 그 후에 변화를 기대해야 한다.

구조가 명료하지 않으면 아무리 집중해서 들어도 설교의 내용을 쉽게 이해할 수 없다. 하지만 명료하고 좋은 구조의 설교는 다르다. 전체 내용을 쉽게 이해할 수 있게 한다. 몇 개의 단어나 문장이 아니라 말의 덩어리가 이어지면서 전체 내용을 형성하고 있기 때문이다. 그래서 구조가 명료하면 비록 청중이 설교 중에 진행되는 모든 내용을 빠짐없이 다 듣지 못해도 설교의 흐름과 주제와 내용을 이해하는 데 거의 지장을 받지 않는다. 이것이 좋은 구조가 가지고 있는 중요한 기능이다. 좋은 구조는 청중의 사고의 흐름을 주도하기에 청중으로 내용뿐만 아니라 방향을 이해하려는 수고도 덜어 준다. 청중이 설교 전개를 이해하려고 애쓰지 않아도 구조가 직접 사고의 흐름을 이끌어서 나아가야 할 방향을 따르게 한다. "구조는 청중이 우회해서 돌아가는 것을 막아 주고, 그를 꾸준히 곧장 직진하게 한다."[157]

---

[154] Bill D. Whittaker, 157.
[155] Bryan Chapell, *Christ-Centered Preaching*, 133.
[156] Jerry Sutton, 81.
[157] Ilion T. Jones, 91.

셋째, 좋은 구조는 청중의 이해를 돕는 차원을 넘어 청중이 직접 흥미진진한 설교의 전개를 따라 설교의 내용에 참여하게 한다. 크래독은 "형식은 그 자료에 대한 청중의 경험을 형성한다"라고 말했다.[158] 설교의 구조는 청중이 설교에 참여해서 복음을 경험하게 하는 데 직접적으로 관여한다. 제프리 아더스(Jeffrey D. Arthurs)도 "구조는 청중의 참여 수준을 결정하는 요소 중의 하나"라고 말했다.[159] 구조가 어떠하냐에 따라서 청중의 참여 정도가 완전히 달라질 수 있다.

신설교학이 설교 구조의 변화에 모든 학문적 역량을 쏟아붓는 목적 가운데 하나는 청중이 직접 설교에 참여해서 하나님과 그의 말씀을 경험하게 하려는 것이다. 귀납적인 구조와 이야기식 구조와 같은 형식을 통해 청중의 참여와 경험을 도모한다. 분명 귀납적 구조는 경험의 측면에서 효과적으로 작용한다. 하지만 연역적 구조 역시 얼마든지 청중이 직접 설교에 참여하고 설교를 경험하게 할 수 있다. 이는 구조 자체가 가지고 있는 본래적인 힘이다. 어떤 설교는 청중의 관심을 전혀 끌지 못하지만 어떤 설교는 시작부터 청중의 관심을 사로잡고 마지막까지 지속시키면서 설교에 참여하여 경험케 한다. 이 효과는 거의 구조에 달려 있다.

수사학자 케네스 벌크(Kenneth Burke)는 구조는 "청중의 마음 안에 갈망을 창조하고, 그러한 갈망을 적절한 방식으로 만족시키는 것"이라고 설명했다.[160] 잘 구성된 설교의 구조를 따르다 보면 청중의 마음에 그 구조가 안내하는 다음 내용에 대한 갈망이 생기고, 의도된 지점에서 그 갈망이 충족되

---

158 Fred B. Craddock, *Preaching*, 173. 비록 그가 '경험'이라는 단어를 성경 해석과 그 의미를 전달하는 것으로서의 설교 행위를 배제하고 말씀 행위 자체로 인해서 언어가 이뤄내는 결과물로 보고 있지만, 구두 언어 형식으로 전달하는 설교의 과정에 청중이 직접 참여할 수 있다는 측면에서는 잘못된 표현이 아니다.

159 Jeffrey D. Arthurs, 26.

160 Kenneth Burke, *Counter-Statement* (Berkeley: University Press, 1968), 31.

는 경험을 한다. 이는 잘 구성된 드라마나 영화에서 할 수 있는 경험이며, 또한 교향악단의 웅장한 음악을 들을 때 느끼는 감동이기도 하다. 청중은 설교의 어느 부분에서는 동질감을 느끼고, 어느 부분에서는 죄와 연약함 때문에 흐느끼고, 어느 부분에서는 하나님의 사랑에 압도당한다. 하나님의 공의 앞에 두려워 떨고, 하나님의 영광으로 벅차오르고, 하나님 나라에 대한 소망으로 가슴이 뜨거워진다. 이 모든 것이 구조를 통한 수사적 효과로 일어나는 일이다.

이와 같은 구조의 힘을 알기에 오늘날 설교학은 효과적인 구조 사용을 위해 총력을 다하고 있다. 그리고 그 대부분의 결론은 주로 다양한 구조 사용을 권장하는 데로 귀결되고 있다. 대표적으로 웨슬리 알렌(O. Wesley Allen Jr.)은 "만약 우리가 우리의 설교를 통해 우리의 청중으로 하여금 그들의 전체 마음과 영과 힘과 뜻을 다해서 하나님을 사랑하도록 돕기를 원한다면, 우리는 반드시 청중의 전체 인격에 관여하도록 시간을 두고 다른 형식들을 사용해야만 한다"라고 말했다.[161] 그런데 이 결론이 과연 전적으로 옳을까? 그렇지 않다. 물론 다양한 구조를 통해서 그런 효과를 기대할 수 있겠지만, 우리는 성경적인 설교를 실행해야 한다. 그렇다면 성경적인 설교의 철학적 신학을 제대로 실현할 수 있는 구조를 찾아 그 효과를 기대할 수 있도록 연구해야 한다.

설교의 구조는 매우 중요하다. 브라이언 채플(Bryan Chapell)은 그 중요성을 강조하며 "설교의 개요는 모두가 따르는 정신적인 지도"라고 말했다.[162] 무엇보다 청중을 인식하는 설교자라면 구조의 중요성을 인지하고 가장 성경적이면서 효과적인 구조를 통해 하나님의 말씀을 청중에게 전할 것

---

[161] O. Wesley Allen Jr., 5.
[162] Bryan Chapell, *Christ-Centered Preaching*, 133.

을 고민해야 한다. 청중은 좋은 구조 때문에 높은 집중력으로 설교에 몰입할 수 있고, 그 시간을 통해 살아 계신 하나님의 구체적이고 선명한 음성을 들으면서 믿음의 여정을 계속할 것이다.

⑬ 기억에 도움

설교와 관련된 안타까운 진실 중의 하나는 청중이 설교의 내용을 오래 기억하지 못한다는 것이다. 한 기독교 방송에서 조사한 결과, 예배를 마친 회중에게 설교 내용을 어느 정도 기억하는지 물었을 때 80%가 방금 들었는데도 그 내용을 기억하지 못했다고 한다.[163] 방금 들은 설교를 기억하지 못한다는 말은 교회를 벗어나는 순간 설교를 통해 전달된 하나님의 뜻은 청중과 전혀 상관없는 공허한 외침이 되어 버린다는 말이다. 그렇다면 설교자들은 왜 그처럼 수고로이 설교를 준비하고 전하는 것일까. 그래도 다행인 것은 '구조'를 통해 이 문제를 어느 정도 해결할 수 있다는 사실이다.

사람이 무엇인가를 오래 기억하도록 도울 수 있는 가장 좋은 방법은 바로 명료하고 명쾌한 구조의 사용에 있다. 좋은 구조는 사람들의 기억을 돕는다. 설교 내용을 쉽게 이해하게 하고 오래 기억하게 한다. 전후 관계가 명확하게 드러나거나, 예기치 못한 곳에서 반전이 일어나거나, 때로 구조를 인식할 수 없을 정도로 자연스럽게 전개되거나, 원인과 결과가 선명하게 드러나는 구조라면 그 내용을 기억하지 못할 이유가 없다. 굳이 기억하려고 애쓰지 않아도 좋은 구조의 설교는 기억에 오래 남게 된다.

결과에 이르기까지의 과정이 흥미로우면 그 내용은 마음속에 오래 남는다. 어떤 명제에 대해서 적절한 예화와 설명과 논증을 곁들였다면 청중은 그 명제를 마음에 깊이 새기고 돌아갈 수 있다. 처음부터 끝까지 구조에 있

---

163 정인교, 『정보화 시대 목회자를 위한 설교 살리기』 (서울: 생명의 말씀사, 2000), 163.

어서 물 샐 틈 없이 완성도 높은 설교를 들었다면 그 내용은 저녁 식탁의 훌륭한 주제가 될 것이다. 좋은 구조는 청중의 기억에 오래 남는다. 그리고 설교의 내용을 오래 기억할 수 있다면 청중은 그 말씀을 오래 묵상하면서 자신의 삶에 오래 머무르게 할 것이다. 그 결과 하나님의 말씀은 회중의 삶을 변화시키는 능력이 될 것이다.

⑭ 효과적인 전달을 위한 필수 요소

설교는 하나님의 말씀을 전하는 사역이기에, 그 말씀이 기록되어 있는 성경을 바르게 해석하는 일은 설교에서 무엇보다 중요한 선결 작업이다. 해석이 정확해야 비로소 설교는 하나님의 말씀이 될 수 있다. 그런데 해석만큼 중요한 것이 전달이다. 본문의 메시지를 아무리 정확히 해석했어도 그 내용이 청중에게 전달되지 않으면 아무 소용이 없기 때문이다. 전달되지 않은 메시지는 메시지가 아니다.[164] 바로 이 문제 때문에 오늘날 설교학자들은 새로운 설교학에 대한 논의를 계속하고 있다. 그리고 이 전달의 문제를 해결하는 방법을 주로 '구조'에서 찾고 있다. 정찬균 교수는 이에 대해 이렇게 말한다.

> 전달의 핵심적인 문제는 설교문의 구성에 있다. 이것은 설교의 형식 혹은 스타일과 관련된 것으로, 이는 해석된 본문의 메시지를 어떠한 형식에 담아 가장 효과적인 커뮤니케이션을 성취할 것인가 하는 문제이다.[165]

효과적인 전달을 고민한다면 반드시 설교의 구조를 중점으로 연구해야 한다. 설교의 구조는 설교자의 기억을 돕고 청중의 이해를 돕기 때문에 설

---

164 주승중, "설교, 전달도 중요합니다", 『그말씀』, 통권 121호(1999년 7월호), 33.
165 정찬균, "고정된 설교의 틀에서 벗어나라", 『그말씀』, 통권 108호(1998년 6월호), 17.

교의 내용을 효과적으로 전달하게 한다. 개혁주의 설교는 성경 본문의 중요성을 강조하며 본문이 말하는 바를 전하고자 본문에 순종하는 것 외에는 별다른 관심이 없었다. 전통적인 설교는 내용의 측면을 논의하느라 전달에 관해 고민할 겨를이 없었다. 그러면서 설교를 듣기 위한 청중의 헌신만 요구해 왔다. 그 결과 청중의 외면을 받게 되었다. 청중이 설교를 외면하는 현상은 오랜 시간에 걸쳐 설교자들이 그렇게 만든 결과다. 성경 말씀을 효과적으로 전달하기 위한 설교자의 노력이 부족했다. 우리는 성령의 능력과 도우심을 분명히 믿되 말씀을 전달하기 위한 자신의 수고와 노력을 결코 등한시해서는 안 된다.

이 문제를 해결하려는 시도가 바로 구조의 변환이다. 설교의 구조만 바꿔도 설교의 전달력은 확실히 나아질 수 있다. 같은 내용이라도 어떻게 전달하느냐에 따라서 청중의 수용도가 완전히 달라진다. 전통적인 연역적 구조의 문제 중의 하나는 청중의 높은 예측 가능성에 있다. 설교를 시작하면서 중심 명제를 바로 제시하기에 청중은 이후에 전개될 내용을 쉽게 예측할 수 있다. 그래서 이어지는 긴 설명과 논증에 흥미를 잃어버린다. 아무리 적절한 설명과 좋은 예화가 이어져도 새롭게 무엇인가를 기대하기 어렵다. 더군다나 이 시대는 모든 권위를 부정하고 거부하기에 권위를 가지고 일방적으로 선포하는 연역적 설교를 불편해한다. 모든 진리를 의심하는 이 세대는 수직적으로 밀어붙이는 식의 발언을 불쾌해한다.

이런 문제들을 해결하고자 신설교학은 청중의 공통 경험이나 청중이 처한 상황이나 개인적인 삶의 이야기로부터 설교를 시작해서 결론으로 나아가는 구조의 변화를 시도했다. 그리고 이 방법은 분명히 설교 전달의 문제를 해결하는 데 크게 일조하였다. 신설교학의 다른 문제를 거론하기 전에 일단 이런 사실이 주는 교훈에 주목해야 한다. 구조만 바꾸어도 설교의 전달이 매우 효과적일 수 있다는 사실 말이다.

청중의 삶의 변화는 일단 말씀을 들음에서부터 시작한다. 들을 수 없다면 붙잡을 수 있는 것도, 믿을 수 있는 것도 없다. 먼저 들려야 그다음을 말할 수 있다. 좋은 구조는 청중의 귀를 열어 준다. 준비한 설교를 청중에게 효과적으로 전달되게 하며 청중의 기억에 오래 머물러 있게 한다. 믿음은 그 결과로 생기는 것이다. 그래서 좋은 구조는 청중의 믿음 형성에 크게 일조한다. 우리는 먼저 들을 수 있도록 최선의 노력을 기울인 다음에 청중의 믿음과 순종을 기대해야 한다. 구조가 그 일을 가능케 하기에, 설교자는 한 편의 설교를 준비할 때도 어떻게 하면 좋은 구조를 만들지 항상 고민해야 한다.

⑮ 효과적인 적용에 관여

설교 말씀을 효과적으로 전달할 수 있다면 적용의 가능성은 더욱 커진다. 말씀이 들리지 않고 이해가 어려울수록 적용 역시 어려워진다. 특히 구조는 청중을 설득하는 수사적 힘을 가졌기에 좋은 구조의 설교는 적용에 더욱 효과적이다. 신설교학은 굳이 설교에 직접적인 적용과 결론을 부가하지 말라고 가르친다. 그 이유는 그들이 제시한 구조가 청중 개개인의 적용을 끌어내기에 충분한 힘이 있다고 믿기 때문이다. 적용을 일으키는 구조의 힘을 알고 있기 때문이다. 이에 대한 평가는 필요하지만, 일단 좋은 구조가 효과적인 적용을 가능케 한다는 사실만큼은 분명한 진실이다.

구조는 자연스럽게 적용을 위해 작용한다. 적용은 내용이 전달되면서 저절로 시작된다. 무엇인가를 이해한다는 자체가 곧 적용의 출발점이다. 그리고 좋은 구조는 전달을 쉽게 하기에 더욱 적용에 효과적이다. 본문의 중심 주제와 내용을 조직적으로 구조화해서 전달하면 그 자체로 청중에게서 적용이 시작된다. "적용은 본문의 중심 주제와 전제들이 설교 되고 실제화

될 수 있도록 진술들과 개요들로 구조화하는 것을 포함한다."[166] 청중은 잘 구성된 설교의 구조를 통해 진리의 말씀을 쉽게 이해하고 받아들이면서 자연스럽게 들은 내용을 적용하게 되어 있다. 그래서 우리는 성경적인 설교의 구조를 통해 효과적인 적용을 도와야 한다. 적용은 설교의 목적이고, 효과적인 적용은 구조를 통해 시작되고 또 이뤄지기 때문이다.

⑯ 현대 설교학의 주된 연구분야

성경적인 설교를 위해 '구조'를 집중적으로 연구해야 하는 이유 중의 하나는 구조가 현대 설교학의 주된 연구 분야이기 때문이다. 시대의 이슈를 외면하는 학문은 가치를 인정받기 어렵다. 김운용 교수는 이러한 흐름을 파악하고 "오늘의 시대에서 설교의 힘은 어떻게 치장하느냐에 달려 있지 않고, 설교의 구조를 어떻게 하느냐에 달려 있다"라고 말했다.[167] 수사적 표현으로 바꿔 말하면, 이제 문체나 문채보다 배열이 중요한 시대가 되었다.

　신설교학을 중심으로 오늘날 설교학의 흐름은 설교의 구조를 어떻게 구성해서 전달할 것인지로 바뀌었다. 리처드 에슬링거(Richard L. Eslinger)는 이러한 전환을 "설교학의 코페르니쿠스적 혁명"이라고 불렀다.[168] 신설교학의 가장 중요한 이론인 '귀납적인 설교'와 '이야기식 설교'만 봐도 구조에 대한 고민과 변화를 읽을 수 있다. 이후에 나온 '1인칭 내러티브 설교', '현상학적 설교', '4페이지 설교', '대화식 설교', '소설 설교', '연극 설교' 등도 구조의 변화와 다양화를 시도한 것이다. 신설교학뿐만 아니라 현대 설교학의 주된 관심은 구조의 변화를 통해서 설교의 새로운 길을 모색하는 데 있다.

　개혁주의 설교학도 이제 구조와 형식에 관한 연구에 힘을 쏟아야 한다.

166　Kenton C. Anderson, *Choosing to Preach*, 64.
167　김운용, 『새롭게 설교하기』, 223.
168　Richard L. Eslinger, *A New Hearing*, 14.

한국에 신설교학을 중심으로 한 설교학의 변화가 소개된 지 그리 오래되지 않았기에 목회자들은 변화된 핵심 논제에 대한 제대로 된 이해가 없을지도 모른다. 한국 강단은 전통적인 설교학의 문제점을 제대로 인식하지 못한 채 전통 설교학의 잣대로 모든 것을 판단하고 있어서 새로운 학문적 경향과 강단의 위기를 극복할 대안을 목회 현장에 적용하지 못하고 전통 설교학의 이론만 고수하려는 문제가 반복되고 있다.

한국 강단을 회복하고 힘을 불어넣기 위해서 구조와 관련된 문제를 먼저 인식하고 해결해야 한다. 발전된 바람직한 지식이 과거의 지식을 갱신하며 보완하도록 배우는 자세가 필요하다. 그리고 설교에서 형식의 중요성을 인식하고 재교육을 통해서라도 들리는 설교가 이뤄지게 해야 한다.

나아가서 성경적인 설교의 구조가 무엇인지 살펴보는 일은 중요한 연구 과제가 아닐 수 없다. 학문적 관심이 있는 설교자라면 구조의 중요성을 이미 인식하고 있겠지만 단순히 신설교학의 인도를 따라서 구조의 다양화로 결론을 내리고 있는 시점에, 과연 바른 신학과 설교학과 철학과 성경관에 근거한 성경적인 설교의 구조가 무엇인지 규명하는 일은 시급한 선결 과제가 아닐 수 없다. 성경적인 설교의 구조 이론을 정립해서 성경적 설교의 발전에 기여하고 한국 강단에 새로운 힘을 불어넣어야 한다.

⑰ 언어의 한계 극복

마지막으로, 구조는 설교에서 언어의 한계를 극복하는 좋은 대안이 될 수 있다. 사실 한 명의 설교자가 구사할 수 있는 언어의 수는 생각보다 훨씬 제한적이다. 설교자는 자신이 익숙한 단어들을 습관적으로 사용한다. 게다가 글을 통해서는 좀 더 다양한 어휘를 구사할 수 있지만 말할 때는 상대적으로 매우 제한된 어휘만 반복해서 사용한다. 교육 수준이 높은 사람도 주로 사용하는 어휘가 한정되어 있다. 또한 종교 언어는 다른 언어에 비해 무척이나 제한적이다. 당연히 버트릭(David G. Buttrick)의 지적처럼 "현대 설교는 최소한의 공통된 언어만을 사용하는 것처럼 보인다"라고 말할 수밖에 없다.[169] 그리고 제한된 언어의 사용은 설교의 내용과 전달에 부정적인 영향을 준다.

설교자의 어휘 수가 제한적이라면, 같은 설교자에게서 계속 말씀을 듣는 청중은 어느 시점에 이르러 은혜받기가 어려워진다. 매번 같은 설교를 듣는 것처럼 느껴지기 때문이다. 설교자가 아무리 다른 본문으로 새로운 메시지를 전해도 설교자의 언어 패턴과 습관에 익숙해져서 내용의 변화를 쉽게 감지하지 못한다. 익숙한 한 명의 설교자에게서 오랜 세월 설교를 듣는다면 설교에 대한 기대감이 점차 사라지고, 설교를 통해 받는 은혜도 반감될 수밖에 없다. 설교자는 자신의 언어의 한계로 인해서 전달의 한계에 부딪히게 되고 그의 사역은 점차 지체와 혼란을 겪게 된다. 신설교학자 크래독은 설교자의 제한된 언어 사용의 문제를 다음과 같이 말했다.

> 모든 소통 안에는 공통 단어가 제한되어 있고 명료성에 대한 요구 때문에 일정한 내용이 반복되어야 한다. 그러나 그 반복은 귀를 따분하게 만들고 한때 생기 있던 언어들과 구절들의 생명력을 잃어버리도록 만드는 영향을 끼치면서 그 자신의 목적을 훼손하는 경향이 있다.[170]

나아가서 오늘날 종교 언어는 불신과 경멸을 받고 있다. 설교자 개인의 문제를 넘어 기독교 강단의 문제가 언어의 문제로부터 야기되는 것이다. 크래독은 그 이유를 '종교 언어의 지체 현상' 때문으로 분석했다.[171] 종교 언어

---

169 David G. Buttrick, *A Captive Voice*, 70,71.
170 Fred B. Craddock, *Preaching*, 177.
171 Fred B. Craddock, *As One without Authority*, 8.

는 늘 과거에 얽매여 벗어나기를 두려워했고 새롭게 변화하는 과학 언어와 신조어들의 범람 속에서 점차 의미를 잃어가고 있다. 실제 종교 언어는 줄어들었고 교회 공동체의 사회적 어휘는 대체로 추상적으로 인식하게 되었다.[172] 그래서 언어적 한계와 문제는 강단의 위기를 초래하는 또 다른 문제가 되고 있다.

그런데 어휘력의 한계와 종교 언어의 지체 현상으로 인한 거부를 극복할 수 있는 길이 있다. 그것은 역시 효과적인 구조 사용이다. 좋은 구조는 내용의 이해를 돕기 때문에 어휘력의 한계를 극복하게 하고 말씀의 새로운 의미를 발견하게 한다. 또한 같은 내용을 새로운 구조로 전하기만 해도 청중은 다른 설교를 들었다고 생각하게 된다. 구조만 바꾸어도 의미가 달라지기 때문이다. 문체만으로는 극복할 수 없는 언어의 한계를 좋은 구조를 사용하는 방식으로 얼마든지 극복할 수 있다. 같은 본문을 설교하면서도 주제를 드러내는 다른 방식을 통해서 전혀 다른 설교를 전할 수 있다. 구조가 가지고 있는 힘은 우리의 예상치를 훨씬 뛰어넘는다.

⑱ 소결론

설교는 형식적으로는 일방적인 전달이지만 기능상으로는 청중과의 소통을 목적으로 한다. 비록 청중이 설교 시간에 직접 대화에 참여하지는 않지만 간접적인 방식으로 얼마든지 설교에 참여할 수 있고 때로 적극적으로 그렇게 할 수 있다. 그래서 설교자는 청중과 활발하게 소통하려는 목적으로 더욱 수사적인 노력에 힘을 쏟아야 한다. 비록 분명하게 구별되는 설교만의 독특성이 있어도, 설교 역시 연설의 한 형식이기에 수사법의 영향을 많이 받는다. 많은 에너지가 소모되더라도 청중에게 하나님의 말씀을 정확하고

---

[172] David G. Buttrick, *A Captive Voice*, 70.

바르고 효과적으로 전하기 위한 도전은 멈추지 말아야 한다.

구조화는 어려운 작업이다. 그리고 구조화하는 것을 좋아하는 사람은 거의 없다. 그러나 그것은 효과적으로 말하기 위한 단 하나의 길이다.[173]

설교의 구조화는 설교자가 말하려는 바를 질서 있는 순서로 조직하는 방법이다.[174] 좋은 구조는 설교의 내용과 움직임과 의미 전달에 중요한 역할을 하며, 청중이 설교에 직간접적으로 참여하게 만든다. 또한 좋은 구조는 설교자의 기억력을 높여 설교를 통한 소통을 용이하게 하며 청중이 설교를 쉽게 이해하고 오래 기억해서 자신의 삶에 녹아들게 한다. 구조는 설교의 전 과정에서 이처럼 중요한 역할을 감당하기에 이제 설교자는 설교에서 구조를 가장 중요한 요소 중의 하나로 다뤄야 한다.

이제 설교의 구조에 눈을 돌리자. 이제는 설교의 내용과 더불어 구조에 대해 고민하면서 깊이 연구할 때가 되었다. 청중에게 들리는 설교, 청중이 반응하는 설교, 청중이 참여하는 설교, 청중이 오래 기억하고 삶의 현장에 적용하는 설교, 이 땅 위에 하나님의 나라를 이뤄가게 하는 설교, 그 설교를 하는 데 구조는 정말 중차대한 역할을 감당할 수 있다. 이제 설교자는 단지 무엇을 설교할지뿐만 아니라 그것을 어떻게 설교해야 할지에 대해서도 깊은 관심을 기울여야 한다. 구조는 설교 준비과정뿐만 아니라 설교 전달과 기억과 적용에 이르기까지 포괄적으로 작용하기 때문에 구조를 통해 더 좋은 설교, 더 하나님의 목적을 이루는 설교를 준비해야 한다.

개혁주의와 보수주의, 그리고 건전한 복음주의 진영의 설교자들과 학

---

[173] Roy C. McCall, *Fundamentals of Speech* (New York: The Macmillan Co., 1949), 12. quoted in Ilion T. Jones, 90.

[174] Ilion T. Jones, 88.

자들은 더욱 설교 구조화에 관심을 가져야 한다. 지금까지 성경적인 설교를 규명하는 일을 통해 진정한 설교관과 설교 방법론을 정립해 왔다면, 이제는 성경적인 설교의 '구조'에 대한 연구로 그것을 마무리해야 한다. 성경적인 설교는 신학과 철학만 성경적이라면 얼마든지 구조를 다양하게 취할 수 있다고 말할 것이 아니라, 성경적인 신학과 철학을 가장 잘 구현하여 드러낼 수 있는 구조를 찾아 제시해야 한다.

신설교학이 제시한 대부분의 구조 이론은 성경적인 설교의 철학과 신학을 이루는 데 부적절하거나 부적합하다. 이는 다른 철학과 신학을 구현하기 위해 만들어진 이론들이다. 따라서 성경적인 설교를 위해 성경적인 설교의 철학과 신학을 가장 잘 반영하는 적절한 형식을 찾아야 한다. 이 작업이 이제부터 우리가 할 일이다. 신학과 철학이 분명하다면, 그에 따르는 형식은 회피할 수 없다.[175]

3) 구조의 개념과 이해

구조는 정확히 무엇을 의미하는가? 비유적으로 말하면 구조는 설교의 골격이며 뼈대라고 할 수 있다. 건물을 튼튼하게 지으려면 건물의 골격을 잘 세워야 하듯이 설교의 완성도를 높이고 설교의 목적을 이루고 적용과 전달을 효과적으로 하고 싶다면 구조를 잘 세워야 한다. 생물을 지탱하고 움직일 때 뼈대가 중요하듯이 하나님의 말씀을 살아 움직이게 하고 그 기능을 수행하게 하는 데 구조는 그 무엇보다 필수적인 요소다.

따라서 성경을 해석해서 전달해야 하는 의미와 내용을 찾았다면 그다음엔 이 뼈대부터 세워야 한다. "일단 우리가 본문을 통해서 우리가 갈 길을 만들고 우리의 설교에 무엇을 포함시키기 원하는지 결정했다면, 그다음 단

---

[175] Dennis M. Cahill, 47.

계는 우리의 생각들을 조직화하는 것이다."[176] 그리고 뼈대를 따라 필요한 내용을 적절히 배열해서 설교에 생명을 불어넣어야 한다. 뼈대가 없으면 설교는 설 수 없다. 마틴 로이드 존스(Martyn Lloyd-Jones)의 말처럼 "설교는 마치 하나의 교향곡이 형식을 갖춘 것처럼 형식을 갖춰야 한다."[177] 설교자는 한 편의 설교를 준비할 때 우선 어떤 구조로 내용을 전개할지 결정해야 한다. 여기에 설교자의 창의성과 분명한 신학과 철학이 요구된다. 같은 재료도 구조에 따라서 완전히 다른 설교가 되기 때문이다. 성경적인 설교의 철학적 신학을 구현하기 위한 구조화의 노력은 아무리 강조해도 지나치지 않는다.

이에 먼저 구조가 무엇인지 명확하게 이해해야 한다. 이제 수사학의 영역에서부터 설교학의 영역으로 옮겨가며 용어에 관한 개념을 설명한 후에 구조의 정의를 살펴보겠다. 정의는 개념에 대한 완벽한 이해를 담고 있기 때문이다.

① 수사학과 구조

수사학을 그리스 전통을 따라 정의하면 "말(화술)을 통한 설득의 기술"이라고 할 수 있다.[178] 수사학은 다음의 세 가지를 연구한다. "첫째 사람들은 무엇을 말하는가, 둘째 그것을 어떻게 말하는가, 셋째 거기에서 어떤 효과가 나오는가."[179] 수사학은 이 세 가지를 살피면서 말로 사람을 설득하는 기술을 논한다.

---

176 Jerry Sutton, 114.

177 Martyn Lloyd-Jones, *Preaching and Preachers* (London: Hodder & Stoughton, 1971), 72.

178 Joshep M. Williams & Gregory G. Colomb, *The Craft of Argument*, 『논증의 탄생』, 윤영삼 역(서울: 홍문관, 2008), 9.

179 Jason Del Gandio, *Retoric for Radicals: A Handbook for 21st Century Activists*, 『다른 세상은 가능하다』, 김상우 역(경기도: 도서출판 동녘, 2011), 56.

설교는 성경에 기록된 하나님의 말씀을 통해 청중의 구원을 완성해 가고 청중에게 신앙과 삶을 향한 하나님의 구체적인 뜻을 밝히는 거룩한 행위다. 설교자는 설교를 통해 하나님의 뜻을 보여 주려고 한다. 그리고 그 뜻을 따라 청중이 순종하여 변화되기를 목적으로 한다. 그런데 이 목적을 이루려면 설교를 통해 청중을 이해시키고 납득하게 해야 한다. 그 과정을 설득이라고 한다. 그래서 "설교는 설득이다."[180]

그렇게 보면 설교와 수사학은 분리해서 생각할 수 없다. 어떤 설교자가 수사학에 무지하고 또 수사학을 외면할지라도 그의 준비과정과 설교 행위에는 설득을 위한 수사적 요소들로 가득하다. 물론 기독교의 설교는 잘 알려진 수사학이나 커뮤니케이션 이론과는 다른 독특한 성격의 수사 방식이다. 그래도 그 독특성은 일반 수사학과 조화를 이루며 최선의 형태로 나아가야 한다. 그 가운데서도 이 시대 수사학의 화두인 '구조'를 통해 설교의 발전을 이뤄내야 한다.

하지만 많은 설교자가 구조의 중요성을 잘 이해하지 못한다. 누군가는 구조와 같이 인간적인 노력과 창의성을 요구하는 영역을 성경적인 설교 철학에 상반되는 작업으로 보기도 한다. 성경적인 설교는 하나님께서 주도하시는 설교라는 인식 때문이다. 그 말 자체는 맞다. 분명 성경적인 설교는 인간의 학문적인 역량이 아니라 하나님께서 주도하시는 설교라는 신학에서 출발한다. 에릭 알렉산더(Eric J. Alexander)는 성경적인 설교의 본질을 다루면서 "진짜 설교의 직무는 본질적으로 지적이거나 심리학적이거나 수사학적인 것이 아니라 영적이다"[181]라고 했다. 설교는 분명 하나님께서 주도하시는 하나님의 사역이고 그래서 영적이다.

---

[180] 정성영, 61.
[181] Eric J. Alexander, 11.

하지만 그렇다고 해서 성경적인 설교에서 인간의 학문적 노력이 배제될 수는 없다. 하나님께서 설교의 전 과정을 직접 주도하시되 인간의 언어와 창의력과 헌신을 통해서 역사하시기 때문이다.

말씀의 구체적인 역사는 바로 우리들 인간의 언어형식을 빌어서만 구현되고 있으며, 언어형식을 통하여 계시하시고, 교통하시고, 활동하신다. 아무리 하나님의 뜻이나 의지가 거룩하고 위대하여도 인간이 알아들을 수 있는 언어형식이 아니면 하나님과 인간의 소통은 불가능하기 때문이다. 이러한 말씀의 언어적 드러냄, 여기에 말씀의 문학적 필연성이 있음을 알아야 한다.[182]

설교자는 오히려 하나님께서 사용하실 수 있도록 잘 준비되어 있어야 한다. 언어적인 능력과 인격적인 준비에 게을러서는 안 된다. 학문적인 연구에 충실하며 성경을 바르게 해석할 수 있도록 해석학의 다양한 도구들을 습득하고 그 사용에 능숙해야 한다. 성령 하나님은 준비된 설교자를 통해 일하시되 그가 준비된 만큼 사용하시며 당신의 뜻을 이뤄가신다. 에릭 알렉산더도 설교의 영적 특성을 강조하면서도 동시에 다음과 같은 말을 했다.

물론, 그것(설교가 영적이어야 한다는 것)이 우리는 방법론에 관심을 갖지 말아야 한다는 것을 의미하는 것은 아니다. 또한 그것이 우리는 새로운 아이디어들이나 새로운 통찰들에 대해 충분히 무지하도록 어리석어야만 한다는 것을 의미하는 것도 아니고, 또한 우리가 가치 있고 효과적인 방법을 탐구하고 관리하는 데 부주의해야 한다는 것을 의미하지도 않는다.[183]

---

182   홍문표, 52.
183   Eric J. Alexander, 13.

설교자는 하나님께서 일하실 수 있도록 우리 편에서의 준비와 노력을 게을리하지 말아야 한다. 설교 작성과 전달을 위한 수사적인 노력을 계속해야 한다. 우리가 부인할 수 없는 사실은 설교는 일종의 연설이라는 점이다. 그렇다면 설교는 수사법의 도움을 반드시 필요로 한다. 설교자는 수사적인 효과를 적절히 사용해서 하나님의 말씀을 효과적으로 전달할 수 있어야 한다.

성경의 기록을 봐도 당시 청중을 위해 관례적인 논증의 패턴과 수사학의 형태를 따르고 있었다.[184] 설교자들이 이와 같은 성경의 본을 개인적인 견해 때문에 도외시해선 안 된다. 설교에서 수사학은 오히려 하나님께서 일하실 수 있게 하는 중요한 기능을 수행한다.

> 설교에서 우리의 기술을 발전시키는 것은 하나님의 힘을 약화시키지 않는데, 이는 항해시 바람의 힘을 잘 받도록 돛을 조절하는 것과 같다. 그것은 하나님의 힘을 향상시킨다.[185]

설교자는 성령께서 강력한 바람으로 인생들을 소원의 항구로 이끄실 수 있도록 수사적 노력에 힘을 기울여야 한다. 하나님만 일하시는 것이 아니라 우리도 하나님을 위해 일해야 한다. 그것도 최선을 다해야 한다. 제리 수톤(Jerry Sutton)은 "설교자의 사려 깊은 사고 없이 단순히 영적 자궁에서 자라는 설교는 없고 탄생의 순간에 갑자기 완전하게 창안되어 나타나는 설

---

184 Burton L. Mack, *Rhetoric and the New Testament* (Minneapolis: Fortress Press, 1990), 9.

185 Alex Montoya, *Preaching with Passion* (Grand Rapids: Kregel Publications, 2000), 85.

교는 없다"라고 말했다.[186] 설교자의 해석 능력, 수사적 노력, 영적 준비와 기도, 청중 분석 등의 노력이 성령 하나님의 손에 붙들릴 때 역사하는 설교로 나타난다. 한 편의 좋은 설교는 설교자의 인고의 작업을 통해 탄생한다.

> 아기는 태어난다. 빌딩이나 비행기처럼 '만들어지는' 것이 아니다. 이것은 인간의 창조적인 어떤 작업에서는 진실이다. 그러나 좀 더 자주 그렇지 않은 것은, 누군가 어려운 준비의 작업을 할 때, 그 설교는 우리가 성경 본문 안에 살고 있는 것처럼 우리 앞에 나타나듯 단순하게 발생한다.[187]

설교를 준비하는 힘겨운 창의적 작업에서 설교자가 특히 수사적으로 고심해야 할 부분이 바로 구조를 결정하는 일이다. 설교에서 개요를 구상하고 구조를 세워가는 일은 수사학의 영역이다. 이제 설교자들은 수사학의 영역 중에 '구조'를 손에 들고 능수능란하게 사용할 수 있는 무기로 삼아야 한다. 하나님께서 주신 말씀을 이 시대 청중에게 효과적으로 전달하고 적실하게 적용하기 위해 가장 적절한 구조를 사용하도록 고심해야 한다. 성령께서 도우실 것을 믿고 기도하면서 말씀을 구조화하려고 노력해야 한다. 이 일에는 설교자의 지속적인 헌신과 창의성이 요구된다.

그렇다면 설교의 '구조'는 수사학의 어떤 영역과 관계있을까? 고대에 수사학은 중요한 학문의 한 분야였다. 개인화된 현대 사회보다 공동체가 훨씬 중요한 시대였고, 다른 사람을 설득해서 함께 공동의 목표를 이뤄가야 했다. 선과 진리에 관한 토론은 끊이질 않았고, 물질보다 이상과 명예를 더 숭상했다. 그래서 수사학은 발전을 거듭했다. 그 발전을 도모하기 위해서 철학자들

---

[186] Jerry Sutton, 104.

[187] Darrell W. Johnson, *The Glory of Preaching* (Downers Grove: IVP Academics, 2009), 105.

을 비롯한 지식인들은 수사학을 배우고 가르쳤다. 학교에서 수사학 수업은 매우 중요했고, 수사학을 가르치기 위한 핸드북이 만들어졌다. 그 핸드북들 안에는 공통으로 '형태', 혹은 '단계'라고 표현되는 다섯 가지 중요한 범주가 기록되어 있다. 그것은 일반적으로 '창안(invention), 배열(arrangement), 문체(style), 기억력(memory), 연설 솜씨(delivery)'라고 부른다.[188]

그 가운데 '구조'는 '배열'과 관계가 있다. 아리스토텔레스(Aristoteles)는 이 두 번째 단계를 '논거 배열술'(dispositio)이라고 불렀고, 현대 수사학에서는 이 두 번째 단계를 '배치'(disposition), '배열'(arrangement), '조직'(organization) 등의 용어로 번역하고 있다.[189] 우리나라는 영어 단어 arrangement를 '배열', 혹은 '정돈'으로 번역한다.

그렇다면 수사학의 단계에서 '배열', 혹은 '정돈'이란 무엇일까? 맥(Burton L. Mack)은 '배열'이란 창안의 과정에서 선택되고 준비된 자료를 가장 좋은 순서로 열거하는 기술이라고 했다.[190] 또한 코벳(Edward P. J. Corbett)과 코너(Robert J. Connors)는 "배열이란 기록되거나 발화되는 담화의 부분들을 효과적이고 질서 있게 나열하는 것에 대한 수사적 관심이다"라고 설명했다.[191] 이런 정의들을 통해 '배열'의 의미를 정리하면 '배열은 수사적 효과를 기대하며 가장 효과적일 수 있도록 자료를 가장 좋은 순서로 나열하는 기술'이라고 할 수 있다. 단순히 나열하는 것을 '배열'이라 하지 않는다. 최고의 효과를 위해서 가장 좋은 방식을 찾아 나열하는 수사법이 '배열'이다. 연설자들이 연설을 위해 어떤 자료들을 선별했다면 가장 효과적으로 청중을

---

[188] Burton L. Mack, 32.

[189] Edward P. J. Corbett and Robert J. Connors, *Classical Rhetoric for the Modern Student* (New York: Oxford University Press, 1999), 20.

[190] Burton L. Mack, 32.

[191] Edward P. J. Corbett and Robert J. Connors, 20.

설득하기 위해 그 자료들을 열거하는 방법을 찾아야 하는데, '배열'은 바로 이 목적을 위해 논거들을 질서 있게 나열하는 과정이다. 우리가 흔히 초안이라고 부르는 것이 이에 해당한다.[192] 즉 수사학에서 배열은 자신이 생각한 것을 순서 있게 나열하여 초안을 짜는 일로 주제를 위해 자료들을 질서 있게 정돈하는 단계다.

설교학에서 '배열'의 의미는 수사학에서 지칭하는 바와 다르지 않다. 설교에 있어서 배열은 "무엇을 말하고 행할 것인지와 무엇을 계속 연결시킬 것인지를 결정하기 위한 조직적인 계획"이다.[193] 이 계획의 결과 기본적으로는 '개요'가 나타나며, 넓게는 설교 전체 구조가 결정된다. 설교의 구조는 배열의 원리이면서 동시에 배열로 나타나는 결과다. 설교자는 설교의 자료를 조직적인 계획에 근거해서 일정한 구조를 따라 나열하며, 그 결과 특정한 구조를 형성한다.

이처럼 설교에서 수사학의 '배열'은 곧 설교의 '형식' 혹은 '구조'와 직접적으로 연결된다. 배열을 어떻게 하느냐에 따라서 설교의 구조가 결정되기 때문이다. 배열이 곧 형식이나 구조라고 할 수는 없지만, 배열은 형식이나 구조와 직접적으로 연결된다. 따라서 설교에서 '배열을 어떻게 하느냐?'의 문제는 곧 '설교의 구조를 어떻게 할 것인가?'와 같은 대답을 요구한다.

② 수사적 관심의 전환

이제까지 설교학의 주된 관심은 수사학에서의 '착상'과 '문체', '표현'과 관련되어 있었다. 성경 본문에서 어떻게 하나님의 말씀을 찾아서 그것을 얼마나 유려하고 얼마나 섬세하게 다듬고 얼마나 미사여구와 예화를 잘 사용해

192　정인교, 『설교학 총론』 (서울: 대한기독교서회, 2003), 340.
193　Thomas G. Long, *The Witness of Preaching*, 118.

서 준비하는지에 가장 큰 관심이 있었다. 설교자들은 문체의 수사법을 통해 설교의 단어와 문장을 더 정교하고 세련되면서도 거룩하게 묘사하려고 노력했다. 적절한 예시와 비교와 대조, 비유와 역설과 같은 수사법을 통해서 설교의 문장을 꾸미고 내용을 강조하면서 설득력 있게 준비하려고 했다. 그러다 보니 경중은 있었지만, '배열'에 대한 강조는 '문체'에 비해 소홀히 여겨져 왔다. 그것이 소위 전통 설교학의 모습이었다.

그런데 오늘날에는 '문체'에서 '배열'로 담화의 틀이 옮겨졌다. "1970년대 이래 현대 설교학에서 가장 깊이 관심을 두는 부분의 하나는 설교의 형태에 대한 것이었다."[194] 아무리 잘 준비한 내용이라도 적절한 구조에 담아내지 않으면 의미를 제대로 전달할 수 없다는 사실을 깨달았기 때문이다. 화려한 미사여구를 동원해서 설교를 준비해도 청중의 시선을 끌 수 없고, 청중이 설교를 듣지 않는다면 그 내용이 아무리 좋아도 설교의 목적을 이룰 수 없기에 대안을 찾은 것이다. 설교에서 구조만 잘 정리해도 설교의 전달력이 살아나고 청중은 설교에 집중하게 된다는 사실을 깨닫고 설교학의 학문적 관심을 문체에서 배열로 전환하였다. 그리고 이 전환에 앞장선 이들은 찰스 라이스(Charls Rice), 프레드 크래독(Fred B. Craddock)과 같은 신설교학 학자들이었다. 지난 50년 동안 신설교학은 설교의 여러 문제를 지적하면서 배열, 즉 구조와 형식에 관한 논의를 가장 중요한 학문적 쟁점으로 삼아 활발하게 연구했다. 그 결과 오늘날 설교 구조에 대한 이론서들이 가장 중요한 설교학 교과서가 되었다.

이러한 수사적 전환은 청중을 염두에 두었기 때문에 일어난 변화였다. 수사학에서 '착상'과 '표현', 그리고 '배열'은 모두 설교를 준비할 때 고려하는 사안들이다. 그중에 착상과 표현은 설교의 '내용'을 얼마나 전문성 있고

---

[194] 김운용, 『설교의 새로운 패러다임』, 175.

심도 있게 준비하는지와 관련되어 있고, 배열은 '청중'이 얼마나 그 내용을 쉽게 이해할 수 있도록 구성하는지와 관련되어 있다. 배열은 청중에게 효과적으로 전달되어야 내용도 가치가 있게 된다는 인식에서 더 중요해졌다. 아무리 내용이 좋아도 "연설이 거칠게 구성되면 이해하기가 어렵다."[195] 누군가 설교를 듣고 논리적이나 설득적이라고 말한다면 그것은 구성을 통해 나타난 구조의 힘 때문이다. 이해하기 쉬웠다는 말도 설교의 구조가 좋았다는 말이다. 아무리 좋은 글감이 있어도 그 글을 어떻게 구성해서 어떤 구조로 전달하느냐에 따라 설교는 완전히 다른 결과를 낳는다. 좋은 글감을 통해 청중을 이해시키고 설교의 내용을 받아들여 믿게 하고 그 말씀을 따라 마음과 행동의 변화를 결단하게 하는 것은 모두 배열에 있는 수사적 힘에서 시작된다.

현대 설교학자들은 이런 사실을 깨닫고 설교의 구조를 연구해야 할 필요성을 느꼈다. 청중에게 효과적으로 말씀을 전달하려는 고민이 설교의 구조에 대한 연구를 시작하게 했다. 설교를 통해 청중과 소통하기를 원하는 마음이 설교 구조의 발전을 이뤄냈다. 청중에 대한 관심이 설교학에서 구조로의 수사적 전환을 이뤄낸 것이다.

③ 구조의 의미

그렇다면 설교학에서 '구조'는 정확히 무엇을 의미할까? 본문에서 설교할 내용을 찾으면 이를 일정한 목적을 따라 순서대로 질서 있게 정리(arrangement)해야 하는데, 그 결과 나타나는 틀이 바로 구조(structure)다. 빌 휘태커(Bill D. Whittaker)는 그 정의를 "'형식', 혹은 '구조'는 어떤 목적을 가

---

195 Jason Del Gandio, 98.

지고 성경에서 수집한 자료 등을 '배열하는 방식'이다"라고 말했다.[196] 구조는 목적을 가지고 배열을 어찌하느냐에 따라서 형성되는 글의 전개 방식이다. 본서에서 구조의 의미는 휘태커의 정의를 따라 이해하면 된다. 즉, 구조는 일정한 목적을 가지고 성경에서 수집한 자료 등을 배열하는 방식을 의미한다.

그런데 '구조'라는 용어와 비슷한 다른 용어들이 있다. 구조와 동의어로 볼 수 있는 용어로 '형식'(form)이나 '틀'(frame)이 있다. 그중에 '형식'은 "설교의 내용을 균형 있게 하며 배열하는 방법에 관련한 것"으로,[197] 구조와 같은 의미로 봐야 한다. 그리고 '개요'(outline)는 일정한 구조를 따라 한 편의 설교에서 자료를 나열해 놓은 것을 의미하는데, 한 편의 설교 안에서 '구조'라고 부르는 것은 '개요'와 비슷한 의미로 사용될 수 있다. 하지만 구조가 곧 개요인 것은 아니다. 구조가 더 넓은 범주를 포함하는 단어이며 개요는 구조화에서 내용을 명료하게 하기 위한 열거식 명제의 진술이다. 혼동하기 쉬운 단어로 '스타일'(style)이 있다. 하지만 이는 '문체'라고 번역되는 수사학의 다른 단계에 속한다. 문체는 저자가 표현을 명료하게 하고 치장하는 것을 의미한다. 다른 용어들은 구조와 비슷한 의미로 이해할 수 있지만, 스타일을 구조와 혼동하지는 말아야 한다.

3. 구조와 관련된 설교의 역사와 평가

가장 오래된 기독교 설교는 성경에 기록되어 있다. 구약에 나오는 모세의

---

[196] Bill D. Whittaker, 157.
[197] Thomas G. Long, "Form," 144.

설교가 형식을 갖춘 기독교 설교의 출발이다. 이후 구약과 신약에는 여러 편의 설교가 등장한다. 그리고 성경에 나오는 모든 설교들은 수사법을 사용하고 있다. 구약의 설교나 신약의 설교 모두 수사적 기법을 통해 하나님의 뜻을 효과적으로 전달하고 있다. 성령은 인간 개인의 학문적 역량과 수사적 경험과 지식을 사용해서 하나님의 뜻을 성경 안에 기록하게 하셨다. 특히 예수 그리스도와 복음을 효과적으로 전하려는 수사적 노력은 신약성경에 나오는 사도들의 설교에서 분명히 찾아볼 수 있다. 그 수사적인 노력에는 문체나 문체에 관련된 것들도 있고, 청중을 분석해서 대상에 따라 다른 커뮤니케이션 방법을 사용하기도 했다.[198]

배열의 수사법도 성경 안의 설교들에서 쉽게 분석해 낼 수 있다. 각각의 설교마다 세밀하게 계획된 구조가 나타나고 있다. 성경 저자들은 하나님의 뜻과 복음을 효과적으로 전하려는 목적으로 배열의 수사법을 통해 설교의 구조를 치밀하게 구성했다. 그래서 최근에는 구조에 대한 관심이 늘면서 성경의 저자들이 사용한 구조에 대한 연구가 다방면으로 진행되고 있다.

설교의 구조는 성경이 기록된 이후의 설교 역사 속에서도 여러 형태로 나타난다. 비록 의식적으로 학문적 노력을 기울이지는 않았을지라도 모든 설교는 구조를 통해 형성되어 전달되었다. 그 가운데 훌륭한 설교자들은 본능적으로 효과적인 구조를 사용해서 설교를 구성했다. 하지만 오랫동안 설교의 구조 연구에 학문적 역량을 쏟아붓거나 구조에 관한 혁명적인 변화를 일으킨 시도는 없었다.

구조에 대해 학문적으로 눈을 뜨게 된 것은 설교의 유기체적인 과정을 이해하고, 구조의 기초 골격을 제시한 그레디 데이비스(H. Grady Davis)로부터였다. 그리고 구조에 대한 폭발적인 연구가 시작된 것은 크래독(Fred B.

---

198 이에 대해서는 이강률, 『청중이해와 설교전달』 (경기도: 한국학술정보, 2008)을 참조하라.

Craddock)이 구조에 대한 관점을 혁신적으로 전환하는 책을 쓴 이후였다. 따라서 설교 구조에 대한 강조와 다양화에 대한 도전, 그리고 구조와 관련된 다른 여러 이론이 나온 것은 지난 50여 년 사이에 일어난 비교적 최근의 일들이다. 그 결과 이제 설교자들은 다양한 구조 이론을 접할 수 있게 되었다.

그리고 구조에 관한 많은 연구가 진척된 지금, 학자들은 설교의 특정 구조를 제시하기보다 다양한 구조를 적절하게 사용해서 설교해야 한다는 결론에 이르고 있다. 통합의 관점에서, 더 많은 도구를 사용할 수 있는 설교자가 더욱 효과적으로 설교 사역을 감당할 수 있다고 말한다. 하지만 구조의 기본적인 큰 틀은 다양하지 않다. 오늘날 설교 형식과 관련된 이론을 다양한 이름으로 다양하게 전개하고 있지만, 그 형태들을 살펴보면 대체로 몇 가지의 기본적인 접근만 있을 뿐이다.[199] 그 기본 구조들로부터 다양한 형식으로 수정, 보완, 발전시켜 새로운 설교 구조들로 소개하고 있다. 그래서 가장 기본적인 형식만 이해해도 그 나머지를 쉽게 파악할 수 있다. 그 가장 기본적인 구조는 설교의 중심 사상의 위치에 따라 '귀납적 구조'와 '연역적 구조'로 나눠진다.

1) 전통적인 설교학의 흐름과 내용

초기 기독교는 구전으로 말씀을 전달하고 보전했었다. 따라서 정확하게 오래 기억하는 방법이 필요했는데, 그 기능을 감당하는 수사법이 바로 '배열'이었다. 전달하려는 내용이 좋은 구조로 구성되어야 오래 기억되고 효과적으로 전달될 수 있기 때문이다. 크래독은 "구전 문학에서는 메시지의 존립 여부는 대부분 형식에 달려 있었다"라고 분석했다.[200] 복음의 내용을 청중이

---

[199] Dennis M. Cahill, 26.
[200] Fred B. Craddock, *Preaching*, 171.

집중해서 들을 수 있는 형식, 그리고 청중의 기억에 오래 남을 수 있는 형식으로 만들어 전했고, 이후에 문학으로 기록되었다.

성경 저자들 역시 복음의 이해와 인식을 위해서 다양한 수사법을 사용했는데, 그 가운데 '배열'은 매우 중요한 수사법이었다. 예수님은 설교에서 치밀하게 구조화된 구성을 사용하셨고, 사복음서 저자들도 특정한 목적을 따라 자료를 배열하면서 의미를 드러내고 전달했다. 바울도 그의 서신서들을 기록할 때 거의 비슷한 형식을 사용하면서 형식을 중시했음을 보여 주었다. 이를 통해 성경은 하나님의 뜻을 계시하는 데 '형식'을 중요한 방법으로 사용하고 있다는 사실을 알 수 있다.

신약의 초대교회들 역시 그리스 철학에 뿌리를 두고 설교를 조직적으로 구조화해서 전달했다. 하지만 당시 구조에 대한 특별한 논의가 학문적 관심사로 부상되지는 않았다. 그저 오랫동안 입어왔던 몸에 꼭 맞는 옷처럼 하나님의 메시지를 전하는 주요 수단으로 구조를 사용했을 뿐이다. 그만큼 메시지의 구조화는 초대교회에서 자연스럽고 익숙한 방식이었다.

이후 설교의 구조는 학문적 논의의 수면 위로 서서히 올라오기 시작했다. 비록 설교의 내용만큼 중요하게 다뤄지진 않았어도 근근이 맥을 유지하고 있었다. 대표적으로 어거스틴(St. Augustine)은 본문에 대한 분명한 이해와 설득적인 설교의 형식을 고안할 필요성을 연결하려고 노력한 학자였다.[201] 하지만 이런 시도들은 크게 빛을 보지 못했고 시간이 흘러 중세에 이르렀을 땐 단순한 방향으로 구조에 대한 논의가 고착화되었다.

중세는 기독교가 정치를 주도하고 전쟁에 관여할 만큼 국가의 대소사를 좌지우지하던 시대였다. 따라서 복음으로 청중을 설득하거나 무관심한 회중에게 어떻게든 말씀을 전달해야 한다는 강단의 압박과 위기는 없었다.

---

[201] Michael J. Quicke, 30.

강단은 권위를 넘어 권력을 소유하고 있었고, 회중은 수직적으로 선포되는 말씀을 기꺼운 마음으로 듣기 위해 모였다. 당연히 설교자는 연역적인 구조 외에 다른 구조로 설교할 필요를 느끼지 못했다. 그러다 중세 후기에 이르러서야 구조와 형식에 대한 논의가 서서히 이뤄지기 시작했다.

근현대에 이르러선 설교 사역에 위기가 찾아오기 시작했다. 무엇보다 계몽주의 시대를 지나며 인간이 모든 판단의 주체가 되었기 때문이다. 인간은 이성의 가능성을 말하면서 종교를 떠나기 시작했다. 휴머니즘 가치관이 신본주의 세계관을 넘어서게 되었다. 성경과 신앙과 교회와 설교에 대한 의심과 거부가 만연해졌다. 당연히 강단의 위기는 어떻게 설교해야 할지에 대한 고민과 논의를 설교학의 수면 위로 부상하게 했다.

이러한 모더니즘 현상은 후현대주의에 이르러 더욱 악화되면서 가속화되었다. 사람들은 점차 객관성과 합리성마저 의심하고 거부하게 되었다. 개인의 주관적인 생각과 판단이 중요해졌고 각자의 감정과 느낌이 중요해졌다. 자신의 선택과 판단을 인정받고자 점차 서로의 생각과 선택을 인정하면서 주관주의와 상대주의에 빠지기 시작했고 다원주의가 창궐하게 되었다. 그 과정에서 사람들은 '설교'라는 단어를 부정적인 뉘앙스를 가진 용어로 사용하게 되었고, 설교 사역은 내용의 질과 상관없이 외면을 받게 되었다. 대중은 진리 자체를 의심하고 절대적이고 권위 있는 하나님의 말씀을 설교자의 편협한 논리로 취급하기 시작했다. 성경의 권위를 믿는 사람들조차 설교를 들으면서 '그건 당신의 해석이지 나의 해석은 아니다'라고 말하는 시대가 되었다.[202] 게다가 자유주의 신학이 성경의 영적 권위마저 훼손시켜서 성경을 읽거나 설교를 들으면서 권위 있는 하나님의 말씀으로 믿으며 순종하려는 청중이 점차 사라지게 되었다. 그런 일련의 과정을 거

---

202 Graham Johnston, 30.

치면서 교회 안에 있는 청중도 설교에 귀를 닫아 버리는 현상이 나타나고 있다.

따라서 설교학은 어떻게 하면 하나님의 말씀을 효과적으로 전할 수 있을지, 그리고 말씀을 들으려 하지 않는 청중에게 어떻게 하면 복음을 전할 수 있을지 고민하지 않을 수 없었다. 설교의 내용이 아무리 좋아도 청중이 듣지 않는다면 그 모든 수고가 허사로 돌아간다는 사실을 깨달은 것이다. 그렇게 설교학은 전달의 중요성과 필요성을 절감하게 되었다. 그리고 그 돌파구로 찾은 것이 설교 구조의 변화였다. 연역적 구조에서 귀납적 구조로의 혁명적인 변화가 일어났고, 그로부터 다양한 설교 구조의 변화가 시도되었다.

학자들은 과거에 오랫동안 강단에서 사용되어온 연역적인 구조를 전통적인 설교 구조라고 말한다. 그도 그럴 것이 여러 세기를 지나도록 교회는 연역적인 구조를 가장 기본적인 설교 구조로 사용해 왔기 때문이다. 그저 권위적인 인물이 주로 문체와 관련된 다양한 수사적 기술과 웅변력을 가지고 연역적인 방식으로 설교를 구성해서 선포하고 전달하면 됐었다.[203] 천편일률적이라고 말해도 될 만큼 설교의 구조는 초지일관 연역적이었다.

그런데 연역적인 구조도 사실 단순하지는 않다. 거슬러 올라가면 연역법의 전통적인 설교 구조는 그리스 수사학에 그 뿌리를 두고 있고, 특별히 아리스토텔레스(Aristoteles)에게서 그 기원을 찾을 수 있다.[204] 하지만 우리가 전통적인 설교라고 말하는 연역적인 구조의 특정한 틀은 사실 15세기에 이르러서야 그 형태를 갖추게 되었다. 이는 3대지로 이뤄진 연역적 설교인데, 15세기에 프란체스코회와 도미니크회를 중심으로 일어난 설교 형식에 관한

---

[203] Lucy Atkinson Rose, *Sharing the Word*, 『하나님 말씀과 대화 설교』, 이승진 역(서울: CLC, 2010), 43-46.

[204] Richard L. Eslinger, *The Web of Preaching*, 16.

새로운 운동이었다. 과거에는 이를 '세 개의 대지와 한 편의 시'(three points and a poem)라고 일컬었는데, 보통 세 포인트로 설교를 전개해 나가는 삼대지 설교 형식을 의미한다.[205] 오늘에 이르기까지 대부분의 강단에서 이를 공통적인 설교 형식으로 사용하고 있다.

그러다 연역적 3대지 구조는 역사 속에서 특정한 구조로의 변화가 일어났다. 이는 16세기 말에 영국과 미국 동부지역에서 떠올랐던 형식으로 성경 본문을 설교할 것을 그 무엇보다 강조한 칼빈주의자들과 청교도주의자들을 비롯한 개혁주의자들에 의해 주도되었다. 이들은 성경의 권위를 인정하고 성경 본문에 대한 지대한 관심으로 '본문에 충실한 설교', '본문의 의미를 바로 드러내는 설교'를 준비하기 위해 최선을 다했다.[206] 그리고 학자들은 그들의 설교 형식을 일반적인 3대지 형식과는 전혀 다른 새로운 3대지 연역적 설교라고 말한다. 그들이 사용한 설교 구조는 다음과 같다.

> 거기에는 세 가지 주요한 설교의 부분들이 있다. 첫째, 고대 배경 속에 놓여있는 고대의 본문을 주석하라. 둘째, 고대의 본문으로부터 전체적이고 교리적인 요점들을 이끌어 내라. 그리고 셋째, 회중의 현대의 삶에 교리적인 요점들을 적용하라.[207]

이 형식에서 본문을 주석하고 설명하는 첫 번째 부분은 신학적 분석,

---

[205] Dennis M. Cahill, 20; Steven D. Mathewson, 28; 김운용, 『설교의 새로운 패러다임』, 95,96; 정창균, 『고정관념을 넘어서는 설교』 (수원: 합동신학대학원출판부, 2002), 26.

[206] 김창훈, "한국 교회 강단의 회복을 위한 청교도 설교 연구", 『신학지남』, 통권 297호(2008년 겨울호), 264.

[207] O. Wesley Allen Jr., 3.

교리, 실천, 혹은 주제의 설명으로 대치될 수도 있다.[208] 개혁주의 전통에서 사용한 이와 같은 연역적인 구조는 성경 말씀을 강조하는 구조였다. 따라서 본문을 주석하는 내용이 설교에 담겨 있고, 그 내용의 결과 본문이 말하는 의미를 밝히고 이를 근거로 청중에게 적용하는 구조를 취했다. 이 구조의 사용은 성경적인 설교에 대한 고민에서 출발해서 구조까지 담아낸 최초의 시도라고 할 수 있다. 이는 성경을 읽고 단순히 3대지로 나눠서 내용을 전달하는 방식이 아니라, 성경의 주석과 중심 주제와 적용을 설교의 각 부분으로 삼아 설교의 구조에 더욱 성경적인 설교의 철학을 담아냈기 때문이다. 이를 굳이 구분하자면 수도원 중심으로 일어난 3대지 형식보다 훨씬 더 성경적인 방법론이라 할 수 있다. 무엇보다도 성경 원문에 대한 관심과 강조 때문에 제시한 구조였고, 본문의 내용과 의미로 설교의 중요 내용이 되게 했을 뿐만 아니라, 동시에 본문과 이 세대 간의 적실한 연결을 시도하려는 구조여서 더욱 성경적인 설교를 가능케 했던 것이다.

하지만 다 좋은 것은 아니었다. 그 설교 형식은 1대지에서 본문을 한 절 한 절 주석하고 해석하는 과정을 거쳤는데, 이는 중심 사상으로 향하는 흥미로운 여정이 아니라 본문의 모든 것을 일일이 다 읽고 해석하고 설명하는 다소 지루한 작업이었다. 그래서 이 구조에는 일관성이 없었고 내용은 방대해지기 쉬웠다. 이는 하나님의 말씀을 대단히 사모하는 영적 분위기에서만 사용할 수 있는 구조였고 성경대로 살아가려는 사람들이 믿음으로 수용하며 들어야 들을 수 있는 구조였다. 그래서 비록 성경을 중시하고 시대적 적용을 고려하는 방식일지라도 우리의 후현대주의 청중은 쉽게 집중하며 듣기 어려운 구조다. 구심점이 될 만한 주제 외에도 방대한 내용을 다루고 있어서, 이를 듣기 위해 청중의 높은 집중력을 요구하기 때문이다.

---

208 Thomas G. Long, "Puritan Plain Style", ed. Ronald J. Allen, 『34가지 방법으로 설교에 도전하라』, 허정갑 역 (서울: 예배와 설교 아카데미), 22.

그래도 이러한 새로운 구조의 시도가 시사하는 바는 크다. 보통 신설교학자들이나 최근의 설교학계는 전통적인 설교의 연역적인 형식을 '천편일률적'이라고 표현한다. 그러나 개혁주의자들의 시도는 연역적인 형식 안에도 다양한 형식이 존재할 수 있다는 사실을 보여 주었다. 앞서 살펴보았듯이 3대지 설교도 전혀 다른 형식을 취할 수 있었다. 그 외에도 연역적 설교는 다양한 형태로 나타났다. 그래서 신설교학자 로즈(Lucy Atkinson Rose)는 전통적인 설교의 형식을 천편일률적인 연역적 3대지 설교라고 하는 말에 동의하지 않았고, 나아가 "전통적인 설교학을 대표할 만한 단 하나의 설교 형식도 없다"라고 말했다.[209] 토마스 롱(Thomas G. Long) 역시 "형식에 관한 전통적인 접근은 조금도 예측 가능하거나 획일적이지 않으며, 숙련된 사람들의 손에 의해서 훌륭한 설교 구조의 다양한 배열을 만들어 내었다"라고 말했다.[210] 이는 연역적 구조도 얼마든지 다양할 수 있다는 사실을 잘 보여 주고 있다.

그렇다고 해도 전통적인 설교가 연역적 구조라는 사실만큼은 변하지 않는다. 형식에 있어 주로 3대지로 구성되었다는 사실도 부정할 수 없다. 한국 교회의 정황도 다르지 않아서 대부분의 설교는 주제 설교가 아니면 3대지 연역적 설교 형태에 고착되어 있다.[211] 그리고 시대와 청중이 변화되면서 이러한 연역적 3대지 설교는 여러 한계와 문제점을 드러냈고 무엇보다 설교의 전달력을 크게 약화시켰다.

2) 전통적인 설교학의 구조적 문제

전통적인 설교의 연역적 구조는 기독교 진리를 의심하지 않던 시대에는 설

---

209   Lucy Atkinson Rose, 51.
210   Thomas G. Long, "Form", 147.
211   김운용, 『설교의 새로운 패러다임』, 109.

교 형식으로써 많은 장점을 가지고 있었고 지금도 강단에서 진리와 복음을 전하는 데 자주 사용되고 있다. 하지만 진리와 복음과 기독교에 대해 회의적인 작금에는 그 적절성에 대해 끊임없이 의심과 비판을 받고 있다. 연역적인 구조에 대한 끈질긴 고집이 강단의 위기를 초래했고, 믿음이 좋은 사람들조차 권위를 가지고 수직적으로 선포되는 명제적 설교에 더 이상 귀를 기울이지 않게 되었다는 것이다. 캘빈 밀러(Calvin Miller)의 말처럼, "세 번째 천년이 시작되면서, 단순한 강의로서의 설교는 궁지에 몰렸다."[212]

그렇다면 전통적인 연역적 구조의 설교는 구체적으로 어떤 문제를 드러내고 있을까? 설교학에서 거론되는 여러 문제 중에서 특별히 '구조'와 직결되는 문제들을 살펴보자.

① 연역적 전개 방식의 문제

첫째, 연역적인 구조는 그 전개 방식으로 인해 시대적 부적절성을 보여 주고 있다. 연역법은 결론, 혹은 어떤 중심 사상에서부터 시작해서 구체적인 사례로 나아가는 논리 전개 방식이다. 그런데 먼저 결론을 제시하면서 설교가 시작되기 때문에 이후에 기대할 만한 다른 내용이 없는 문제를 나타낸다. 예측할 수 없는 결말은 흥미로운 전개 과정을 수반하기에 청중의 관심을 쉽게 끌지만, 먼저 결론을 보여 준 후에 이를 설명하고 강화하는 연역적 방식은 이후 전개될 내용을 대부분 예측 가능케 해서 청중의 집중력을 흐트러뜨린다. 한 번 명제가 전달된 후에는 그 명제가 가진 힘을 소진해 버려서 청중의 흥미를 계속 유지시킬 수 없는 것이다. 따라서 설교를 연역적으로 배열하면 내용은 매우 선명해지지만 동시에 지루해지는 단점이 있다.[213]

212　Calvin Miller, *Preaching: The Art of Narrative Exposition* (Grand Rapids: Baker Books, 2006), 20.

213　Steven D. Mathewson, 198.

물론 과거에는 이러한 전개 방식에 문제를 제기하지 않았다. 하지만 후현대주의 청중에게는 문제가 되고 있다. 시대 철학이 변화되었고 인식 방식이 바뀌었기 때문이다. 세계관과 가치관이 달라졌기 때문이다. 연역적인 구조의 설교는 이 시대 청중에게 효과적인 전달을 방해하고 있다.

무엇보다 우리 시대 청중은 이야기를 중시한다. 이들은 영상 세대로 자연스럽게 이야기와 이미지를 통해 정보를 얻고 소통하면서 감정을 느낀다. 또한 이들은 이야기에 자신을 담아내고, 이야기의 흥미로운 전개에 직접 참여하면서 의미를 찾으려 한다. 이런 변화된 세대에 어울리지 않는 연역적 방식을 고집한다면 설교 사역은 외면을 받게 될 것이다. 이야기와 경험을 중시하는 현대 청중은 특별한 다른 이유 없이 연역적으로 전개되는 설교에 무료함을 느끼고 귀를 기울이지 않는다.

교회 안의 많은 청중도 연역적 구조의 설교에 지루함을 느끼고 있다. 다만 종교인이라는 이유로 억지로 참고 견디면서 앉아 있는 것이다. 그들은 메시지를 이해하고 받아들이지 못해서 예배를 마치면 텅 빈 가슴을 안고 집으로 돌아간다. 그리고 이런 과정이 반복되면서 설교에 관심을 잃어가고 있다. 그래서 연역적인 구조의 설교에 새로운 변화가 필요하다. 하나님의 말씀을 듣는 이유가 결코 흥미 때문은 아니지만, 오늘의 청중에게 말씀을 효과적으로 전달하기 위해서는 흥미로운 전개 방식이 요구된다.

또한 현대 청중은 지식과 권력 간의 연계성에 대한 거부감과 의심이 팽배해서 수직적이고 권위적인 성격의 연역적 방식을 외면하고 있다. 연역적인 구조는 주로 권위 있는 하나님의 말씀을 받으려는 청중에게 선포하려는 목적으로 사용되었다. 하지만 이 시대는 모든 권위를 무시하고 진리를 주관화시키고 상대화시키면서 다원주의로 나아가 버렸다. 그런 가운데 후현대주의 청중은 자신보다 더 높은 권위로 자기 생각과 철학과 판단에 영향을 주려는 모든 수직적인 시도에 반발하며 대응한다. 따라서 설교자가 고집스럽게 과거 방식인 연역적 구조를 고수한다면 말씀 사역에 무력감을 느낄 수밖에 없다.

이제 연역적 설교의 전통적 구조만으로 감당할 수 없는 설교사역의 현 주소를 명확히 이해하고 변화에 빨리 대처해 가야 한다. 시대가 변했고 사람들의 소통 방식이 변했다. 청중의 인식 체계가 바뀌었다. 이런 시대에 설교학에도 새 부대가 요구되고 있다.

② 연역적 구조의 논리적 오류

둘째, 연역법은 구조적으로 과거에서 현재, 혹은 현재에서 미래를 연결할 때 논리적인 문제를 야기한다. 이는 시대의 변화로 인한 문제가 아니라 연역법 자체의 논리성의 문제이며, 이를 인식하고 해결하지 않으면 순종적으로 듣기를 거부하는 이 세대에 설교를 비논리적이고 비상식적이고 심지어 폭력적인 행위로 인식하게 만들 위험이 크다.

연역 논증은 시간의 간격을 뛰어넘는 통시적 관점으로 논리를 연결할 때 논리적 억측을 발생시킬 위험이 있다. 과거의 기록을 현재 우리의 신앙과 삶의 지침으로 삼는 데 연역 논증이 잘못 사용될 수 있는 것이다. 현재에서 미래로 연결할 때도 마찬가지다. 예를 들어, 과거에 성실한 사람이 성공하는 것을 봤다고 미래에도 성공의 절대 요건으로 '성실'을 내세우면 안 된다. 성실이 모든 성공의 유일하고 절대적인 요건은 아니기 때문이다. 그래서 연역 논증에서 만일 전제가 제공하는 정보가 단지 과거와 현재에 관한 지식뿐이라면, 그 결론이 자연히 미래에도 적절할 것이라고 주장해서는 안 된다.[214]

일반 논리학에서 연역 논증은 과거 사실의 진리성을 밝혀 줄 뿐 미래를

---

214 Brian Skyrms, 51.

향한 지침이 되지는 못한다. 현재의 사건도 현재의 의미로 받아들이게 할 수 있지만 무조건 내일을 위한 의미로 삼을 수는 없다. 역사를 거울삼아 자신을 살펴볼 수는 있지만 모든 이에게 역사를 통해 객관적인 진리를 전달하기에는 무리가 있다. 논리적인 필연성이 미미하기 때문이다. 과거에 동생이 감기가 심하게 걸렸을 때 사과를 먹고 나았다면 현재 내가 감기에 걸렸을 때 사과를 한번 먹어 볼 수는 있다. 하지만 감기에 걸려 고생할 다른 사람들을 위해 감기에 걸리면 사과를 먹어서 치료할 수 있다고 말할 수는 없는 것이다. 이처럼 과거의 사건의 진실성이 확실히 보증되지 않는다면 이를 현재와 미래로 연결할 때 논리적 오류를 발생시킨다.

하지만 '성경'은 그 특징과 고유한 목적으로 볼 때 분명히 이 문제를 해결해 주는 유일한 책이다. 성경은 단순히 과거의 역사를 기록한 책이 아니라, 영적 권위가 있고 지금도 살아서 역사하는 하나님의 말씀이다. 이는 성경이 자증하고 있는 사실이며 우리가 이를 직접 경험하고 있다. 또한 모든 성경은 과거를 내일의 행동 방식과 신앙과 태도를 결정하는 데 지침으로 삼도록 기록되었다. 논리적으로는 불가능해도 믿음으로 받아 실재가 되게 하는 책이다.

그럼에도 불구하고 연역법이 가지는 일반적인 논리적 모순의 문제는 설교자로서 주의 깊게 다루고 깊이 생각해야 하는 사안이다. 왜냐하면 우리의 청중이 성경을 하나님의 말씀으로 확신하는 사람들로만 구성되어 있지는 않기 때문이다. 모두 신실한 믿음을 소유한 것은 아니다. 그들 가운데는 믿음이 연약한 이들도 많다. 성경의 신적 영감과 권위를 인정하지 않는 자들도 있다. 오랫동안 전통적인 교단에서 자랐어도 경험주의를 숭상하는 시대를 살아가고 있기에 말씀을 진리로 받아들이지 못하는 사람들도 많다. 그러한 청중은 성경을 가지고 연역적으로 설교할 때 하나님의 뜻이 아니라 설교자 개인의 견해로 받아들인다. 그리고 그렇게 말하고 있는 설교자의 진의를 파악하려 한다. 진리에 대한 의심이 밑바탕에 깔려 있기에 연역법의 모순에 대한 감각을 본능적으로 만들어 내는 것이다. 설교자는 이들이 사고하는 방식을 이해해야 한다. 단순 연역법이 가지는 논리적 모순과 그 모순을 본능적으로 거부하는 청중이 있다는 사실을 분명히 인식해야 한다.

이런 논리적 문제에도 불구하고 연역법의 구조로 설교하려면 과거로부터 현재로 의미를 연결할 수 있는 분명한 근거와 논리적 이유를 들어야 한다. 또한 과거의 사건의 진실성이 확보되어야 한다. 단순히 과거 사건에서 하나의 의미를 발견했다고 "우리도 그렇게 해야 한다", 내지는 "우리는 그 사실을 믿어야 한다"라고 주장하는 것은 논리적인 문제를 드러내는 진술이고 단순한 강요에 지나지 않는다. 납득할 수 있는 근거와 예증과 실증이 반드시 필요하다. 과거 사건의 의미가 오늘 우리에게 특별한 의미가 있다는 사실을 어떤 식으로 증명할 수 있는지, 오늘의 일이 내일을 향한 어떤 논리적 연관성이 있는지에 대한 근거와 이유를 명확히 제시하지 못하면 연역 논증은 단지 예측이나 가능성을 보여 줄 뿐이다. 때로 억측으로 귀결되기도 한다. 당연히 설교는 예측이나 가능성을 말하는 시간이 아니라 진리의 말씀을 전하는 시간이기에 연역 논증을 사용하려면 그 확실한 개연성과 근거를 제시해서 정당성을 인정받아야 한다. 과거의 의미가 오늘 우리에게 어떤 의미가 있고, 본문에서 어떻게 그런 명제가 나왔는지의 과정까지 전부 이해되어야 논리적 동의를 얻을 수 있다.

우리는 이처럼 시간을 뛰어넘어 진리를 제시하려는 연역적 진술이 생각보다 훨씬 복잡하고 정교한 논리 전개 과정을 요구하고 있고, 전통적인 연역적 3대지 구조는 주로 이 과정을 생략해 왔기에 점차 더 많은 사람의 외면을 받게 되었다는 사실을 알아야 한다. 그리고 논리적 한계를 뛰어넘을 새로운 변화를 시도해야 한다.

③ 3대지 설교의 구조적 한계

마크 엘리엇(Mark Barger Elliott)은 전통적인 설교에서 다루는 성경적인 설교의 문제를 "본문에서 나온 대부분에 의해 그 내용은 이해되는 반면에, 성경적인 설교 스타일은 종종 감춰져 왔다"라고 분석했다.[215] 전통적인 설교는 내용은 강조했지만 구조 선택에 있어선 단순히 습관을 따르곤 했다. 그래서 성경적인 설교를 구현하는 구조를 보여 주지 못했고, 주로 연역적 형식으로 설교를 구성해서 전달했다. 결과적으로 성경적인 설교의 구조를 찾을 시도조차 하지 못했다. 류응렬 교수는 이런 현상을 말하며 "전통적인 설교 개요는 주로 3대지와 결론 형식이 많았다"라고 분명하게 지적했다.[216] 이는 전통적인 설교의 연역적 구조가 가지고 있는 또 하나의 중요한 문제다.

무엇보다 이 문제는 '천편일률적 사용'에서 더욱 변명할 여지를 잃는다. 전통적 설교는 어느 본문을 다루든지 어떤 문학 장르를 다루든지 천편일률적으로 3대지 형식을 취한다.[217] 이에 대해 반론을 제기할지라도 전통적인 설교학이 구조와 관련된 학문적 논의에는 비교적 소극적이었다는 사실만큼은 부정할 수 없다. '천편일률적'이라고 분석될 정도로 구조 사용에 무지하고 무심했다.

우리 시대는 연역적인 설교 구조의 천편일률적 고착화 현상을 거부한다. 이는 교회가 믿고 있는 신학적 절대성들을 더 이상 신뢰하지 않기 때문이 아니라, 그 절대성들을 표현하는 '낡은 방식들'을 점차 더 많이 의심하게

---

215 Mark Barger Elliott, 129; 엘리엇은 예외적으로 '스타일'이라는 용어를 '형식'과 동일한 의미로 사용하고 있다.

216 류응렬, "설교의 개요, 이렇게 작성하라", 『신학지남』, 통권 287호 (2006년 여름호), 211.

217 Haddon W. Robinson and Torrey W. Robinson, 9,10.

되었고 오히려 역기능적으로 변화되었다고 인식하기 때문이다.[218] 이에 관한 연역적 구조의 한계와 문제를 몇 가지로 분석할 수 있다.

첫째, 무엇보다 성경의 모든 본문을 단순히 3대지로 나눌 수 없다는 문제에 봉착한다. 본문이 항상 세 개의 대지를 드러내지는 않는다. 때로 하나의 대지를 드러낼 수 있고, 혹은 두 개, 세 개, 네 개의 대지도 드러낼 수 있다. 성령의 열매를 한 설교에서 다루려면 무려 아홉 가지의 대지가 필요할 것이다. 그런데도 모든 본문에서 천편일률적으로 세 개의 대지를 만들어 낸다면 이는 설교자가 본문에 없는 의미를 만들어 내거나 본문의 여러 의미 중에 세 가지만 취사선택하는 오류를 범하게 되는 것이다. 그렇다면 이는 본문에 순종하여 하나님의 뜻을 전하는 성경적인 설교의 철학과 방법론에 반하는 행위이기에 성경적인 설교의 구조라고 할 수 없다.

둘째, 천편일률적인 구조의 사용으로 성경적인 설교를 시행할 수 없게 되는 문제는 즉시 설교자의 문제로 직결된다. 설교자는 종교적 의무와 책임을 다하려는 태도로 전형적인 하나의 방법에 우선적으로 몰두하려 한다. 그래서 3대지 설교 형식을 고집스럽게 고수하는 것이다. 하지만 이는 설교자가 성경의 의도와 다르게 설교하는 것일 뿐 아니라 하나님께서 설교자에게 주신 창의성을 사용하지 않는 문제이기도 하다.

설교자는 어떻게 하면 본문에 순종할 수 있을지, 어떻게 하면 하나님의 말씀을 청중에게 바르고 효과적으로 전할 수 있을지, 어떻게 하면 청중이 말씀을 통해 생명을 공급받고 변화될 수 있을지를 고민하면서 이를 실현할 수 있는 적절한 구조를 찾아야 한다. 구조를 통해 설교의 의도를 명확하게 드러내고, 청중으로 말씀의 검을 들고 영적 전쟁의 한복판에 나아가 하나님의 영광을 드러내는 무기로 삼을 수 있도록 전달해야 한다. 그런 설교자

---

218 Walter Brueggemann, 21.

의 열심과 열정은 설교의 구조에 녹아들어서 진리를 창의적인 방식으로 효과적으로 전달하게 할 것이다. 우리는 혹이라도 한 가지 전형적인 방법에 우선적으로 몰두함으로써 설교자의 창의성을 사장하지 않도록 주의해야 한다.[219]

셋째, 전통적인 설교의 천편일률적 구조 사용은 점차 말씀에 대한 주의력을 잃게 만드는 원인이 된다. "익숙함은 경멸보다는 부주의를 낳는다."[220] 언제나 같은 형식으로 전달되는 설교를 반복해서 듣는 청중은 익숙한 반복으로 인해 집중력과 주의력을 잃게 된다. 그러면 하나님을 경외하고 말씀을 사모할지라도 진리의 말씀을 온전히 듣는 데 실패하게 된다. 그리고 이는 신앙의 침체를 가져온다.

결국 어떤 청중은 단조로운 3대지 설교 형식으로 인해 신앙의 권태를 느끼게 된다.[221] 그리고 영적 지체 현상에 빠져들어 버린다. 그러다 설교자에게 실망하고 강단을 비판하면서 설교 중심적인 예배를 기피하게 된다. 천편일률적인 3대지 구조의 설교가 그리스도인의 신앙에 매너리즘이라는 지독한 독소를 주입하고 결과적으로 신앙생활의 습관화와 형식화를 초래하는 근본 원인이 되는 것이다. 말씀을 통해 신앙의 변화와 성장과 성숙을 도모해야 하는 설교자가 오히려 신앙의 매너리즘을 야기하는 존재가 된다면 이보다 더 하나님께 책망 들을 일이 또 무엇이 있을까? 설교 사역이 이처럼 귀한 영혼을 실족시킬 일말의 가능성이라도 보인다면 이를 방비하는 것이 설교자의 의무다.

마지막으로 변화의 속도가 너무나 빠르고 자고 일어나면 어제와 완전

219　Dennis M. Cahill, 20 참조.

220　Michael J. Hostetler, *Introducing the Sermon: The Art of Compelling Beginnings* (Grand Rapids: Zondervan, 1986), 52. quoted in Graham Johnston, 21.

221　권성수, 41.

히 다른 세상이 되어 버리는 이 시대에 오로지 한 가지 형식에만 밀착된 설교 사역은 그 적합성에 강력한 의심과 도전을 받게 될 것이다. 시대가 변했고 사람들이 변했다. 이제 사람들은 익숙하게 새로운 것을 찾고 변화를 통해 흥미와 즐거움을 얻고 있다. 이런 시대에 과거를 답습하고 전통을 유지하는 방식으로는 더 이상 회중을 사로잡지 못한다. 변화를 거듭하는 시대에 오로지 3대지 형식으로 귀착하는 설교는 더 이상 적합한 설교 방식이 될 수 없다. 그러면 회중은 말씀에 귀를 닫아 버리고 세상에서 심리적 만족을 얻고 신비적인 방식으로 영성을 충족하려는 위험한 시도를 할 것이다. 이런 상황을 직시하고 설교 구조의 변화를 통해 빠르게 변화하는 시대와 청중에게 적실한 설교 사역을 지속해야 한다.

아직도 많은 강단에서 연역적인 방식의 설교가 주류를 이루고 있다. 특히 한국 강단은 모든 본문에서 일률적으로 세 개의 내용을 뽑아서 3대지 설교로 구성하는 경우가 많다. 이제 변화되어야 한다. 과연 설교를 언제나 3대지 형식으로 제시해야 하는가에 대해 심각하게 고민하지 않고 당연하게 받아들이면서 그러한 관례에 충실해 온 과거를 반드시 개혁해야 한다.[222] 전통적인 연역적 구조의 한계를 정확하게 보고 새로운 길을 찾아 나서야 한다.

④ 중심 주제의 구조적 실현 문제

3대지 연역적 설교는 하나의 중심 주제로 묶이지 않는 경우가 다반사다. 본문에서 하나의 중심 주제를 찾아 설교의 메인 아이디어로 삼아야 한다는 이론이 비교적 최근에야 강조되었다는 사실이 이를 증명한다. 많은 설교자가 본문에 나오는 많은 내용을 한 편의 설교 안에 함께 담아서 전달해 왔다.[223]

---

[222] 정창균, "고정된 설교의 틀에서 벗어나라", 17.

[223] Michael Rogness, 50-51.

강해 설교도 한 절 한 절 읽고 해석하는 것이라는 오해가 있었고, 설교자는 본문에 충실해야 한다는 믿음 때문에 깨달은 모든 내용을 한 편의 설교에 전부 담아서 전하려고 했다. 아무리 사소한 사항일지라도 성경에 나오면 설교를 통해 일일이 설명해야 한다는 잘못된 설교관이 반영된 결과다. 그래서 연역적인 설교는 한 편의 설교 안에 여러 다른 설교들을 함께 말하고 있다.[224]

연역적인 설교는 그래서 산만하다. 설교에 통일성이 없고 중심 사상을 향해 나아가는 움직임도 없다. 각기 다른 여러 이야기를 본문의 구절을 따라 연역적으로 전개할 뿐이다. 그래서 설교자의 기대와 달리 청중은 설교를 통해 설교의 의도와 말씀의 내용을 제대로 이해하지 못한다. 다양하고 산만한 내용을 제대로 기억하지 못하는 것이 당연하다.

이런 방식이 진짜 문제인 이유는 본문을 저자 중심으로 해석하지 않기 때문이다. 성경적인 설교의 원리를 따라 저자 중심으로 해석한다면 본문은 분명한 하나의 중심 주제를 드러낸다. 만약 본문에서 여러 중요한 주제가 나타난다면 이는 해석을 잘못했거나 본문의 범위를 너무 넓게 잡은 결과다. 본문의 범위를 잘 잡고 정당한 해석 방법을 사용한다면 하나의 본문은 하나의 중심 주제를 나타낼 수밖에 없다. 하나님께서 그 의미를 전하고자 일정한 분량의 내용을 설명하고 예증하면서 본문을 구성하셨기 때문이다.

연역적인 구조의 설교는 이처럼 여러 구조적인 한계와 문제를 드러내고 있다. 물론 전통적인 방식의 설교자들이 구조와 형식에 대해 고민하지 않는 것은 아니다. 다만 그에 비할 수 없을 정도의 무게를 설교의 내용 준비에만 치중하고 있다. "설교자들은 때때로 무엇을 전할지에만 그들의 에너지

---

[224] Richard L. Eslinger, *The Web of Preaching*, 17.

의 대부분을 쏟는다."[225] 이제 달라져야 한다. 예수님도 설교의 내용을 전달할 구조를 디자인하는 데 고심하셨다. 우리도 그래야 한다. 구조를 통한 수사력에 힘을 쏟아야 한다. 수사법은 궁극적으로 의미를 강조하며 효과적으로 전달하게 하는 데 목적이 있기에 구조에 대한 고민은 너무나 자연스럽고 동시에 의도적으로 해야 할 일이다. 구조에 대한 별다른 고민 없이 천편일률적으로 3대지 연역적 구조로 설교하는 일은 이제 경기장에서 퇴출시켜야 한다.

3) 신설교학의 등장과 구조의 다양화

전통적인 설교학의 구조에 대한 무관심과 연역적 구조의 천편일률적 사용으로 인한 문제에 대한 반발은 자연스럽게 새로운 설교학의 등장을 요구했다. 그래서 등장한 새로운 일단의 흐름을 우리는 '신설교학'(the New Homiletics)이라고 부른다.

앞서 몇 차례 언급했듯이, 시대의 변화와 그로 인해 야기된 강단의 위기로 설교학의 관심이 점차 설교의 '구조'로 옮겨왔다. 이런 흐름을 직시하고 먼저 찰스 브라운(Charles R. Brown)과 그레디 데이비스(H. Grady Davis)는 구조와 관련된 논의로 나아가는 교량을 세우고 기초를 쌓았다. 그리고 찰스 라이스(Charles Rice)와 프레드 크래독(Fred B. Craddock)을 필두로 여러 학자가 그 다리를 건너서 구조와 관련한 새로운 운동을 일으켰고 설교학의 관심을 '내용'에서 '전달'로 완전히 전환해 버렸다. 이제 설교자들은 최근의 발간 도서들을 통해 설교 구조의 중요성을 깨닫고 새로운 구조로 설교하는 방법론을 습득하고 있다.

설교학자들은 신설교학의 출발을 크래독의 저서 『권위 없는 자처럼』

---

225 Michael J. Quicke, 169.

의 출간에 두고 있는데, 크래독은 이 책에서 연역적 설교의 문제를 지적하며 귀납적 설교의 필요성과 방법론을 설파하였다. 그 뒤로 플롯을 강조하는 유진 로우리(Eugene L. Lowry)의 이야기식 설교와 설교 내용의 자연스러운 움직임을 강조한 버트릭(David G. Buttick)의 현상학적 설교, 루시 로즈(Lucy Atkinson Rose)의 대화식 설교 등이 초창기 신설교학을 이끌었던 대표적인 학자와 이론들이다. 그리고 이후에 여러 학자가 흑인 교회의 내러티브 설교, 에피소드로 엮어가는 설교, 초의식적 아프리카계 아메리칸 설교, 콜롬비아 신학 대학을 중심으로 한 포스트 리버럴 설교(Post-Liberal preaching) 등의 다양한 형식을 제시하며 설교 구조에 있어 춘추 전국 시대를 열었다.[226]

최근의 설교학은 이러한 구조들을 정리하여 소개하고 있다. 그리고 그 구조들을 익혀서 설교 때마다 적합한 구조를 다양하게 사용할 것을 권고하고 있다. 또한 설교자의 창의적인 역량과 본문의 구조에 따라 얼마든지 새롭고 다양하게 설교의 구조를 만들도록 도전하고 있다.[227]

그런데 신설교학이 보여 준 여러 가능성과 공헌에도 불구하고 그들의 설교 신학과 실천에는 많은 문제점이 내포되어 있다. 우리는 이 부분을 절대 간과해서는 안 된다. 이제 그 내용을 하나하나 살펴보자. 그래야 본서에서 말하는 성경적인 설교 구조의 필요성을 확실히 깨달을 수 있다.

4) 신설교학의 공헌과 문제점 분석

신설교학은 설교학과 설교 역사에 분명 많은 공헌을 했다. 그들의 공로를

---

[226] Eugene L. Lowry, *The Sermon: Dancing the Edge of Mystery* (Nashville: Abingdon, 1997), 20-28; 김운용, 『설교의 새로운 패러다임』, 178.

[227] 이에 대한 책으로, Jeffrey D. Arthurs, *Preaching with Variety* (Grand Rapids: Kregel Publications, 2007)와 Peter Grainger, *Firm Foundations: Over 200 examples of how to structure a sermon*, New and extended ed. (Ross-shire: CFP, 2011), Ronald J. Allen, *Patterns of Preaching* (St. Louis: Chalice Press, 1998) 등을 참조하라.

절대 무시해선 안 된다. 그들은 설교학 패러다임의 혁명적인 전환을 일으켰다는 평가를 받을 정도로 많은 업적을 남기고 있다.

첫째, 신설교학은 설교에서 청중의 위치가 얼마나 중요한지 깨닫게 해주었다. 류웅렬 교수는 "새 설교학의 최대 공헌은 설교에서 청중에 대한 관심을 높였다는 점이다"라고 말했다.[228] 둘째, 그들은 성경의 서사성에 눈을 뜨게 했다. 성경의 서사성에 대한 관심은 곧 성경 장르와 본문에 대한 관심을 불러일으켰다. 자유주의로 인해서 성경 본문을 잃어버린 회중에게 성경 본문에 대한 관심을 다시 회복시킨 계기가 된 것이다. 셋째, 신설교학의 서사성에 대한 관심으로 이야기와 관련된 설교학자들이 여럿 배출되었고 다양한 서사 설교 형식이 만들어졌다. 그들은 서사 설교와 관련해서 어느 한 가지 입장을 고수하지는 않았고 각자의 강조점이 달랐기 때문에 설교 형식의 다양화에 기여했다. 결과적으로 "내러티브 설교학자들은 설교의 형식을 풍부하게 발전시켰다."[229] 넷째, 아이러니하게도 신설교학의 등장은 성경적인 설교를 정리하고 규명하는 일을 재촉해서 설교학의 균형 있는 발전을 도모했다. 그 외에도 신설교학은 여러 공적과 업적을 남기고 있다.

하지만 신설교학의 공로 이면에는 훨씬 더 많은 문제가 산재해 있다. 그들은 설교 현장의 상황변화를 설교학 이론 태동의 원인으로 내세웠지만 사실 그 이면에는 자유주의와 실존주의 신학과 철학의 영향, 그리고 그로 야기된 성경에 대한 불신과 하나님의 말씀의 범위에 대한 오해, 그리고 신해석학의 등장 등의 직접적인 원인이 있었다. 그로 인해 개혁주의 설교학에서 반드시 다뤄야 할 여러 문제를 나타내게 된 것이다.

신설교학에 대한 비판적 평가는 '구조' 부분에만 한정해서 다룰 것이

---

[228] 류웅렬, "새 설교학: 최근 설교학에 대한 개혁주의적 평가", 『신학지남』, 통권 282호(2005년 봄호), 187.

[229] 류웅렬, "새 설교학: 최근 설교학에 대한 개혁주의적 평가", 186.

아니라 다양한 측면을 함께 살펴봐야 한다. 왜냐하면 신설교학 학자들이 직접 밝혔듯이, 그들이 하나의 구조 이론을 내세울 때는 자신들의 특정한 신학적, 철학적 입장을 체계적으로 반영해서 나타냈기 때문이다. 그들은 자신의 신학과 철학적 입장을 형식으로 구체화하고 실체화했다. 그래서 그 내용을 분명히 파악하고 구조 이해에 들어가야 신설교학이 하려는 일들과 의도를 제대로 파악할 수 있다. 또한 우리가 그 구조들을 분별없이 사용함으로써 신설교학의 목적을 실현하는 실수에서 벗어날 수 있다.

특별히 신설교학의 이론에 영향을 끼친 세 가지 주요 요인으로 데니스 케힐(Dennis M. Cahill)은 "신학, 문학 비평, 그리고 문화"를 내세웠다.[230] 이에 더해 '철학'과 문학 비평의 영향으로 새롭게 등장한 '신해석학'도 빼놓을 수 없다. 이제 이러한 요인들이 고루 녹아 있는 신설교학의 다양한 문제들을 살펴보자.

① 큰 틀: 철학과 신학의 문제

신설교학은 설교의 형식을 학문의 주된 의제로 삼았는데, 그 연구는 사실 특정한 신학적 입장을 밑바탕에 깔고 있었다. 그리고 그 신학적 입장은 개혁주의 신학과는 완전히 다르다. 하지만 신설교학을 접하는 많은 학자와 설교자들은 그들의 신학적 입장에 대해서는 별로 관심이 없었다. 설교학을 내세운 목적이나 구조적 실천의 배경에는 관심이 없었고 오직 테크닉에 초점을 맞추고 있었다.[231] 하지만 우리는 분명히 알아야 한다. 하나의 실천은 반드시 특정한 철학과 신학을 반영한 결과라는 사실을 말이다.

무엇보다도 신설교학은 신학에 심각한 문제가 있다. 그들은 간접적으

---

230 Dennis M. Cahill, 46.
231 James W. Thompson, 11.

로는 계몽주의 사조에, 그리고 직접적으로는 자유주의 신학과 실존주의 철학에 영향을 받았다. 계몽주의는 현시대의 세계관과 가치관과 삶의 방식에 지대한 영향을 끼쳤다. 그리고 자유주의 신학과 실존주의 철학은 계몽주의의 영향 아래 탄생한 철학과 신학이다. 역사적으로 시대의 산물은 당대의 흐름을 따라 탄생하기 마련이다.

인간 이성에 찬사를 보낸 데카르트(René Descartes)는 "기독교의 주장에 새로운 진리를 연계시키는 시도로써 그의 거대한 의심의 프로그램을 도입했다."[232] 그는 '진리'라고 믿어온 모든 것을 다시 의심의 눈으로 보고 재확인코자 했다. 그 결과 개개인이 진리의 말씀의 심판관이 되었고 개인마다 합리성을 저울질하는 자신만의 잣대를 소유하게 되었다. 또한 자신이 속한 공동체의 목적이나 공동체의 해석은 객관성과 권위를 잃게 되었다. 그리고 성경을 의심의 눈으로 보기 때문에 역사비평, 문헌 비평, 정경 비평 등의 다양한 비평의 칼날을 세워 성경을 난도질하고 분해해 버렸다. 이제 성경의 진리를 '믿음'이 아니라 '의심', 더 정확하게 말하면 '불신'의 눈으로 보게 된 것이다. 이것이 오늘날 기독교가 처한 청중의 상황이며 성경이 놓여 있는 현실이다. 후현대주의로 들어선 지 한참 되었고 신-후현대주의(neo-postmodernism)까지 거론되고 있지만 성경관에 있어서만큼은 계몽주의의 영향에서 아직도 벗어나지 못했다.

그리고 이러한 배경 속에서 실존주의 철학과 자유주의 신학이 탄생했다. 또한 후현대주의의 영향으로 해석학에서도 대변혁이 일어났다. 신설교학은 이러한 영향 아래에서 그들의 방법론을 펼쳐나갔다. 그들은 자신들이 내세운 방법론의 근거로 후현대주의 청중의 특징과 그들을 위한 효과적인 전달의 시급성을 말하지만, 그보다 더 중요한 근거는 바로 설교에 대한 그

---

232 Walter Brueggemann, 24.

들의 신학과 철학에 있었다. 하나의 실천은 반드시 특정한 신학에 영향을 받게 되어 있고, 하나의 신학은 그 시대의 철학적 사조의 영향 아래 놓여 있기 마련이다. 실천 하나만 보고 그 배경의 모든 내용을 다 이해할 수 없지만, 실천을 바로 이해하기 위해서 따로 그 방법론을 낳은 신학과 철학을 연구하고 분석해야 한다. 그렇지 않으면 의도치 않았어도 그들의 방법론을 사용함으로써 자유주의와 실존주의 신학을 위한 선봉장이 될 위험이 있다.

② 성경관의 문제

신설교학의 중요한 문제는 그들의 '성경관'에 있다. 그들은 성경을 오류가 없는 정확무오한 하나님의 말씀으로 보지 않는다. 성경에 대한 관점과 신학이 개혁주의 그것과 완전히 다르다. 그들은 하나님의 완전한 계시의 말씀으로서의 성경의 권위를 인정하지 않는다.[233] 성경의 권위와 무오성과 영감에 대한 부정을 표면으로 가장 적나라하게 드러내고 있는 신설교학자는 버트릭(David G. Buttrick)이다. 그는 "성경 무오를 주장하는 문자주의는 교부들이나 종교개혁자들도 좀처럼 주장하지 않은 말도 안 되는 입장"이라고 말했다.[234] 또한 그는 성경을 성별된 문학적인 대용일 뿐이라면서 성경의 영감과 권위를 무시했다.[235] 그래서 그는 설교자가 성경을 진리라고 오해하는 착각에서 벗어나야 하고 성경의 진리를 선포하려는 노력에서 해방되어야 한다고 주장했다. 이러한 주장은 대부분의 신설교학 학자들에게서 공통적으로 발견되고 있다. 그 가운데 찰스 라이스(Charles Rice)는 성경뿐만 아니라 다른 문학 작품으로도 얼마든지 설교할 수 있다는 극단적인 입장에 서서 성경을

---

233 류응렬, "새 설교학: 최근 설교학에 대한 개혁주의적 평가", 193-197 참조.

234 David G. Buttrick, *Homiletic: Moves and Structures* (Philadelphia: Fortress Press, 1987), 264.

235 David G. Buttrick, *A Captive Voice*, 29-32.

전하지 않으면서도 얼마든지 성경적으로 설교할 수 있다고 말했다.[236]

이처럼 성경의 권위와 무오성을 부정하는 신학적 입장은 자유주의 신학과 칼 바르트(Karl Barth)의 신정통주의에서 왔다. 바르트는 자유주의 신학이 파괴하고 해체해 놓은 성경을 다시 회복시키려 했던 학자였다. 그는 성경이 모든 신학과 신앙의 근원이고 전부라고 말했다. 또한 설교는 성경적이어야 한다면서 '성경적인 설교'를 주장했고[237] 성경을 설교하는 것을 설교의 주된 과업으로 여겼다. 하지만 바르트의 성경관에는 미묘하면서도 결정적인 문제가 있다. 그는 자유주의 신학에 반기를 들고 완전히 돌아선 듯 보였지만 그 역시 자유주의의 영향과 신학의 결과물에 매여 있었다. 그는 성경의 무오성과 계시의 완전성을 인정하지 않았다. 계시의 완성은 사도들이나 선지자들의 행위처럼 오늘 설교자의 설교를 통해 이뤄진다고 보았다. 또한 바르트는 비록 오류가 있고 미완성의 성경이지만 그런 성경을 설교해야 하고, 또 그럼으로써 성경적인 설교를 할 수 있다고 말했다. 이는 잘못된 성경관이 어떻게 특정한 설교관으로 발전될 수 있는지를 보여 주는 중요한 예가 된다.

신설교학은 여기에서 나름대로 성경적인 설교를 펼칠 수 있는 근거를 찾았다. 그래서 그들은 '성경적'이라는 말을 사용하면서도 자유주의 신학의 성경관을 버리지 않는다. 경중은 있지만 나름대로 성경에 대한 불신의 견지에서 자신의 설교학 이론을 펼쳐나간다. 신설교학에 있어서 성경은 설교를 위한 하나의 아이디어를 제공하거나 정보를 주는 정도의 가치를 지닐 뿐이다. 바로 여기에 첫 번째 문제가 있다.

신설교학이 성경 본문을 해석하고 그 의미를 설교하고 적용하는 일에

---

[236] Charles Rice, *Interpretation and Imagination: The Preacher and Contemporary Literature* (Philadelphia: Fortress Press, 1970), 26.

[237] Karl Barth, 68.

설교의 목적을 두지 않고 단순히 움직임이 좋고 잘 전달되는 이야기를 꾸미는 것과 같은 구조적인 측면을 설교학의 중심 과업으로 삼은 이유는 그들의 성경관과 밀접하게 관련되어 있다. 그들에게 하나님의 말씀은 기록 그 자체로서 완전하지 않다. 그들은 성경을 인간적인 견해와 오류가 다수 포함된 인간의 책이라고 여긴다. 그 안에 하나님의 계시도 포함되어 있지만, 성경은 인간이 자기의 말과 생각을 포함해서 조합하고 모아 놓은 책으로 본다. 따라서 그들은 성경 본문의 의미를 정확하게 해석해서 그 내용을 설교의 내용과 구조에 반영해야 한다는 철학적 신학이 없다. 성경에 대한 불신이 하나님의 말씀을 전하는 데 굳이 성경이 필요치 않다는 결론을 가져온 것이다. 물론 그들에게 있어서 성경은 하나님께서 우리에게 주신 좋은 선물이지만, 진정한 의미에서 하나님의 말씀은 성경 자체가 아니다. 그래서 성경 없이도 얼마든지 하나님의 말씀을 전할 수 있는 것이다. 버트릭(David G. Buttrick)의 말처럼 성경을 해석하고 본문의 메시지를 전하지 않아도 "설교가 하나님의 구속의 목적을 위해 사용된다면 그것은 하나님의 말씀"이라는 확신이 있다.[238]

그래서 신설교학에서도 '성경적인 설교'라는 용어를 쓰지만, 그 말이 의미하는 바는 사실 성경적이지 않다. 또한 이런 성경관은 그들의 설교 구조 이론에 그대로 반영되어 우리에게 전해지고 있다. 우리는 이 문제를 정확히 이해하고 구조 이론을 개혁주의 신학의 관점에서 면밀하게 살펴봐야 한다.

③ '하나님의 말씀'의 의미에 대한 차이

신설교학은 성경을 하나님의 계시가 포함된 인간의 책으로 보았는데, 이런 성경관은 설교관에 직접적인 영향을 주었을 뿐만 아니라 하나님의 말씀이

---

[238] David G. Buttrick, *A Captive Voice*, 30.

의미하는 바와 범위에서도 개혁주의의 그것과 상당한 차이를 보이고 있다.

버트릭은 분명히 칼 바르트의 신학적 입장 위에 서 있지만 일면 그를 비판하면서 자신의 이론을 전개했다. 바르트는 초기에 오직 성경 본문만을 설교해야 한다면서 본문 주석을 중시했다. 이는 버트릭에게는 받아들일 수 없는 고리타분하고 편협한 방식이었다. 하지만 바르트는 후기에 이르러 '사건'으로서의 설교를 강조했다. 버트릭은 바로 이 후기의 관점에서 자신의 설교학의 아이디어를 얻었다. 그리고 '사건'에 대한 강조를 넘어서 청중의 '체험적인 사건'으로까지 확장시켰다. 그는 하나님의 말씀은 청중의 체험을 통해 하나의 사건으로 실현될 때 비로소 의미를 갖게 된다고 보았다.

이는 슐라이어마허(Friedrich Daniel Ernst Schleiermacher)와 같은 실존주의 철학자들의 철학과도 밀접한 관련이 있다. 실존주의 철학은 신해석학에 영향을 주었고, 신해석학은 신설교학의 태동과 발전에 다시 영향을 끼쳤다. 신해석학은 무엇보다 '실존적인 말씀-사건'(existential Word-event)을 강조한다.[239] 이는 하나님의 말씀은 개인 안에서 사건이 될 때 비로소 완성된다는 뜻이다. 그래서 정해져 있는 객관적인 본문의 의미보다 그 본문을 개인이 어떻게 받아들이고 해석하느냐를 더욱 중시한다. 버트릭은 이를 설교학에 적용해서 설교는 개인 안에 일종의 사건을 일으킴으로써 하나님의 말씀을 완성하는 행위라고 말했다. 따라서 설교에서 개인 안에 벌어지는 말씀을 통한 개인적 깨달음이 중요해졌고, 그러한 과정을 거쳐서 비로소 하나님의 말씀이 완전하게 실현된다고 주장했다.

또한 신설교학이 말하는 '하나님의 말씀'의 범위에서도 차이가 나타난다. 버트릭의 이론에서 무엇보다 주목할 것은 '하나님의 말씀'이 의미하는 범위에 있다. 그는 성경을 과거에 기록된 하나님의 계시라고 했다. 그러면서

---

[239] Charles L. Campbell, 121.

우리가 주목할 것은 과거의 계시가 아니라 현재 우리에게 생생하게 들려지는 새로운 계시이며, 그 계시는 바로 설교를 통해 이뤄진다고 말했다.[240] 이런 주장은 역시 바르트의 입장을 그대로 가져온 것이다. 그리고 이는 찰스 라이스로부터 시작된 신설교학 학자들의 공통적인 견해였다. 버트릭은 성경은 많은 사람이 구두로 전승한 설교를 글로 옮기고 모아서 하나님의 말씀이 되게 했고, 하나님도 말씀이신 예수 그리스도 안에서 자신을 계시하셨기 때문에, 오늘날 설교자들이 행하는 설교 역시 기록된 하나님의 말씀과 동일한 권위를 갖는다고 보았다.[241] 설교가 기록된 하나님의 말씀인 성경과 마찬가지의 권위를 가진 하나님의 말씀이 되는 것이다.

이처럼 성경의 불충분함과 불완전함에 대한 이견이 하나님의 말씀에 대한 이해를 달라지게 했고 이러한 차이가 다시 설교에 대한 이해를 바꾸게 했다. 그렇다면 이런 견해와 생각은 기독교 안에 어떤 유익이라도 되었을까? 안타깝게도 신설교학은 이런 개념 안에서 학문적으로 나날이 발전했지만 신설교학의 설교학을 받아들인 교회들은 점점 더 침체하게 되었다.[242] 하나님의 말씀이 오늘날에도 여전히 설교를 통해 새롭게 계시 된다면 그 경험과 내용은 교회를 살리고 강단을 회복하고 새로운 기적을 일으켜야 했다. 하지만 결과를 보면 신설교학은 강단의 문제를 해결하는 데 도움을 주지 못했다. 교회가 더욱 활력을 얻거나 더욱 믿음이 깊어지거나 더욱 하나님의 백성으로서의 공동체성을 형성해 나가지 못했다. 이는 하나님의 말씀을 새롭게 이해한 것이 아니라 왜곡시킨 행위였기 때문이다. 그런 자리에는 하나님의 새로운 역사가 나타나지 않는다.

하나님의 말씀으로서의 계시는 성경 본문에 이미 완성되어 있다. 이미

---

240 David G. Buttrick, *A Captive Voice*, 10,11.
241 David G. Buttrick, *A Captive Voice*, 8.
242 Charles L. Campbell, 121.

완벽하게 주신 계시의 말씀에 다른 새로운 내용을 더하거나 감하는 것은 우리에게 허락된 일이 아니다. 본문의 계시로서의 불완전성과 설교를 통한 계시의 완성을 주장하면서 성경 본문의 내용을 전하지 않아도 얼마든지 새롭게 하나님의 말씀을 전할 수 있다는 견해는 신학적으로 심각한 오류가 있다. 무엇보다 하나님의 말씀인 성경의 계시가 이를 지지하지 않는다. 이는 인간 이성이 만들어 낸 철학과 그 철학의 영향을 받은 신학의 영향 아래에서 만들어진 하나의 가설일 뿐이다.

엄밀히 말하면 "설교자가 선포한 말들은 '주의 말씀'이 아니다."[243] 설교자는 하나님께서 계시하신 성경을 통해서 자신의 청중에게 말씀의 의미를 전달해야 한다. 그리고 그 설교가 성경적일 수 있는 근거는 오직 성경 본문이 모든 설교의 내용을 통제하고 본문을 통해 주시는 말씀의 의미가 오늘의 청중에게 적실하게 전달될 때뿐이다. 만일 설교를 하나님의 말씀이라고 한다면 새롭게 주어진 계시의 말씀으로서의 의미가 아니라 성경을 바르고 적실하게 전했다는 의미에서의 하나님의 말씀이다.

④ 해석학적 역전 현상

신설교학은 해석학에 있어서도 개혁주의와 다른 이론을 견지하고 있다. 신설교학에서 나타나는 현상 중에 '해석학적 대역전'(hermeneutic great reversal)이 있다. 이는 자유주의 신학에서 발전한 이론으로, 청중의 삶의 정황에 대한 해석이 성경 해석을 결정한다는 해석 방법론이다. 원래 해석은 성경 본문이 인간의 마음과 생각과 신앙과 삶을 판단하는 방향으로 이뤄져야 한다(히 4:12). 우리는 하나님의 말씀을 통해 자신의 마음과 생각을 살펴보고 말씀을 따라 변화의 길로 들어서야 한다. 그런데 오늘날에는 그 반대로 청중의

---

[243] Walter Brueggemann, 14.

삶이 성경 해석의 준거가 되고 있다. 청중의 삶이 본문의 내용과 의미에 영향을 준다. 해석학적 대역전 현상이 나타난 것이다.

신설교학은 인간의 삶의 정황을 통해서 성경을 보고, 인간의 삶을 통해서 성경의 의미를 찾으려 한다. 인간의 삶의 이야기만으로 성경적 설교를 구성하려 하고, 인간의 삶의 정황을 해석하고 이해하고 적용함으로써 하나님의 뜻을 실현하려고 한다. 이는 성경 본문보다 청중의 상황과 삶을 더 중시하는 현상이며, 이를 통해 신설교학은 성경적인 설교에서 점점 더 멀어지고 있다.

청중의 상황이 본문을 해석하는 근거가 된다면 개인의 상황이나 그가 처한 사회와 문화에 따라 하나님의 뜻은 완전히 달라질 수 있다. 그렇다면 이는 하나님의 뜻을 전하는 설교라고 할 수 없다. 적용은 달라질 수 있어도 본문을 통해 주시는 의미는 달라질 수 없다. 후현대주의의 세계관을 따라 개인적인 상황에 따른 경험과 판단을 중시하는 해석학의 경향을 성경을 해석할 수 있는 정당한 눈으로 인정해서는 안 된다. 그러면 성경의 의미는 계속 바뀐다. 성 소수자의 시각, 지체 장애인의 시각, 미혼모의 시각, 이혼 가정의 시각, 아동의 시각, 여성의 시각, 남성의 시각 등등, 심지어 타 종교인의 시각까지 각자가 처한 환경과 상황에 따라 마음대로 의미를 바꿀 수 있다면 그걸 어떻게 하나님의 뜻이라고 하겠는가? 시대가 바뀌고 문화가 변화되고 가치관과 세계관이 달라지고 사람들이 변할지라도 하나님의 말씀은 영원토록 변하지 않는 진리다. 진리의 말씀인 성경 본문에서 청중으로 나아가야지, 청중에게서 본문으로 들어오는 해석학적 대역전 현상은 진리를 점점 더 우리에게서 빼앗아 버리는 직접적인 원인이 된다.

⑤ 본문(text)의 교체

설교해야 할 '본문의 교체'는 신설교학의 설교 이론이 안고 있는 또 하나의 문제다. 이는 청중을 중요하게 다룬다는 점에서 '해석학적 대역전 현상'과 밀접하게 연결되어 있다. 신설교학은 성경 본문을 해석하고 그 중심 주제와 의미를 따라 설교를 전개하는 일을 중시하지 않는다. 그들에게 성경 본문이 다른 본문으로 교체되었기 때문이다. 브루그만(Walter Brueggemann)은 이 문제를 지적하며 "설교를 들으려고 오는 수많은 사람이 이 세계를 묘사하도록 허용된 이 '실재의 본문'에 크게 의존"하는 시대가 되었다고 말했다.[244] 해석해야 하는 설교 본문의 비중이 성경에서 청중의 삶으로 옮겨진 것이다.

이는 해석학적 대역전 현상과 유사하지만, 분명한 차이가 있다. 해석학적 역전 현상은 본문을 해석하는 방법이 청중 개개인의 삶과 상황에 따라 달라진다는 의미다. 그래서 성경이 개인의 삶을 해석하는 것이 아니라 개인의 정황이 성경을 해석하는 눈이 된다. 하지만 텍스트의 교체는 설교를 위한 본문이 성경이 아니라 청중의 삶과 정황이라는 의미다. 성경이 아니어도 얼마든지 인간의 삶의 이야기를 본문 삼아 설교 메시지를 전할 수 있게 된 것이다.

특히 설교에 있어서 텍스트의 전환은 많은 설교자에게 자연스러운 일이 되었다. 설교할 때 성경 본문을 적게 다루고 청중의 삶의 정황을 본문으로 삼아 훨씬 더 많이 다루고 있다. 굳이 본문이 아니어도 청중의 이야기를 통해 얼마든지 하나님의 뜻을 발견하고 말할 수 있는 시대가 되었다. 성경 본문은 이를 보조하는 인용구 정도로 사용된다. 이 문제는 설교자가 의도적으로 청중의 삶을 본문으로 삼지 않아도 귀납적 설교를 비롯한 신설교학의 설교학 이론을 실천할 때 저절로 이뤄지는 일이다. 개혁주의 설교자도 귀납적으로 설교하고 이야기식으로 설교할 때 얼마든지 성경이 아니라 청중의 삶을 설교의 본문으로 삼아서 설교할 수 있다. 이제 의미는 청중의 삶의 이

---

[244] Walter Brueggemann, 24.

야기가 만들어 내고, 청중은 자신들이 맞닥뜨린 현실의 문제와 밀접하게 관련된 설교 내용을 통해 나름대로 적절한 교훈을 얻고 있다.

이런 현상은 첫째, 멀리 보면 데카르트(René Descartes)로부터 시작된 계몽주의의 영향에서 비롯되었다. 계몽주의는 진리에 순응하지 않고 의심부터 하는 인간을 탄생시켰다. 개개인이 스스로 판단하고 합리성을 내세워 논리를 따졌지만 결국 주관적으로 의미를 부여하고 결정하기를 자연스럽게 했다. 그 결과 이제는 공동체의 해석과 의미를 중시하지 않는 풍조가 만연하게 되었다.

이에 편승하여 자신에게서 객관성과 진리로서의 권위를 상실한 성경 본문의 의향과 의도를 파악하는 일은 점점 설교자와 청중의 관심에서 멀어지게 되었다. 성경보다 현실의 상황이 더 중요해졌고 자신의 삶과 관련된 이야기를 더 중시하게 되었다. 설교학자들은 이러한 현상과 청중의 필요에 민감하게 반응하면서 청중의 이야기를 본문 삼아 설교를 진행하는 새로운 설교 형식을 주장하게 되었다. 설교해야 할 텍스트의 교체가 이렇게 일어난 것이다.

신설교학의 귀납적인 설교는 이러한 형식을 가장 잘 실현한 설교 방법론이다. 설교를 인간 개인의 공통적인 경험에 근거하거나 일반적인 관심사 등에서 시작한다. 삶의 이야기가 성경보다 훨씬 더 비중이 높은 텍스트가 되어서 이를 해석하고 그 내용을 귀납적으로 전개하면서 청중에게 의미를 경험케 한다. 그리고 마지막에도 청중이 스스로 알아서 적용하고 결론을 내리도록 유도한다. 신설교학의 이야기식 설교를 비롯한 서사 설교 방법론들도 이 세상과 청중의 삶을 텍스트 삼아서 설교를 진행하는 방식이다. 청중은 그 텍스트에서 나온 이야기를 들으면서 유비적으로 의미를 경험하고 알아서 적용한다. 개개인의 상황은 성경 본문을 해석할 때 영향을 주는 요인 정도가 아니라 새로운 중심 본문이 되어 버렸다.

둘째, 텍스트의 전환은 자유주의 신학의 성경 비평과 신정통주의자로 알려진 실존주의 신학자 칼 바르트 등의 직접적인 영향을 받아 일어났다. 계몽주의는 의심하는 인간을 만들어 내었고, 성경을 대할 때 진리에 순종하는 자세가 아니라 판단하는 자세로 읽게 했다. 자유주의 신학은 이러한 사조를 신학에 그대로 수용해서 성경 본문을 다양한 방식으로 비평하고 분해하며 인간의 저작물로 전락시켰다. 영적 권위를 잃어버린 성경을 설교의 본문으로 삼아야 할 절대적인 필요성이 사라져 버린 것이다.

칼 바르트는 이러한 자유주의 신학의 문제를 지적하며 다시 성경으로 돌아가야 한다며 신정통주의 신학을 전개했지만, 그가 그처럼 강조했던 성경도 오류가 전혀 없는 완전한 신적 권위를 가진 책이 아니었다. 그는 인간이 기록해서 오류가 있다는 사실을 인정하면서도 성경이 설교의 중심이 되어야 한다고 말했다. 그에게 성경 비평의 영향이 고스란히 남아 있는 것이다. 그리고 그가 후기에 강조한 '하나님의 말씀'에 대한 관점은 성경에 대한 오해와 설교학의 문제를 일으켰다. 그는 설교 행위를 통해 성경만으로는 불완전한 하나님의 말씀을 완성해야 한다고 말했다. 이런 입장은 신설교학에게 영향을 주어 설교 자체의 신적 계시성을 주장하여 결국 성경 본문을 청중이 쉽게 집중해서 들을 수 있는 청중의 상황의 본문으로 대체시켜 버렸다. 바르트가 자유주의 물결 속에서 다시 성경 중심의 정통주의를 회복시키려 했다는 점에서 긍정적인 평가를 받았음에도 불구하고 여전히 개혁주의 신학에서 배제되는 신학자인 이유가 여기에 있다.

이처럼 자유주의 신학을 비판하면서도 여전히 그 학문의 영향을 받은 학자들에 의해 해석하고 설교해야 할 본문이 '성경'에서 '청중의 상황'으로 대체되어 버렸다. 무엇보다 그들의 신학 작업을 통해 야기된 성경에 대한 불신이 성경 본문을 통해서 말씀하시는 하나님의 구체적인 음성을 희석했기 때문이다. 신설교학은 그런 영향을 받아 성경을 오류가 없는 하나님의 완성된 말씀으로 인정하지 않기에 본문을 해석하고 그 의미를 밝힐 필요성을 느끼지 못한다. 캠벨(Charles L. Campbell)은 이러한 신설교학자들의 이론을 "배경에 놓여 있는 신학적 그리고 해석학적 전제에 관하여 깊은 연구가 전혀 이루어지지 않고 있다"라며 강도 높게 비판했다.[245] 브루그만은 본문이 설교를 주도하지 않는 이론을 비판하며 "교육을 잘 받은 자유주의자들은 주로 본문의 목소리를 제거하는 것을 설명하기 위해서 역사비평을 사용해 왔고, 그 결과 본문을 마칠 때면, 거기에는 우리 자신의 목소리를 제외하고는 권위 있는 목소리는 남아 있지 않다"라고 말했다.[246]

> 내가 믿기로는, 대체로 교회에서 본문이 사라진 이유는 역사비평 때문이다. 이는 알아채지 못하게 실질적이고 권위 있는 본문의 목소리를 제거하는 역할을 했다. 그리고 본문이 공동체 안에서 중요한 신학적 존재로서 침묵하게 될 때, 목회자는 그 본문의 목소리 대신에 어떤 개인적인 음성으로 대체했어야만 했다. 본문의 자리에 목회자의 목소리만 남는다.[247]

우리는 성경 본문을 설교해야 한다. 나아가 성경 본문이 주도적으로 설교를 이끌고 조절하고 결정하도록 해야 한다. 설교자의 의무는 본문에 순종하며 하나님의 의도를 전하는 것이다. 성경 본문에 설교의 주도권을 내어 드리는 것은 하나님에 대한 신앙과 믿음의 표현일 뿐만 아니라 하나님의 말씀의 능력을 믿는 것이며, 나아가 하나님께서 설교라는 수단을 통해 여전히 말씀하고 계신다는 사실을 믿는 것이다.

---

245 Charles L. Campbell, 121.
246 Walter Brueggemann, 38.
247 Walter Brueggemann, 36, 37.

만약 우리가 정말 설교자들은 청중이 하나님으로부터 들을 수 있도록 설교해야 한다는 것을 믿는다면, 우리의 선택은 이미 나와 있다. 우리는 성경 본문을 설교해야 한다.[248]

셋째, 본문의 교체를 일으킨 요인으로 신해석학(new hermeneutic)의 영향을 배제할 수 없다. 1960년대 이후 해석학적 기초에 변화가 일어났는데, 이 변화가 신설교학에 직결되었다. 신해석학은 독자가 어떤 본문을 해석할 때 개인의 경험과 선지식과 어떤 전제를 사용해야 한다고 말한다. 신해석학에 의하면 아무리 본문 자체의 의미를 찾으려 해도 각자가 가지고 있는 전제의 영향을 받지 않을 수 없다. 따라서 그 자체를 인정하고 오히려 솔직하게 해석의 방법으로 삼으라고 한다. 개인의 견해는 본문을 해석하는 데 방해가 되는 것이 아니라 오히려 해석을 도와준다고 믿는다.[249]

이런 전환은 일차적으로 마틴 하이데거(Martin Heidegger)의 영향 때문이었다. 그는 "해석학적 순환"(hermeneutical circle) 이론을 주장했는데, 그러면서 실존주의적인 것과 존재론적인 것 사이에 존재하는 거대한 변증법의 유비로 의미를 찾아야 한다고 말했다.[250] 해석되어야 할 본문의 의미와 해석자의 전제 사이에는 서로 돌고 도는 순환성이 있는데 이를 유비적으로 해석할 수 있다는 말이다.[251] 따라서 의미를 반드시 본문이 결정할 필요가 없다. 청중이 개인적인 경험으로 본문에서 의미를 찾고 결정할 수 있다. 이러한 해석학의 영향으로 청중의 상황이 설교의 본문이 되어도 얼마든지 성경적인 의미를 유비적으로 창출할 수 있다고 믿게 되었다. 신설교학자들은 그래서

---

248 Kenton C. Anderson, *Choosing to Preach*, 39.
249 권성수, 30.
250 Fred B. Craddock, *As One Without Authority*, 105
251 권성수, 30.

청중의 경험을 형성할 수 있는 청중의 이야기로 설교하는 것을 당연하게 생각한다.

이런 몇 가지 이유로 신설교학에서는 설교하려는 본문이 성경이 아니라 청중의 삶으로 바뀌었다. 청중을 고려하고 청중이 흥미를 느끼며 집중할 수 있는 설교를 해야 한다는 주장 이면에는 그들의 이러한 철학과 신학이 있다는 사실을 분명히 주지해야 한다.

⑥ 내용보다 형식 중시

신설교학은 설교의 내용에 대한 강조보다 형식에 대한 강조에 훨씬 많이 치우쳐 있다. 무엇을 전할지에 대한 고민보다 어떻게 전할지에 대한 고민이 더 많고, 형식을 통한 설교의 효과적인 전달 수행의 목적 때문에 성경 외적인 내용이 설교학 이론을 지배하고 있다. 그러나 아무리 설교의 전달이 중요해도 설교의 형식 때문에 설교의 내용을 등한시해선 안 된다. "구조가 메시지를 대체할 수 없다."[252]

때로 연역적인 방식을 통해 수직적으로 강력하게 선포하든 귀납적인 방식을 통해 암시적으로 전달하든, 성경 말씀과 그 안에 기록되어 있는 복음을 전하고 선포하는 작업이 형식을 정하고 구조화하는 일보다 더 중요하다. 리츨(Dietrich Ritschl)은 "설교의 새로운 양식에 대해서 말하려고 준비하기 전에 '낡은' 형식을 바로 사용하는 것을 배워야 한다"라고 말했다.[253] 여기서 '낡은 형식'이란 바로 성경 본문을 설교하는 일이다. 본질을 감싸는 새로운 양식도 중요하지만, 그 양식에 너무 초점을 두다가 본질을 잃어서는 안 된다. 아무리 말씀이 좋아도 청중에게 전달되지 않으면 소용이 없기에

---

252 백동조, 『적용이 있는 효과적인 이야기식 설교』 (목포: 행복나눔, 2012), 299.
253 Dietrich Ritschl, 142.

구조의 중요성은 절대 무시할 수 없지만, 그럼에도 불구하고 역시 가장 중요한 것은 하나님의 말씀을 하나님의 의도를 따라 오늘의 청중에게 정확하고 적실하게 전달하는 것이다. 아무리 그 효과가 크다 할지라도 성경에 기록된 하나님의 말씀을 전달하지 않는다면 설교는 한낱 인간의 연설에 지나지 않는다. 따라서 설교에 있어서 성경 본문을 바르게 해석하고 전하는 일이 그 무엇보다 중요하며 구조 이론에 밀려 결코 설교학의 논외의 영역이 되어서는 안 된다.

신설교학은 의사소통에 대한 관심을 진리보다 더 중요하게 만들어 버렸다.[254] 청중과의 소통의 중요성을 깨닫고 설교 구조의 변화를 통해 이를 해결하려는 방안을 제시했다. 하지만 상대적으로 진리의 말씀인 본문에 대한 강조가 약해졌고 본문을 통해 말씀하시는 하나님의 의도를 소홀히 여기고 있다. 이 부분은 신설교학의 신학, 철학, 설교의 목적 등의 정체를 정확하게 알 수 있게 하며, 개혁주의가 그 설교 방법론을 무분별하게 수용해선 안 되는 이유를 보여 준다.

⑦ 청중의 경험에 대한 지나친 강조

신설교학은 청중의 경험을 지나치게 강조한다. 그리고 그들이 강조하는 체험은 개인의 실존적 체험이다. 신설교학 학자들이 공유하고 있는 공통분모는 "인지적이고 명제적인 설교에 대한 반작용으로, 설교에서 인간의 경험에 중점을 둔다"라는 점에 있다.[255] 설교의 의미는 청중이 직접 경험을 통해 결정해야 하며, 그 의미의 적용과 결론도 청중의 참여로 이뤄진다. 그래서 청중의 삶의 이야기를 텍스트로 하고, 직접적인 적용은 없고, 마지막에는 청중

---

254 Haddon W. Robinson, *Making a Difference in Preaching*, 62.
255 Charles L. Campbell, 37.

에게 결론을 알아서 내리도록 맡기는 것이다. 텍스트의 교체와 해석학적 대역전 현상의 원인도 청중의 경험에 대한 강조에서 나온다.

서사 설교들을 비롯한 귀납적 설교 방식은 "청중이 설교를 완성한다"라는 말을 공공연히 한다.[256] 마치 우화를 읽는 독자가 이야기 속으로 들어가서 경험적으로 듣고 교훈을 얻듯이 설교를 통해 듣는 이야기에 청중이 직접 참여해서 경험을 통해 유비적으로 이해한 뒤에 각자 알아서 교훈을 얻으면 된다는 것이다. 그래서 한 편의 좋은 이야기를 들려주고 설교를 마무리해 버린다. 그런데 이는 청중의 체험을 지나치게 신뢰하고 강조하는 위험한 시도다.[257] 모든 회중이 알아서 자신의 체험을 통해 메시지를 성경적으로 바르게 이해할 수는 없다. 성경에 대한 지식이 풍부하고 신실한 믿음을 가진 성도라도 마찬가지다. 이는 여러 면에서 심각한 문제를 드러낼 수밖에 없다.

첫째, 개인의 경험에 대한 강조는 설교를 각자 알아서 이해하고 적용하게 만들어 버린다. 진리에 대한 이해의 주관성을 허용하는 것이다. 진리의 주관적인 이해를 허용하는 순간 진리는 더 이상 진리일 수 없다. 또한 각자 설교를 통해 체험한 내용을 알아서 듣고 적용하고 필요에 따라 각자 알아서 결단하면 된다는 식의 진술은 당연히 그 내용을 거부하고 부정하는 일도 가능하다는 뜻이 된다. 설교는 하나님의 말씀을 각자 듣고 판단하는 시간이 되어 버린다. 나아가 청중은 자신이 개인적으로 경험하지 않으면 하나님을 인정하지 않아도 된다. 성경 본문은 더 이상 객관적이고 절대적인 신지식을 주지 못하고, 하나님은 오직 주관적이고 즉각적인 인간의 체험 속에서만 존재하게 된다.

둘째, 개인적인 체험에 대한 강조는 신학적 상대주의(theological

---

[256] Fred B. Craddock, *As One without Authority*, 53.
[257] 류응렬, "새 설교학: 최근 설교학에 대한 개혁주의적 평가", 198.

relationalism)를 초래하게 된다.²⁵⁸ 각자의 경험이 중요하기 때문에 개인의 판단과 입장을 중시하게 되며, 이러한 현상은 자신뿐만 아니라 다른 사람의 경험과 판단과 느낌을 인정할 수밖에 없는 방향으로 나아간다. 내가 인정받기 위해서 다른 사람의 생각과 감정도 인정해야 하는 것이다. 따라서 진리는 각자의 체험을 따라 다양한 모습으로 나타난다. 신학적인 문제와 차이도 비판할 수 없게 된다. 절대적이고 객관적인 진리가 사라져 버린다. 비록 분명한 사실이어도 타인에게 주장하지 못하고 그에 대한 각자의 판단과 결정을 존중해야 한다.

셋째, 그래서 신학적 상대주의는 다원주의(pluralism)로 발전한다. 서로의 입장을 존중해 주어야 하기에 서로 다른 관점과 입장이 있다는 다원주의 세계관을 인정하며 다원주의적 해석을 용인할 수밖에 없다. 그러면서 이를 통합의 관점에서 보고 유용한 목회적 능력으로 이해할 것이다. "목회적이고 유용하게 될 수 있는 다원주의에 대한 하나의 정직한 직면은 진실하고 예의 바른 대화의 형식을 취하는 개방적인 판단에 의지하는 것이다."²⁵⁹ 하지만 이러한 다원주의는 세속 종교와 문화의 모습이지 유일하신 하나님을 믿는 기독교의 신앙이라고 할 수 없다.

넷째, 간접적인 적용을 통해 개인이 의미를 스스로 발견하도록 하는 의도는 적용에 대한 본문 내향적인 방식으로(intratextually) 성경을 보지 못하게 만든다.²⁶⁰ 성경적인 설교의 성경 해석과 적용은 독자의 세계가 성경 안에서 결합되는 본문 내향적인 방식으로 이뤄져야 한다. 하지만 체험에 대한 강조는 청중들 스스로 자기 삶의 경험과 각자의 전제를 통해 성경을 해석하고 적용하는 방식으로 왜곡되게 만든다. 그래서 반대로 성경의 이야기를 일반

---

258 Charles L. Campbell, 141.
259 Walter Brueggemann, 22.
260 Charles L. Campbell, 37.

적인 이야기들 속에서 쪼개어 파편화시켰다가 다시 청중의 세계 안에서 알아서 꿰어 맞추는 식의 적용이 이뤄지게 한다.

다섯째, 인간의 경험을 강조하면 설교자는 이 세계를 묘사하는 관점, 즉 '현실을 묘사하는 텍스트'에 크게 의존할 수밖에 없다. 설교자는 성경 본문이 아니라 청중의 삶의 이야기를 본문으로 삼아 성경적 교훈을 전달하는 비성경적인 설교를 하게 된다. 청중은 성경을 통한 하나님의 말씀보다 삶의 문제에서 위로받고 삶에서 통찰을 얻고 지혜와 살아갈 힘을 얻으려고 한다. 이러한 모습이 바로 개인의 주관적 체험을 강조하는 귀납적 설교와 신설교학을 통해 나타나고 있는 문제들이다.

⑧ 직접적인 적용과 구체적 결론의 부재

개인의 경험을 강조하는 신설교학은 설교를 통한 직접 적용을 꺼리고 설교의 결론을 청중에게 맡기려 한다. 이를 구조화를 통해 실현하려 하는데, 이는 일리온 존스(Ilion T. Jones)의 구조학에 따르면 '질서'(order)와 '균형'(proportion)을 잃어버린 설교다.[261] 설교의 각 요소는 모두 고유한 위치와 역할과 강조가 있다. 설교에서 각 요소는 이를 통해 균형과 질서를 유지한다. "설교들은 단계별로 만들어지는데, 그 각각의 단계들은 다른 단계들과 함께 균등하게 그것의 임무를 행하고 자리를 차지해야 한다."[262] 그런데 신설교학은 설교의 직접적인 적용과 결론을 완전히 제거함으로써 설교를 화려한 깃털을 잃어버린 공작새처럼 만들어 버렸다. 신설교학의 귀납적 설교는 결론을 열린 체계로 두는 특성으로 인해 이런 문제를 일으켰고 그에 대해 비판을 받아왔다. 이야기식 설교나 이야기 설교도 마찬가지다.

---

261 Ilion T. Jones, 94-96 참조.
262 Ilion T. Jones, 94.

신설교학이 질서와 균형을 무시할 수 있는 첫 번째 이유는 성경관과 신학과 설교관의 문제 때문이다. 두 번째 이유는 설교에 있어서 적용과 결론의 중요성을 알지 못하기 때문이다. 적용은 성경의 명령이며 성육신의 원리다. 적용은 청중의 삶이 하나님의 진리와 만나는 곳으로, 마치 자동차 타이어가 도로를 만나는 것과 같다.[263] 하지만 신설교학은 이를 부정하며 그 근거로 예수님의 비유가 열린 결론이었다면서 논리적 당위성을 찾는다. 그러나 예수께서 비유로 설교하셨을 때의 목적은 청중에게 말씀을 쉽게 이해하게 하려는 것이 아니었다. 비유 설교를 통한 의미는 청중뿐만 아니라 제자들조차 제대로 이해하지 못했다. 의미를 드러내기 위해서가 아니라 오히려 감추어서 하나님의 백성에게만 진실을 알리고자 하는 특별한 의도 아래 시행하신 설교였다. 또한 그런 경우를 제외하면 성경에 나오는 설교는 언제나 적용과 결론을 중시했다. 서신서들도 복음에서 시작해서 신자의 구체적인 삶으로 적용하며 나아간다는 사실을 명심해야 한다.

설교에서 적용의 가치와 분명한 결론의 중요성은 아무리 강조해도 지나치지 않는다. 그럼에도 불구하고 신설교학이 간접 적용과 열린 결론을 강조하는 근본 이유는 앞서 밝혔듯이 성경관이 다르기 때문이다. 그들은 "결국 성경 본문에는 정확하게 의도된 의미가 없으며 독자나 청자가 자신의 삶과 상황에 맞게 의미를 결정한다는 것을 전제한다."[264] 성경을 하나님의 분명하고 오류가 없는 말씀으로 인정하지 않기 때문에 그 말씀을 통해 드러난 의미를 구체적이면서도 분명하게 적용하려고 하지 않고 청중이 스스로 알아서 깨닫고 선택하고 적용하라고 하는 것이다.

신설교학의 등장과 더불어 설교학은 전성기를 맞은 듯이 보이지만, 이

---

[263] Calvin Miller, 50.

[264] 류응렬, "새 설교학: 최근 설교학에 대한 개혁주의적 평가", 205.

런 여러 문제로 인해서 학문적 영역을 제외하면 실제로는 영향력이 거의 없다고 해도 과언이 아니다. 최근의 설교학은 교회의 성숙이나 생명력 있는 번영과는 아무런 관계없는 사소한 문제들에 매달려 있는 것 같다. 이는 단순한 추측에 근거한 개인적 편견이 아니라 실제로 벌어지고 있는 일들이다. 최근의 보고를 따르면, 신설교학은 교회의 성숙에 아무런 도움이 되지 못했다.[265] 설교에 적용과 결론을 제시하지 않으면 청중의 믿음은 성장할 수 없다. 들음에서 믿음이 나오기 때문에 무엇을 믿어야 하고 어떻게 믿어야 할지에 대해서 정확하게 들을 수 있어야 변화와 성장이 따른다. 가장 흥미로운 진리조차도 적용이 없이는 진부하고 평범할 뿐이다.[266]

4. 나가면서: "전통적인? 새로운? 이제는 성경적으로!"

지금까지 성경적 설교의 기본적인 개념과 앞으로 나아가야 할 발전적인 방향을 살펴보았다. 그 과정에서 전통적인 설교의 문제와 신설교학의 공헌과 구조를 통해 나타나는 여러 문제를 함께 다루었다. 이를 통해 성경적인 설교의 구조를 찾아야 할 필요성을 어느 정도 공감했으리라 생각한다.

    개혁주의 신학과 전통 설교학의 관점에서 성경적인 설교의 중요 요소는 주로 내용에 관한 측면밖에 없었다. 그러다 보니 설교 방식은 천편일률적으로 3대지 설교에 고착되어 있었고, 신설교학이 이에 대해 문제를 제기한 후에는 단순히 다양하게 구조를 사용하라는 결론을 내리고 있다. 사실 과거뿐만 아니라 현재에도 설교의 구조를 위한 성경적인 고민은 여전히 미

---

265 Charles L. Campbell, XI.

266 Calvin Miller, 51.

흡하다.

계속 강조했듯이 설교의 구조에 대한 이론은 반드시 특정 철학과 신학의 영향을 받는다. 신설교학 학자들은 구조 이론을 통해서 자신들의 철학과 신학을 구현해 냈다. 성경적인 설교를 온전히 실행하려는 설교자들은 이제 단순히 신설교학의 실천을 따를 것이 아니라 성경적인 설교를 위한 고민과 연구를 통해 성경적인 설교의 구조를 찾아야 한다. 설교의 내용과 함께 그 구조까지 성경적이 되게 해야 한다.

우리는 이 문제를 좀 더 심각하게 다루어야 한다. 근래에 신설교학에서 제시한 구조 이론들은 개혁주의와 완전히 다른 성경관, 해석학, 설교 철학, 신학 등을 구현하고 있다. 그들은 실존주의 철학과 자유주의 신학을 따르고 시대사조의 영향을 받아서 성경의 권위를 무시한다. 그들에게 성경은 오류가 많은 인간의 책이다. 설교에서 가장 중요한 고려 대상은 청중이며, 성경 본문을 통해 그의 백성과 소통하시려는 하나님의 의도와 목적을 중시하지 않는다. 하나님의 계시는 선포하는 설교 행위를 통해서 완전해진다고 보고 굳이 성경 본문을 다루려 하기보다 청중의 삶을 텍스트로 삼는다. 그리고 청중에게 과도하게 책임을 넘겨서 청중이 스스로 알아서 자신의 전제를 따라 성경과 설교를 이해하고 판단하게 한다. 따라서 개혁주의 설교자는 이러한 철학과 신학과 성경관이 반영되어 나타난 다양한 구조적 대안을 설교의 목적과 실용성에 따라 분별없이 사용해서는 안 된다. 사용한다면 대안을 마련하고 성경적인 설교의 철학적 신학이 반영될 수 있도록 수정해서 사용해야 한다. 가장 좋은 작업은 성경적인 철학적 신학을 가장 잘 드러낼 수 있는 구조를 찾는 것이다.

성경적인 설교가 더욱 발전하기 위해서는 구조까지도 성경적이어야 한다. 우리는 가장 성경적인 구조, 가장 성경을 잘 드러내고 본문에 순종하는 구조, 그리고 하나님께서 성경을 통해 보여 주신 설교의 구조를 찾아 하나님의 말씀을 더욱 성경적으로 전하려는 수사적 노력을 계속해야 한다.

'구조'는 우리 시대에 가장 중요하게 다루고 있는 수사법의 한 영역이다. 효과적인 연설이나 설교를 위해서 구조는 매우 중요하게 작용한다. 그래서 성경의 저자들과 초대교회 설교자들은 모두 하나님의 뜻을 선명하게 전달하기 위해 잘 구성된 치밀한 구조를 사용하며 말씀을 전했다. 오늘날에도 많은 설교자가 '구조'에 대한 특별한 관심을 가지고 설교에서 다양한 구조를 능숙하고 적절하게 사용하기 위해 힘을 다하고 있다.

말씀을 맡은 사역자는 하나님의 부르심에 순종하며 이처럼 최선의 준비로 하나님께서 일하실 수 있게 해야 한다. 설교를 위한 수사적 노력은 하나님께서 설교자에게 맡겨 주신 책임이다. 설교자는 그 책임을 다하기까지 힘과 열정을 쏟아부어야 한다. 분명 본문으로부터 설교로 다리를 연결하는 구조화는 어려운 작업이다. 하지만 자신의 부족을 절감할지라도 성경적인 설교를 위한 노력을 소홀히 하지 말고 최선의 결과를 나타내야 한다.

하나님의 백성은 하나님의 말씀을 통해 생명의 떡을 공급받는다. 삶의 지혜를 얻고 구원에 이르는 빛을 본다. 누구나 이 사실을 알고 있어도 실행은 아는 것과 다르다. 청중은 생명의 떡을 기대하고 예배를 드리다가 실망스러운 마음만 안고 집으로 돌아가는 일이 비일비재하다. 영혼의 기갈을 해소하는 시원한 생명수를 기대했다가 더욱 큰 갈증만 느끼고 돌아간다. 예배에 와서 말씀을 듣기 위해 나름대로 애를 쓰며 씨름하지만 결국 말씀을 이해하지 못하고 붙잡은 진리 없이 돌아가는 경우가 부지기수다. 말씀을 통해 은혜를 받고 세상을 이길 영적 능력을 공급받지 못한다. 하나님의 뜻을 깨닫고 삶을 변화시킬 힘을 얻지 못한다.

그렇게 되는 가장 근본적인 이유가 무엇이겠는가? 말씀이 들리지 않아서다. 듣고 있어도 들리지 않는다. 듣고 싶어도 들리지 않는다. 설교자가 청중이 들을 수 있도록 구조화의 노력을 하지 않는데 어떻게 잘 듣고 이해하기를 기대할 수 있는가. 반복하지만, 설교의 내용이 아무리 좋아도 청중에게 전달되지 않으면 아무 소용이 없다. 설교자는 비록 힘든 과정이어도 청중이 들을 수 있도록 수사적 노력에 힘을 쏟아야 한다.

수사는 의심할 여지 없이 계속되는 과정이나, 훌륭한 수사를 만들기 위해서는 노동을 강도 높게 투여해야 한다. 시간과 생각과 활력이 필요한 것이다. 노력하지 않으면 행동과 대중의 수용 간에는 소통의 간격이 생긴다.[267]

그리고 그런 수사적 노력은 성경적인 설교의 철학과 신학을 그대로 실현하는 방향으로 이뤄져야 한다. 그 일환으로 필자는 성경적인 설교의 철학과 신학을 반영하는 성경적인 설교의 구조를 제안할 것이다. 다음 장에서는 먼저 신학과 구조의 관계를 좀 더 상세히 살펴보고, 이후 성경적인 설교의 구조가 무엇인지 논하겠다.

---

[267] Jason Del Gandio, 28-29.

2장. 성경적인 설교의 구조

강단의 위기는 여러 현상이 복합적으로 작용해서 나타나는 결과다. 하지만 현대 설교의 가장 근본적인 주요 약점은 적절한 구조의 결핍에 있다.[1] 설교자가 열정과 소명감으로 충만하고 아무리 성경을 정확하게 해석해서 전할지라도 그 내용을 체계적으로 정리해서 효과적으로 전하기 위해서는 적절한 구조의 도움을 받아야 한다. 구조에 대해 고민하지 않은 설교는 그렇지 않은 설교에 비해 효과가 훨씬 미미할 수밖에 없다. 구조는 설교 준비와 전달의 전 과정에 지대한 영향을 주는 수사법이기 때문이다.

다른 연설과 달리 설교는 준비와 전달에 '효과적'이라는 말만으로는 뭔가 부족하다. 설교를 통한 하나님의 의도와 목적이 이뤄져야 하기 때문이다. 그래서 설교는 구조까지도 '성경적'이어야 한다. 설교는 일반 연설과 다른 독특성이 있다. 그것은 계시의 완성으로서의 하나님의 말씀인 성경을 근거로 한다는 점과 하나님은 설교자가 본문에 충실할 때 지금도 설교 행위를 통해서 역사하신다는 점이다. 하나님은 본문의 말씀을 읽고 전할 때 지금도 임재하시고 생생한 음성으로 말씀하셔서 인간의 삶과 신앙을 변화시키는 능력이 되게 하신다.

---

[1] Ilion T. Jones, 87.

그런데 기록된 하나님의 말씀에 충실하고 말씀의 역사를 나타내기 위해서는 그 내용을 드러내는 수사적 방법인 구조의 도움을 절실히 필요로 한다. 구조는 단순히 도움을 넘어 설교의 내용까지 좌우할 수 있다. 틀이 내용물의 모양을 결정한다. 형식은 의미 형성에 결정적인 영향을 준다. 앞서 살펴본 것처럼 구조가 내용에 미치는 영향과 구조의 수사적 효과는 일반적으로 인식하는 것보다 훨씬 더 크다. 따라서 성경적인 설교는 단지 내용만 성경적이면 되는 것이 아니라 구조까지도 성경적이어야 한다. 특히 성경적인 설교 철학은 성경적인 설교의 구조를 통해서 온전히 실현되어야 한다. 그렇다면 성경적인 설교의 구조는 무엇일까? 이제부터 이를 규명하려고 한다. 이 일은 성경적인 설교를 위해 누군가는 시작해야 하며 또 다른 누군가는 계속 발전시켜야 한다.

물론 성경적인 설교의 구조와 관련해서 어떤 특정한 형식을 제시하는 일은 많은 논란을 가져올 수 있다. 하나님께서 다양한 방식으로 설교하셨다는 이유로부터 설교 구조의 다양성이 효과적인 전달을 위해 꼭 필요하다는 논리적, 실용적 주장에 이르기까지 다양한 이론으로 무장한 학자들이 성경적 설교의 기본적 구조를 제시하는 작업을 부정적으로 볼 수 있다. 어쩌면 구조의 다변화를 주장하는 현대 설교학의 흐름에 역행하면서 홀로 다른 길을 걸어 보려는 일탈로 보일지도 모르겠다. 하지만 만일 성경적인 철학과 신학을 제대로 구현할 수 있는 구조가 있을 수 있고, 그 구조가 성경 안에서도 통일성 있게 특정한 구조로 나타나고 있다는 사실이 증명된다면, 성경적인 설교를 위해 이를 연구하고 그 결과를 제시하는 작업은 반드시 이뤄져야 한다.

1. 설교 구조 형성에 영향을 주는 요인

설교학자가 어떤 구조 이론을 처음 제시할 때, 반드시 어떤 일련의 배경들을 전제하기 마련이다. 비록 그 구조를 사용하는 사람들은 그 이면의 전제들을 제대로 이해하지 못할 수 있지만, 그 구조를 제안하는 학자는 반드시 어떤 분명한 목적과 이유와 철학과 신학을 가지고 구조 이론을 제시한다. 데니스 케힐(Dennis M. Cahill)은 그 요인을 '신학, 문학 비평, 문화'로 설명했다.[2] 여기서 문학 비평은 해석학과 관련되어 있고, 문화는 그 구조를 태동시킨 시대의 상황과 청중에 대한 인식 등과 관련되어 있다. 그리고 그중에 가장 중요한 것은 바로 '신학'이다.

    모든 설교학은 직접적으로나 간접적으로 각각 자신의 고유한 신학적 전제를 구현하고 있다. 설교학자가 가지고 있는 특정한 신학과 성경관을 통해 설교관과 설교 철학 등을 정립하고, 이를 배경으로 하나의 구조 이론을 탄생시킨다. 그렇기에 하나의 설교 구조 방법론을 접하면서 그 구조가 가지고 있는 유용성과 실용성과 효과성만 따져 보면 안 된다. 그 구조 이면에 어떤 신학적 요인들이 작용했는지 면밀하게 검토해야 한다. 어떤 식으로든 신학적 반성이 선행되어야 한다. 하나의 구조는 그 여러 요인을 충분히 충족시키려는 목적으로 만들어졌기 때문에 그 구조를 사용하는 사람은 비록 의도하지 않았을지라도 자신의 설교를 통해 자칫 비성경적이거나 잘못된 신학, 혹은 왜곡된 성경관을 실천할 수 있기 때문이다. 신설교학의 구조 이론의 상당 부분이 그렇다.

    지난 50여 년간 설교학은 혁신적인 학문적 전환을 이뤄냈다. 그 결과 성경 장르에 대한 인식을 새롭게 했고 다양한 설교 형식들을 제시할 수 있었

---

2 Dennis M. Cahill, 46.

다. 그런데 이 패러다임의 전환은 분명히 신학적 작업의 소산물이다. 시대적인 변화와 청중 존중을 표면에 내세웠지만, 그 이면에는 특정한 신학적 입장을 실천하려는 의도를 내재하고 있었다. 그리고 그런 신학은 이 시대에 뿌리내린 철학에 영향을 받았다. "신학은 항상 그리고 필연적으로 그 서술 안에 그 시대의 철학적 개념들을 끌어들인다."[3] 따라서 어떤 신학을 살펴볼 때면 그 신학에 영향을 끼친 철학을 함께 살펴봐야 한다.

신설교학자 버트릭(David G. Buttrick)은 이 사실을 감추지 않고 설교 형태의 수사적 변화를 위해서 철학에 영향을 받은 신학과 설교학이 적절하게 손을 잡아야 한다고 말했다.[4] 스스로 자신의 설교학 이론은 인간이 만든 철학에 직접적인 영향을 받은 신학 작업으로 만들어졌다고 시인한 것이다. 신설교학자 크래독(Fred B. Craddock)도 이 사실을 분명히 밝혔다. 그는 "어느 설교자가 설교할 때, 커뮤니케이션 방법과 설교의 전개는 해석학적 원칙들과 성경과 교회, 그리고 성직의 권위에 대한 관점이 반영되기 마련이고, 그리고 특별히 인간에 대한 그의 이해가 나타나게 된다"라고 말했다.[5] 그리고 이러한 요인들을 '신학적 요소'라고 했다. 그가 구조적인 측면에서 이제는 귀납적 설교가 효과적이고 절실히 요구된다고 주장한 이유는 귀납적 구조가 가진 특성 때문만이 아니다. 그와 더불어 그의 성경관과 설교관, 그리고 철학과 신학을 실현하려는 의도 때문이었다. 그는 이런 모든 요인을 적절하게 충족시킬 수 있는 방식을 귀납적 구조에서 찾은 것이다.

어떤 학자도 단순히 실용적인 효과만을 위해서 구조 이론을 만들어 제시하지 않는다. 자신이 가지고 있는 특정한 신학적 입장에 비추어 합당한 원리를 만들어 내려고 연구한 끝에 하나의 이론을 제시하는 것이다. 따라서

---

3 Charles L. Campbell, 47.

4 David G. Buttrick, *A Captive Voice*, 73.

5 Fred B. Craddock, *As One without Authority*, 5.

"형식은 신학적으로 중립일 수 없다."[6] 하나의 구조 이면에는 특정한 신학과 철학의 고민이 담겨 있기 마련이다. 그래서 설교자들은 하나의 형식을 선택할 때 먼저 그 구조를 탄생시킨 특정한 철학적 신학의 입장을 알아야 한다. 신설교학이 앞다투며 제시한 다양한 형식들을 만들어 낸 여러 원리와 배경을 알아야 한다.

그렇다면 하나의 구조 이론을 전개하기까지 어떤 요인들이 직접적인 영향을 주는 것일까? 그 내용을 하나하나 살펴보도록 하자.

1) 철학

설교학에서 하나의 구조 이론을 전개할 때 반드시 '신학'이 개입된다. 그리고 그 신학을 만들거나 역으로 그 신학에서 영향을 받은 특정한 '철학'도 반드시 개입된다. 신학과 철학 중 무엇이 우선인지는 논하기 어려운 문제다. 이 둘은 서로 영향을 주고받으며 함께 하나의 이론을 형성해 간다. 그래서 버트릭은 이를 하나로 묶어서 '철학적 신학'(Philosophical theology)이라고 했다.[7] 분명한 사실은 존재하는 개인은 특정한 시대에 속해 있고, 그 시대의 가치관과 세계관과 철학에 영향을 받을 수밖에 없다는 것이다. 당연히 설교 구조에 관한 이론도 개인이 가지고 있는 철학에 쉽게 영향을 받는다. 비록 끊임없이 인간의 판단으로 성경의 진리를 왜곡시키지 않으려고 조심할지라도 자신이 가진 철학을 통해 자연스럽게 사고의 방향이 달라지기 마련이다. 바로 이 철학이 설교의 구조를 결정하는 데 영향을 주는 첫 번째 요인이 된다.

철학은 단지 사변의 학문이 아니라 세상과 삶에 대한 인간의 행동과 태

---

6 Dennis M. Cahill, 55.

7 David G. Buttrick, *A Captive Voice*, 73.

도를 결정하는 지표다. 과거 철학은 서양의 지적 전통의 핵심에 있었다. 인간은 철학을 따라 이상과 문화와 윤리와 가치와 규범을 규정했고 이를 따라 삶을 형성해 나갔다. 철학은 실천적인 삶에 영향을 주는 내적 원동력이었다. 이는 오늘날에도 별반 다르지 않으며, 서양뿐만 아니라 우리가 사는 동양권에서도 마찬가지다. 모든 이상과 실천에는 시대의 영향이나 사상의 영향을 받은 개인의 철학이 어떤 식으로든 작용한다.

설교학자들 역시 철학을 통해 형식을 규정하고 이론의 내용과 방향을 결정한다. 신설교학자들은 각자 자신이 가지고 있는 철학을 실천하기 위해 구조적인 변화를 연구했다. 철학은 사고의 틀이고 삶의 목적이기에 이런 작용은 너무나 자연스럽다. 어떻게 이론을 전개해야 자신이 원하는 바 목적을 이룰 수 있고 이상을 실현할 수 있을지 고민한다. 인간 이성의 불가지론을 주장하는 신학자가 이성적인 논리 전개를 통해 내용을 전달할 리 만무하다. 또한 유일하게 자신의 이성만을 신뢰하는 신학자가 있다면 그는 이성으로 설명할 수 없는 경험이나 느낌은 배제하고 논리를 전개할 것이다. 반면 실존하는 인간만이 유일하게 하나님에 대한 지식을 얻을 수 있다고 믿고 실존을 통해 신지식을 얻으려는 철학을 가진 신학자가 있다면, 그는 사변적인 토론의 방법을 선택할 이유가 없다. 그리고 그런 철학적 경향은 그들이 전개하는 이론의 내용과 방향에 결정적인 영향을 줄 것이다.

이처럼 설교학자도 어떤 문제를 해결하고 대응하기 위해 자신에게 배어 있는 익숙한 철학을 사용한다. 설교의 구조 이론을 제시할 때도 자신의 철학을 반영하게 되어 있다. 철학은 방법론에 영향을 끼치고, 구조는 설교학에서 중요한 방법론이므로 철학에 영향을 받을 수밖에 없다.

① 신학과 철학
철학은 신학과 항상 긴밀한 관계를 유지한다. 신학자들 가운데 철학자들이

많으며, 철학은 신학을 배제할 수 없다. 그리고 신학자들은 대체로 당대의 철학적인 시각을 통해 신학의 내용과 방법론을 채택한다. 한 시대의 철학은 당대의 세계관과 사람들의 공통적인 이해와 인식과 해석을 기초로 하기 때문이다. 그런데 신학이 철학을 주도한다면 다행이지만, 실상 철학이 신학을 주도하거나 철학이 신학에서 멀리 떨어져 나와 움직이려는 경향이 강하다. 가장 안타까운 점은 철학은 대체로 건전한 신학과는 거리를 유지하고 철학에 관용을 베푸는 신학에는 내밀하게 다가선다는 사실이다.

오늘날 철학과 신학의 관계가 바로 그렇다. 주도권이 신학에서 철학으로 더 많이 옮겨가 있다. 그래서 철학에 대한 이해가 없는 사람도 자신이 가지고 있는 공통적인 이해와 세계관과 해석학을 통해 신학 작업을 시도한다. 철학이라 말하지 않아도 세속의 철학적 사고가 신학을 주도하는 것이다.

원래 신학은 성경에 근거해서 이론을 정립해야 한다. 신학 자체가 어떤 입장을 가지기 전에 성경이 신학을 정립하게 해야 한다. 신학은 사변의 학문이 아니라 하나님께서 계시하신 말씀을 체계적으로 정리한 내용이어야 한다. 다시 말해서 성경이 모든 신학의 내용을 결정해야 한다. 실제, 근대에 이르기 전에는 철학보다 성경이 신학 이론 형성에 더 크게 작용했었다. 가톨릭이 교회와 교황의 이름으로 신학을 난도질하던 때를 제외하면, 성경의 내용을 따라 신학 이론이 정립되었다. 교리적으로 문제가 없다는 말은 곧 성경적으로 옳다는 말과 같았다. 그래서 신학에 영향을 주는 철학을 굳이 말하자면, 그것은 '성경에 대한 확신'이었다. 오직 성경만이 모든 신학을 정립하는 근거와 방법과 내용이었다.

하지만 데카르트(René Descartes)로부터 시작된 합리주의 철학은 성경을 보는 시각을 바꿔 버렸다. 성경보다 인간의 이성을 우위에 두었기 때문이다. 그래서 합리주의 철학에 영향을 받은 자유주의 신학은 성경을 인간의 문서로 규정하고 인간의 이성을 통한 문서비평, 역사비평, 편집 비평 등의 다양한 고등 비평으로 성경을 파편화시켰고 결국 오류가 많은 책으로 전락시켰다. 그리고 이후의 많은 신학자가 그 바뀐 성경관에 영향을 받아 철학이 신학을 주도하는 새로운 이론을 정립하기 시작했다.

또한 두 번의 세계 대전을 거치면서 실존주의 철학이 등장했다. 실존주의 철학은 인간의 절망적인 본질을 깨닫고 인간의 가능성과 이성을 신뢰하는 계몽주의와 합리주의 철학을 부정했다. 그러나 합리주의로부터 시작된 철학의 신학 유린 현상은 실존주의로까지 이어졌으며, 신학은 철학적 색채를 선명하게 띠게 되었다. 그리고 이제 철학에 영향을 받은 신학자들은 '성경'을 중시하는 신학자들, 오직 '성경'이 모든 신학의 근거가 되어야 한다는 신학자들, 기록된 그대로의 '성경' 진리를 믿는 신학자들을 '근본주의자'라 분류하며 폭력적이고 맹목적인 신학을 하는 자들로 치부한다. 성경이 아니라 철학이 신학을 결정하는 시대가 되어 버린 것이다. 하나님의 말씀을 정확하게 이해하고 그 안에 있는 내용을 정리하는 것을 신학의 과제로 삼지 않고 인간의 실존적 경험을 통해 진리의 말씀을 재해석하고 재정립하는 것을 신학의 과제로 삼는다.

이제 성경을 중시하고, 성경을 진리로 믿고, 성경을 정확무오한 하나님의 말씀으로 믿는 개혁주의와 건전한 복음주의 진영을 제외하면 대부분 철학을 통해 신학 작업을 하고 있다. 찰스 캠벨(Charles L. Campbell)의 말처럼 이제 "신학은 항상 그리고 필연적으로 그 서술 안에 그 시대의 철학적 개념들을 끌어들인다."[8] 성경에 대한 불신은 다른 철학 이론으로부터 신학을 정립하는 동력을 받을 수밖에 없기 때문이다. 그 영향 아래에서 정립된 조직신학과 주경 신학은 실천신학으로 연결되었고 오늘날 실천신학의 모든 방법론은 철학에 직접적인 영향을 받고 있다. 당연히 설교학도 실천신학의 한

---

8 Charles L. Campbell, 47.

분야로 철학의 영향 아래서 전개되었다.

신설교학이 말하는 새로운 설교학 이론들도 대부분 성경이 아니라 철학에 의해 정립된 방법론이다. 따라서 구조와 관련된 모든 실천은 그 이론에 직접 영향을 준 신학과 그 신학에 영향을 준 철학과 함께 살펴보아야 한다. 그런 후에 개혁주의 신학과 철학을 따라 구조 이론을 적절하게 변형시켜서 사용해야 한다. 그것은 성경에서 멀리 떨어진 인간의 이성적 활동에 의한 작품이기 때문이다.

② 철학적 신학

신설교학자 버트릭은 현대 강단의 위기를 극복하기 위한 대안을 제시하며 "우리는 '철학적 신학'(philosophical theology)과의 대화에 들어가야만 한다"라고 말했다.[9] 이 말은 자신의 신학이 철학에 영향을 받았다는 사실을 드러냄과 동시에 신학은 실천을 이뤄내기 때문에 철학적인 형태를 취한다는 말로도 이해할 수 있다. 그리고 버트릭의 표현을 따라 오늘날 실천신학에 영향을 주는 요인을 한마디로 말하면 '철학적 신학'이라고 할 수 있다. 그 용어 안에는 철학이 있고, 철학에 영향을 받은 신학도 있다. 철학은 공동체가 인정한 내용일 수도 있고 개인이 지닌 소신이나 신념을 지칭할 수도 있다. 당연히 그 안에 개인의 해석학적 관점도 포함된다.

누구의 신학도 중립적일 수 없다. 철학과 해석학 등이 신학에 영향을 주기 때문이다. 실천신학은 반드시 그가 가진 주경 신학, 조직신학 등의 영향을 받는데, 이런 신학들은 철학의 강력한 영향을 받고 있고 신학을 통해 그 철학을 실천하고자 한다. 그래서 신학을 독립적으로 부르기보다 '철학적 신학'이라 부르는 것이 더 적절하다.

---

9 David G. Buttrick, *A Captive Voice*, 73.

개혁주의 신학자도 역시 '철학적 신학'을 가지고 있다. 개혁주의 신학자가 가지고 있는 철학적 신학은 오직 성경만이 모든 신학과 실천의 근거와 내용과 방법이 된다는 확신에서 출발한다. 인간의 이성과 인간이 만든 이론으로 신학의 내용에 변질을 가져올 수 없다. 오직 계시의 말씀을 바로 이해하는 것만이 신학의 내용과 실천 전체를 결정해야 한다. 성경은 일점일획의 오류도 없는 완성된 계시의 말씀이다. 자유주의 신학자와 실존주의 신학자가 보면 근본주의자라 비하하겠지만 만약 성경을 성경대로 믿는 자를 근본주의자라 칭한다면 얼마든지 칭찬이라 하겠다. 개혁주의 신학자에게 있어서 모든 판단과 이론적 근거와 내용은 성경에 근거해야 한다는 확신이 확고부동한 철학적 신학이다. 이처럼 모든 신학자는 나름의 '철학적 신학'을 가지고 있으며 이를 통해 저마다의 실천신학을 전개하고 있다.

③ 철학적 신학과 구조

신학은 철학과 긴밀한 관계를 맺는데, 작금의 신학은 인간의 철학에 지대한 영향을 받고 있다. 사상과 이론 형성의 주도권을 철학에 내주었다. 그리고 각자의 철학적 신학은 다양한 실천신학의 형성과 실천에 영향을 주고 있다. 교회 성장, 교회 음악, 교회 안에서 이뤄지는 문화 활동, 예배의 변화, 기독교 윤리 등 많은 실천신학의 영역들이 철학적 신학에 영향을 받는다. 그래서 우리는 자신의 철학적 신학이 혹시라도 성경에 반하거나 성경의 진리를 무시하는 방향으로 나아가지 않도록 주의해야 한다. 분명한 것은 우리가 살아가는 21세기는 성경보다 철학적 신학이 기독교 실천 분야에 더욱 많은 영향을 끼치고 있다는 사실이다. 구조와 관련된 설교학의 새로운 변화는 분명히 신학자가 가진 철학적 신학의 영향 때문이었다.

과거에는 성경적인 설교를 고민할 필요가 없었던 때도 있었다. 과거에도 신학이 철학의 영향을 받지 않았던 것은 아니지만 철학도 신학의 범주 아래 있었고 신학과 신앙의 과제는 항상 성경적인 실천을 위한 고민 아래에 있었다. 하지만 신설교학이 태동하고 활발하게 활동하면서 성경적인 설교에 대한 고민은 더욱 깊어졌고 그에 대한 많은 이론서가 출간되었다. 그만큼 신설교학이 혁신적인 변화를 일으켰기 때문이고 그에 따라 신학적으로 많은 의문을 낳았기 때문이다.

하지만 성경적인 설교의 진영에서는 성경적인 설교의 실천을 위해서 설교 철학만 강화했을 뿐이다. 구조와 관련된 실제적인 부분은 신설교학의 제안을 거의 그대로 수용했다. 이런 반응과 대처는 이 시대에 필요한 성경적인 설교의 신학을 정립하기에 확실히 미흡하다. 왜냐하면 신설교학에서 내세운 구조는 개혁주의에서는 동의할 수 없는 철학적 신학을 실천한 것이기 때문이다. 그런데 우리는 성경적 설교의 철학적 신학을 구조 이론을 통해 어떻게 실천할지에 대한 실제적인 방법론을 제시하기보다 신설교학의 이론을 그대로 수용해서 사용하고 있다. 철학은 있지만 구조와 관련된 실천에 있어선 그 성과가 미미하다. 그렇다면 믿는 것과 행하는 것 사이의 격차만 더욱 벌어질 뿐이다. 철학적 신학은 설교 구조에 직접 영향을 주는 것이기에 성경적인 철학은 반드시 성경적인 구조의 실천으로 나아가야 한다. 그때에야 비로소 진정한 의미에서의 성경적인 설교 이론을 정립하게 될 것이다.

2) 신학

설교의 구조를 형성하는 데 영향을 주는 두 번째 요소는 신학이다. 신학은 분명 우리가 사용하는 형식에 직접적인 영향을 준다.[10] 당연히 최근에 신설교학이 제시한 이론들도 그 저변에 자신의 신학이 깔려 있다. 그래서 우리는 그들의 이론을 접할 때 먼저 신학을 이해해야 한다. 그리고 설교자는 설

---

10 Dennis M. Cahill, 48.

교를 준비할 때 반드시 구조를 통해 자신의 신학을 담아내야 한다. 또한 개혁주의 설교학자는 신설교학의 설교 이론을 탄생시킨 신학을 바르게 이해할 뿐 아니라, 개혁주의 신학이 담긴 구조를 제시할 수 있어야 한다. "효과적인 설교는 설교자의 신학과 일치하는 하나의 방법론을 요청한다."[11]

개혁주의 설교학은 당연히 개혁주의 신학을 요구한다. 성경을 읽을 때나 본문을 해석할 때 개혁주의 신학의 입장을 따라야 한다. 해석된 내용으로 설교를 구성할 때도 자신의 신학을 반영해야 한다. 그리고 강단에서 설교할 때도 분명한 신학적 입장에서 설교해야 한다. 제임스 톰슨(James W. Thompson)의 말처럼 "신학적 설교가 없는 곳에서는, 교회의 메시지는 사소한 것으로 전락해 버린다."[12] 개혁주의 설교학은 당연히 개혁주의 신학에 맞는 설교 방법론을 찾아야 한다. 방법론보다 신학이 더 중요하다.

> 기꺼이 들으려 하지 않거나 들을 수도 없는 것처럼 보이는 세상에서 어떻게 우리는 설교를 계속하도록 확신을 가질 수 있으며 어떻게 그렇게 효과적으로 행하도록 배울 수 있을까? 그 본질적인 비밀은 특정한 기술을 정통하는 것이 아니라 어떤 확신에 의해 정통되어야만 하는 것이다. 다른 말로, 신학이 방법론보다 좀 더 중요하다.[13]

'무엇'을 설교할지, 그리고 '어떻게' 설교할지에 관한 문제는 반드시 '왜' 설교하는지의 문제와 긴밀하게 연결된다. 보통 무엇을 설교하며 왜 설교해야 하는지의 문제가 설교의 방향과 모양을 결정한다.[14] 그 결과 어떻게

---

11 Fred B. Craddock, *As One without Authority*, 18.
12 James W. Thompson, 124.
13 John R. W. Stott, *Between Two Worlds*, 92.
14 Haddon W. Robinson and Torrey W. Robinson, 49,50.

설교해야 할지가 결정된다. 여기서 '무엇'은 설교의 내용과, '어떻게'는 설교의 구조 등의 방식과, '왜'는 설교의 신학과 관련되어 있다.

한 편의 설교를 온전한 하나님의 말씀으로서의 설교가 되게 하려면 신학적 측면을 반드시 고려해야 한다. 설교는 원래 신학적이다. 설교는 신학적인 행동이다. 성경적인 설교도 당연히 신학적인 실천이다. 그 안에 성경적인 신학을 담아내고 또한 드러내야 한다. 알렉스 몬토야(Alex Montoya)는 "만약 한 편의 설교가 특정한 교리를 나타내지 않는다면, 그것이 신앙의 취지를 분명하게 밝히거나 설명하지 않는다면, 그 설교는 성경적인 설교가 아니다"라고 분명히 말했다.[15] 설교의 구조 역시 신학의 구현이다. 설교의 구조는 단순히 실천의 문제가 아니라 신학의 문제다.

따라서 성경적인 설교를 시행하려는 설교자는 하나의 구조를 선택할 때도 신학적 측면을 고려해야 한다. 실용적인 측면, 즉 설교의 목적을 정하는 문제와 더불어 신학적으로 어떻게 구조를 실현할지를 더욱 깊이 고민해야 한다. 모든 형식의 설교는 반드시 신학적이어야 한다.[16] 아무리 효과적으로 보이는 구조가 많을지라도 신학적으로 가장 성경적인 설교 신학을 구현할 수 있는 방법론을 찾아서 사용해야 한다.

그렇다면 신학적 요인들은 설교 구조에 어떤 영향을 줄까? 신학을 세부 영역으로 분류할 수 있는데, 각 신학이 설교 구조에 어떻게 영향을 주는지 간략하게 살펴보겠다.

① 설교 신학

설교에 대한 신학적 관점은 설교 준비와 행위의 전 과정에 나타난다. 성경

---

[15] Alex Montoya, 47.

[16] Martyn Lloyd-Jones, 65.

을 대하는 태도, 해석 방법, 본문과 회중을 연결하는 내용 등은 신학적 입장에 따라 완전히 달라진다. 그리고 설교의 구조는 준비한 내용을 전개해 나가는 방식으로 그 안에 개인의 설교관이 고스란히 반영될 수밖에 없다. 설교가 무엇인지에 대한 분명한 입장이 있다면 성경 사용과 본문 해석뿐만 아니라 내용 구성과 전달 방식까지 명확해진다. 자신의 신학이 구조를 포함한 설교 전반에 영향을 주는 것이다. 설교의 대상이 누구이며, 설교자는 어떤 존재이며, 설교에서 성령의 역할은 무엇인지에 대한 각자의 신학은 설교의 실천과 구조에 반드시 영향을 주게 되어 있다.

예를 들어, 설교를 '하나님께서 말씀하시는 사건'으로 이해하는 설교자라도 그들의 설교 신학에 따라 다른 구조로 설교를 구성하게 된다. 설교가 어떤 경우에 하나님의 말씀이 될 수 있는지에 대한 신학적 차이가 구조화에 반영된다. 만일 기본적으로 성경을 정확무오한 하나님의 말씀으로 고백하는 설교자라면 일단 성실하게 본문으로부터 들으려 할 것이다. 개혁주의 신학은 설교의 주체는 하나님이시고 설교자는 그 도구라는 인식이 있다. 그래서 하나님께서 말씀하시도록 성경 본문에 순종하려 한다. 또한 개혁주의 신학은 설교의 중심 사상과 내용이 본문에서 나올 때 비로소 하나님의 말씀이 될 수 있다고 믿는다. 그래서 본문의 의미를 밝히고 이를 설명하거나 논증하기 위한 목적으로 설교의 구조를 결정한다. 그 의미가 우리를 향한 하나님의 말씀이 되게 하는 방식을 찾아 적용을 시도하고 결론을 내린다. 그러다 보니 설교의 구조는 대체로 연역적인 방식을 취하게 되었다.

하지만 설교를 '하나님께서 말씀하시는 사건'이라고 말하는 신학자 중에는 본문을 따르지 않아도 얼마든지 설교할 수 있다고 믿는 이들도 있다. 특별히 바르트(Karl Barth)와 그에게서 영향을 받은 신설교학 학자들이 그렇다. 바르트는 계시는 기록된 성경이 아니라 설교 행위를 통해서 완성된다고 보았다. 그래서 성경 본문을 참고 자료 정도로 여기고 설교자의 설교 행위를 통해서 하나님의 새로운 계시를 전하려는 잘못된 가능성의 문을 열어 놓았다. 신설교학은 바르트의 계시에 대한 관점을 확장해서 그들의 설교 신학으로 사용하고 있다. 그래서 성경 본문을 해석하고 설명하지 않아도 얼마든지 성경적으로 설교할 수 있다고 말한다. 반드시 성경 본문에 근거하지 않아도 성경에서 말하고 있는 의미를 밝힌다면 비록 세상의 이야기를 텍스트로 삼아도 얼마든지 성경적인 설교를 시행할 수 있다고 본다. 그런 설교 역시 하나님의 말씀이며, 그런 설교가 하나님께서 말씀하시는 사건이다. 따라서 이들은 이 세상과 청중의 삶을 다루면서 성경적인 사상으로 귀결하는 귀납적인 구조로 설교의 전환을 이룰 수 있었다.

이런 입장이 또한 자유주의 신학이다. 자유주의 신학의 목표는 "그 메시지가 표현하는 '보편적인 인간의 경험'에 성경의 메시지를 관련시킴으로써 기독교의 메시지를 의미심장해지도록 만드는 것이었다."[17] 이는 크래독의 귀납적 설교나 이후 신설교학자들이 설교의 목표로 삼는 '경험'을 통한 수용과도 연결된다. 하나님의 말씀에 대한 신학적 입장에 따라 이처럼 다른 구조를 탄생시킨 것이다. 설교 신학은 이런 방식으로 구조에 직접 영향을 준다.

② 성경 신학

성경 신학은 성경에 나타난 하나님의 자기 계시의 과정을 다룬 주경 신학의 한 분야다.[18] 그리고 그 계시의 과정은 구속사를 통해서 드러난다. "성경 신학은 창조, 타락, 홍수, 아브라함을 부르심, 출애굽, 그리고 그리스도의 오심으로 구별하며 구속의 역사적 시대를 구분한다."[19] 성경의 내용에 대한 조직

---

17 Charles L. Campbell, 42.

18 Geerhardus Vos, *Biblical Theology* (Grand Rapids: Eerdmans, 1948), 13.

19 Edmund P. Clowney, 16.

적 진술은 성경 신학이 아니다. 성경 신학은 성경 전체가 말하는 중심 주제로 성경을 보는 것이다. 그리고 "성경 신학의 관점에서 성경을 본다는 것은 성경 전체에 나타난 하나님의 구원에 집중해서 읽는 것을 말한다."[20] 따라서 성경 신학의 관점에서 성경을 보면, 특정 본문이 구속사의 과정 중에 어느 지점인지 이해하고 그 지점이 구속사적으로 어떤 의미를 지니는지 해석하는 것을 주된 과제로 삼는다.

또한 성경 신학은 구속사적 사건을 중심으로 진행되는 계시의 역사성과 유기성과 점진성과 통일성을 인식하고 믿는다. 모든 본문은 구속사의 중심이신 예수 그리스도를 향하도록 구성되어 있다. 하지만 자유주의자들은 성경 신학을 인정하지 않는다. 성경의 역사성이나 유기성이나 점진성이나 통일성의 문제를 깨뜨리는 것이 자유주의의 신학적 과제이기 때문이다. 그들에게 성경 신학은 성경에 대한 맹신에서 출발했기 때문에 그러한 신학적 전제에서부터 문제가 있다고 지적한다.

개혁주의 성경 신학은 계시의 특성을 강조하면서 성경 계시의 무오성과 신적 영감을 말씀대로 믿는다. 개혁주의 성경 신학은 그래서 기본적으로 개혁주의 조직신학의 성경관과 연결될 수밖에 없다. 그리고 이는 설교 신학을 통해서 설교 철학으로 조직화된다. 그 설교 방식이 바로 '구속사적 설교'다.

성경 신학과 구속사적 설교는 그 신학적 과제를 수행하기 위해서 기본적으로 성경의 무오와 성령의 유기적 영감을 믿는 신학적 입장을 견지한다. 보스(Geerhardus Vos)는 성경 신학이라는 용어를 사용하기 위해서 무엇보다도 가장 본질적인 요소로 성경 계시의 무오성을 내세웠다.[21] 성경이 오류가

---

20 류응렬, "개혁주의 강해설교가 나아가야 할 다섯 가지 방향", 217.
21 Geerhardus Vos, 20.

없는 하나님의 책이라는 증거가 통일성과 유기성과 점진성 속에서 나타난다고 말했다. 구속사적 설교는 성경 신학적 설교로서 하나님의 계시의 말씀인 성경이 그처럼 오류가 없고 유기적으로 통일되어 있으며 역사 속에서 점진적으로 발전하며 구체화되어 완성되었다는 확신에서 출발한다. 그래서 구속사적 설교는 오직 성경이라는 고백과 그 실현을 가장 중점으로 한다.[22]

그렇다면 구속사적 설교는 어떤 구조를 취하게 될까? 앞에서 '성경적인 설교'는 성경적인 철학과 신학은 있지만 특정한 구조를 주장하지는 않는다고 말했다. 구속사적 설교도 마찬가지다. 구속사적 설교도 성경적인 설교와 대부분 동일한 맥락의 철학과 신학을 가지고 있다. 그에 더해 특별히 본문을 해석할 때 구속사의 틀 안에서 이해해야 한다는 측면을 강조한다. 하지만 구속사적 설교학자들은 성경적인 설교와 마찬가지로 특정한 구조를 내세우지는 않는다. 시드니 그레이다누스(Sidney Greidanus), 브라이언 채플(Bryan Chapell), 그레엄 골즈워디(Graeme Goldsworthy)는 모두 구속사적 신학과 철학이 담긴 설교론을 펼쳤다. 하지만 그들의 이론에 구속사적 설교를 실현하기 위한 특정한 구조에 대한 진술은 없다. 가장 성경적인 설교는 구속사적 설교라고 말하지만 역시 자신의 철학과 신학을 구조에 담아 구현하는 방식에 대해서는 아무런 설명도 없다. 그 가운데 그레이다누스만 책의 한 장을 할애해 본문의 구조와 양식을 따라 설교 구조를 적절하게 취해야 한다고 설명했는데, 이는 최근 설교학의 이론을 그대로 반영한 결론이다.[23]

그렇다고 성경 신학이 구조와 아무런 연관이 없다는 말은 아니다. 구속사적으로 설교할 때 분명히 드러나는 구조적 특징 중의 하나는 '적용'이다.

---

22 Sidney Greidanus, *Sola Scriptura*, 39-42.

23 Sidney Greidanus, *Preaching Christ from the Old Testament – A Contemporary Hermeneutical Method*, 『구약의 그리스도, 어떻게 설교할 것인가: 하나의 현대적 해석학 방법론』, 김진섭, 류호영, 류호준 공역(서울: 이레서원, 2002), 419, 420.

에드문트 클라우니(Edmund P. Clowney)는 "성경 신학적 관점은 본문의 의미를 명확히 하고, 중심 메시지를 강조하며, 바른 적용을 제공한다"라고 말했다.[24] 우리는 적용을 모든 설교의 당연한 과정으로 보는 경향이 있다. 이는 너무 오래전에 읽은, 훨씬 더 오래전의 설교학 이론이다. 지금의 시대와는 동떨어져 보인다. 왜냐하면 신설교학이 주로 직접적인 적용을 배제하고 청중이 스스로 알아서 적용하는 간접 적용을 강조하고 있기 때문이다. 특히 귀납적인 설교는 직접적인 적용을 부정하고 간접적인 적용만 중용한다. 이는 신학적인 이유에서 비롯되었는데, 그 결과 설교 구조의 형태에 직결되었다. 귀납적인 구조에 직접 적용이 이뤄지면 더 이상 귀납적이 아니라 혼합적인 구조가 된다. 그래서 귀납적인 설교는 직접적인 적용을 이론적으로 배제할 수밖에 없다.

하지만 구속사적 설교는 적용을 필수적인 설교 과정으로 이해한다. "구속사적 접근은 필연적으로 윤리적 적용이 따라오며, 이것은 말씀을 설교하는 일에 본질적인 부분이다."[25] 그리스도 안에서 절정을 이루는 하나님의 구속 사역은 항상 믿음과 순종이라는 윤리적 요구를 포함하고 있다. 그래서 다양한 구조로 설교할 수 있다고 말하는 것과 달리 적용을 배제하는 귀납적인 구조가 아니라 연역적이거나 혼합적인 구조를 취하게 된다. 구속사적 설교의 성경 신학이 설교 구조의 중요 부분을 결정하는 것이다.

---

24 Edmund P. Clowney, 88.
25 Edmund P. Clowney, 80. ; 구속사적 설교에서 적용을 다루지 않는 설교도 많다. 예를 들어 시드니 그레이다누스는 예수 그리스도를 전하는 자체를 적용이라고 보고 따로 청중들에게 적용하는 것을 부정한다. 또한 직접적인 적용은 주관성의 위험이 있기에 지양해야 한다고 말한다. 이처럼 구원받아야 할 존재가 구원받는 것을 보여 주는 것을 적용으로 보거나 예수 그리스를 증거하는 것을 유일한 적용의 내용으로 보는 경우가 종종 있다. 그러나 이는 재고해야 할 구속사적 설교의 적용관이며 구속사적 설교는 직접적인 적용이 있을 때 바른 형식을 취할 수 있다. 이에 대해서는 류응렬 교수의 "구속사적 설교", 83-88을 참조하라.

성경 신학과 구조의 연관성을 다른 측면에서도 확인할 수 있다. 구속사적 설교를 거부하는 신학 진영에서는 구조화의 작업을 통해 자신들은 성경 신학을 부정한다는 사실을 드러내고 있다. 자유주의 신학과 신설교학이 구속사적 설교를 반박하면서 펼치는 주장의 중심에 그들의 성경관이 있고 이것이 그들의 구조 이론의 내용을 형성한다.

실존주의 신학자 불트만(Rudolf Bultmann)은 신약성경에서 신화적인 요소를 모두 제거하는 비신화화 작업을 했다. 그는 예수에 대한 기록 중에 인간이 의도적으로 과장하고 왜곡해서 기록한 부분을 제거하고자 했다. 결국 그의 작업을 통해 성경에 남는 것은 그리스도와 관련된 사건뿐이다. 그리고 자유주의 신학은 이 작업에서 출발해서 성경의 규범적 권위를 제거해 버렸다. 그 결과 성경의 권위는 사라지고 성경의 말씀을 전하는 설교의 권위에도 급격한 변화가 일어났다. 이제 신설교학의 '권위 없는 자처럼' 설교하라는 주장이 자연스러워진 것이다. 바로 거기서 신설교학의 '귀납적 설교 방식'이 나왔다. 성경의 신적 권위를 부정하고 구속사에 나타나는 그리스도의 역사성에 의문을 품자 이제 권위를 버리고 설교해야 한다는 주장과 구조 이론이 만들어진 것이다.

또한 자유주의 신학의 성경 분해 작업은 또 다른 결과로 이어졌다. 그들은 성경의 기록을 하나님의 말씀으로 보지 못하게 만들었는데, 이는 성경관뿐만 아니라 설교학에도 직접적인 영향을 주었다. 그 가운데 성경의 객관적인 규범의 한계를 인정하지 않게 되자 설교자의 말을 사실상 하나님의 말씀이 되게 만들었다.[26] 아이러니하게도 성경 계시의 불완전성에 대한 신학적 입장이 설교자의 메시지를 하나님의 말씀이 되게 하는 길을 열어 버린 것이다.

---

26 Edmund P. Clowney, 29.

그래서 그들은 설교하면서 하나님의 기록된 말씀에 굳이 얽매이지 않는다. 설교자가 무엇을 전하든 그것이 곧 하나님의 말씀이 될 수 있다. 버트릭은 이 사실을 그의 저서들에서 계속 강조했다. 기록된 성경에 매이지 않아도 선포하는 설교를 통해 하나님의 말씀이 계속 주어진다는 주장이 그의 설교학의 중심을 이룬다. 그 결과 이제 "설교에서 모든 권위의 기초라고 성경 신학이 말하고 있는 기록된 말씀의 권위는 부정되거나 과소 평가되고 있다."[27]

신설교학에서 펼치는 설교 방법론과 다양한 구조 이론은 이런 성경관의 배경에서 나왔다. 성경의 통일성과 점진성과 역사성과 신적 영감과 권위를 부인하면서 설교자가 청중의 삶을 텍스트 삼아 말할 수 있게 되었고 단지 하나의 이야기만 들려주어도 설교의 목적을 충분히 이룰 수 있다고 보기 때문에 귀납적 구조와 네러티브 구조 등이 나온 것이다. 적극적으로 구속사를 반대하는 자신들의 철학적 신학을 반영한 결과다.

구속사적 설교에 대한 반발이 이처럼 구조로 표현될 수 있었다는 사실은 반대로 구속사적 설교가 가지고 있는 철학이 어떤 식으로 구조화되어야 할지에 대한 힌트를 제공한다. 그리고 구속사적 설교는 성경적인 설교를 이루는 하나의 요소이기에 이 철학적 신학이 어떤 구조로 실현되어야 할지는 우리에게 주어진 중요 논의 과제다.

③ 조직신학

설교는 어떤 식으로든 조직신학과 밀접한 관련을 맺는다. "조직적인 훈련을 거치지 않은 작은 교파의 설교자조차 불가피하게 하나의 조직 신학자이

27　Edmund P. Clowney, 30.

다."²⁸ 설교자는 조직신학에 근거해서 신앙과 가치관과 세계관을 형성하고 그 내용을 설교에 담아낸다. 성경 본문을 해석할 때도 조직신학의 직접적인 영향을 받고 설교관과 설교의 목적에도 영향을 받는다. 조직신학은 성경의 내용을 체계적으로 정리한 것이기에 설교자는 자신이 알고 있는 내용을 성경의 진리로 인식한다. 그만큼 조직신학의 내용은 절대적이며 교회의 말씀 사역의 핵심을 이룬다. 그래서 캘빈 밀러(Calvin Miller)는 "중요한 진리들을 설교하지 않는 교회는 교회가 아니며, 중요한 진리들은 모두 교리적이다"라고 말했다.²⁹ 또한 마틴 로이드 존스(Martyn Lloyd-Jones)는 "설교자에게 있어서 조직신학보다 중요한 것은 없으며, 설교자는 이를 잘 알아야만 하고 이를 토대로 삼아야만 한다"라고 말했다.³⁰

그런데 조직신학은 설교의 내용뿐만 아니라 구조에도 영향을 준다. 설교를 통해 전하려는 의미는 내용과 더불어 구조를 통해 완성된다. 조직신학이 구조에 주고 있는 영향을 정리하면 다음과 같다.

첫째, 설교자의 '성경관'이 구조화에 영향을 준다. 성경관은 조직신학의 영역이면서 동시에 신학을 결정하는 가장 중요한 지표다.³¹ 성경에 대한 조직신학은 실천신학의 내용과 방향을 결정한다. 설교에서도 성경관은 그 내용과 형식을 결정하는 중요한 요인이 된다. 여러 차례 살펴봤듯이, 성경의 권위와 성경의 무오성과 진실성에 대해 확신은 내용뿐만 아니라 설교 형식의 차이를 만들어 낸다. 본문의 역할이 무엇이고, 본문의 내용을 설교 곳곳에 어떻게 반영하며, 성경이 말하고자 하는 바를 설교에서 어떻게 실천할지에 대한 고민은 설교 구조화의 결정적 요인이 된다.

---

28 Dietrich Ritschl, 18.
29 Calvin Miller, 49.
30 Martyn Lloyd-Jones, 66.
31 류응렬, "개혁주의 강해설교가 나아가야 할 다섯 가지 방향", 205.

무엇보다도 성경의 신실성과 권위를 확신하는 설교자는 연역적으로 명제를 제시하거나 직접적으로 본문을 언급하는 설교 시행을 주저하지 않는다. 오히려 귀납적인 설교의 열린 적용과 결론의 방식을 부끄러워할 것이다. 귀납적 설교를 주창한 크래독은 성경의 저자이신 하나님의 의도를 중요하게 보지 않는다. 또한 성경 본문을 오류가 없는 하나님의 말씀으로 인정하지 않는다. 하나님의 의도를 정확하게 파악해서 청중에게 전달하는 것이 설교의 목적이 아니라 청중 개개인이 말씀을 들으면서 스스로 무엇을 느끼고 적용하고 결단할지를 중요하게 보았다. 해석의 중심이 청중에게로 넘어간 것이다. 귀납적인 구조의 설교는 그렇게 탄생했다. 다시 말해서 성경의 영적 저작과 권위를 인정하지 않기 때문에 가능했던 결과였다.

또한 버트릭은 그의 설교론에서 성경과 복음을 분리해서 말하고 있다. 그에게 성경은 하나님의 계시의 완전한 말씀이 아니라 인간에 의해서 왜곡되고 편집된 저작물에 불과하다. 성경은 인간이 강제적으로 영적 권위를 부과한 책이기 때문에 복음이 아니며, 복음은 성경 안에서 단지 그리스도를 증거하고 그리스도가 나타나는 생명력 넘치는 하나님의 말씀이라고 규정한다.[32] 그는 성경의 신적 영감설을 주장하는 종교개혁자들조차 성경 해석과 설교에 정경성의 문제를 말하고 있으며 그들의 설교와 저작 안에는 영감되지 않은 부분에 대한 의문이 반복되고 있다고 말한다. 그래서 그는 자신을 "종교개혁자들의 후예"(children of the Reformation)라고 표현하기를 주저하지 않는다.[33] 자신은 개혁주의 전통 위에 서 있다고 말하면서 자신이야말로 성경의 문제를 정확하게 인식하는 학자라고 포장하고 위장하는 것이다. 이런 성경관은 그의 설교학에 고스란히 반영되어 설교 구조 안에 성경 본문이 들

---

[32] David G. Buttrick, *A Captive Voice*, 30.
[33] David G. Buttrick, *A Captive Voice*, 30.

어갈 자리를 빼앗아 버린다.

이처럼 "성경에 대한 관점이 어떤 설교를 하느냐를 결정하는 중요한 요소"가 된다.[34] 성경의 진실성과 권위에 대해 의문을 제기하는 설교자는 구조적으로 간접적인 방식을 채택할 가능성이 매우 높다. 반면 성경의 권위와 신적 영감을 믿는 설교자는 성경의 진리를 권위적으로 선포하는 방식을 취하는 데 주저하지 않는다. 성경관이 구조 선택과 설교 구조화에 직접 영향을 주는 것이다.

둘째, 조직신학의 '인간론'도 설교 구조에 영향을 준다. 설교는 인간 청중을 대상으로 한다. 진리의 말씀을 타락한 인간의 구원과 믿음의 성장과 구원의 완성을 위해 전하는 방법이 설교다. 어떤 의미에서 "설교는 거룩한 진리의 영광을 인간 상황의 심연과 비참의 밑바닥까지 끌어내리는 일"이다.[35] 이러한 인간에 대한 이해는 설교 구조에 고스란히 반영될 수밖에 없다.

인간을 어떻게 이해하느냐에 따라 설교 내용과 방법과 전달과 구조가 달라진다. 설교와 관련된 모든 형식은 인간에 대한 관점을 반영할 수밖에 없다.[36] 과정적 존재에 대한 이해, 죄로 인해서 왜곡된 이성에 대한 이해, 연령과 지역에 따른 이해, 인식의 차이에 대한 이해, 성 차이에 대한 이해, 시대의 변화에 따른 청중의 변화에 대한 이해 등이 설교의 내용과 구조와 전달 방법에 영향을 준다. 또한 청중에게 어떤 목적으로 설교하느냐에 따라서도 설교의 내용과 구조는 달라진다. 특별히 오늘날 설교 구조의 다변화는 인간에 대한 이해가 한 축을 이루고 있다.

이 시대에 새롭게 인식하게 된 사실은 바로 인간에 대한 이해가 설교 구조에 변화를 가져온다는 점이었다. 그것이 성경적이든 인본주의적이든

---

34 류응렬, "개혁주의 강해설교가 나아가야 할 다섯 가지 방향", 202.

35 Dietrich Ritschl, 11.

36 Dennis M. Cahill, 51.

인간을 어떻게 이해하느냐에 따라서 설교의 구조가 달라질 수 있다. 청중을 말씀 앞에서 수동적으로 순종하며 들어야 하는 존재로 생각한다면 아마 설교자는 고민하지 않고 명제적이고 수직적으로 전하는 연역적 구조를 채택할 것이다. 그러나 아무리 내용이 좋아도 인간 인식의 한계와 지식수준의 문제와 나이별 제한 등의 요인이 수용력에 영향을 준다는 사실을 인식하는 설교자라면 이야기식으로 구성하거나 좀 더 이해하기 쉬운 언어를 사용하거나 청중이 집중할 수 있는 명료한 구조를 사용하려 할 것이다. 어린아이에게 전하는 설교 구조와 한창 지적 활동이 활발한 청년에게 전하는 설교 구조와 연세 많으신 분들에게 전하는 설교 구조는 각기 달라져야 한다.

인간에 대한 이해가 설교의 구조와 밀접하게 연관되어 있다는 이론에 대한 직접적인 증거가 바로 신설교학이다. 신설교학은 인간에 대한 이해로부터 학문의 태동과 발전의 기틀을 마련했다. 청중에 대한 관심, 즉 청중에게 효과적으로 설교를 전달하고자 하는 고민이 새로운 설교학 이론의 배경에 있다. 신설교학자 크래독은 그런 측면을 강조하며, 인간에 대한 신학이 설교의 구조에 영향을 줄 수밖에 없다고 말했다.[37]

이러한 신설교학의 구조 이론은 기본적으로 낙관론적 인간론에서 출발한다. 그들은 인간은 누구나 성경의 의미를 알아서 깨닫고 적용할 수 있고 각자 결단을 통해 실천의 길로 들어설 수 있다며 이해와 실천의 가능성을 낙관적으로 평가한다. 그리고 개인 이성의 활동을 통해 모든 것을 판단하고 결정할 수 있다는 가능성을 인정한다. 그런데 이런 시각은 계몽주의, 합리주의 철학과 자유주의, 실존주의 신학에서 비롯되었다. 신설교학의 뿌리인 자유주의 신학은 거룩한 진리의 말씀인 성경도 인간의 이성으로 판단하고 왜곡시켜 버린다. 자유주의 신학과 실존주의 철학의 영향을 받은 신설교학은

---

37 Fred B. Craddock, *As One without Authority*, 3.

성경의 문제와 한계를 말하며 인간의 이성과 논리력과 창의성을 통해 하나님의 말씀을 완성할 수 있다고 말한다. 또한 인간의 실존이 진정한 의미에서 진리를 판단하고 결정하는 주체가 될 수 있다고 본다. 이와 같은 인간에 대한 낙관적인 이해가 설교 형식을 열린 결말로 마무리하며 간접적으로 표현하는 형식을 취하게 했다.[38]

우리는 이처럼 인간론이 설교 구조화에 영향을 준다는 사실을 알아야 한다. 인간의 본성에 대한 이해와 사람들이 어떻게 듣고 반응하는지에 대한 이해는 우리의 설교 형식에 필연적으로 영향을 줄 수밖에 없다. 설교는 인간에게 하나님의 말씀을 전하는 행위이기에 인간에 대한 이해는 어떻게 전달할지를 결정하는 중요한 요인이 된다.

셋째, '교회론' 역시 설교 구조에 영향을 준다. 설교는 교회를 창조하지만 동시에 교회의 일이기도 하다.[39] 하나님의 백성이 모인 공동체인 교회는 언제나 하나님의 뜻을 듣고자 하며 설교자는 교회 안에서 설교를 통해 그 일을 시행한다. 설교자의 설교 행위는 교회와 밀접한 관계에 있다. 그래서 월터 브루그만(Walter Brueggemann)은 설교는 교회로부터, 교회 안에서, 그리고 교회를 위하여 행하는 것이라고 말했고,[40] 리츨(Dietrich Ritschl)은 설교는 교회에서 이루어지는 교회 특유의 사건이라고 말했다.[41] 우리는 설교와 교회를 함께 이해해야 한다. 설교자가 가지고 있는 교회론은 설교의 내용에 영향을 줄 뿐 아니라 설교 구조와 형식에도 큰 영향을 주기 때문이다.

먼저, 설교자가 가진 교회 구성원에 대한 이해가 설교 구조를 계획할 때 영향을 준다. 쉽게 말해서 교회를 거룩한 성도의 공동체로 본다면 교회에

---

[38] Dennis M. Cahill, 51,52.
[39] Dietrich Ritschl, 74.
[40] Walter Brueggemann, 12.
[41] Dietrich Ritschl, 138,139.

서 시행되는 설교의 구조는 기독교의 기본 진리와 믿음의 기초를 아는 성도에게 전하기 때문에 조금 더 권위 있게 수직적으로 전하는 연역적인 설교를 선호할 수 있다. 그러나 교회의 상황을 구도자를 다수 포함한 공동체로 이해한다면 설교는 믿음이 없는 자를 이해시키고 설득하기 위해 권위를 배제한 채 변증적이나 논리적으로 말씀을 전하는 방식을 택할 것이다. 교회 구성원을 고려하면 설교의 구조는 분명한 방향성을 갖고 조직화된다.

그리고 교회의 목적도 설교 구조에 영향을 준다. 불신자를 전도해서 예수를 믿게 하려는 목적을 가진 교회와 이미 믿고 있는 신자의 믿음을 더욱 성장시키려는 목적을 가진 교회의 설교는 서로 다른 내용과 구조를 사용할 것이다. 불신자가 설교의 대상이라면, 그들이 마음을 열고 설교에 귀를 기울이게 하려고 인간의 삶의 정황에서부터 설교를 시작해서 복음으로 인도해 가는 구조를 취할 수 있다. 그러나 이미 예수를 믿는 신앙 공동체의 성장을 목적으로 한다면, 본문에서 진리의 말씀을 정확하게 해석해서 전달하며 이를 적용하고 도전하려는 직선적인 연역적 구조를 취할 수 있다. 혹시 교회의 목적이 개인의 마음에 평안을 주고 삶에 힘을 불어넣기 위해서라면 흥미로운 플롯이 있는 이야기를 통해 감동을 주는 구조를 택할 수 있다. 교회의 목적이 오직 성경 말씀과 거룩한 그리스도인의 삶을 가르치는 데 있다면 설교의 구조는 자연스럽게 논리적인 연역적 구조를 취하게 될 것이다. 그 외에도 교회의 다양한 목적이 설교 구조화에 직간접적으로 영향을 줄 수 있다.

또한 교회의 상황 역시 설교 구조에 영향을 준다. "수사적 상황은 설교의 내용뿐만 아니라 설교의 구조에도 영향을 준다."[42] 교회가 직면하고 있는 위기, 교회가 극복해야 할 과제, 교회의 구성원이 처해 있는 수사적 상황은

---

42 Dennis M. Cahill, 51.

설교의 구조에 영향을 주게 되어 있다. 사회적으로 지탄받거나 공격을 받는 상황이라면 교회는 좀 더 변증적으로 논리를 전개할 수 있는 구조를 취할 것이다. 속해 있는 지역이나 나라에 충격적인 사건이 발생하고 교회가 이 문제를 앞장서서 극복해 나가야 한다면 설교자는 나름대로 설교의 구조를 고심하며 성경의 진리를 효과적으로 제시하려 할 것이다. 본문에 나오는 위기를 설명하고 이를 현시대로 끌어와야 할지, 현재의 위기를 먼저 거론하고 그에 대한 성경의 대안을 제시할지, 성경 본문과 현시대를 대조하면서 두 시대를 오가며 하나님의 뜻을 전달할지를 결정하는 고민은 구조에 관한 일이다. 어떤 상황을 두고 가장 적절한 설교를 시행하려고 할 때 설교자는 구조에 대한 고민을 배제할 수 없다.

마지막으로, 교회와 성경의 상호 관계에 대한 이해가 설교의 구조에 영향을 주게 된다. 가톨릭은 성경 이전에 교회가 존재했다고 말하면서 성경의 권위보다 교회의 권위를 더 우위에 둔다. 그들에게 성경은 교회의 필요 때문에 만든 책이지 교회의 모든 성격과 방향을 규정하는 책이 아니다. 모든 판단의 가장 높은 권위는 성경이 아니라 교회의 전통이나 베드로의 직분을 계승한 교황에게 있다고 믿는다. 그리고 이러한 주장은 설교관에 직결된다.

가톨릭은 역사적으로 볼 때 성경보다 교회가 먼저 존재했고, 교회의 선포행위의 과정에서 성경이 기록되고 정경이 되었다고 주장한다. 따라서 교황의 판단이나 교회의 필요를 따라 지금도 얼마든지 성경보다 높은 권위의 발언을 하거나 성경과 다른 결정을 내릴 수 있다. 성경을 설교하지 않아도 교회에서 이뤄지는 모든 설교는 하나님의 말씀으로서의 권위가 있다. 따라서 이 세상의 이야기들과 인간의 판단으로 설교의 내용을 구성할 수 있다. 성경 본문을 해석하고 의미를 전달하는 과정이 없어도 신적 권위를 가진 설교이며 이러한 믿음이 설교 구조를 통해 실천되고 있다.

하지만 개 교회의 전통이나 장로의 유전, 그리고 특정한 개인이 경험한 신앙의 내용과 태도가 결코 성경보다 우선할 수 없다는 진리를 받아들인 개혁주의는 설교에서 본문을 해석하고 의미를 제시하고 적용하는 구조를 취한다. 설교하려는 모든 내용은 본문에서 나오고, 설교자는 본문을 설명하고 본문에 나오는 하나님의 의도를 찾아 이를 구조화해서 전달하려 한다. 청중의 이성적 가능성을 신뢰하고 간접적인 적용이나 열린 결론을 시행하기보다 진리의 말씀을 직접 드러내서 적용하고 결론을 내리는 방식을 선호한다. 교회는 결코 성경보다 앞설 수 없고, 이러한 관점이 설교의 구조를 통해 드러나는 것이다.

이처럼 조직신학은 설교의 구조를 정하고 설교의 내용을 배열할 때 중요하게 작용한다. 설교자가 가지고 있는 체계적인 성경의 교리는 단지 설교 내용에만 영향을 주는 것이 아니다. 따라서 성경적인 설교의 철학적 신학을 가진 설교자라면 마땅히 자신의 조직신학을 통해 가장 적절하고 효과적이면서 동시에 성경적인 구조를 찾으려고 노력해야 한다.

3) 해석학

신학은 철학과 함께 설교 구조 형성에 직접적인 영향을 준다. 하나의 구조는 독립적인 상상의 산물이 아니라 철학과 신학의 조직적인 결정체다. 그리고 신학과 철학 외에 설교 구조 형성에 관여하는 또 하나의 중요 요인이 있는데, 바로 해석학이다. 해석학은 특히 성경을 보는 관점과 본문을 해석하는 방법을 다루기에 설교학과 분리해서 다룰 수 없다. 설교자가 가진 해석학은 설교 방법론에 영향을 주고 설교 구조 형성에 직접 관여한다. 특히 설교자가 가지고 있는 '해석의 중심'에 대한 이해는 설교 내용 선택과 구조 형성에 결정적으로 작용한다. 해석의 중심이 '저자'냐, '본문'이냐, '독자'냐에 따라 설교의 내용과 구조가 달라지는 것이다.

전통적인 해석학은 성경에서 저자의 의도를 강조한다. 성경의 원저자이신 하나님께서 본문을 통해서 우리에게 전달하려는 의미를 파악하는 것이 성경 해석의 목적이다. 인간의 경험이나 선지식이나 개인적인 판단은 해석의 과정에서 본문 이해를 방해하기에 배제하려고 노력한다. 오직 성경 저자의 의도를 바르고 정확하게 이해하려는 목적으로 해석 작업에 임한다. 그리고 이처럼 저자 중심의 해석학을 견지하는 설교자는 당연히 설교의 구조를 통해 본문의 의미를 드러내려 한다.

하지만 후현대주의에 이르러서 해석학의 성격과 내용이 바뀌었다. 이제 신해석학은 저자의 의도를 절대시하지 않는다. 그보다 해석 당사자인 독자의 전제와 상황과 필요가 더 중요하다. 전통적인 해석학은 독자의 전제가 저자의 의도를 침해하지 못하도록 주의하지만, 신해석학은 독자의 의도가 편견이라는 편견을 버리고 해석에 임해야 한다고 말한다. 한스 가다머(Hans George Gadamer)는 "지평의 융합"(fusion of horizons)을 통해서 본문의 지평과 독자의 지평이 하나 되어 해석을 이뤄가야 한다고 주장했다.[43] 이런 신해석학도 설교 구조 형성에 영향을 주었다.

신설교학은 신해석학과 흐름을 같이한다.[44] 신설교학에서 시도한 구조의 변화는 신해석학의 학문적 뒷받침이 있었기 때문이다. 그래서 설교에서 성경을 해석하고 의미를 밝히기보다 청중이 자신의 상황 속에서 스스로 이해하고 직접 결론을 내리고 적용을 결심하는 방향으로 설교의 구조를 변화시켰다. 귀납적인 설교와 이야기식 설교는 그렇게 나왔으며, 이는 해석학이 설교 구조 형성에 직접 관여한다는 사실을 보여 주는 예가 된다.

이처럼 철학, 신학, 해석학 등은 설교자가 설교의 구조를 형성하거나 결정할 때 중요한 작용을 한다. 구조는 결코 독립적으로 만들어지지 않는다.

---

43 권성수, 31.
44 권성수, 29,32.

각자 자신의 신학과 철학과 해석학을 기반으로 구조를 만들어 낸다. 그래서 특정한 구조를 배워서 사용하기 전에 우리는 그 구조 이론을 탄생시킨 신학과 철학과 해석학을 먼저 이해해야 한다.

그렇다면 이제 우리는 신설교학의 이론을 탄생시킨 철학적 신학과 해석학을 상세히 살펴보아야 한다. 이 과정을 통해 성경적인 설교의 철학과 신학을 충족시킬 수 있는 구조에 대한 힌트와 기본적인 방향성을 함께 찾고자 한다.

2. 신설교학 구조 이론에 영향을 준 요인

신설교학은 후현대주의와 청중의 변화, 그리고 해석학의 변화와 서사성의 발견과 밀접하게 관련을 맺고 등장하였다. 신설교학은 프레드 크래독(Fred B. Craddock)의 귀납적 설교로부터 본격적으로 출발했고 이후에 이뤄진 신설교학의 대부분의 이론은 크래독의 귀납적 설교의 영향 아래 놓여 있다. 설교학의 귀납법은 자연과학의 귀납적 연구를 설교학에 접목해서, 개인의 특별한 사례나 인간 공통의 특수 경험으로부터 출발하여 일반적이고 보편적인 결론으로 나아가는 구조를 의미한다. 그 과정에서 청중이 설교 과정에 직접 참여하고 경험하는 것을 중시한다. 이러한 설교 구조의 변화는 전통 설교학의 직선적이고 논리적인 방식에 대한 거부로 일어난 현상이었고, 정보를 수용하는 인식 체계의 변화를 직시하면서 대응한 움직임이었다. 적어도 표면적으로는 그렇다.

실제 신설교학은 설교 구조를 변화시킨 이유를 전통 설교학의 문제와 더불어 시대의 변화와 청중의 변화로 돌린다. 하지만 그 이유가 전부는 아니다. 사실 더 중요한 이유가 있는데, 이는 그들이 가지고 있는 신학과 철학과 해석학 때문이었다. 그리고 그 모든 것을 가능케 한 세계관의 영향 때문이었다. 어떤 사상이든 반드시 그가 속해 있는 시대의 세계관에 영향을 받기 마련이다.[45] 그래서 우리는 신설교학의 구조 이론을 만들어 낸 내적 동기와 전제들을 반드시 알아야 한다.

신설교학에 직접적인 영향을 주고 그 철학적 신학을 정립하게 도와준 학자들이 있다. 대표적인 인물만 거론하면, 신학적으로는 루돌프 불트만(Rudolf Bultmann)과 칼 바르트(Karl Barth)의 영향을 받았다. 또한 철학적으로 실존주의에 영향을 많이 받았는데, 대표적인 철학자로 하이데거(Martin Heidegger)와 철학자이면서 자유주의 신학의 대부로 알려진 슐라이어마허(Friedrich Daniel Ernst Schleiermacher)가 있다. 또한 이들 모두에게 영향을 주어 신설교학의 성경관을 형성시킨 앞선 인물로 합리주의자 데카르트(René Descartes)가 있다. 그렇게 실존주의 철학과 신학은 자유주의 신학에 연결되어 함께 신설교학 이론을 형성시켰다. 여기서 자유주의 신학은 주로 성경 이해에 많은 영향을 주었고 실존주의 신학은 그 성경 이해를 바탕으로 설교학에 많은 영향을 끼쳤다.

이제 신설교학이 이들로부터 어떤 영향을 받아서 신학적으로 어떤 문제를 안게 되었는지 살펴보자. 문제점에 대한 설명은 주로 크래독과 그의 귀납적 설교를 중심으로 할 것이다. 신설교학은 그의 영향 아래 진행되었고 대부분 그와 비슷한 입장을 견지하기 때문이다.

1) 계몽주의와 합리주의 철학과 자유주의 신학

계몽주의는 독일의 합리주의와 더불어 자유주의 신학을 탄생시킨 모체였다. 그리고 자유주의 신학의 가장 큰 학문적 과오는 하나님의 말씀인 성경

---

45 이상원, "R. 불트만의 비신화화 프로그램에 대한 비판적 연구", 『신학지남』, 통권 294호(2008년 봄호), 156.

을 인간의 책으로 전락시키려는 시도에 있었다. 비록 이런 작업은 근현대에 일어난 일이었지만 지금까지도 많은 학자의 성경관은 여전히 자유주의의 영향을 받고 있다. 예를 들어, 독일의 합리주의자 세믈러(J. S. Semler)는 성경을 하나님의 말씀으로 믿는 사람들은 '성경을 숭배하는 죄'(bibliolatry)를 범하고 있다면서 성경은 하나님의 말씀이 아니라 하나님의 말씀을 포함하고 있는 책이라고 말했다.[46] 이러한 견해는 합리주의 철학자들과 자유주의 신학자들에게서 공통으로 발견되는 사상이다.

그리고 실존주의 철학자들과 신학자들도 계몽주의와 합리주의가 무너뜨린 성경에 대한 불확실한 믿음에서부터 그들의 철학과 신학을 발전시켰다. 20세기 철학자 에밀 브루너(Emil Brunner)는 그런 영향 아래서 성경 자체를 '하나님의 말씀'으로 보기보다 '하나님의 말씀의 도구'라고 하면서 하나님의 말씀을 성경과 동일시할 수 없다고 말했다.[47] 이처럼 계몽주의와 합리주의로부터 영향을 받아 "과학적, 이성적, 합리적 방법으로 성경을 탐구함으로 역사비평, 양식비평, 편집비평 등 새로운 방법론이 등장함으로, 자유주의 사상이 범람하게 되었고 성경은 하나님의 말씀으로서 신적 권위를 상실하고 단지 신앙의 문서 가운데 하나로 전락하게 되었다."[48]

이런 철학을 물려받고 성경을 파헤친 대표적인 신학자로 루돌프 불트만이 있다. 그는 성경 안에 있는 초자연적이고 신화적인 요소를 성경에서 제거하는 비신화화 작업을 통해 실존적인 의미를 찾으려 했다. 그는 성경에서 신화적인 요소와 기적의 요소를 다 제거해야 과학의 결과를 신봉하는 합리적인 청중이 비로소 성경을 인정하고 읽고 받아들이게 될 거라고 주장했

---

46 Norman L. Geisler, ed., *Challenges to Inerrancy: A Theological Response*, 『성경무오: 도전과 응전』, 권성수 역 (서울: 엠마오, 1988), 34.

47 Norman L. Geisler, 53,54.

48 김창훈, "포스트모더니즘과 설교", 『신학지남』, 통권 289호(2006년 겨울호), 277.

다. 하지만 결과는 달랐다. 이상원 교수는 그 결과를 "신약의 신조적 진술들에 대한 실존주의적 해석을 변호하기 위하여 참된 역사적 토대들을 지니고 있는 참된 초자연적인 요소들을 해석되어야 할 인간의 상상력의 차원으로 환원시키고 말았다"라고 평가했다.[49] 불트만은 하나님의 권위 있는 완전한 계시의 말씀으로의 성경을 부정하고 회중이 거부할 수 있는 인간의 책으로 전락시켜 버린 것이다.

또한 신정통주의자로 알려진 실존주의 신학자 칼 바르트도 성경의 계시로서의 불충분성을 주장했다. 그는 하나님의 말씀은 설교 시간에 청중과 만나는 사건을 통해서 비로소 완성된다고 주장했다. 이런 성경관은 신설교학과 오늘날 많은 설교자와 교회에 지대한 영향을 끼치고 있다.

후현대주의 시대를 사는 성도들이 성경을 권위 있고 무오한 하나님의 말씀으로 보지 않고 점차 인간의 저작물로 취급하는 이유는 바로 계몽주의, 합리주의, 실존주의 철학과 그로부터 영향받은 신학 때문이다. 그리고 설교학자들이 성경을 해석하고 그 말씀을 설교하지 않으면서 단순히 성경의 이야기를 들려주거나 이 시대의 이야기로 성경을 유비적으로 이해하게 하려는 학문적 시도는 모두 자유주의 신학의 영향 때문이다. 시대가 아무리 변하고 상대성과 주관성, 그리고 다원주의가 기독교의 진리를 위협할지라도 교회는 영원하고 불변하는 성경을 통해 다시 진리의 깃발을 높이 들어야 했다. 표류하는 이 시대는 오히려 붙잡을 수 있는 진정한 가치를 제시할 수 있는 기회의 때였다. 하지만 신설교학은 계몽주의와 합리주의 철학에 영향을 받은 자유주의 신학을 수용하면서 성경의 진리를 부정하고 성경을 통해 말씀하시는 하나님의 의도를 외면했다. 그리고 이런 문제는 신설교학의 설교 구조를 통해 고스란히 실현되었다.

---

[49] 이상원, 172.

크래독이 이제는 귀납적 설교가 효과적이고 적절한 방법론이라고 주장한 이유는 성경의 권위를 인정하지 않고, 성경에 근거한 설교의 역할에 의문을 가졌기 때문이다. 그래서 그는 귀납적 설교론의 제목을 "권위 없는 자처럼"이라고 하며 자신이 어떤 신학의 견지에서 이론을 전개하는지 밝혔다. 성경의 권위를 인정하지 않기에 설교의 권위나 말씀을 맡은 설교자의 권위까지 전부 부정한 것이다. 물론 후현대주의 청중이 귀납적으로 사고하고 이야기를 중시하며 권위에 대한 반발감을 가지기에 설교 구조에 변화가 필요했던 것은 사실이다. 하지만 그런 상황에서 내세운 귀납적 설교학 이론은 전적으로 비성경적인 철학적 신학에서 비롯되었다.

이 시대가 권위를 인정하지 않는다고 성경의 권위가 사라지는 것은 아니다. 하나님의 말씀은 시대가 아무리 변하고 사람들이 바뀌어도 결코 변하거나 사라지지 않는다. 말씀은 영원토록 변치 않는 진리다. 무에서 유를 창조하시고 새 일을 이루시는 하나님의 말씀은 모든 시대에 적실하며 살아 역사하는 능력을 나타낸다. 말씀은 거부한다고 훼손되지 않으며 그 권위를 상실하지 않는다. 하지만 신설교학은 이와 같은 사실을 부정하는 철학과 신학을 가졌기에 이를 새로운 설교 구조 이론을 통해 실현해 내려고 한 것이다.

또한 루시 로즈(Lucy Atkinson Rose)의 대화식 설교를 통해서도 신설교학의 철학과 신학을 이해할 수 있다. 그녀가 대화식 설교 방법론을 제시한 배경에는 강한 부정적 동기가 있었다. 그녀는 무엇보다 성경에 근거한 설교를 하나님의 메시지로 이해하고 설교자를 하나님의 메신저로 바라보는 전통적인 관점에 강한 거부감을 가지고 있었다.[50] 그녀 역시 합리주의와 그로 인한 자유주의 신학으로 무장되어 있었기 때문이다. 그녀는 성경을 인간의 저작으로 이해하고 하나님의 말씀으로서의 성경과 그 말씀을 맡은 자로서

---

50 Lucy Atkinson Rose, 74-77.

의 설교자의 영광과 역할에 대한 전통적인 견해를 반대했다. 그래서 설교자의 일방적인 전달로서의 설교가 아니라 청중이 직접 설교에 참여해서 함께 진행하는 대화식 설교를 새로운 방법론으로 제시한 것이다.

우리는 어떤 이론이든지 그 배경을 알아야 한다. 새로운 설교 구조와 방법론이 내포하고 있는 전제를 이해해야 한다. 그렇지 않으면 왜곡된 신학의 실천을 통해 예측할 수 없는 결과를 초래할 것이다. 신설교학의 방법론은 현대 강단의 위기와 교회의 위기를 해결한다기에 대단히 매력적으로 보이지만, 그 이면에 있는 성경관과 신학의 문제는 결국 교회에 더 큰 위기를 가져올 수 있다.

2) 실존주의 철학과 신학

신설교학에 합리주의만큼 많은 영향을 준 철학은 실존주의다. 신설교학이 태동한 시대가 실존주의 철학의 영향 아래 있기에 어떤 면에선 근현대를 지배한 계몽주의와 합리주의 철학보다 더 직접적인 영향을 받았다. 특히 후현대주의 세계관은 실존주의 철학을 근간으로 형성되었기에 후현대주의 시대를 살아가는 청중의 성향은 실존주의 철학을 통해 분석되어야 한다. 그리고 신설교학의 성경관이 자유주의 신학의 결과물이라면 그들의 방법론은 후현대주의 사상과 실존주의 철학의 결과물이다. 실존주의 철학이 신설교학에 미친 영향은 다음과 같다.

① 본문의 교체

신설교학에서 제시한 귀납적인 구조는 주로 인간의 공통 경험이나 삶에 관한 이야기로 시작한다. 설교의 내용은 성경보다 청중의 삶에 더욱 밀접하게 연결되어 있고 이를 귀납적인 방식으로 전개해 나간다. 이처럼 인간의 삶과 경험을 중심으로 설교를 전개하는 일차적인 이유는 청중의 관심과 흥미를 유발하고 오래 지속시키기 위해서다. 또한 청중이 설교의 과정에 직접 참여해서 스스로 의미를 찾고 필요한 결론을 내리게 하려는 목적 때문이다.

그런데 크래독이 내세운 목적 이면에는 다른 중요한 이유가 있었다. 그것은 성경이 아니어도 청중의 삶의 이야기를 다루면서 충분히 성경적으로 설교할 수 있다는 확신이다. 이는 크래독의 철학적 신학이며 그는 이를 구조의 변화를 통해 보여 주려고 했다. 그 결과 설교에서 월터 브루그만(Walter Brueggemann)이 말하는 '텍스트의 전환'이 이뤄지게 되었다.[51]

크래독은 성경 본문을 해석하고 본문의 의미를 밝혀야만 설교라는 입장을 배격한다. 그는 인간의 삶을 통해서도 얼마든지 진리를 발견할 수 있다고 믿는다. 이것이 바로 실존주의 철학의 가르침이다. 실존주의 철학은 합리주의 철학과 자유주의 신학이 인간의 가능성을 신뢰하고 인간의 이성으로 성경을 낱낱이 분해하는 것을 신학적 과업으로 삼던 시절을 지나서 이제 인간의 무능력과 실존의 절망으로부터 새로운 철학을 시작한 흐름이었다. 하지만 실존주의 신학은 자유주의 신학에서 한 발 더 전진한 신학으로 자유주의를 반대하면서도 자유주의의 영향 아래서 그들의 이론을 펼쳐나간다.

그중 신설교학에 많은 영향을 주고 있는 루돌프 불트만은 자유주의에 가까운 실존주의자이고, 신정통주의자로 알려진 칼 바르트는 자유주의를 많이 떠나온 실존주의자였다. 이 두 사람이 공통적으로 주장한 내용 중의 하나는 하나님의 계시는 성경이 아니라 설교를 통해 완성된다는 주장이다. 그래서 굳이 성경 텍스트가 아니어도 얼마든지 설교할 수 있게 되었고, 신설교학은 삶의 이야기를 통해 설교를 구성하는 길을 이론으로 정립할 수 있었다.

또한 인간의 이야기를 다루면서도 얼마든지 설교할 수 있도록 신설교

---

51   Walter Brueggemann, 24.

학에 영향을 준 철학자 중에 마틴 하이데거가 있다. 크래독은 하이데거의 영향을 받아 이성의 작업을 통해 성경을 해석하기보다 실존과 존재의 유비를 통해 의미를 발견해야 한다는 이론을 정립했다. 이는 "해석학적 순환"(hermeneutical circle)이라는 이론이다. 이를 통해 실존주의적인 것과 존재론적인 것 사이에 있는 거대한 변증법의 유비로 의미를 발견할 수 있다고 한다.

해석학적 순환에 의하면 본문에서 청중으로 나아가거나, 청중에서 본문으로 들어올 필요가 없다. 그저 하나의 이야기를 들려주면 실존적인 것과 존재론적인 것 사이에서 유비를 통해 의미가 창출되고 그 의미를 따라 적용이 이뤄진다고 보기 때문이다. 이 이론을 따라 크래독을 비롯한 신설교학에서는 성경을 해석하지 않고 인간의 이야기나 역사 속에 있었던 사건을 통해서도 얼마든지 성경적인 의미를 발견할 수 있다고 보았다. 하이데거는 특히 과거의 이야기를 통해 현존재의 본래적 가능성을 발견할 수 있다고 말했다. 따라서 신설교학에서는 이미 과거가 된 인간의 이야기와 경험을 설교의 텍스트로 삼아도 얼마든지 오늘을 살아가는 청중에게 필요한 의미를 적실하게 전달하는 설교가 가능하다고 주장하는 것이다. 하이데거는 이를 '반복' 혹은 '회귀'라고 부른다.[52]

이처럼 신설교학은 청중과 시대의 변화 속에서 설교 사역이 여전히 효과적이어야 한다는 문제를 자신의 철학적 신학을 통해 해결하려는 움직임이었다. 그 철학적 신학은 물론 비성경적이다.

② 직접 적용의 부재, 열린 결론

둘째, 신설교학은 성경 본문을 해석하고 그 의미를 밝히는 일에도 소극적이었지만, 설교에서 직접 적용을 시도하고 분명한 결론을 내리는 일은 아예

---

52 John Macquarrie, *Heidegger and Christianity*, 『하이데거와 기독교』, 강학순 역(서울: 한들출판사, 2006), 101.

정면에서 반대하고 있다. 이 문제는 실존주의 철학과 신학에서 나온 또 다른 산물이다.

신설교학은 간접 적용과 열린 결론을 고수한다. 설교자가 귀납적으로 청중을 잘 인도한다면 청중이 스스로 얼마든지 필요한 의미를 스스로 발견하고 적절한 결론에 도달할 수 있다고 생각한다. 그 과정에서 청중이 의미 발견에 직접 참여했기에 설교의 목적을 훨씬 효과적으로 이룰 수 있다고 본다. 그 외에도 여러 논리적 이유와 실용적 근거를 들면서 직접 적용과 닫힌 결론을 반대한다.

하지만 그렇게 주장하는 진짜 이유는 실존주의의 영향을 받은 철학적 신학 때문이다. 위에서 말했던 것처럼 실존주의 철학자 하이데거는 '해석학적 순환'을 통해 개인이 유비를 통해 얼마든지 의미를 발견할 수 있다고 말했다. 하나의 이야기만 듣고도 실존하는 개인은 존재 자체를 파악할 수 있고 또한 스스로 의미를 찾아 적용할 수 있다. 하이데거는 심지어 파악한 존재 자체가 신은 아니지만 신의 자리를 차지할 수 있고 신의 대행자로 볼 수 있다고 말했다.[53] 따라서 설교자가 의미를 규정하는 일은 오히려 진정한 실체를 파악하는 데 방해가 된다. 이야기에 집중할 수 있도록 귀납적으로 설교를 잘 구성해서 들려주기만 해도 개인은 경험을 통해 스스로 의미를 발견하여 적용하고 필요한 결론에 도달할 수 있다. 그들은 그에 더해 성령께서 각 사람의 필요를 따라 적절하게 적용하실 것이라는 성경적 입장을 내세우지만, 근본적인 진짜 이유는 실존주의에 영향을 받은 철학적 신학 때문이다.

예를 들어, 신설교학자 크래독은 불트만의 실존론적 해석을 자신의 설교학에 적용했다. 하지만 그는 불트만의 비신화화는 거부하고 칼 바르트의 입장을 통해 실존론적 해석을 보완했다. 그래서 크래독은 성경을 분해하고

---

[53] John Macquarrie, 182,183; 여기서 그가 말하는 존재는 비실재(non-enity)로서 모든 실재에 존재할 권한을 부여한다.

해석하기보다 신중하게 듣는 자가 되어야 한다고 말한다. 그리고 이것을 가능케 하는 원리를 설명하기 위해 하이데거의 주장을 가져왔다. 언어는 이해를 선행한다는 주장이다. 이 주장을 따라 청중은 언어를 이해하는 것이 아니라 언어를 통해서 이해해야 한다고 말했다.[54] 따라서 성경의 이야기를 들려주기만 해도 얼마든지 청중이 그 언어를 통해서 의미를 스스로 발견할 수 있고, 설교자가 직접 적용하고 분명한 결론을 제시하지 않아도 오히려 하나님께서 원하시는 바를 개개인이 스스로 성취할 수 있다고 본 것이다.

우리는 이 부분을 정확하게 알아야 한다. 신설교학의 철학적 신학은 논리적으로 보이지만 비성경적이다. 실존하는 인간의 존재가 정확한 의미를 발견하는 데 있어서 언어를 해석한 결과를 통한 이해보다 더 앞설 수 없다. 설령 그럴 수 있다 해도, 이는 진리에 대한 바른 이해가 아니라 개인의 주관적인 견해일 뿐이다. 인간은 죄로 말미암아 타락한 존재이기 때문에 자유주의 신학에서 주장하는 이성의 가능성이 없을 뿐만 아니라 실존주의에서 주장하는 실존하는 개인이 존재에 의해 이해를 선행할 가능성 역시 없다. 오직 성경 본문에 나타나는 하나님의 선명한 의도와 의미를 정확한 해석의 과정을 통해 찾아서 정확히 전달할 때 비로소 참된 진리에 이르게 된다.

③ 인간의 경험 중시

신설교학은 설교를 통해 청중의 '경험'을 일으키려는 목적으로 구조의 변화를 시도했다. 경험에 대한 강조는 신설교학 모든 이론에 공통으로 등장한다. 크래독이 먼저 설교에서의 청중의 경험을 강조하며 중시했다. 그는 하나의 의미를 깨닫는 방법은 논리적인 설명이 아니라 청중의 경험을 통해 이뤄져야 한다고 보았다. 이후 신설교학은 모두 경험적인 측면을 설교의 중요 요

---

54 Fred B. Craddock, *As One Without Authority*, 33-35.

소로 보고 있다. 그리고 그 이론의 배경에는 역시 실존주의 철학과 그 이전의 자유주의 신학이 있다.

신설교학은 특히 칼 바르트와 루돌프 불트만의 영향을 많이 받았다. 이 두 신학자는 함께할 수 없는 신학적 차이에도 불구하고 설교학에 대해서는 비슷한 의견을 말하고 있다. 그중 하나는 인간의 이성과 지성을 통해 하나님께 이를 수 있는 길은 없다는 인식이다. 이는 합리주의에 대한 반발 때문이었다. 동시에 죄로 인해 왜곡된 인간의 이성에 대한 이해가 포함되어 있었다. 두 신학자는 학문적으로 달라도 모두 실존주의자다. 앞서 말했듯이 실존주의 신학은 실존주의 철학의 영향을 받아 인간이 지성을 통해 하나님께 이를 수 있는 길은 없다고 믿는다. 실존주의 철학은 계몽주의의 인간에 대한 이상이 두 차례의 세계 대전을 거치면서 모두 파괴되고 인간의 가능성이 한낱 신기루에 불과하다는 사실을 깨닫는 데서 출발했다. 그래서 실존의 절망과 이성의 무능력을 논하게 된 것이다.[55] 실존주의는 인간이 중심이 되어서 발전을 이루려는 모든 시도에 허망함을 느꼈고 인간의 잔인함과 잔혹함, 그리고 실존의 절망을 말하게 되었다.

실존주의 신학은 이런 철학적 배경 속에서 하나님께 이르는 길은 인간의 이성이 아니라 오직 존재 자체에 있다고 보았다. 실존하는 존재가 스스로 경험하는 것만이 진리를 발견하는 유일한 방법이다. 이성의 기능이 파괴되었기에 논리를 따라 이성이 반응하고 이해하는 것은 하나님께 이르는 길이 될 수 없다. 신설교학은 이런 철학적 신학을 따라 논리성을 중시하는 연역적 설교를 거부하고 인간의 경험을 통해 의미에 이를 수 있는 귀납적 방식을 제시했다.

신설교학은 그처럼 실존주의의 영향을 받아 이제 청중은 논리가 아니

---

[55] 김창훈, "포스트모더니즘과 설교", 277.

라 경험을 통해 진리를 인식한다고 말한다. 하지만 그 근거로 자신의 철학적 신학을 내세우지 않고 후현대주의 세계관과 사상의 변화를 거론한다. 시대의 변화와 세계관의 변화를 따라 청중의 인식 체계와 방식에 변화가 일어났다는 것이다. 그리고 설교학은 그런 변화를 따라 마땅히 새로운 시도를 단행해야 한다는 것이다. 우리는 그 뒤에 감추어져 있는 실존주의 철학과 신학을 놓치지 말아야 한다. 시대의 변화라고 하지만, 그들 역시 실존주의의 영향 아래 있기에 실존주의자로서 실존주의 시대를 이해하고 있을 뿐이다.

만약 어떤 철학과 사상의 기조에도 불구하고 하나님의 말씀에 대한 확신과 성경의 진리에 대한 확고한 믿음이 있다면 변하고 있는 청중을 성경적으로 도울 수 있는 방식을 찾았을 것이다. 하지만 성경을 떠나서 인간이 만든 철학으로 시대적 현상에 대한 대안을 모색하고 방법을 찾은 것은 참으로 아쉬운 일이다. 그리고 그들이 애써 찾은 방법은 오히려 진리를 거부하고 개인의 느낌과 경험과 판단을 중시하는 잘못된 방식이다. 죄의 영향에서 자유로운 이상적인 인간이 나올 수 없다면 이성만 왜곡되어 진리에 이르지 못하는 것이 아니라 실존하는 개인도 타락한 존재로서 진리 판단의 주체가 될 수 없다. 오히려 말씀을 통해 자신의 실존 전체를 판단 받아야 하는 존재다.

④ 하나님의 말씀의 범위 이해

신설교학은 대개 '하나님의 말씀'의 개념과 범주에 대한 이해에서 문제를 나타낸다. 크래독은 하나님의 말씀은 기록되어 있는 성경에 국한되지 않고 설교를 통해서 지금도 실현되고 있다고 보았다. 그래서 성경 본문을 해석하고 그 의미를 전하지 않아도 설교라는 행위는 성경과 동등한 권위를 가지고 있는 하나님의 말씀이 되었다.⁵⁶ 그는 전통 설교학은 성경 본문에만 하나님의 말씀으로서의 권위를 부여하는 일에 집착하느라 성경 해석과 선포를 중시했는데, 그 해석 방법론들에도 회의가 들고 그 내용을 청중에게 연결하는 방식에도 역시 문제가 많다고 지적했다.⁵⁷ 그리고 본문을 해석해서 전하지 않아도 무엇이든지 성경적인 사상과 교리에 부합한다면 얼마든지 새롭게 주어지는 하나님의 계시의 말씀으로 봐야 한다고 주장했다.

신설교학이 이렇게 말할 수 있는 이유는 무엇보다 그들이 성경을 보는 관점 때문이다. 성경에 기록된 대로 성경을 보지 않고 계몽주의 영향 아래 자유주의 신학자들이 파편화한 대로 인간의 문서로 이해하고 그 토대 위에 자신의 신학을 전개했기 때문이다. 그리고 실존주의는 비록 계몽주의와의 단절을 시도했지만 적어도 성경 이해에 있어서만큼은 계몽주의의 그늘에서 벗어나지 못했다. 신설교학은 그 영향 아래서 성경을 하나님의 말씀과 인간의 말이 함께 수록되어있는 인간의 저술로 보았다. "계몽주의 사조에 빠진 학자들은 성경을 철저히 인간의 문서로 취급하였다."⁵⁸ 그래서 성경의 무오성을 거부하며 성경의 완전 영감설을 부인한다. 계시의 완전성에 대한 인정을 거절하고 성경에 대해서 성경이 자증하는 내용도 받아들이지 않는다. 그러니까 반드시 성경을 설교해야 할 필요가 없고 설교자의 설교 행위를 통해 하나님의 말씀을 완성할 수 있다는 주장을 펼치는 것이다.

신설교학 학자 중에는 성경관에서 크래독보다 더 잘못된 판단을 하는 자들이 있다. 그중에 버트릭은 불트만의 비신화화 작업을 따라 설교자가 반

---

56 Fred B. Craddock, *As One Without Authority*, 33.
57 Fred B. Craddock, *As One Without Authority*, 33.
58 하재송, "개혁주의 성경관: 딤후 3:16을 중심으로", 『신학지남』, 통권 제308호(2011년 가을호), 310,311.

드시 해야 하는 작업이 '탈신화화의 과정'이라고 강조했다.[59] 또한 슐라이어마허(Friedrich Daniel Ernst Schleiermacher)로부터 직접 영향을 받아 성경 자체를 고대의 미신 정도로 취급했다.[60] 그러면서도 성경이 의미를 가질 때가 있는데, 바로 오늘의 청중에게 전달되는 '사건'이 될 때라고 말했다. 이것이 바로 신설교학의 성경관이다. 실존주의의 영향을 받아 비성경적인 성경관을 가지고 그들의 설교학을 펼쳤다.

또한 대부분의 신설교학에 이론의 근거를 제공한 칼 바르트의 성경관도 알아야 한다. 바르트는 초월주의적 계시관을 가지고 계시와 성경을 분리해서 성경의 권위를 희석했다. 또한 기독교 경전으로서의 성경의 가치와 중요성을 인정하면서도 인간의 실수와 오류가 다수 포함된 글로 보았다. 그에게 성경은 하나님의 말씀이었지만 순전한 성령의 영감으로 기록된 책은 아니다. 또한 그는 예수 그리스도를 지나치게 강조하느라 성경의 내용을 상대화시켰다. 무엇보다 바르트는 성경을 역사적으로 완성된 하나님의 말씀으로 인정하지 않았다. 성경이 하나님의 말씀이 되는 것은 슐라이어마허처럼 신적 계시로서 하나의 사건이 될 때다. 이런 계시관이 바로 실존주의적 계시관이다. 하나님의 말씀은 실존하는 개인의 경험을 통해 계시의 말씀이 될 수 있다. 이처럼 바르트에게 있어서 성경은 완벽한 하나님의 계시의 말씀이 아니었다. 하나님의 계시는 선포하고 경험하는 사건을 통해 비로소 완성되는 것이다. 에드문트 클라우니(Edmund P. Clowney)는 이런 바르트의 성경관을 다음과 같이 정리했다.

바르트는 설득력 있게 성경적 설교를 주장하고, 설교는 성경을 근거로 해야만

---

[59] David G. Buttrick, *Homiletic*, 241.

[60] David G. Buttrick, *Homiletic*, 116.

한다는 것을 보여 주려 했다. 그러나 그에게 있어서 성경은 기록된 말씀이 아니었으며 교리체계나 점진적 계시의 일관성을 포함하지 않았다. 오히려 성경은 부분적이고 일관성이 없으며 모순적이었다. 그러나 이러한 모순덩어리인 성경의 어떤 부분이 선포되면 하나님의 말씀이 될 수 있다.[61]

신설교학은 이런 사상의 영향을 받았기에 성경을 강조할지라도 개인의 주관적인 경험과 생각까지 하나님의 말씀이 되게 하는 오류를 범했다. 또한 초월적 계시관과 실존적 계시관을 따라서 기록되어 완성된 말씀의 해석된 의미 이해가 아니라 개인의 실존적 경험을 통한 의미 파악을 설교에서 강조하게 되었고, 하나님의 계시의 말씀은 설교 행위로 완성된다고 주장하게 되었다. 바르트는 분명 청중을 강조하던 시대에 '오직 성경만 설교할 것'을 외쳤던 신학자였다.[62] 하지만 그가 말하는 하나님의 말씀으로서의 의미는 개혁주의자들의 그것과 분명한 차이가 있다는 점을 주지해야 한다.

신설교학은 이처럼 실존주의 철학과 신학의 성경관의 영향을 많이 받았다. 그래서 성경에서 진리를 찾으려고 하면서도 성경 자체가 진리라고 믿지는 않는다. 또한 성경을 설교하지 않아도 설교 행위 자체를 통해 계시를 완성하게 된다고 믿는다. 버트릭은 이런 견해를 특히 노골적으로 드러냈다. 그런데 버트릭은 이런 견해를 피력하는 과정에서 칼빈과 루터 등의 종교개혁자들이 설교를 하나님의 말씀이라고 표현한 말을 인용하면서 자신의 주장을 공고히 했다.[63] 하지만 그의 주장과 달리 칼빈은 기록된 성경 말씀을 바르게 해석해서 설교할 때 비로소 그 말씀이 하나님의 말씀이 되는 측면을 말했을 뿐이다. 루터는 비록 성경보다 선포된 복음의 메시지의 우위성을 주

---

61 Edmund P. Clowney, 29.
62 정인교, 『정보화 시대 목회자를 위한 설교 살리기』, 43-44.
63 David G. Buttrick, *Homiletic*, 21-23.

장했지만, 칼빈은 성경에 나오는 하나님의 말씀을 전하고 설명하는 것을 설교라고 보았다. 하지만 버트릭은 칼빈의 주석이나 설교에서 지속적으로 설교 자체를 하나님의 메시지라고 말하는 다의성이 나타나고 있고 특별히 하나님의 복된 소식을 전하는 설교는 그 자체로 하나님의 말씀이라는 강조가 반복되고 있다는 점을 들면서 설교자는 성경만이 아니라 복음을 전하는 설교를 하나님의 말씀이라고 말하는 데 주저하지 말아야 한다고 주장했다.[64] 하지만 이는 칼빈의 의도를 완전히 곡해한 인용일 뿐이다.

오늘날 설교자들은 신설교학의 설교관에 영향을 미친 자유주의 신학과 실존주의 신학을 정확히 이해해야 한다. 그 영향으로 그들의 성경관과 설교관이 왜곡되었다. 그 결과 본문을 설교하지 않아도 얼마든지 성경적인 설교가 될 수 있다고 주장하게 되었고, 설교 행위를 통해 하나님의 계시를 완성한다고 말하게 되었다. 이는 크래독, 버트릭, 유진 로우리 등 신설교학을 대표하는 학자들과 이후 대부분의 신설교학 학자들이 가지고 있는 당연한 신학적 전제다. 그리고 이런 입장을 반영해서 다양한 구조 이론을 펼쳤다. 우리는 이 사실을 주지하고 신설교학의 구조 이론을 차용할 것이 아니라 진정한 의미에서 성경적인 설교의 철학을 구현할 수 있는 성경적인 설교의 구조를 찾는 연구를 시작해야 한다.

3) 신해석학

해석학은 신학의 영역에 속하면서 동시에 철학의 영역에도 속한다. 다르게 말하면, 철학의 영향을 받으면서 신학의 한 분야를 형성한다. 따라서 우리는 해석학을 철학의 영역에서 다루거나 신학의 영역으로 따로 구분해서 다룰 수 있다. 하지만 본서에서는 신설교학이라는 실천신학에 영향을 준 하나의

---

64   David G. Buttrick, *Homiletic*, 28,29 참조.

독특한 영역으로 따로 구분해서 다루고자 한다. 그만큼 해석학이 신설교학에 준 영향이 크기 때문이다.

해석학 중에서도 신설교학에 직접적인 영향을 준 것은 '신해석학'이다.[65] 프레드 크래독을 비롯한 신설교학자들은 전통 해석학을 버리고 신해석학의 이론을 그대로 수용했다. 신해석학은 독자의 반응을 중시하면서 '독자 중심 해석학'을 너무나 당연한 해석 방식으로 제시하였다. 이는 역시 실존주의 철학과 특별히 하이데거의 해석학과 방법론을 수용해서 나타난 이론이다.

신해석학은 하이데거의 '해석학적 순환'을 통해 인간이 가지고 있는 선이해와 전제를 통해서 의미를 창출하는 방식에서 아이디어를 얻어 '독자 중심 해석학'의 문을 열었다. 신해석학은 이후 가다머(Hans-George Gadamer)를 거치면서 개인이 가지고 있는 지식과 경험을 통해 해석이 왜곡될 수 있다는 이전의 우려를 오히려 긍정적으로 받아들였다. 그리고 해석할 때 이런 측면을 더욱 적극적으로 활용해야 한다고 주장했다. 독자가 자신의 지식과 경험으로 본문을 해석하는 것이 정당하고 또 마땅하다는 말이다. 권성수 교수는 "신설교학이 청중의 반응을 강조한 것은 하이데거가 독자의 전제를 강조한 것과 맥을 같이한다고 볼 수 있다"라고 말했다.[66] 신설교학은 실존주의의 해석학적 적용까지 수용하면서 청중이 스스로 설교의 의미를 발견하는 것을 자연스럽고 정당한 과정으로 이해한다. 청중이 설교를 들을 때 자신이 경험하고 습득한 어떤 개인의 전제를 가지고 설교를 들을 수밖에 없는데, 이를 통해서 하나님의 말씀은 정당한 의미를 지니게 된다고 본다. 그래서 설교할 때 이뤄지는 청중의 반응을 그토록 강조하는 것이다.

65　권성수, 28-32.
66　권성수, 30.

크래독이 귀납적 설교를 주창할 수 있었던 이유는 이와 같은 철학적 신학이 있었기 때문이다. 그는 성경 본문 해석을 위해 의문투성이인 여러 해석 방법론을 사용할 필요가 없다고 보았다. 그리고 "단어들이 이해를 선행한다"라는 말을 통해 해석의 무위를 시도했다.[67] 그는 해석학의 도구를 사용해서 본문의 가장 적절한 의미를 찾는 수고를 하기보다 우연히 듣는 (overhearing) 방식을 선호한다. 그는 "우연히 듣기는 설교 준비에 있어서 가장 유용한 작업이다"라고 말했다.[68] 이 방법만이 해석자의 주관성에 휘말리지 않고 객관성의 범주 안에서 성경의 진리를 취하게 한다는 것이다. 이는 설교를 준비할 때뿐만 아니라 설교를 전하고 들을 때도 마찬가지다. 청중도 우연히 듣는 방식으로 객관적인 진리에 이를 수 있다고 본다.

따라서 성경을 해석하는 일이나, 그 해석의 결과로 나타나는 어떤 본문의 구체적인 의미를 전하는 것은 설교자의 역할이 아니다. 또한 구체적인 적용을 시행하는 것도 설교자의 몫이 아니다. 설교자는 성경적 언어를 전달하기만 하면 된다. 그러면 언어가 저절로 청중의 이해를 돕고 청중들 스스로 언어를 통해 설교의 행위에 참여하면서 의미를 깨닫게 된다. 물론 그 역할의 주체는 청중이 아니라 선포된 언어 자체에 있다. 하나님의 말씀에 대한 확신은 말씀을 해석해서 바른 의미를 전달할 때야 비로소 하나님의 의도가 전달된다는 측면에서의 확신이 아니다. 성경적 언어를 전달하면 그 언어가 알아서 작용한다는 의미에서의 확신이다. 그래서 귀납적 설교는 성경을 해석해서 나온 의미를 전달하지 않는다. 우리의 공통적인 경험이나 삶에 관한 이야기를 성경적 언어로 구성해서 전달하는 것으로 충분하다. 당연히 설교를 직접 적용할 필요도 없다. 그것은 언어가 알아서 할 일이다. 청중은 구

---

[67] Fred B. Craddock, *As One without Authority*, 35.

[68] Fred B. Craddock, *As One without Authority*, 109.

두로 전해지는 언어의 능력을 통해 스스로 자신의 삶에 적실하게 적용할 수 있다.

바로 이 모든 이론이 신해석학의 결과물이다. 이처럼 신설교학은 분명 인간의 철학과 그로 비롯된 자유주의와 실존주의 신학, 그리고 신해석학의 영향을 받아 자신들의 구조 이론을 정립해 나갔다. 그렇다면 이에 대한 학계와 교계의 반응은 어때야 할까? 실제 어떨 것 같은가? 그 반응을 간략하게 살펴보고 구조에 대한 설교학이 나아가야 할 방향을 제시하고자 한다.

3. 신설교학에 대한 반응과 방향

앞에서 살펴본 것처럼 특정한 철학적 신학과 일련의 전제들이 신설교학 이론 형성에 영향을 미쳤다. 그래서 그 방법론 자체를 자유주의 신학이라고 할 수 있다. 찰스 캠벨(Charles L. Campbell)은 이를 분명히 하며 크래독의 귀납적 설교 이론을 자유주의 신학이라고 규정했다.[69] 그뿐만 아니라 지금까지 계속되어 온 신설교학은 모두 자유주의 신학과 실존주의 신학을 실천신학으로 정립한 이론들이다. 그래서 그들의 방법론을 분별없이 수용한다면, 비록 의도하지 않았을지라도 그 신학을 저절로 실천하게 된다.

우리는 실제 귀납적인 설교와 이야기식 설교 등 신설교학의 방법론을 효과적인 설교 방법론으로 인식하고 있으며 이를 목적과 상황과 청중에 따라 자유롭게 사용할 수 있기를 기대하고 있다. 하지만 이제 조금 더 신중하게 하나의 방법론을 대하는 방법을 익혀가야 한다. 우리는 우리가 사용하려는 도구를 만들어 낸 특정한 철학과 신학을 먼저 이해해야 한다. 그리고 그

69　Charles L. Campbell, 120-121, 154, 156.

방법론을 사용하더라도 진정한 의미에서 성경적인 설교를 할 수 있도록 개선하고 보완해서 사용해야 한다.

다시 강조하지만 모든 구조 이론은 특정 신학과 설교 철학 등의 학문적 결과물이다. 그리고 신설교학의 구조 이론들은 자유주의 신학과 실존주의 철학의 영향을 받아서 성경관이나 설교관 등에 동의할 수 없는 비성경적인 요소들이 많다. 자유주의 신학은 믿음의 서정(order of belief)보다는 믿음에 이르는 과정(order of coming to faith)으로서의 가능성에 초점을 맞추고 있기에 "추상적이고 외부적인 전제로부터 인간의 삶을 향해 연역적으로 움직이는 정통주의와는 반대로, 인간의 경험으로부터 시작하여 신학적 주장을 향해 귀납적으로 움직인다."[70] 또한 실존주의 철학의 영향을 받은 신학은 인간 개인의 경험을 더욱 강화하고, 진정한 의미는 해석이 아니라 유비를 통해 찾아가도록 한다. 굳이 성경이 아니어도 인간의 실존을 통해 나타나는 사건과 존재가 진리와 계시와 내용을 완성할 수 있다고 말한다. 이러한 신학이 특정한 구조를 제시하는 설교학 이론으로 발전하였는데, 그런 사실을 인지하지 못하면 아무리 개혁주의 신학으로 철저히 무장한 설교자일지라도 자유주의 신학을 실천하는 과오를 범하게 된다.

1) 신설교학에 대한 반응

과연 설교학자들과 설교자들은 우리 시대의 강단의 위기를 해결할 수 있는 대안으로 혜성처럼 등장한 신설교학을 어떻게 이해하고 있을까? 마이클 퀴크(Michael J. Quicke)는 신설교학의 방법론을 접하는 사람들의 반응을 크게 둘로 나눠서 설명한다.

---

70 Charles L. Campbell, 33.

성경에 익숙하고 전통적인 형식을 기대하는 안정적인 교회에서 설교하는 설교자들은 대체로 변화에 느긋한 입장을 취하면서 문화적인 변동이 미치는 영향이 지나치게 과장되었으며 예전의 방식이 최선이라고 주장한다. 또 다른 설교자들은 새롭게 등장하는 문화의 흐름에 너무나도 빨리 뛰어드는 것 같다.[71]

이는 새로운 이론을 접할 때마다 사람들이 보이는 일반적인 반응들이다. 새로운 비전을 접할 때 사람들은 보수적이거나 개혁적인 방향으로 양분된다. 그리고 양측은 각자의 입장을 논리적인 근거로 지지하거나 감정적으로 반응하며 고집한다. 가치와 효용성을 들어 수용하거나, 오랜 전통과 익숙한 방식을 탈피해야 할지도 모를 막연한 두려움 때문에 이유 없이 반대한다. 하지만 새로운 이론에 대한 양쪽의 태도는 모두 발전적인 내일을 기대하기 어렵게 만든다.

데니스 케힐(Dennis M. Cahill)은 신설교학의 등장과 함께 나타난 설교자들의 반응을 셋으로 구분해서 설명했다.[72] 이는 퀴크의 견해 중에 수용의 반응을 다시 둘로 나눈 것이다. 첫 번째 부류는 마치 아무런 혁명도 일어나지 않았다는 듯이 자신의 설교 방식을 그대로 고수한다. 이들 중에는 신설교학의 이론을 제대로 파악해 보지 않은 사람들이 많을 것이다. 그들은 매주 몇 번씩 말씀을 대언하면서도 자신의 말씀 사역에 대한 학문적 검토를 하지 않는다. 현실에 안주하면서 발전을 위해 노력하지 않는다. 혹시 그렇지 않다면 신설교학의 이론을 알면서도 자신에게 익숙한 옷을 입으려는 경우다. 구조에 대한 진지한 고민이나 강단의 위기에 대한 인식 없이 자신이 배워서 시행해 온 과거의 방법론만 고수한다. 물론 신설교학 이론의 문제를 정확히

---

71 Michael J. Quicke, 109~110.
72 Dennis M. Cahill, 22-23 참조.

꿰뚫어 보고 놀라운 학문적 통찰을 통해 자신의 방법의 가치를 제대로 이해하기 때문에 그대로 고수하는 경우가 있을 수도 있다. 하지만 그렇다면 신설교학이 가지고 있는 장점도 분명 깨달았을 것이며 이를 통해 자신의 방법론에 어떤 식으로든 변화가 일어났을 것이다.

두 번째는 이 시대를 위한 가장 적합한 방식이라고 생각해서 분별없이 너무 빠르게 신설교학의 이론을 흡수하는 경우다.[73] 이 경우는 급격하게 변화하는 시대와 전혀 변하지 않는 설교에 대해서 고민하던 설교자일 가능성이 크다. 강단의 위기를 인식하고 설교 사역의 실패를 경험한 설교자는 그 문제를 뚫어낼 새로운 방법에 언제나 목마르다. 만약 이 시대를 향한 분명한 분석이 있고 이 시대 청중에게 적절한 설교 방식을 찾는다면 이를 마다할 이유가 없다. 혹은 새로운 지식에 대한 탐구 열정이 남다른 사람일 것이다. 이런 사람들은 항상 새로운 지식을 원하고 변화에 민감하게 반응하며 새로운 길을 모색한다. 하지만 이들은 이 시대와 청중에게 민감하고 변화를 위한 새로운 지식 습득에 누구보다 빠르겠지만 새로운 이론이 나오기까지의 신학과 철학적 배경에 대한 철저한 점검을 하지 않는다. 그래서 발 빠르게 새로운 이론을 수용하고 적용하며 변화에 보조를 맞추는 것이다.

마지막으로 데니스 케힐은 세 번째 부류의 사람들을 설명하면서, 그들은 신설교학의 신학과 목적을 알지 못한 채 단지 효과만 보고 실용주의적으로 따라가는 사람들이라고 말했다. 그런 설교자들은 청중에 대한 분석도 시대의 변화에 대한 이론도 중요하지 않다. 그저 자신의 설교 사역에 힘을 실어 준다는 정보만 가지고 실용적으로 판단해서 접근한다. 이런 경우는 다른 사람이 좋다고 하니까 자신도 좋을 줄 알고 가져다가 사용하는 경우다. 이런 사람들은 시대적인 문제와 설교의 위기에 대해서도 정통하지 못하며 당

---

73 Dennis M. Cahill, 22 참조.

연히 그 배경이 되는 신학에도 관심이 거의 없다. 그저 자신의 목회 현장에 효과적이라는 말만 믿고 하나의 방법론을 수용한다.[74]

퀴크나 케힐이 분석한 내용은 보편적이고 일반적인 반응들이다. 그러나 위에서 언급했듯이 이런 반응이 전부라면 학문적 진보는 이뤄지지 않는다. 어떤 일이 벌어져도 무조건 전통을 고수하려는 무리와 새로운 물결이 밀려올 때마다 온몸으로 끌어안고 그대로 떠밀려가는 무리로 나눠진다면 설교학에서 어떤 발전을 기대할 수 있겠는가. 만약 신설교학에 대한 우리의 반응이 단지 전통과 자신이 알고 있는 지식에 대한 고집 때문에 무조건 거부하거나, 변화에 민감하고 실용적인 측면을 위해서 쉽게 수용하는 양측으로만 나눠진다면 진정한 의미에서 강단의 위기를 극복하기는 어려울 것이다. 우리는 다른 방식으로 신설교학 이론을 대하고 반응해야 한다.

2) 설교학이 나아가야 할 방향

앞으로 개혁주의 설교학이 나아가야 할 길을 세 단계로 제시하고자 한다. 첫째, 하나의 실천적 이론이 등장하면 그 배경을 정확히 파악해야 한다. 신학적 이해와 기반 없이 오직 설교 방법론만 배우는 사람의 설교와 설교가 무엇인지를 알고 설교에 대한 신학적 이해를 가진 사람의 설교는 그 내용과 방법에 있어서 분명한 차이를 나타낼 수밖에 없다. 수용해야 할 내용과 범위가 선명해지고 자칫 저지를 수 있는 신학적 오류를 방비할 수 있다.

둘째, 성경을 통해 그 방법론의 배경이 되는 철학과 신학을 다시 검토해야 한다. 개혁주의 신학은 철저히 성경 중심적이다. 인간의 이성과 세상의 가르침으로 파편화된 성경이 아니라, 하나님의 완벽하고 오류가 없는 성경

---

[74] 이러한 분석을 기초로 케힐은 '복음주의적 접근'이 형식에 관여하고 형식을 결정해야 한다는 결론을 내리고 동시에 자신의 설교론의 전제가 무엇인지 밝히고 있다. Dennis M. Cahill, 23-24를 참조하라.

으로서의 믿음으로 오직 성경만이 모든 신앙과 삶을 판단하는 근거가 됨을 알고 이를 시행한다. 설교 이론을 접할 때도 성경 중심으로 확인할 때 방법론 안에 혹시 있을지 모르는 신학적인 문제를 파악하게 될 것이고 성경적인 설교를 위한 바른 방법론을 찾아가게 될 것이다.

마지막으로, 가장 성경적인 실천이 이뤄질 수 있도록 하되 필요한 부분은 받아들이고 그렇지 않은 부분은 과감하게 개혁해 나가야 한다. 이런 과정을 거칠 수 있다면 우리는 변화된 시대에 효과적이면서 실용적인 도구를 손에 들게 되고 동시에 가장 성경적인 신학을 실천하여 강단의 위기를 극복하고 설교학의 발전을 도모할 수 있다.

따라서 신설교학 이론에 대하여 나타나고 있는 반응들에 추가해야 할 내용이 있다면, 자신이 가지고 있는 성경적인 신학의 견지에서 비평적 시각을 가지고 자신의 이론과 새로운 이론을 함께 분석한 뒤에 새로운 이론이 옳다면 받아들이고 옳지 않다면 긍정적인 부분만 수용해서 더 발전적인 방향으로 나아가는 것이다. 무조건 반대하거나, 혹은 무분별하게 수용하거나, 아니면 실용적인 측면만 고려해서 받아들일 것이 아니라, 하나의 구조의 뿌리가 되는 요소들을 면밀하게 분석하고 그 뿌리로부터 맺을 열매를 정확하게 예측한 후에 성경적인 입장에서 가장 발전적인 형태로 새롭게 나아가야 한다.

4. 성경적인 설교의 구조를 위한 조건

우리는 앞에서 설교 구조 이론 형성에 영향을 주는 세 요인을 살펴보았다. 그것은 '철학', '신학', '해석학'이었다. 그렇다면 성경적인 설교의 구조를 구성하거나 선택할 때도 적어도 철학, 신학, 해석학의 입장이 분명해야 한다.

실용성이나 청중의 필요, 수사적 방법론의 효용성을 고려하기 전에 하나의 구조 이론을 형성하는 분명한 철학적 신학과 해석학을 가지고 있어야 한다. 그래서 성경적인 설교의 구조를 규명하기 위해서 먼저 성경적인 설교의 구조를 위한 조건을 논하려고 한다.

1) 성경적인 설교의 구조를 위한 세 가지 요인

알렌(Ronald J. Allen)은 "신학이 설교를 형성한다"라고 말했다.[75] 그렇다면 성경적인 설교를 추앙하는 개혁주의 학자들은 마땅히 개혁주의의 철학적 신학을 따라 방법론을 정립해야 한다. 성경적인 설교는 구조 역시 성경적인 철학적 신학을 구현하는 설교여야 한다.

① 철학

성경적인 설교는 일단 성경적인 설교의 개념을 구조화에 반영해서 이를 실현해야 한다는 철학에서 출발해야 한다. 이는 너무나 당연해서 따로 설명하지 않고 당연한 전제로 두고 출발하겠다. 여기서는 성경적 설교는 계시 의존적이어야 한다는 철학을 중점으로 살펴보려고 한다. 이는 무엇보다 신설교학의 구조 이론들이 계시와 성경에 대한 왜곡된 철학의 영향을 많이 받고 있기 때문이다.

성경적인 설교는 계시 의존적이어야 한다는 철학을 중점으로 살펴보려는 다른 이유도 있다. 보통 세상의 원리를 연구하는 학문을 '철학'이라고 하고 성경을 연구하는 학문을 '신학'이라고 규정한다. 그러나 개혁주의 신학의 시각에서 볼 때 철학은 일반계시를 신학은 특별계시를 연구한다는 구분은 잘못되었다. 이분법적으로 철학은 이성을 따르고 신학은 신앙을 따른다

---

[75] Ronald J. Allen, *Thinking Theologically* (Minneapolis: Fortress Press, 2008), 4.

는 표현도 잘못되었다. 진정한 철학은 특별계시를 따라 일반계시를 보는 학문이다. 그리고 그 학문을 추구하는 철학이 바로 개혁주의 철학이다. 성경적인 설교는 이와 같은 개혁주의 기독교 철학 위에서 계시 의존적으로 설교론을 정립하려 하며, 이는 구조 이론에서도 마찬가지다.

성경적인 설교의 철학은 개혁주의처럼 성경의 계시를 따른다. 인간의 지혜가 아니라 계시 의존적으로 사고한다. 개혁주의 철학은 성경 계시의 빛 아래서 세상과 존재와 사물의 원리를 파악하고 연구한다. 신설교학에 영향을 준 계몽주의, 합리주의, 실존주의 철학은 성경의 빛 아래에 서기를 거부하며 인간의 이성과 실존의 경험으로 성경과 기독교의 진리를 왜곡시켰지만, 개혁주의는 다시 성경으로 돌아가서 계시의 빛 아래에서 모든 철학 작업을 시행하기를 최우선적 목표로 삼는다. 인간이 모든 것 위에 있는 감독자가 되어 세상과 삶의 원리를 논하고 하나님과 계시의 말씀까지 판단하는 행위를 단호하게 거부하고 오직 성경의 계시를 따라서 세상과 사물의 모든 원리를 이해하고 파악하려 한다.

그래서 때로 일반 철학 진영은 기독교 철학을 '신앙'을 전제로 하는 철학의 이단자이며 아류라고 비판하기도 한다. 진정한 철학은 믿음이나 신앙의 전제 없이 자율적이고 중립적으로 이뤄져야 한다는 것이다. 하지만 믿음의 전제를 가지지 않는 철학은 어디에도 없다. 신앙 없이 중립적인 철학은 존재하지 않는다. 무신론 철학자들도 무신론이라는 신앙을 통해 자신의 이론을 정립한다. 그 신앙은 기독교 신앙보다 더 많은 추종자를 거느리고 더 확고한 신념으로 똘똘 뭉쳐 있다. 하나님을 알 만한 것이 온 세상에 가득한데도 귀를 막고 눈을 가리면서 하나님은 없다는 신앙을 끝까지 고수한다. 이것이 그들의 철학 작업의 전제이고 사실 그들의 신앙이며 믿음이다.

그렇다면 왜곡되고 한계가 많은 인간의 이성이 아니라 계시의 말씀을 따라 철학 작업을 하는 것이 오히려 더 정당하다 하겠다. 우리는 이에 대한 확신으로 소신 있게 성경을 중시하는 개혁주의 신학과 신앙의 전통 위에 바른 성경적인 설교의 철학을 정립해야 한다. 오직 성경으로만 모든 사물과 세상과 삶에 관한 원리를 파악하고 정리하고 규정할 수 있으며, 오직 성경을 통해서 세계를 보는 바른 시각을 가질 수 있다는 사실을 믿고 성경적인 설교의 철학을 정립하고 그 작업을 수행해야 한다.

칼빈(John Calvin)은 『기독교 강요』에서 성경이 세상을 보는 안경이라고 말했다. 죄로 인해서 왜곡된 이성을 가진 인간이 무엇인가를 제대로 보고 본질을 파악하고 원리를 깨닫고 지혜를 얻으려면 반드시 성경의 안경을 써야 한다는 것이다. 우리는 성경적인 설교와 설교의 구조를 위해서도 성경의 안경을 써야 한다. 성경이 설교의 구조에 관해 무엇을 말하고 있는지 살피고 성경의 인도를 따라야 한다. 또한 성경의 진리를 설교의 구조를 통해 가장 확실하고 효과적으로 나타내는 방법을 찾아야 한다. 시대가 변해도 오직 성경 안에 답이 있다는 사실을 믿고 더욱 계시 의존적으로 설교를 위한 길을 찾아야 한다. 이것이 개혁주의 설교의 철학이며 성경적인 설교의 철학이다.

혹시라도 과거의 것을 답습하거나 고수하려는 태도는 개혁주의 기독교 철학의 방식이 아니다. 성경적인 설교의 철학도 과거를 고집하지 않고 성경을 따라, 또한 성경으로 끊임없이 개혁하기를 목적으로 한다. 각 시대에 가장 성경적이면서 동시에 적실한 방법을 찾아 실천하기를 학문의 과제로 삼는다. 성경적인 설교를 위한 고민은 바로 이 철학 위에서 이뤄져야 한다.

② 신학

개혁주의는 철학이든 신학이든 모두 특별계시인 성경을 통해 그 작업을 계속해 간다. 그런데 철학은 특별계시를 통해 세상과 원리를 논하고, 신학은 특별계시 자체의 내용을 살펴보고 정리하는 데 차이가 있다. 그리고 성경적 설교의 구조는 성경에 근거한 철학을 통해 성경과 세상을 보는 눈과 성경 자체에 충실한 신학을 통해 하나님의 뜻을 살피는 시각을 함께 결합해서 일정한 성경적 목표를 가지고 실천으로 나타나야 한다.

우리는 성경적인 설교를 위한 신학을 살펴보기 전에 먼저 두 가지 사안을 이해해야 한다. 첫째, 모든 신학은 성경을 기초로 한다는 점이다. 성경을 보는 관점의 차이에서 여러 신학이 정립되고 발전되어 왔다. "하나님의 말씀인 성경에 대한 관점은 모든 신학과 설교의 기본을 이룬다."[76] 그리고 성경적인 설교를 위한 신학은 특히 특별계시인 성경을 어떻게 보는지, 그리고 성경의 내용을 어떻게 체계적으로 정리하는지와 관련되어 있기에 그 어떤 신학보다도 성경관을 중시한다.

둘째, 신학은 이성의 작업을 통해 정리되기 때문에 불완전하다는 사실을 인정해야 한다. 신학 자체는 오류 없이 완전할 수 없다. 신학은 계시를 연구하는 학문인데 이를 철저히 계시 의존적으로 수행해도 신학을 조직화하고 체계화하는 과정에 인간의 판단이 들어갈 수밖에 없다. 또한 성경에는 인간의 이성으로 도저히 이해할 수 없는 내용도 등장한다. 그래서 교단마다 정리한 신학 내용에 차이가 나타나는 것이다. 개혁주의 신학도 인간의 이해가 담겨 있어서 당연히 절대적으로 오류가 없다고 말할 수 없다. 다만 개혁주의 신학이 목표하는바, 바로 하나님의 특별계시인 성경 말씀을 따라 모든 것을 판단하고 정리하고 다시 개혁하려 하기에 가장 성경적이고 가장 하나님께서 원하시는 신학을 할 수 있다는 점에서 긍정적이다.

개혁주의는 성경적인 설교를 위한 가장 이상적인 신학을 가지고 있다. 개혁주의는 무엇보다 모든 성경이 하나님의 말씀이라는 사실을 믿는다. 이

---

[76] 류응렬, "개혁주의 강해설교가 나아가야 할 다섯 가지 방향", 202.

는 성경의 증언이기 때문이다.⁷⁷ 구약의 선지자들은 "여호와께서 이르시되"라는 어구를 반복 사용함으로 자신이 하는 모든 말이 하나님께서 직접 계시하신 말씀이라는 사실을 강조했다. 신약의 사도들도 마찬가지다. 또한 예수님은 성경을 "하나님의 말씀"(요 10:35)이라고 부르셨고, 신약에서는 구약을 인용할 때 많은 부분에서 성령을 원저자로 말씀하고 있다(마 15:4, 히 1:1, 3:7, 4:3, 5:6, 7:21, 8:5, 10:15-16 등). 그리고 디모데는 모든 성경이 하나님의 감동으로 기록되었다고 분명하게 명시했다(딤후 3:16). 개혁주의는 이와 같은 성경의 자증을 따라 성경을 오류가 없는 계시의 말씀으로 믿고 순종한다. 그래서 개혁주의 신학을 다른 말로 '성경 주의'라고 할 수 있다.⁷⁸

개혁주의는 종교개혁자들이 성경으로 돌아가자고 주장하며 가톨릭에서부터 개혁을 일으킨 이후 그들의 신학과 성경 중심의 신앙을 추구하는 교회들의 특징을 지칭하는 단어가 되었다. 이후 특히 칼빈의 성경관과 교회관을 따르는 교단을 개혁주의라고 일컬어 왔다. 개혁주의의 가장 큰 특징은 성경을 개인의 신앙과 교회의 교리와 신학의 중심이 되게 하는 점이다. 그리고 성경 중심으로 교회와 예배를 개혁하다 보니 교회의 사역 중에 설교 사역이 가장 중요하게 되었다. 나아가 "설교자를 하나님의 말씀을 전하는 도구로 이해하였다."⁷⁹ 오늘날 개혁주의 전통에 서 있는 교회들은 설교를 가장 중요한 교회의 사역으로 보고 있으며, 성경에서 나오는 말씀만이 하나님의 말씀이라는 분명한 신학적 입장을 견지하고 있다.

현대를 위기의 시대라고 말한다. 그런데 위기가 닥치면 근본으로 돌아가는 것이 최선이다. 그 근본은 다시 성경으로 돌아가는 것이다. 칼 바르트는 같은 구호를 외치면서 불완전한 성경을 지칭했지만, 개혁주의는 성령의

77　하재송, 312.

78　류응렬, "개혁주의 강해설교가 나아가야 할 다섯 가지 방향", 203.

79　김운용, 『현대설교 코칭』, 125.

영감으로 기록된 권위 있고 무오한 하나님의 완성된 계시로서의 성경을 의미한다. 우리는 이 성경관으로 다시 돌아가야 한다. 그리고 거기서부터 성경이 보여 주는 바를 따라 설교학 이론을 펼쳐가야 한다.

하나님은 인간 저자들에게 유기적 영감으로 역사하셔서 성경을 기록하게 하셨다. 그렇기 때문에 모든 성경은 신적 권위가 있고 오류가 전혀 없는 완전한 하나님의 말씀이다. 개혁주의 신학은 이 사실을 분명히 믿는다. "개혁주의란 성경을 영감된 하나님의 말씀으로 믿는 확고한 성경관과 오직 예수 그리스도로 말미암는 구원관을 기초로 한다."[80] 성경은 일절 오류가 없는 하나님의 계시의 말씀이다. 개혁주의는 그런 하나님의 말씀을 설교하는 것을 설교 되게 하는 유일한 가능성이라고 확신한다. "종교개혁의 전통 안에 서 있는 설교자는 그가 반드시 말씀을 설교해야 하는데 오로지 말씀만을 설교해야 한다는 것을 깨닫는다."[81]

오류가 없는 하나님의 말씀으로서의 성경에 대한 신학은 설교의 구조에 그대로 반영된다. 계시의 말씀으로서 성경을 믿는 설교자는 본문을 읽고 다른 내용으로 설교를 구성할 수 없다. 그리고 설교의 구조 안에 본문의 중심 주제와 내용이 가장 잘 드러날 수 있게 구조화한다. 아무리 권위를 부인하고 무시하는 시대일지라도 성경의 권위를 드러내기에 주저하지 않는다. 그렇다고 막무가내식으로 권위를 내세운다는 말이 아니다. 이 시대에 일어난 청중의 변화 속에서 가장 성경적인 설교의 실천을 목표로 하면서 청중이 자연스럽게 권위를 인정할 수 있는 방식을 찾아 설교한다. 청중이 거부감 없이 성경 본문으로 들어올 수 있도록 인도하고 본문에 대한 확신을 통해 그 권위 아래 자신의 신앙과 삶을 결단하도록 설교를 구성한다. 단순히

---

80 류응렬, "새 설교학: 최근 설교학에 대한 개혁주의적 평가", 185.

81 Sidney Greidanus, *Sola Scriptura*, 1.

설교의 내용을 전하는 것만이 목적이 아니다. 청중에게 성경 본문의 의미를 가장 효과적으로 전달할 수 있도록 구조를 선택하고 결정한다. 현대 설교학의 과제인 '청중에게 "설교"를 전달해야 한다'를 '청중에게 "성경 본문의 정확한 의미"를 전달해야 한다'라는 고민으로 바꿔 구조에 담아 실행한다. 이는 결코 새로운 아이디어가 아니지만, 구조와 관련한 설교학에서 반드시 개혁해야 할 부분이다.

이처럼 성경적인 설교를 형성하는 신학의 기본적인 토대는 성경의 권위와 무오를 믿는 데 있다. 이를 기반으로 설교학 이론을 받아들이거나 새롭게 정립한다. 당연히 구조에 관한 새로운 이론을 접할 때도 성경을 통해 그 이론의 철학적 신학을 살펴봐야 한다. 그 구조 이론의 배경에 성경의 권위에 대한 신뢰와 무오성에 대한 믿음이 있는지, 성경을 가장 잘 드러내며 본문에 지배를 받는 구조인지 살펴봐야 한다. 또한 개혁주의 신학의 견지에서 성경적인 설교를 정의하고 그 개념을 정리할 때도 내용뿐만 아니라 형식까지도 성경적인지 논해야 한다.

만약 설교의 구조가 성경에 대한 확신에서 비롯되지 않았다면 그 구조가 담고 있는 내용은 비성경적일 수밖에 없다. 형식과 구조가 함께 내용의 의미를 결정하기 때문이다. 구조를 잘못 구성하면 성경의 의도와 내용을 제대로 전달할 수 없다. "틀이 제대로 짜이지 못하면 내용을 적절하게 담을 수 없다."[82] 반대로 구조를 잘 사용하면 성경적인 설교의 철학과 신학을 구현하는 성경적인 설교를 온전히 시행할 수 있다. 성경적인 설교의 철학적 신학과 개념을 담아내어 하나님의 뜻과 의도를 효과적으로 전달하고 설교의 목적을 온전히 이룰 수 있다. 따라서 성경적인 설교에 있어서 구조와 형식에 대한 논의는 반드시 성경적인지를 검토하는 데서 출발해야 한다.

---

82 배상복, 『일반인을 위한 글쓰기 정석』 (서울: 경향 미디어, 2006), 60.

다시 강조하지만, '성경적'이라는 단어는 신설교학의 주장과 달리 반드시 성경에서 나온다는 것을 의미한다. 존 스토트(John R. W. Stott)는 "기독교 설교자의 메시지는 선지자 혹은 사도처럼 하나님의 입에서 직접 나오지 않고, 그렇다고 거짓 선지자들처럼 설교자 자신의 마음에서 나오지도 않고, 오직 일회적으로 계시되어 지금, 현재, 그가 고귀한 청지기로서 맡은 기록된 하나님의 말씀에서 나온다"라고 말했다.[83] 그의 말처럼 성경이 기록되기 전과 후에 하나님의 말씀을 맡은 자가 행하는 설교 방법은 완전히 달라졌다. 기록되기 전에는 설교자가 하나님께서 맡기신 계시를 그대로 받아서 전했지만, 기록된 후에는 이미 주어진 계시의 말씀인 성경의 내용을 가지고 설교해야 한다. 그럴 때 설교를 하나님의 말씀이라고 할 수 있다.

성경적인 설교의 구조는 당연히 성경 본문을 해석하고 그 의미를 보여주는 구조여야 한다. 그리고 그 본문의 의미가 오늘을 살아가는 청중에게 어떤 의미가 있고, 하나님께서 그 본문을 통해 오늘의 청중에게 무엇을 말씀하시는지 들려주어야 한다. 이러한 내용을 설교에 반영하고 중심을 이루도록 하는 구조가 바로 성경적인 설교의 신학을 실천하는 구조다. 이 신학은 다른 여러 신학의 기초를 이룬다. 주경신학, 조직신학, 그리고 실천신학은 이와 같은 성경에 대한 신학을 통해 체계화되어 정립된다. 그리고 각각의 신학은 성경에 대한 관점을 통해 다시 설교의 구조로 실현된다. 성경적인 설교는 구조 이론에서도 반드시 이와 같은 신학적 입장과 내용에 충실해야 한다.

③ 해석학
성경적인 설교를 위한 해석학은 '저자 중심 해석학'이다. 성경은 하나님께

---

[83] John R. W. Stott, *The Preacher's Portrait* (Grand Rapids: Eerdmans, 1961), 24.

서 의도를 가지고 기록하신 책이다. 분명한 목적을 가지고 성령의 영감을 통해 기록하셨다. 따라서 모든 본문은 하나님의 분명한 목적을 드러내고 있다. 하나님께서 주시는 특별한 의미를 내포하고 있다. 설교자는 설교를 얼마나 효과적으로 전달하느냐에 앞서 성경을 얼마나 정확하게 해석해서 기록된 본문을 통해 말씀하시는 하나님의 뜻을 정확히 발견하느냐에 더욱 힘을 쏟아야 한다. 그 결과 설교에 해석된 본문의 의미가 왜곡되지 않고 제대로 드러나야 한다.[84]

신설교학은 '독자 중심 해석학'을 채택했다. 이는 신해석학의 해석 방식이다. 그래서 신설교학은 주로 설교의 구조를 구성하면서 직접 적용을 배제하고 열린 결론으로 마무리한다. 귀납적인 설교나 다양한 서사 설교의 구조가 이런 형식이다. 설교자가 성경을 해석해서 그 안에 담긴 의미를 직접 밝히지 않는다. 그냥 성경 이야기를 들려주거나 성경적으로 보이는 청중의 삶의 이야기를 들려주기만 해도 청자가 해석학적 순환을 통해 자신의 경험과 판단으로 얼마든지 이해하고 스스로 적용하고 알아서 결론을 내린다고 생각하기 때문이다. 해석의 주체를 청자에게 넘겼다.

하지만 개혁주의 설교자들은 본문에 나오는 하나님의 의도를 드러내려는 목적으로 설교한다. 그래서 해석을 통해 본문에 담긴 하나님의 뜻을 찾으려 한다. 이것이 해석의 가장 중요한 목표다. 저자 중심 해석학으로 본문을 해석한 후에 그 의미를 설교에서 드러낸다. 따라서 설교를 구성할 때 본문이 어떻게 하나의 특정한 의미로 연결되는지, 그리고 본문을 통해 하나님께서 어떤 방식으로 말씀하시는지를 구조화해서 나타낸다. 또한 그 의미는 과거만이 아니라 바로 오늘을 살아가는 그의 백성을 위한 하나님의 말씀이기에(not to us, but for us) 설교의 구조화를 통해 본문의 의미가 오늘 우리에

---

[84] 김창훈, "'강해 설교'의 이해", 197.

게는 어떤 의미인지 구체적으로 밝히는 과정을 포함한다. 나아가 그 의미를 직접 적용하기를 주저하지 않는다. 간접 적용과 직접 적용을 필요시마다 적절하게 시행한다. 이는 저자이신 하나님께서 의도하신 바이기 때문이다.

저자 중심 해석학과 관련해서 알아야 할 중요한 사실은 하나의 본문에는 반드시 하나의 의미가 담겨 있다는 것이다. 성경적인 설교의 개념을 다룰 때 설명했듯이, 하나의 본문에는 하나의 의미가 담겨 있다. 만약 독자 중심 해석학을 따른다면 저자의 의도를 무시하고 독자마다 자신의 관점에서 같은 본문에서 다른 의미를 발견하고 전할 수 있을 것이다. 그래서 본문 중심 해석학이나 독자 중심 해석학은 다의의 발견을 가능케 한다. 하지만 저자 중심 해석학을 따른다면 해석의 목적은 본문을 통해 말씀하시는 하나님의 의도를 찾는 것이며, 바르게 해석했다면 그 결과 누가 의미를 찾아도 같은 하나의 주제를 발견하게 될 것이다. 다만 그 주제를 보는 각도가 다를 뿐이다.

하나의 본문은 하나의 주제를 다양한 수사법과 전개 방식을 통해서 드러내고 있다. 그러한 수사법과 글의 구조를 정확하게 이해하고 해석한 후에 하나의 주제를 찾아 설교에서 드러내는 것이 저자 중심 해석학이고 성경적인 설교의 구조를 위한 필수적인 해석 방법이다. 그리고 성경적 설교의 구조는 저자 중심의 해석학을 통해 찾은 하나의 의미를 설교 구조를 통해 효과적으로 드러내는 방향으로 체계화되어야 한다. 해석된 의미는 목적의 다리를 건너 설교의 주제가 되고,[85] 그 주제를 이 시대의 청중에게 효과적이고 적실하게 전달되도록 구조에 담아낸다. 또한 본문이 주제를 드러내기까지

---

[85] '목적의 다리'는 라메쉬 리차드가 성경의 중심 주제를 설교의 중심 사상으로 바꿀 때 해야 할 작업으로 설명한 용어다. 이에 대해 Ramesh Richard, *Scripture Sculpture*, 『삶을 변화시키는 7단계 강해설교 준비』, 정현 역(서울: 디모데, 1998), 105-114를 참조하라.

취한 방식과 구조까지 고려해서 설교의 전개에 반영한다. 구조를 위한 인간의 수사적 노력은 하나님께서 의도하신 하나의 의미를 전달하기 위한 방향으로 이뤄져야 한다.

성경적인 설교의 구조 이론은 이와 같은 성경적인 설교의 철학과 신학과 해석학을 담아내야 한다. 성경적인 설교를 완성하려는 목적으로 성경적인 설교의 철학적 신학과 해석학을 실천하는 구조를 만들어야 한다. 그러면서도 변하고 있는 시대와 이미 변화된 청중에게 적실하고도 효과적으로 전달될 수 있는 수사적 노력이 병행되어야 한다. 그럴 때 청중은 이 시대에도 변함없이 살아 역사하시는 하나님의 말씀의 큰 능력을 경험하게 될 것이다.

2) 성경적 설교의 요인들을 반영하는 구조

지금까지 성경적 설교의 구조를 위한 철학과 신학과 해석학의 조건을 살펴보았다. 성경적인 설교를 위해서 철학은 성경을 통해서 변하고 있는 이 세상과 삶의 원리들을 보는 눈을 가져야 하며 성경으로의 개혁을 계속 실천해야 한다는 것이었고, 신학은 하나님의 완전한 계시의 말씀으로서 성경의 권위와 성령의 영감과 무오를 믿고 본문의 내용을 설교해야 한다는 것이었다. 또한 해석학은 성경의 원저자인 하나님의 의도를 파악하고 설교를 통해 이를 드러내야 한다는 것이었다. 우리는 이를 실현하도록 성경적인 설교의 구조를 고민하고 결정해야 한다. 그렇다면 성경적인 설교의 구조에 이 요인들이 반영되면 기본적으로 어떤 형식이 될까?

이에 대해서는 류응렬 교수가 강해설교 구조에 대해 제안한 내용을 통해 살펴보려고 한다. 그는 강해 설교의 전개 형식에서 기억해야 할 네 가지 요인으로 '본문을 드러내라', '청중에게 적실한 형식을 찾아내라', '결론을 명확하게 맺으라', '적용을 제시하라'라는 내용을 제시했다.[86] 이는 강해 설교를 성경적인 설교로서 보고 그 형식을 제안한 내용이며, 여기에는 성경적인 설교의 구조를 위한 기본적 필수 조건들이 충분히 반영되어 있다.

① 본문의 해석된 내용과 의미를 드러내는 형식

성경적인 설교의 구조는 성경 본문과 이를 해석한 의미를 드러내야 한다. 이는 성경적 설교의 구조를 이루기 위한 신학의 핵심 사안이다. 우리는 성경적인 설교의 구조를 이 신학을 실천하는 방식으로 조직화해야 한다. 청중이 설교를 들으면서 성경 본문의 내용과 의미를 이해할 수 있고 본문을 통해 주시는 하나님의 음성을 들을 수 있도록 구성해야 한다.

만약 성경적인 설교의 구조를 연역적으로 구성한다면 그 작업은 훨씬 수월할 것이다. 하지만 귀납적으로 설교를 구성한다면 텍스트의 선택과 구조화에 신중해야 한다. 무엇보다 설교의 텍스트는 삶의 이야기가 아니라 성경 본문이어야 한다. 청중의 삶의 이야기를 다루고 열린 결론으로 마무리하는 신설교학의 귀납적 구조의 문제를 정확하게 이해하고 성경 본문을 어떤 방식으로 드러내고 그 의미를 밝혀나갈지 고민해야 한다. 그렇게 한다면 성경적인 설교의 귀납적 구조는 신설교학에서 말하는 귀납적 설교와 다른 양상이 될 것이다. 혹시 신설교학의 귀납법을 따라 설교를 전개하려 한다면 어떤 식으로든 성경 본문을 다루는 내용을 구조에 담아내야만 한다. 성경적인 설교의 구조를 위한 신학이 이를 분명히 요구하기 때문이다.

성경적인 설교의 구조는 성경 본문의 내용을 감추지 않는다. 일상의 이야기만 전개하면서 유비를 통해 청중이 알아서 성경적 의미를 파악하도록 유도하지 않는다. 하나님의 의도보다 청중 개개인의 판단을 더 중시하지 않

---

86 류응렬, "강해설교 전개형식의 기초와 방법론", 『신학지남』, 통권 288호(2006년, 가을호), 124.

는다. 설교의 구조는 마치 히브리 문학이 교차 대구법을 통해 그 중심에 의미를 강조하듯이 구조를 통해서 본문의 의미를 드러내는 데 가장 중요한 목적을 둔다. 수사법은 주로 강조의 목적이 있는데, 구조의 수사법을 통해 성경 본문의 의미를 강조하는 방식을 찾아 구조화한다. 이처럼 성경적인 설교의 구조는 본문을 드러내고 그 의미를 밝힐 것을 최우선적 목표로 삼아야 한다.

② 직접적인 적용과 명확한 결론 제시

성경적인 설교는 반드시 성경 본문을 설교하되 본문이 과거만이 아니라 지금도 의미 있고 역사하는 힘이 있는 하나님의 말씀이라는 사실을 믿고 행하는 설교다. 그렇기 때문에 구조를 통해 성경 본문의 해석 과정과 의미를 정확히 밝혀내고 그 의미가 오늘을 사는 청중에게 어떤 의미가 되는지 분명하게 드러내야 한다. 이를 구체적으로 행하는 것을 '적용'이라고 하는데, "설교의 목적은 당시의 말씀을 오늘날로 적용하여 청중의 삶에 거룩한 변화를 일으키는 것이다."[87]

설교자는 구조의 한 부분에서 오늘의 청중을 향한 하나님의 생생하고 구체적인 메시지를 전해야 한다. 애초에 구조를 구성할 때부터 이를 염두에 두고 진행해야 한다. 내러티브를 강조하는 신설교학은 이야기를 들려주기만 해도 해석학적 순환으로 인해 청중의 마음에 저절로 적용이 이뤄진다고 보고 간접 적용만을 권한다. 독자가 동화나 우화를 읽을 때 다른 설명이나 해설이나 적용 없어도 알아서 깨닫고 다짐하듯이, 한 편의 이야기를 잘 구성해서 전달하기만 하면 청자가 알아서 의미를 발견하고 자신의 삶에 가장 적절하게 적용할 수 있다고 본다. 하지만 과연 동화나 우화에서 일어나

---

[87] 류응렬, "구속사적 설교", 60.

는 일이 모든 설교에서 실패 없이 반복해서 일어날 수 있을까? 이는 불가능한 일이다.

무엇보다 이야기를 구성하는 설교자의 창의성에 한계가 있다. 또한 듣기는 읽기보다 내용 이해에 어려움이 있기에 연설에서는 문학에서보다 훨씬 짧고 쉬운 구조를 사용해야 한다. 물론 듣는 것만으로는 그렇게 해도 이해하기 쉽지 않다. 그리고 읽기는 다시 반복할 수 있어도 듣기는 한 번 지나가면 다시 돌아갈 수 없다. 따라서 연설을 통해 동화나 우화와 똑같은 효과를 기대하는 것은 이상에 지나지 않는다. 또한 청중은 각자 듣고 싶은 대로 듣고 적용하고 싶은 대로 적용하기 때문에 성경적인 설교의 목표인 본문의 의미를 정확하고 적실하게 적용하는 데에는 분명히 한계가 있다. 무엇보다 설교는 영적인 일이다. 청중의 이성적 활동이 영적인 일들을 전부 정확하게 분별할 수 있으리라는 생각은 그 자체에 큰 무리가 있다. 따라서 성경적인 설교는 직접적인 적용, 곧 본문을 통해 하나님께서 말씀하시는 의미를 이 시대 청중에게 적실하게 들려주는 일을 구조 안에서 적극적으로 시행해야 한다.

또한 성경적인 설교는 분명한 결론을 제시해야 한다. 설교자는 설교하는 이유를 명확히 알고 있다. 한 편의 설교를 준비하면서 본문을 정확하게 해석한다면 본문을 통해 하나님께서 우리에게 주시려는 말씀을 손에 들고 있게 된다. 설교자는 그 메시지를 명료하고 분명하게 정리해서 청중에게 전해야 한다. 하나님께서 주신 메시지를 감출 이유가 전혀 없다. 또한 청중이 <u>스스로</u> 결론을 내리도록 열어 놓은 상태로 애매하게 설교를 마무리할 이유도 없다. 하나님께서 주시는 메시지의 결론을 정확하게 보여 주고 설교를 끝맺어야 한다.

무엇보다 본문의 명확한 의미는 메시지의 정확한 결론을 요구한다. 신설교학은 성경을 하나님의 완성된 말씀으로 보지 않고, 저자 중심의 해석학을 외면하며, 본문을 통해 지금도 말씀하시는 하나님에게서 귀를 막기에 명확한 결론이 아니라 청중에게 맡겨 버린 채 애매하게 마무리하는 열린 결론을 택하는 것이다. 성경적인 설교는 이런 방식과 철학적 신학이 분명히 다르다. 설교자는 특별한 의도가 아니라면 성경적인 설교의 완성을 위해 닫힌 결론으로 마무리해야 한다.

③ 하나의 중심 주제를 드러내는 구조

성경적인 설교를 위한 해석학은 저자 중심 해석학이다. 그리고 저자 중심 해석학은 본문에서 하나의 중심 주제를 찾는다. 왜냐하면 저자이신 하나님께서 어떤 분명한 하나의 주제를 전달하기 위해 글을 배열하고 문단으로 제시하셨기 때문이다.

만약 어떤 설교자가 본문에 나오는 모든 내용을 다 설교하려 한다면 그는 본문 중심 해석학을 실행하는 사람이다. 물론 성경에 나오는 모든 단어에는 나름의 의미가 있다. 하나님께서 비슷한 여러 단어 중에 특정한 단어를 선택하신 데에는 분명한 이유와 목적이 있기 때문이다. 그래서 본문 안에 전달할 수 있는 보석 같은 메시지들을 많이 발견할 수 있다. 하지만 하나님께서 그 단어를 선택한 이유는 다른 단어들과의 조합을 통해 본래 말하려는 바 중심 주제를 드러내기 위해서다. 따라서 설교자가 본문을 통해 아무리 말하고 싶은 의미를 많이 발견할지라도 하나님께서 본문을 통해 주시려는 하나의 중심 주제를 찾아 이를 중심으로 전해야 한다.

그리고 이 사실은 구조 형성에서 중요하게 고려해야 할 사안이다. 성경적인 설교의 구조는 반드시 하나의 중심 사상을 드러내기 위한 목적으로 구성되어야 한다. 설교는 본문의 의미를 이 시대의 청중에게 전하는 행위이기에, 본문을 따라 하나의 주제를 드러내는 방향으로 설교를 구성해야 한다. 혹시 여러 대지로 설교할지라도 각각의 대지는 설교의 중심 사상과 관련되어 있고 중심 사상을 향해 나아가는 목적으로 배치되어야 한다. 하나의 중심 사상은 성경적인 설교 구성에서 놓쳐서는 안 되는 핵심적 특징이다.

④ 이 시대의 청중에게 적절한 방식 선택

성경적인 설교는 위의 세 가지 구조적 특징을 설교 안에 담아내야 한다. 그것이 성경적인 설교의 개념에 충실한 방식이며, 성경적인 설교의 철학과 신학과 해석학을 반영하는 구조의 가장 기본적인 형식이다. 그리고 이에 더해서 성경적인 설교의 철학을 구조에 반영해야 한다. 그것은 이 시대에 적실하게 전달될 수 있도록 구조화하는 것이다.

성경적인 설교를 위한 개혁주의 기독교 철학은 성경의 눈으로 변하고 있는 시대를 보고 우리 시대 청중에게 가장 적절한 성경적인 설교의 실천을 요구한다. 따라서 하나의 주제로 본문을 구성하고 본문의 내용과 의미를 중심으로 청중에게 적용하는 방식을 취하되 이 시대의 청중이 그 내용을 쉽게 이해하고 받아들일 수 있는 구조로 구성해야 한다. 과거 3대지 연역적 설교로 일관하던 방식에서 벗어나서 이 시대 청중이 하나님의 말씀을 더 잘 들을 수 있는 방식으로 구조화해야 한다.

그래서 성경적인 설교를 하려는 설교자는 이 시대 청중의 인식 체계와 이 시대 청중의 세계관과 이 시대 청중이 지향하는 방향과 이 시대 청중과 소통하는 방법을 정확하게 알아야 한다. 성경을 해석하는 능력을 연마하는 만큼 청중을 이해하고 그들과 소통하는 방식에 능통해야 한다. 적어도 이 일을 위해서 끊임없이 자신을 개발해야 한다. 그리고 그 이해를 설교의 구조를 통해 드러내야 한다. 성경 본문의 내용과 해석된 하나의 의미를 밝히고 그 의미를 청중에게 적용하는 구조를 취하되 이 시대 청중이 가장 쉽게 이해하고 받아들일 수 있는 구조를 찾아서 사용해야 한다. 이 마지막 단추가 성경적인 설교의 영역에서 정립해야 할 남은 과제다.

5. 성경에 나오는 성경적인 설교의 모델

하나의 구조 이론은 그 이론을 제시한 설교학자의 철학적 신학을 통해 탄생한다. 성경적인 설교 역시 그 철학적 신학을 가장 잘 반영하는 구조로 조직해야 한다. 동시에 성경적인 설교의 구조는 성경을 통해 보여 주시는 하나님의 방식에서 비롯되어야 한다. 우리는 효과성이나 시급성이나 적실성을 따라 구조 이론을 고안하려는 유혹을 항시 받는다. 하지만 성경적인 설교는 신학에서 그 전개 방식에 이르기까지 전부 성경에서 나와야 한다.

오늘날 "설교자들은 현대적 적실성을 위해 성경을 학문적으로 읽는 것을 포기하고자 하는 비정상적인 압력에 직면한다."[88] 성경을 연구하며 하나님에게서 들으려 하지 않는다. 하지만 인간의 논리나 상황의 시급성이 하나님의 의도나 방식보다 앞설 수 없다. 하나님께서는 성경에서 설교에 관한 많은 것을 보여 주셨다. 성경적인 설교를 시행하려는 설교자는 성경을 학문적으로 진지하게 연구해서 그 원리와 철학과 방법을 찾아야 한다.

성경에는 하나님의 말씀을 전하는 설교자가 많이 나온다. 또한 복음서에는 하나님이신 예수 그리스도의 말씀도 기록되어 있다. 우리는 성경을 연구하며 성경의 설교자들이 어떤 구조를 사용했는지 살펴봐야 한다. 성경에 기록되어 있는 설교는 설교의 내용뿐만 아니라 형식에 관해서도 중요한 아이디어와 필수적인 요소들을 보여 주고 있다. 하지만 성경에 나오는 모든 설교를 전부 성경적인 설교의 구조 모델로 삼을 수는 없다. 그렇게 하면 연

---

88 John Wesley Wright, *Telling God's Story*, 『하나님 말씀 중심의 설교』, 박현신 역(서울: CLC, 2010), 30.

구해야 할 분량도 상당하거니와 성경 장르의 다양성이나 본문 구조의 다양성을 이유로 성급하게 다양한 구조로 설교하라는 결론을 내려야 할지도 모른다. 또한 어떤 설교들은 특정한 목적으로 구성되어서 성경적인 설교의 개념에서 벗어나기도 한다. 대표적으로 이야기식 설교에서 근거로 들고 있는 예수님의 비유와 구속사적 설교 진영에서 통렬히 비판하는 모범적 설교의 모델인 고린도전서 10장, 히브리서 11장, 야고보서 5장 16-18절 등이 그렇다.[89] 그래서 성경적인 설교의 구조 모델을 선별하려고 한다.

이를 위해 먼저 성경적 설교의 구조 모델로 삼을 수 있는 설교와 그렇지 않은 설교를 규정할 것이다. 그리고 이어서 성경에 나오는 설교들의 구조를 분석할 것이다. 워렌 위어스비(Warren W. Wiersbe)의 말처럼 일단 "성경적으로 설교한다는 말의 의미는 성경의 진리를 정확하게 설교한다는 것 이상의 의미로서, 성경의 저자와 선지자들, 그리고 사도들이 전달했던 방식을 따라 그대로 진리를 제시한다는 것을 의미"하기 때문이다.[90]

1) 구조의 모델이 될 수 없는 설교

최근에 출간되는 설교학 도서들은 성경에 나오는 다양한 종류의 설교와 문학 구조를 모두 설교 구조의 가능성과 근거로 삼으라고 말한다. 하지만 그것이 정말 가능한 일인지 검토해야 한다. 무엇보다 강단에서 설교하는 주체가 인간이라는 점에서부터 성경에 나오는 다양한 장르와 여러 구조를 설교에 그대로 적용할 수 없다는 사실을 깨닫게 된다. 심지어 에드워즈(O. C. Edwards Jr.)는 "신약성경 안에 기독교 설교와 … 동일한 설교로 볼 수 있는 것은 거의 없다"라고 말했을 정도다.[91]

89　Sidney Greidanus, *Sola Scriptura*, 113-120.

90　Warren W. Wiersbe, 36.

91　O. C. Edwards Jr., "History of Preaching," in *Concise Encyclopedia of Preaching*,

하지만 성경 전체를 살펴볼 때, 비록 축소된 형태이지만, 오늘의 설교와 유사한 원리로 구성된 설교들이 있다는 사실을 알 수 있다. 문제는 그렇게 볼 수 없는 성경 본문의 구조와 형식까지 그대로 우리의 설교 모델로 삼으려는 시도를 용납하고 묵인해 왔다는 점에 있다. 따라서 성경에 나오는 설교의 모델을 분석하기 전에 성경적인 설교의 구조로 적합한 설교들과 그렇지 않은 설교들을 구분해야 한다.

① 하나님과 예수님의 말씀

성경은 전부 하나님의 말씀이다. 하나님은 당신의 백성을 위해 다양한 장르와 형식을 통해 말씀하셨다. 또한 예수님은 공생애 동안 직접 대중을 가르치시고 복음을 전하셨는데 이를 복음서 기자들을 통해 구체적인 내용으로 기록해 주셨다. 때로 설교자들은 이와 같은 하나님의 말씀이나 예수님의 설교를 직접 우리 설교의 모델로 삼으려 한다. 우리가 하나님께서 말씀하신 내용을 설교의 중심 사상과 내용을 위한 모델로 삼아서 설교하는 것은 응당 해야 할 일이다. 적극적으로 그렇게 해야 한다. 그러나 몇몇 학자들의 주장처럼 그런 설교의 구조까지 따르려는 것은 너무 성급한 결론이다. 분명한 철학이나 신학적 이유 없이 예수께서 비유로 설교하셨듯이 우리도 비유로 설교해야 한다는 식의 쉬운 결론을 내려선 안 된다.

그 첫 번째 이유는 무엇보다도 하나님의 말씀과 인간의 설교 사이에는 건널 수 없는 차이가 있기 때문이다. 하나님과 예수 그리스도는 계시의 최초 전달자이시다.[92] 예수 그리스도는 말씀 자체이기도 하시다(요 1:1). 그래서 하나님과 예수 그리스도는 무엇을 말씀하시든지 권위 있는 말씀이 된다.

---

ed. William H. Willimon and Richard Lischer (Louisville: Westminster of John Knox, 1995), 185.

92 백동조, 227.

하지만 인간 설교자는 그 계시의 말씀을 받아서 계시하신 내용을 근거로 설교해야 한다. 이 사실에는 뛰어넘을 수 없는 간극이 존재한다.

하나님께서 우리에게 주시는 말씀은 반드시 참고하거나 전해야 할 권위 있는 본문을 필요치 않는다. 그분 자체가 말씀이시고, 하나님은 무한하신 지혜와 뜻을 직접 계시하실 수 있다. 하나님께서 말씀하시면 모두 복음이고 또한 진리다. 예수께서 주신 산상수훈의 말씀도 그가 직접 말씀하셨으니 진리의 말씀이다. 그러나 인간은 성경 본문 없이 설교할 수 없고 또 해서도 안 된다. 하나님의 계시는 완성되어 성경에 기록되었고, 계시의 주체가 아닌 인간은 반드시 성경 본문을 들고 설교해야 한다. 그렇지 않으면 성경적인 설교가 될 수 없다. 인간의 타락한 이성에 근거해서 성경을 파편화시키고 단순히 인간의 저작물로 전락시킨 신학을 따른다면 혹시 하나님처럼 성경 본문 없이 마음대로 설교하는 것이 가능할지 모르겠지만, 성경적인 설교는 그 길을 좇지 않는다. 설교자는 반드시 계시의 말씀을 가지고 그 말씀을 설교해야 한다. 그리고 하나님과 인간 설교자는 이처럼 그 출발점이 다르기에 설교 방식에 차이가 있을 수밖에 없다.

둘째, 예수님의 비유는 이해하기 쉽도록 전한 말씀이 아니라 다른 목적으로 행한 설교 방식이기에 우리의 설교 구조의 모델로 그대로 가져와 사용할 수 없다. 신설교학은 이야기식 설교의 근거로 예수님의 비유 설교를 거론한다. 예수님도 적용과 결론이 없는 짧은 이야기로 설교하셨기 때문에 우리도 얼마든지 이야기 형식으로 설교할 수 있다는 지론이다. 그래서 이야기식 설교를 성경적인 설교라고 말한다. 또한 그런 비유의 말씀은 효과적으로 청중에게 전달되었고 그 목적을 충분히 이룰 수 있었다고 주장한다.

그러나 예수께서 비유로 설교하셨을 때 당시 청중은 그 의미를 쉽게 깨닫지 못했다. 심지어 제자들조차 그 내용을 이해하지 못했다는 사실을 주목해야 한다(마 13:10-15, 13:36). 제자들은 종종 예수님의 비유가 의미하는 바가 무엇인지 물었고, 예수께서 비유를 상세히 풀어 설명하신 후에야 정확히 이해하고 깨달을 수 있었다. 예수님은 직접 말씀하시길, 자신이 비유로 말하는 이유는 진리의 말씀을 감춰야 할 대상이 있기 때문이라고 하셨다(마 13:10-15). 따라서 우리는 예수의 비유 형식을 그대로 이야기식 설교나 이야기 설교 형식으로 가져와 사용하면서 청중이 설교자가 의도하는 대로 바르게 이해하고 적용하리라고 생각해서는 안 된다. 예수님의 비유 속에 있는 플롯은 설교 구조에 좋은 힌트가 될 수 있지만, 설교에 예수님의 설교 방식을 그대로 적용한다면 큰 무리가 따를 수밖에 없다. 혹시 설교하려는 내용의 진의를 감추려는 목적이 아니라면 예수님의 '비유'와 더불어 이후 제자들에게 말씀하셨던 '해석'과 '적용'까지 함께 설교의 구조에 담아내야 한다. 그렇게 할 때만 성경적인 설교의 구조라고 할 수 있다.

신설교학은 나단 선지자의 비유도 설교 모델로 제시한다. 하지만 전체의 절반만 살피면서 이야기식 설교의 모델로 삼고 있다. 나단이 다윗에게 비유의 이야기를 전했을 때 다윗은 분명 이야기의 내용을 정확히 이해했다. 그러나 그 비유가 자신을 향한 하나님의 메시지라는 사실은 전혀 깨닫지 못했다. 비유의 정확한 의미를 깨달은 순간은 나단이 비유를 통해 의미했던 바를 분명히 밝히고 적용했을 때였다. 따라서 비유 그 자체를 우리 설교의 형식으로 삼아 예수님처럼 설교하자고 주장하는 이야기식 설교는 우리가 그대로 따르기에 무리가 많은 방식이고 쉽게 가지 말아야 할 길이다.[93] 우리는 하나님과 그리스도를 좇아 다양한 구조로 설교해야 한다고 말하기 전에 먼저 그렇게 설교하는 것이 과연 옳은지 판단해야 한다.

설교자는 하나님께서 주신 본문의 말씀을 해석해서 그 의미를 전해야 한다. 따라서 설교에 어떻게든 본문의 해석과 의미를 밝히는 내용이 들어가

---

[93] 백동조, 227-230 참조.

야 하며 그 내용을 구조 안에 담아내야 한다. 이 사실이 무엇을 말씀하든지 계시이자 진리가 되는 하나님의 발화와 확연히 다른 우리 설교의 구조여야 한다.

하나님처럼 설교하거나 예수님처럼 설교할 수 있다는 생각과 주장은 성경적인 설교학에서 그대로 수용하기 어렵다. 하지만 예외는 있다. 예수께서 구약의 본문을 해석하며 의미를 전달하신 설교가 있다면 얼마든지 설교 구조의 모델로 삼을 수 있다. 계시의 일차 전달자로서가 아니라 이미 주신 말씀의 의미를 전하는 해석자로서 설교하셨기 때문이다. 이를 제외하면 성경적인 설교를 위한 구조 모델을 찾을 때, 일단 성경에 나오는 하나님의 메시지와 예수께서 하신 설교의 상당 부분을 배제해야 한다. 설교의 내용은 당연히 하나님과 그리스도의 말씀이 전부여야 하지만, 설교 구조는 그 형식을 그대로 따라 할 수 없고 또한 해서도 안 된다.

② 선지자들의 설교

구약에는 하나님의 말씀을 직통 계시로 받아 그대로 전하는 선지자들이 있었다. 구약성경은 이들이 전한 말씀을 선지서나 역사서 속에 메시지 형태로 기록해서 보존하고 있다. 그리고 이들의 메시지 역시 하나님의 말씀을 전하는 행위이기에 '설교'라고 부를 수 있다. 그러나 대부분의 메시지는 우리가 참고하려는 설교 구조의 모델로 적합하지 않다.

칼 바르트(Karl Barth)는 선지자들의 증거에 특별한 지위를 부여하려고 했다.[94] 선지자들은 하나님의 계시를 직접 들었으며 그 말씀을 전함으로써 권위를 얻게 된 사람들이다. 바르트는 이러한 선지자들처럼 오늘날의 설교자들도 하나님의 말씀을 새롭게 전할 수 있다고 보고 기록된 성경을 통하지

---

94 Edmund P. Clowney, 28.

않는 주관적이고 개인적인 설교의 가능성의 문을 열어 놓았다. 그리고 설교는 하나의 사건이 됨으로써 하나님의 말씀으로서의 권위를 소유한다고 보았다.[95] 하지만 이는 자유주의를 반대하면서도 자유주의 신학의 유물을 그대로 답습하며 실존주의 철학의 목적을 따르는 잘못된 성경관에서 비롯된 실천신학이었다. 하나님의 말씀에 대한 잘못된 신학이 성경과 설교에 대한 오해를 가져왔다. 성경적인 설교는 바르트 등의 주장처럼 성경 본문 없이도 얼마든지 설교할 수 있다고 말하지 않는다. 그런 방식의 설교는 결코 하나님의 말씀인 성경과 동등한 권위를 가질 수 없다.

선지자들의 설교를 모델로 삼을 수 없는 첫 번째 이유는 전하는 메시지의 성격 때문이다. 선지자들은 기록된 율법이나 성경의 내용을 밝히며 설교하는 사람들이 아니었다. 그들은 하나님에게서 직접 받은 메시지를 전하는 사역자들이었다. 하나님께서 주신 말씀의 의미를 밝혀야 할 필요도 없었다. 하나님께서 그들의 입에 두시는 대로 심판과 경고의 메시지, 구원과 회복의 메시지를 전하면 그걸로 충분했다. 그들의 예언은 나팔과 같은 사역이었다. 따라서 오늘날 우리는 그들의 예언이나 심판의 메시지를 설교의 내용으로 사용할 수 있지만, 그들이 전한 설교의 구조를 우리의 설교 모델로 삼아 그대로 사용할 수 없다는 사실을 알아야 한다. 우리는 하나님으로부터 직통 계시를 받아 전하는 사역자들이 아니다. 설교자는 항상 하나님의 기록된 말씀을 해석하고 의미를 밝히며 이 시대를 향한 하나님의 구체적인 뜻을 찾아 전달하고 적용해야 한다. 성경이 없다면 설교할 내용도 없다. 하나님은 이제 이 시대를 위한 새로운 말씀을 직접 계시해 주시지 않는다. 기록된 말씀을 읽고 해석하고 설교로 준비할 때 유기적 조명이 있을 뿐이다. 이미 모든 계시를 완성하시고 성경으로 기록해 놓으셨다.

---

95   Edmund P. Clowney, 28 참조.

존 스토트(John R. W. Stott)는 "기독교 설교자들은 자신을 이전의 선지자로 간주한다는 의미에서 성령에 의하여 감동을 받은 사람들이 아니다"라고 말했다.[96] 우리는 선지자들처럼 성령의 영감을 받는 사람들이 아니다. 이제 성령의 조명을 통해 사역하는 설교자들이다. 조명은 성경을 읽을 때 하나님께서 뜻하는 바의 의미를 밝히시는 성령의 사역이다. 그러므로 마치 영감받는 설교자인 것처럼 설교해서는 안 된다.

둘째, 당시 선지자들은 직통 계시로 받은 말씀을 전달했기 때문에 마치 하나님께서 현현하셔서 말씀하시듯 설교했다. 그래서 우리는 그 방식을 우리의 설교에 적용할 수 없다. "선지자적인 설교는 종종 일인칭 화법으로 전달"되었다.[97] 하나님께서 직접 말씀하시거나 하나님의 대리인으로서 그 말씀 그대로를 전달하는 것처럼 전한 것이다. 하지만 우리는 기록된 하나님의 말씀을 해석해서 의미를 밝히고 복음을 전하는 사역자들이다. 설교하면서 마치 하나님께서 직접 말씀하시듯이 하지 않는다. 기록된 말씀과 설교자를 동격화하지 않는다. 하나님께서 이 시대에는 설교자를 단순히 소리를 내보내는 스피커나 나팔, 혹은 물을 흘려보내는 파이프처럼 사용하시지 않는다. 하나님께서 우리를 도구로 사용하시고 직접 단어 하나까지 선택해서 말씀하시는 시대는 이미 지나갔다.

그래서 설교 구조와 관련해서 직통 계시를 전달하는 선지자들의 설교는 성경적인 설교의 적절한 구조 모델이 될 수 없다. "성경적 설교는 구약의 예언과는 다르다."[98] 성경적인 설교는 기본적으로 성경을 해석하고 그 의미를 밝히고 적용하는 과정이 포함되기에 마치 하나님 자신이 설교하듯 전하는 선지자들의 설교 구조와 같을 수 없다.

96　John R. W. Stott, *The Preacher's Portrait*, 11-12.

97　Zack Eswine, 180.

98　Bill D. Whittaker, 39.

③ 말씀으로서의 성경 장르

신설교학과 그들의 이론에 영향을 받은 설교자들은 성경 장르의 다양성을 근거로 다양하게 설교해야 한다고 말한다. 예를 들어, 제프리 아더스(Jeffrey D. Arthurs)는 성경적인 설교는 설교의 구조까지도 성경적이어야 한다면서 다양성을 추구하라고 말했고 그 근거 중의 하나로 성경 장르의 다양성을 거론하고 있다. 나아가 장르의 형식을 그대로 설교 구조에 반영해야 한다면서 "어떤 설교의 형식은 그 본문의 효과를 그대로 드러내어야만 한다"라고 말했다.[99] 또한 워렌 위어스비(Warren W. Wiersbe)도 장르를 염두에 두고 "설교의 구조는 기본적으로 본문이 내용을 전개하는 방식에 좌우된다"라고 말했다.[100] 이런 주장은 최근의 설교학자들에게서 얼마든지 찾아볼 수 있는 이론이고 주장이다. 제프리 아더스가 말한 '어떤 설교의 형식'이라는 말과 워렌 위어스비가 말한 '기본적'이라는 말이 많은 논의를 불식시킬 수 있지만, 사실 이를 실행하기까지는 주의 깊은 고민이 필요하다.

최근의 설교학은 본문의 장르와 전개 방식을 어떻게 설교의 구조와 연결할 수 있을지에 대한 이론서를 계속 출간하고 있다. 그런 서적들에는 성경적 설교의 구조에 참고가 될 만한 이론과 사실 적용하기 어려운 이론이 함께 공존하고 있다. 성경은 하나님의 영감을 받아 기록한 말씀이다. 하지만 하나님은 인간 저자와 수사법과 문학과 언어를 사용하셨다. 그래서 성경에는 다양한 장르와 수사법과 전개 방식이 나타난다. 물론 해석학이 발전하면서 성경의 장르를 주목하게 하고 장르에 따라 적절한 해석 방법론을 사용해서 본문의 의미를 정확하게 밝힐 수 있게 했다는 점에서만큼은 대단히 고무적이다. 성경의 장르에 대한 인식이 해석학에 중요한 통찰과 방법론을 제공

99　Jeffrey D. Arthurs, 13.

100　Warren Wiersbe & David Wiersbe, 25.

했다는 점에 있어서는 논란의 여지가 없다. 하지만 성경의 장르나 각 장르가 가지고 있는 독특한 전개 방식을 설교의 구조에 그대로 직결할 수 있다는 주장은 반드시 신학적으로 점검해 봐야 한다.

물론 설교 구조를 구성하는 데 어떤 장르는 다른 장르보다 더 직접적인 영향을 줄 수 있다. 연역적인 접근은 서신서나 성경의 다른 교훈적인 부분을 설교하는 일과 밀접하게 관련이 있고, 귀납적인 형식은 성경의 내러티브 영역이나 특별히 비유들과 밀접한 관계가 있을 수 있다.[101] 하지만 반드시 그렇게 해야 하는 것은 아니다. 서신서를 설교할 때도 얼마든지 귀납적인 방식으로 설교를 전개할 수 있고, 내러티브 본문을 설교할 때도 연역적으로 강력히 선포하면서 놀라운 능력을 나타낼 수 있다. 혹이라도 장르의 전개 방식을 따르는 것을 본문에 대한 순종이라고 주장하고 싶을지 모르겠지만 그렇게 말할 수 있는 근거가 어디에도 없다.

성경의 전개 방식을 무조건 따른다고 다 성경적인 설교가 되는 것은 아니다. 본문의 구조는 설교 구조에 분명히 영향을 줄 수 있지만, 본문의 구조를 그대로 설교 구조에서 똑같이 따라야 할 필요는 없다. 하나님께서 성경을 통해 보여 주시는 본문의 구조를 기본으로 하면서 동시에 성경에 관한 바른 신학과 철학을 따르는 설교의 구조를 사용할 때 비로소 성경적인 설교의 구조라고 할 수 있다.

둘째, 더 큰 문제는 장르는 수사적인 구조라기보다는 문학적인 구조에 가깝다는 점이다. 구두로 전승하던 내용을 글로 기록했고 곳곳에 수사법과 발화 양식이 자주 사용되었을지라도 하나님은 성경을 글로 기록하셨고 그래서 성경은 문학적인 특성을 나타내고 있다. 전개 방식에서도 마찬가지다. 그리고 글은 말보다 훨씬 더 복잡하고 긴 구조를 사용한다. 하나의 장르 안

---

101 Michael J. Quicke, 111.

에는 여러 구조가 함께 혼재되어 나타나기도 한다. 그런 문학 구조를 그대로 가져다 설교의 수사 구조로 사용한다면 쉽게 이해할 수 없는 매우 복잡한 구조가 될 것이다. 그렇다면 구조는 오히려 설교 전달을 방해하는 가장 큰 이유가 되고 말 것이다.

마지막으로 성경의 모든 '장르'를 '설교'로 대칭해서 표현하는 것도 잘못이다. 물론 성경은 하나님의 말씀이다. 성경은 한 글자도 예외 없이 하나님의 뜻을 밝히고 있다. 그런 의미에서 성경 전체를 하나님의 설교라고 말할 수 있다. 그래서 장르도 설교와 연결해서 이해하려는 것이다. 하지만 반대로 뒤집어서 생각해 보자. 하나님의 뜻을 나타낸다고 다 설교라고 할 수 있을까? 결코, 그렇지 않다. 하나님의 뜻을 보여 주는 방식은 매우 다양하다. 성경에 나오는 장르는 그런 의미에서 이해해야 한다. 설교와 다른 다양한 방식으로 하나님의 뜻을 보여 주는 문학적, 혹은 수사적 형식들이다. 즉, 설교를 하나님의 뜻을 밝히는 행위라고 할 수 있지만, 하나님의 뜻을 밝히는 행위를 다 설교라고 할 수는 없다. 하나님의 뜻을 다양한 방식으로 보여 주는 '성경' 안에서 성경을 해석해서 전하는 '설교'는 분명히 그 하위 범주에 속하는 다른 개념이다.

따라서 장르의 다양성은 설교 구조를 다양하게 할 수 있다는 유비적 이해는 주겠지만, 직접적 근거가 될 수는 없다. 장르의 구조를 분석하거나 그 안에 기록되어 있는 메시지의 구조를 분석할 수는 있지만 '성경적인 설교의 구조'를 찾기 위한 목적으로 분석해서는 안 된다. '장르'와 '설교'는 하나님의 뜻을 전하는 같은 행위를 지칭하는 동의어가 아니다. 우리는 다양한 장르 안에서 기본적으로 '설교'라는 독특한 발화 형식을 찾아 성경적인 설교 구조의 모델로 삼아야 한다. 그것도 인간 설교자가 하나님의 말씀을 가지고 그 의미를 해석하여 전하는 설교를 찾아 분석해야 한다. 그것이 진정한 의미에서 성경적인 설교를 위한 구조 연구다.

2) 구조의 모델로 삼아야 할 설교

성경에서 성경적인 설교 구조의 모델로 삼을 수 있는 것은 일차적으로 인간의 '설교'로 한정해야 한다. 이는 하나님의 말씀을 대중에게 전하는 분명한 양식으로서의 설교를 말한다. 설교라고 볼 수도 있는 다른 것들은 배제해야 한다. 설교는 문학과는 완전히 다르며 대중 앞에서 말하는 연설의 범주 안에서도 따로 구별해야 하는 독특성을 가지고 있다.

또한 그 안에서도 오직 '하나님께서 주신 말씀'을 근거로 본문을 해석하고 의미를 전하는 독특한 양식으로 한정해야 한다. 그런데 여기서 '하나님께서 주신 말씀'은 '기록된 말씀', '계시의 말씀', '역사 자료'를 다 포함한다. 정경화가 되기 전의 성경 저자들이나 설교자들은 하나님으로부터 직접 말씀을 듣거나 과거의 역사를 구두로 전승받아 기억에 의존해서 설교했기 때문이다. 그러나 그 자료들은 분명히 하나님께서 설교하도록 주신 본문이었다. 예를 들어, 나단 선지자가 다윗에게 한 설교는 하나님께서 직접 주신 말씀을 해석하고 재구성해서 가장 적실하게 전한 설교였다. 그의 설교는 하나님으로부터 '직접 들은 말씀'에서 나왔지만 역시 그 말씀은 기록된 본문과 같은 성격을 지닌다. 이런 경우는 성경적인 설교의 구조 모델로 삼을 수 있다. 하나님께서 주신 계시를 근거로 설교했다는 점에서 기록된 본문과 차이가 없다.

그러므로 성경에 나오는 설교라 할 수 있는 여러 발화 중에서 성경적인 설교의 구조를 살펴보기에 적합한 설교는 '기록'되거나 '역사로 전승'되거나 '직접 계시로 주신 하나님의 말씀'을 근거로 하는지 아닌지에 달려 있다. 무엇보다 이는 성경적인 설교의 가장 기본 요건이다. 성경적인 설교의 절대적인 조건은 '성경 본문'을 설교하는 것에 있다. 따라서 성경에서 설교의 모델을 찾을 때도 '성경적인 설교'의 이런 요건을 반드시 충족시키는 것이어야 한다. 그 설교들을 소개하면 다음과 같다.

① 구약의 내용을 근거로 하는 예수님의 설교

예수님의 설교는 비유와 가르침으로 구성되어 있다. 신설교학은 예수님의 설교를 비유로 한정하는데, 예수님은 비유로만 설교하신 것은 아니었다. 비유와 더불어 직설적인 교훈과 가르침도 많았다. 그리고 그 설교 중에는 구약을 인용하고 구약의 예언과 말씀이 의미하는 바를 밝혀 주는 설교들도 있었다. 그런 설교를 분석해야 한다. 또한 주께서 이미 말한 바를 근거로 말씀을 이어가는 설교도 있었다. 그렇다면 이런 설교도 성경적인 설교의 구조로 분석할 수 있다. 이는 성경을 설교한다는 점에서 우리의 방식과 같으며, 자신에게서 예언이 성취된다는 점에서 구속사적이고 그리스도 중심적이다.

② 사도들과 초대교회 지도자들의 설교

사도들과 초대교회의 말씀 사역자들의 설교는 성경적인 설교의 구조 연구를 위해서 우리가 반드시 분석해야 하는 본문들이다. 사도들은 구약에 기록된 역사와 예언을 통해 예수가 그리스도이심을 밝히며 청중에게 적용했다. 그들의 설교는 성경적인 설교의 요소들을 다 가지고 있고 성경적인 설교에 대해서 가장 많은 정보를 제공하고 있다.

신약의 사도들의 증거와 설교는 특별히 예수 그리스도께서 구약의 예언을 해석하고 그 내용을 자신에게 연결하신 패턴을 따라 최대한 충실하게 시행되었다.[102] 그 기본적인 구조는 다음과 같다. 첫째, 구약의 본문을 제시한다. 둘째, 그 본문을 해석하고 의미를 밝힌다. 셋째, 그 본문을 그리스도에게로 연결하며 적용하거나 개인의 신앙과 삶에 연결하며 적용한다.

---

102 Edmund P. Clowney, 30-32.

③ 선지자들의 일부 설교

마지막으로 선지자들의 설교 중 일부는 구조 분석과 연구에 사용될 수 있다. 선지자들의 메시지 중에도 하나님의 기록된 말씀이나 직접 받은 계시의 말씀을 해석해서 의미를 밝히며 전한 설교들이 있기 때문이다. 많은 경우에는 하나님의 직통 계시를 일인칭 화법을 사용하면서 가감 없이 전했지만 몇몇 곳에서 하나님으로부터 받은 본문을 가지고 설교하는 내용을 찾아볼 수 있다. 구약에서 설교의 모델로 참고해야 할 본문들이 바로 그런 경우다.

이에 더해서 성경이 기록되기 이전에 과거 역사를 가지고 설교하는 형식도 우리의 설교 모델로 삼을 수 있다. 그 역사를 해석해서 의미를 전하고 회중의 오늘과 내일로 연결하는 방식은 성경이 정경으로 완성되기 전에는 정당한 설교 방식이었다.

3) 구약의 설교 분석

먼저 구약에서 성경적인 설교 구조의 모델이 될 수 있는 설교들을 하나하나 분석해 보자. 성경적인 설교의 구조는 성경적인 설교의 철학과 신학을 반영할 뿐만 아니라 성경 안에서 보여 주는 구조를 찾아 실현하는 방식이어야 한다.

① 모세의 설교

먼저 모세의 신명기 설교를 살펴보자. 신명기는 모세가 가나안을 앞두고 모압 평지에서 행한 설교를 기록한 내용으로 이뤄져 있다(신 1:1). 그런데 그 내용을 전부 분석하는 일은 너무 방대한 작업이며, 또한 신명기 전체를 단 한 편의 설교로 보기에도 무리가 있다. 그 안에는 다양한 내용과 설교들이 어우러져 있고 역사와 예언과 율법도 함께 기록되어 있다. 그래서 신명기 안에서 우리의 설교와 유사한 설교 형식으로 시작되고 완결되는 설교 몇 편을 선택해서 그 부분만 분석해 보려고 한다.

신명기 설교들에는 반복되고 있는 기본적인 구조가 있다. 그 구성은 첫째, '해석을 통한 과거 역사 회상', 둘째, '하나님께서 역사를 통해 보여 주시는 의미 전달', 셋째, '그 의미를 근거로 앞으로 나아가야 할 방향 제시'로 이뤄져 있다. 그중 대표적인 예로 신명기 4장 32절에서 40절까지의 말씀을 살펴보자.

A. 신명기 4:32-40

³²네가 있기 전 하나님이 사람을 세상에 창조하신 날부터 지금까지 지나간 날을 상고하여 보라 하늘 이 끝에서 저 끝까지 이런 큰 일이 있었느냐 이런 일을 들은 적이 있었느냐 ³³어떤 국민이 불 가운데에서 말씀하시는 하나님의 음성을 너처럼 듣고 생존하였느냐 ³⁴어떤 신이 와서 시험과 이적과 기사와 전쟁과 강한 손과 편 팔과 크게 두려운 일로 한 민족을 다른 민족에게서 인도하여 낸 일이 있느냐 이는 다 너희의 하나님 여호와께서 애굽에서 너희를 위하여 너희의 목전에서 행하신 일이라

³⁵이것을 네게 나타내심은 여호와는 하나님이시요 그 외에는 다른 신이 없음을 네게 알게 하려 하심이니라 ³⁶여호와께서 너를 교훈하시려고 하늘에서부터 그의 음성을 네게 듣게 하시며 땅에서는 그의 큰 불을 네게 보이시고 네가 불 가운데서 나오는 그의 말씀을 듣게 하셨느니라 ³⁷여호와께서 네 조상들을 사랑하신 고로 그 후손인 너를 택하시고 큰 권능으로 친히 인도하여 애굽에서 나오게 하시며 ³⁸너보다 강대한 여러 민족을 네 앞에서 쫓아내고 너를 그들의 땅으로 인도하여 들여서 그것을 네게 기업으로 주려 하심이 오늘과 같으니라

³⁹그런즉 너는 오늘 위로 하늘에나 아래로 땅에 오직 여호와는 하나님 이시요 다른 신이 없는 줄을 알아 명심하고 ⁴⁰오늘 내가 네게 명령하는 여호와의 규례와 명령을 지키라 너와 네 후손이 복을 받아 네 하나님 여호와께서 네게 주시는 땅에서 한 없이 오래 살리라

모세는 먼저 32-34절의 말씀을 통해서 하나님께서 과거 이스라엘을 위해 행하신 일들을 말했다. 그 당시에는 성경이 없었기 때문에 하나님께서 행하신 과거의 일이 곧 설교를 위한 본문이 되었다. 당시 이스라엘에는 역사가 곧 텍스트였다.[103] 모세는 이를 '역사하시는 유일하신 신'의 해석적 관점 안에서 정리하고 제시하였다. 그리고 뒤를 이어서 하나님께서 그 일을 행하신 일에 어떤 의미가 있었는지를 밝히고 있다. 텍스트를 해석해서 의미를 밝혀 준 것이다. 그 부분이 35-38절까지의 내용이다. 그리고 마지막으로 그 의미를 통해 이스라엘 백성이 앞으로 어떻게 살아가야 할지를 밝히면서 적실하게 적용하고 있다. 그 부분이 마지막 39절에서 40절까지의 말씀이다. 이를 분석해서 살펴보면 '본문', '해석된 의미', '의미의 적용'으로 분명하게 구분할 수 있다.

그런데 여기엔 특이점이 하나 있다. 모세의 설교는 단순히 텍스트의 내용을 정리하는 방식으로 구성되지 않았다는 사실이다. 그는 역사의 텍스트를 해석하고 전할 때 그 내용에 '해석의 과정'을 담아서 표현했다. 먼저 "상고해 봐라"라고 하면서 문제를 제기했고(32절), 계속 질문을 반복하면서 역사를 해석하는 과정에 청중을 동참시켰다(32-34절). 청중은 단순히 역사의

---

103   이 말이 오늘날에도 역사를 텍스트(text)로 사용할 수 있다는 말은 아니다. 그 당시에는 계시가 계속 주어지고 있었고 성경 본문이 완성되지 않았다. 그래서 그들에게는 역사가 곧 텍스트가 될 수 있었다. 그러나 오늘날에는 계시가 완성되어 우리에게 성경으로 주어졌기에 그 외에 다른 텍스트는 없다.

재진술을 들은 것이 아니라 역사를 해석적인 시각으로 풀어가는 과정에 직접 동참하면서 말씀을 들었다. 모세는 그러한 논리적 귀납법의 과정을 설교 구조로 사용하면서 청중과 함께 '의미'를 향해 나아갔다. 바로 여기서 성경적인 설교를 위한 구조의 중요한 힌트를 얻을 수 있다.

모세는 이 본문만이 아니라 여러 본문에서 논리적 귀납법을 사용하며 역사의 의미를 찾아가는 해석의 과정에 청중을 직접 동참시키면서 하나님의 말씀을 효과적으로 전했다. "신명기서에 수록된 설교 내용들은 이스라엘 사회에 있었던 율법공동체의 생활규약, 신앙에 관련된 제반 규약, 그들의 국가 질서를 위한 사회법규 등의 해석과 설명으로 볼 수 있다."[104] 전부 이스라엘에게 필요했던 하나님의 말씀들이다. 그리고 그렇게 진행된 설교에서 전달하려던 의미가 분명해지면 이어서 청중에게 적실하게 적용하였다. "모세는 단순히 율법 전수자나 그 해설자로 그치지 않고 그러한 율법 등을 통하여 이스라엘 민족의 기본적 신앙 자세와 역사적 사명을 밝히려 하여 그 백성들의 생활과 신앙 문제를 더 깊이 관심하고 있다."[105] 그리고 의미를 밝힌 후에 이어지는 뒷부분의 설교 내용은 예시로 제시한 본문과 같이 연역적인 방식으로 전개되었다.

바로 이와 같은 형식이 모세가 행한 설교의 구조였다. 의미를 밝히기까지 논리적 귀납법으로 설교를 전개하다가 이후에 연역적으로 돌아선다. 이런 구조를 우리는 '혼합적 구조'라고 일컫는다. 그리고 이제 밝히기 시작하지만, 이 혼합적 설교 형식이 바로 필자가 강력하게 제시하려는 성경적인 설교의 구조다. 본문은 특별히 혼합적 설교 형식 중에도 '귀납적 연역법'을 사용하고 있다.[106]

104　유부웅,『성서적 설교와 한국교회 강단』(서울: 문장, 1984), 30.
105　유부웅, 30,31.
106　'귀납적 연역법'에 대한 자세한 이해와 설명은 본서 4장을 참고하라.

이와 같은 예는 신명기에서 반복되고 있다. 또 다른 예로 신명기 5장 22절에서 6장 3절까지의 말씀을 보자.

B. 신명기 5:22-6:3

[22]여호와께서 이 모든 말씀을 산 위 불 가운데, 구름 가운데, 흑암 가운데에서 큰 음성으로 너희 총회에 이르신 후에 더 말씀하지 아니하시고 그것을 두 돌판에 써서 내게 주셨느니라 [23]산이 불에 타며 캄캄한 가운데에서 나오는 그 소리를 너희가 듣고 너희 지파의 수령과 장로들이 내게 나아와 [24]말하되 우리 하나님 여호와께서 그의 영광과 위엄을 우리에게 보이시매 불 가운데에서 나오는 음성을 우리가 들었고 하나님이 사람과 말씀하시되 그 사람이 생존하는 것을 오늘 우리가 보았나이다 [25]이제 우리가 죽을 까닭이 무엇이니이까 이 큰 불이 우리를 삼킬 것이요 만일 우리가 우리 하나님 여호와의 음성을 다시 들으면 죽을 것이라 [26]육신을 가진 자로서 우리처럼 살아 계시는 하나님의 음성이 불 가운데에서 발함을 듣고 생존한 자가 누구니이까 [27]당신은 가까이 나아가서 우리 하나님 여호와께서 하시는 말씀을 다 듣고 우리 하나님 여호와께서 당신에게 이르시는 것을 다 우리에게 전하소서 우리가 듣고 행하겠나이다 하였느니라 [28]여호와께서 너희가 내게 말할 때에 너희가 말하는 소리를 들으신지라 여호와께서 내게 이르시되 이 백성이 네게 말하는 그 말소리를 내가 들은즉 그 말이 다 옳도다 [29]다만 그들이 항상 이같은 마음을 품어 나를 경외하며 내 모든 명령을 지켜서 그들과 그 자손이 영원히 복 받기를 원하노라 [30]가서 그들에게 각기 장막으로 돌아가라 이르고 [31]너는 여기 내 곁에 서 있으라 내가 모든 명령과 규례와 법도를 네게 이르리니 너는 그것을 그들에게 가르쳐서 내가 그들에게 기업으로 주는 땅에서 그들에게 이

것을 행하게 하라 하셨나니 ³²그런즉 너희 하나님 여호와께서 너희에게 명령하신 대로 너희는 삼가 행하여 좌로나 우로나 치우치지 말고 ³³너희 하나님 여호와께서 너희에게 명령하신 모든 도를 행하라 그리하면 너희가 살 것이요 복이 너희에게 있을 것이며 너희가 차지한 땅에서 너희의 날이 길리라 ⁶:¹이는 곧 너희의 하나님 여호와께서 너희에게 가르치라고 명하신 명령과 규례와 법도라 너희가 건너가서 차지할 땅에서 행할 것이니 ²곧 너와 네 아들과 네 손자들이 평생에 네 하나님 여호와를 경외하며 내가 너희에게 명한 그 모든 규례와 명령을 지키게 하기 위한 것이며 또 네 날을 장구하게 하기 위한 것이라 ³이스라엘아 듣고 삼가 그것을 행하라 그리하면 네가 복을 받고 네 조상들의 하나님 여호와께서 네게 허락하심 같이 젖과 꿀이 흐르는 땅에서 네가 크게 번성하리라

모세는 여기서 하나님께서 십계명을 비롯한 명령과 규례와 법도를 주신 이유를 밝히고 있다. 그것이 설교의 중심 사상이었다. 그런데 그 의미를 드러내기 위해서 먼저 앞부분에서는 두 돌판과 관련된 역사적 이야기를 다루고(text) 그다음에 32절과 33절에 이르러 그것을 주신 이유를 드러냈다. 그 이유가 바로 본문을 통해 밝히려는 의미였다. 그리고 마지막으로 6장에서는 그 이유(의미)를 통해서 앞으로 가나안 땅에서 이스라엘 백성이 어떻게 살아가야 할지를 밝히며 적실하게 적용했다.

보는 바와 같이, 모세는 이 본문의 설교도 '텍스트', '의미', '적용'의 형태로 전개하였다. 또한 그 의미를 드러내기까지의 과정을 역사에서 선별한 대화 내용을 통해 역동적으로 전개해 나갔는데, 청중은 대화 형식을 통해 제시된 텍스트에 흥미를 느끼며 본문 해석의 과정에 동참했고 함께 의미에 도달할 수 있었다. 그래서 여기까지의 진행 과정은 귀납적이다. 그리고 이후

에 이뤄진 적용은 역시 연역적으로 전개되면서 설교는 혼합적 구조를 취하고 있다.

신명기에는 곳곳에서 이와 같은 방식으로 진행되는 설교를 쉽게 찾아볼 수 있다. 이는 하나님께서 원하시는 성경적인 설교는 기본적으로 '본문', '의미', '적용'으로 구성되어 있으며, 그 구조는 혼합적인 형식을 취하고 있다는 사실을 보여 준다.

② 사무엘의 설교

다음으로 이스라엘 백성이 왕을 구할 때, 사무엘이 사울을 왕으로 세우면서 이스라엘 백성에게 한 설교(삼상 12:6-17)를 살펴보자. 이 설교를 들으면서 이스라엘 백성이 크게 두려워한 것을 보면(삼상 12:18) 그 설교가 얼마나 효과적이었는지 알 수 있다.

> [6]사무엘이 백성에게 이르되 모세와 아론을 세우시며 너희 조상들을 애굽 땅에서 인도하여 내신 이는 여호와이시니 [7]그런즉 가만히 서 있으라 여호와께서 너희와 너희 조상들에게 행하신 모든 공의로운 일에 대하여 내가 여호와 앞에서 너희와 담론하리라 [8]야곱이 애굽에 들어간 후 너희 조상들이 여호와께 부르짖으매 여호와께서 모세와 아론을 보내사 그 두 사람으로 너희 조상들을 애굽에서 인도해 내어 이곳에 살게 하셨으나 [9]그들이 그들의 하나님 여호와를 잊은지라 여호와께서 그들을 하솔 군사령관 시스라의 손과 블레셋 사람들의 손과 모압 왕의 손에 넘기셨더니 그들이 저희를 치매 [10]백성이 여호와께 부르짖어 이르되 우리가 여호와를 버리고 바알들과 아스다롯을 섬김으로 범죄하였나이다 그러하오나 이제 우리를 원수들의 손에서 건져내소서 그리하시면 우리가 주를 섬기겠나이다 하매 [11]여호와께서 여룹바알과

베단과 입다와 나 사무엘을 보내사 너희를 너희 사방 원수의 손에서 건져내사 너희에게 안전하게 살게 하셨거늘 ¹²너희가 암몬 자손의 왕 나하스가 너희를 치러 옴을 보고 너희의 하나님 여호와께서는 너희의 왕이 되심에도 불구하고 너희가 내게 이르기를 아니라 우리를 다스릴 왕이 있어야 하겠다 하였도다 ¹³이제 너희가 구한 왕, 너희가 택한 왕을 보라 여호와께서 너희 위에 왕을 세우셨느니라

¹⁴너희가 만일 여호와를 경외하여 그를 섬기며 그의 목소리를 듣고 여호와의 명령을 거역하지 아니하며 또 너희와 너희를 다스리는 왕이 너희의 하나님 여호와를 따르면 좋겠지마는 ¹⁵너희가 만일 여호와의 목소리를 듣지 아니하고 여호와의 명령을 거역하면 여호와의 손이 너희의 조상들을 치신 것 같이 너희를 치실 것이라 ¹⁶너희는 이제 가만히 서서 여호와께서 너희 목전에서 행하시는 이 큰 일을 보라 ¹⁷오늘은 밀 베는 때가 아니냐 내가 여호와께 아뢰리니 여호와께서 우레와 비를 보내사 너희가 왕을 구한 일 곧 여호와의 목전에서 범한 죄악이 큼을 너희에게 밝히 알게 하시리라

사무엘은 먼저 하나님의 은혜를 잊은 이스라엘의 역사 속에서 하나님께서 어떻게 공의롭게 일하셨는지를 살피면서 설교를 시작한다. 여기서 우리는 설교를 시작하면서 '하나님의 공의'(12:7)에 대해 먼저 말한 것을 보면서 연역적인 설교로 생각할 수 있다. 하지만 설교 전체를 살펴보면 연역적인 설교가 아니다. 본문에 해당하는 이스라엘의 역사와 하나님의 심판을 함께 해석하며 풀어 진술하다가 그 역사와 현재 이스라엘의 상황을 "그들이 그들의 하나님 여호와를 잊은지라"라는 진술로 연결한다(9절). 설교의 진정한 의미는 설교 앞에 밝힌 하나님의 공의에 있지 않고 그러한 공의 앞에 이

스라엘 백성이 은혜를 망각한 모습을 지적하는 데 있었다. 따라서 역사를 해석해서 들려주는 방식을 통해서 당시 청중에게 밝히려 했던 진정한 명제는 뒤로 미루는 귀납적 방식으로 전개되었음을 알 수 있다. 그리고 설교의 적정 시점이 되어서 현재 이스라엘 역시 하나님의 은혜를 망각하고 그들이 의지할 왕을 구하는 문제의 의미를 제시했다(12-13절). 그 후에 하나님께서 그들의 간구대로 응답하시되 왕의 제도 안에서 이스라엘이 행해야 할 일들을 적용하여 설명하며 설교를 마무리했다.

이는 설교의 구조가 과거와 현재를 대비하면서 결론으로 나아가는 구조라서 바로 직접적으로 '텍스트' ⇒ '의미' ⇒ '적실한 적용'의 형식을 갖춘 것은 아니었다. 하지만 '텍스트의 상황과 오늘날의 상황 비교' ⇒ '그 비교 가운데 의미 발견' ⇒ '적실한 적용'이라는 형식을 취함으로써 결국은 배열에서 약간의 차이가 있을 뿐이지 기본적으로는 모세의 설교와 같은 구조를 사용하고 있다는 사실을 알 수 있다.

이 설교는 역사의 텍스트를 해석하면서 그 내용을 현재와 연결했고 이를 통해 설교의 중심 사상으로서의 의미로 나아갔다. 그리고 제시된 의미를 통해서 청중의 현재와 미래를 향해 말씀을 적용하면서 마무리하고 있다. 이는 중심 주제를 앞에서 제시하는 연역적 구조도 아니고 마지막에 제시하면서 마무리하는 귀납적 구조도 아니다. 전반부에 귀납적으로 전개하면서 의미를 향해 나아가다가 이후에 연역적으로 적용하면서 마무리하는 혼합적인 구조의 설교다.

③ 에스라와 동료들의 설교

다음으로 살펴볼 본문은 에스라와 그의 동료들이 함께 설교한 내용(느 8:1-12)이다. 이 본문에는 설교가 바르게 선포되었을 때 나타나는 현상이 평가와 함께 기록되어 있다. 특별히 성경적인 설교가 선포되는 현장에 어떤 반응이 예상되는지 보여 준다. "백성이 율법의 말씀을 듣고 다 우는지라"(느 8:9) 또한 성경적인 설교가 지향하는 바가 무엇인지 깨닫게 한다. "이는 그들이 그 읽어 들려 준 말을 밝히 앎이라."(느 9:12) 이러한 깨달음이 성경적인 설교의 목표다. 성경적인 설교의 핵심과 정수는 하나님의 말씀을 읽고 설명하면서 청중에게 하나님의 뜻을 이해하게 해주는 것이다.[107]

설교자는 하나님의 말씀을 청중에게 전해서 밝히 깨닫게 하려는 목적으로 설교해야 한다. 청중이 설교를 통해 하나님의 뜻을 깨달으면 반드시 그 설교에 응답하고 반응하게 될 것이다. 사무엘의 설교에도 청중이 반응했고, 나단의 설교에도 다윗은 즉각 응답하며 반응했다. 사도들의 설교에도 청중은 어떤 식으로든 반드시 반응을 보였다. 오늘날 우리의 설교를 듣는 청중도 하나님께서 주시는 말씀을 듣는다면 반드시 반응을 보일 것이다. 이를 위해서라도 반드시 본문의 의미를 전달하고 이해시키려는 목적으로 성경적인 설교의 시행을 부단히 노력해야 한다.

우리는 이 본문에서 설교의 전문을 찾아볼 수 없다. 그런 면에서 설교의 모델로 제시하기에 분명히 한계가 있다. 하지만 성경을 통해 설교의 형식을 어느 정도 짐작할 수는 있다. 먼저 에스라는 성경을 봉독했다(느 8:3). 그리고 그의 동료들과 함께 봉독한 성경을 자세히 해석했다(느 8:8). 무엇인가를 '해석했다'라는 말은 '의미를 밝혀 주었다'라는 뜻이다. 또한 그 결과 이스라엘 백성이 '깨달았다'(느 8:8)라고 기록했는데, 깨달음은 의미가 전달되지 않으면 이뤄질 수 없는 내면의 작용이다. 비록 몇 가지 단서에 근거한 추론이지만 '해석'과 그로 말미암은 '의미'가 백성에게 적실하게 전달된 것이다.

또한 본문은 이스라엘 백성이 '듣고 다 울었다'(느 8:9)라고 말씀한다. 우리는 이 구절을 통해서 한 가지 사실을 더 추론해 낼 수 있다. 그것은 그

---

107 R. Albert Mohler, Jr., *He Is Not Silent*, 『말씀하시는 하나님』, 김병하 역(서울: 부흥과 개혁사, 2010), 79.

메시지가 당시 이스라엘 백성의 실존과 밀접하게 관련이 있었다는 사실이다. 단순히 과거의 이야기와 그 해석을 듣고 자신의 실존과 연결해서 생각하기는 어려웠을 것이다. 한두 명도 아니고 모두가 다 울었다는 말은 그 말씀이 모두에게 적실하게 적용되었다는 사실을 보여 준다. 설교자가 처지와 상황에 맞는 적실한 메시지를 전하지 않았는데 각자 알아서 적용하면서 그런 결과가 모두에게 똑같이 나타날 수 없다. 에스라와 그의 동료들은 모두 성경을 해석하고 의미를 전달하면서 적실하게 적용하는 과정을 거쳐 말씀을 전한 것이다.

이를 통해서 에스라와 그의 동료들의 설교 역시 '본문의 내용과 해석 제시' ⇒ '의미 전달' ⇒ '적실한 적용'으로 이뤄지는 설교 형식을 취했을 것이 틀림없다. 성경적인 설교의 형식은 성경에 나오는 모델로 삼을 수 있는 모든 설교에서 공통적이다.

④ 나단 선지자의 설교

다음으로 다윗에게 설교했던 나단 선지자의 메시지를 살펴보자. 나단은 비유의 이야기를 통해 메시지를 전달했다. 다른 설교들은 역사적 사실이나 기록을 해석하면서 의미를 밝히지만 나단은 하나의 이야기를 들려주었고 그 이야기를 통해서 하나님께서 의도하신 의미를 전달하는 형식을 취했다. 이는 신설교학에서 이야기식 설교(narrative preaching)나 이야기 설교(storytelling sermon)의 성경적 증거로 사용하는 본문이지만 사실 그와 전혀 다른 구조를 가진 설교다. 삼하 12장 1절부터 14절을 보자.

> ^{1}여호와께서 나단을 다윗에게 보내시니 그가 다윗에게 가서 그에게 이르되 한 성읍에 두 사람이 있는데 한 사람은 부하고 한 사람은 가난하니 ^{2}그 부한 사람은 양과 소가 심히 많으나 ^{3}가난한 사람은 아무것도

없고 자기가 사서 기르는 작은 암양 새끼 한 마리뿐이라 그 암양 새끼는 그와 그의 자식과 함께 자라며 그가 먹는 것을 먹으며 그의 잔으로 마시며 그의 품에 누우므로 그에게는 딸처럼 되었거늘 [4]어떤 행인이 그 부자에게 오매 부자가 자기에게 온 행인을 위하여 자기의 양과 소를 아껴 잡지 아니하고 가난한 사람의 양 새끼를 빼앗아다가 자기에게 온 사람을 위하여 잡았나이다 하니 [5]다윗이 그 사람으로 말미암아 노하여 나단에게 이르되 여호와의 살아 계심을 두고 맹세하노니 이 일을 행한 그 사람은 마땅히 죽을 자라 [6]그가 불쌍히 여기지 아니하고 이런 일을 행하였으니 그 양 새끼를 네 배나 갚아 주어야 하리라 한지라

[7]나단이 다윗에게 이르되 당신이 그 사람이라 이스라엘의 하나님 여호와께서 이와 같이 이르시기를 내가 너를 이스라엘 왕으로 기름 붓기 위하여 너를 사울의 손에서 구원하고 [8]네 주인의 집을 네게 주고 네 주인의 아내들을 네 품에 두고 이스라엘과 유다 족속을 네게 맡겼느니라 만일 그것이 부족하였을 것 같으면 내가 네게 이것 저것을 더 주었으리라 [9]그러한데 어찌하여 네가 여호와의 말씀을 업신여기고 나 보기에 악을 행하였느냐 네가 칼로 헷 사람 우리아를 치되 암몬 자손의 칼로 죽이고 그의 아내를 빼앗아 네 아내로 삼았도다 [10]이제 네가 나를 업신여기고 헷 사람 우리아의 아내를 빼앗아 네 아내로 삼았은즉 칼이 네 집에서 영원토록 떠나지 아니하리라 하셨고

[11]여호와께서 또 이와 같이 이르시기를 보라 내가 너와 네 집에 재앙을 일으키고 내가 네 눈앞에서 네 아내를 빼앗아 네 이웃들에게 주리니 그 사람들이 네 아내들과 더불어 백주에 동침하리라 [12]너는 은밀히 행하였으나 나는 온 이스라엘 앞에서 백주에 이 일을 행하리라 하셨나이다 하니

[13]다윗이 나단에게 이르되 내가 여호와께 죄를 범하였노라 하매 나단

이 다윗에게 말하되 여호와께서도 당신의 죄를 사하셨나니 당신이 죽지 아니하려니와 ¹⁴이 일로 말미암아 여호와의 원수가 크게 비방할 거리를 얻게 하였으니 당신이 낳은 아이가 반드시 죽으리이다 하고

이 본문은 나단 선지자가 하나님께서 주신 말씀을 가지고 다윗에게 전하는 설교였다. 여기서 나단의 설교는 하나의 이야기로 출발한다. 이는 주어진 본문을 해석하는 과정을 보여 주진 않지만, 설교자 개인의 메시지가 아니라 하나님께서 주신 메시지를 전달했다는 점에서 분명히 성경적인 설교다. 그리고 귀납적으로 전개되는 이야기는 분명 효과적이었다. 다윗은 그 이야기를 들으면서 감정적으로 완전히 동요되었고 크게 분노하면서 "여호와의 살아 계심을 두고 맹세하노니 이 일을 행한 그 사람은 마땅히 죽을 자라"라고 반응했다(5절). 이야기가 가지고 있는 힘을 엿볼 수 있는 대목이다.

그러나 나단의 메시지는 한 편의 이야기를 들려주고 끝내려는 목적이 아니었다. 다윗의 반응을 본 후에 나단은 이야기를 통해 전하려던 진정한 의미를 밝혔다. 그 중심 메시지는 이것이다. "그 악한 부자가 바로 당신이요." 나단은 비유 속의 부자가 다윗을 지칭한다고 말하면서 의미를 밝혔고 이어서 직접적인 적용을 시작했다. 그 적용은 하나님께서 죄를 지은 다윗에게 선포하시는 심판의 메시지였다. 그리고 진정한 설교의 목적은 그 뒤에야 이뤄졌다. 설교 중간에 비유의 이야기를 들었을 때 다윗은 분노하고 정죄했는데 이는 설교의 목적이 아니었다. 오히려 이야기만 들으면 이처럼 잘못된 반응을 보일 위험이 크다는 사실을 보여 준다. 그 뒤에 연역적으로 전개하면서 내린 심판의 메시지를 듣고 나서야 다윗은 자신의 죄를 인정하고 뉘우치는 반응을 보였는데, 바로 이것이 진정한 설교의 목적이었다. 이야기의 효과가 아니라 설교의 효과를 생각한다면 우리가 어떤 구조로 설교해야 할지 자명해지는 대목이다.

그 구조를 말하자면 다음과 같다. '한 편의 이야기' ⇒ '이야기의 의미' ⇒ '구체적인 적용' ⇒ '결론'의 구조다. 이야기는 기본적으로 귀납적인 흐름을 갖기 때문에 이 구조는 귀납적으로 전개되다가 의미를 제시하고 이후 연역적으로 제시된 의미를 적용하며 분명한 결론으로 마무리하는 구조를 취하고 있다. 이 구조는 귀납적으로 전개하며 의미와 중심 사상을 설교 구조의 중간에 위치시키고 이후 연역적으로 적용하고 마무리한다는 점에서 앞에서 분석한 다른 설교들과 동일한 구조를 지닌다. 바로 혼합적 구조다.

⑤ 구약 설교의 분석 결과

이제 구약의 설교들을 분석하면서 성경에서 보여 주는 성경적인 설교의 구조가 무엇인지 밝힐 수 있을 것 같다. 구약에 나오는 설교의 구조는 귀납적으로 전개하다가 의미나 중심 사상을 제시한 후에 그 내용을 연역적으로 적용하고 결론을 맺는 형식으로 이뤄져 있다. 앞에서는 귀납적으로 전개하고, 중반부에서는 의미를 제시하고, 이후 연역적으로 이어서 전개하는 방식이다. 이런 전개 방식을 논리학이나 수사학에서는 '혼합식 구조'(integrative structure)라고 말한다.

성경에서 하나님의 구두 계시나 이스라엘의 역사나 기록되어 있는 계시를 가지고 설교를 구성하는 설교자들은 약간의 차이는 있지만 대부분 혼합적인 구조를 취하고 있다. 때로 어떤 학자들은 그 일부분만을 떼어서 '귀납적'인 설교라고 말한다. 나단의 설교에서 뒤쪽을 제외하고 앞의 이야기만 잘라서 그렇게 말한다. 또 다른 학자들은 설교학에서 말하고 있는 귀납적인 방식—청중의 공통 경험이나 이야기에서 출발하는 방식—과 달리 성경은 명제들을 중심으로 귀납적으로 전하는 구조라서 '연역적'이라고 말하기도 한다. 하지만 그 전개 방식을 정확하게 말하자면, 내용을 전개하는 방식에 약간의 차이는 있지만, 설교의 중심 사상이나 적용할 의미를 구조의 중반부에 위치시키는 '혼합적인 구조'를 취하고 있다. 이제 계속해서 신약에서 그 증거들을 더 살펴보자.

4) 신약의 설교 분석

구약보다 신약에 오늘날 우리의 설교와 유사한 형태의 설교가 더 많이 나온다. 신약의 설교자들은 우리처럼 기록된 성경으로서의 율법과 역사서와 선지서를 가지고 있었기 때문이다. 또한 그리스도께서 승천하신 이후 성령께서 오셔서 이미 기록되거나 예언된 말씀을 생각나게 하시고 깨닫게 하시면서 구약을 통해 예수 그리스도를 증거하고 증언하는 일이 설교의 주된 내용이었기에 오늘날 우리의 설교와 더욱 구조적으로나 이론적으로 유사하게 되었다.

그리고 신약의 설교 중에 가장 완벽한 형식을 갖춘 설교로 사도행전 7장의 스데반 설교와 13장의 바울 설교를 들 수 있다. 마틴 로이드 존스(Martyn Lloyd-Jones)는 이 두 설교가 보여 주는 형식이 오늘날 우리가 따라야 할 설교의 가장 이상적인 모델이라고 말했다.[108] 그와 더불어 베드로와 예수님의 설교까지 살펴보겠다.

① 베드로의 오순절 설교

사도행전 2장에 나오는 베드로의 설교는 예수께서 약속하신 성령을 받고 사도로서 행한 첫 설교였다. 이 설교를 통해서 삼천 명이나 주님 앞으로 돌아왔다. 청중은 베드로의 설교를 듣고 마음이 크게 찔려 예수를 그리스도로 믿고 회개하였다.

베드로의 설교 형식도 기본적으로는 성경 본문을 해석하고 의미를 밝

---

[108] Martyn Lloyd-Jones, 74.

힌 뒤에 이를 청중에게 적용하는 형식을 취한다. 사도행전 2장 14절에서 36절이다.

[14]베드로가 열한 사도와 함께 서서 소리를 높여 이르되 유대인들과 예루살렘에 사는 모든 사람들아 이 일을 너희로 알게 할 것이니 내 말에 귀를 기울이라 [15]때가 제 삼 시니 너희 생각과 같이 이 사람들이 취한 것이 아니라 [16]이는 곧 선지자 요엘을 통하여 말씀하신 것이니 일렀으되 [17]하나님이 말씀하시기를 말세에 내가 내 영을 모든 육체에 부어 주리니 너희의 자녀들은 예언할 것이요 너희의 젊은이들은 환상을 보고 너희의 늙은이들은 꿈을 꾸리라 … (중략) … [32]이 예수를 하나님이 살리신지라 우리가 다 이 일에 증인이로다 [33]하나님이 오른손으로 예수를 높이시매 그가 약속하신 성령을 아버지께 받아서 너희가 보고 듣는 이것을 부어 주셨느니라 [34]다윗은 하늘에 올라가지 못하였으나 친히 말하여 이르되 주께서 내 주에게 말씀하시기를 [35]내가 네 원수로 네 발등상이 되게 하기까지 너는 내 우편에 앉아 있으라 하셨도다 하였으니

[36]그런즉 이스라엘 온 집은 확실히 알지니 너희가 십자가에 못 박은 이 예수를 하나님이 주와 그리스도가 되게 하셨느니라 하니라 [37]그들이 이 말을 듣고 마음에 찔려 베드로와 다른 사도들에게 물어 이르되 형제들아 우리가 어찌할꼬 하거늘

[38]베드로가 이르되 너희가 회개하여 각각 예수 그리스도의 이름으로 세례를 받고 죄 사함을 받으라 그리하면 성령의 선물을 받으리니 [39]이 약속은 너희와 너희 자녀와 모든 먼 데 사람 곧 주 우리 하나님이 얼마든지 부르시는 자들에게 하신 것이라 하고 [40]또 여러 말로 확증하며 권하여 이르되 너희가 이 패역한 세대에서 구원을 받으라 하니

베드로는 먼저 청중을 주목시킨 후, 구약에 기록되어 있는 요엘과 다윗의 예언과 시를(16-21, 25-28절) 귀납적인 방식으로 '해석'해 나갔다(22-24, 29-35절). 그 과정을 통해 그 예언이 예수 그리스도로 연결된다는 사실을 밝혔다. 그리고 구약 예언의 해석된 의미를 통해 설교의 중심 사상을 밝힌다. "너희가 십자가에 못 박은 이 예수를 하나님이 주와 그리스도가 되게 하셨느니라."(36절) 베드로는 설교의 하이라이트에서 구약의 예언과 시를 구속사적으로 해석한 의미를 들려준 것이다.

베드로는 거기서 멈추지 않고 이어서 예수 그리스도에 대한 말씀을 듣고 충격을 받은 백성을 향해 직접적인 '적용'을 시행했다(38-39절). 그리고 마지막에는 결론으로 마무리했다(40절). '해석'과 '의미'와 '적용'과 '결론'을 모두 한 설교 안에 나타내고 있다. 그 과정에서 '해석'과 '본문의 의미'를 발견하는 과정을 설교의 전(前) 단계 작업으로 두지 않았고, 설교 내용으로 드러내었다. 곧 귀납적인 형식으로 의미를 향해 나아가도록 전개했던 것이다. 이는 청중의 삶이나 공통의 경험을 다루는 크래독의 귀납적 구성과는 다른 논리적인 귀납적 전개 방식이다.

베드로는 '귀납적인 전개의 전반부', 귀납적 전개를 통해 도달한 의미로서 '예수 그리스도를 제시하는 중반부', 그리고 '회개하고 죄사함을 받아서 구원을 받아야 한다는 적용과 결론을 제시하는 후반부'의 구조를 취했다. 신약에 나오는 베드로의 첫 설교 역시 구약에서 분석한 설교들과 마찬가지로 설교 중간에 의미가 나오고 이를 전후로 본문의 해석과 적용이 나오는 혼합적 형식이다.

② 스데반의 설교
사도행전 7장에 나오는 스데반의 설교 역시, 비록 각각의 분량의 비중에서는 차이가 있지만, '역사로서의 본문'과 '그 본문의 의미'를 밝히는 내용과

의미의 '적용'을 함께 한 설교 안에 나타내고 있다. 그 내용을 살펴보자.

²스데반이 이르되 여러분 부형들이여 들으소서 우리 조상 아브라함이 하란에 있기 전 메소보다미아에 있을 때에 영광의 하나님이 그에게 보여 ³이르시되 네 고향과 친척을 떠나 내가 네게 보일 땅으로 가라 하시니 ⁴아브라함이 갈대아 사람의 땅을 떠나 하란에 거하다가 그의 아버지가 죽으매 하나님이 그를 거기서 너희 지금 사는 이 땅으로 옮기셨느니라 … (중략) … ⁴⁶다윗이 하나님 앞에서 은혜를 받아 야곱의 집을 위하여 하나님의 처소를 준비하게 하여 달라고 하더니 ⁴⁷솔로몬이 그를 위하여 집을 지었느니라 ⁴⁸그러나 지극히 높으신 이는 손으로 지은 곳에 계시지 아니하시나니 선지자가 말한 바 ⁴⁹주께서 이르시되 하늘은 나의 보좌요 땅은 나의 발등상이니 너희가 나를 위하여 무슨 집을 짓겠으며 나의 안식할 처소가 어디냐 ⁵⁰이 모든 것이 다 내 손으로 지은 것이 아니냐 함과 같으니라

⁵¹목이 곧고 마음과 귀에 할례를 받지 못한 사람들아 너희도 너희 조상과 같이 항상 성령을 거스르는도다

⁵²너희 조상들이 선지자들 중의 누구를 박해하지 아니하였느냐 의인이 오시리라 예고한 자들을 그들이 죽였고 이제 너희는 그 의인을 잡아 준 자요 살인한 자가 되나니 ⁵³너희는 천사가 전한 율법을 받고도 지키지 아니하였도다 하니라 … (중략) … ⁵⁶말하되 보라 하늘이 열리고 인자가 하나님 우편에 서신 것을 보노라 한대

먼저 스데반은 구약의 역사적 본문을 성경 신학적인 해석의 관점으로 전개해 나간다(2-50절). 이는 본문에서 의미를 찾아가는 과정을 그대로 보여 준 것이다. 그리고 그 전개의 끝에서 통 시대적인 의미를 밝힌다. "너희

도 조상과 같이 항상 성령을 거스르도다"라는 말씀이 바로 설교에서 전하고자 하는 본문을 통한 의미였다(51절). 구약의 역사적 본문에서 당시에 이르기까지 항상 하나님의 뜻을 거스르고 있는 사람들의 모습을 해석의 과정을 통해 보여 주고 있다. 그리고 이 부분은 곧 적용의 의미와 곧바로 연결되며,[109] 그로부터 53절까지 밝혀진 의미를 직접 적용한다. 그 적용은 예수 그리스도를 죽인 그들의 죄를 지적하는 적용이었다. 그리고 그는 마지막으로 그들이 죽인 그리스도가 살아서 하나님과 함께 계신다는 말씀으로 결론을 내렸다(56절).

이 설교의 청중은 그 말씀을 듣고 흥분하고 크게 분노했다. 구약의 역사 속에서 일어났던 죄를 거론하면서 그들의 죄와 자신의 죄를 똑같이 취급하며 지적했기 때문이다. 비록 그곳에 모인 회중은 스데반의 설교를 듣고 마음에 찔림이 있을 때 곧바로 회개하여 구원에 이르지는 못했지만, 본문을 해석하고 그 의미를 밝히는 과정과 적실한 적용이 있는 설교의 힘을 다시 한번 확인할 수 있다. 이 본문 역시 각각의 부분이 차지하는 분량의 비중은 각기 달라도 '구약의 귀납적 전개를 통한 해석의 내용', '귀납적인 전개를 통한 의미 제시', '연역적 적용', '하나님과 그리스도를 향하게 하는 결론'의 혼합적 구조의 설교로 구성되어 있다.

③ 바울의 설교

위대한 사도였던 바울의 설교도 사도행전 곳곳에 기록되어 있는데 그 내용은 모두 혼합적인 구조를 취하고 있다. 그 가운데 먼저 비시디아 안디옥에

---

[109] '본문의 의미'와 '신학적인 의미'와 '적용의 의미'는 서로 직접 연결할 수도 있고, 원리화의 과정을 거쳐서 시대와 상황과 목적에 맞게 바꿔 사용할 수도 있다. 스데반은 그의 설교에서 본문의 의미와 신학적인 의미와 적용의 의미를 "인간은 성령을 항상 거스른다"라는 내용으로 서로 직접 연결하고 있다.

서 설교하는 사도행전 13장의 내용과 구조를 살펴보자.

바울은 사도행전 13장에서 구속사적 시각으로 구약성경을 해석하는 과정을 보여 주고 있다. 그리고 구속사의 결론이자 의미로 예수는 하나님의 아들이자 그리스도라고 증언했다. 그 내용을 보면 다음과 같다.

A. 사도행전 13:16-41

[16]바울이 일어나 손짓하며 말하되 이스라엘 사람들과 및 하나님을 경외하는 사람들아 들으라 [17]이 이스라엘 백성의 하나님이 우리 조상들을 택하시고 애굽 땅에서 나그네 된 그 백성을 높여 큰 권능으로 인도하여 내사 [18]광야에서 약 사십 년간 그들의 소행을 참으시고 [19]가나안 땅 일곱 족속을 멸하사 그 땅을 기업으로 주시기까지 약 사백오십 년간이라 [20]그 후에 선지자 사무엘 때까지 사사를 주셨더니 [21]그 후에 그들이 왕을 구하거늘 하나님이 베냐민 지파 사람 기스의 아들 사울을 사십 년간 주셨다가 [22]폐하시고 다윗을 왕으로 세우시고 증언하여 이르시되 내가 이새의 아들 다윗을 만나니 내 마음에 맞는 사람이라 내 뜻을 다 이루리라 하시더니

[23]하나님이 약속하신 대로 이 사람의 후손에서 이스라엘을 위하여 구주를 세우셨으니 곧 예수라

[24]그가 오시기에 앞서 요한이 먼저 회개의 세례를 이스라엘 모든 백성에게 전파하니라 [25]요한이 그 달려갈 길을 마칠 때에 말하되 너희가 나를 누구로 생각하느냐 나는 그리스도가 아니라 내 뒤에 오시는 이가 있으니 나는 그 발의 신발끈을 풀기도 감당하지 못하리라 하였으니 [26]형제들아 아브라함의 후손과 너희 중 하나님을 경외하는 사람들아 이 구원의 말씀을 우리에게 보내셨거늘 [27]예루살렘에 사는 자들과 그들 관리들이 예수와 및 안식일마다 외우는 바 선지자들의 말을 알

지 못하므로 예수를 정죄하여 선지자들의 말을 응하게 하였도다 ^{28}죽일 죄를 하나도 찾지 못하였으나 빌라도에게 죽여 달라 하였으니 ^{29}성경에 그를 가리켜 기록한 말씀을 다 응하게 한 것이라 후에 나무에서 내려다가 무덤에 두었으나 ^{30}하나님이 죽은 자 가운데서 그를 살리신지라 ^{31}갈릴리로부터 예루살렘에 함께 올라간 사람들에게 여러 날 보이셨으니 그들이 이제 백성 앞에서 그의 증인이라 ^{32}우리도 조상들에게 주신 약속을 너희에게 전파하노니 ^{33}곧 하나님이 예수를 일으키사 우리 자녀들에게 이 약속을 이루게 하셨다 함이라 시편 둘째 편에 기록한 바와 같이 너는 내 아들이라 오늘 너를 낳았다 하셨고 ^{34}또 하나님께서 죽은 자 가운데서 그를 일으키사 다시 썩음을 당하지 않게 하실 것을 가르쳐 이르시되 내가 다윗의 거룩하고 미쁜 은사를 너희에게 주리라 하셨으며 ^{35}또 다른 시편에 일렀으되 주의 거룩한 자로 썩음을 당하지 않게 하시리라 하셨느니라 ^{36}다윗은 당시에 하나님의 뜻을 따라 섬기다가 잠들어 그 조상들과 함께 묻혀 썩음을 당하였으되 ^{37}하나님께서 살리신 이는 썩음을 당하지 아니하였나니 ^{38}그러므로 형제들아 너희가 알 것은 이 사람을 힘입어 죄 사함을 너희에게 전하는 이것이며 ^{39}또 모세의 율법으로 너희가 의롭다 하심을 얻지 못하던 모든 일에도 이 사람을 힘입어 믿는 자마다 의롭다 하심을 얻는 이것이라

^{40}그런즉 너희는 선지자들을 통하여 말씀하신 것이 너희에게 미칠까 삼가라 ^{41}일렀으되 보라 멸시하는 사람들아 너희는 놀라고 멸망하라 내가 너희 때를 당하여 한 일을 행할 것이니 사람이 너희에게 일러줄지라도 도무지 믿지 못할 일이라 하였느니라 하니라

바울의 설교 역시 혼합적인 구조를 취하고 있다. 케힐(Dennis M. Cahill)

은 13장의 바울의 설교를 이렇게 분석하였다.

> 사도행전 13장에서 바울은 … 구원자로서 예수님을 소개하는 부분에 이르는 간단한 귀납적 시작으로 전개한다(16-23절). 그리고 설교의 나머지 부분은 연역적 방법으로 그 진리를 설명하고 논증하고 적용하는 것이다.[110]

케힐은 바울의 설교가 귀납적으로 전개되다가 중간부터 연역적으로 전개 방식이 바뀌는 '혼합적인 구조'라고 말한다. 실제 바울은 22절까지 구약의 약속과 예언을 소개하고 그 성취를 23절에서 그리스도로 연결하고 있다. 22절까지는 23절을 향하여 나아가는 방식을 취하고 중반부에 이르러서야 설교의 중심 사상을 밝힌 것이다. 그리고 24절부터는 다른 구약의 내용을 예로 들어가며 예수와 연결하여 논증하는 방식을 취하다가 40절에 이르러서 직접 적용하는 연역적 방식을 취했다. 설교의 중반부까지는 귀납적인 전개를, 그리고 그 이후에는 연역적으로 전개하는 혼합적인 방식을 취한 것이다.

그의 혼합적인 구조의 설교도 역시 큰 능력이 나타났다. 많은 사람이 다시 말씀 듣기를 기대하며 "다음 안식일에도 이 말씀을 하라"라고 요청하게 만들었다(13:42). 그리고 다음 안식일에는 사모하는 청중이 구름떼처럼 몰려들었다. "그 다음 안식일에는 온 시민이 거의 다 하나님의 말씀을 듣고자 하여 모이니."(13:44) 이처럼 성경적인 설교 구조는 대부분 혼합식인 구조를 취하고 있었고, 이 구조는 내용과 함께 청중의 영혼과 마음에 강력한 영향력을 나타내어 변화를 일으켰다.

다음으로 바울이 데살로니가 회당에서 한 사도행전 17장의 설교를 살펴보자. 여기에는 바울의 설교를 파악할 수 있는 구절이 단 두 구절 나온다.

110　Dennis M. Cahill, 64.

하지만 이 짧은 구절만으로도 바울의 설교가 혼합적 구조를 취하고 있었다는 사실을 분명히 알 수 있다.

B. 사도행전 17:2-3

²바울이 자기의 관례대로 그들에게로 들어가서 세 안식일에 성경을 가지고 강론하며 ³뜻을 풀어 그리스도가 해를 받고 죽은 자 가운데서 다시 살아나야 할 것을 증언하고 이르되 내가 너희에게 전하는 이 예수가 곧 그리스도라 하니

바울은 안식일에 '성경'을 들고 해석하며 강론했다. 성경이라면 당시 기록되어 있는 구약을 의미한다. 바울은 구약의 말씀, 즉 예언과 약속을 풀어 가며 귀납적으로 어떤 의미를 향해 나아가고 있었다. '뜻을 풀어'라는 말은 곧 해석의 내용과 과정을 보여 주는 것이다. 그리고 그 귀납적인 전개의 결론이자 의미는 구약의 예언대로 '그리스도가 해를 받고 죽은 자 가운데서 다시 살아나야 할 것'이었다. 이를 증언하기 위해 귀납적으로 구약성경을 풀어 준 것이었다. 그리고 의미를 제시한 후에 곧바로 그 의미를 적용하였다. 구약의 예언대로 다시 살아나신 분이 그리스도인데, 그분이 바로 예수라는 말씀이다. 이 부분은 설교 전체의 적용이자 결론이 된다.

이처럼 바울이 데살로니가 회당에서 설교할 때도 역시 혼합식 구조를 취하고 있었다. 이 설교에는 마찬가지로 큰 능력이 나타나서 '경건한 헬라인의 큰 무리와 적지 않은 귀부인'이 바울과 실라를 따르게 된다. 물론 말씀을 전할 때에 성령께서 행하신 일들을 묘사한 내용이지만, 성령께서 사용하신 설교 형식이 혼합식 구조였다는 사실은 혼합적 구조의 설교가 성경적인 설교의 구조일 뿐만 아니라 영혼을 변화시키는 데 매우 효과적인 방법이라는 사실을 알 수 있다.

마지막으로, 바울이 사도행전 17장에서 아덴 사람들에게 행한 설교도 주목해 보아야 한다. 바울은 데살로니가를 떠나서 베뢰아를 지나 아덴에 이르렀다. 그리고 그곳에 있는 우상 숭배자들을 보고 격분하였다. 바울은 즉시 우상을 떠나 창조주 하나님께 돌아오라는 메시지를 전했다. 그런데 이 설교의 형식도 역시 혼합적인 구조였다. 22절부터 31절까지 말씀이다.

C. 사도행전 17:22-31

[22]바울이 아레오바고 가운데 서서 말하되 아덴 사람들아 너희를 보니 범사에 종교심이 많도다 [23]내가 두루 다니며 너희가 위하는 것들을 보다가 알지 못하는 신에게라고 새긴 단도 보았으니 그런즉 너희가 알지 못하고 위하는 그것을 내가 너희에게 알게 하리라 [24]우주와 그 가운데 있는 만물을 지으신 하나님께서는 천지의 주재시니 손으로 지은 전에 계시지 아니하시고 [25]또 무엇이 부족한 것처럼 사람의 손으로 섬김을 받으시는 것이 아니니 이는 만민에게 생명과 호흡과 만물을 친히 주시는 이심이라 [26]인류의 모든 족속을 한 혈통으로 만드사 온 땅에 살게 하시고 그들의 연대를 정하시며 거주의 경계를 한정하셨으니 [27]이는 사람으로 혹 하나님을 더듬어 찾아 발견하게 하려 하심이로되 그는 우리 각 사람에게서 멀리 계시지 아니하도다 [28]우리가 그를 힘입어 살며 기동하며 존재하느니라 너희 시인 중 어떤 사람들의 말과 같이 우리가 그의 소생이라 하니

[29]이와 같이 하나님의 소생이 되었은즉 하나님을 금이나 은이나 돌에다 사람의 기술과 고안으로 새긴 것들과 같이 여길 것이 아니니라

[30]알지 못하던 시대에는 하나님이 간과하셨거니와 이제는 어디든지 사람에게 다 명하사 회개하라 하셨으니 [31]이는 정하신 사람으로 하여금 천하를 공의로 심판할 날을 작정하시고 이에 그를 죽은 자 가운데

서 다시 살리신 것으로 모든 사람에게 믿을 만한 증거를 주셨음이니라 하니라

이는 바울이 항상 행했던 예수가 그리스도라는 설교가 아니었다. 이 설교의 중심 사상은 우상을 버리고 창조주 하나님께 돌아오라는 내용이다. 그는 설교의 도입 부분인 22-23절에서 아덴 사람들이 섬기는 우상에 대한 문제를 제기하며 시작했다. 그리고 24절부터 28절까지 창세기와 신명기를 통해 하나님의 창조를 해석하면서 하나님이 섬겨야 할 신이시라는 사실을 밝히며 귀납적으로 전개해 나간다. 그리고 이어서 29절에서 이사야서에서 나오는 우상의 특징을 들어가며 하나님은 우상이 아니라 참된 신이심을 밝히고 있다. 이것이 바로 중심 사상이다. 그리고 그 의미를 밝힌 부분에 이어서 30절과 31절에서 예수 그리스도의 부활을 증거로 심판하실 하나님 앞에 회개하며 돌아와야 한다고 적용하면서 결론을 내리고 있다. 이처럼 바울은 우상을 멀리하고 하나님께 돌아와야 한다는 설교의 내용을 전할 때에도 혼합적인 구조를 사용하고 있다.

바울의 설교들을 분석해 보면 제임스 톰슨(James W. Thompson)의 말처럼 "복음을 선언하고 청중의 응답을 요청하는 일관된 형태를 유지"하고 있다.[111] 그런데 그 복음을 선언하기까지의 과정은 귀납적으로 전개된다. '선언'이라는 단어로 연역적일 것이라는 전제적 유추를 버려야 한다. 사도행전에 기록되어 있는 설교의 구조를 분석해 보면 모두 혼합적인 구조를 취하고 있다는 사실을 분명히 알 수 있다. 이는 구약이라는 성경과 예수 그리스도의 말씀과 사역이라는 생생한 기록, 혹은 기억을 가지고 설교할 때 나타나는 당연한 귀결이라고 할 수 있다.

---

111 James W. Thompson, 62.

오늘날 설교자는 본문으로 기록되어 있는 하나님의 말씀을 가지고 설교하는 자들이다. 그리고 그 기록된 본문의 말씀은 범위를 잘 선정한다면 하나의 주제를 말하기 때문에 기본적으로 혼합식 구조가 가장 적절하다는 사실을 인지할 수 있어야 한다. 이는 성경이 보여 주고 있는 사실이다.

④ 예수님의 설교

이제 마지막으로 예수 그리스도의 설교를 살펴보겠다. 그런데 예수님의 모든 설교가 다 우리의 설교 모델이 될 수 있는 것은 아니다. 예수님은 어떤 본문이나 다른 자료가 없어도 말씀하실 수 있는 하나님이시기 때문이다. 그가 말씀하시는 모든 바가 곧 완벽한 계시의 말씀이다. 반면 인간 설교자는 그 계시의 말씀을 가지고 해석해서 의미를 전달하는 자이기 때문에 기본적으로 예수님처럼 설교할 수 없다.

그래서 예수님의 말씀 중에 인간 설교자가 따라 할 수 있는 설교의 모델을 선택해서 살펴보려고 한다. 그 가운데 구약을 인용하고 의미를 밝히시며 행하신 설교가 있다. 또한 비유 설교 중에도 깨닫게 하시려는 목적으로 전하는 설교들도 살펴볼 것이다. 물론 비유 설교는 성경적인 설교의 철학과 신학을 완전히 충족시키지는 못한다. 인간 설교자의 경우 비유만 전한다면 성경적인 설교의 절대적 조건인 성경 본문을 근거한 설교가 아니기 때문이다. 하지만 예수님의 말씀은 그 자체가 완전한 계시인 만큼 비유의 이야기 자체도 설교 안에서 완벽한 본문이 될 수 있다. 그리고 비유에 이어지는 말씀은 비유가 끝이 아니라 계속되는 설교의 완전한 구조를 잘 보여 주고 있다. 그 구조는 또한 신설교학에서 말하는 이야기식 설교의 구조적 문제와 신학적 문제를 해결하는 중요 방법이 될 수 있어서 여기서 함께 다루려고 한다. 이제 예수님의 설교 중에 이 두 가지의 경우를 각각 살펴보자.

먼저, 마태복음 12장을 보면 안식일에 바리새인들이 이삭을 잘라 먹는 제자들의 모습을 보고 예수께 질책하는 장면이 나온다. 그러자 예수께서 구약을 인용하면서 다음과 같이 말씀하셨다.

A. 마태복음 12:3-8

³예수께서 이르시되 다윗이 자기와 그 함께 한 자들이 시장할 때에 한 일을 읽지 못하였느냐 ⁴그가 하나님의 전에 들어가서 제사장 외에는 자기나 그 함께 한 자들이 먹어서는 안 되는 진설병을 먹지 아니하였느냐 ⁵또 안식일에 제사장들이 성전 안에서 안식을 범하여도 죄가 없음을 너희가 율법에서 읽지 못하였느냐
⁶내가 너희에게 이르노니 성전보다 더 큰 이가 여기 있느니라
⁷나는 자비를 원하고 제사를 원하지 아니하노라 하신 뜻을 너희가 알았더라면 무죄한 자를 정죄하지 아니하였으리라 ⁸인자는 안식일의 주인이니라 하시니라

여기서 예수님은 앞부분에서 다윗이 사울에게 쫓겨서 굶주리고 지칠 때도 역시 안식일이었고 바로 그때 제사장만 먹을 수 있는 음식을 먹었어도 죄가 아니었다는 구약의 역사적 자료를 제시하면서 말씀을 전개하셨다. 그리고 귀납적 전개의 결론이자 말씀의 중심 사상을 6절에서 밝히셨다. 이는 "성전보다 더 큰 이가 여기 있다"라는 메시지다. 그리고 예수님은 바리새인들에게 7절을 통해 직접 적용의 메시지를 전하시고 8절에서 강한 결론으로 마무리하셨다. 짧은 말씀이지만 그 구조는 분명히 혼합적이다. 성경 말씀을 가지고 이를 해석해서 그 의미를 밝히고, 이후에 그 의미로부터 현시대의 청중에게 적용하며 결론을 내리는 혼합적 구조를 명확하게 확인할 수 있다.

다음으로, 마태복음 13장에 나오는 씨뿌리는 비유의 완성된 설교를 살펴보자. 이 설교의 구조 역시 혼합적인 형식을 취하고 있다. 이 설교에서 예

수님은 비유 자체는 천국의 비밀이 허락되지 않은 자들에게 감추기 위해서 사용하셨다고 말씀하셨다(마 13:11). 하지만 그 비유가 의미하는 바는 천국의 비밀이 허락된 제자들조차 이해하기 어려웠다. 이를 통해 비유만으로는 발화자의 분명한 의도를 파악하기 어렵다는 사실을 알 수 있다. 그런데도 만약 비유와 같은 이야기만 전하고 적용과 결론을 독자에게 맡기려는 설교 방법론이 있다면 이는 성경적인 방법이 아니라 신해석학과 실존주의 철학을 뿌리로 하는 설교학이 분명하다.

예수께서 전하신 비유 자체는 이야기의 특성상 귀납적이다. 하지만 거기서 끝나지 않는다. 이어지는 비유 해석까지 한편의 설교로 봐야 한다. 비유만으로는 깨달을 수 없는 비밀스러운 수수께끼 같은 말씀일 뿐이다. 제자들은 예수께서 해석해 주실 때에야 비로소 말씀의 의미를 제대로 이해할 수 있었다.

B. 마태복음 13:3-23

[3]예수께서 비유로 여러 가지를 그들에게 말씀하여 이르시되 씨를 뿌리는 자가 뿌리러 나가서 [4]뿌릴새 더러는 길 가에 떨어지매 새들이 와서 먹어버렸고 [5]더러는 흙이 얕은 돌밭에 떨어지매 흙이 깊지 아니하므로 곧 싹이 나오나 [6]해가 돋은 후에 타서 뿌리가 없으므로 말랐고 [7]더러는 가시떨기 위에 떨어지매 가시가 자라서 기운을 막았고 [8]더러는 좋은 땅에 떨어지매 어떤 것은 백 배, 어떤 것은 육십 배, 어떤 것은 삼십 배의 결실을 하였느니라 [9]귀 있는 자는 들으라 하시니라
[10]제자들이 예수께 나아와 이르되 어찌하여 그들에게 비유로 말씀하시나이까 [11]대답하여 이르시되 천국의 비밀을 아는 것이 너희에게는 허락되었으나 그들에게는 아니되었나니 … (중략) … [15]이 백성들의 마음이 완악하여져서 그 귀는 듣기에 둔하고 눈은 감았으니 이는 눈

으로 보고 귀로 듣고 마음으로 깨달아 돌이켜 내게 고침을 받을까 두려워함이라 하였느니라 (중략)

[18]그런즉 씨 뿌리는 비유를 들으라 [19]아무나 천국 말씀을 듣고 깨닫지 못할 때는 악한 자가 와서 그 마음에 뿌려진 것을 빼앗나니 이는 곧 길 가에 뿌려진 자요

[20]돌밭에 뿌려졌다는 것은 말씀을 듣고 즉시 기쁨으로 받되 [21]그 속에 뿌리가 없어 잠시 견디다가 말씀으로 말미암아 환난이나 박해가 일어날 때에는 곧 넘어지는 자요

[22]가시떨기에 뿌려졌다는 것은 말씀을 들으나 세상의 염려와 재물의 유혹에 말씀이 막혀 결실하지 못하는 자요

[23]좋은 땅에 뿌려졌다는 것은 말씀을 듣고 깨닫는 자니 결실하여 어떤 것은 백 배, 어떤 것은 육십 배, 어떤 것은 삼십 배가 되느니라 하시더라

여기에서 3절에서 9절까지는 비유의 말씀이다. 이야기는 형식상 귀납적이기에 설교의 전반부는 귀납적으로 전개되었다는 사실을 알 수 있다. 그런데 비유를 마치셨을 때 제자들도 그 내용을 이해하지 못해서 그 의미를 설명해 달라고 한다. 예수님은 그 설명까지 포함해서 우리에게 완성된 한 편의 말씀을 주셨다. 이후에 비유를 해석한 의미를 연역적으로 전개하는데, 이번에는 앞서 보았던 것처럼 하나의 중심 사상을 밝히고 적용하고 결론을 맺는 형식은 아니다. 하지만 역시 연역적이다. 이번에 예수께서 사용하신 연역적인 전개는 4개의 개요로 이뤄져 있다. 비유 자체가 4가지의 밭을 말하고 있었기 때문이다. 따라서 4개의 개요를 따로 설명하면서 연역적으로 전개하시며 말씀의 의미를 제시하고 적용을 함께 시행하셨다. 하나님의 말씀이 보여 주는 의미가 통 시대적이라면 그 의미를 제시하는 것만으로 적용이 이뤄

지는 것이다.

따라서 예수님의 비유 설교는 '비유를 통한 귀납적 전개' ⇒ '4개의 대지로 이뤄진 의미와 적용의 연역적 전개'로 이뤄진 혼합식 구조다. 예수님의 이 설교 구조는 신설교학의 비유만으로 충분하다고 주장하는 학문적 오류를 분명히 보여 준다. 이처럼 비유를 전하고 제자들에게 해석해 주는 예수님의 설교는 이후에도 몇 차례 반복해서 등장한다.

5) 설교 구조들의 분석 결과

지금까지 구약과 신약에 나오는 여러 설교의 구조를 분석했다. 하지만 오늘날 설교자들이 모델로 삼을 수 있는 설교만 선택해서 분석했는데, 이는 성경적인 설교의 조건을 충족시키는 설교를 구분해서 선택한 것이었다. 성경적인 설교는 반드시 성경을 근거로 하고 성경의 의미를 밝히는 내용을 담아내야 한다. 필자가 분석한 설교 중에는 특히 고별 설교가 많았다. 모세, 여호수아, 바울, 스데반, 예수님의 설교가 그랬는데, 이는 고별 설교의 특징이 "과거가 현재에게 말하도록 하기 위해서 전통을 그 공동체의 현재 삶에 연결시키는 것"이기 때문이다.[112] 그래서 고별 설교에는 과거 역사와 성경을 현재 청중의 삶에 적용하는 형식이 잘 나타나고 있다.

중요한 사실은, 설교 구조를 분석하면서 계속 밝혀왔던 것처럼, 모든 설교의 구조는 기본적으로 '혼합적인 구조'였다는 점이다. 나단 선지자의 설교와 예수님의 비유 설교는 혼합적인 구조 안에서도 따로 세분화해서 살펴봐야 하는 다른 구조였지만 기본적으로 모든 설교의 구조는 혼합적이었다. 다시 말해서 귀납적으로 전개되다가 일정 시점에서 의미에 이르고 이후 다시 연역적으로 전개되다가 결론을 맺는 형식이었다. 그렇다면 성경이 직접

---

112 Fred B. Craddock, *Preaching*, 171

보여 주는 성경적인 설교의 구조는 이제 명확해졌다. 성경적인 철학적 신학을 가지고 그 신학을 구현하는 형식을 성경에서 찾아보았을 때 성경은 분명히 혼합적인 구조(integrative structure)를 우리에게 제시해 준다.

성경적인 설교의 조건은 첫째, 성경 본문을 반드시 설교해야 하며, 둘째, 본문의 의미를 저자 중심으로 해석해야 하며, 셋째, 본문에는 하나의 중심 주제가 나타나며, 넷째, 그것이 설교의 중심 사상이 되어 적실한 적용을 수반해야 한다. 성경적인 설교는 적어도 이 조건들을 내용과 구조로 실현해야 하는데, 성경 안에서 이러한 조건들을 실현하는 설교들을 분석해 보니 한결같이 '혼합적 구조'를 보여 주고 있었다.

게다가 혼합적 구조의 설교는 항상 놀라운 힘이 있었다. 모세의 마지막 설교는 청중의 반응까지 보여 주지 않아서 정확하게 알 수 없지만, 그 외에 구약에 기록된 사무엘의 설교, 에스라와 동료들의 설교, 나단 선지자의 설교는 그 설교를 듣는 회중이 눈물을 흘리며 회개하고 하나님께 돌아오도록 만들었다. 이는 설교의 내용뿐만 아니라 그 내용을 전달하는 방식이 매우 효과적이었기 때문이다. 청중은 혼합적 구조의 수사적 힘을 통해 하나님의 말씀을 충격적으로 듣고 깊이 깨달아 변화를 위해서 결심하게 되었다. 신약도 마찬가지다. 베드로의 설교와 바울의 설교, 스데반의 설교와 예수님의 설교는 모두 그 말씀을 듣는 청중의 가슴을 찔렀다. 그래서 때로는 청중이 회개로 반응했고 또 때로는 분노하며 죽이려는 마음을 먹게 되었다. 그 정도로 강력한 수사력이 성령의 역사 속에서 청중에게 나타났기 때문이다.

혼합적 구조의 설교가 얼마나 효과적일 수 있는지는 거대 담론으로서의 성경 전체의 구조를 통해서도 깨달을 수 있다. 성경 신학의 관점에서 성경 전체를 볼 때 혼합적인 구조가 더욱 성경적인 방식이라는 사실을 깨달을 수 있다. 성경에 나타나는 창조, 타락, 구속으로 이어지는 구속사적 전개는 귀납적 흐름으로 이어지고 있다. 구속 이야기의 절정에 예수 그리스도가 등장하게 하는 구성은 의도된 성경 기록의 방식이었다. "예수 그리스도의 등장은 우연한 사건이 아니라 소설 구성에서 가장 중요한 필연성, 또는 개연성의 형식이다."[113] 그리고 성경은 이어서 구속 이후의 삶에 대한 적용과 새 언약을 통한 적용을 제시하고 마지막에 계시록을 통해 최종 하나님의 나라를 대망하도록 결론을 맺는다. 이처럼 "성서의 하나님을 중심한 일관된 담론은 바로 소설에서 플롯의 구성 원리와 일치하게 된다."[114]

그런데 성경은 소설이나 이야기의 플롯 전개처럼 마무리되지 않는다. 보통 소설의 플롯은 점차 고조되는 구조에서 결론을 제시하면 바로 끝을 맺는다. 극적 반전이나 극에서 보여 주고자 했던 주제를 보여 준 뒤에 따로 부가적인 설명이나 구체적인 적용을 시도하지 않는다. 하지만 성경은 다르다. 성경은 예수 그리스도라는 성경의 주제를 제시한 뒤에 다방면으로 적용을 실행하고 있다. 복음서가 반전을 거쳐 결론을 제시했다면, 그 이후에 사도행전과 서신서들을 통해서 복음을 듣고 살아가는 우리의 삶의 모습을 구체적으로 제시하고 적용하고 있다. 그리고 요한계시록에 이르러 다시 오실 예수 그리스도의 재림과 최종 심판의 때를 묵시로 계시하며 결론을 내린다. 다시 말해서 이 모든 성경의 거대 담론은 기본적으로 귀납적인 형태로 흐르다가 연역적인 적용과 결론을 제시하는 혼합적인 구조를 취하고 있다는 말이다.

우리는 하나님께서 성경 한 권을 완성해서 주실 때에 혼합적인 구조를 사용하셨다는 사실을 주목해야 한다. 성경 안의 내용은 부분적으로 목적을 따라 다양한 형식이 사용되었지만, 그 전체로서의 성경의 구조는 혼합적이다. 여러 전개 방식이 어지럽게 섞여 있다는 의미에서 혼합(mixed)이 아니라 귀납적으로 전개되다가 연역적으로 마무리되는 방식으로서의 혼합

---

113 홍문표, 62.

114 홍문표, 62.

(integrative)이다. 물론 우리 설교자들은 하나님처럼 설교할 수 없다. 계시의 주체이신 분과 그로부터 받은 계시의 말씀으로 설교하는 인간 설교자가 같은 형식의 설교를 구성할 수 있다는 설정 자체가 어불성설이다. 하나님은 때로 과거의 말씀을 사용하실 수 있지만 그렇지 않은 경우가 더 많고, 우리 인간은 반드시 하나님께서 과거에 주셨던 말씀을 근거로만 설교할 수 있기 때문이다.

그러나 동시에 거대 담론으로서 성경 전체의 구조를 혼합식으로 구성하셨다는 사실은 혼합식 구조가 얼마나 효과적인 구조인지 분명히 깨닫게 한다. 하나님은 분명한 의도를 가지고 성경 전체를 기록하셨다. 그 결과 혼합적 구조로 이뤄진 성경의 거대 담론은 수많은 사람을 구원했고 변화의 길로 이끌었다. 이처럼 성경 안의 설교들뿐만 아니라 성경 전체의 구조로 볼 때도 혼합적인 구조는 진리를 드러내고 청중으로 그 진리에 순종케 하는 데 매우 효과적인 전개 방식이라는 사실을 깨달을 수 있다.

이제 우리는 혼합적인 설교 구조를 우리 설교의 구조로 사용해야 한다. 그것이 성경적인 설교를 위한 가장 적합한 구조일 뿐만 아니라 그 수사력이 가진 힘이 매우 강력하기 때문이다. 하나님의 말씀을 중시하면서도 청중을 고려하며 말씀을 전달하게 해서 설교의 목적을 이뤄내기에 매우 효과적인 방식이다.

6. 성경적인 설교의 구조: '혼합적 구조'(integrative structure)

앞장에서 성경에 나오는 설교들을 분석해 보았다. 성경적인 설교의 철학적 신학에 근거해서 우리의 설교 신학과 방법론에 비견해도 문제가 없는 설교들을 선별해서 살펴보았다. 그 설교들은 '성경적인 설교'의 특징과 요소를 충족하고 있었다. 무엇보다도 '성경 본문'이나 '역사', 그리고 '하나님께서 직접 계시로 주신 말씀'을 해석해서 의미를 밝히고 당시 청중에게 선포하거나 적용하는 공통적인 특징을 가지고 있었다.

성경적인 설교는 신약이 완성된 이후 하나님께서 더 이상 직접 계시를 주시지 않기 때문에 반드시 성경 본문을 설교해야 한다는 조건을 필수로 한다. 이는 양보할 수 없는 성경적인 설교의 가장 중요한 특징이다. 성경을 외면하거나 혹은 단지 인용만 하면서 설교한다면 그것은 더 이상 기독교 설교가 아니다. 기독교 설교자는 반드시 성경을 설교해야 한다. 성경에서 선택한 위의 설교들은 그런 면에서 우리의 설교와 같다. 그래서 성경적인 설교의 모델로 삼을 수 있었다.

그리고 성경의 설교들을 분석해 보면 구조에 있어서 다음과 같은 특징을 가지고 있다. 먼저, 처음에는 논리적인 흐름상 귀납적인 방식으로 전개되었다. 그 가운데에는 기록된 말씀을 중심으로 내용을 기능상 귀납적으로 전개하는 구조도 있었고, 하나의 잘 준비된 이야기를 귀납적으로 구성한 구조도 있었다. 분명한 것은 그 메시지들의 전반부의 흐름은 모두 귀납적이었다는 사실이다.

하지만 설교는 귀납적인 구조의 결론으로 마무리되지 않았다. 귀납적인 흐름으로 의도한 바는 선명한 의미 제시에 있었다. 그리고 밝혀낸 의미에서부터 설교는 새로운 전환점을 맞이하고 있었다. 이후에 의미로부터 분명한 메시지를 선포하고 적실하고 직접적인 적용을 시도하면서 연역적으로 전개해 나갔다. 그 설교 중에는 한 문장으로 끝나는 간결한 적용과 결론도 있었지만, 전체 설교의 분량으로 단순 비교해 볼 때 결코 그 비중이 작지 않다. 그리고 연역적으로 전개된 후반부의 설교는 앞서 귀납적으로 전개되어 온 내용의 의미를 통해 하나님께서 당시 청중과 독자에게 전달하려고 의도하신 가장 중요하고 분명한 메시지를 담아내고 있었다. 이 부분이 없었다면 설교는 과거의 의미를 밝혀 주거나 흥미로운 전개를 보여 준 것 이상이 되지 못했을 것이다.

이처럼 성경의 설교들은 공통적으로 '귀납적으로 흐르는 전반부'와 '연역적으로 전개되는 후반부'를 특징으로 하고 있다. 그리고 이러한 구조적 특징을 가진 설교를 "혼합적 설교"(integrative preaching)라고 부른다.

혼합적 설교는 한 설교 안에 귀납적 구조와 연역적 구조를 함께 사용한다. 일반적으로 이는 전반부에는 귀납적으로 전개되다가 중반 이후로 연역적으로 바뀌는 구조를 특징으로 한다. 그리고 혼합적 설교는 '귀납적-연역적 설교'라고도 부를 수 있고 혼합의 비율이나 더 강조되는 구조적 측면에 따라 '반 귀납식 설교', '귀납적 흐름을 가진 연역적 설교' 등으로 다양하게 부르고 있다. 여기서 완벽히 귀납적인 흐름을 가진 설교 뒷부분에 연역적인 적용과 결론이 따르는 경우 '반 귀납식'이라고 할 수 있다. 그리고 연역적으로 설교를 전달하고자 하되 그 효과를 높이기 위해 귀납적인 전반부를 사용하는 설교라면 '귀납적 흐름을 가진 연역적 설교'라고 할 수 있다. 그리고 이 모든 설교를 일컬어 '혼합적 설교'라고 부른다.

필자는 혼합식 설교의 구조는 결국 연역적인 구조로 마무리되기 때문에 넓은 범주에서 보면 연역적 구조의 카테고리 안에 포함된다고 본다. 어떻게 보면 듣는 청중은 굉장히 긴 서론을 가진 연역적 설교라고 생각할 수 있다. 그러나 전통적으로 연역적 설교라고 부르는 방식과는 분명히 다른 형식이다. 단순하게 내용을 3대지로 구성하지 않고, 설교를 시작할 때부터 분명한 명제를 제시하거나 처음부터 권위를 가지고 수직적으로 선포하지도 않는다. 귀납적으로 흐르는 전반부와 연역적으로 이어지는 후반부는 하나의 분명한 흐름을 가지고 있으며, 이 설교가 가능하도록 그 흐름을 주도하는 단 하나의 중심 사상이 있다. 정확히 분석하면 분명히 전통적인 연역적 설교와 전혀 다른 독특한 구조라는 사실을 알 수 있다.

성경이 보여 주는 성경적인 설교의 구조는 '혼합적 구조'다. 때로 반 귀납법을 취하기도 하고 때로 연역적인 설교의 효과를 위해서 귀납적인 흐름을 전반부에 채택하기도 했지만 결국 그 모든 설교의 구조는 '혼합식 구조'였다. 거대 담론으로서의 전체 성경도 역시 혼합식으로 구성되어 있었다. 이를 통해 하나님은 우리에게 메시지를 주시려는 방식으로 주로 '혼합식 구조'를 사용하셨다는 사실을 알 수 있다. 이것이 성경의 증언이다.

그러므로 이제 설교자는 성경적인 설교를 실천하기 위해서 혼합식 구조에 더 많은 관심을 기울여야 한다. 성경적인 설교를 위한 철학과 신학과 해석학을 가지고 있어도 구조를 통해 비성경적인 설교를 실천할 수 있는 위험을 알아야 한다. 그리고 가장 성경적인 설교를 실천할 수 있는 구조를 선택해야 한다. 성경적인 설교의 철학적 신학을 구현하는 방식을 찾아 설교해야 한다. 성경은 그 방식을 '혼합적 구조'로 보여 주고 있다.

3장. 혼합적 구조와 설교

개혁주의 신학은 성경적인 설교를 온전히 실행하기 위한 학문적 노력을 계속해야 한다. 성경적인 설교가 무엇인지 분명히 알아야 하고, 성경에 나오는 하나님의 뜻을 오늘의 회중에게 선명하고 적실하게 전달하기 위한 창의적 노력을 아끼지 말아야 한다. 혹시라도 철학과 신학에 문제가 있는 비성경적인 설교 방법론을 무분별하게 수용해서 그들의 문제를 답습하는 오류를 범하지 않도록 주의해야 한다. 이를 위해 성경적인 설교는 바른 성경관과 철학적 신학을 통해 시행되어야 하고, 설교의 내용뿐만 아니라 구조까지도 성경적이어야 한다. 신설교학을 따라 무조건 다양한 구조로 설교하자고 말하기 전에 성경적인 설교를 구현할 수 있는 최선의 구조를 찾아 이를 사용해야 한다.

그래서 지금까지 이 일이 가능하도록 다양한 측면에서 성경적인 설교에 대한 이해를 도모해 왔다. 성경적인 설교의 개념을 살펴보았고, 이어 성경적인 설교를 이루는 철학과 신학과 해석학을 논하였다. 그리고 성경에서 성경적인 설교의 조건에 부합하는 설교들을 찾아 일일이 분석하면서 성경적인 설교를 가장 잘 구현할 수 있는 구조를 찾아내었다. 그것이 바로 '혼합적인 구조'다.

그렇다면 이제 우리에게 필요한 것은 혼합적인 구조의 설교에 대한 포괄적인 이해다. 혼합적인 설교가 어떤 구조인지, 혼합적 구조에 어떤 장점과 기능과 효과가 있는지, 그리고 이 시대에도 성경에 나오는 혼합적 구조의 설교가 과연 효과적인지 등에 대해 다양한 각도로 살펴볼 것이다.

1. 기본적인 혼합적 구조의 개념

글이나 말을 전개할 때 기본적으로 통용되는 방식은 '연역법'과 '귀납법'이다. 근래에 이에 '귀추법'을 추가하지만 사실 귀납법의 범주 안에서 이해할 수 있는 형식이다. 즉, 통상적으로 인정하는 가장 기본적인 방식은 연역법과 귀납법이다. 이는 인간이 논리적으로 사고하는 기본 방식으로, "철학자들은 모든 인간의 사고방식에 대해 오직 두 가지의 기본 구조, 즉 귀납법과 연역법만을 발견해 왔다."[1]

그런데 귀납법과 연역법은 기본적인 형태로부터 복잡하고 다양한 형식으로 발전될 수 있다. 예를 들어, 이야기의 플롯은 주로 귀납적으로 전개되는데, 소설에 사용되는 플롯의 종류만 수십 가지가 넘고 지금도 새롭게 만들어지고 있다. 연역법도 기본적인 구조 아래에서 다양한 형태로 발전되어 사용되었다. 또한 연역법과 귀납법이 서로 조화를 이루어 또 다른 형식으로 나타나기도 한다. 주로 교훈적이고 교육적인 글과 연설에서 사용되는데, 이를 '혼합법'이라고 부른다.

혼합적 방식은 보통 처음에는 귀납적으로 전개하다가 중반에 연역적으로 전환하는 구조를 의미한다. 그 반대 형태는 구조적 특성상 불가능하다. 귀납적인 구조는 중심 명제와 의미를 뒤쪽에 배치해서 독자의 긴장감과 호

---

[1] Ralph L. Lewis and Gregg Lewis, *Inductive Preaching: Helping People Listen* (Westchester: Crossway Books, 1983), 35.

기심을 불러일으켜 글의 효과를 극대화하려는 목적으로 사용되는데, 연역적인 구조로 글의 전개를 시작해 버리면 의미를 먼저 제시하고 출발하기에 귀납적 구조가 들어올 여지가 사라져 버리기 때문이다. 그래서 혼합식 구조는 기본적으로 귀납적으로 전개하다가 연역적으로 전환하는 방식으로 전개된다.

    혼합적인 구조는 연역적 구조나 귀납적 구조와 마찬가지로 글이나 연설에서 자주 사용되는 방식이다. 하지만 이에 대한 이론은 거의 찾아볼 수 없다. 연역적인 구조나 귀납적인 구조는 아주 오래전 그리스 철학자들에 의해서 정립되어 널리 알려졌다. 각기 논리 전개에 주된 방식으로 오랫동안 사용되었기에 우리에게 이미 익숙한 방식이 되었다. 특히 연역법은 기독교 설교의 주된 방법으로 수많은 청중에게 하나님의 뜻을 전달하는 데 사용되었고 기독교의 성장과 함께해 왔다. 설교자들은 연역법에 대한 이론서 없이도 대부분 이 방식을 능숙하게 사용하고 있다. 또한 귀납법은 연역법에 비하면 설교에서 많이 사용되지는 않았지만, 신설교학의 공헌으로 새롭게 부상하였고 지금은 여러 이론서를 통해 다양한 형태로 발전되었다. 그런데 혼합적인 설교 구조에 대해서는 전문적으로 다룬 책이 사실상 없다. 설교학 저서들에서 간단히 언급된 적은 몇 번 있었지만 이를 따로 구분해서 정리하고 그 특징과 방법론을 상세히 다루지는 않았다. 아마 연역적인 설교나 귀납적인 설교를 확장한 구조 정도로 생각했기 때문일 것이다.

    물론 우리는 연역적 구조와 귀납적 구조의 특징들을 통해 어느 정도 혼합적인 구조에 대해 이해하고 파악할 수 있을지도 모른다. 하지만 혼합적 구조만의 독특하고 중요한 특징이 있고, 연역법과 귀납법이 가지는 장점의 수용과 확장, 그리고 단점의 극복이라는 중요한 효과도 있다. 무엇보다 성경의 설교자들이 시행했던 주된 설교 방식이었고, 성경적인 설교를 위해서 우리가 반드시 알아야 할 전개 방식이다. 따라서 혼합적인 설교에 대한 이론을 상세하게 정리하고 그 방법론을 발전시켜 나가는 것이 앞으로 설교학에서 수행해야 할 또 하나의 과제라고 할 수 있겠다.

1) 기본적인 논리 구조 이해

설교자는 성경을 설교할 때 본문의 메시지를 어떤 방식으로 구성할지 선택해야 한다. 그 방법은 보통 연역법과 귀납법의 두 방식으로 나뉜다. "연역법과 귀납법은 헬라 수사학에서 널리 사용되던 논리의 전개 방식으로 소크라테스의 개념 구성 방법에서 비롯되어 아리스토텔레스에 의해서 완성되었다."[2] 혼합법은 이 두 방식을 한 연설 안에서 함께 사용해서 전개하는 구조다.

귀납법과 연역법과 혼합법의 구조는 일반 연설이나 문학의 기본 전개 방식으로 설교에서도 각기 오랫동안 사용되어 왔다. 이에서 벗어나는 다른 방식은 없다. 케힐(Dennis M. Cahill)은 "모든 설교는 연역적 움직임이나 귀납적 움직임 또는 그들의 혼합 형태 중에서 한 가지를 취해야 한다"라고 말했다.[3] 이 중에 혼합적 구조에 대한 이론서는 거의 없다. 그래서 혼합적 구조에 나타나는 여러 효과를 지금껏 제대로 이해하지 못했고, 당연히 설교 구조로 제대로 사용하지 못하고 있다. 다른 이유를 차치하고서라도 바로 여기에서 혼합적 설교를 연구해야 하는 분명한 이유를 찾을 수 있다.

이제 혼합적 구조를 설명할 텐데, 그에 앞서 연역적 구조와 귀납적 구조에 대해 간략히 정리할 것이다. 혼합적 구조는 연역적 구조와 귀납적 구조를 함께 사용되는 형식이기에 혼합적 구조의 설교를 명확하게 이해하려면 먼저 귀납법과 연역법을 알아야 한다.

---

2 김운용, 『현대설교 코칭』, 270.

3 Dennis M. Cahill, 116.

기본적으로 "연역법은 무엇으로부터 움직이는 것이며, 반면 귀납법은 무엇을 향하여 움직이는 것이다."[4] 설교에서 그 '무엇'은 바로 본문의 중심 주제이면서 설교의 중심 사상을 지칭한다. 설교는 이 중심 사상을 중심으로 논리를 어떻게 전개하느냐에 따라서 구조가 달라진다. 그리고 구조가 바뀌면 내용도 달라지고 설교의 효과도 달라진다. 청중 이해와 반응과 기억과 적용의 정도도 달라진다.

① 연역적 구조

연역적인 구조와 귀납적인 구조는 어떻게 시작하느냐에 있어서 차이를 가질 뿐이지 둘 다 설교에 있어서 합법적인 접근들이다.[5] 하지만 설교자들이 선호하는 구조는 각기 다르다. 주로 연역적인 방식으로 설교해 온 설교자라면 신설교학의 귀납적 설교를 보면서 비성경적이라고 생각할 수 있다. 성경이 아니라 개인의 삶과 인간의 공통 경험으로부터 설교를 시작하고 말하려는 의미에 이른 순간에 급하게 마무리하는 형식이기 때문이다. 반면 귀납적인 방식을 선호하는 설교자라면 예수님의 설교 등을 근거로 연역법은 고대 헬라의 수사학과 논리학의 전개 방식이지 설교의 전개 방식은 아니라고 반박할 것이다. 실제 크래독(Fred B. Craddock)이 그렇게 말했다.[6]

연역적인 구조는 시작하면서 전하려는 메시지의 중심 명제를 먼저 제시하는 형식을 취한다. 선언적 명제로 중심을 잡거나 중심 사상을 설교 전면에 내세운다. 이어지는 논리 전개는 중심 명제를 설명하고 예증하고 강화하는 방식으로 이뤄진다. 그래서 연역적인 설교를 듣는 청중은 설교의 초반부에서부터 이미 전체 설교의 내용을 어느 정도 짐작하면서 듣는다. 그리고

---

4 Dennis M. Cahill, 31.

5 Kenton C. Anderson, *Choosing to Preach*, 49.

6 Fred B. Craddock, *Preaching*, 170.

설교가 진행됨에 따라 설교 전체의 내용이 이미 제시된 전체 윤곽과 어떻게 조화를 이루는지 확인하며 듣는다.

연역적인 구조의 중요한 특징 중의 하나는 중심 명제를 충분히 논증하거나 설명하면서 그 내용이 하나님의 뜻이라는 사실을 확인시킨 후에 적용한다는 점에 있다. 청중은 연역적 구조의 특징상 권위를 가지고 선포되는 하나님의 말씀이 의미하는 바를 믿음으로 받고 자신의 삶에 비추어 적용한다. 말씀을 따라 돌이켜 회개하고 새로운 비전을 갖고 자신의 태도를 바꾸며 결단한다. 이는 하나님께서 성경을 기록하신 목적이면서 교회의 사역을 통해 의도하신 바다. 연역적인 설교는 이처럼 권위를 가지고 하나님의 뜻을 선포하면서 청중으로 말씀에 순종하며 성화의 길로 나아가게 하는 데 효과적인 구조라고 할 수 있다. 하지만 시대의 변화로 인해 여러 문제를 일으킬 수 있어서 오늘날 강단의 위기를 초래하는 주된 원인으로 거론되고 있다.

② 귀납적 구조

귀납적 구조는 연역적 구조와 반대 방향으로 논리를 전개한다. 논리적인 귀납적 구조는 "먼저 부분적인 것을 하나하나 밝히면서 혹은 근거를 낱낱이 들면서 논지를 전개하다가 마지막에 주제를 밝히거나 전체를 제시"하는 방식이다.[7] 귀납법은 논리의 결론을 뒤로 미루는 특징으로 인해 여러 수사적 효과를 나타낼 수 있다. 이는 흥미로운 전개를 위한 소설이나 영화에서 많이 사용되는 방식이기도 하다.

설교학은 연역적 구조가 안고 있는 여러 문제를 해결할 수 있는 대안으로 귀납적 구조를 채택하였다. 과학적 방식으로서의 귀납법을 가져와서 설교 이론을 펼쳤다. 무엇보다 현시대의 청중은 귀납적으로 논리를 인식하는

---

7 김주미, 67.

데 설교는 여전히 연역적인 방식에서 벗어나지 못해서 더 이상 유의미한 영향력을 끼칠 수 없다고 보았기 때문이다. 따라서 과정보다 결론이 앞서는 연역적인 설교 대신에 청중의 상황이나 공통 경험에서 시작해서 그들과 함께 결론으로 나아가는 귀납적 설교로 바꾸자고 주장하게 되었다. 그래야 청중의 인식 체계를 따라 효과적인 설교 사역을 회복할 수 있다고 본 것이다.

귀납적인 설교는 중심 사상을 뒤쪽으로 연기해서 청중이 정신적으로 같은 결론에 도달할 수 있도록 돕는 방식이다.[8] 청중은 설교의 마지막 부분에 이르러서야 비로소 설교자가 말하려는 바를 명확하게 이해하게 된다. 이런 특징 때문에 연역적 구조와 비교되는 한 가지 장점이 있는데, 그것은 설교를 듣는 청중이 긴장의 끈을 놓치지 않고 끝까지 호기심을 가지고 듣게 된다는 점이다. 또한 귀납적 설교는 청중이 메시지의 전개 과정에 직접 참여해서 스스로 의미를 발견하게 한다. 이론으로만 보면 귀납적 설교는 청중에게 진리를 직접 발견하게 하는 대단한 경험을 제공할 수 있다.

하지만 이 장점을 살리려면 귀납적 구조가 매우 정교하고 치밀해야 한다. 말하려는 의미를 감추고 논리나 이야기를 전개하다가 마지막에 가서야 설교의 주제와 의미를 드러내야 하기에 구성을 정교하게 하지 않으면 오히려 청중의 집중력을 흩어 버리는 역효과를 일으킬 수 있다. 귀납적 설교에 기대하는 만큼 좋은 효과가 있으려면 구조를 치밀하게 구성해서 누구나 흥미를 잃지 않고 따라올 수 있을 정도로 매력적이어야 한다. 여기에는 설교자의 높은 창의력이 요구된다.

그래서 설교학에서는 귀납적인 설교의 흥미와 긴장 유지를 위해 "사람들의 이야기, 대화, 분석, 질문들, 비유들, 구체적인 경험들과 같은 특별한 요

8　Graham Johnston, 151.

소들로 시작"해야 한다고 말한다.[9] 사람들은 이야기 듣기를 좋아하고 특히 자신과 직접 관계가 있거나 자신이 관심 있어 하는 분야를 들을 때 쉽게 집중하게 되기 때문이다.

③ 기본적 구조의 다양화

연역적인 구조와 귀납적인 구조는 각기 기본적 구조로부터 다양한 형식으로 발전될 수 있다. 예를 들어, 연역적인 구조는 설교의 내용에 따라 하나의 대지, 두 개의 대지, 세 개의 대지 등의 여러 형식으로 구성될 수 있다. 또한 주제를 설명하고 논증하고 예증하는 방식에 따라 대지 안에서도 다양한 형태의 연역적 구조로 변환될 수 있다. 신설교학은 전통적인 연역적 방법을 천편일률적인 3대지 구조라고 비판하는데, 이는 과장된 말이다. 케힐은 "전통적인 설교 형식을 어떤 의미에서 그것이 마치 하나의 구조로만 되어 있었던 것처럼 묘사하려는 시도는 부당한 것이다"라면서 그 다양성을 인정하고 있다.[10]

귀납적 구조 역시 마찬가지로 다양한 형식으로 발전될 수 있다. "귀납적 설교의 성격 자체가 '유일한' 개요 패턴을 제의하는 것을 불가능하게 만든다."[11] 실제로 귀납적 구조의 설교는 과학적 연구 방식을 가져와서 적용한 귀납적인 설교 방식, 이야기식 설교, 이야기 설교, 소설 설교, 드라마 설교 등의 다양한 형식으로 발전되어 왔다.

이처럼 연역법과 귀납법의 구조는 기본적인 구조로부터 다양한 형식으로 발전될 수 있다. 그리고 이를 통해 두 구조를 함께 사용하는 혼합적 구조도 얼마든지 다양한 형태로 발전할 수 있다는 사실을 알 수 있다. 혼합식 구

---

9 Ralph L. Lewis and Gregg Lewis, *Inductive Preaching*, 43.
10 Dennis M. Cahill, 20-21.
11 Fred B. Craddock, *As One without Authority*, 122.

조의 각 부분을 이루는 귀납적 전개와 연역적 전개가 그만큼 다양하기 때문이다.

2) 혼합적 구조의 이해

혼합적인 구조는 하나의 구조 안에 연역적 구조와 귀납적 구조가 함께 결합되어 있다. 그래서 이를 연역적 구조나 귀납적인 구조의 확장 정도로 이해하기도 한다. 다른 구조와 달리 혼합적인 구조를 따로 연구하지 않는 이유가 여기에 있는 듯하다. 하지만 혼합적 구조가 가지는 독특성과 여러 장점이 있고 성경에 나오는 설교들이 기본적으로 혼합적 구조를 취하고 있기에 특별히 설교학에서 혼합적 구조를 따로 분리해서 연구해야 할 필요가 분명히 있다.

① 귀납적인 방식으로 움직이는 전반부

혼합적 구조의 전반부는 귀납적으로 전개되어야 한다. 연역적인 방식이 앞에 올 수 없다. 연역법은 시작할 때 중심 사상을 바로 드러내기에 귀납적 전개가 들어올 여지가 사라져 버리기 때문이다. 귀납법은 말하고자 하는 의미를 논리 전개의 마지막까지 미루기에 그 후에야 연역적 전개를 이어갈 수 있다. 이처럼 설교의 중반부에 이르기까지 설교를 귀납적으로 전개하는 방식은 혼합적 구조를 구성하는 데 절대적인 조건이 된다.

그때 설교자가 사용할 수 있는 귀납적인 전개는 매우 다양하다. 스데반처럼 성경의 내용을 해석하면서 청중을 중심 사상에 이르게 할 수 있고, 예수님과 나단 선지자처럼 이야기를 귀납적으로 전개하는 방식(storytelling)을 통해 의미로 이끌 수 있다. 크래독처럼 인간의 공통 경험에서 시작해서 귀납적으로 내용을 전개할 수 있고, 유진 로우리처럼 이야기식 구조(narrative plot)를 사용해서 내용을 전개할 수 있다. 또한 논리적인 귀납법과 그 안의 다양한 형식을 통해 설교 내용을 전개할 수 있다. 설교자가 창의성을 가지고 설교 자료를 배열한다면 얼마든지 다양한 형식의 귀납적 구조를 조직할 수 있다.

　귀납적인 전개는 설교의 중심 사상이나 핵심적인 의미에 이르기까지 계속된다. 중심 사상에 이르게 되면 귀납적인 전개는 끝이 난다. 청중은 귀납적 전개의 끝인 설교의 중반부에 이르러서야 설교자가 말하려는 의미를 깨달을 수 있다. 그리고 그 시점에서 점차 고조된 상황이나 반전을 통해 드러난 복음을 경험하거나 마음에 끊임없이 제기되었던 문제의 답을 얻을 수 있다. 설교의 과정에 동참하는 경험을 통해 생각지도 못한 진리를 발견하는 기쁨을 누리거나 충격적이면서 진지한 도전 앞에 두렵거나 가슴이 뛸 수도 있다. 귀납적 설교가 지향하고 추구하는 바를 혼합적 구조의 설교에서도 똑같이 얻을 수 있는 것이다. 그리고 귀납적으로 의미를 발견한 결과, 한층 높아진 기대감으로 이후의 이어지는 설교에 집중하게 된다.

　그러나 여기까지는 아직 설교의 중반부에 지나지 않는다. 이제부터 청중은 열린 마음속에 부어지는 놀라운 하나님의 메시지를 자신을 향한 구체적이고 선명한 음성으로 듣게 된다. 바로 연역적인 구조로 나머지 후반부가 진행되기 때문이다.

② 연역적인 방식으로 움직이는 중, 후반부

혼합적인 구조는 의미를 제시한 후에 연역적인 전개 방식으로 전환된다. 청중은 귀납적인 전개를 통해 설교에 몰입한 상태에서 연역적으로 전개되는 후반부의 설교를 열린 마음으로 듣게 된다. 그리고 전통적인 연역적 구조에서는 느낄 수 없었던 감동과 진지한 경청을 혼합식 구조의 연역적 전개를 통해 경험할 수 있다. 누군가는 귀납적 전개를 통해 흥미롭게 전개되는 긴 서론을 들었다고 생각할 수도 있다. 하지만 귀납적 전개의 특성상 이어지는 연역적 구조를 통해 듣게 될 하나님의 말씀에 대해 기대하는 마음을 갖게 된다. 이제 하나님께서 무엇을 말씀하시든지 들을 준비가 되어 있다. 그리고 바로 이 시점에서부터 연역적 구조를 통해 설교의 가장 중요한 말씀의 선포와 적용이 이뤄진다.

이러한 내적 반응이 나타나기까지 귀납적 구조로 진행된 전반부의 내용이 정말 중요하다. 혼합적 구조의 특성상 자칫 산만하고 복잡할 수 있는 구조를 깔끔하고 조직적이고 명료하게 구성해야 한다. 귀납적 전개를 통해 청중의 마음과 시선을 사로잡아야 한다. 그리고 귀납적인 구조의 마지막에는 분명하고 중요한 의미를 제시해야 한다. 그래야 연역적인 후반부에서 설교의 목적을 온전히 이룰 수 있다. 이때 귀납적 구조의 결론은 본문의 신학적인 결론이며 현대의 청중에게 적용 가능한 의미로 전환된 설교의 중심 사상이다.

이 부분에서부터 설교는 새로운 전환점을 맞이한다. 이 새로운 출발점에서부터 설교자는 설교 내용을 연역적으로 전개하면서 중심 사상을 설명하거나 증명하거나 적용해 간다. 그때 귀납적 전개의 결론이자 연역적 전개의 시작으로 제시되는 의미를 직접 청중의 삶과 신앙에 적용하기 위해 연결할 수 있다. 또한 본문의 중심 주제가 가지는 여러 측면을 깊이 살펴보면서 다양한 적용을 시도할 수 있다. 청중과 함께 달려온 흥미진진한 여정의 결과로 제시된 의미가 정확히 무엇인지 설명하거나 예증하거나 적용하면서 청중의 이해를 돕고 진리의 내면화를 이루는 시간이다.

혼합적 설교의 강점 중의 하나는 연역적으로 전개하는 후반부에도 긴장감이 사라지지 않는다는 점이다. 연역적인 전개에서도 귀납적인 전반부 못지않은 강도로 청중의 시선을 사로잡을 수 있다. 그 이유는 긴장과 호기심을 가지고 들은 귀납적 전반부로 인해 연역적인 중심 명제를 들을 때 청중의 마음속에 형성되는 질문들 때문이다. 설교를 통해 드러난 중심 사상이 자신의 삶에 어떤 의미가 있는지, 신앙의 성장과 삶의 전환을 위해 무엇이 필요한지, 결단하고 붙잡고 나아가야 할 방향은 어디인지 등에 대한 자연스러운 질문이 생긴다. 그래서 설교자가 연역적인 전개와 적용을 시행할 때 흥미를 가지고 집중해서 듣게 되는 것이다. 혼합적 구조는 연역적인 후반부에서도 청중의 흥미와 긴장이 사라지지 않는다는 점을 주목해야 한다.

혼합적 구조에서 연역적인 부분의 역할은 밝혀지고 드러난 진리를 상세히 설명하고 논증하거나 그 진리로 설득하고 적용하는 것이다. 이와 관련해서 알아야 할 몇 가지 중요한 점이 있다. 첫째, 무엇보다 연역적인 설교의 중요한 강점은 교훈적이라는 점이다. 귀납적인 방식이 경험의 측면에 강점이 있다면 연역적인 설교는 원래 교훈하고 가르치는 데 적합하다. 그리고 "성경적인 설교는 본성상 교훈적이다."[12] 하나님의 말씀은 교훈과 책망과 바르게 함과 의로 교육하기에 유익하다(딤후 3:16). 성경적으로 설교한다는 것은 이 말씀의 목적을 이뤄내는 것이다. 따라서 혼합적 구조의 연역적인 후반부에서 교훈을 주어 교육하려는 목적을 가져야 한다.

둘째, 연역적인 후반부에서 설교자는 밝혀진 의미를 진리로 받아들이고 자신의 삶에 적용하도록 청중을 설득해야 한다. 설득 또한 성경적인 설교의 중요한 목표다.

> 설교자들은 설득적이 되기를 원한다. 선포는 설득에 관한 모든 것이다. … 설교자들은 하나님의 말씀처럼 설득적인 것은 아무것도 없기 때문에 성경을 사용한다.[13]

---

12   Eric J. Alexander, 13-14.
13   Kenton C. Anderson, *Choosing to Preach*, 40.

설득은 연역적 방식에서 기대할 수 있는 중요한 효과 중 하나다. 귀납적인 구조는 청중으로 성경의 진리를 경험하면서 공감하고 감동적으로 수용하게 하지만, 뒤이어 전개되는 연역적인 구조는 청중을 이해시키고 설득하면서 진리의 말씀을 받아들이게 한다. 설교자는 귀납적 전개의 효과로 마음이 열린 청중에게 연역적 전개의 설명과 예시와 논증을 통해서 본격적으로 설득해야 한다. 현대 설교학은 연역적 설교의 권위적이고 수직적인 특징 때문에 청중의 반감을 불러오는 방식으로 이해하고 있지만, 중심 사상을 밝히기까지 귀납적으로 전개되어 온 전반부의 과정이 성공적이었다면 이제 청중은 열린 마음으로 진리를 받아들일 준비가 되어 있다. 설교자는 연역적 구조의 설득의 힘을 믿고 그들에게 진리의 말씀을 전해야 한다.

마지막으로, 후반부의 연역적인 구조는 반드시 적용을 시도해야 한다. 교훈과 설득을 통해 밝혀진 의미를 강화하며 전달했다면 이제 마지막으로 그 말씀을 청중의 삶에 적용해야 한다. 설교와 청중의 상황에 따라 직접 적용하거나 간접 적용하는 방식을 선택하되 반드시 적용을 시행해야 한다. 원래 성경적 설교로서 "참된 강해 설교는 실제적으로 가장 효과적인 적용적 설교다."[14] 설교자는 적용을 통해 청중이 자신과 삶을 돌아보고 말씀의 인도를 받아 변화의 길로 들어서도록 도와야 한다. 그리고 궁극적인 적용의 목표를 따라 하나님을 만나게 하고 하나님의 주권과 영광을 고백하게 하며 존귀하신 하나님 앞에 전인격으로 엎드리게 해야 한다. 그래서 하나님의 말씀이 무엇이건 그 뜻에 기쁘게 순종케 해야 한다. 이에 관해 켄톤 엔드슨(Kenton C. Anderson)은 다음과 같이 말했다.

연역적인 설교는 하나님의 주권에 대한 연역적인 관심을 형성하는 또 다른 방

---

14 John MacArthur, "Moving from Exegesis to Exposition," in *Preaching: How to Preaching Biblically*, ed. John MacArthur (Nashville: Thomas Nelson, 2005), 246.

법이다. 모든 본문과 모든 설교는 청중으로 하여금 하나님의 의지에 복종하도록 하는 의도를 가지고 있다. 가설적인 것은 아무것도 없다.[15]

설교자는 연역적인 설교의 후반부를 통해 의미를 적용하려는 목표를 가져야 한다. 그리고 분명하고 구체적인 결론을 통해 청중이 자신에게 주신 메시지를 들고 집으로 돌아가게 해야 한다.

③ 혼합적 구조에 대한 오해
혼합적 구조는 귀납적 전반부와 연역적 후반부의 다소 복잡한 구조로 이뤄진다. 그러다 보니 혼합적 구조에 대한 몇 가지 오해의 소지가 있다.

첫째, 혼합적 구조를 서론이 무척 긴 연역적 구조로 오해할 수 있다. 귀납적 설교를 두고도 전통적인 연역적 설교에 익숙한 청중은 서론만 말하다가 끝나 버리는 설교로 오해하는 경우가 종종 있다. 귀납적 설교를 제안한 크래독은 "귀납적으로 설교하려는 설교자는 회중들로부터 마지막에 하나의 요점을 진술하거나 암시하는 긴 도입을 가진 설교처럼 보인다는 평가를 자주 들을 준비가 되어 있을 필요가 있다"라면서 그런 인식을 당연시했다.[16] 특히 한국의 청중은 아직 신설교학의 귀납적 설교가 낯설어서 성경 본문이 아니라 인생에 관한 이야기와 예화를 길게 다루는 내용을 들으면서 설교의 본론으로 생각하기 어렵다고 느낄 것이다.

이러한 구조적인 오해는 크래독의 말처럼 설교자가 안고 가야 할 문제다. 하지만 이 문제를 예상할 수 있다면 귀납적으로 전개하는 전반부에서 혹시라도 서론의 이미지를 제공하지 않도록 주의해야 한다. 본문의 중심 주

---

15 Kenton C. Anderson, *Choosing to Preach*, 67.
16 Fred B. Craddock, *As One without Authority*, 125.

제로 나아가는 설교의 내용이 상당한 무게감을 가지도록 전개해야 하며 동시에 자연스러운 움직임을 갖게 하고 극적 반전 등의 요소를 사용하면서 치밀하게 구성해야 한다.

둘째, 혼합적인 구조는 반대로 귀납적 설교에서 결론을 길게 다루는 구조로 보일 수 있다. 이는 한국의 정황이 아니라 귀납적 설교에 익숙한 청중이 모인 교회에서 일어날 수 있는 오해다. 그들은 혼합식 구조를 접하면서 직접적인 적용과 닫힌 결론이 있는 긴 귀납적 설교로 오해할 수 있다. 그래서 신설교학의 귀납적 설교 방식을 적극적으로 추앙하고 옹호하는 설교자라면 혼합적 구조에 대해 부정적인 견해를 피력할 수 있다. 귀납적으로 보이는 방식을 쓰면서 어리석게도 다시 권위를 가지고 수직적으로 설교하려는 시도로 보일 테니 말이다.

이제 청중은 권위를 가지고 일방적으로 선포하는 연역적 설교를 듣지 않으려 하는데, 혼합적 구조의 설교가 귀납적 전반부를 통해 충분히 동기를 부여했어도 여전히 설교 중후반부의 일방적인 전달을 들으면서 상당한 거부감을 가질 수 있다는 사실을 반드시 주지해야 한다. 그래도 혼합식 구조에서 연역적 전개의 힘과 효과는 전통적 연역적 설교의 그것과 상당히 다르다. 귀납적 전개가 청중의 마음에 불러일으킨 효과들 때문이다. 그렇지만 설교자는 이런 우려를 염두에 두고 연역적인 후반부에서도 청중이 집중하며 들을 수 있도록 치밀하고 적실하게 구성해야 한다.

셋째, 혼합적 구조는 복잡하고 명료성이 떨어지는 구조라고 생각할 수 있다. 이는 혼합식 구조와 관련해서 쉽게 예상할 수 있는 오해이면서 동시에 문제라고 할 수 있다. 이를 쉽게 넘길 수 없는 이유는 설교의 구조와 관련해서 가장 고려해야 할 사항 중의 하나가 '명료성'이기 때문이다. 설교의 구조가 복잡하면 청중은 설교의 내용을 제대로 이해할 수 없다. 언어는 글로 기록할 때와 말로 표현할 때 각기 수용성과 이해 정도에 차이가 나타난다.

글은 구조가 복잡해도 말보다 훨씬 더 수월하게 이해할 수 있다. 하지만 말이 복잡하면 이해하기 어렵다. 혼합적인 구조는 그런 면에서 자칫 명료성이 떨어져서 이해를 방해하는 구조로 보일 수 있다. 귀납적인 구조와 연역적인 구조를 함께 한 설교 안에 사용하면서 아무래도 좀 더 복잡한 형태를 취하기 때문이다. 그래서 전체 구조의 명료성에 더 주의를 기울여야 한다.

우리는 혼합적 구조의 언어가 좋은 움직임을 가지고 한 방향으로 흥미롭게 진행되도록 구성해야 한다. 그러면 복잡해 보이는 구조도 의외로 명료해질 수 있다. 언어의 방향성이 일정하고 논리의 비약이나 중구난방식 전개가 이뤄지지 않는다면 문제는 쉽게 해결된다. 그리고 귀납적인 흐름의 결과로 주어진 의미가 충격적이거나 감동적이거나 본문에서 나온 생생하고 선명한 메시지라면 그 의미를 따라 전개되는 연역적 흐름에서도 청중의 높은 집중력을 기대할 수 있다.

구조가 복잡하다고 무조건 명료성이 떨어지는 것은 아니다. 그것은 설교자 개인의 재능과 노력에 따라 얼마든지 달라질 수 있다. 연역적 구조나 귀납적 구조를 잘 들리도록 명료하게 구성할 수 있는 설교자라면 혼합적 구조의 설교 역시 아무런 문제 없이 잘 들리는 명료한 설교로 구성할 수 있을 것이다.

④ 혼합적 구조의 다양화

혼합적 구조는 연역적 구조나 귀납적 구조처럼 다양한 형태로 구성될 수 있다. 설교자가 다섯 가지 형태의 귀납적 설교를 구성할 수 있고 또 다섯 가지의 연역적 구조를 사용할 수 있다면 그가 조합해서 사용할 수 있는 혼합적 구조의 수는 스물다섯 가지에 이르게 된다. 본서는 혼합적 구조가 성경적인 구조라는 타이틀을 내걸고 있어서 유일하고 절대적인 하나의 구조를 말하는 듯 보이겠지만 전혀 그렇지 않다. 혼합식 구조라는 기본 틀 안에서 매우 다양한 형태의 구조가 나타날 수 있다. 연역적 구조와 귀납적 구조보다 더 큰 구조적 다양화의 가능성을 가지고 있다.

따라서 혼합적 구조를 주장하기 때문에 특정한 구조로의 폐쇄성의 문제가 있을 것이라는 예측은 하지 않아도 좋다. 혼합적인 구조가 품을 수 있는 구조의 변화는 우리가 예상할 수 있는 것보다 훨씬 더 많다. 귀납법과 연역법의 다양성과 더불어 성경 본문의 전개 방식의 다양성이 얼마든지 구조적 다변화를 예상케 한다. 또한 청중의 다양성을 수용하고, 설교의 다양한 목적을 반영하며, 설교자의 창의적 수사력이 동원된다면 혼합식 구조는 훨씬 더 다양한 구조로 변화될 수 있다. 시대의 변화를 따라 효과적인 전달을 염두에 두고 다양한 구조의 변화를 시도할 수도 있다. 혼합식 구조는 단 한 가지의 틀을 가진 방법론이 아니다.

2. 혼합적 구조의 기능과 효과

귀납법과 연역법을 한 구조 안에서 함께 사용하는 혼합적 설교는 두 구조의 기본적인 강점을 수용하고 많은 문제점을 극복하고 해결한다. 또한 혼합적 구조만의 독특한 기능도 수행한다. 이제 혼합적 구조의 기능과 효과를 살펴보면서 혼합적 설교의 필요성과 당위성을 확인해 보자.

1) 상실된 진리의 회복

후현대주의의 가장 중요한 특징 중의 하나는 객관적인 진리에 대한 부정이다. 후현대주의는 공동체의 규범보다 개인의 판단과 소신을 더 중시하고 객관적인 진리보다 주관적인 이해를 더 선호한다. 진리 판단의 주체가 개인이라고 믿고 외부에서 제시되는 옳고 그름에 대한 절대적인 기준을 경시한다. 그에 따라 성경의 진리에 대한 이해도 주관주의로 흘러가는 경향이 있다.

그래함 존스톤(Graham Johnston)은 이에 대해 말하면서 "많은 후현대주의 청중에게 있어서 성경의 메시지는 아무런 의미가 없고, 그들은 그것을 이해하지도 못한다"라고 지적했다.[17] 설교 사역도 이런 영향 아래 놓여 있다. 설교자들은 성경의 객관적인 진리에 대한 확신을 잃었고, 청중에게 진리의 말씀을 선포하고 본문의 의미를 분명히 밝히기보다 개인이 알아서 이해하고 체험하는 데 지나친 강조를 두게 되었다. 이와 같은 "설교에서 개인의 체험에 대한 지나친 강조는 객관적인 진리를 주관적인 범주에 복속시키는 위험을 지닌다."[18]

또한 이 시대는 종교적 진리라는 개념에 대해서 문화적 혐오감을 느끼고 있다.[19] 과학은 실험을 통해서 객관적인 진리를 제시할 수 있어도 종교만큼은 진리에 이르는 길이 없다고 여긴다. 모든 종교를 각 발원지에서 인간이 만들어 낸 문화적 창조물로 여기며 그런 사상을 절대적이고 객관적인 진리로 받아들이기를 꺼린다. 그래도 긍정적으로 대한다면 자신의 정신 수양과 도덕적 인격 함양의 수단으로 받아들이는 정도다. 기독교에 대해서도 같은 생각을 하고 있다. 심지어 크리스천 중에도 설교를 진리의 말씀이 아니라 위로를 받는 수단이며 자신의 삶과 정신 수양에 유익을 주는 강론 정도로 여기는 사람들이 있다. 그리고 설교를 통해 듣는 말씀을 불변하는 진리로서가 아니라 설교자 개인의 견해와 판단 정도로 생각하고, 각자 나름대로 자신의 경험과 지식을 따라 알아서 말씀을 판단하고 필요할 때만 수용하는 경향을 보인다. 성경을 대하면서 본문에 어떤 의미를 부여하거나 본문의 저자가 의도한 의미를 밝히는 작업을 잘못이라고 말하기도 한다.[20]

---

17 Graham Johnston, 64.
18 류응렬, "새 설교학: 최근 설교학에 대한 개혁주의적 평가", 198.
19 J. Kent Edwars, 35.
20 R. Albert Mohler, Jr., 『말씀하시는 하나님』, 179.

지금 우리는 진리가 인간을 판단하고 결정하는 것이 아니라 독자나 청중이 진리를 판단하고 의미를 결정하는 주체가 되어 진리와의 관계에서 주체가 바뀌어 버리는 다소 충격적인 전환을 경험하고 있다. 이러한 시대에 우리는 혼합적인 구조의 설교를 통해 상실된 객관적이고 절대적인 진리로서의 말씀의 위치를 회복시키게 되는 가능성을 기대할 수 있다. 그렇게 말하는 이유가 있다.

첫째, 혼합적 구조는 어떤 의미를 진리로 받아들이게 하는 데 효과적이기 때문이다. 과거에 연역적인 설교가 진리를 선포하고 전달하는 데 효과적이었던 이유는 청중이 말씀을 진리로 의심하지 않고 수용했었기 때문이다. 근대에 이르기까지 인간은 신 존재를 의심하지 않았고 성경을 객관적인 진리와 권위 있는 말씀으로 받아들이는 데 별다른 의문을 제기하지 않았다. 그러나 인간의 이성에 권한이 부여되고 귀납적 탐구 방식을 진리에 이르는 필수적인 연구 방법으로 이해하면서 과거에 진리로 받아들였던 모든 것을 의심하고 다시 질문하는 시대가 되었다. 따라서 연역적으로 전개되는 설교를 객관적인 진리로 받아들이기는커녕 오히려 수직적이고 권위적이고 폭력적이라며 반발하고 거세게 거부하게 되었다. 이러한 시대에 설교자들은 혼합적 구조를 통해 효과적으로 성경과 설교에서 제시하는 의미를 진리로 전달할 수 있다. 무엇보다 설교 과정에 귀납적인 탐구 과정이 포함되어 청중이 함께 진리에 이르게 되기 때문이다. 그래서 연역적 전개의 진실성을 보증하게 된다.

또한 연역법이 효과적인 논증과 설명의 수단이 되려면 무엇보다 "전제들의 진실성에 확신이 들어야 한다."[21] 오늘날 청중은 진리를 의심하고 회의적으로 대하기 때문에 무조건 연역적으로 선포하는 설교를 불편해한다. 그

---

21 채석용, 『논증하는 글쓰기의 기술』 (서울: 서울메이트, 2011), 79.

렇다면 설교자는 자신이 제시하고 적용하려는 본문의 의미가 얼마나 객관적인 사실이고 진리인지를 청중이 이해할 수 있는 방식으로 밝혀 주어야 한다. 진리 자체를 의심하기에 스스로 판단하면서 들으려는 청중에게 설교에서 제시하는 의미가 얼마나 진실하고 객관적인 사실인지를 인식시켜 주어야 한다. 바로 이 문제를 혼합적 구조의 수사력이 해결한다.

이 문제는 사실 연역적 구조의 설교로도 해결할 수 있다. 그것이 연역적 설교의 목표이기도 하다. 설교를 시작하면서 제시한 전제를 이후에 설명하고 논증하고 예증하면서 진리의 객관화를 이뤄낸다. 하지만 우리 시대 청중은 마치 기정사실을 전하듯이 어떤 전제를 수직적으로 전달하려는 시도 자체를 거부한다. 일단 명제가 주어지는 순간 그 뒤에 이어지는 내용에 귀를 닫아 버린다. 따라서 기능상으로는 가능하지만 실제로는 목적하는 바를 이뤄내기 어려워진다. 이 문제를 해결하려면 설교의 서론과 이어지는 본론에서 제시하려는 전제를 뒤로 미루고 설교를 전개해 가야 한다. 마치 등산을 하듯이 중심 사상을 향해 나아가면 청중은 그 정상에 이르러 의미를 객관적인 사실로 받아들이게 된다. 이것이 바로 귀납적으로 전개되는 혼합적 설교의 전반부의 역할이고 기능이다. 전반부에서 이 기능을 잘 수행할 수 있다면 이어지는 연역적 후반부에서 이뤄지는 설명과 논증과 적용은 일단 하나님의 말씀으로서의 객관성을 확보하게 된다.

데니스 케힐은(Dennis M. Cahill) "연역적 설교의 강점은 논리적이고 이성적인 방식으로 정보를 전달하는 능력이 있다는 것이고, 반면에 귀납적 설교의 강점은 설교 사건에 청중을 참여시키는 능력이 있다는 것이다"라고 말했다.[22] 혼합적 설교의 전반부에 귀납적인 전개를 통해 청중이 거부감 없이 설교의 과정에 참여할 수 있다면 그 결과로 어떤 의미가 주어질 때 청중이

---

22 Dennis M. Cahill, 32.

직접 그 의미에 이르렀기 때문에 쉽게 수긍하고 동의하게 된다. 혼합적 구조는 귀납적 전반부를 통해 이 일을 가능케 한다. 진리를 의심하며 판단하는 것이 아니라 직접 의미 도출에 참여해서 진리를 발견하게 한다. 바로 이 점이 혼합적 설교가 가지고 있는 중요한 기능 중의 하나다.

그래서 혼합적인 설교에서 귀납적인 전반부가 원래의 역할을 제대로 수행한다면, 청중은 중반부에서 설교의 의미를 객관적인 진리의 말씀으로 받아들이게 되고 이어서 전개되는 연역적인 후반부를 통해 자신을 향한 하나님의 구체적이고 권위 있는 목소리를 듣게 된다. 그리고 그때부터 말씀의 역사가 나타나기 시작한다. 이때가 설교의 가장 중요한 부분이 시작되는 지점이다. 후반부의 연역적인 전개를 통한 선포와 논증과 설득은 메시지의 객관성과 진실성을 확보하는 데 절대적으로 중요하다.

설교는 의미를 체험하는 것에서 끝나면 안 된다. 이후에 살아 계신 하나님께서 주시는 말씀을 들어야 한다. 복음은 하나님의 진리의 말씀으로서 존재하기에 인간의 체험이 복음을 해석하게 두어서는 안 된다.[23] 체험에 대한 지나친 강조는 체험이 없으면 하나님을 인정하지 않는 신학적 상대주의(theological relationalism)를 초래한다.[24] 그래서 설교는 귀납적으로만 마무리 되어서는 안 된다. 연역적인 전개를 통해 체험한 진리를 객관적인 하나님의 말씀이 되게 하고 개인의 삶에서 역사하게 해야 한다. 귀납적인 전개를 통해 깨달은 진리의 말씀이 우리를 해석하고 판단하여 이끌어 가도록 해야 한다. 그래야 의미가 객관적 진리가 되어 청중의 삶에 내려앉을 수 있다.

이처럼 혼합적 구조의 설교는 진리에 대한 상대성이 난무하는 시대에 말씀의 진실성을 드러내고 그 진리에 순종하게 하는 데 효과적으로 기능한

---

23 류응렬, "새 설교학: 최근 설교학에 대한 개혁주의적 평가", 200.
24 Charles L. Campbell, 141.

다. 혼합적 구조는 분명 하나님의 말씀이 진리라는 확신을 주기에 그 어떤 구조보다도 훨씬 효과적이다.

둘째, 혼합적인 구조는 가장 확실한 진리 논증 방식이기 때문이다. 개인적으로 진리로 받아들인 의미를 진정한 진리 되게 하는 방식이다. 만약 진실성이 확보된 상황이라면 연역법을 통한 논증이 가장 확실한 논증 방법이다.[25] 의심하는 현시대 청중은 연역적으로 주어지는 명제에 진실성이 확보되었다고 생각하지 않기에 진리로 수용하지 않는다. 그런데 혼합적 구조는 귀납적 전반부를 통해 의미의 진실성을 확인시켜 준다. 그래서 이후의 연역적 전개를 통해 다뤄지는 모든 논증을 의심 없이 진리로 받아들이게 한다.

혼합적인 설교는 이처럼 전제의 진실성을 입증하는 전반부의 과정을 거치기 때문에 연역법이 가지는 논증의 확실성을 극대화한다. 따라서 연역법이 전제의 진실성 아래 이론적으로 가장 효과적인 논증 방식이라면, 혼합법은 그 전제의 진실성을 입증하기에 실제로 가장 효과적인 논증 방식이라고 할 수 있다.

2) 무너진 성경의 권위 회복

우리 시대 기독교가 당면한 가장 큰 난관은 하나님의 말씀으로서의 성경의 권위가 실추되었다는 점이다. 비기독교인만이 아니라 기독교인들, 그것도 신학자들까지 성경의 권위를 부정한다. 그리고 다양한 고등 비평을 통해 성경을 분해하고 회중으로 진리를 부정하게 만들었다. 그 아래에서 이뤄지는 현대의 많은 신학 연구와 실천은 성경이 아니라 인간의 이성과 세상의 철학이 지배하고 있다.

설교학도 실천신학의 한 영역으로 이런 영향 아래에서 연구가 진행되

---

25 채석용, 85.

고 있다. 특히 신설교학은 성경의 권위와 무오를 부정하는 자유주의 신학 진영에서 활발하게 이뤄진 설교학이며 그 주된 과제는 청중에게 효과적으로 메시지를 전달하려는 측면에 치우쳐 있다. 신설교학은 전통적 설교의 문제를 해결하고 청중의 변화를 민감하게 수용하여 강단의 위기를 극복하는 새로운 돌파구를 마련했다고 하지만, 사실 성경의 권위를 부정하는 신학을 설교학을 통해 구현해 낸 것이다. 그들에게 성경에 대한 신뢰와 권위에 대한 확신이 있었다면 구조 이론의 연구 방향은 완전히 달라졌을 것이다. 하지만 신설교학은 성경의 권위를 무시함으로 성경적 설교에서 더욱 멀어져 버렸다.

브루그만(Walter Brueggemann)은 "방법론적인 토론들이 수행되는 학문 진영에서는, 본문을 해석자로부터 떼어 놓는 보수적인 역사비평과 신흥 비평들, 곧 사회학적, 문헌적, 정경적 비평들 사이에 긴장이 고조되고 있다는 사실을 주지할 수 있다"라고 말했다.[26] 신설교학의 등장은 교회와 설교 강단을 회복한 것이 아니라 오히려 많은 학문적 논란을 양산하고 있다. 그리고 어떤 의미에서 설교 사역의 쇠퇴를 가속하고 있다. "설교에 있어서 쇠퇴는 필연적으로 본문의 권위에 관련된 그런 확신의 부재에 따른 결과"이기 때문이다.[27] 성경을 분해해서 인간의 저작물로 전락시켜 버린 곳에서 말씀 사역의 새로운 역사를 기대한다면 그 자체가 이미 모순이다.

성경의 권위를 부정하는 신학은 신설교학의 등장 이전에 이미 견고하게 서 있었다. 그 영향으로 강단과 설교사역은 힘을 잃었고 교회는 점차 쇠퇴일로를 걷게 되었다. 신설교학은 그 문제의 원인을 전통적인 연역적 설교에 돌렸지만 실상 성경의 권위에 대한 불신과 성경 무오에 대한 거부로 하

---

26 Walter Brueggemann, 22.
27 Eric J. Alexander, 15.

나님의 말씀을 의심하고 부정하는 신학 사조 때문이다. 따라서 실용적인 측면에서 강단의 위기를 극복할 수 있는 방향을 제시했지만, 실제 강단의 회복은 일어나지 않았다. 단지 학문적 차원에서 새로운 이슈를 만들어 냈을 뿐이다. 결국 이 시대의 강단의 위기를 극복하는 최우선적 과제는 성경의 권위를 회복하는 데에 있다.

크래독은 자신이 귀납적인 설교 이론을 펼치게 된 이유를 시대와 청중의 변화 때문이라고 말했다. 하지만 더 중요한 이유는 그 기저에 있는 성경의 권위를 부정하는 확고한 신학적 입장 때문이었다. 성경이 정확무오한 하나님의 말씀이라는 근본주의자들로 인해서 설교 사역의 힘을 잃어버렸다고 확신했던 것이다. 크래독뿐만 아니라 신설교학은 대부분 성경의 권위를 인정하지 않는 신학의 입장에서 새로운 방법론을 모색한다. 버트릭(David Buttrick)은 성경의 말씀 중에 어떤 것은 기독교에 부적절하고 또 어떤 것은 기독교의 가르침에 미치지 못한다면서 성경의 권위를 훼손시켰다.[28] 이처럼 신설교학의 귀납적인 설교와 이후 다양한 서사 설교의 구조들은 대부분 성경의 권위를 인정하지 않는 학자들이 주장한 방법론이며, 그들은 당연히 성경의 권위와 말씀을 맡은 자로서의 권위를 배제하고 설교하라고 가르친다.

몇몇 사려 깊은 학자들과 설교자들은 바로 이 점을 우려하며 귀납적 설교와 신설교학의 문제를 지적하고 있다. 그리고 이에 대한 하나의 해결책으로 랄프 루이스(Ralph L. Lewis)와 그렉 루이스(Gregg Lewis)는 『귀납적 설교』(Inductive Preaching)에서 '혼합적인 방식'을 제시했다.[29] 이들은 귀납적 설교의 효과와 시대적 유익성을 분명히 인식하고 귀납적 설교를 주장하는 학자들이다. 그들은 신설교학의 귀납적 설교에 내재되어 있는 문제점들과 귀납

28　David Buttrick, *Captive Voice*, 17.

29　Ralph L. Lewis and Gregg Lewis, *Inductive Preaching*, 103-120 참조.

적 설교를 향한 도전적 질문들을 잘 알고 있었다. 그리고 귀납적 설교의 문제 중 하나가 바로 성경의 권위에서 멀어지고 성경이 아닌 다른 메시지를 설교의 주된 내용으로 삼는 데 있다는 사실을 잘 알고 있었다. 그래서 이에 대한 해결책으로 귀납적으로 전개하다가 연역적으로 마무리하는 혼합적인 구조의 설교를 제시했다. 귀납적으로 전개되는 설교의 중반부터 연역적 구조를 통해 진리를 다시 강조하고 적용하고 결론을 제시해야 귀납적 구조의 문제를 해결할 수 있다고 본 것이다. 이는 본서에서 말하고 있는 혼합적 구조와 기본적 맥락을 같이한다. 그러나 그들은 귀납적 설교의 문제를 옹호하는 차원에서 혼합적 설교를 다룬 것이어서 여전히 설교에서 귀납법을 우선시한다.

이처럼 귀납적 구조를 옹호하는 학자 가운데도 설교의 중심에서 성경이 배제되고 있는 문제를 심각하게 인식하는 사람들이 있다. 그리고 랄프와 그렉처럼 그 문제를 해결하는 방법은 귀납적인 구조의 마지막에 연역적인 전개로 성경의 진리를 선포하고 적용하는 데 있다는 사실을 정확하게 이해하고 있는 사람들도 있다. 다시 말해 그들도 성경의 권위를 회복하고 성경의 메시지를 설교의 중심 메시지로 삼는 방법은 귀납적 구조를 혼합적 구조로 전환하는 데 있다는 사실을 알고 있다는 말이다. 혼합적 구조는 이처럼 성경의 권위를 회복시킬 수 있는 설교 방법론이다.

성경적인 설교는 성경의 메시지를 설교의 중심 메시지로 삼고 이를 전달하는 것을 목적으로 한다. 그렇다면 우리는 더욱 적극적으로 혼합적 구조를 사용해서 진리를 전파해야 한다. 만일 우리가 혼합적 구조를 통해 진리를 전한다면 성경의 메시지를 청중이 붙잡아야 할 진리가 되게 하여 성경적인 설교의 목적을 이뤄낼 것이다. 청중은 자신이 붙잡아야 할 진리가 성경에 있다는 사실을 깨닫게 될 것이다. 혼합적인 구조의 설교는 성경의 권위를 인정하지 않으려는 세대에 하나님의 말씀으로서의 성경의 지위를 회복시키고 그 말씀이 신적 권능을 가지고 살아 움직이며 역사하게 한다.

존 스토트(John R. W. Stott)는 "설교하는 메시지가 진실을 말하고 그것이 인간의 실재 삶과 연관을 보일 때, 그 메시지는 자기 자신의 권위와 자체의 타당성을 가지게 된다"라고 말했는데,[30] 혼합적인 구조가 그처럼 귀납적 전개로 확인된 진리를 연역적으로 청중의 삶과 연결해서 성경의 권위를 다시 회복시켜 주는 기능을 수행한다. 귀납적 전반부가 청중으로 설교자와 함께 경험하여 이른 진리에 대한 확신을 주고, 연역적 후반부가 자신의 삶을 향한 권위 있고 적실한 성경에 대한 확신을 주면서 청중에게 성경의 신적 권위를 회복시키고 순종해야 할 진리의 말씀으로 인정하게 만든다.

이처럼 혼합적 구조는 성경의 의미를 진리로 받아들이도록 논리를 전개해 나가는 방식이며, 혼합적 구조의 설교는 그로 인하여 성경을 신뢰하지 않는 세대에 다시 성경의 권위를 회복시켜 줄 수 있다. 아무리 시대가 급변해도 주의 말씀은 영원토록 진리라는 사실을 다시 확인시켜 준다.

3) 설교의 영광 회복

설교는 영광스러운 하나님의 말씀을 맡아 전하는 사역이다. 이는 교회의 가장 중심이 되는 사역이며 하나님께서 허락하신 가장 영광스러운 위탁이다. 이 위탁의 결과는 전적으로 하나님께서 책임져 주신다. 하나님께 설교를 위탁받은 사역자는 하나님의 도구이며 설교를 통해 하나님께서 말씀하시도록 해야 한다. 이를 위해 성경에 순종하며 본문의 의미를 성령의 조명과 인도를 따라 자신의 청중에게 적실하게 전해야 한다. 그러면 하나님께서 말씀을 통해 역사하신다. 개혁주의 신학은 이 사실을 분명히 한다. 설교자는 이를 알고 겸손한 자세로 영광스러운 설교 사역에 임해야 한다.

---

30 John R. W. Stott, *Between Two Worlds*, 59.

그런데 오늘날 '설교'는 부정적인 뉘앙스를 갖는 용어가 되었고, 설교자는 누구보다도 많은 비판을 받는 대상이 되었다. 오늘날 대중 매체는 설교와 설교자를 더 이상 좋게 묘사하지 않는다.[31] 시대에 따른 변화의 영향 때문이면서, 동시에 대중 매체를 통한 반기독교적 문화의 선동을 받은 영향 때문이기도 하다. 또한 설교자가 설교 사역을 제대로 감당하지 못했기에 청중의 비난을 받는 것도 부정할 수 없다. 이는 개인의 설교 능력을 말하는 것이 아니다. 설교자의 성경관과 신학의 문제가 영광스러운 설교 사역에 부정적 그늘을 드리웠다는 말이다. 그 결과 오늘날 비그리스도인뿐만 아니라 많은 그리스도인까지 설교를 시대착오적인 산물이라고 비판하고 있다.

그 외에도 설교의 지위가 하락하게 된 원인을 여러 요인으로 설명할 수 있지만, 가장 중요한 원인은 분명 잘못된 성경관의 문제에 있다. 마틴 로이드 존스(Martyn Lloyd-Jones)는 설교의 영광이 사라지고 있는 이유를 설명하면서, "나는 망설임 없이 제일 첫 자리에, 성경의 권위에 대한 믿음을 잃어버리고 진리에 대한 믿음이 감소되었기 때문이라는 사실을 두겠다"라고 말했다.[32] 오늘날 회중이 성경을 신뢰하지 않는 것도 문제이지만, 가장 큰 문제는 역시 설교자조차 성경의 권위를 인정하지 않는 데 있다.

신설교학은 전통적인 연역적 설교가 강단의 위기를 초래한 원인이라고 말하지만, 사실 최우선적인 문제는 설교자가 성경을 신뢰하지 않는다는 데 있다. 미국과 유럽의 건전한 교단에 속한 목회자들조차 성경을 신적 계시를 포함한 인간의 저작물로 이해하고 있다. 그들은 성경의 권위를 인정하지 않고 성경의 무오성과 성령의 영감을 부정하거나 부분적으로만 인정하고 있다. 그리고 이와 같은 성경관의 변질은 영광스러운 설교 사역의 쇠퇴를 초

---

31 J. Kent Edwars, 39.
32 Martyn Lloyd-Jones, 13.

래할 수밖에 없었다. 켄트 에드워즈(J. Kent Edwars)의 말처럼 이제 "설교하는 일에는 위신이 거의 없다."[33]

설교의 영광을 회복하기 위해서는 먼저 바른 성경관을 회복해야 한다. 그리고 계시의 말씀으로서 일 점의 오류도 없는 성경의 진리를 확신하며 설교에서 드러내고 전해야 한다. 설교가 하나님의 말씀인 성경에서 비롯되었고 그 성경은 오늘날에도 신앙과 삶의 전 영역에 가장 적실하고 정확무오한 진리의 말씀이라는 사실을 청중에게 보여 주어야 한다. 혹시 권위를 가지고 수직적으로 선포할지라도 말씀에 대한 확신 없이 행하는 설교보다 훨씬 나은 설교다.

물론 설교의 영광을 회복하는 일이 신설교학을 비롯한 몇몇 설교자들에게는 관심 밖의 일일지도 모른다. 그들은 오로지 설교의 전달력을 높이는 일에만 학문의 목적을 두고 있다. 그러나 하나님의 말씀으로서의 설교 사역은 인간 설교자의 개인적인 목적이나 신학적 입장과 상관없이 영광스러운 사역이 되어야 한다. 이를 위해서 반드시 성경의 권위와 영광에 대한 확신부터 먼저 회복해야 한다. 그리고 성경적으로 설교하기 위해 더욱 힘과 열정을 쏟아부어야 한다. 설교의 영광과 권위는 오직 성경의 권위에 근거하기 때문이다.[34]

이를 위해 우리는 혼합적 구조를 사용해야 한다. 혼합적인 구조의 설교는 성경적인 설교를 완성하기 위한 마지막 단추다. 본문의 말씀이 하나님의 말씀 되게 하는 가장 효과적인 수사 방식이다. 혼합적 구조는 귀납적 설교처럼 흥미로운 삶의 이야기를 다루느라 성경을 단지 인용구나 예화 정도로 치부하지 않는다. 하나님의 말씀인 성경의 의미를 진리로 인식하게 하고 이

---

33 J. Kent Edwars, 40.
34 류응렬, "'강해 설교의 아버지' 해돈 로빈슨의 설교신학", 『신학지남』, 통권 290호(2007년 봄호), 234,235.

를 청중의 삶에 직접 연결하면서 구체적인 하나님의 음성을 듣게 한다. 또한 혼합적인 구조는 연역법이 가지고 있는 동의할 수 없는 메시지의 강압적인 전달이나 들을 마음조차 사라지게 만드는 연역적 구조의 문제를 해결하며 본문의 의미를 흥미 있게 받아들이고 하나님의 뜻으로 알아 진지하게 적용하게 한다. 결과적으로 혼합적인 구조는 성경을 외면하는 시대에 성경을 내세우지 않으려는 현시대의 수동적인 설교학의 흐름을 거슬러 오히려 효과적으로 성경의 진정성과 진실성, 그리고 하나님의 말씀으로서의 권위와 능력을 적극적으로 드러냄으로써 성경의 권위를 회복시킨다. 그래서 결국 설교의 영광을 회복시킬 수 있다.

혼합적인 설교는 실제 설교의 영광을 높이는 데 쓰임 받아 왔다. 실제 혼합적인 설교 방법은 탁월한 설교자들의 주된 설교 방식이었다. 역사적으로 많은 청중을 변화시켰다. 복음을 거부하고 말씀에 부정적이던 불신자들을 말씀 앞에 겸손히 무릎 꿇게 한 방법이었다. 이 일은 물론 복음의 능력과 성령의 역사가 있었기에 가능했지만, 혼합적인 구조는 그 능력과 역사를 더욱 드러나게 하는 도구였다. 성경의 설교자들이 혼합적 설교를 했고, 많은 위대한 설교자들이 혼합적 구조로 말씀을 전했다. 위대한 전도자이자 설교자였던 무디(D. L. Moody)와 빌리 그레이엄(Billy Graham), 레이톤 포드(Leighton Ford), 제이 케슬러(Jay Kesler), 루이스 하들리 에반스(Louis Hadley Evans, Sr.), 레슬리 웨더해드(Leslie Weatherhead), 도날드 소퍼(Donald Soper), 그리고 종교개혁자와 청교도들, 심지어 가톨릭의 설교자들까지 가장 탁월하게 설교 사역을 감당했던 사람들은 혼합적 설교 방법론을 사용했다.[35] 그렇다면 설교의 영광을 회복하기 위해서 우리가 혼합적인 설교 구조를 진지하게 연구하여 사용하기를 미룰 이유가 없다.

---

35 Ralph L. Lewis and Gregg Lewis, *Inductive Preaching*, 117,118.

4) 다양한 인식 체계를 가진 청중의 필요 충족

설교를 듣는 청중은 다양한 사람들로 구성되어 있다. 성별과 연령이 다르고 성장 배경이 다르다. 직업이 다르고 관심사도 다르다. 그래서 예배 시간에 나와 있는 목적도 다르다. "오늘날의 청중은 고도의 절충주의와 신자의 다양한 그룹으로 구성되어 있다."[36] 또한 각자 겪고 있는 삶의 문제가 다르고 문제를 대처하는 방식도 다르다. 신앙 수준이 다르고 믿음의 정도와 영적 분별력에 차이가 있다. 그래서 설교자가 같은 말씀을 전해도 개인마다 이해도와 수용도가 다르고 받아들인 내용도 다를 수밖에 없다. 설교자는 이러한 청중의 차이를 인식하고 설교를 준비해야 한다. "효과적 사역의 기초는 수용자 즉 청중을 제대로 이해하는 일이다."[37] 그리고 그 이해를 바탕으로 더욱 효과적인 설교 방식을 찾아 설교해야 한다.

무엇보다 청중은 두뇌 기능의 차이로 외부 정보에 대한 인식과 이해에 있어서 서로 많은 차이를 나타낸다. 인간의 두뇌는 좌뇌와 우뇌로 나뉘어 각기 다른 영역을 담당하는데, 두뇌 공학적 연구에서 설명하기를 좌뇌는 논리적, 수리적, 합리적 사고를 맡고, 우뇌는 감성적, 예술적 차원을 맡는다고 한다.[38] 따라서 더 활발하게 기능하는 위치의 두뇌에 따라서 각기 받아들이는 정보의 수용과 이해도가 달라진다. 또한 더 쉽게 이해하고 선호하는 설교의 구조도 달라진다. 좌뇌가 활발하게 기능하는 청중은 전통적인 연역적 설교를 더 선호한다. 우뇌의 활동이 많은 청중은 귀납적 설교를 통해 은혜를 받는다. 이론으로만 본다면 좌뇌가 발달한 사람에게는 연역적 설교가, 우

---

36 Calvin Miller, 44.
37 정병관, 『복음혁명을 주도하는 크리스천 커뮤니케이션』 (서울: 총신대학교출판부, 2009), 282.
38 김운용, 『현대설교 코칭』, 224.

뇌가 발달한 사람에게는 귀납적 설교가 더 효과적이다.

따라서 주로 귀납적 방식으로 설교하는 교회가 있다면 우뇌가 발달한 청중은 그 설교와 교회를 좋아하고 많은 은혜를 받을 것이다. 하지만 좌뇌가 발달한 청중은 설교를 두고 고민하게 될 것이며 신앙생활의 어려움을 느낄 것이다. 반대의 경우도 마찬가지다. 좌뇌가 발달한 사람이 잘 구성된 연역적 설교를 들으면 설교의 논리성과 깊이와 통찰력에 감탄하고 큰 은혜를 받겠지만 우뇌가 발달한 사람은 설교에 별다른 감동이 없고 아무런 도전을 받지 못하는 딱딱하고 어려운 설교라고 느낄 것이다. 그래서 설교자는 회중의 인식 체계의 다양성을 이해하고 그들 모두를 끌어안을 수 있는 설교를 구성해야 한다. "설교는 모든 사람을 위한 것이며, 설교자는 반드시 포괄적으로 접근해야 한다."[39] 그렇기에 우리에게 혼합적 구조의 설교가 더욱 요구된다. 혼합적 설교는 다양한 인식 체계를 가진 청중을 포괄할 수 있는 설교 형식이기 때문이다.

혼합적 설교가 청중의 인식에도 효과적일 수 있는 이유는 청중이 좌뇌와 우뇌를 함께 사용하면서 들을 수 있기 때문이다. 혼합적 구조는 귀납적으로 진행되는 전반부를 우뇌를 통해 수용하고 연역적으로 전개되는 후반부를 좌뇌를 통해 받아들이면서 두뇌를 전반적으로 사용하게 한다. 또한 우뇌가 더 발달한 사람이나 좌뇌가 더 활발히 기능하는 사람이나 모두 자신의 두뇌를 충분하고도 적극적으로 사용하면서 설교에 집중할 수 있게 한다. 캘빈 밀러(Calvin Miller)는 그처럼 좌뇌와 우뇌형의 청중을 모두 포괄할 수 있는 가장 최상의 방법은 교훈들과 이야기들을 한 설교에서 섞어서 사용할 때라고 말했다.[40] 혼합적 구조의 설교는 연역적 구조와 귀납적 구조를 설

---

39 Calvin Miller, 149.
40 Calvin Miller, 149,150. ; 하지만 이어서 그가 제시한 최고의 설교 형식은 마치 샌드위치처럼 명제와 이야기들을 서로 교차해 가며 포개는 방식으로 이뤄져

교에서 함께 사용하기에 인식 체계가 서로 다른 청중을 위한 최상의 선택이 된다.

좌뇌와 우뇌의 차이로만 예를 들었는데, 사실 사람들의 인식 체계를 단순히 좌뇌와 우뇌의 기능적 차이로만 설명할 수는 없다. 사람들은 인식의 측면에서 그보다 훨씬 더 복잡한 차이를 보인다.[41] 그리고 설교자는 설교를 작성할 때 이처럼 다양한 청중의 인식 체계와 차이를 반드시 고려해야 한다. 설교 전달의 성공 여부는 결국 설교를 듣는 청중에게 달려 있기 때문이다.

커뮤니케이션 유형과 상관없이 커뮤니케이션의 결과는 최종적으로 수용자에게 달려 있다. 수용자는 가만히 앉아서 설교자가 주는 대로 메시지를 전달받는 수동적인 존재가 아니다. 만약 수용자가 원치 않는다면 사실상 전달자가 자신의 메시지를 받아들이도록 하는 모든 시도가 다 수포로 돌아간다. 그래도 설교를 듣는 자리에 나와 있는 청중은 일단 설교를 들으려는 마음이 있으니 설교자는 마땅히 청중의 시선을 사로잡기 위해 수사적 노력을 다해야 한다. 그리고 혼합적인 구조의 설교는 다양한 인식 체계를 가진 다양한 청중을 포괄할 수 있는 방식이기에 더욱 적극적으로 사용해야 한다.

5) 연역적 구조의 문제 개선

연역적 구조는 설교 초반부에 중심 사상이나 의미를 명제로 제시한다. 그리고 설교의 나머지 부분에서 명제에 대한 설명과 예증과 논증과 적용을 전개한다. 기독교 설교 역사는 대부분 연역적 방식의 설교와 함께해 왔고 이는 시대마다 효과적으로 기능해 왔다. 하지만 오늘날에는 연역적 설교 방식이

있어서 다소 복잡하고 체계가 없다. 그리고 본서에서 말하는 혼합적 구조의 설교 방식과는 차이가 있다.

41 백동조, 276, 277 참조.

끊임없는 도전을 받고 있다. 이제는 청중을 사로잡을 수 없는 낡은 구조로 여겨진다. 또한 모든 설교를 연역적으로 구성하는 것은 비성경적이라고 말한다.

설교자는 이처럼 연역적인 구조의 설교가 코너에 몰려 있는 이유를 숙고해 보아야 한다. 그리고 지적받고 있는 연역적 설교의 문제 중에 개선할 수 있는 부분은 반드시 바꿔가야 한다. 방법론 때문에 거룩한 하나님의 말씀 사역이 방해를 받아서는 안 되기 때문이다.

① 진리에 대한 거부의 문제 해소

연역적인 구조의 설교는 설교 초반에 제시하는 '전제'로 인해 여러 문제가 발생한다. 그중 하나는 설교자가 전제를 너무 당연하게 진실이고 진리라고 믿고 제시하기 때문에 일어난다. 만일 전제의 진실성에 대한 확신이 없으면 설교자는 명제를 당당하게 제시하지 못할 것이다. 연역적 구조는 논리 구조 자체가 전제의 진실성을 요구한다. "연역 논증은 가장 기본적이고 확실한 논증 수단이지만 반드시 '전제들이 참임을 가정한다'라는 조건이 붙어 있다."[42] 전제가 진실이 아니라면 이후에 설명하고 논증할 필요도 없다. 하지만 우리 시대는 증명되지 않은 어떤 전제를 미리 진실이라고 가정하는 시도 자체를 거부한다. 바로 여기에서 문제가 발생한다.

후현대주의 청중은 진리 자체에 대한 강한 거부감을 가지고 있다. 외부에서 무엇을 진리라고 하면 이를 편견이라 생각하고 심지어 일종의 강요와 폭력으로 여길 때도 있다. 증명되기 전까지 객관적인 진리는 없고 무엇인가의 진위를 판단하는 기준은 개개인에게 있다. 따라서 설교를 들을 때도 설교자가 말하는 어떤 전제를 절대적인 진리로 인정하며 듣지 않는다. 각자의

---

[42] 채석용, 78.

생각을 따라 판단하고 이에 동의할 수 있어야 듣기 시작한다. 후현대주의 청중은 성경의 권위를 무시하고 말씀을 맡은 자로서의 설교자의 영적 권위도 무시한다. 경건한 그리스도인들도 성경보다 개인의 경험과 이해를 더 중시하는 경향이 강하다. 따라서 마치 진리인 마냥 먼저 전제를 던진 후에 이를 설명해 나가는 연역적 구조에 마음을 열지 않는다.

우리는 이처럼 권위가 무너진 시대, 절대적인 진리가 사라진 시대를 살고 있다. 청중은 모든 가치 판단의 기준이 자신에게 있다고 믿고 성경과 설교의 권위에 순종하며 들으려 하지 않는다. 설교자가 일방적으로 제시하는 명제를 일단 의심하고 불신한 채 판단하면서 듣는다. 순종적인 성도들은 그나마 믿음으로 들으려고 하겠지만 그래도 마음에 다소 불편함을 느낀다. 그리고 설교의 출발점에서 느끼는 부정적인 생각과 감정은 이후에 전개되는 내용을 하나님의 말씀으로서가 아니라 설교자 개인의 견해로 여겨 비판적으로 듣게 한다. 이런 일이 반복되면서 점차 강단에서 멀어지는 것이다.

혼합적인 구조는 이런 연역적 구조의 문제를 해결할 수 있다. 청중이 느끼는 수긍할 수 없는 권위와 납득할 수 없는 전제의 문제를 전반부의 귀납적인 전개를 통해 해결해 주기 때문이다. 청중이 설교 중반에 중심 사상을 들을 때는 강압이고 일방적으로 전달된 의미가 아니라 직접 설교 과정에 참여해서 설교자와 함께 도달한 내용이기에 이후의 연역적 전개를 거부감 없이 받아들인다. 설교를 통해 깨달은 의미가 자신의 삶에 어떤 가치가 있고 또 어떤 구체적인 비전으로 연결되는지 알고 싶어 한다. 이를 통해 자신의 삶을 향한 하나님의 음성을 듣고 그 앞에 순종하려는 동기 부여가 이뤄진다.

이처럼 혼합적인 구조는 이 시대 청중에게 드러나는 연역적 구조의 문제를 해결할 뿐만 아니라 동시에 연역적인 구조를 통해 이루고자 하는 설교의 목적을 효과적으로 이뤄지게 하는 방식이다. 진리를 거부하지 않고 권위 있는 말씀으로 생생하게 받게 한다.

② 잘못된 전제의 문제 해결

전제로 인해 발생하는 두 번째 문제는, 해석에 미숙한 설교자나 본문에 대한 편견을 가진 설교자가 잘못된 의미를 마치 진리인 것처럼 제시할 수 있는 위험이다. 이는 청중의 막연한 우려가 현실이 되어 버리는 경우다. 그러면 성경 본문과 상관없는 내용을 계속 들어야 하고 성경의 의도와 전혀 상관없는 결론을 받아들고 혼란스러워하게 된다. 오늘날 청중의 교육 수준이 높아져서 설교자의 이런 실수를 금방 파악해 버린다. 혹시 신설교학에서는 그래도 된다고 말할지 모르겠지만, 이는 명백히 성경적인 설교가 아니다.

본문과 관계없는 내용을 전하는 설교는 대개 두 가지 원인에 기인한다. 첫째, 성경을 오류가 없는 하나님의 말씀으로 믿지 않기 때문이다. 둘째, 성경을 바르게 해석하지 못하기 때문이다. 그래서 본문과 상관없는 내용을 설교의 의미로 제시하고 말씀을 전개해 나간다. 결과적으로 설교자는 잘못된 의미에 권위를 부여하고 성경과 상관없는 사상으로 청중을 인도하게 된다. 이러한 설교를 성경적이라고 말할 수 없다. 설교자 개인의 생각을 진리인 듯 전달하는 일종의 연설에 지나지 않는다. 우리는 반드시 알아야 한다. "연역 논증은 얼토당토않은 전제들을 근거로 형식만 갖춰 논증하는 것을 정당화하기 위한 수단이 아니다."[43]

기독교 설교의 연역법은 성경에서 말하고 있는 진리를 제시할 때만 정당성을 얻는다. 물론 청중이 그 정당성을 다 인정하지는 않을지라도 적어도 하나님 앞에서 설교자로서 진리의 말씀을 전하고 있다는 인정을 받을 것이다. 후에는 청중도 주어진 의미가 진리라는 사실을 깨닫게 될 것이다. 하지

---

[43] 채석용, 79.

만 안타깝게도 많은 설교자가 본문을 잘못 해석하고도 자신이 찾은 의미를 진리라고 생각하며 말씀을 전하고 있다. 또는 본문과 상관없는 말을 하면서 하나님의 말씀을 전한다고 착각하고 설교 사역을 계속한다. 이는 연역적 설교에서 언제든 일어날 수 있는 심각한 문제다. 그래서 강단의 위기는 날로 심화되어 가고 있다.

혼합적 구조는 이러한 연역적 구조의 문제를 해결할 수 있다. 혼합적 구조는 귀납적으로 전개되는 전반부를 통해서 본문의 의미로 나아가는 정당성과 근거를 확보하게 한다. 특히 논리적 귀납법으로 본문을 다루면서 의미를 제시할 때 그 효과는 더욱 커진다.[44] 설교자는 먼저 말씀을 준비하는 과정에서 귀납적으로 본문을 해석하고 명제의 진실성을 확보한다. 그 과정과 내용을 귀납적 전개 속에 드러내야 하기에 내용을 다시 다듬고 재확인하는 과정을 반복하면서 의미로 나아가는 정확한 해석을 하게 된다. 또한 청중도 귀납적으로 전개되는 전반부를 통해 진리에 이르는 과정에 참여하기에 설교에서 제시하는 중심 사상과 의미에 확신을 갖는다. 설교자는 자칫 잘못된 전제로 설교할 수 있는 위험을 피할 수 있고 청중은 의미에 대한 불신의 문제를 극복할 수 있다.

물론 모든 혼합식 구조의 전반부가 이런 역할을 하는 것은 아니다. 본서에서 말하려는 혼합적 구조가 특히 이 기능을 제대로 수행할 수 있다. 하지만 신설교학에서 말하는 귀납적 설교와 같이 청중의 공통적인 경험이나 특별한 사건을 통해서 자신이 말하려는 바를 뒷받침하는 근거로 삼을 경우, 오히려 잘못된 전제를 강화하는 수단이 될 수 있다. 이럴 위험에 대비해 이후 전개되는 연역적 후반부를 통해 설교의 중심 사상이 성경적이고 세대를

---

[44] 필자는 혼합적 구조의 설교 중에서 바로 이런 형식을 본서를 통해 제시하려고 한다. 혼합적 구조에 대한 전체적인 개괄을 마친 후에 본서에서 말하려는 독특한 형식의 혼합적 구조를 자세히 밝히도록 하겠다.

뛰어넘는 진리라는 사실을 논증해야 한다. 그래도 이런 위험에도 불구하고 혼합적 구조는 진리를 왜곡시키는 문제를 구조의 특징과 성격을 통해 극복해 낼 가능성을 보여 준다. 설교자로 하나님의 말씀을 바로 전할 수 있게 하고 청중을 진리의 말씀 앞에 믿음으로 서게 할 수 있다.

③ 연역적 권위의 힘 남용 억제

연역법은 설교자가 권위를 가지고 자신의 주장을 정당화하거나 잘못된 목적을 위해 악용할 위험을 안고 있는 수사법이다. 이는 성경을 바르게 해석하지 못하는 미숙의 문제가 아니라 설교를 통해서 자신의 의도를 관철시키려는 설교자의 문제다. 이 경우 설교자는 연역법이 갖는 권위를 이용해 자신의 목적을 이루려 한다. 혹시 설교의 중심 사상을 본문에서 찾았을지 모르지만, 다양한 각도에서 볼 수 있는 중심 사상을 자신의 목적에 맞게 이용하려고 필요한 내용만 추출식으로 제시한다. 그런데 그 방식이 권위적이고 수직적이다. 연역법이기에 청중의 참여나 내적 대화를 허락하지 않는다. 다만 직선적으로 수직 하달할 뿐이다.

설교자는 성경을 바르게 해석했어도 그 의미를 혹여라도 자신의 목적을 이루기 위한 수단으로 삼지 말아야 한다. 그렇다면 성경 본문을 선택한 목적 자체가 잘못되었다. 이에 권위의 힘을 더하기에 연역적 구조의 설교에 문제가 발생한다. 청중은 성경을 수단으로 삼아 권위적으로 전달하는 설교자의 메시지를 들으며 부담스러운 짐을 떠안게 되고 불편한 마음으로 돌아가게 된다. 그렇지 않아도 권위에 대해 알레르기 반응을 보이는 현대의 청중에게 연역법은 부담스러운 전개 방식인데, 설교자 개인의 목적을 위해 연역법의 힘을 남용한다면 피차간 상처를 남길 수 있다.

이러한 문제를 해결하기 위해서 귀납법은 좋은 대안이 된다. 분명 귀납적인 전개는 수직적이고 강제적이고 권위적인 연역적 구조의 문제를 해결할 수 있는 논리 방식이다. 그래서 혼합적 구조의 전반부에서 이런 귀납적 구조의 특징을 이용해 권위로 누르듯이 의미를 전하는 것이 아니라 청중이 공감하고 이해할 만한 방식으로 의미에 이르게 한다. 그러면 연역적 구조로 전환되는 지점에서 주어진 중심 사상은 모두가 공감하고 동의할 만한 중요한 의미를 가진 전제가 된다. 그 과정이 이해될 수 있는 방식으로 진행된다면 설교자가 본문을 자신의 목적을 위해 이용하려는 여지도 사라진다. 이후에 전개되는 연역적 전개는 전반부의 경험 때문에 권위적인 선포가 아니라 친절하고 정당한 소통 방식이 된다. 혼합식 구조의 설교는 그렇게 연역적 구조의 권위적인 힘을 악용하는 문제를 극복하게 한다.

④ 청중의 무관심 해소

신설교학은 연역적인 구조가 청중의 무관심을 불러와 이 시대 강단의 위기를 초래한 주요 원인이 되었다고 말한다. 이는 개혁주의와 보수주의 설교자들도 주지해야 할 부분이다. 실제 연역적 구조는 청중의 외면을 받기 쉽다. 설교의 초반부에 제시되는 중심 사상을 들으면서 설교 전체의 내용과 윤곽을 어느 정도 파악할 수 있게 되기 때문이다. 그러면 이후에 전개될 내용에서 어떤 새로운 것을 기대하지 않게 된다. 평범한 내용의 길고 지루한 전개로 느낄 뿐이다. 그래서 원리 다음에 이어지는 논증이나 설명에 대해 집중력을 잃는다. 그 상황에서 청중이 할 수 있는 일은 거의 없다. 마치 보고서를 듣는 것처럼 묵묵히 앉아서 교훈이나 답이 무엇인지 기다리는 견지에서 들을 뿐이다.[45]

오늘날 청중은 무엇이든 적극적으로 참여하길 원한다. 모든 것을 직접 경험하고 스스로 판단하고 선택하고 결정하려 한다. 하지만 연역적인 설교

---

45 Eugene L. Lowry, *How to Preach a Parable*, 36.

는 청중의 적극적인 참여를 허락하지 않는다. 청중을 극히 수동적인 존재로 전제할 뿐이다. 그리고 설교자가 교훈을 주고 명령하면서 청중에게 일방적으로 설교를 전달한다. 하지만 시대가 바뀌고 청중이 변화되었다. 과거에는 권위를 인정하고 질서에 순종하는 사회였지만 이제는 모든 권위를 배격하고 있다. 교회에서도 성경의 권위마저 부정하는 풍조가 만연하다. 그런 청중에게 권위를 가지고 일방적으로 선포하는 연역적인 설교는 거부감을 일으키기 쉽다.

또한 연역적 설교는 너무 이론적이고 전개를 지루하게 느끼게 만든다.[46] 영화와 대중 매체를 통해 역동성에 중독되고 흥미로운 전개 방식에 길들여져 버린 청중에게 설교를 시작하자마자 의미를 밝히고 이어서 이를 설명하고 논증하는 방식은 지루함을 준다. 속도가 생명인 시대에 설교 시간은 소모적인 시간으로 느끼게 될 공산이 크다. 청중은 점차 연역적인 방식의 설교를 통해 무언가를 기대하지 않게 되며 최악의 경우 설교 시간을 인내를 시험하는 장으로 여기게 될 것이다.

하지만 혼합식 구조는 이러한 문제를 해결할 수 있다. 설교의 중반까지 이어지는 귀납적인 전개는 청중의 관심을 불러일으키고 설교에 끝까지 집중하게 만들기 때문이다. 이는 귀납적인 설교가 가지고 있는 결정적인 특징이다. 주제나 의미를 제시하는 시점이 설교의 뒤쪽으로 미뤄지기 때문에 그 의미를 향해 이어지는 여정에 호기심과 기대하는 마음으로 참여하게 된다. 이런 마음은 연역적으로 전개되는 후반부에도 지속된다. 청중은 흥미로운 귀납적 여정을 통해 기다리던 답을 얻게 되었다. 그 과정에서 충격적인 반전을 경험하거나 놀라운 깨달음을 얻을 수 있었다. 그리고 이러한 과정을 통해 얻은 깨달음은 단순히 연역적으로 설교하면서 제시하는 명제와는 비

---

46 Kenton C. Anderson, *Choosing to Preach*, 70.

교할 수 없을 정도로 큰 의미로 새겨지고 오랫동안 기억에 남게 된다.

혼합적인 구조는 이때부터 청중의 기대를 충족시키며 새롭게 연역적인 전개를 시작한다. 그리고 여기서부터 이어지는 연역적인 전개는 이제까지 전통 설교학의 방식이었던 연역적 설교의 전개와는 전혀 다른 결과를 가져온다. 본문에서 세 개의 대지를 찾아 아무런 기대도 없는 청중에게 설명하고 예증하고 논증하면서 설교를 진행해 나가는 방식과, 흥미진진한 과정을 거쳐 충격적이고 감격스러운 결론에 도달한 청중에게 이를 설명하고 예증하고 논증하고 적용하며 진행하는 연역적 전개가 같은 결과를 가져올 수 없다. 강제로 주어진 결론이 아니라 스스로 경험하고 진리를 확신하며 얻은 의미이기에 내적 변화를 일으키는 훨씬 큰 능력이 된다. 출발이 다르기에 결론도 다르다.

브라이언 채플(Bryan Chapell)은 "최상의 설교란 진리를 삶의 투쟁 속으로 끌어들이는 설교다"라고 말했다.[47] 혼합적인 구조의 설교가 바로 그런 설교다. 이는 귀납적인 방식으로 밝혀진 선명한 진리를 연역적 구조를 통해 청중의 삶의 투쟁 속으로 끌어들이는 효과적인 설교 방법론이다. 따라서 청중은 귀납적인 전개 이후 계속되는 연역적인 전개에도 몰입하며 듣게 된다. 이제 귀납적 결론의 의미가 자신의 분투하는 삶에 어떤 의미가 되는지 알길 원한다. 자신이 생생하게 목격한 성경의 진리가 자신의 삶 속에서 살아 역사하기를 원한다. 그 의미를 통해 자신의 문제를 해결하고 앞으로 나아갈 이정표로 삼길 원한다. 혼합적인 구조는 연역적인 후반부를 통해 이런 갈망을 하나하나 해결해 주게 된다. 그래서 청중은 설교에 대한 기대와 관심을 가지고 살아 계신 하나님의 생생한 메시지에 집중하게 된다.

---

47 Bryan Chapell, *Christ-Centered Preaching*, 216.

⑤ 과거와 현재와 미래를 연결하는 논리적 모순 해결

연역법에는 예상되는 심각한 논리의 문제가 있다. 과거의 특정한 사건이나 역사를 현재와 미래에 그대로 적용할 때 나타날 수 있는 문제다. 해 아래 새 것은 없지만, 과거의 사건에서 의미를 가져와 현재에 다 적용할 수 있는 것도 아니다. 과거의 사건은 현재와 미래를 위한 단서나 참고가 될 수 있어도 반드시 그런 것은 아니다. 혹시 논리적인 연계성이 분명하지 않다면 과거에서 현재와 미래로의 연결은 논리의 비약을 가져올 수 있다.

예를 들어, 베드로가 물 위를 걸은 본문을 설교하면서 '믿음은 불가능을 가능케 한다'라는 의미를 대지의 주제로 제시할 수 있다. 그리고 그 근거로 예수님처럼 물 위를 걸은 베드로를 들어 설명할 수 있다. 또한 믿음이 없으면 실패하는 예시로 바람과 파도를 보았을 때 물속에 빠져드는 베드로의 모습을 설명할 수 있다. 그리고 그 논증의 마지막에 "당신은 예수를 믿는 사람입니까?"라고 묻고, 과거의 사건을 그대로 현재에 연결하며 "당신도 예수를 믿기에 물 위를 걸을 수 있습니다. 이에 대한 믿음을 가지십시오"라는 식으로 결론을 맺을 수 있다. 굳이 그렇게 결론을 내리지 않더라도, "당신도 믿음이 있다면 현실적으로 불가능한 문제를 해결할 수 있습니다", "암을 고칠 수 있습니다", "잃어버린 재산을 되찾을 수 있습니다", "눈을 뜰 수 있습니다"라는 식으로 적용할 수 있다. 과거 성경에서 불가능한 일이 믿음으로 해결되었던 것처럼 오늘 불가능한 일도 믿음으로 해결할 수 있다는 식으로 그대로 적용하는 것이다. 이 내용은 맹목적인 믿음으로 보면 아무 문제가 없는 것처럼 보인다. 하지만 논리적으로는 보면 모순투성이다. 교육 수준이 높아진 오늘의 청중은 그런 논리 전개와 결론에 오류가 있다는 사실을 잘 파악한다.

이처럼 연역적 전개에서 과거 사건의 의미를 내용과 함께 그대로 현재에 가져와서 적용하고 결론을 내리면 논리적 오류와 비약이 발생한다. 이는 연역적 구조에서 일어날 수 있는 치명적인 논리의 문제다. 하지만 실제 사역 현장에서 이를 인식하지 못한 채 자주 실수를 범한다. 많은 설교자가 과거 성경 사건의 의미를 그 내용과 함께 그대로 청중에게 가져와 적용하고 결론을 내리고 있다. 논리학에서는 과거를 현재와 연결할 때 연역법은 잘못된 논리 구조를 형성하게 된다고 한다. 그런데 우리는 설교하면서 이런 실수를 반복하고 있는 것이다.

연역적 구조의 문제는 잘못된 결론을 제시하는 것으로 끝나지 않는다. 설교에는 생각보다 훨씬 큰 영향력이 나타난다. 설교자의 논리적 결함이 일으킨 잘못된 의미는 자칫 미신적인 신앙이나 맹목적인 믿음을 양산한다. 혹은 진리가 아닌 것을 숭상하게 만든다. 논리적으로 보인다고 다 진실인 것은 아니다. 논리에는 사실과 다른 것을 얼마든지 사실처럼 보이게 만드는 힘이 있다. 그래서 사람들은 논리 때문에 거짓말에도 현혹되는 것이다. 연역적인 구조는 이와 같아서 과거의 사실을 통해 현재나 미래를 보게 하는 데 적합하지 않은 논증 수단이다.[48] 의도하지 않아도 연역적인 논증을 통해 사람들을 속이게 되고 잘못된 사상으로 인도하는 결과를 초래할 수 있다.

그렇다면 설교자는 연역법으로 설교할 때 먼저 이 문제를 고민하고 본문을 깊이 연구해야 한다. 설교자는 성경에 나오는 과거의 기록을 통해 현재의 청중에게 하나님의 말씀을 전하는 자들이다. 설교자들이 진리라고 생각하고 전하는 많은 설교가 연역법의 논리적 문제를 고스란히 나타내는 경우가 많다. 과거에 혹시 수박을 먹고 열이 내렸다고 해서 수박을 해열제로 광고할 수는 없다. 그런데 그런 식의 설교를 하는 것이다. 물론 성경은 과거 이스라엘에 일어난 일을 말세를 만난 우리에게 본보기가 되게 하려고 기록했다고 한다(고전 10:11). 그리고 기독교 설교는 실제 과거의 기록된 역사적

---

[48] Brian Skyrms, 39,40.

사실과 미래를 연결하는 데 연역법을 가장 주된 수단으로 삼아 왔다. 하지만 설교 신학적으로나 논리학적으로 연역법은 이런 문제를 일으킬 소지가 매우 큰 논증 방법이다. 우리는 이에 대해 정확히 인식하고 주의해야 한다. 그렇지 않으면 과거와 현재를 연결하면서 잘못된 사상을 진리인 마냥 전하는 오류를 범하게 된다. 이단이 지금도 토요일을 안식일로 지켜야 한다거나 유월절을 반드시 지켜야 한다고 주장하는 것이 바로 과거를 현재로 연결하는 논리의 문제를 보여 주는 좋은 예가 되는데, 우리도 그와 유사한 실수를 반복할 수 있다.

이는 또 다른 문제로 직결된다. 설교 신학적 측면에서 보면, 연역법을 통해 단순히 이스라엘이나 초대교회의 역사를 우리의 상황으로 끌어오게 되면 하나님의 역사는 비역사화라는 방법으로 무시간화되고 성경이 하나님의 자리에 앉아 버리는 문제가 발생한다.[49] 연역적인 설교는 본문의 역사적 독특성과 하나님께서 행하신 일이 있음에도 불구하고 그것을 단순히 오늘을 위해 존재하는 하나의 비유나 이야기로 설정해 버린다. 그래서 과거 역사 속의 의미를 통해 하나님께서 오늘의 청중에게 적실하게 말씀하시는 것이 아니라 성경만 남아서 말하게 만든다. 언어가 곧 그 사람이라는 말은 이해할 수 있지만 정말 실체로 이해해서는 안 된다. 하나님의 말씀의 인격화와 말씀이 곧 하나님이라는 본질적인 의미에서의 이해는 가능하지만, 성경 자체가 하나님의 실체인 것은 아니다. 존재론적으로 서로 다른 객체이며 삼위 하나님처럼 하나가 되게 할 수 없다. 만약 연역법의 논리를 역사적 정황에서 오늘로 연결하는 방법으로 채택한다면 그 역사적 사건을 통해서 하나님께서 말씀하시려는 바를 이해하기보다 기록되어 있는 역사의 의미에만 침착해서 저자 중심이 아닌 본문 중심의 해석학과 그 실천으로서의 설교만

---

49 Dietrich Ritschl, 157.

남게 된다.

무엇보다 논리학으로 볼 때 과거에서 미래를 연결하는 논리적 개연성은 연역적인 방식으로 증명할 수 없다는 사실을 알아야 한다. "논증의 전제는 과거와 현재에 관한 사실적 정보만 포함하고 있는데 결론은 미래에 관한 사실적 주장을 하고 있다면, 이 논증은 연역적으로 타당할 수 없다."[50] 이는 귀납 논리학의 역할이고 기능이다. 만약 과거의 기록을 본보기로 삼으려면 논리적으로는 귀납적으로 전개해야 한다. 귀납적인 논증은 "과거 및 현재의 지식을 토대로 하여 미래에 대한 예측을 하는 것이다."[51] 신설교학은 이러한 방법을 하이데거(Martin Heidegger)의 유비의 방식을 통해 드러내고 있다. 논리적으로만 보면 연역법보다는 더 타당한 결론에 이르게 할 수 있다. 하지만 그 유비가 진리의 말씀을 전하는 설교에서는 불분명하고 불완전한 인간의 경험에 근거한다는 것이 문제가 된다.

현대 청중은 이와 같은 연역법의 오류를 논리적으로 분석하면서 듣는다. 연역법의 문제가 정확히 무엇인지 몰라도 논리적으로 연결할 수 없는 과거와 미래의 연계점을 비합리적인 논증으로 생각한다. 그래서 연역적인 구조의 설교를 통해 전달되는 내용을 자연스럽게 거부하고 외면한다. 따라서 설교자가 하나님께서 성경을 통해 말씀하시는 바른 진리의 내용을 근거로 설교를 구성할지라도 그것이 연역법이라면 그런 전제에 대해 일단 의심하며 접근하는 청중은 온전한 믿음으로 그 진리를 받아들이려 하지 않을 것이다.

설교자는 논리적인 문제로 고민하는 이러한 청중을 위해서 한발 더 나아가서 말씀을 진리로 받아들일 수 있게 도와야 하며, 이를 위해서 혼합적

---

50 Brian Skyrms, 40.

51 Brian Skyrms, 39.

설교는 가장 효과적인 구조로 사용될 수 있다. 혼합적인 구조는 과거의 사건과 의미를 현재로 연결하기에 적합한 귀납적 구조로 설교를 시작한다. 청중은 귀납적으로 전개되는 설교의 과정에 직접 참여해서 의미를 발견해 가면서 그 의미가 정말 성경의 진리이며 오늘에도 적용 가능한 통시적 의미라는 사실을 깨닫게 된다. 혹시 설교자가 해석과 설교에 미숙하거나 논리 전개에 문제를 가지고 있어도 귀납적인 전개를 통해 적극적으로 참여한 청중은 잘못된 설교의 결과에 대해 바른 판단을 내릴 수 있다. 또한 의미를 향해 귀납적으로 여행하는 설교자들도 연역법처럼 잘못된 결론으로 청중을 인도할 수 없다. 성경을 통해 말씀하시는 하나님의 의도와 의미를 제시하기까지의 과정에서 충분히 이해할 만하고 공감할 만한 논리적 근거를 보여 주어야 하기 때문이다.

또한 그렇게 제시된 진리는 연역적인 전개에서도 내용을 왜곡하지 않도록 붙들어 준다. 잘못된 결론으로 나아가지 않도록 하는 방향키를 귀납적인 전반부가 움켜쥐고 있기에 연역적인 전개에서 적용과 결론으로 나아가기까지의 정당한 과정을 보증해 준다. 과거의 사건과 의미가 연역적으로 적용될 때도 논리적인 문제가 일어나지 않도록 붙잡아 준다. 설교자는 자신이 직접 전반부에서 한 말과 전혀 다른 내용으로 후반부를 이어갈 수 없다. 오히려 진리를 함께 찾아간 귀납적 전개를 통해 얻은 확신과 열정은 연역적으로 전개하는 진리의 이해와 적용에 더욱 힘을 더하고 효과적인 설교 사역을 이루게 한다. 이처럼 혼합적 구조의 설교는 연역법이 가지는 문제를 해결하고 오히려 연역법으로 이룰 수 있는 긍정적인 결론을 강화하는 효과를 일으킨다.

6) 귀납적 구조의 문제 개선

연역적인 구조의 문제는 귀납적 구조가 내재하고 있거나 나타내고 있는 문제에 비하면 그리 중하거나 다양하지 않다. 만일 바르게 해석하지 못하고 비논리의 논리를 무조건 권위로 전달하려는 설교자라면 외면을 받게 될 문제들이었다. 하지만 귀납적 구조의 설교는 논리적인 부분뿐만 아니라 신학적인 측면에서도 여러 문제를 안고 있다. 처음부터 귀납 논증은 결함이 많은 방식이다.

> 귀납 논증에서는 완벽히 옳은 논증이란 애초부터 있을 수 없다. 모든 논증은 상대적으로 평가받을 뿐이다. 따라서 빈틈이 반드시 존재한다.[52]

귀납적 구조의 장점도 많지만, 그냥 무시하고 넘어갈 수 없는 중대한 단점도 많아서 이 문제를 정확히 보고 체계적으로 다루는 일은 시급한 과제가 아닐 수 없다.

① 가설로 귀결되는 문제 해결

일반적으로 귀납법은 개별적이거나 특수한 사실이나 현상, 원리로부터 일반적인 사실과 원리를 찾는 연구 방법이다. 귀납법은 논리학, 수사학, 과학, 인문학, 사회학, 철학 등 매우 다양한 분야에서 객관적이고 합리적인 과학적 탐구 방법으로 널리 알려져 있다. 그런데 논리 실증주의자들은 종교에서의 귀납법 사용을 반대했는데, 그 이유는 경험하고 관찰할 수 없으면 진리가 아니라고 믿었기 때문이다. 그래서 종교와 도덕, 형이상학 등을 귀납적 철학의 세계에서 추방해야 한다고 말했다. 하지만 오늘날에는 그런 분야에서도 귀납법을 널리 수용하고 있고 특히 설교학은 귀납법을 통해 혁명적인 변화를 일으켰다.

---

52   채석용, 124.

그런데 귀납법이라는 연구 방법이 가지는 중대한 문제가 하나 있다. 그것은 실험이나 관찰의 결과로 어떤 결론이 주어졌을지라도 이후에 다른 변수가 등장하면 이전까지 논의되고 진행된 보편 명제나 결론이 완전히 달라지거나 무의미해질 수 있다는 점이다. 그래서 귀납법을 통해서 찾은 결론은 항상 다른 결론이 등장하기까지만 사실로 인정되는 일종의 '가설'이라고 할 수 있다. 이는 귀납법을 설교 전개 방식에 적용한 귀납적 설교에 치명적인 문제가 있다는 사실을 보여 준다. 귀납적 설교의 마지막에 이르러 깨닫게 되는 보편적 의미가 사실은 하나의 가설에 지나지 않는다는 말이기 때문이다.

이를 설명하기 위해 자주 사용되는 예가 블랙스완이나 까마귀 예증이다. 우리는 까마귀를 수없이 관찰하고 나서 그 결과로 '까마귀는 검다'라는 결론을 제시했다. 이는 귀납적 관찰을 통해 얻은 결론으로써 분명 객관성을 확보한 진리처럼 보인다. 하지만 만약 누군가 하얀 까마귀를 발견하게 된다면 상황이 달라진다. 우리가 다 인정해 온 '까마귀는 검다'라는 명제가 즉시 진실이 아닌 것으로 드러나기 때문이다. 바로 이 문제가 귀납법의 최대 오류 중의 하나다. 귀납법을 확실한 결론으로 인도하는 과학적 탐구 방법이라고 말하지만 사실 하나의 사실이 아니라 가설로 귀결되는 문제를 안고 있다.

그리고 '가설'이라는 말을 '잘못된 결론'이라는 말로 이해할 수 있다. 이와 관련해서 유명한 러셀(Bertrand Russell)의 칠면조 이야기가 있다. 어떤 칠면조가 있다고 가정하자. 그 칠면조는 주인이 들어오면 먹이를 준다는 사실을 알고 있고 그 사건을 꾸준히 경험해 왔다. 그래서 칠면조는 '주인이 들어오면 먹이를 먹게 된다'라는 결론에 이르게 되었다. 그런데 추수감사절이 되어서 주인이 들어와 칠면조에게 먹이를 준 것이 아니라 오히려 잡아서 요리로 만들어 먹었다. 칠면조는 귀납적인 논리를 좇아 잘못된 결론에 이른 것이었다. 이것이 바로 귀납법이 내포하고 있는 심각한 오류다. 그래서 이런 귀납법이 토론이나 연설에서 사용된다면 화자가 마지막에 제시하는 보편적 의미의 진실성을 의심해야 한다.

> 연역 논증에서는 전제들이 참인 경우 필연적으로 결론 또한 참이 된다. 반면에 귀납 논증에서는 전제들이 모두 참이라 해서 반드시 결론까지도 참이 되지는 않는다. 이것이 바로 연역 논증과 귀납 논증의 결정적 차이다.[53]

이처럼 귀납 논증이나 귀납적 연구에서 하나의 사례는 결론에 도달하는 필연적이고 유일한 연결 고리가 될 수 없다. 그런데도 특별하고 개별적인 사례와 사건을 진리에 이르는 필연적인 연결 고리로 삼으려 한다면 결론의 사실성에 심각한 문제가 생긴다. 이후에 결론과 다른 상황이나 사건이 발생하면 그 개별적이고 특수한 경험이나 이야기의 선택에 오류가 있다는 사실을 저절로 드러내게 된다. 또한 진리로 연결되는 필연적이고 절대적인 사건이나 이야기를 찾는 것도 불가능하기에 결국 귀납법의 결론은 어디까지나 하나의 가설에 불과한 것이다. 귀납적 논증은 제시되는 전제들이 확실히 옳을 때만 그 결론의 진리성을 보장받을 수 있다.[54] 하지만 귀납법에서는 전제의 불확실성의 문제를 해결할 수 없기에 언제나 그 결론을 가설로 제시하게 된다.

이는 설교학에서도 마찬가지다. 신설교학이 말하는 귀납적 설교는 개별적이고 특수한 상황에서 설교를 시작해서 일반적인 결론에 이르는 전개 방식이다. 그래서 귀납법의 필연적인 귀결을 따라 귀납적 설교 역시 마지막에 제시하는 보편적인 의미가 하나의 가설에 불과하게 된다. 그래서 켄톤 엔더슨(Kenton C. Anderson)의 말처럼 귀납적 설교의 처방은 항상 의사의 처

---

[53] 채석용, 118.
[54] Brian Skyrms, 24.

방만큼 정확한 것은 아니라는 점을 기억해야 한다.[55]

게다가 귀납적 설교는 그 마지막 판단을 청중에게 맡기고 직접적인 결론을 보류하기 때문에 그 가설의 결론조차도 청중이 각자 나름대로 내리게 되어 있다. 이는 귀납적 설교의 두드러진 문제다. 귀납적 설교는 적용과 결론을 최소화하고 그마저도 청중에게 맡겨 버린다. 그래서 하나님의 말씀, 진리의 말씀을 전할 가능성을 스스로 포기하고 있다. 따라서 청중이 아무리 귀납적인 흐름을 잘 좇아서 설교자가 의도한 결론에 이를지라도 그것은 진리가 아니라 하나의 가설에 불과하다. 이는 마치 모래 위에 세워진 건축물과 같다. 인생에 거센 바람이 불고 홍수가 나면 쉽게 무너져 버릴 것이다.

하지만 이러한 귀납적 설교의 문제를 해결할 방안이 있다. 바로 귀납법의 결론을 연역적으로 증명하는 것이다. 철학자 칼 포퍼(Karl Raimund Popper)는 귀납법의 문제를 지적하면서 모든 진리는 연역으로 반증할 수 있어야 한다고 말했다. 하나의 개별적인 실험에서부터 가설이 나왔다면 이 가설은 연역을 통해 다시 진리임을 증명해야 한다. 하나의 가설이 보편타당한 사실이고 결론인지 확인하고 예시와 논리로 증명하는 것이다. 설교의 구조도 이와 같은 방식으로 구성되어야 한다. 귀납적인 설교가 어떤 결론을 향해 움직였다면, 이제 그 결론이 얼마나 분명하고 확실한 하나님의 말씀인지 연역적인 방식으로 밝혀내야 한다. 그럴 수 있다면 귀납적 설교의 결론은 부유하다 사라질 하나의 가설이 아니라 성경에서 비롯된 진리의 말씀임을 입증하게 될 것이다.

따라서 진리를 전하려는 설교 구조는 귀납적인 흐름으로 전개되다가 일반적인 원리와 중요 사상에 이르고, 이후에 다시 그 말씀이 진리라는 사실을 밝히는 연역적인 흐름으로 나아가야 한다. 이 구조가 바로 혼합적 구

---

55 Kenton C. Anderson, *Choosing to Preach*, 80.

조이며, 이는 귀납적 설교의 치명적인 약점을 극복하고 해결할 수 있다.

② 일반화의 오류 검증

귀납적인 설교는 "특별한 것들로부터 일반적인 결론으로 나아간다."[56] 누군가의 경험이나 특수한 사례를 시작으로 논리를 전개하거나 이야기를 들려주다가 마지막에 일반화를 통해서 모두에게 적용 가능한 보편적인 의미에 도달하게 한다. 이처럼 "구체적인 사례들을 제시함으로써 일반적인 결론으로 이끄는 귀납 논증을 '귀납적 일반화'라고 한다."[57] 그런데 여기에서 귀납적인 설교의 또 다른 문제가 발생한다.

귀납법은 정당한 과학적 탐구 방식을 통해서 누구나 인정할 만한 결론에 이르렀어도 언제나 또 다른 결론이 등장하기까지만 사실인 '가설'이라는 한계를 가지고 있다. 그런데 항상 정당한 탐구 방식과 과정을 거쳐 바른 결론에 도달하는 것은 아니다. 만약 잘못된 연구 과정을 거치면 가설이 아니라 완전히 잘못된 결론에 도달하게 된다. 이 문제는 논증의 영역에서뿐만 아니라 귀납적 설교에서도 똑같이 일어날 수 있는 일이다. 귀납적 설교는 특수하고 개인적인 경험이나 사건에서부터 시작해서 귀납적 전개 과정을 거쳐 일반화를 통해 의미를 제시한다. 그런데 그처럼 일반화할 때 보편타당한 진리를 제시하지 못하는 오류를 범할 공산이 크다. 처음 제시되는 하나의 이야기나 사건을 보편적으로 일반화하기에 충분하지 못하거나 온전한 근거가 되지 못할 때도 그렇고, 결론을 향해 나아가는 과정이 정당하지 못할 때도 그렇다. 그래서 설교를 통해 잘못된 결론을 제시하는 '일반화의 오류'를 범하게 된다.

---

56 Dennis M. Cahill, 122.
57 채석용, 122.

특히 신설교학의 귀납적 설교는 개인의 경험과 같은 개별적인 사례를 일반화시키는 구조를 취한다. 하지만 개인의 경험이 보편의 진리가 되기에는 연계성이 너무 부족하다. 아무리 논리 전개를 잘했을지라도 일반화시키기에는 한계가 많다. 그래서 일반화의 오류를 범할 위험이 증대된다. 또한 개인의 경험이 아무리 모두의 공통 경험일지라도 그 결말을 완전히 예측할 수 없다. 우리의 삶은 같은 경험에서 시작해도 제각기 다른 결론으로 나아가기 때문이다. 같은 사건을 경험하고 같은 뉴스를 보고 같은 시대를 살고 같은 어려움을 겪어도 각자는 다르게 이해하고 다르게 해석하고 다르게 판단하고 다르게 결정한다. 따라서 일반화한 의미가 청중 모두가 인정하는 같은 결론일 수 없다. 그런 측면에서도 귀납적 결론은 일반화의 오류를 범하게 된다. 어느 정도 사실이라고 인정할 수 있는 '가설'을 제시하는 정도가 아니다. 일반화를 통해 '잘못된 결론'에 이르게 한다.

설교에 있어서 일반화의 오류는 영적인 문제와 기독교의 진리를 훼손하는 문제로 직접 연결된다. 그래서 더욱 시급하게 해결하고 신속하게 대응해야 한다. 무엇보다 성급한 일반화는 성경 말씀의 권위와 진리성을 훼손시킨다. 만약 설교자가 성급하게 한두 가지의 사례만을 가지고 설교의 결론으로 안내하려고 한다면 자칫 일반화의 오류로 인해 잘못된 의미를 제시하게 된다. 그러면 진리의 말씀이 아니라 진리와 전혀 상관없는 메시지를 전하는 것이다. 이 일이 반복되면 기독교의 진리는 점차 설교자가 선호하는 세상의 철학이나 인문학과 심리학 이론으로 대체되어 버린다. 개인의 신앙은 성경을 통해 주시는 하나님의 의도와 전혀 다른 방향으로 나아가게 된다. 최악의 경우 청중은 점점 기독교의 진리에서 멀어지고 영적으로 병들게 될 것이다.

나아가 더 심각한 문제는 일반화의 오류를 아무 문제가 아니라고 받아들이는 현상이다. 사실 신설교학은 의도적으로 설교자가 정확한 의미를 제시하고 적용하고 결론을 내리는 일을 지양하라고 말한다. 귀납적 설교는 그래도 보편적인 의미에 이른 뒤에 간접 적용과 열린 결론을 주장하지만, 이 야기식 설교와 이야기 설교는 이에서 한발 더 나아가 의미까지도 청중이 알아서 이해하고 발견해야 한다고 말한다. 그러면 각자의 경험과 이해를 따라 얼마든지 다른 결론에 도달하게 되는 것이다. 이는 자유주의 신학의 성경관과 철학이 설교학에 반영된 결과다. 여기까지 오면 일반화의 오류가 문제가 아니라 설교자가 일반화하려는 시도 자체가 문제가 된다.

혼합적 구조의 설교는 귀납적 설교의 경험, 사례, 일례를 통한 일반화의 불완전성의 문제를 해결할 수 있다. 특수한 사례나 개인의 경험에서 일반화시켜 도출한 의미를 가장 권위 있는 진리에 비추어 확증할 수 있기 때문이다. 그 확증의 수단은 당연히 성경이다. 신앙생활을 하다가 체험하는 일들을 성경을 통해 이해하고 검증하고 확증해야 하듯이 설교에서 특수한 경험이나 사건, 일례 등을 통해 도출한 의미도 성경을 통해 검증하고 확증해야 한다.

혼합적 구조의 설교는 이를 연역적으로 전개되는 후반부에서 실행한다. 귀납적으로 전개되어 온 특수한 이야기의 진실성과 이에서 도출한 의미의 확실성을 연역적인 후반부에서 성경을 통해 증명하고 설명하고 확인해 주는 것이다. 설교를 준비하는 과정에서 설교자 개인도 일반화의 오류를 범하지 않도록 방비할 수 있다. 또한 설교의 내용이 성경의 진리임을 확신하고 전할 수 있다. 일반화의 오류를 의심하고 듣는 청중에게도 진리의 말씀을 듣는다는 확신을 주며, 개별적으로 알아서 판단하며 들으려는 청중을 진리로 인도하여 하나님의 뜻을 온전히 깨닫게 한다. 이처럼 혼합적 구조의 설교는 일반화의 오류를 검증하고 그로 인해 초래될 영적 위기로부터 교회를 지킬 수 있다.

③ 우연과 원인의 혼동 해결

귀납법의 종류에는 "두 사건 사이의 인과관계를 따져 결론의 강도를 높이는 인과 논증"이 있다.[58] 이는 신설교학에서 중요하게 다루는 귀납적 설교 방법론 중의 하나다. 제시하려는 의미가 있을 때, 설교에서 먼저 문제를 제기하고 이를 귀납적으로 전개하면서 청중에게 문제를 해결하는 어떤 방법을 제공하는 형식이다.[59] 인과 논증은 그 특성상 결론으로 제시하는 의미를 강조하는 효과가 있다. 특히 유진 로우리(Eugene L. Lowry)는 그의 이야기식 설교에서 이런 방식을 모든 설교에서 사용하라고 말했다. 먼저 하나의 사건 안에 들어 있는 깨어진 평형의 문제를 제시한다. 이어서 문제의 원인을 찾는 방식으로 이야기를 전개해 나간다. 그리고 이야기가 절정에 달했을 때 드라마처럼 '반전'을 거쳐 그 원인을 제시한다. 로우리는 자신의 이야기식 설교는 주어진 결과의 원인을 찾아 제시하는 방식이기에 인과론적이라고 했다.

그런데 인과론적인 관계의 필연성을 예측하고 제시할 때 항상 그 원인이 우연인지 정말 하나님께서 의도하신 원인인지 잘 살펴보아야 한다. 하나님께서 의도하지 않았음에도 불구하고 어떤 이유를 찾아 원인으로 제시해서는 안 된다. 로우리는 모든 설교를 이야기식으로 구성하도록 주장할 만큼 설교의 절대적인 모델을 제시했다. 그러면 하나님께서 인과론적으로 제시하시지 않은 요소들을 마치 원인인 것처럼 억지로 만들어 내야 하는 잘못을 범할 수 있다. 원인으로 우연적인 요인들을 제시하는 정도가 아니라 억지로 원인을 만들어 내는 오류까지 범하는 것이다.

이야기식 설교가 아니라 다른 귀납적 전개로 이뤄지는 설교들도 마찬가지다. 신설교학의 귀납적 설교는 인과 논증에 밀접하다. 귀납적 형식을 가진 설교에서 개별적이고 특수한 사례들을 통해서 어떤 결론으로 향할 때 자연스럽게 원인과 결과의 관계가 형성된다. 그런데 그 사례들과 이야기가 과

---

[58] 채석용, 238.

[59] Kenton C. Anderson, *Choosing to Preach*, 80.

연 마지막에 제시할 결과를 위한 분명한 원인인지 확실하지 않다. 어쩌면 우연히 발생한 사건을 통해 결과를 예측하고 산출하는 오류를 범하고 있는지도 모른다. 특히 신설교학의 귀납적인 전개는 이 세상에서 벌어지고 있는 특정한 경험을 통해 성경의 진리를 제시하려고 한다. 그런데 우리의 경험과 성경의 진리가 인과론적으로 맞아떨어지는지 어떻게 확인할 것인가? 청중은 설교자가 상상으로 만들어 놓은 가상의 길을 따라 의도된 결론을 향하게 되는데, 그 원인과 결과를 연결하는 길이 성경적이기보다 설교자의 주관적인 입장이 강할 수 있고 그 원인은 필연이 아니라 우연에 가깝다면 이는 큰 문제가 아닐 수 없다.

또한 설교자가 이 사실을 인식해서 성경을 바르게 해석해서 바른 원인을 찾아 결과를 제시했을지라도 귀납적 전개의 원인은 필연이 아니라 우연일 수 있다는 상식은 청중에게 진리의 말씀을 온전한 믿음으로 받아들이지 못하게 만든다. 그래서 귀납적 설교는 결국 기독교의 진리를 더욱 상대화시키게 된다.

따라서 원인과 결과로 이어지는 말씀을 귀납적으로 전개했다면 이어서 연역적인 방식으로 전환해서 그 원인이 우연이 아니라 성경에 근거하였음을 밝혀 주어야 한다. 하나의 원인이 성경 본문의 진리로 나아갈지라도 귀납적인 방식으로 선택된 개별적이고 특수한 이야기들이 결과와 상관없는 내용이거나 우연히 맞아떨어지는 내용이 아니라는 사실을 청중이 알 수 있어야 한다. 만약 성경에 대한 분명한 확신이 없고 연역적인 논증으로 진리를 전달하고 적용하려는 의지가 없는 설교자가 귀납적으로 설교한다면, 청중은 귀납적인 방식을 통해 흥미로운데 개연성은 없고 그럴듯해 보이지만 하나님의 의도와 아무런 상관이 없는 결론에 도달할 것이다. 결국 귀납적 설교가 안고 있는 원인의 우연성의 문제는 성경의 권위와 기독교의 진리를 훼손시키게 된다.

귀납적인 설교는 연역적인 방식으로 보완해야 한다. 만약 귀납법이 인간 개인의 경험이라는 원인에서부터 어떤 성경적인 결과로 나아가는 데 불충분한 논리라면 연역법을 통해서 그 원인을 성경적인 결과로 연결할 수 있도록 충분히 설명하고 예증해야 한다. 우연한 사건이 원인이 되지 않도록 보편적인 진리의 제시와 설명을 통해 정당성을 확보해야 한다. 이것이 바로 혼합적인 구조가 감당할 수 있는 기능이다. 혼합적인 구조는 이와 같은 귀납법의 오류를 해결해서 더욱 왜곡 없이 진리를 전달하게 하는 성경적인 구조이다.

④ 하나의 사례로 제시되는 이유의 불충분함 보완

어떤 결론에 이르기까지 항상 복합적인 이유가 작용하기 마련이다. 단 하나의 원인으로 결과에 관한 모든 것을 설명하기는 불가능에 가깝다. 그런데 귀납적인 설교는 한두 가지의 사례를 통해 쉽게 결론으로 나아간다. 그렇다면 그 인과관계는 느슨할 수밖에 없다. 결과를 설명하기에 불충분한 원인이 된다.

만약 연역적인 구조의 설교라면 진리를 밝히기 위해서 하나의 예를 들거나 진리를 강화하고 설명하기 위해서 하나의 사례를 덧붙여도 문제가 되지 않는다. 연역적인 설교는 사례가 적다고 진리의 진위성에 영향을 주지 않기 때문이다. 하지만 귀납적인 설교는 하나의 사례를 결론으로 나아가기 위한 필연적인 원인으로 다루기 때문에, 그 사례가 개인적이고 특수한 경우에도 설교 전체에서 매우 중요한 비중을 차지한다. 하나의 사례로 모든 것을 설명해야 하는 위치에 있는 것이다. 그래서 이는 불충분하고 위험한 접근법이다. 귀납법은 연역법에서 단순히 논리 순서만 뒤집어 놓은 구조가 아니다. 논리 구조가 바뀌면 그 의미와 내용이 완전히 달라진다. 의미는 구조에 직접 연결되어 있고 구조는 의미를 결정한다. 귀납적 설교에서 하나의 이유를 결과에 직접 연결하는 구조는 충분하고 만족스러운 조건을 보여 주지 못한다. 그래서 귀납적인 설교를 반복하면 말씀의 진실성과 진리의 확고한 성격을 훼손시키는 결정적인 원인이 될 수 있다.

귀납적인 설교의 또 하나의 문제가 바로 이것이다. 하나의 사례를 통해서 제시한 원인이 결론으로 나아가는 필연적인 조건이 아니라는 점이다. 비록 우연이 아니라 분명한 원인일지라도 한두 가지 사례로 결과의 모든 것을 설명할 수 없다. 심지어 많은 사례를 정리한 통계도 어떤 결론을 내리는 데 참고 자료로 사용될 뿐이다. 그런데 귀납적 설교는 중차대한 하나님의 말씀을 전하면서 개별적인 한두 가지의 사례를 통해서 전체 결과를 산출하고 있다. 그 결과 가장 정당하게 인과관계를 밝혔을 때조차 정확한 하나님의 뜻이 아니라 그 일면만 살짝 엿보게 한다. 물론 엿보고 엿듣는 방식은 신설교학에서 진리 발견의 가장 효과적인 방법으로 정론화한 방식이다. 그렇다면 신설교학은 이런 느슨한 인과관계와 그 영향을 알면서도 귀납적 설교를 주장하는 것이다. 그래서 더욱 귀납적인 설교만으로는 성경적인 설교를 시행할 수 없다는 사실을 알 수 있다. 귀납적인 방식은 성경의 진리를 정확하게 이해하고 적용할 수 없다.

혼합적인 구조의 설교는 이처럼 원인과 사건의 불충분한 관계의 문제를 보완할 수 있다. 하나의 이유가 어떤 결론에 이르렀을 때 연역적인 전개를 통해 그 결론의 여러 측면을 보완하고 강화할 수 있다. 처음 제시한 사례만으로 다 설명할 수 없었던 결론의 정당성을 다양한 각도로 논증하고 설명할 수 있다. 그래서 결론의 정당성을 입증하고 우리의 신앙과 삶에 중요한 진리를 전달할 수 있다. 또는 하나의 사례가 결론으로 나아가는 불충분한 원인이었을지라도 그 사례가 가지는 의미를 다양한 논리로 밝혀서 각자의 삶에 유사한 사례를 적용하며 하나님의 의도를 전달하는 데도 도움을 줄 수 있다. 그래서 설교의 전 과정의 완성도를 높이고 설교의 목적을 온전히 이루게 하는 것이 혼합적인 구조의 또 하나의 중요한 특징적 기능이다.

⑤ 미경험의 영역을 추리할 수 없는 불완전성 해소

스코틀랜드의 회의주의자 흄(David Hume)은 최초로 귀납법의 문제를 집요하게 연구한 철학자였다.[60] 그는 귀납법은 경험이 없는 영역은 추측하거나 추리할 수 없다는 문제점을 지적했다. 그런 면에서도 귀납법은 불완전하다. 그래서 귀납적 설교는 해결하기 어려운 한계를 가진 설교 방식이다.

설교는 성경에 나오는 진리의 말씀을 전하는 사역이다. 그런데 성경에 기록된 내용 중에는 우리의 이성과 경험을 초월하는 영역이 많다. 설교자는 때로 전혀 경험할 수 없는 진리의 세계를 추측하고 추리하면서 설교해야 한다. 헤아릴 수 없는 하나님의 신비와 영적인 일들과 이성을 초월하는 비밀을 말해야 한다. 그리고 이런 내용을 귀납적으로 전개한다는 건 사실상 불가능한 작업을 수행하려는 시도에 불과하다. 알지 못하는 일을 말하려고 잘못된 단서와 원인을 가져오는 논리적 오류를 저지른다.

신설교학의 귀납적 방식으로 성경을 설교하려면 어쩔 수 없이 두 방향 중에 하나를 선택해야 한다. 하나는 성경에서 인간이 경험할 수 있는 부분만 설교하는 것이다. 다른 하나는 성경의 모든 부분을 설교하되 분명하게 결론을 내리거나 적용하는 일을 멈추는 것이다. 그냥 살짝 엿보고 말아야 한다. 실제로 이 두 가지 방식은 귀납적 설교에서 다 채택하고 있다.

혼합적인 설교는 이 문제를 해결할 수 있다. 비록 미경험의 영역일지라도 진리의 말씀을 통해 이를 설명하고 받아들이게 한다. 미경험의 영역은 믿음으로 수용하는 것이 가장 바람직하다. 미경험의 영역이 아니더라도, 믿음은 사실 진리를 인식하고 받아들이는 가장 올바른 방식이다. 인간의 인식

---

60 Brian Skyrms, 43.

체계는 믿음이 먼저고 이해가 그 뒤를 따른다. 이해하고 믿겠다는 말은 사실 믿지 않겠다는 의미다. 또한 이해되었다고 무조건 믿어지는 것도 아니고 믿을 수 있는 것도 아니다. 귀납적인 설교는 경험할 수 있는 내용만 다루지만, 연역적인 설교는 하나님께서 주신 말씀 그대로 이해할 수 없고 경험할 수 없는 영적인 영역과 진리의 영역을 모두 다루며 믿음을 더해 준다. 그래서 귀납적인 전개 방식으로 경험할 수 없는 내용의 의미를 밝혔을지라도 이어지는 연역적 전개를 통해 이를 확실한 진리로 확증하여 받아들이게 한다.

혼합적인 구조의 설교는 귀납적 전개를 통해 경험할 수 없는 인간의 한계 속에서 진리에 이르는 다리를 놓고 연역적 전개를 통해 이를 성경으로 증명하고 설명해서 진리를 내면화하고 살아 있게 할 수 있는 방식이다. 혼합적인 설교의 이러한 특징은 하나님의 말씀을 진정 말씀 되게 하는 놀라운 힘이 있다.

⑥ 진리의 주관화의 위험 극복

크래독은 『권위 없는 자처럼』에서 여러 측면에서 귀납적 구조의 장점을 설명했다. 그런데 그중에 결론과 적용에 대해 말하는 부분에서 가장 이상적인 상황에서나 가능할 법한 이론을 펼쳤다.

> 설교에서 귀납적 움직임을 강조하는 두 번째 이유는, 만약 그것이 잘 이뤄질 수 있다면 설교자는 청중의 삶에 결론을 적용할 필요가 없다는 것이다. 만약 청중이 설교의 구조를 따라 여행을 했다면, 설교의 결론은 그들의 결론이 된다. 그리고 그들 자신의 상황에 대한 영향은 명확할 뿐만 아니라 개인적으로 피할 수도 없다.[61]

---

61 Fred B. Craddock, *As One Without Authority*, 48-49.

이는 설교자와 청중 모두에게 귀납적 설교가 최선의 효과를 내었을 경우에나 어울리는 말이다. 사실 이뤄지기 힘든 이상에 지나지 않는다. 귀납적인 설교는 '개요'를 사용하지 않고 이에서 차별화된 '움직임'을 강조한다. 설교는 동떨어진 개요들의 연속이 아닌 한 덩어리의 이야기로 구성해야 효과적으로 전달될 수 있다고 말한다. 그리고 설교자가 의도한 움직임을 청중이 흥미롭게 여기고 따라오면 결국 설교자가 의도한 목표지점에 도달하게 될 거라고 말한다. 여기까지의 설명은 귀납적 설교를 통해 얻을 수 있는 효과이자 귀납적 설교의 장점으로 볼 수 있다. 그런데 크래독은 그 목적지에 청중이 설교자와 함께 도달했다면 그 뒤에 더 이상의 설교 행위가 필요 없다고 말한다. 설교자가 청중을 위해 구체적으로 적용할 필요가 없고 분명하게 결론을 내려서 이를 강화할 필요도 없는 것이다. 오히려 청중에게 맡겨야 스스로 자신에게 가장 적절하게 알아서 적용할 수 있다고 말한다.

하지만 이는 어디까지나 이상에 불과하다. 대안이 없는 동기 부여다. 그래서 오히려 회중을 혼란스럽게 한다. 브라이언 채플(Bryan Chapell)은 "만약 설교자가 설교의 진리를 삶에 어떻게 연결하는지 말할 수조차 없다면, 회중은 단지 그 연결을 만들려고 하지 않을 뿐만 아니라 왜 그들이 지루하게 설교를 들어야 하는지도 궁금해할 것이다"라고 말했다.[62] 개인이나 공동체의 변화는 단순히 변화되고 싶다는 마음을 갖는 것만으로 충분치 않다. 나아가야 할 방향을 청중에게 조금이라도 보여 주고 흔들 수 있는 깃발을 청중의 손에 들려줄 때 조금이라도 설교의 목표지점에 가까이 접근할 수 있다. 하지만 회중에게 동기만 부여하고 그냥 물러난다면 청중은 혼란스러운 가운데 아무런 도전을 받지 못하고 설교 내용조차 기억하지 못할 것이다. 그렇

---

62 Bryan Chapell, *Christ-Centered Preaching*, 53.

다면 그는 하나님 앞에 충성스러운 설교자라고 말할 수 있을까?

켄톤 엔더슨(Kenton C. Anderson)은 "만약에 설교자들이 본문의 영향 아래서 변화된 미래의 생생한 그림을 제공할 수 없다면, 설교자들은 아직 설교할 준비가 안 된 것"이라고 말했다.[63] 물론 작은 인사이트 하나만 얻어도 새로운 일을 이뤄낼 수 있는 사람이 있고 또 누구나 그럴 때가 있다. 하지만 항상 그런 것은 아니다. 그리고 긍정적인 효과는 구체적일 때 더욱 활발하게 나타난다. 설교자는 청중이 에너지를 어떻게, 그리고 어떤 방향으로 사용할지 구체적으로 알려 주어야 한다. 그 방향성을 보여 줄 수 있는 설교자가 설교할 준비를 마친 사람이다.

이 문제가 가져오는 또 다른 문제가 있다. 귀납적 설교는 청중을 혼란스럽게 할 뿐 아니라 상대성의 문제에도 휘말리게 한다. 청중에게 기회를 주려면 각자의 이해와 판단을 인정해야 하기 때문이다. 그러면 진리는 사라진다. 인간은 같은 이야기를 들어도 서로 다르게 판단한다. 같은 사건을 경험하면서 느끼고 행동하는 바가 다르다. 같은 가치관이나 사고체계를 가지고 있지 않다. 성경에 대해서도 같은 수준의 지식을 가지고 있지 않다. 또한 많은 청중이 세상의 가치와 규범과 철학을 따라 살아가고 있다. 설교자가 생각하는 만큼 청중은 성경적인 세계관을 가지고 있지 않다.[64] 그래서 청중이 설교를 들으면서 스스로 판단하고 알아서 적용하고 성경적으로 바른 결론을 내릴 가능성이 희박하다. 개인에 따라 다른 결론을 내릴 수밖에 없고, 그렇게 내린 결론은 비성경적일 수 있다. 그런데도 귀납적 설교는 이를 문제가 아니라 당연한 귀결로 받아들이다가 결국 인간의 경험을 중시하는 신학적 상대주의에 빠져 버린다.

---

63   Kenton C. Anderson, *Choosing to Preach*, 65.
64   Graham Johnston, 16.

상대주의는 이미 이 시대의 가장 큰 전제가 되었다.[65] 근현대까지만 해도 거대 담론에 대한 확신이 있었는데, 후현대주의는 거대 담론은커녕 객관적이고 절대적인 진리조차 인정하지 않는다. 이제 사람들은 서로 다르게 보고 다르게 생각하며 다르게 행동함으로써 모든 것을 상대화시키는 경향이 강해졌다. 종교에서도 마찬가지다. 후현대주의는 기독교를 여러 종교 중에 하나로 여기게 만들었다. 기독교의 가르침은 모든 사람이 믿고 따라야 할 절대적인 진리가 아니라고 말한다. 진리의 주관화가 진리의 상대화를 가져왔고 이는 결국 다원주의를 초래하였다. 그리고 진리의 다원화는 곧 진리의 부정과 그 결론이 같다고 볼 수 있다.

오늘날 가치의 상대성에 의해 객관이 사라지고 주관만 남은 것처럼, 진리의 상대성은 곧 진리의 주관성과 연결될 수밖에 없다. 그래서 하나님의 말씀을 귀납적으로 전개하다 보면 진리를 더욱 희석하고 먼지처럼 사라지게 만든다. 찰스 캠벨(Charles L. Campbell)은 "설교가 개인의 체험만 강조하게 되면, 결국 기독교 신앙은 모두 너무 쉽게 내면의 영역으로 쫓겨나 버린다"라고 경계했다.[66] 삶과 상관없는 이론만 남게 되고 그나마도 사변의 영역에만 존재케 된다. 그래서 귀납적인 설교만 시행하는 강단은 병들게 된다. 마치 수년 동안 패스트푸드만 먹은 것처럼 말이다. 삶을 변화시키는 진리가 없는 강단은 곧 힘을 잃을 것이며 교회와 설교의 회복을 위한 여러 시도는 오히려 교회와 설교의 쇠퇴를 가속할 것이다. 월터 부르그만(Walter Brueggemann)의 말처럼 "좋은 설교가 반대해야 할 또 하나의 경향은, 우리가 공적인 세계에 대한 책임이나 그로부터 영향이 없는 길들여진 공간 안에 존재할지도 모르는 그런 사적인 세계를 상상할 수 있거나 자유롭다고 가정하

---

65 권성수, 85.

66 Charles L. Campbell, 143.

는 주관성"이다.[67]

이 진리의 상대성과 주관성의 문제를 해결하는 데 혼합적인 설교는 매우 유용하고 적절한 방식이다. 혼합적인 설교는 귀납적인 움직임을 통해 청중의 이해와 공감을 끌어내고 이어지는 연역적 전개를 통해 그 결론을 청중에게 직접 적용함으로써 동기를 부여하고 흔들 수 있는 깃발도 손에 들려준다. 비록 주관적인 판단으로 인해 상대적인 의미를 형성하게 되었어도 이어지는 연역적인 전개에서 진리의 객관성을 다시 확보하게 한다. 무엇보다 설교자는 혼합식 설교를 통해 의미 이해와 적용과 결론을 개인의 판단에 맡기지 않고 하나님의 구체적인 말씀을 흥미로우면서도 직접적으로 증거할 수 있게 된다. 이는 설교자에게 하나님께서 주신 책임을 다하는 일이다. "교회와 기독교 목회자의 우선적인 직무는 하나님의 말씀을 설교하는 것이다."[68]

설교의 목적은 진리의 말씀을 단순히 엿보게 하려는 게 아니라 살아 있는 말씀으로 생생하게 듣고 순종하게 하려는 것이다. 그 목적이 아니라면 예수님처럼 비유를 사용해서 차라리 의미를 감춰 버리는 편이 더 낫다. 설교에서 의미 제시는 정확해야 하고 진리의 적용과 결론은 구체적이고 직접적이어야 한다. 예수님도 제자들에게 비유의 의미를 명제적 진술로 구체적으로 밝히시고 직접 적용해 주셨다. 따라서 우리의 설교에서 이 과정이 없다면 하나님의 말씀은 아직 완전히 청중을 향한 것이 아니다.

청중은 하나님의 말씀을 듣고자 교회에 나온다. 하지만 귀납적 구조는 청중의 기대를 묵살하고 모든 삶의 책임과 방향 설정을 청중에게 맡겨 버린다. 만약 그것이 한 편의 드라마나 이야기라면 그리 문제 될 게 없다. 청중은 드라마나 영화나 이야기는 그처럼 엿보고 엿듣는 방식으로 의미를 수용한

---

67 Walter Brueggemann, 100.
68 Martyn Lloyd-Jones, 19.

다. 만약 드라마나 영화가 의미를 직접 제시하고 적용한다면 그 독특한 지위를 잃어버리게 될 것이다. 하지만 설교는 구연동화나 드라마가 아니다. 이는 청중도 잘 알고 있는 사실이다. 청중은 설교를 통해 하나님을 알아가길 원한다. 그리스도인으로 어떻게 살아야 할지 구체적으로 듣고 깨닫길 원한다. 자신을 향한 하나님의 뜻을 깨닫고 그 인도를 따르길 원한다. 설교자는 청중이 설교를 통해 기대하는 바를 전해 주어야 한다. 청중이 원하지도 않는 주관적 결론으로 이끌지 말아야 한다.

혼합적인 설교는 귀납법이 가지고 있는 진리의 주관화와 상대성의 위험에서도 훌륭하게 그 기능을 수행한다. 구조적 특성을 통해 그런 위험을 억제하고 진리의 객관성을 확보하게 한다. 또한 연역적으로 설교하려는 소기의 목적을 효과적으로 이루게 한다. 설교자는 하나님께서 성도에게 말씀하려는 바를 분명하게, 그러나 청중이 수긍하고 받아들일 수 있는 방식으로 전하게 된다. 그래서 진리가 표류하는 이 시대에 진리의 말씀을 다시 견고하게 세울 수 있다.

⑦ 결론에 대한 부정적 반응 해소

귀납적 설교가 갖는 또 하나의 문제는 설교자가 제시하는 내용이 청중 개개인의 철학이나 논리와 경험으로 인해 얼마든지 부정될 수 있다는 점에 있다. 채석용 교수는 "귀납적 일반화를 충실히 이행한 결과 매우 신뢰할 만한 결론을 도출했음에도 불구하고 극히 개인적인 경험으로 인해 그 결론을 부정하는 경우가 의외로 많다"라고 말하며 이 문제를 지적했다.[69] 귀납법은 추론에 대한 반론의 여지를 담고 있는 수사법이다.

귀납법은 특정한 사례에서 의미로 나아가는 과정에서 청중의 참여를

---

69 채석용, 144.

유도하고 청중과의 소통을 중시한다. 청중은 귀납적 전개를 따라 적극적으로 사고하면서 참여하기에 개인에 따라 얼마든지 반론을 제기하거나 다른 결론을 내릴 수 있다. 특히 신설교학은 청중 개개인에게 판단을 맡기고 각자 알아서 결론을 내리도록 유도한다. 그렇게 하면 귀납적 전개는 보편적인 의미가 아니라 각자 나름의 결론에 이르게 한다. 생각보다 많은 청중이 사고 과정에서 자신의 개인적인 경험과 판단에 따라 설교자의 의도와 다른 생각을 하기 때문이다. 그러면 귀납적 설교가 매우 보편타당한 논리 전개였어도 모든 청중을 향한 하나님의 정확한 메시지일 수 없다. 그래서 혼합적 구조가 필요하다.

혼합적인 구조는 귀납적인 전개로 드러난 의미를 연역적인 구조를 통해 다시 확인하고 설명하고 논증하면서 진리임을 확증시켜 준다. 그래서 청중이 자신의 경험이나 생각과 다르다고 귀납적 결론에 동의하지 않아도 다시 연역적인 방식으로 이를 설명하고 설득하고 증명하면서 진리 가운데로 인도할 수 있다. 인간의 공통 경험에서 시작한 귀납적 결론이나 성경 본문을 논리적 귀납법의 방식으로 해석해서 이른 결론이나 모두 연역적 전개를 통해 그 타당성과 진실성을 입증하면서 귀납적 결론에 대한 청중의 부정적 반응이나 의외의 결론의 문제를 해소할 수 있다.

⑧ 설교의 목적 회복

설교는 청중의 변화를 목적으로 한다. 구원에 이르기까지 오늘의 청중에게 성경에 기록되어 있는 하나님의 뜻을 전해서 변화하고 성장하도록 돕는다. 설교는 단순히 지식을 전달하는 강의가 아니다. 설교는 대부분 마음에 호소하는 것으로, 교훈과 책망과 바르게 함과 의로 교육함은 마음과 삶의 변화를 목적으로 한다.[70] 청중은 설교를 들으며 하나님을 알고 하나님의 뜻을 발견하고 그 뜻을 따라 믿음을 갖고 인격과 삶을 변화시켜 나간다. 구원의 완성에 이르기까지 성화의 삶을 살아가며 하나님께서 원하시는 존재의 목적을 실현한다. 설교자는 이를 위해 하나님의 말씀을 전하고 그 의미를 직간접적으로 적용하며 분명한 결론을 전달해야 한다. 하나님의 뜻은 선명한데 설교자의 설교가 모호해서는 안 된다. 설교의 적합성의 관건은 결국 적용의 문제로 귀착된다.[71]

그런데 귀납적인 설교는 간접적인 적용과 열린 결론을 특징으로 하기에 설교의 목적인 변화의 길에서 멀어질 수밖에 없다. 말씀의 정확한 의미를 깨달을 수 없고 모든 것이 모호하기 때문이다. 귀납적 설교는 "오직 모호하고 직관적으로만 이해하는 수단이다."[72] 귀납적 방식으로 전개되는 이야기식 설교나 이야기 설교도 마찬가지다. 최근 성서학의 흐름을 따라 서사설교 학자들은 이야기에 어떤 요점이나 중심 주제가 따로 있지 않고 이야기 자체가 곧 의미라고 생각한다.[73] 따라서 굳이 새롭게 이야기의 중심 주제를 적용하거나 결론을 내릴 필요가 없는 것이다. 그렇다면 이는 청중에게 유의미한 유익이 있을 수 없다. 브라이언 채플의 말처럼 "가장 유익한 설교는 청중이 자신의 삶에 하나님의 진리의 말씀을 자동으로 적용할 것이라 가정하지 않고, 사람들이 필요로 하는 적용을 직접 제공"하는 설교다.[74] 귀납법이 가지고 있는 적용과 결론에 대한 가정은 변화를 목적으로 하는 설교에 어울리지 않는다.

70　Martyn Lloyd-Jones, 71.
71　장두만, 『청중이 귀를 기울이는 설교』 (서울: 요단출판사, 2009), 26.
72　Brian Skyrms, 50.
73　Eugene L. Lowry, *How to Preach a Parable*, 20.
74　Bryan Chapell, *Christ-Centered Preaching*, 53.

청중은 직접적인 적용과 분명한 결론을 통해서 하나님의 말씀을 온전히 이해하게 된다. 따라서 설교자는 성경을 바르게 해석해서 그 의미를 전달한 후에 청중에게 그 의미를 직접적이고 구체적으로 적용해야 한다. 그렇지 않으면 말씀을 제대로 이해할 수 없다. 켄톤 앤더슨은 "해석의 목적들은 그것들이 현시대의 삶의 필요들과 관심들에 적용될 때까지 결코 완전하게 깨달을 수 없다"라고 말했다.[75] 귀납적인 설교는 간접 적용의 길만 열어서 청중으로 나아가야 할 방향을 제대로 깨닫지 못하게 하고 때로 하나님의 뜻과 전혀 상관없는 쪽으로 나아가게 한다. 각자 알아서 하는 이해는 무지와 불안의 문제를 발생시키고 자신의 주관적 이해에 대한 근거 없는 확신을 강화한다. 그래서 귀납적인 방식으로는 설교의 진정한 목적을 이루기 어렵다.

혼합적인 설교는 이 문제를 수월하게 해결한다. 귀납적인 설교가 가지고 있는 대부분의 설교학적 강점들을 수용하면서도 귀납적 설교가 안고 있는 치명적인 약점까지 효과적으로 극복하게 한다. 물론 귀납적 설교를 주장하는 학자들은 이 부분을 치명적인 약점으로 보지 않는다. 오히려 목적을 가지고 계획하고 의도한 거라고 말한다. 하지만 그처럼 의도적으로 이론화한 이유는 역시 그들의 잘못된 성경관과 신학에서 기인되었기 때문이다. 따라서 혼합적인 설교를 통해서 구체적인 적용과 분명한 결론을 내림으로 설교의 목적을 회복하고 하나님의 뜻을 이뤄내야 한다.

해돈 로빈슨(Haddon W. Robinson)은 연역법과 귀납법이 적절히 조화를 이루는 혼합적 설교는 개인의 필요와 성경 진리 사이의 간격을 메워 주는 다리 놓는 작업을 수행한다고 말했다.[76] 이 다리를 개설하는 일은 설교자에게 주어진 필수적인 직무다. 이제 혼합적인 구조의 설교를 진리 전파를 위

---

75 Kenton C. Anderson, *Choosing to Preach*, 64.
76 Haddon W. Robinsdon, *Biblical Preaching*, 126.

한 주무기로 장착하자.

7) 기본적 구조들의 강점 강화

귀납법과 연역법은 각기 논리 전개에 있어서 고유한 강점이 있다. 혼합적 구조는 두 구조의 문제점을 보완하고 해결할 뿐만 아니라 이러한 각각의 강점을 강화하고 극대화할 수 있다. 혼합적 구조 안에서 연역적 구조와 귀납적 구조는 서로 상호보완하면서 서로의 강점을 더 발전시킨다. 귀납법을 보다 효과적으로 사용하기 위해서는 연역법의 도움이 필요하다. 반대의 경우도 마찬가지다. 연역법을 효과적으로 펼치기 위해서 귀납법은 큰 도움이 될 수 있다. 두 구조는 함께 사용할 때 더욱 빛을 발한다.

물론 두 구조를 함께 사용한다고 반드시 각자의 장점이 극대화되는 것은 아니다. 오히려 두 전개의 각각의 독특성이 사라질 수 있다. 하지만 얻는 게 더 많다. 그리고 설교에서 이 문제는 생각보다 중요하다.

① '선포'와 '전달' 기능의 상승효과

첫째, 혼합적 구조는 '선포'와 '전달'의 두 기능을 동시에 강화한다. 연역적 구조는 하나님의 말씀을 '선포'하는 데 강점이 있고, 귀납적 구조는 말씀을 '전달'하는 데 효과적이다. 그리고 혼합적 구조는 이 두 기능을 더 활발하게 일어나게 해서 상승효과를 가져온다.

귀납적 구조는 전달을 용이하게 하는 것만으로도 큰 강점이 있지만 성경적 설교와는 거리가 멀다. 반면 연역적인 구조는 전달에 취약한 면을 보이지만 성경의 진리를 선포하고 적용하기 위해서 오랫동안 유용하게 사용되어 왔다. 그런데 혼합적인 구조는 두 강점을 함께 상승시켜 주는 것이다.

먼저 혼합적 구조는 귀납적으로 전개되는 전반부의 특징 때문에 연역적인 후반부에 이르기까지 청중의 집중력과 설교의 전달력을 높여 준다. 특히 청중은 귀납적인 전반부를 통해서 어떤 문제에 대한 호기심이 증폭되거나 반전을 통해서 진리를 깨달을 수 있었기에, 의미에 이르기까지의 이러한 역동적인 진행을 통해 깨달은 진리가 자신의 삶에 어떤 의미로 다가올지를 기대하면서 설교에 집중하게 되고 그로 인해 연역적 후반부는 놀라운 전달의 효과를 볼 수 있게 된다. 귀납적 전개뿐만 아니라 이어지는 연역적 전개에서도 높은 전달력을 가지고 설교가 진행되는 것이다.

또한 혼합적 구조는 진리의 선포와 적용에 있어서 연역적 구조보다 훨씬 효과적이다. 청중이 귀납적 과정을 통해 함께 의미를 발견하고, 그 의미가 진리라는 사실을 직접 경험으로 확인하기 때문이다. 그래서 후반부에서 그 진리가 연역적으로 선포될 때 자신을 향한 하나님의 음성으로 들으며 집중하게 된다. 원래 이 시대는 권위를 가지고 일방적으로 선포하는 행위를 거부하지만, 혼합적 설교의 연역적 전개에서의 권위는 강요된 권위가 아니라 청중이 스스로 동의한 권위이기에 연역적으로 선포되고 적용하는 메시지에 호의적 태도를 보이는 것이다. 따라서 연역법이 갖는 시대적 한계를 쉽게 극복하여 진리의 말씀을 선포하는 데 보다 효과적인 방식이 되게 한다.

이처럼 두 구조가 만나 하나의 구조가 될 때 서로의 강점을 보완해 주고 강화해 준다. 설교의 전달력을 높여 주고 청중이 인정하고 받아들이는 진리의 선포가 되게 한다. 이러한 측면에서 혼합적 구조의 설교는 성경적인 설교일 뿐만 아니라 우리 시대에 꼭 필요한 설교 방식임을 알 수 있다.

② '말씀'에 대한 강조와 '청중'에 대한 관심의 상승효과

둘째, 혼합적 구조는 '말씀'에 대한 강조와 '청중'에 대한 관심을 동시에 목적으로 할 수 있다. 연역적인 구조는 하나님의 말씀인 성경을 강조하고 성경을 중심으로 바르게 설교하기 위해 오랫동안 사용되어 왔다. 하지만 성경을 강조하느라 청중에 대해선 소홀했던 것이 사실이다. 반면 귀납적인 구

조는 청중에 무게 중심을 두고 청중에게 적합한 설교를 구성해서 전달하는 데 주력한다. 연역적인 구조가 상대적으로 청중에 대해 무관심했기에 강단의 위기를 초래했다고 보고 청중에게로 관심을 돌린 방법이 귀납적 방식으로 나타난 것이다. 그리고 설교학계는 이처럼 청중을 중요하게 인식하게 한 점을 귀납적 설교의 가장 큰 공헌으로 인정하고 있다. 그 결과 "이제 설교는 설교자의 일방적인 것에서 설교자와 청중이 함께하는 활동으로 그 개념이 바뀌게 되었으며, 설교자는 단지 청중에게 설교하는 것이 아니라 청중을 위해서 설교해야 하는 것"이라고 이해하게 되었다.[77] 다음은 귀납적인 설교가 지향하는 바를 잘 보여 준다.

> 우리는 당신이 있는 곳에서 시작한다. 우리는 우리의 매일의 경험에서 공통점을 증거로 사용할 것이다. 우리는 당신의 길로 가고 당신의 관심을 따르고 당신의 문제들을 직면할 것이다. 그리고 궁극적으로 하나님의 말씀 안에서 당신들의 필요에 대한 답을 찾을 것이다.[78]

귀납적인 설교는 청중에게 관심이 있다는 사실을 나타낸다. 청중은 설교의 객체가 아니라 주체라고 말한다. 어떤 면에서 지나칠 정도다. 하지만 귀납적인 설교가 청중을 주목한다는 점은 분명 긍정적으로 봐야 한다. "말씀의 중요성은 아무리 강조해도 지나치지 않지만 청중에 대한 이해 역시 효과적인 말씀 사역을 위해서 필수적이다."[79]

혼합적인 설교는 귀납적인 구조의 청중 중심의 전개와 연역적인 구조에서 하나님의 말씀에 대한 확신이 함께 어우러져 상승효과를 일으킨다. 설

---

[77] 이현웅, 19.

[78] Ralph L. Lewis and Gregg Lewis, *Inductive Preaching*, 44-45.

[79] 류응렬, "새 설교학: 최근 설교학에 대한 개혁주의적 평가", 187.

교의 전반부는 청중이 공감하면서 집중할 수 있는 주제를 흥미로운 방식으로 전개하다가 설교의 정점에 이르러 의미를 확정하여 제시한다. 청중은 흥미로운 전개를 통해 진리에 이르렀기에 이어지는 선포와 적용에 기대하는 마음으로 임하게 된다. 그리고 이어지는 연역적인 후반부에서 성경의 진리를 제시하고 이를 적절하게 적용함으로써 청중과 진리의 말씀 중 어느 한 면도 소홀히 하지 않는다. 이처럼 혼합적 구조는 청중을 중시하느라 진리를 잃지 않게 하고 또한 진리만 강조하느라 청중을 외면하지 않게 한다. 청중은 흥미롭게 전개되는 말씀을 통해 살아 계신 하나님을 경험하고 진리를 깨달아 더욱 큰 믿음으로 자라갈 것이다.

③ 말씀의 경험과 진리 교육의 상승효과

셋째, 혼합적인 설교는 귀납적 설교의 목적인 '경험'과 연역적 설교의 목적인 '교육'을 함께 시행하면서 서로의 상승효과를 유도한다. 원래 경험을 통한 진리의 수용은 귀납적 설교의 중요한 목적이자 특징이다. "오늘날 청중은 직접 참여하지 않으면 지루함을 느끼고, 그들이 메시지의 의미나 중요성을 보지 못하면 들으려 하지 않는다."[80] 후현대주의 청중은 누군가로부터 일방적으로 지식을 전달받기보다 의미를 발견하는 과정에 직접 참여해서 경험하며 깨닫길 원한다. 하지만 개인의 경험은 온전한 의미에 도달할 보장이 되지 못한다. 각 개인의 지적 수준과 삶의 배경에 따라 얼마든지 의미가 달라지기 **때문이다**. 그래서 귀납적으로 마무리하지 말고 연역적인 전개를 통해 이를 다시 확증해 주어야 한다. 그러면 청중은 경험을 통해 깨달은 말씀이 성경적으로 올바른 의미이며 자신의 삶에 적실한 내용이라는 사실을 분명히 깨달을 수 있다. 연역적으로 설명하고 적용하는 과정이 귀납적으로 경

---

80 Graham Johnston, 75.

험한 의미를 진리로 확고히 다져 주기 때문이다.

　또한 혼합적 구조는 연역적 구조의 교육적 목적 역시 더욱 효과적으로 기능하게 한다. 연역적인 구조는 교육과 설득을 특징으로 하는데, 후현대주의 청중은 일방적이고 수직적인 방식으로 배우고 싶어 하지 않는다. 하지만 귀납적으로 전개하는 전반부를 통해 청중이 직접 의미 발견에 참여한다면 그 의미가 지니는 진실성을 인정하고 자신의 삶에 대한 통제권을 허용하게 된다. 거기서 그냥 설교를 끝내면 청중은 다시 혼란스러워지겠지만, 이후에 연역적으로 진리를 가르치고 삶의 지표로 삼게 한다면 청중은 이를 하나님의 음성으로 듣고 순종하여 따르게 된다. 혼합적 설교는 이처럼 귀납적 전반부로 인해 연역적인 설교의 교육적 목적을 훨씬 더 효과적으로 수행케 한다.

④ 진리 강화에 상승효과

귀납적 구조가 가장 이상적으로 기능한다면 청중은 귀납적 결론을 하나님의 뜻으로 확신하며 스스로 진리와 삶을 연결하고 자발적으로 순종하게 된다. 경험을 통한 깨달음은, 적어도 우리 시대 청중에게는, 이해를 통한 깨달음보다 분명 더 큰 확신을 준다. 신설교학이 말하는 '경험을 통한 진리의 습득'은 실존주의 철학에 근거했기에 다소 우려되는 부분이 없지 않지만, 그 경험을 진리의 말씀으로 확증할 수 있다면 굳이 터부시할 이유도 없다. 하지만 귀납적인 설교는 의미 발견의 역할을 개인에게 맡겨 버리기에 큰 확신을 갖는다고 전부 진리가 되는 것은 아니다. 그래서 앞에서 '가장 이상적으로 기능한다면'이라는 조건을 붙였다.

　혼합적인 설교는 경험을 통해 깨달은 진리를 연역적으로 설명하고 논증하고 예시하면서 진정 성경적이라는 사실을 보여 줄 수 있다. 그래서 청중이 경험을 통해 깨달은 진리를 더욱 하나님의 말씀으로 확신하며 수용하게 한다. 귀납적인 전개 과정에서도 높은 몰입도로 집중하며 진리의 말씀을 깨닫게 되고 이어지는 연역적인 전개를 통해 밝혀진 진리가 하나님의 뜻이라는 사실을 재차 반복해서 듣고 확신하게 되는 것이다.

그런데 이처럼 진리를 전하고 강화하기 위해서는 하나의 중심 사상으로 설교 전체를 이어가야 한다. 성경 본문을 통해 하나님께서 주신 중심 주제를 찾아 이를 귀납적으로 드러내고 연역적으로 증명하고 적용하는 형식으로 나아갈 때 청중은 설교를 듣고 쉽게 이해하며 그 말씀을 진리로 확신할 수 있다. 하지만 혼합적 구조를 통해 여러 주제를 말하려고 하면 설교가 너무 산만해지고 무엇을 말하려는지 이해할 수 없게 되어서 오히려 진리를 깨닫는 데 방해만 된다. 하나의 주제를 찾아 이를 선명하게 드러내고 재차 강조할 때 혼합적인 설교는 진리를 강화하는 효과를 나타낼 수 있다. 이런 방식이 바로 성경적인 설교이며 동시에 청중을 몰입하게 만드는 방법이다. "한 가지 주제에 집중하는 것이 청중에게 가장 효과적으로 설교할 수 있는 길"이다.[81] 이를 통해서 혼합적 구조는 진리를 드러내고 강화하는 데 더욱 상승효과를 일으킬 수 있다.

⑤ 진지한 말씀의 흥미 유발과 지속

설교는 살아 계신 하나님의 말씀을 전하는 사역이다. 엄밀히 말하면 설교는 하나님께서 말씀하시는 시간이다. 혹시라도 인간의 연약함이 하나님의 말씀 사역에 방해가 되어서는 안 된다. 또한 설교자의 사견으로 설교의 내용을 왜곡해서도 안 된다. 설교에서 위트와 유머와 청중과의 소통 등을 중시하느라 설교를 가볍게 만들거나 하나님께서 의도하신 본문의 목적을 흐려선 안 된다. 또한 설교자의 여러 한계와 문제 때문에 설교 사역의 놀라움과 은혜를 감소시켜선 안 된다. 설교는 영광스럽고 거룩한 사역으로 설교자는

81　류응렬, "중심사상을 찾아가는 개혁주의 강해설교", 221.

진지하게 사역에 임해야 하고 오직 성령의 능력과 역사를 의지하며 감당해야 한다. 그러면 하나님께서 영적 기쁨을 주시고 만족을 주시고 열매를 허락해 주신다.

연역적인 설교는 이제까지 이 거룩한 하나님의 말씀을 선포하며 하나님의 영광과 권능과 존귀와 위엄을 나타내는 데 사용되어 왔다. 특히 개혁주의 신학은 하나님의 말씀을 전할 때에 본문에 순종하는 마음과 자세로 본문을 따라 권위 있게 선포하고 그 선포된 말씀을 성령께서 역사하셔서 각 사람에게 적용하시고 변화의 능력이 되게 하는 데 목표를 두고 있었다. 그런데 이 영광스럽고도 진지한 사역이 오늘날 거센 도전을 받고 있다. 현대인은 '설교'라는 단어 자체를 부정적으로 여기고 청중은 그 내용과 상관없이 설교를 지루해한다. 설교 시간을 하나님의 임재를 경험하고 거룩한 뜻을 깨닫는 시간으로 생각하지 않고 으레 치러야 하는 하나의 종교 행사쯤으로 여긴다. 게다가 연역적인 설교는 어떤 동의나 배려 없이 권위를 가지고 일방적으로 선포하기 때문에 이 시대에는 더욱 많은 오해와 반발을 사고 있다.

그래서 오늘날 설교 사역은 영광스럽고도 두렵고 진지한 사역, 동시에 기쁨과 은혜와 새로운 역사가 있는 사역으로써의 제 기능을 다하지 못하고 있다. 그것은 하나님의 능력이 약하기 때문이 아니라 오늘날 말씀을 맡은 설교자가 부족하기 때문이며 청중도 하나님의 권위 있는 말씀을 인간의 지루한 강연 정도로 여기는 경향이 있기 때문이다. 또한 설교자가 시대의 변화와 청중의 변화를 잘 이해하지 못했기 때문이다. 그래서 설교가 잘 전달되지 않는다. 설교가 그 기능을 수행하려면 일단 전달부터 되어야 하는데 청중이 설교를 듣지 않는다. 우리는 "설교가 사실에 있어서 매우 정확하고, 교훈적인 면에서 건전하고, 성경적인 면에서 분명하며, 교리적으로도 정통성을 띠고 있으면서도, 청중의 관심을 끌지 못한다면 여전히 아무것도 성취하지 못할 수 있다"라는 점을 분명히 주지해야 한다.[82] 설교의 내용이 아무리 좋아도 청중이 듣지 않으면 설교는 그 목적하는 바를 결코 이룰 수 없다. 그래서 설교학자들은 전달의 방법을 바꿔서 일단 청중의 귀에 말씀이 들리게 하려고 많은 연구를 했고 신설교학은 청중이 말씀에 집중할 수 있도록 수사법을 발전시킨 데 크게 공헌했다.

특히 신설교학은 청중을 집중시키는 수단으로 '흥미'의 요소를 중요하게 부각시켰다. 흥미를 위해 귀납적인 방식을 채택해서 설교의 중심 사상과 의미를 뒤로 연기하며 청중의 호기심을 증폭시켰다. 설교에 집중할 수 있도록 하는 가장 기본적인 대답은 설교가 어떻게 끝날지에 대한 호기심을 불러일으키는 것이다. 신설교학은 흥미를 위해서 청중이 공감하고 관심을 가질만한 이야기로 설교의 내용을 구성했다. 흥미를 위해 청중이 익숙한 삶의 이야기로 설교를 시작하고 귀납적으로 전개하다 설교를 마쳐야 한다는 이론을 펼쳤다. 흥미를 위해 이야기 방식을 설교에 도입했고 반전이 있는 플롯(plot)을 통해 청중을 이야기의 힘으로 매료시켰다. '흥미'라는 요소에 우리 시대만큼 많은 관심을 기울인 시대가 없었고 신설교학은 이에 민첩하게 대응했다. 이러한 흥미에 대한 관심과 대응은 곧 청중에 대한 관심을 의미한다. 이제 설교자들은 "청중에 대해서 적극적으로 관심을 가지고 그들을 이해하지 않고는 효과적으로 설교할 수 없다"라는 점을 알아야 한다.[83] 청중의 흥미와 관심과 고민에 민감하고 그들을 설교의 파트너로 삼아야 한다.

무엇보다 이 시대가 선택한 흥미를 불러일으키는 주된 요소는 '이야기'다. 오늘날 설교학의 가장 큰 변화는 '서사성'에 대한 관심과 관련되어 있다. 이는 이야기가 가지고 있는 힘을 발견했기 때문이다. 그리고 이야기의 힘은

---

82 Ralph L. Lewis and Gregg Lewis, *Inductive Preaching*, 165.
83 이현웅, 32.

곧 구조의 힘이라고 할 수 있다. 이야기의 구조는 우리에게 즐거움과 감동과 깨달음을 준다. 참혹한 전쟁 상황도 이야기로 꾸미면 감동을 줄 수 있다. 또한 이야기의 플롯은 긴장을 유발하고 이야기의 진행에 따라 점차 증폭시켜서 긴장이 최고조로 달할 때 반전을 통해 해소하며 청자에게 카타르시스를 제공한다. 청중은 이 긴장으로 인해 설교에 몰입하게 된다. "흥미는 긴장에 의해서 유지"되기 때문이다.[84]

그러나 동시에 반드시 생각해야 할 점은, 설교는 단순히 흥미와 즐거움을 주는 시간이 아니라는 사실이다.[85] 흥미와 즐거움은 문학과 영상매체의 기능이며, 설교에 있어서 흥미는 청중을 고려하고 배려하는 보조 수단일 뿐이다. 설교에서 활용할 수 있지만, 설교자는 원래의 목적인 하나님의 말씀을 전하는 데 가장 중점을 두어야 한다. 청중이 설교에 몰입해서 잘 듣고 설교의 전 과정에 직접 참여하는 것을 설교의 최우선적인 목적으로 삼을 수 없다. 그런데 신설교학의 귀납적 설교의 경우에는 주객이 전도되었다. 성경 본문의 의미에는 별로 관심이 없고 청중이 흥미를 가지고 집중할 수 있을지의 여부에만 깊은 관심을 기울인다. 반면에 전통적인 연역적인 설교는 설교의 주된 목적을 이루는 데 비효과적이다. 청중의 흥미를 유발하기 어렵고, 인식 체계가 바뀐 오늘날의 청중은 연역적인 설교로 하나님의 말씀을 받아들이기 곤혹스러워한다.

혼합적인 설교는 이러한 귀납적 설교와 연역적 설교의 문제를 서로 보완해서 흥미를 가지고 하나님의 말씀에 집중하게 하고 마지막에는 진리의 말씀을 깨달음으로 마치게 한다. 하나님의 진지하고 엄위하신 말씀을 몰입해서 듣고 기꺼이 결단하게 한다. 처음부터 마지막까지 청중의 시선을 사로

---

[84] Michael Rogness, 65.
[85] Martyn Lloyd-Jones, 71.

잡을 수 있고 그 시선이 하나님의 말씀과 뜻을 향하게 한다. 성경적인 설교는 반드시 본문을 설교해야만 한다는 철학을 실천하는 동시에 중요한 하나님의 말씀을 잘 설교하기 위해 의사전달에도 탁월한 능력이 있어야 한다.[86] 바로 혼합적인 설교가 이 두 목표를 동시에 실현할 수 있는 성경적인 설교의 구조다. 혼합적인 설교는 연역적 설교의 강조점인 '오직 성경'과 귀납적 설교의 강조점인 '흥미를 느끼며 집중'하게 하는 일을 함께 이뤄낸다.

⑥ 말씀을 통한 치유와 회복

설교의 주요 목적 가운데 하나는 청중의 변화에 있다. 이를 위해 설교는 본문에 뿌리를 내리고 청중의 변화를 향해 적용하는 방식으로 이뤄져야 한다.[87] 성경적인 설교는 본문에서 나온 중심 사상을 청중의 신앙과 삶으로 연결해서 청중의 변화와 성숙을 도모한다. 그런데 한 사람의 변화를 위해서는 변화를 가로막고 있는 과거의 문제와 상처와 잘못된 사상과 깨닫지 못하는 진리의 문제를 해결하고 치유하고 회복시켜야 한다. 오늘을 형성하는 과거로부터 축적되어 온 사상과 쓴 뿌리의 그늘에서 벗어나지 못하면 하나님께서 뜻하신 내일로 나아가는 데 방해를 받는다. 그리고 개인을 과거의 그늘에서 벗어나게 하는 효과적인 방법은 미래의 청사진을 눈으로 직접 보듯이 그려 보게 하는 것이다. 밟을 수 있는 발판이 보여야 앞으로 나아갈 수 있다. 진정한 치유는 과거와 현재의 문제를 정확하게 보고 그 문제를 해결함과 동시에 내일로 향하는 구체적인 그림을 그릴 수 있을 때 비로소 일어날 수 있다. 설교자가 이 미래를 향한 그림을 그려 줄 수 없다면 그는 아직 설교할 준비가 되지 않은 것이다.[88]

---

86 Graham Johnston, 63.
87 류응렬, "중심사상을 찾아가는 개혁주의 강해설교", 223.
88 Kenton C. Anderson, *Choosing to Preach*, 65.

이를 위해서 우리는 이야기가 가지고 있는 치유의 힘을 이해할 수 있어야 한다. 이야기는 누군가를 치유하고 회복하는 힘을 가지고 있다. 명제적인 진술은 이성적으로 이해하게 하지만 이야기를 통한 전달은 마음으로 공감하게 한다. 명제적인 진술은 정보를 주입하려 하지만 이야기는 스스로 생각하게 한다. 그래서 이야기는 정보를 전달하는 데는 비효율적이지만 누군가를 치유하는 데는 매우 효과적이다. 홍문표 교수는 잘 구성된 이야기는 "인간의 두 영역인 이성과 감성 중 감성에 호소하여 인간의 마음을 움직이고 인간의 육체와 정신에 자극을 주어 최근에는 문학이 오히려 육체와 정신을 건강하게 하는 치유의 기능, 대체의학적 기능까지 갖고 있다는 사실에서 문학의 즐거움과 아름다움에 대한 기능과 목적은 새롭게 논의되고 있다"라고 말했다.[89] 이야기는 사람을 치유하고 회복시켜서 새로운 결단을 하고 새로운 길로 나아가게 한다. 이야기는 개인뿐만 아니라 공동체를 치유하고 회복시키는 힘을 가지고 있다. 하나의 공동체는 같은 이야기를 공유하는 사람들로 구성되어 있고 그 이야기가 그들을 결속시키고 앞으로 나아가게 한다. 신설교학이 서사성의 중요성을 깨닫고 그 힘을 설교에서 사용하려는 시도는 매우 의미 있는 일이다. 설교에서 이야기는 청중들의 변화와 성숙을 위해서 매우 유용한 도구가 될 수 있기 때문이다.

이야기뿐만 아니라 이야기식 전개도 이야기와 유사한 효과를 일으킬 수 있다. 설교자가 굳이 이야기(story)를 사용하지 않아도 이야기식(narrative) 구조를 사용해서 이야기가 가지고 있는 힘과 효과를 똑같이 발생시킬 수 있다. 그리고 설교자는 이야기 설교보다 이야기식 설교를 능숙하게 사용할 수 있어야 한다. 좋은 이야기는 제한이 있지만 좋은 이야기식 설교는 얼마든지 구성해 낼 수 있다. 그리고 이야기식 구조는 혼합적 설교의 전반부를 구성

---

[89] 홍문표, 188,189.

하는 데 매우 유용하게 사용될 수 있다.

그런데 굳이 이야기식 설교가 아니더라도 하나님의 말씀에는 치유와 회복의 힘이 있다. 예수 그리스도의 3대 사역은 '가르침', '전파', '치유'다. 이 사역은 각각 다른 영역이지만 모두 설교를 통해 실현될 수 있다. 하나님께서는 지금도 설교 사역을 통해 복음을 전파하고 가르치고 치유하는 사역을 계속하신다. 설교를 들으면서 많은 사람이 죄에서 자유를 얻는다. 질병의 치유와 상한 마음의 회복을 경험한다. 설교를 통해 심리적으로 평안을 얻고 보이지 않던 미래를 보기 시작한다. 하나님은 설교를 통해 오늘도 그의 백성을 치유하고 회복시키신다. 귀납적 구조가 아니어도 연역적인 구조의 설교를 통해서 수많은 회중이 진리를 만나고 변화되고 성장해 왔다. 연역적인 설교라고 치유와 회복과 변화에 전적으로 무능하지 않다.

하지만 시대가 변했다. 사람들도 변했다. 그리고 그런 청중과 의사소통하는 데 조금 더 효과적인 방법이 있다. 그렇다면 우리는 그 방법을 사용하는 데 주저하지 말아야 한다. 오히려 능숙하게 사용할 수 있는 능력을 적극적으로 키워야 한다. 하나님의 말씀을 전하는 사역에 더욱 전문성을 갖고 임해야 한다. 수사력을 증대시키고 다양한 성경 해석 방법론에 익숙해지고 더 많이 기도하며 성령을 의지하는 등 설교자로서의 전문성을 갖추는 데 힘써야 한다. 서사성에 대한 관심도 이유 없이 무시할 것이 아니라 성경적인 설교를 실천하는 데 도움이 되도록 습득해서 사용해야 한다.

혼합적 설교는 귀납적인 설교의 기능인 치유와 회복을 그대로 일으킬 수 있다. 전반부의 구조인 귀납적인 구조가 이야기 혹은 이야기식 전개와 밀접하게 관련을 맺기 때문이다. 귀납적인 전개를 통해 청중이 설교에 참여할 수 있다면 그 설교는 자신의 이야기가 된다. 그리고 참여를 통해 얻은 의미는 곧 자신을 향한 하나님의 말씀이 되고 그 말씀은 자신을 치유한다. 그런데 그 기능을 자체로만 보면 과거와 현재의 상태를 보는 데는 적합하지만 미래를 보기에는 너무 개인적인 판단과 적용에 의존하게 한다. 그때 연역적인 구조를 통해서 성경이 인도하는 내일을 향한 발판을 놓아 주어야 한다. 그러면 청중은 귀납적 구조를 통해 과거와 현재를 치유하고 연역적 구조를 통해 미래를 향하는 견고한 발판 위에 설 수 있다. 혼합적 구조는 이처럼 진정한 치유와 회복을 경험하고 새로운 미래로 나아가는 도전이 이뤄지는 형식이다.

8) 성경적인 설교 신학과 철학의 구조적 실천

신설교학은 자신의 철학적 신학을 구조 이론에 담아냈다. 실천신학은 학자가 가지고 있는 철학과 신학의 영향을 받을 수밖에 없어서 그렇게 되었을 수 있고, 아니면 의도적으로 철학적 신학을 통해 진정한 설교에 대한 견해를 밝히고 싶었을지도 모른다. 신설교학 학자들의 진술을 보면 철학적 신학과 구조 이론의 분리될 수 없는 연관성을 확인할 수 있지만, 그것이 자연스러웠던 것인지 의도적이었던 것인지는 직접 들어봐야 알 수 있을 것 같다. 크래독 만큼은 확실히 의도적이라고 밝혔다. 분명한 사실은 누군가 설교학을 전개하면서 자신의 철학과 신학을 반영하지 않을 수 없다는 것이다. 그리고 신설교학의 구조 이론은 분명 자유주의 신학자들의 철학적 신학의 실천이었다.

하지만 개혁주의나 건전한 복음주의 진영에서는 성경적인 설교학을 펼치면서 성경적인 설교의 철학적 신학을 담아낼 수 있는 구조 이론을 제시하지 않았다. 성경적인 설교학의 개념과 이론은 다른 어떤 설교 이론보다 분명하고 성경적이고 논리적이고 구체적이지만, 그 개념을 실제 설교 구조에 담아 보여 주지는 못했다. 다만 신설교학의 이론을 소개하며 다양한 구조의 능숙한 사용을 권장했을 뿐이다. 그런데 성경의 증거나 성경적인 설교의 철학과 신학과 해석학을 통해서 보았을 때 성경적인 설교의 철학적 신학을 그대로 담아낼 수 있는 구조가 있었다. 그 구조는 '혼합적 구조'였다.

혼합적 구조가 이 시대에 왜 그렇게 필요하고 또 중요할까. 그건 성경적인 설교학의 철학적 신학, 곧 철학과 신학과 해석학을 그대로 구현하는 방법론이기 때문이다. 하나님의 말씀이 주도하는 설교, 하나님의 말씀을 가장 중시하는 설교, 그러면서도 이 시대에 가장 적합하고 적절하게 기능할 수 있는 설교, 귀납적 설교나 연역적 설교의 문제를 해결하고 더욱 효과적으로 설교 사역을 감당케 할 수 있게 하는 설교, 하나님께서 성경을 통해 보여 주셔서 우리의 설교로 의도하신 설교, 바로 그 설교가 혼합적 설교다. 그렇다면 다른 기능과 효과를 더 살펴보지 않더라도 우리가 이 구조를 이해하고 능숙하게 사용해서 후현대주의 강단에 다시 활력을 불어넣어야 한다. 혼합적인 설교는 성경적인 설교철학과 신학의 구조적인 실천이며 동시에 매우 효과적인 방법론임이 분명하다.

3. 혼합적 구조의 시대적 적응성

신설교학자 버트릭(David G. Buttrick)의 말처럼 어떤 시대든 수사학을 다시 고려해야 하는 것은 분명한 사실이다.[90] 설교는 수사학을 필요로 하고, 새로운 수사적 컨텍스트는 설교를 위한 새로운 전략을 요구한다.[91] 설교자는 자신의 시대적 정황에서 어떻게 설교해야 할지에 대해 항상 새롭게 연구해야 한다. 혹시라도 시대의 변화에 무관심하여 과거의 것을 그대로 답습해서는 안 된다. 그렇다고 설교학 방법론이 시대를 선도할 수도 없다. 다만 할 수 있

---

90 David G. Buttrick, *A Captive Voice*, 67.
91 John Wesley Wright, 33.

는 일은 변화에 따라 빨리 대처해 나가는 것이다. 항상 시대의 변화에 민감하고 하나님의 말씀을 효과적으로 전하려는 설교 전략을 고민해야 한다. 설교는 성경의 텍스트(text)와 오늘의 정황(context)이 함께 만나는 자리이기 때문이다.

    20세기 말에 일어난 새로운 설교학 운동도 시대의 변화와 밀접하게 관련되어 있었다. 수사적인 정황의 변화가 설교학의 변화를 일으켰다. 그 안에 감춰진 신설교학의 철학과 신학 역시 시대의 변화를 통해 형성되었다. 신설교학의 초기 주창자들은 새로운 설교학이 등장해야 하는 이유를 일련의 문화적, 지적 변화 때문이라고 분명히 밝혔다.[92] 현대주의 시대로 넘어오면서 일어난 청중의 변화는 설교학의 변화를 요구했다. 크래독(Fred B. Craddock)은 『권위 없는 자처럼』을 저술한 중요 원인으로 "급격히 변화된 상황"을 지목했다.[93] 시대적 변화가 전통적인 설교학과 강단의 위기를 가져왔고, 그 문제를 극복하고자 새로운 돌파구를 찾아 나선 것이다. 이처럼 시대가 변하고 청중이 달라지고 청중의 상황이 변하면 설교자도 새로운 수사 전략을 통해 말씀 사역을 계속해 가야 한다.

    그리고 우리 시대는 그 수사 전략을 설교 구조의 변화에서 찾았다. 설교의 형식을 바꿔서 이 시대 강단의 문제를 해결하려 했다. 변화된 시대와 청중은 설교와 설교 형식의 변화를 요구했다. 당연히 설교 구조의 변화는 이러한 요구에 부응하여 시대적 적응성과 효용성을 염두에 둔 것이며 실제 효과를 기대하고 있다. 그렇다면 혼합적 구조의 설교는 어떨까? 혼합적 구조가 아무리 이상적이고 가장 성경적인 설교 구조라 할지라도 역시 이 시대와 청중에게 적합하지 않으면 소용이 없다. 전달되지 않는 설교는 의미가 없다.

---

92   Richard L. Eslinger, *The Web of Preaching*, 17.

93   Fred B. Craddock, *As One Without Authority*, 12.

오늘날 설교학의 가장 큰 이슈는 복음을 들고 이 시대를 살아가는 오늘의 청중에게 다가가는 것이다.[94] 그들이 들을 수 있도록 말씀을 전달하는 것이다.

이제 성경적인 설교의 구조인 혼합적 구조가 이 시대와 청중에게 과연 적합한 방식인지 살펴보자. 결론부터 말하면 혼합적 구조는 단순히 과거 성경 시대의 유물로 돌아가자는 한 명의 보수주의, 개혁주의 신학자의 고집스러운 구호가 아니라 이 시대가 필요로 하는 효과적인 방식이라는 사실을 확인할 수 있을 것이다.

1) 인식 체계의 변화

"설교는 하나의 커뮤니케이션이다."[95] 설교는 설교자가 청중과 의사소통하는 자리다. 또한 말씀을 통해 하나님과 그의 백성이 대화하는 시간이다. 대화는 상호 쌍방적이다. 혼자 벽에다 하는 말을 대화라고 하지 않는다. 인격과 인격이 만나 이뤄지는 소통이 대화다. 비록 청중은 마음과 영으로 대답하고 반응할지라도 설교 시간은 인격과 인격이, 그리고 영과 영이 만나 소통하는 시간이다. 설교자가 일방적으로 말하는 것 같지만 청중 역시 영으로 만나 적극적으로 참여하고 반응하면서 쌍방의 대화가 일어난다. 청중은 단지 수동적인 자리에만 머물러 있지 않다. 설교에 적극적으로 참여해서 하나님의 말씀을 듣고 질문에 답하면서 진리를 수용하고 삶에 적용하며 결단한다. 그런데 설교에서 이런 대화가 시작되려면 먼저 말씀부터 들려야 한다.

청중은 먼저 자신의 감각 기관과 영과 마음으로 하나님의 말씀을 듣는다. 그리고 들은 말씀에 차츰 반응하기 시작한다. 이런 대화의 참여는 내면에서 일어난다. 그런데 전통적인 연역적 방식의 설교는 오늘날의 청중이 쉽

---

94 Jackon W. Carroll, *God's Potters: Pastoral Leadership and the Shaping of Congregations* (Grand Fapids: Eerdmans, 2006), 32.

95 Fred B. Craddock, *Preaching*, 31.

게 이해하며 듣기 어려워졌다. 설교의 내용에 집중하기도 그 내용을 수용하기도 어렵다. 애를 써도 쉽게 다른 생각에 빠져든다. 논리적인 한계나 일방적인 강요의 낌새를 느끼면 혹시 설교의 내용이 잘 들려도 마음이 불편해진다. 시대와 문화의 변화에 따라 우리의 인식 체계와 소통 방식이 달라졌기 때문이다. 후현대주의 청중은 과학과 문명의 발달로 정보를 수용하는 인식 체계의 변화를 경험하고 있다. 이제는 과거 어떤 시대와도 다른 독특한 방식으로 외부 세계를 이해하고 받아들인다. 그래서 주고받는 커뮤니케이션의 형태에도 변화가 일어났다. 인식 체계의 변화는 발화 양식의 변화를 필연적으로 요구한다.

무엇보다도 텔레비전을 비롯한 매스미디어의 발달로 인한 영향이 결정적이다. 크래독은 귀납적 설교를 시행하는 이유로 "텔레비전의 영향 때문에 인간의 지각기관의 형태가 변했다"라는 사실을 내세웠다.[96] 특별히 근래에는 인터넷과 스마트폰의 발달로 더욱 인식 방식과 소통 방식에 혁명적인 변화가 일어났다. 그 결과 '읽는' 시대에서 '보는' 시대로 완전히 전환되었다. '이해하는' 시대에서 '느끼는' 시대로 바뀌었다. "500여 년 전 구텐베르크가 인쇄기를 발명한 이후 중요한 커뮤니케이션이 문자로 이뤄지는 소위 '문자 문화'였지만 이제는 스크린을 통해 커뮤니케이션이 이루어지는 '멀티미디어 시대' 또는 '영상 시대'가 되었다."[97]

텔레비전은 후현대주의 시대가 도래했다는 사실을 알려 주었다. SNS의 발달은 더 이상 과거 방식으로 소통할 수 없다는 사실을 깨닫게 한다. 설교자라면 이 거대한 의사전달의 혁명을 이해할 수 있어야 한다. 이 혁명은 어쩔 수 없이 설교를 듣는 모든 이에게 영향을 끼치고 있다. 만약 설교자가 이

---

[96] Fred B. Craddock, *As One without Authority*, 9.
[97] 김창훈, "설교에 있어서 '이매지네이션'의 활용", 『신학지남』, 통권 제 303호(2010년 여름호), 88.

런 변화를 고려하지 않으면 청중에게 설교를 통해 복음을 전하기가 점점 더 어려워질 것이다.[98] 오늘의 청중은 정보를 시각적으로 보고 이해하고 있어서 눈에 생생하게 그려지는 것을 더 쉽게 받아들인다. 설교자가 설교를 통해 직접 무엇인가를 보여 주지 못한다면 머릿속에 생생한 이미지를 그려 주어서라도 정보를 전달해야 한다.

또한 근래에는 스마트폰 등이 급속히 보급되면서 손으로 터치해서 원하는 정보를 직접 찾는다. 하나의 정보를 얻기 위해 시각과 청각뿐만 아니라 촉각까지 사용한다. 영화도 3D가 나오더니 얼마 되지 않아서 4D가 나와 몸으로 직접 느끼면서 시청하고 있다. 시각, 청각, 촉각, 균형감각 등 온몸을 동원해 정보를 받아들이는 것이다. 이제 현실 세계와 가상 세계 간의 경계가 무너질 날도 멀지 않아 보인다. 이처럼 오늘날 청중은 정보를 인식하기 위해 다양한 감각 기관을 함께 사용하고 있다. 그래서 지루하고, 단조롭고, 볼품없고, 느린 것은 무엇이든지 경쟁할 수 없는 시대가 되었다.[99]

한마디로 말해서 정보를 받아들이는 인식 체계가 듣는 것에서 경험하는 것으로 바뀌었다. 과거에는 분명 청각을 주된 인식의 수단으로 삼고 다른 사람의 말을 충분히 이해하며 들을 수 있었다. 지금보다 복잡하고 많은 정보를 수월하게 받아들일 수 있었다. 하지만 오늘날에는 청각만으로 정보를 온전히 수용하지 못하는 시대가 되었다. 설교를 전달할 때도 이런 변화를 충분히 인식하고 나름의 대안을 찾아내야 한다. 이제 40여 분간 계속되는 복잡하고 논리적이기만 해서 딱딱하고 재미없고 지루한 설교에 쉽게 집중하지 못한다. 설교의 내용을 이해하지 못할 건 말할 것도 없다. 청중이 집중할 수 있는 방식으로 소통하는 새로운 의사 전달법을 찾아야 한다. "만약 오

---

[98] Michael Rogness, 11.
[99] John R. W. Stott, *Between Two Worlds*, 76.

늘날의 청중이 귀는 축소되었고 눈은 크게 발달했다면, 교회는 반드시 사람들이 설교를 가장 잘 들을 수 있는 방식으로 설교할 수 있도록 모든 것을 다 해야 한다."[100]

인식 체계의 변화는 연설과 같은 의사전달 방식의 쇠퇴를 가져왔다. 그에 따라 설교 사역은 황금기를 지나 위기의 시대로 들어서게 되었다. 당연히 기독교는 이 문제를 뚫고 효과적으로 말씀 사역을 감당하기 위해 여러 경로로 고민하기 시작했고 그 해결책을 '구조'의 변화에서 찾았다. 그리고 대부분의 구조적 전환은 서사성의 발견과 적용, 그리고 설교 구조의 다양화라는 두 측면으로 진행되고 있다.

특별히 설교학에서 주목한 것은 이야기의 효과다. 이 시대는 이야기를 좋아하고 이야기와 함께 살아가고 있다. 이는 이야기의 특성과 힘 때문이다. 이야기는 '흥미로운 전개'가 있고, '상상할 수 있는 이미지'가 있고, '자기 동일시'를 일으킨다. 마치 자신이 이야기 속으로 들어가 있는 것처럼 상상하면서 이야기를 경험하며 수용한다. 분명히 청각으로 듣고 있는데 마치 이미지를 보는 듯이 느낀다. 이야기에는 청중의 내면에 이미지를 만들어 내고 이어지는 스토리를 재구성하는 힘도 있다. 게다가 이야기의 특성상 중요한 내용을 뒤로 미루는 귀납적 방식에 몰입하게 하는 힘이 있다는 사실도 깨닫게 되었다. 그래서 시대의 변화를 따라 설교를 깊이 생각하면서 듣지 못하는 청중을 위해 이런 효과를 가진 이야기식 설교를 연역적 설교의 매력적인 대안으로 생각하게 되었다.[101]

사람들은 이야기의 세계 안에서 살고 있다. 그것은 오늘날에는 특별히 사실이

---

[100] Calvin Miller, 19.

[101] James W. Thompson, 107.

다. 귀납적이고 이야기적인 형식들이 현대 의사전달을 지배한다. 현대 의사전달의 두 가지 중요한 수단인 텔레비전과 영화는 특별히 이야기적 매체들이다. 심지어 저녁 뉴스조차도 이야기들을 말하려는 시도를 한다. 배타적으로 전통적 형식들만 사용하면서 동시대의 세계에 도달하려는 시도는 우리 시대의 이야기적 사람들의 마음을 끌기에는 실패할 것이다.[102]

이런 배경 속에서 신설교학은 귀납적으로 전개되는 이야기의 중요성을 강조한다. 이야기의 특성과 이야기가 가지고 있는 힘을 생각할 때, 이는 분명히 후현대주의 청중에게 효과적으로 말씀을 전달하게 할 수 있는 방식이다.

혼합적인 설교는 이야기의 효과와 귀납적인 구조가 가지고 있는 힘을 고스란히 구조에 담아낸다. 전반부의 귀납적인 전개를 통해 청중의 관심을 유도하고 청중이 흥미를 느끼며 설교에 몰입하게 한다. 또한 전개되는 이야기와 논리에 참여하게 해서 경험을 통해 진리에 이르게 한다. 인식 체계의 변화로 쉽게 집중하지 못하는 청중을 끌어당기고 눈으로 보고 온몸으로 느끼듯이 말씀을 경험하게 한다. 다윗처럼 나단 선지자 앞에서 흥분하게 하고, 수문 앞 광장에 모인 이스라엘처럼 가슴을 치게 한다. 초대교회 성도들처럼 말씀 앞에서 간절히 은혜를 구하게 하고, 바울의 회중처럼 말씀을 사모하여 계속 듣기를 간구하게 한다. 연역법으로는 이루지 못할 수사력을 귀납적 구조의 전반부를 가진 혼합적 구조를 통해서는 충분히 나타낼 수 있다.

중요한 것은 이후에 전개되는 후반부의 연역적 전개에서도 전통적인 연역법과는 확연하게 다른 효과와 전달력을 지니게 한다는 점이다. 귀납적인 전개를 통해 드러난 본문의 의미를 전할 때 청중은 그 뒤로 이어지는 연역적 설교에 높은 관심을 가지고 몰입하며 듣는다. 단순 연역적 설교보다

---

102 Dennis M. Cahill, 28.

귀납적 과정을 지나서 전개되는 연역적 구조에서 청중은 훨씬 높은 기대와 집중력을 보이게 된다. 귀납적 구조를 통해 제시된 의미는 반전, 혹은 질문에 대한 대답 등을 거치면서 고조된 흥미를 수반하기 때문에 전통적인 연역적 설교와 확연히 다른 출발점이 되는 것이다.

그뿐만 아니라 신설교학의 귀납적 설교처럼 단지 효과적인 전달 이상이 될 수 없는 문제를 해결한다. 이어지는 연역적인 전개를 통해 본문에 나오는 진리의 말씀을 실제화하고 내면화하는 것을 가능케 하기 때문이다. 그래서 효과적인 연설의 차원을 넘어 성경적인 설교를 온전히 실천케 한다. 그렇게 문화와 현상에만 너무 치우치다가 진지한 신학적 고찰 없이 무엇이든 다 할 수 있을 것 같은 유혹에 넘어가 버린 신설교학의 문제까지 해결한다. 인식 체계가 바뀐 청중을 위해 '효과적인 전달'만 가능케 하는 것이 아니라, '효과적인 진리의 전달'을 가능케 한다. 그러므로 혼합적인 구조는 오늘날에도 여전히 효과적으로 작용할 수 있는 성경적인 설교의 구조라고 할 수 있다.

2) 권위의 문제

우리 시대는 권위를 내세우려는 모든 시도에 두드러기 반응을 보인다. 후현대주의는 모든 권위를 평준화했기 때문이다. 과거에는 당연하게 인정했던 모든 권위에 지금은 강력하게 도전하고 있다.[103] 이제 나이나 신분으로 권위를 내세우지 못한다. 전문성으로도 권위를 주장할 수 없다. 자녀들은 부모님이나 선생님의 권위를 인정하지 않는다. 젊은이들은 어른을 존중하지 않는다. 자기 생각과 다르면 모두가 옳다고 인정하는 권위나 질서일지라도 가차없이 거부해 버린다. 이제 현대인은 모든 권위를 의심하는 회의론자들이 되

---

103 John R. W. Stott, *Between Two Worlds*, 51.

었다. 이런 현상은 기독교 안에서도 똑같이 나타나고 있다.

많은 사람이 질서와 권위를 무시하고 있다. 하나님의 권위도 전제주의적이고 독재적이라고 여기며 거부한다.[104] 하나님의 말씀을 전하고 가르치는 설교도 권위적이라고 느껴지면 망설이지 않고 돌아서 버린다. 또한 일부 성도는 기독교에서 말하는 진리를 다수가 만들어 낸 폭력이라고 느낄 정도다. 그리고 "많은 사람은 점차 '절대 지식'은 그 방에 들어오도록 허용된 모든 사람의 동의를 가장 특징적으로 의미한다는 것을 인식하고 있다."[105] 기독교의 진리도 공동체 안에 있는 다수의 동의를 따라 받아들여진 특정한 율례나 규범 정도로 생각한다. 자기들만의 리그로 여겨지는 것이다. 더 나아가 그런 지식을 진리로 외부에 전달하려면 이를 기독교가 만들어 낸 폭력쯤으로 여긴다. 이제 그러한 폭력적 억압에서 벗어나야 하며, 이를 위해 개인의 자유와 선택을 존중하고 인정해야 한다는 새로운 관념이 현대 사회를 지배하고 있다.

권위가 무너졌다는 말은 곧 모두에게 동등한 권위가 부여되어 평준화되었다는 의미다. 과거 지배력을 가지고 있던 거인에 항거하며 자유를 쟁취한 모든 개인에게 부상으로 동등한 권위가 부여되었다. 그래서 개인의 주관성은 진리와 상응한 높은 계급장을 달게 되었다. 그 결과 상대성도 심화하게 되었다. 하지만 서로 다투지 않고 포용하는 형태로 발전하였다. 자신이 다른 사람에게서 인정과 존중을 받으려면 먼저 다른 사람의 의견이나 가치를 인정해야 하기 때문이다. 그 결과 이 시대는 다원주의 사회로 들어섰다.

예를 들어, 기독교 안에도 생명 윤리와 관련해서 용납할 수 없는 의견을 주장하거나 세속적인 이해를 인정하려는 사람들이 있다. 그들은 이에 반

---

[104] R. Albert Mohler, Jr., 『말씀하시는 하나님』, 182.

[105] Walter Brueggemann, 21.

대하고 정죄하는 기독교의 윤리를 편협하고 독선적이라고 비판한다. 왜 그렇겠는가? 그들은 자신이 존중받으려는 마음의 발로에서 다른 사람을 인정하는 자세가 지성이고 종교가 갖춰야 할 예의이며 정의라고 여기기 때문이다. 물론 반기독교 문화의 집요한 교육의 영향이기도 하다. 이제 성경 말씀의 권위를 인정하지 않는다. 그보다 자신에게 더 높은 권위를 부여한다. 그에 따라 "세계는 세속의 가치들과 '무엇이든 괜찮다'라고 여기는 세계관의 광활하고 종잡을 수 없는 바다에서 표류하고 있다."[106] 이처럼 후현대주의는 모든 권위에 대한 회의를 느끼게 함으로써 진리의 상대화와 다원주의 문을 활짝 열었다.

오늘날 청중은 그런 사회에서 살면서 자기 생각과 판단과 의견을 중시한다. 그러면서 다른 권위를 평준화해 버린다. 모두 동등한 위치에서 대화하고 싶어 한다. 20세기에는 과학적 추론의 결과로 나타난 객관적인 사실의 권위를 어느 정도 인정했다. 하지만 후현대주의는 신비주의와 비우호적인 개인주의의 영향으로 스스로 이해할 만하거나 심리적으로 동조하고 싶은 경우가 아니면 자신 외의 모든 권위를 외면하고 부정한다. 과학적인 결론도 비판적으로 수용한다. 객관적인 진리보다 중요한 것은 개인의 경험이다. 증명된 이론보다 개인의 해석에 더 높은 권위를 부여한다. 오랫동안 축적되어 온 지식에 기반한 권위보다 지금 자신의 판단을 더 중시한다. 이는 성경에 대해서도 마찬가지다.

현대 청중은 권위를 개인적 경험에 두는 경향이 있다. 그들은 자신이 경험할 수 있도록 해주는 사람들에게 귀를 기울이려고 한다. 그들은 자신의 위치나 '책을 통한 지식'에서 나오는 권위를 내세우는 사람들에게 회의적인 태도를 보

---

[106] Calvin Miller, 59.

인다.[107]

기독교는 시대 속에 공존한다. 그래서 당대의 세계관과 문화의 침략을 받지 않을 수 없다. 교회에 모인 회중은 시대 정신에서 자유로운 영혼들이 아니다. 그래서 이 시대의 영향 속에서 하나님의 말씀으로서 성경의 권위는 심각한 도전을 받아서 경외의 대상이 아니라 논의의 대상이 되었다.[108] 비기독교인이 아니라 기독교인들, 그것도 신학자와 종교 지도자 중에도 성경을 오류가 없는 하나님의 말씀으로 인정하지 않는 사람들이 많다. 성경의 권위에 대한 인정도, 하나님의 말씀을 맡은 자로서의 설교자에 대한 존중도 사라졌다. 회중은 종교 지도자의 영적 권위에 정면으로 도전한다. 설교 시간을 권위 있는 하나님의 말씀을 듣는 시간으로 여기지 않는다. 한 목회자의 개인적인 견해나 철학이나 강연을 듣는 시간쯤으로 여긴다. 그래서 설교를 들을 때도 설교자가 무엇을 말하느냐보다 자신이 무엇을 깨닫고 어떻게 생각하느냐를 더 중시한다.

그리고 이런 현상은 주관주의를 조장한다. 브라이언 채플(Bryan Chapell)은 이를 절망스럽다고 표현했다. "설교에 있어서 이성적인 궤변이라는 이름 아래 말씀의 권위를 부정하는 경향이 있는 현대에는 사람들이 자기 자신의 눈에 옳은 것을 행하는 절망적인 주관주의를 이끈다."[109] 개인에게 권위를 주면 철저하게 주관적으로 흐르게 되고 이는 우리를 하나님에게서 멀어지게 만들어 결국 절망 외에는 안겨 주는 것이 없게 된다. 개인의 타락한 이성은 진리를 밝히고 어둠에서 빛으로 나아가게 할 힘이 없다. 더 깊은 어둠에서 방황하게 만들 뿐이다. 그런데도 이 시대는 삶과 신앙을 판단하는 권위

---

107 Jeffrey D. Arthurs, 36.
108 Graham Johnston, 30.
109 Bryan Chapell, *Christ-Centered Preaching*, 31.

를 성경이 아니라 청중 개개인에게 부여하고 있다. 그 안에서 기독교의 진리는 점차 영향력을 잃어가고 개인은 믿음 없는 위태로운 삶을 살아간다.

물론 권위에 대한 반발이 가져오는 긍정적인 측면도 있다. 과거 설교자와 교회는 하나님께서 부여하신 영적 권위가 아니라 개인의 권위를 드러내는 경향이 있었다. 이는 성직의 부패를 가져오기도 했다. 하지만 현대 설교자들은 권위에 도전을 받으면서 회중의 지위를 인정하게 되었다. 회중 위에 군림하기보다 그들과 같은 자리에서 겸손하게 사역해야 한다는 사실을 깨닫고 있다. 그런 측면은 기독교의 미래를 위해서도 매우 긍정적인 변화라고 할 수 있다. 이와 관련해서 켄톤 엔더슨(Kenton C. Anderson)은 다음과 같이 말했다.

> 청중도 역시 권위를 가지고 있다. 실제로, 청중은 듣지 않기를 선택할 수 있다. 청중은 설교자가 말하는 것들을 무시하고 부인하고 부정하는 것을 선택할 수 있다. … 이는 하나님께서 부여하신 청중의 권리다. 그리고 설교자인 우리는 그 점을 존중해야만 한다.[110]

이제 설교자들은 자신의 권위를 인정받으려는 문제로 씨름하지 않는다. 여전히 자신이 교회의 수장인 듯 권위를 내세우려는 사람이 있을 수 있지만 다른 사람을 존중하는 겸손한 지도자들이 더욱 인정받고 존경받는 시대가 되었다. 또한 청중의 변화를 인정하면서 수직적으로 선포하기보다 수평적으로 대화하면서 그들의 필요를 채워 주고 그들의 반응을 주시하는 식으로 설교의 변화를 일으키게 되었다. '권위 없는 자처럼' 설교하는 것이 자연스러운 분위기가 되어가고 있다.

---

110 Kenton C. Anderson, *Choosing to Preach*, 73.

그런 이유로도 신설교학은 귀납적 설교를 제안하였다. 우리는 귀납적인 설교가 시대의 변화에 민감하게 대응한 방법론이라는 사실을 외면할 수 없다. 이제 권위로 선포하는 연역적 방식이 아니라 청중의 삶에서 시작하고 청중의 질문과 필요에 답하는 형식으로 설교의 방식이 바뀌어야 한다는 사실을 깨달아야 한다. 청중은 자신과 함께 하나님의 말씀을 나누려는 친근감 있는 설교자들을 원하고 있다. 함께 대화하고 설교의 의미 발견에 직접 참여하면서 진리를 경험하기를 원하고 있다.

하지만 신설교학의 귀납적인 방식은 품고 있는 이상과 달리 인정받아 마땅한 권위까지 손상한다. 귀납적인 구조의 장점은 청중이 원하지 않으면 강제로 의미를 주입하지 않고 청중이 공감하고 수용할 수 있는 방식으로 설교를 전개한다는 데 있다. 이는 청중의 권위를 인정하는 방식이며 청중의 마음을 얻으려는 방식이다. 하지만 우리 시대 청중은 권위가 다 무너진 시대를 살아가고 있기에 내심 진정한 권위를 동경하고 있다는 사실을 인지하지 못했다. 그리고 설교의 적용과 결론까지 청중에게 다 맡겨 버려서 하나님의 말씀이 의미하는 내용보다 자신이 취하고 싶은 대로 의미를 결정하게 만들었다. 청중은 혼란스러움을 느낄 수밖에 없다. 그 가운데 잃어선 안 되는 하나님의 말씀과 진리이신 하나님의 권위까지 의심하게 되었다.

의지할 권위가 없어서 혼란스러운 사람들은 진정한 가치와 진정한 진리, 그리고 인정할 수밖에 없는 권위를 기다린다. 자신이 모든 판단의 주체가 되었고 의미의 결정자가 되었지만 정작 자신의 한계와 무능을 절감하고 있다. 인간의 이성과 경험이 가지고 있는 실존적 절망을 경험하고 있다. 우리는 "비록 권위에 대해 반감을 갖는 시대에 살고 있지만, 매일 사람들은 어떤 의미를 찾고 보호받고 용납받기를 원하며, '누가 내게 무엇을 하라고 명

령할 수 있는 권리를 가지고 있는가?'를 묻는다"라는 사실을 알아야 한다.[111]

귀납적인 설교는 이 시대를 위해 탄생했지만, 이 시대의 필요를 채워 주지 못한다. 사람들의 호기심과 관심을 끌어 설교에 집중하게 할 수 있지만, 그 결과에 대한 확신과 만족은 주지 못한다. 오히려 진리 없이 방황하는 세대를 더욱 절망 가운데로 이끌어 간다. 그렇게 시간이 흐르면 회중은 진리도 없는 기독교에 남아 있을 이유를 찾지 못할 것이다. 이 세대와 다음 세대는 대안 없는 세상에서 더욱 방황하게 될 것이다. "진리에 대한 궁극적인 권위가 없다면, 모든 인간의 노력은 궁극적인 가치를 잃고, 삶 자체는 헛된 것이 된다."[112]

그런데 혼합적인 구조의 설교는 권위에 대한 부정으로 발생하고 있는 이와 같은 문제를 해결한다. 혼합적인 구조는 전반부에서 귀납적 방식을 따라 마치 권위 없는 자처럼 권위를 인정하지 않는 청중에게 접근해서 진리가 무엇인지 하나하나 밝혀나간다. 그리고 청중이 설교를 들으면서 직접 진리를 경험하고 수용하는 순간부터 연역적으로 그 진리의 말씀을 설명하고 논증하고 직간접적으로 적용하며 분명한 결론을 제시한다. 청중은 자신을 배려하면서 권위를 내세우지 않고 접근하는 설교에 마음을 열다가 살아 계신 창조주 하나님, 지금도 우리 삶의 주권을 가지고 역사하시는 하나님을 만나고 그분의 뜻 앞에 굴복하게 된다. 설교에 집중하다가 자신에게 말씀하시는 하나님의 음성을 듣게 된다. 권위 없는 설교자로부터 시작된 말씀이 청중을 권위 있는 하나님께로 연결한다. 그런 과정을 통해 청중은 자신의 경험과 지식과 판단에 의존하지 않고 기록된 계시의 말씀에 의지하여 세상과 삶과 내세와 구원을 이해하는 사람으로 바뀌어 간다. 마음을 열고 듣다가 진정한

---

111 Bryan Chapell, *Christ-Centered Preaching*, 31.

112 Bryan Chapell, *Christ-Centered Preaching*, 31.

진리를 발견하고 그 앞에 엎드리게 된다.

이처럼 혼합적 구조는 권위를 인정하지 않지만 진정한 권위에 갈급한 이 시대 청중에게 효과적인 설교 전달 방식이 될 수 있다. 청중은 권위 없어 보이는 구조적 특성에 매료되었다가 진정한 권위와 진리를 발견하고 깨닫게 된다. 따라서 우리가 혼합적 구조로 설교한다면 하나님의 권위와 말씀의 권위와 하나님의 말씀을 전하는 설교 사역의 권위를 다시 회복하게 될 것이다. 혼합적인 구조의 설교는 이처럼 권위를 부정하고 외면하는 시대에 매우 유용한 방식이면서 동시에 성경적인 설교 방식이다.

3) 불확실성의 시대

우리 시대는 개인이 모든 판단의 주체가 되었다. 외부에서 주입되는 모든 사상을 쉽게 사실로 받아들이지 않는다. 진리 여부는 개인의 결정에 달렸다. "후현대주의자들은 객관적 진리라는 것은 어차피 확인될 수 없는 것이라고 본다."[113] 만일 누군가 자신은 진리를 소유했다고 주장한다면 그 누구를 막론하고 일단 경계부터 한다. 따라서 후현대주의 시대를 살아가고 있는 이들에게 확실한 것은 그 무엇도 없다. 불확실함이 가득한 세상에서 살아가고 있다.

후현대주의 시대가 객관적인 진리를 외면하는 이유는 그 배후에 있는 해체주의(Deconstructionism)의 영향 때문이다. 해체주의는 프랑스의 비평가 데리다(Jacques Derrida)가 제창한 비평이론으로서 주어진 것으로서의 전체성, 즉 신이나 이성 등과 같이 질서의 기본이 되는 모든 것을 비판하고 이원론을 부정하면서 다원론을 표방하는 예술 사조를 말한다. 해체주의는 특히 문학에서 "텍스트가 저자에게 고정된다거나 텍스트에는 하나의 의미가 있

---

113 권성수, 192.

다는 개념을 거부한다."[114] 본문은 독자에 대해서 개방성을 띠어야 하고, 결국 본문의 의미는 독자가 결정해야 한다. 해체주의의 대부로 불리는 데리다와 후현대주의를 선포했던 프랑스의 철학자 푸코(Michel Paul Foucault)와 리오타르(Jean-Francois Lyotard)는 진리는 객관적인 사상이 아니라 개인이 만들어 낸 것에 불과하다고 주장했다.

그 이후 후현대주의를 살아가는 사람들은 객관적인 진리를 인정하지 않고 비우호적인 주관적 견해를 진리와 동일시하고 있다. 자신이 동의할 수 있고 이해할 수 있어야 진실이고 자신이 의심한다면, 비록 모두가 동의할지라도, 믿을 만한 정보로 여기지 않는다. 진리 판단의 주체는 외부의 그 누가 아니라 오직 자기 자신이다. 개인의 경험에 근거해 진리 여부를 가늠하고 판단한다. 그리고 이러한 사실은 현대인에게 불안 요소가 되었다. 인간은 스스로 모든 것을 직접 판단하고 이해하려 하지만 결국 자신의 무능과 한계를 절감하게 되기 때문이다. 그로 인해 후현대주의 청중에게서 매사에 애매모호함이 떠나지 않는다.[115] 그 무엇도 확실한 게 없다.

또한 후현대주의 청중은 실존주의의 영향을 받아서 어떤 실재를 인정하는 문제에 관해 분명하고 다양한 경험적 측면을 중시하게 되었다. 과거 오랫동안 받아들여졌던 사실과 공동체의 규범이나 약속도 개인이 무조건 인정하고 따라야 하는 강제성을 잃었다. 개인이 직접 경험해서 다시 확인하고 사실 여부와 가치를 판단해야 한다. 하지만 경험은 객관적이거나 지속적이지 않다. 일시적이고 개인적이다. 경험은 경험한 특정한 사건과 시간 안에서만 어느 정도 사실로 인정할 수 있다. 그런데 후현대주의는 이런 경험을 인식의 총사령관으로 삼은 것이다. 그래서 "일시적이고 불확실한 것들이 의

---

114 Steven D. Mathewson, 50.

115 Graham Johnston, 28.

식의 중심으로 옮겨 왔다."¹¹⁶ 확실한 것이 하나도 없게 되었다. 기독교가 존재하는 상황은 이처럼 불확실성에 사로잡혀 있는 시대가 되었다.

기독교는 다원주의를 거부한다. 이는 우상숭배이며 기준 없는 이들의 혼동이다. 또한 진리는 경험과 이해가 아니라 믿음으로 수용해야 한다. 그래서 무신론자들은 이런 기독교를 강력하게 규탄하거나 긍정적으로 보아도 단지 정신 건강과 윤리에 좋은 가르침 정도로 이해한다. 그들은 "확인될 수 없는 진리를 두고 확신 운운하는 것은 어떤 개인이나 집단의 강력한 이기주의 발산일 뿐"이라고 말한다.¹¹⁷

이에 편승하여 기독교인들도 점차 진리에 대한 확신을 잃어가고 있다. 기록되어 있는 말씀을 진리로 받아들이기보다 자신이 경험한 바를 더 신뢰하기 시작했다. 좀 더 신실하다는 그리스도인 중에는 하나님에 대한 인식에서 경험적인 측면을 강조하는 이들이 늘어가고 있다. 영적인 경험은 새로운 문제를 일으키고 있다. 또한 성도들은 성경 말씀에 대한 순종을 꺼리고 있다. "성경이 삶을 올바로 이해할 수 있는 적절한 방법을 제공하더라도 그것 때문에 성경이 주장하는 것을 그대로 진리로 받아들여야 하는지에 대해서 여전히 회의적이다."¹¹⁸ 절대 진리라는 개념이 약화되면서 진리를 상대적인 시각으로 바라보게 된 것이다.

설교자들 역시 이 시대를 살아가고 있고 청중과 마찬가지로 이런 사조의 영향을 받고 있다. 따라서 설교자들 가운데도 진리에 대한 확신을 잃어가고 점점 불확실성에 사로잡히는 이들이 늘어가고 있다.¹¹⁹ 그러다 보니 많은 설교자가 '진리' 자체보다 '효과적인 전달'의 측면을 강조한다. 진리에 대

116　Fred B. Craddock, *As One without Authority*, 11.

117　권성수, 192.

118　Zack Eswine, 24.

119　Fred B. Craddock, *As One without Authority*, 11.

한 확신이 흔들렸기 때문에 진리에 대해 달리 할 말이 없다. 진리의 말씀을 바르게 준비해서 전하려는 생각보다 청중이 흥미를 느끼며 설교 과정에 직접 참여해서 스스로 의미를 경험하게 하는 설교 작성에 심혈을 기울인다. 또한 진리에 대한 불확실성은 진리를 직접 적용하고 설교를 분명한 결론으로 마무리하는 것을 꺼리게 한다. 설교자가 성경의 말씀이 진리라고 확신한다면 그 의미를 직접 적용하고 분명한 결론을 제시하는 것을 부담스러워할 이유가 없다. 기록된 말씀에 대한 확신이 없기에 청중이 스스로 설교를 경험한 뒤에 알아서 적용하도록 유도하는 것이다. 이와 같은 마무리는 불확실성의 시대에 결코 좋은 대안이 될 수 없다.

그래서 혼합적인 구조의 설교가 필요하다. 혼합적인 구조는 불확실성의 시대에 꼭 필요한 설교 방법이다. 이는 먼저 경험을 통해 진리를 제시하는 귀납적인 구조로 시작한다. 청중은 귀납적인 과정을 통해 의미를 경험하여 깨닫게 되지만 그 의미가 과연 진리일지 확신이 없다. 또한 각자 깨달은 의미가 성경적으로 옳은지도 미지수다. 그래서 혼합적인 설교는 이어서 연역적으로 구조를 전개한다. 이를 통해 청중이 혹시 잘못 이해한 말씀이라도 다시 성경에 비추어 수정해 줄 수 있다. 또한 깨달은 의미가 불변하는 진리이며 믿고 의지하고 따라야 할 진리라는 사실을 연역적 전개 속에서 확인시켜 줄 수 있다. 청중은 말씀을 통해 불확실성의 시대에 든든한 지표를 확신하며 붙잡게 된다.

브라이언 채플은 "우리 문화와 그것이 가지고 있는 불확실성의 철저한 상대주의에 대한 대답은 성경이 주장하는 권위다"라고 말했다.[120] 우리는 불확실성 시대를 살면서 불안한 청중에게 더욱 성경을 효과적으로 전달하되 그 진리를 설명하고 입증하고 적용하면서 의미를 분명하게 드러내야 한다.

---

120 Bryan Chapell, *Christ-Centered Preaching*, 31.

그렇게 한다면 경험을 통한 주관주의, 상대주의, 다원주의, 신비주의로 인한 불확실성에 사로잡혀 방황하는 청중에게 믿고 의지할 수 있는 참된 진리를 안겨 줄 수 있다. 혼합적인 구조는 성경에 기록되어 있는 오래된 구조이지만, 현시대의 급격한 변화로 인한 불확실성의 문제까지 해결할 수 있는 성경적인 설교 방식이다.

4) 과학적 사고와 합리적 추론에 익숙

후현대주의 시대는 현대주의 때와 달리 인간 이성의 한계를 절감하고 합리와 논리의 불완전성을 인지하고 있다. 하지만 그런 한계와 문제를 깨달았다면 진정한 진리를 찾아 붙잡아야 할 텐데 또 그렇게 하지는 않는다. 오히려 이성의 작업을 통한 객관성을 거부하면서 각 개인의 주관적인 판단과 감정만 존중하는 잘못된 방향으로 나아가고 있다. 그러면서 사람들은 이해하기 어려운 이상한 경향을 보이기 시작했다. 붙잡을 만한 진리가 없고 개인이 진리의 주체가 되어 버린 상황이 초래하는 불안으로 인해서 이상스럽게도 신비스러운 일들에 심취하게 된 것이다. 객관적인 진리를 무시하기에 의지할 것 없는 위태로움 속에서 자신의 한계를 뛰어넘는 신비한 영적인 힘이라도 의지하고 싶은 심리 때문일 것이다.

그래서 이 시대는 영적인 일들에 관심을 기울이는 신비주의의 시대가 되었다. 오늘날 동양의 종교와 신앙에 대한 심취가 늘어나고 있는 현상이 보여 주듯이, 사람들은 좀 더 신적 존재와 우주를 둘러싸고 있는 신비를 포용할 준비가 되어 있다.[121] 과학과 문명은 계속 발전하고 있지만, 이상하게도 사람들은 더 비밀스럽고 신비스러운 것들을 추구한다. "한때 불분명해서 좌

121　Graham Johnston, 142

천되었던 영적인 이슈들이 지금은 공공 아젠다(public agenda)가 되었다."[122]

그러면서도 후현대주의는 여전히 현대주의의 영향 아래에 놓여 있다. 이 시대의 많은 논의가 포스트모더니즘(postmodernism)의 'post'를 '탈-'이라는 의미로 정리하고 있지만, 현실의 모습을 보면 '탈 현대주의'가 아니라 '후현대주의'에 훨씬 가깝다. 이성의 힘과 과학과 합리를 여전히 숭상한다. 사람들은 내면으로 영적이고 신비스러운 일들에 관심을 가지지만, 겉으로는 여전히 과학적이고 합리적인 태도를 보인다. 설교자는 이러한 시대적 특징을 반드시 알아야 한다. 공공연하게 신비주의를 표방하는 시대이지만 여전히 합리성을 추구하는 잔재가 강한 권력을 가지고 사회 전반에서 군림하고 있다. 이성과 과학을 뛰어넘는 초월적 세계를 동경하면서도 여전히 과학적인 사고방식에 지배를 받는다. 그래서 후현대주의는 아이러니하다.

후현대주의는 경험주의와 신비주의를 숭상하면서도 합리적으로 이해하고 판단하려는 경향이 지배적이다. 교육이 있는 곳에서는 합리와 논리가 떠나지 않는다. 공동체로 모이면 항상 이해할 수 있는 방식으로 판단하고 결정하려 한다. 개인적으로는 신비주의를 숭배할지 모르겠지만 관계 안에서는 언제나 합리성을 추구한다. 각자의 개인적 선택을 존중하면서도 정해진 법규와 통제된 사회의 조직 안에서 인정한다. 모든 원인과 결과를 대할 때마다 합리적 추론과 과학적 사고를 따라 움직이려 한다. 특히 교회 안에는 후현대주의의 경험주의적 특징을 두드러지게 나타내는 사람이 아니라 신앙 안에서 하나님께서 주시는 지적 설계와 지혜에 순종하기 위해 모인 청중이 주류를 이루고 있다. 중세로부터 넘어와서 계몽주의의 영향 아래 형성된 이성 중심의 신앙생활에 익숙한 청중이 대부분이다. 우리는 이러한 특징을 바르게 이해하고 무조건 후현대주의의 개인적이고 신비적인 성향이 전

---

[122] Graham Johnston, 17.

체를 규정한다고 생각하지 말아야 한다.

그렇다고 후현대주의의 경험주의와 신비주의적 특징을 완전히 무시할 수도 없다. 특히 젊은이들을 중심으로 후현대주의적 성향을 숨김없이 드러내며 신앙생활을 하는 이들이 있다. 이러한 시대에, 그리고 이러한 세대에 복음을 전할 때 설교자는 경험주의와 신비주의와 이성주의가 공존하고 있는 특징을 이해하고 설교의 형식에 반영해야 한다. "복음을 오늘의 세대에게 전하는 것에 대해 고민하는 설교자는 설교 형식의 문제를 결코 외면할 수 없다."[123]

그런 면에서도 혼합적인 구조의 설교는 이 시대가 필요로 하는 성경적인 설교 방식이 분명하다. 경험을 중시하는 귀납적 구조와 논리를 통한 이해와 합리성을 중시하는 연역적 구조를 동시에 사용해서 설교를 전개하기 때문이다. 이런 구조적 특징은 신비와 합리의 상반되는 경향을 한꺼번에 가진 청중에게 진리의 말씀을 전하는 데 매우 효과적으로 기능한다.

그러나 무엇보다 중요하게 생각할 점은 이 시대는 '탈' 현대주의가 아니라 '후' 현대주의라는 사실이다. 합리적 추론과 과학적 사고방식에 익숙한 청중들이 하나님의 말씀을 듣고 있다. 경험이 중요하고 개인적인 판단도 중요하지만, 여전히 합리적이고 논리적인 말씀을 듣고 싶은 기대로 예배를 드린다. 설교자의 역할은 논리적으로 이해하려는 청중에게 경험을 통한 확신을 더해 주는 일이다. 청중은 온 우주를 다스리는 신비롭고 거룩하신 하나님의 뜻을 이해할 수 있는 방식으로 듣고 진리를 깨달아 자신의 삶을 내어 드리고 싶어 한다. 그래서 단순히 귀납적으로 설교하지 말고 귀납법과 연역법을 병행하는 방식으로 청중의 요구와 욕구에 부응해야 한다.

혼합적 설교는 귀납적으로 전개되는 전반부에서도 합리성과 논리성이

---

[123] Dennis M. Cahill, 18.

보증된다. 신설교학의 귀납적 설교처럼 단지 경험과 개인적인 판단을 중시하지 않는다. 이어지는 연역적 구조가 귀납적 구조 안에서도 논리적인 합리성을 분명하게 요구하기 때문이다. 그렇지 않다면 귀납적으로 밝혀진 의미는 설명하고 적용할 수 없는 난관에 부딪히게 된다. 혼합적 설교의 귀납적 구조 역시 체험과 경험을 추구하는 이 시대 청중을 고려하고 배려하는 구조이지만, 전개 과정에서 청중이 이해할 수 있는 삶의 정황이나 이야기로부터 시작해서 반드시 동의를 구하는 방식으로 이뤄진다. 말씀을 경험할 수 있도록 청중을 이끌되 동시에 합리적으로 이해하고 동의할 수 있게 하는 방식으로 따르게 한다. 귀납적인 설교를 하는 "설교자의 직무는 청중이 그 이슈가 정말 무엇인지에 대해 알 수 있도록 돕기 위해 그 상황을 명료화하는 것이다."[124] 알게 하고, 이해하게 하고, 깨닫게 하고, 합리적으로 판단하게 하려는 목적으로 귀납적 구조를 명료하게 구성한다. 청중은 그런 합리적인 이해와 추론의 과정을 통해 설교에 참여하고 의미를 경험하게 된다.

나아가서 설교자는 연역적 구조를 통해 귀납적으로 밝혀진 진리를 삶의 의미로 밝혀나갈 뿐만 아니라 그 말씀을 따르도록 설득하는 목적으로 말씀을 전개한다. '설득'은 이성과 합리와 과학을 중시하는 현대 청중에게 꼭 필요한 설교 방식이다. 설교는 분명 존귀하고 거룩하신 하나님의 말씀을 그의 자녀에게 '선포'하는 시간이지만 동시에 설교 행위 자체는 선포하는 말씀을 청중이 받아들이도록 '설득'하는 과정이다. 보통 한 설교에서 선포와 설득의 비중이 17% 대 83% 정도 된다. 설교 시간이 30분이라면 선포 시간은 5분 정도 되고 설득하는 시간은 25분 정도 되는 것이다.[125] 설교는 분명 선포이지만 그 선포하는 진리가 청중의 것이 되도록 설득하는 과정이 실제 설교

---

124 Kenton C. Anderson, *Choosing to Preach*, 78.

125 정인교, 『정보화 시대 목회자를 위한 설교 살리기』, 35.

이다.

　설교자는 본문을 통해 주시는 진리의 말씀을 믿고 따르도록 청중을 설득해야 한다. 이때 설득은 당연히 합리적이고 논리적이어야만 한다. 청중은 이해할 수 없고 동의할 수 없는 말에 설득될 만큼 어리석지 않다. 그 합리적이고 논리적인 말씀에 감동과 유머와 적절한 이야기들이 더해지면 그 효과가 훨씬 크겠지만 일단은 합리적이어야 청중을 설득할 수 있다. 그런 면에서 혼합적인 구조는 이 시대에 매우 적합한 설교 방식이라고 할 수 있다. 우리 시대 청중은 단순 주입이 아니라 합리적이고 논리적인 방식으로 진리를 이해하고 깨닫길 원하기 때문이다.

　혼합적인 설교는 경험을 중시하면서도 과학적인 방식과 합리적인 추론을 중시하는 후현대주의 청중에게 진리의 말씀을 효과적으로 전할 수 있다. 진리의 말씀인 성경을 현대 청중에게 연결하되 경험을 중시하는 귀납적 구조의 논리적 문제를 연역적 구조로 보완하고, 연역적인 구조에서는 객관적인 진리를 증명하고 설명하면서 합리적으로 설득하기 때문이다. 이제 설교자는 현대 사회와 청중이 직면하고 있는 이러한 상황에 대한 감각을 가지고 필요 중심적이면서 동시에 성경에 철저히 뿌리내린 설교를 추구해야 한다.[126]

5) 체험과 경험 중시

이 시대의 주도적인 특징은, 계속 언급했듯이, 개인의 경험을 중시한다는 데 있다. 이 시대는 우리에게 진리에 대한 생각을 버리고 대신 하나의 경험을 소유하라고 말한다. 이처럼 경험을 중시하는 시대는 개인이 어떤 의미를 깨닫고 수용할 때마다 경험 의존적으로 사고하게 한다. 청중은 자신의 경험을 통해 의미를 수용하거나 규정하면서 새로운 진리를 깨닫게 되길 원한다. 스

126　John Wesley Wright, 31.

콧 윌슨(Paul Scott Wilson)은 이러한 특징을 강조하며 "설교는 하나님에 대한 정보를 주기보다는 하나님과의 만남이어야만 한다"라고 말했다.[127]

신설교학은 이러한 시대적인 흐름을 설교 구조 이론에 적극적으로 반영했다. 청중이 설교 과정에 직접 참여해서 설교자와 소통하면서 말씀의 의미를 경험하도록 귀납적 설교를 제안한 것이다. "경험은 귀납법의 가장 중요한 기본이다."[128] 귀납적 구조는 어떤 문제를 제기하거나 청중이 익숙한 삶의 이야기에서 시작해서 의미로 끌어가는 귀납적 움직임을 통해 청중을 몰입시키고 흥미를 유발하여 설교의 과정에 스스로 참여케 한다. 스스로 경험하지 않으면 진리로 받아들이지 않는 현대인의 특징을 고려하여 설교 방법론을 주창한 것이다.

혼합적인 설교 구조는 이런 측면에서 연역적 구조보다 더 현대의 청중에게 적합한 설교 방식이다. 연역적 구조는 하나님의 말씀을 일방적으로 선포하고 설득한다. 하나님께서 본문을 통해 말씀하시는 의미를 전달하고 이에 따라 순종하도록 청중을 설득한다. 하지만 귀납적 구조는 청중으로 직접 설교 과정에 참여해서 하나님의 말씀을 경험하게 한다. 혼합적 구조는 이러한 귀납적 구조를 설교의 한 축으로 삼는다. 오늘날 청중이 중시하는 경험적 측면을 설교에 적용해서 사용하는 것이다.

하지만 신설교학의 귀납적 형식을 통한 경험은 성경적인 설교 신학에서 볼 때 분명 여러 문제를 내포하고 있다. 무엇보다 청중의 경험을 개인 차원의 경험에서 끝나게 한다. 그 경험은 주관적 의미와 적용을 적극적으로 허용한다. 각자 알아서 이해하고 판단하고 적용할 수 있는 것이다. 그래서 진정한 진리에 이르는 길이 막혀 버리게 된다.

---

[127] Paul Scott Wilson, *The Practice of Preaching* (Nashville: Abingdon, 1995), 20.

[128] Ralph L. Lewis and Gregg Lewis, *Inductive Preaching*, 42.

혼합적 설교는 귀납적 설교의 이런 문제를 비교적 수월하게 해결한다. 이후에 후반부의 연역적 전개를 통해 각자가 경험한 말씀을 성경으로 확인하고 설명하면서 진리로 수용케 하기 때문이다. 경험한 말씀을 진리 되게 하는 것이다. 또는 전반부의 내용이 성경 본문을 귀납적으로 전개해서 얻은 진리라면 후반부에서 우리의 삶을 향한 하나님의 음성이 되도록 연역적으로 적용하면서 객관성을 확보해 줄 수 있다. 그때 청중은 스스로 경험한 하나님의 뜻, 스스로 체험하면서 깨닫게 된 하나님의 말씀을 바로 자신을 향한 구체적인 음성으로 듣게 된다. 이 일이 가능한 이유는 귀납적으로 전개된 전반부의 영향 때문이다. 혼합적 구조는 이 과정을 거치며 자칫 개인적인 경험과 주관적인 결론으로 끝날 수 있는 귀납적 설교의 문제를 개선할 수 있다.

청중 개개인의 경험은 설교자가 아무리 설교를 잘 구성해도 성경 본문의 의도에 완전히 일치할 수 없다. 귀납적인 설교를 주장하는 학자들은 청중의 경험과 의미 이해를 설교자의 의도에 일치시키려는 행위 자체를 부정하지만, 개혁주의 설교학은 하나님께서 본문을 통해 주신 말씀을 바르게 해석하고 제시할 책임이 설교자에게 있다는 사실을 분명히 한다. 설교자는 본문의 의도, 곧 본문을 통해 하나님께서 말씀하시려는 내용을 바르고 정확하게 전달해야 한다. 혼합적 구조의 설교는 이를 가능케 한다. 귀납적으로 설교가 끝나면 '개인적 경험', '주관적 경험'으로 끝나게 될 텐데 이를 연역적으로 전환해서 '공통의 경험', '객관적 경험'이 되게 하는 것이다. 따라서 혼합적인 구조는 경험과 체험을 중시하는 이 세대를 위해 적절할 뿐만 아니라 그 경험이 성경적이고 객관적인 진리에 대한 경험 되게 하는 효과적인 방식이다.

6) 언어의 위기

우리 시대는 언어의 위기를 경험하고 있다. 무엇보다 후현대주의의 언어는 그 의미를 객관적으로 이해할 수 없고 그 해석도 지극히 주관적이라는 점을 말해 주는 해체 운동과 긴밀하게 연결되어 있다.[129] 이 시대는 언어를 통해 전달되는 객관적인 의미를 불신한다. 의미의 결정은 발화자나 저자가 언어로 표현한 의도가 아니라 개인의 해석에 달려있다. 언어의 객관성은 각자의 경험과 사고에 의해 그 진정성을 의심받는다.

언어에 관한 의심은 다방면으로 나타나고 있다. 글이나 말의 표현은 누구나 할 수 있지만 모두 그 표현을 따라 실천하지는 않는다. 그렇다면 언어에는 사실상 아무런 의미가 없다. 또한 모든 논리에는 항상 억측의 위험이 있다. 연역법은 전제의 불확실성이 결론의 진실성을 보장하지 못하고, 귀납법은 합리적인 추론도 일정한 범위 안에서만 사실로 인정되는 가설에 불과하다. 그리고 말이나 글보다 그 언어를 표현하는 사람이 더 중요하다. 이제는 말이 아니라 삶을 주목한다. 연설에서 로고스보다 연설자의 에토스를 훨씬 더 중시한다. 메신저가 곧 메시지다. 이처럼 언어 자체와 언어가 담고 있는 객관적인 의미에 대한 불신과 더불어 다양한 방면에서 새로운 위기가 찾아왔다.

언어가 가지고 있는 상징적인 기호와 그 기호가 지칭하는 실체에 대한 논란은 고대로부터 계속되어 왔다. 그리고 현대는 철학적으로 우리가 눈으로 보고 귀로 듣는 것들이 실재가 아닐 수 있다는 논쟁을 진행하고 있다. 또한 인간은 언어가 의미하는 바를 제대로 인지하고 깨닫는 데 무지하고 무능하다고 말한다. 철학이 이런 인식과 논쟁을 주도하고 드라마와 영화와 같은 매체가 이를 보조한다. 그 안에서 언어는 일종의 기호에 불과하다. 게다가 언어는 시간과 문화와 지리와 환경 등에 따라 그 의미가 달라진다. 당연히 성경의 단어들도 오늘날 각자의 문화에서 사용하는 단어의 의미로 보면 바르게 이해할 수 없다. 언어에 대한 이러한 견해와 이해가 늘어나면서 단어

---

129 Graham Johnston, 37.

가 가지고 있는 의미의 문제는 과거 어느 때보다 쟁점화되고 있다.

또한 오늘날에는 이미지가 언어의 역할을 대신하고 있다. 우리는 문자 이후 시대(post-literate)를 살고 있다. 멀티미디어 문화, 영상매체 문화가 문자문화를 대신하고 있다.[130] 많은 매체를 통해 눈으로 직접 보면서 정보를 수용한다. 이 시대 청중에게는 수백 마디의 말보다 하나의 좋은 이미지가 의미 전달에 더 효과적이다. 글을 많이 읽지 않고 텔레비전과 유튜브 등의 동영상을 통해 필요한 정보를 얻는 데 익숙해졌기 때문이다. 그래서 뉴스도 단순히 정보를 제공하기보다 하나의 잘 만들어진 이야기로 전달하고 있다. 설교학에서 사용하는 언어도 논리적이나 설득적인 언어보다 이미지를 형성하는 그림 언어와 이야기식 전개로 전환되어야 한다고 말한다. 이제 단순히 읽고 듣는 방식으로는 의미의 효과적인 전달이 불가능해지고 있다고 말한다.

언어의 위기는 또 다른 측면에서도 살펴볼 수 있다. 설교학과 관련해서 설교자의 어휘 수와 관련된 언어의 위기도 있다. 한 사람이 주로 사용하는 단어의 수에 한계가 있다. 같은 의미를 가진 단어가 여럿 있어도 한두 개의 익숙한 단어만 주로 사용한다. 설교자 역시 의사소통을 위해 제한적인 단어만 사용한다. 또한 글을 쓸 때와 달리 말할 때 이용하는 단어의 수는 훨씬 더 제한적이다. 그래서 한 설교자에게서 오랫동안 설교를 들어온 청중은 설교자가 아무리 다른 말을 해도 똑같은 얘기를 반복해서 듣는 것처럼 느낀다. 주제가 달라도 같은 말을 듣는 것 같다.

이 시대가 직면하고 있는 언어의 의미 이해 문제와 언어를 대신하는 이미지의 문제, 그리고 모든 시대에 경험해 온 설교자의 제한적 단어 사용의 문제는 강단의 위기를 초래하는 또 다른 요인이 되었다. 그래서 말로 논리와 의미를 전하는 설교는 그 힘과 기능을 상실해 가고 있다고 여긴다. 하지

---

130 계지영, 『현대설교학 개론』 (서울: 한국장로교출판사, 1998), 159.

만 이런 상황에서도 다시 능력 있게 설교 사역을 수행할 수 있는 길을 찾아야 한다. 이를 위해 무엇보다 다시 언어의 힘을 살려내야 한다. 설교는 언어를 통해 이뤄지기에 언어의 위기와 그로 인한 의미 이해와 전달의 위기를 극복해야만 강단의 위기를 극복할 수 있다.

비록 언어의 위기 시대를 살고 있지만, 언어는 여전히 삶의 중심에 있다. 만일 우리가 언어를 통한 의사소통을 거부한다면 "측량할 수 없을 정도로 무기력하게 되며 우리의 존엄성은 새나 짐승들의 그것만큼 축소될 것이다."[131] 언어는 여전히 의사소통의 핵심 수단이다. 사람들은 언어를 통해 관계를 맺고 서로 소통한다. 개인은 언어를 통해 사회적 삶을 영위하고 사회는 원활한 의사소통이 있어야 제 기능을 다 할 수 있다. 우리는 언어의 중요성을 알고 이 시대의 문제를 파악해서 효과적인 언어 사용 방식을 찾아야 한다.

당연히 설교 사역은 언어의 위기를 극복하기 위한 새로운 길을 찾아야 한다. 여전히 언어를 통한 설교는 교회에서 이뤄지는 모든 소통과 사역의 중심에 있다. "우리의 설교가 직면하고 있는 시대가 음성 매체의 시대는 아닐지 모르나, 그 근본은 여전히 언어의 시대"다.[132] 우리는 언어를 통해 진리의 말씀을 전해야 한다. 혹시라도 언어의 위기로 말씀 사역이 정체되어선 안 된다. 언어의 위기를 극복하면서 영광스러운 설교 사역을 계속해 가야 한다.

이를 위해 설교자는 구조의 힘을 사용해야 한다. 먼저 성경 본문을 하나님의 말씀으로 믿고 이를 정확하게 해석한 후에 그 결과 드러난 의미와 내용을 청중이 이해하고 경험하고 받아들일 수 있도록 치밀하게 구조화해서

131　John R. W. Stott, *Between Two Worlds*, 68.
132　정창균, "고정된 설교의 틀에서 벗어나라", 23.

전달해야 한다. 언어의 주관적 의미 이해 문제를 구조 사용을 통해 극복해서 의미의 진실성을 드러내고 객관화할 수 있어야 한다. 또한 구조를 통해 이미지를 보듯이 의미를 받을 수 있게 해야 한다. 언어는 그 사용에 따라서 '보게 하는' 놀라운 능력을 나타낼 수 있다.[133] 그리고 구조의 수사력은 설교자가 가지고 있는 단어 사용의 한계를 극복하게 한다. 구조만 달라져도 내용이 달라지기 때문이다. 이런 다양한 측면에서 볼 때, 귀납적 구조에서 연역적으로 이어지는 혼합적인 구조가 언어의 문제를 해결할 수 있는 최선의 방식이다.

첫째, 우리는 혼합적 구조를 통해 연역적 구조와 귀납적 구조가 초래하는 언어의 한계와 의미의 문제를 극복할 수 있다. 우리 시대는 아무리 논리적으로 설명해도 개인의 견해로 받아들이는 경향이 강하다. 연역적인 구조는 그런 면에서 진리 전달의 지위를 상실했다. 청중이 의미를 이해하며 받아들일 만한 과정을 거치지 않으면 객관적인 사실도 청중에게 개인의 편향적인 의견으로 들릴 뿐이다. 귀납적 구조는 청중이 직접 경험을 통해 의미를 창출하기 때문에 청중은 설교를 설교자의 견해로 듣기보다 자신의 이해와 확신을 통해 사실로 수용하게 된다. 그런 면에서 연역적인 설교의 의미의 문제를 해결해 줄 수 있는 것처럼 보인다. 하지만 개인이 경험을 통해 내린 귀납적 결론은 말 그대로 주관적이다. 이를 다시 객관적인 사실과 진리로 확인해 주지 않으면 청중은 진리가 아니라 개인적인 견해와 이해를 따르는 결론만 소유하게 된다.

그래서 이 시대는 혼합적인 구조를 필요로 한다. 혼합적인 구조는 귀납적인 전반부를 통해 청중 스스로 의미를 결정하는 데 직접 동참하게 하고, 연역적인 후반부의 전개를 통해 그 의미가 주관적인 판단이 아니라 객관적

---

133 정창균, 『고정관념을 넘어서는 설교』, 35.

인 진리라는 사실을 깨닫게 하기 때문이다. 또는 논리적인 귀납법으로 전반부가 구성되는 혼합적 구조라면 전반부에서 의미의 진실성을 깨닫게 하고 이어지는 후반부에서의 개인적인 적용의 객관성을 확보해 주기 때문이다.

둘째, 혼합적인 구조는 이야기의 흐름을 구조에 적용하면서 언어의 위기를 극복하게 한다. 사람들은 이야기를 좋아하며 이야기를 통해 소통하기를 즐긴다. 이런 시대에 이야기식 구조와 이미지 언어로 말씀을 증거한다면 능히 언어의 위기를 극복해 낼 수 있다. 또한 우리 시대 청중은 설명하고 설득하는 형식의 설교를 오랜 시간 집중해서 듣지 못한다. 흥미로운 이야기와 선명한 이미지를 통해 호기심을 자극하고 재미를 주어야 청중의 집중력을 높일 수 있고 의미 전달에 성공할 수 있다. 혼합적인 구조는 그런 면에서도 효과적으로 작용한다.

혼합적 구조는 귀납적인 설교가 가지는 이야기적 요소와 그림 언어 등을 통해 의미를 전달할 수 있다. 청중에게 익숙한 방식으로 하나님의 말씀을 전하는 것이다. 거기서 끝이 아니다. 흥미로운 전개를 통해 경험한 의미를 이어지는 연역적 구조 안에서 청중에게 직접 연결하고 적용하면서 자신을 위한 말씀이 되게 하고 자신의 신앙과 삶에 이어지는 결정적인 의미가 되게 한다.

셋째, 설교자가 가지고 있는 언어의 한계는 구조를 통해 얼마든지 극복할 수 있다. 과거 문채와 문체의 수사법이 중요했던 시절에는 고급스럽고 다양한 단어를 구사하는 것만으로도 충분히 청중을 설득하고 설교의 의미를 전달할 수 있었다. 하지만 현대 청중은 다양하고 고급스러운 언어의 나열에 쉽게 마음을 열지 않는다. 삶의 속도가 빨라졌고 청중은 흥미를 느끼지 못하면 즉시 다른 곳으로 시선을 돌려 버린다. 그래서 이제 우리 시대에는 '배열'의 수사법으로 승부를 걸어야 한다.

같은 단어들의 조합일지라도 구조를 달리하면 의미에 변화가 생긴다.

구조가 곧 의미이기 때문이다. 구조만 바꿔도 청중은 다른 이야기를 듣는 것처럼 느낀다. 따라서 한 설교자가 오랜 시간 같은 청중에게 설교하면서 단어 사용의 한계로 의미 전달의 벽에 부딪혔을 때 구조를 바꿔서 설교할 수 있다면 전과는 완전히 다른 새로운 의미를 전할 수 있게 된다. 개인의 단어 사용의 한계도 구조를 통해 얼마든지 극복할 수 있는 것이다. 특히 혼합적 구조는 그 안에 매우 다채로운 구조의 변화가 이뤄질 수 있기에 이런 면에서도 언어의 위기를 극복하는 좋은 대안이 될 수 있다.

7) 열린 체계와 융통성 선호

현대의 가장 중요한 특징 중의 하나는 바로 폐쇄성에 대한 반발이다. 규칙과 정해진 틀을 따르기보다 융통성 있게 움직이는 것을 더 나은 가치로 여긴다. 사람들은 입장의 차이를 인정하는 사회 구조를 원하며 가치 차이에서 오는 여러 문제를 극복하기 위해서 사회 지도층에게 관용과 포용의 리더십을 요구한다. 다양한 변수를 예측하고 그 변수들에 긍정적으로 반응할 수 있기를 바라고 독재적이고 폐쇄적이고 완고하고 일방적인 구조를 거부한다. 어떤 일에도 단 하나의 방식만을 고집하지 않으며 문제마다 적합한 방식을 찾아 알맞게 대응하길 원한다. 후현대주의 시대를 살아가는 사람들은 이처럼 변화에 적극적으로 대처하며 새롭게 적응할 수 있는 융통성 있는 사회 구조를 선호한다.

이런 경향을 따라서 최근의 설교학은 설교 구조의 다양화를 주장한다. 다양성을 융통성과 여러 변화에 적절하게 대처할 수 있는 적응성으로 보고 있다. 성경적인 설교를 주장하는 학자들도 특정 구조 이론이 아니라 다양한 구조 사용을 권장한다. 성경적인 설교의 내용적 측면에 문제가 되지 않는다면 구조에 있어서만큼은 자유를 주려고 한다. 어떤 구조로도 성경적인 설교를 실현할 수 있다고 본다. 하지만 이는 신설교학이 보여 준 구조의 효과성만 살피느라 신학적인 측면을 간과한 결론이다. 우리는 성경적인 설교의 철학적 신학을 구현하기에 적합한 구조를 찾아야 한다. 그리고 그 방식으로 필자는 성경에 근거하고 개혁주의 철학과 신학을 구현하는 혼합적 구조를 제안한다.

특정한 구조를 따른다고 반드시 폐쇄적이고 융통성이 없는 것은 아니다. 하나의 구조 안에도 얼마든지 다양한 구성이 이뤄질 수 있다. 혼합적인 구조는 기본적인 틀 아래에서 매우 다양한 변화를 나타낼 수 있다. 원리가 확실하고 분명하다면 본문과 청중의 상황과 설교자의 목적 등에 따라 얼마든지 다양한 형식으로 변화될 수 있다. 오히려 성경적인 설교의 목적까지 이루면서 다양한 방식으로 말씀을 전할 수 있다. 이제까지 제시된 대부분의 설교 형식이 기본적으로 귀납법과 연역법의 범주 안에 속해 있듯이, 혼합적인 설교 역시 기본적인 형식 안에서 다양한 구조로의 변화가 얼마든지 가능하다. 그래서 이 시대의 폐쇄성에 대한 반발과 융통성 선호의 성향을 따라 적절하게 대처해 나갈 수 있다.

4. 나가면서: "마지막 고지를 향해"

이제까지 성경적인 설교를 실현할 수 있는 구조로서 혼합적 구조에 관한 다양한 이론을 살펴보았다. 혼합적 구조가 어떤 형식인지, 혼합적 구조의 기능과 효과는 무엇인지, 그리고 성경 시대에 사용된 이 구조가 후현대주의 시대에도 과연 적합한 방식일지에 대해 여러 각도에서 살펴보았다. 여기서 이 시대에 적합하다는 말은 단지 이 시대에 통용될 수 있다는 측면에서만이 아니라 성경적인 설교를 실천할 수 있다는 측면에서도 적합하다는 의미다. 그 결과, 혼합적인 구조의 설교는 성경적인 설교 방식이면서 동시에 이 시대에 적절하고 효과적인 설교 방식이며 그 안에 많은 장점을 가진 방법론이라는 사실을 확인할 수 있었다.

혼합적 구조는 다른 구조에 비해 독특하고 중요한 특징과 장점을 많이 가지고 있다. 또한 귀납적 구조와 연역적 구조가 가지는 긍정적인 효과를 살리면서 동시에 각각의 한계를 극복하게 한다. 심각한 문제를 야기하는 철학적 신학과 논리적 문제까지 해결해 준다. 이는 단지 보완하고 더하는 정도가 아니다. 두 구조가 함께 어우러져서 상승 작용을 일으킨다.

그뿐만 아니라 혼합적 구조는 후현대주의 시대와 그 영향을 받은 청중에게도 가장 적절한 설교 방식이다. 이는 시대와 청중의 변화에 대응하기 위해 만들어진 신설교학의 귀납적 설교와 이야기 설교, 소설 설교, 대화 설교, 이야기식 설교 등이 가지고 있는 긍정적인 특징을 담아낼 수 있다. 특히 신설교학의 중요 이슈인 청중에 대한 배려, 경험을 통한 습득, 전달력 강화, 흥미와 집중력 유지 등을 효과적으로 이뤄낼 수 있다. 동시에 성경적인 설교의 관점에서 볼 때 현대 설교학이 나타내는 여러 한계를 뛰어넘으며 급변하는 시대적 정황 속에서도 성경적인 설교를 시행하게 한다. 설교자들이 혼합적 구조의 설교를 창의적으로 사용하고 적절하게 설교에 적용한다면 강단은 위기를 뛰어넘어 훨씬 풍요로워질 것이며 성경적인 설교의 철학과 신학을 실제 설교를 통해 구현하게 될 것이다. 이처럼 혼합적 구조의 설교는 우리 시대 강단의 위기를 성경적인 방법으로 극복하게 하는 성경적인 설교의 구조다.

그런데 이와 같은 혼합적인 구조의 설교는 단 한 가지 형식으로 귀착되지 않는다. '혼합적인 구조'라는 말은 혼합적으로 구성할 수 있는 다양한 구조 전체를 포함한다. 일반적으로 혼합적 구조라고 하면 신설교학과 전통 설교학의 귀납적 구조와 연역적 구조를 한 구조 안에서 함께 사용하는 구조를 지칭한다. 하지만 두 구조가 연합되는 형태는 매우 다양하게 나타날 수 있다. 연역적인 구조나 귀납적인 구조가 각기 다양한 형태로 발전될 수 있는 것처럼 혼합적 구조 역시 다양하게 발전될 수 있다. 이 시대가 원하는 구조의 다변화가 혼합적 설교의 구조 안에서 얼마든지 일어날 수 있다. 그리고 그 가운데 필자가 본서에서 상세히 설명하려는 새로운 형식이 하나 있다.

이제 다음 장에서는 다양한 혼합적 구조 가운데 성경적인 설교의 철학과 신학을 좀 더 확실하게 실천할 수 있는 하나의 방식을 제시하고자 한다. 이는 개혁주의 신학을 설교학의 구조 이론에 반영한 형식이며 성경 말씀의 의미를 정확하게 드러내고 청중에게 효과적으로 전달할 수 있는 구조다. 무엇보다 성경에 나오는 혼합적 설교 구조 가운데서도 가장 높은 비중을 차지하고 있다. 그 형식은 혼합적 구조 가운데도 가장 기본적이고 가장 성경적이다. 이제 그 마지막 고지를 향해 나아가자.

4장. 혼합적 구조의 새로운 모델: '귀납적 연역법'

혼합적 설교는 한 설교 안에 귀납적 구조와 연역적 구조를 함께 사용하는 설교 형식이다. 기본적인 구조는 설교의 전반부를 귀납적으로 전개하다가 의미를 제시한 후에 후반부를 연역적으로 전환해서 마무리하는 형식으로 이뤄져 있다. 그리고 우리가 알고 있는 일반적인 귀납적 구조는 성경이 아니라 개인의 삶과 이야기, 공통의 경험 등으로부터 시작해서 성경 본문의 원리를 결론으로 제시하는 형식을 취한다. 따라서 혼합적 설교라고 하면 보통 전반부는 우리의 삶에 밀접한 이야기를 전개하다가 중반부에 그 이야기의 성경적인 의미를 주제로 제시하고, 이어서 그 주제를 설명하고 강화하고 예증하고 설득하고 적용한 뒤에 결론을 내리는 형식으로 이해하기 쉽다. 그 기본 틀은 다음과 같다.

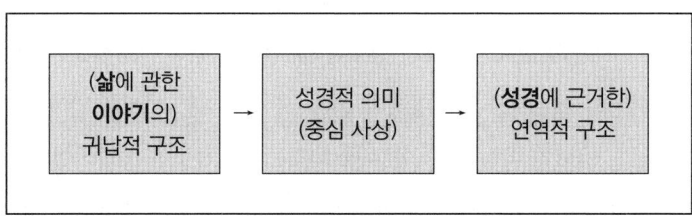

표1. 일반적인 혼합적 구조

이와 같은 형식의 설교는 나단 선지자가 다윗의 죄를 책망할 때 사용했던 방식이나 예수께서 제자들에게 비유와 더불어 의미를 밝히실 때 사용하던 방식과 유사하다. 만약 단순히 귀납적인 구조로만 설교를 마쳤다면 다윗이나 제자들이 그 진정한 의미를 절대로 이해하지 못했을 설교였다. 비록 시간적 간격은 있었지만, 귀납적 전개에서 말하려던 의미를 연역적으로 밝히고 적용한 후에야 그들은 비로소 하나님의 말씀을 제대로 깨달을 수 있었다.

그런데 나단 선지자와 예수님의 설교 방식에는 다소 독특한 점이 있었다. 그들의 설교는 '기록된 성경 말씀'을 전하는 방식이 아니었다. 나단 선지자는 다윗이 밧세바와 동침한 사건을 책망하라는 하나님의 직접적인 메시지와 구체적인 심판의 내용을 가지고 다윗에게 나아가 설교했다. 나단은 그 메시지를 전달할 때 본능적으로, 혹은 의도적으로, 놀라운 배열의 수사법을 사용했다. 하지만 성경 본문을 해석하고 그 의미를 전달해야 하는 우리의 설교와는 분명한 차이가 있다. 예수님의 설교도 마찬가지다. 예수께서 전하시는 모든 말씀은 선포되는 즉시 하나님의 말씀으로서의 권위를 갖는다. 다른 권위 있는 말씀을 굳이 해석해 가면서 그 의미를 밝히고 적용할 이유가 없다. 따라서 예수님은 '비유'라는 방식을 통해 새로운 말씀을 전하고 제자들에게 그 의미를 밝히며 적용하는 방식으로 설교하실 수 있었다. 엄밀하게 말하면 이런 방식은 권위 있는 성경을 의존하지 않고는 하나님의 말씀을 전할 수 없는 오늘의 설교자들에게 생소한 방식이다. 성경적인 설교를 시행하려는 개혁주의 설교자들은 지양해야 한다. 하지만 직통 계시를 받아 전하는 설교와 성경 없이 말씀하실 수 있는 예수님에게는 가능한 방식이었다. 예수님은 말씀하시면 즉시 계시가 되기에 두 설교 다 '성경 본문' 대신 '계시'를 해석해서 적용하는 방식을 취한다. 그래서 연역적 전개의 내용은 말씀이 아니라 구두 계시가 대신한다. 이러한 혼합적 구조는 다음과 같이 이뤄진다.

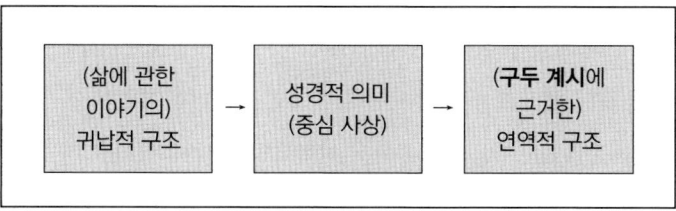

표2. 나단 선지자와 예수님의 혼합적 설교 구조

혼합적 구조는 기본적으로 귀납법과 연역법의 혼합이기 때문에 나단 선지자나 예수님이 비유를 사용해서 전개한 형식과 비슷한 구조를 형성한다. 하지만 우리가 사용할 수 있는 혼합적 구조는 기본적으로 성경 본문을 해석해서 그 의미를 설교의 중심 사상과 연결한다는 점과 성경 본문의 내용을 설교에서 잘 드러내야 한다는 점으로 보완해야 성경적인 설교의 구조로 사용할 수 있다. 그런 면에서 볼 때, 나단 선지자와 예수님의 비유 설교에 나타나는 혼합적 구조보다 일반적인 혼합적 구조가 우리가 할 수 있는 성경적인 설교의 구조라는 사실을 알 수 있다.

그런데 그보다 성경에서 더욱 많이 보여 주고 있는 혼합적 구조의 형태가 있다. 우리는 이 구조를 알아야 한다. 혼합적 구조는 다양한 형태를 취할 수 있다. 하지만 같은 혼합적 구조일지라도 성경적인 설교를 더욱 잘 실행할 수 있는 구조가 있다. 본 장에서는 바로 그 구조를 제시하고 설명할 것이다. 이는 특히 성경에 기록되어 있는 인간 설교자들이 가장 많이 사용한 방식이었고 성경 본문을 가지고 설교할 때 취할 수 있는 가장 적절한 구조라고 할 수 있다. 그런 의미에서 고전적이고 성경적이다. 하지만 오늘날 설교학에서는 다소 생소한 방식이다. 이런 형식을 사용한 설교자들이 분명 있었지만, 구체적으로 설명한 설교학 도서는 아직 없다. 따라서 혼합적 구조의 새로운 모델이라고 할 수 있다. 정확히 말하면, 가장 오래되었으나 새롭게 정리해야 할 혼합적 구조의 모델이다.

이제부터 설명하려는 혼합적 구조의 기본 틀은 청교도들과 칼빈주의자들이 사용했던 형식과 매우 유사하다. 그들은 "첫 번째 부분에서 성경 강해에 초점을 두었고, 두 번째 부분에서 신학적인 해석에, 그리고 마지막 부분에서 권고적인 적용에 초점을 두었다."[1] 토마스 롱(Thomas L. Long)은 이러한 구조를 '평범한' 설교 구조라고 말하면서 전통적인 설교학에서 보편적으로 자주 사용하는 구조라고 평했다.[2] 김창훈 교수도 청교도 설교의 형식을 말하는 학자들은 모두 같은 형식을 제시한다면서, 그 구조를 "본문의 의미 파악 - 본문에서 교리 도출 - 교리의 일상적인 삶에 적용"이라고 분석했다.[3] 여기서 '교리'는 조직신학으로만 볼 것이 아니라 청중이 믿고 따를 수 있는 신앙의 원리로 이해해야 한다. 그리고 설교학에서는 이런 형식을 기본적으로 '연역적 구조의 설교'라고 인식하고 있다.

그런데 이러한 구조와 관련해서 주목할 만한 분석이 있다. 웨슬리 알렌(O. Wesley Allen Jr.)이 한 말이었는데, 그는 이 구조가 최선의 효과를 발휘할 때는 바로 설교의 두 번째 부분인 신학적인 해석이 있기까지 기능적으로 귀납적인 움직임을 취할 때라고 말했다.[4] 그리고 이러한 형식을 "연역법과 귀납법의 혼합"이라고 지칭했다. 필자가 새롭게 혼합적 설교의 모델로 제시하려는 형식이 바로 이것이다. 성경을 해석한 결과를 제시할 때 그 형식을 귀납적으로 전개하려는 것이다. 그리고 이 형식은 성경을 중심으로 하고 성경의 의미와 내용을 드러내고 전달하려는 목적을 잘 수행할 수 있기에 '성경적인 설교의 구조'라고 부를 수 있다. 나아가서 성경에 나오는 혼합적 설교

---

1 O. Wesley Allen Jr., 29.
2 Thomas G. Long, "Puritan Plain Style", 22,23.
3 김창훈, "한국 교회 강단의 회복을 위한 청교도 설교 연구", 268.
4 O. Wesley Allen Jr., 29 참조.

의 모델 중에서도 가장 많은 비중을 차지하기에 더욱 성경적인 설교 구조라고 할 수 있다. 그 기본적인 형식은 다음과 같다.

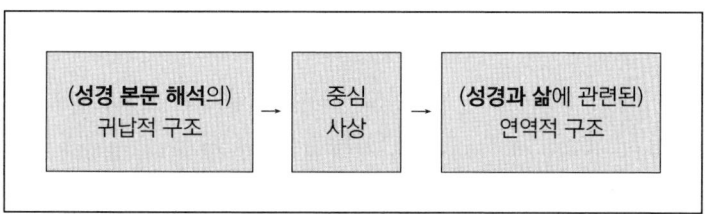

표3. 성경적인 설교 구조(선지자와 사도들의 설교 구조)

성경적인 설교의 구조는 이처럼 귀납적인 흐름으로 설교를 진행하다가 중간에 성경에서 나온 설교의 중심 사상을 제시하고, 이후에 그 의미를 청중에게 적실하게 적용하면서 연역적으로 전개하는 혼합적 형식이다. 바로 이 구조가 필자가 강조하고 제시하려는 설교의 구조다. 또한 이 구조는 지금까지도 최고의 설교자 중의 한 사람으로 존경받고 있는 마틴 로이드 존스(Martyn Lloyd-Jones)가 강조했던 유일한 성경적인 설교의 구조와 매우 유사하다.[5] 그는 가장 모범적이고 성경적인 형식이라고 부를 수 있는 것이라면서 이 형식과 매우 유사한 방식을 상세히 설명했다. 그리고 16세기 후기 영국과 미국 동부지역에서도 이와 비슷한 구조가 설교의 주된 형식으로 사용되었다. 영국과 미국의 개혁주의 전통에 서 있는 설교자들도 이런 구조로 설교했던 것이다. 그 외에도 탁월한 말씀 사역자 중에 이런 형식의 혼합적 구조의 설교를 했던 분들이 많다.

청교도들과 칼빈주의자들과 마틴 로이드 존스나 개혁주의 전통에 서 있던 영국과 미국의 설교자들은 성경을 설교하고, 성경을 적용하고, 성경을

---

5   Martyn Lloyd-Jones, 73-80.

바르게 전할 것을 강조했기에 이처럼 성경을 가장 잘 드러내는 구조를 취할 수밖에 없었다. "청교도들은 성경을 정확 무오한 하나님의 말씀으로 믿고 성경에 절대적인 권위를 부여하였다."[6] 비록 성경의 권위를 무시하고 설교 사역의 무용론을 펼치는 시대를 살고 있지만, 여전히 성경 말씀을 전하는 일이 우리 설교자들의 사명이고 직무다. 우리는 어떤 도전으로 인해 성경 본문의 내용을 설교하는 일을 절대 포기해선 안 된다. 형식만 강조하면서 이 시대의 강단의 위기를 뚫으려고 할 것이 아니라 끊임없이 변화하고 요동치는 시대의 도전 앞에서도 성경이 얼마나 군건한 진리인지 밝히는 일을 그 무엇보다 우선해야 한다. 더욱 큰 확신으로 그리해야 한다. 설교 형식의 다양성은 인정할 수 있지만, 설교자가 어떤 유형의 설교를 선택하든 "'성경의 본문'을 죽이거나 약화시키는 방향은 절대로 용납할 수 없다."[7] 그래서 성경 본문을 설교하고 본문이 설교를 주도하도록 내어 맡긴 칼빈주의자들과 청교도들이 제시한 기본적인 설교 구조를 정리하고 발전시켜서 혼합적인 설교의 가장 최선의 구조로 제시하고 설명하고자 한다.

1. 새로운 혼합적 설교의 구조

성경에 나오는 오래된 구조, 그러나 우리에게는 다소 생소한 혼합적 구조는 일반적으로 예측하기 쉬운 혼합적 구조와 마찬가지로 귀납적인 흐름의 전반부와 연역적으로 전개되는 후반부로 이뤄져 있다. 하지만 귀납적인 구조를 이루는 부분의 내용에서 일반적인 혼합적 구조와 큰 차이가 있다. 일반

---

6 김창훈, "한국 교회 강단의 회복을 위한 청교도 설교 연구", 264.
7 권성수, 570.

적으로 설교학에서 말하는 귀납적 구조대로 설교하는 것이 아니라 논리학에서 말하는 귀납적 구조, 즉 글의 흐름이 중심 주제를 향해 나아간다는 의미에서의 귀납적 구조를 따른다. 바로 이 지점에서 일반적인 혼합적 설교와 다른 독특성을 가지고 있다.

설교학에서 말하는 귀납적 구조는 청중에게 매우 밀접한 삶의 이야기를 다루면서 점차 중심 사상으로 나아간다. 반면에 본 형식에서 전개되는 귀납적 구조는 성경 본문의 내용을 해석한 내용과 결과를 그 해석의 과정까지 포함해서 귀납적으로 전개해 나간다. 해석의 과정은 귀납적으로 이뤄지는데, 그 내용과 귀납적 과정을 설교의 전반부에서 구조 안에 담아내는 방식이다. 그래서 이러한 귀납적인 구조를 '기능상'이라는 별칭으로 구분하려 한다. '기능상 귀납적으로 움직이는 전반부'가 필자가 설명하는 혼합적 구조의 중요 특징이다.

1) 기능상 귀납적으로 움직이는 전반부

혼합적 설교의 전반부는 귀납적인 구조로 이뤄져 있다. 그리고 귀납적으로 전개되는 전반부는 결론을 먼저 제시하면서 시작하는 연역법과 달리 이야기나 질문 등을 통해 청중의 호기심을 자극하고 이어질 내용에 대한 기대를 불러일으키기에 청중은 높은 집중력을 가지고 설교에 참여하게 된다. 귀납법이 가지고 있는 다른 문제들을 차치하고서라도 이 강점만으로 귀납적 구조를 사용해야 할 충분한 이유가 된다. 설교가 청중에게 들리지 않아서 강단의 위기가 초래되었고, 이 시대에도 효과적으로 하나님의 뜻을 전해야 할 책임이 설교자에게 있기 때문이다.

귀납적 설교의 중요한 특징은 "설교자가 청중이 해야 할 것을 설명하기 이전에 청중과 함께 탐험한다는 데 있다."[8] 귀납적으로 설교하는 설교자는 성경이나 자신의 권위로 어떤 진리를 제시하거나 청중의 반응을 강요하지 않는다. 청중이 스스로 설교 과정에 참여하고 반응하면서 알아서 따라오도록 인도할 뿐이다. 하지만 신설교학의 귀납적 설교는 신해석학의 방식을 그대로 설교학 이론에 반영했다. 성경을 읽으면서 저자의 의도보다 독자가 가지고 있는 나름의 경험과 지식 등의 전제를 통해 알아서 이해하고 의미를 취하도록 하는 신해석학의 독자 중심 해석학과 맥락을 같이한다. 또한 이 시대의 변화를 따라 권위를 무시하고 진리를 부인하며 상대성의 원리와 주관적 견해의 인정을 요구하는 청중의 변화를 수용했다. 이 시대의 변화와 신해석학의 등장은 설교를 듣는 청중의 위치에 직접적으로 영향을 끼쳤다.

오늘날 청중은 권위를 가지고 수직적으로 선포하는 말을 거부한다. 그런 연설을 폭력이라고 여기고 그렇게 연설하는 사람을 비인격자로 본다. 그리고 이 시대는 에토스 없는 로고스에 마음을 닫는다. 에토스 없이 로고스만 선포하면 파토스의 반응을 기대할 수 없다. 하지만 만약 그들이 경험을 통해 이해할 수 있고 인정할 수 있는 내용을 전개한다면 청중은 과거 그 어떤 강압적인 강요에 의해서보다 훨씬 더 큰 자발성으로 설교에 참여하고 말씀을 수용한다. 개인이 체험하고 경험한 진리를 위해서는 감정과 의지를 동원해서 헌신하기를 마다하지 않는다. 이러한 변화를 인지할 수 있다면, 이제 설교자는 하나님의 말씀이 가진 권위와 그 말씀의 절대성을 강제로 주입하는 설교 행위를 뒤로 미루어 두고 그들을 움직일 수 있는 새로운 방식을 취하는 지혜를 가져야 한다.

하지만 동시에 진지하게 생각해야만 하는 중요한 사안이 하나 있다. 신설교학에서 주장하듯이 청중의 개인적인 삶과 경험을 통해 유비적으로 말

---

8 Ralph L. Lewis and Gregg Lewis, *Inductive Preaching*, 32.

쏨을 체험하게 하는 것이 과연 설교인가 하는 부분이다. 비록 성경적인 관점에서 여러 번 점검하고 개혁하면서 계몽주의의 영향에서 벗어나려고 애를 썼어도 오늘날 설교학은 인간의 이성의 결과물인 자유주의와 실존주의와 허무주의의 틀에서 벗어나지 못하고 있다. 그래서 해석학적 순환을 통해서 유비적으로 경험하며 이해하는 것을 설교 이해의 가장 중심적인 방식으로 보게 만들었다. 설교학에서의 귀납적인 방식은 그 철학 아래서 이뤄진 결과물이기 때문에 그런 방식으로는 온전한 의미에서의 성경적인 설교를 완성할 수 없다. 청중의 흥미와 관심을 유발하고 설교를 끝까지 집중해서 들을 수 있게 하는 효과를 가진다는 점이 가장 큰 강점일 것이다. 이러한 방식은 하나님이 무엇을 말씀하시는지에 대해서 별로 관심이 없고 청중들 개개인이 무엇을 느끼고 경험하는지를 더 중시하며 성경을 청중에게서 신속하게 분리해 낸다.

    이 문제를 해결하려면 귀납적으로 전개되는 방식에 변화를 줘야 한다. 새로운 귀납적 방식이 성경적인 설교를 끌고 가는 진두 마차가 되게 해야 한다. 성경 본문의 의미를 귀납적으로 전개하면서 설교 전체를 끌어가게 하는 방식이다. 청중의 '흥미'와 '집중'과 '경험'의 요인을 놓치지 않으면서 성경 본문이 그 일을 주도하게 할 수 있다. 청중이 유비적으로 의미를 이해하지 않고 본문에 의해 주도된 경험을 통해 객관적인 진리 이해에 도달하게 한다.

    만약 설교자가 하나님의 말씀이 의미하는 바의 세계로 청중을 귀납적으로 이끌어 갈 수 있다면, 청중은 자발적으로 설교 말씀에 귀를 기울이고 하나님의 말씀이 의미하는 바를 기대하게 될 것이다. 그리고 본문의 의미를 밝히는 부분에서 자신의 신앙과 삶을 향한 하나님의 구체적인 음성을 듣게 될 것이다. 그 방법이 바로 '기능상' 귀납적으로 설교를 구성하는 방식이다. 신설교학의 개념에서 귀납법을 이해하지 말고 새로운 시각으로 귀납적 전개를 바라볼 수 있어야 한다.

① '기능상' 귀납적인 방식의 의미

귀납적 설교 이론을 정리한 크래독(Fred B. Craddock)의 영향으로 오늘날 설교학에서는 공통 경험이나 개인의 이야기로부터 시작하는 특정한 설교 방법론을 '귀납적인 설교'라고 지칭한다. 하지만 이는 그의 독창적 창작물이 아니다. 크래독에 앞서 이와 같은 귀납적 방식에 대한 아이디어를 제공한 사람이 있었다. 브루노 드레허(Bruno Dreher)라는 학자다. 그는 '설교학적 귀납법'을 주창했는데, 그 방법은 인간 생활을 설명하는 것에서 시작해서 본문으로 설교의 내용을 옮겨가는 방식이었다.[9] 이후 설교학에서는 논리적인 흐름을 따라 귀납적 구조를 취하는 것이 아니라 청중이 처한 상황이나 공감할 수 있는 이야기, 혹은 공통 경험에서부터 시작해서 그 의미를 밝혀가는 형식의 구조만을 귀납적인 설교라고 이해한다. "귀납법은 경험의 특별한 예들로 일반적인 개념들을 형성하도록 이끄는 것에 의한 합리적 과정으로 간단히 묘사할 수 있다."[10]

조금 더 거슬러 올라가면 이러한 귀납적 방법론은 근대 과학적 방법에 그 뿌리를 두고 있다.[11] 근대 과학은 하나의 사례에서 결론을 도출해 내는 방식을 과학적 사고방식으로 삼았다. 자연과학이나 실험과학의 영역에서 귀납적인 연구를 지칭할 때 한 가지 특수한 사례나 실험을 통해서 결론을 도출해 내는 방식을 의미한다. 신설교학은 이러한 자연과학의 영향을 받고 이를 설교 방법론에 적용했다. 그래서 귀납적인 설교는 인간의 공통 경험과

---

9 Breno Dreher, *Biblishe Predigten* (Stuttgart: Verlag Kkatholishes Bibelwerk, 1968), 97 이하 참조. quoted in Fred B. Craddock, *As One without Authority*, 46.

10 Ralph L. Lewis and Gregg Lewis, *Inductive Preaching*, 42.

11 Dennis M. Cahill, 33.

사건, 특정한 이야기와 사례를 통해서 설교를 전개해 나가는 방식을 취한다. 하지만 과학적 귀납법이 가지고 있는 '전제의 불확실성'과 '결론의 확률적 가능성' 등의 문제는 설교학에서도 여전히 풀어야 하는 숙제로 남아 있으며, 진리를 설명한다기보다 개인의 경험을 형성하고 스스로 결론을 내리도록 한다는 점에서 설교로서의 본연의 기능을 감당하지 못하고 있다. 청중을 고려할 때 전달의 측면에서 효과적인 방법론이 될 수 있지만, 하나님의 말씀을 전하는 설교 사역의 수사적 방안이 되기에는 미진한 부분이 많다.

하지만 설교에 있어서 '귀납적인 구조'는 자연과학적 연구 방법이나 드레허의 설교학적 적용, 그리고 크래독이 하나의 방법론으로 완벽하게 정립한 이론만을 지칭하지 않는다. 우리는 귀납적인 설교를 과학이 아니라 논리학의 방식을 통해 새롭게 규정할 수 있다. 귀납법은 원래 논리학이나 문법, 문학의 영역에 속한다. 그리고 설교학은 과학보다는 이 영역들에 훨씬 밀접하게 관련되어 있다. 당연히 신설교학에서 정리한 귀납적 구조가 아니라 논리 전개상 마지막에 가서 중심 사상과 의미를 밝히는 귀납적 전개 방식을 취할 수 있다. 그런 형식 역시 귀납적인 구조다.

해석학에서는 텍스트의 의미를 찾기 위해 해석자가 가지고 있는 모든 전제와 선지식을 무시하고 새롭게 하나하나의 단어와 문장을 분석하면서 의미를 찾아가는 과정을 귀납적 연구 방법이라고 말한다. 성경을 연구할 때도 사전에 알고 있던 모든 정보를 배제하고 백지의 상태에서 새롭게 단어나 문장을 연구하며 의미와 결론을 도출해 내는 방식을 귀납적 성경 연구 방법론이라고 부른다. 설교학에서도 역시 그렇게 귀납법을 이해할 수 있다. 성경을 해석할 때뿐만 아니라 해석한 의미를 설교할 때도 개인의 경험 같은 것에서 출발하지 않고 성경의 단어와 문장과 사건에서부터 시작해서 그것이 주는 의미를 밝혀나가는 구조를 취한다면 얼마든지 귀납적인 구조의 설교라고 말할 수 있다. 크래독 역시, 비록 각주를 통해 밝혔지만, 『권위 없는 자처럼』에서 성경 본문을 설교의 앞부분에서 다루면서 시작하는 설교 역시 귀납적이라고 말했다.[12] 설교학에서 '귀납적 구조'라는 용어가 의미하는 바는 대체로 신설교학에서 규정한 내용으로 용인되고 있다. 하지만 실제 귀납적인 구조는 그러한 제한적인 방식만을 의미하지 않는다. 귀납적인 논리의 가장 기본적인 개념은 주제나 중심 명제를 마지막에 밝힌다는 데 있다. 따라서 굳이 특별하고 구체적이고 개인적인 상황에서 출발하지 않더라도 글의 전개상 귀납적인 흐름을 취하고 있다면 얼마든지 귀납적인 구조라고 할 수 있다.

신설교학의 귀납적 설교를 귀납적 설교의 대표주자로 볼 필요가 없다. 선두주자일 뿐이다. 오히려 성경에 나오는 혼합적 설교에서 귀납적 부분은 신설교학에서 말하는 귀납적 설교와 거리가 멀다. 역사서나 복음서에 나오는 내러티브 기사들을 설교라고 말한다면 신설교학의 방식과 상당 부분 유사하다 할 수 있지만, 그것은 인간의 발화 양식으로서의 설교라기보다 직접 계시를 주시는 하나님의 편에서의 설교다. 인간 설교자는 계시해 주신 말씀을 가지고 설교해야 하기에 그렇게 하나님처럼 설교할 수 없다. 그리고 성경에 나오는 인간 설교자들에 의해 전달된 설교의 귀납적인 전개는 과학적 실험 방식에서 사용하는 귀납적 구조가 아니라 기능상 귀납적인 형식을 취했다.

또한 기능상 귀납적 전개는 일단 귀납법의 독특한 구조적 특징을 배제하지 않는다. 연역적 구조의 문제는 결론을 설교의 앞부분에서 빨리 제시해 버려서 청중의 관심을 감소시키고 집중력을 잃게 만든다는 점에 있다. "예측 가능성은 회중의 생동감을 유지시키는 설교자의 역량을 감소시킨다."[13]

---

[12] Fred B. Craddock, *As One without Authority*, 159.

[13] James W. Thompson, 128.

하지만 귀납적 구조는 예측하기 어려운 전개를 펼치기 때문에 청중이 호기심을 가지고 설교에 집중하게 된다. 내용의 전개도 궁금하고 마지막에 어떻게 결론을 맺을지도 궁금하다. 이러한 귀납법의 효과는 인간의 삶을 다루지 않고 본문을 해석한 내용과 과정을 귀납적으로 구성할 때도 똑같이 나타난다. 본문을 해석한 내용을 귀납적으로 전개하는 설교도 귀납적 구조의 특징을 하나도 잃지 않고 그대로 유지하게 한다. 그리고 우리는 이런 방식을 얼마든지 '귀납적'이라는 용어로 설명할 수 있다.

하지만 설교학에서 이미 '귀납적 설교'라는 설교 방법론을 특수한 구조로 정례화했기 때문에 같은 용어를 사용해서 다른 이론을 말하면 혼란을 줄 수 있다. 따라서 필자는 '기능상 귀납적 구조'라는 용어를 통해서 신설교학의 귀납적인 구조와 차별화하려고 한다.

'기능상'이란 말은 '논리의 전개상'이라는 말과 같은 의미로 보면 된다. 이는 한 번의 실험이나 개별적인 관찰에서부터 일반화의 원리를 끌어내는 자연과학의 귀납적 탐구 방법을 설교학에 적용한 것과 달리, 논리학에서 말하는 귀납적 논리 전개를 설교에 적용해서 글의 전개를 귀납적으로 구성하는 형태를 의미한다. 글이나 연설이 시작되어 어떤 중심 주제나 결론을 향해 나아가고 마지막에 그 의미를 제시하고 있다면 그 글과 연설은 귀납적인 흐름으로 진행된 것이다. 한 편의 글이 명백히 귀납적인 흐름을 가지고 있는데 이를 연역적이라고 부르거나 그 외의 다른 방식으로 규정할 수 없다. 그런 의미에서 귀납적인 설교는 새롭게 더 넓은 지평으로 확대되어야 한다.

② 귀납적인 흐름을 이루는 내용

'기능상 귀납적인 구조'는 지금까지 설교학에서 사용해 온 '귀납적 구조'와 완전히 다르지는 않다. 두 구조의 차이가 있다면 그것은 결론을 향해 배열되는 자료들이 무엇이냐에 있다. 신설교학을 중심으로 하는 최근의 설교학에서는 그 자료들을 성경이 아닌 인간의 삶과 경험에 두었다. 하지만 '기능상 귀납적인 구조'에서는 그 자료들이 성경에서 나온다. 귀납적인 구조를 구성할 때 성경 본문이 보여 주고 있는 내용을 얼마든지 개별적인 하나의 특수한 사건이나 이야기나 단서, 사례 등으로 사용할 수 있다. 그리고 성경 본문을 분석하고 해석한 자료들을 정리해서 일반적인 원리에 이르도록 귀납적으로 배열할 수 있다. 여기서 해석은 설교 전에 이뤄지는 선행 과정으로 끝나지 않는다. 해석의 과정과 내용을 설교의 내용으로 사용하게 된다. 해석은 적용과 더불어 설교를 세우는 두 개의 버팀목 중의 하나가 된다.[14] 하나의 본문은 과거의 특정한 상황에 대한 기록이다. 또한 그 본문이 위치하는 문맥 속에서 의도를 가지고 구성된 개별적이고 특수한 이야기이다. 그 내용을 바르게 해석한 후에 해석된 내용과 과정을 마치 개별적인 단서와 단편적인 이야기를 다루는 것처럼 설교의 귀납적 전개 안에서 자료로 삼을 수 있다.

이런 귀납적인 흐름은 일반적인 귀납법이 가지는 여러 문제를 해결해 낸다. 그 이유는 무엇보다도 성경 말씀이 진리이기 때문이다. 개별적이고 특수한 경험은 그것과 상반되는 결과를 보여 주는 다른 사건이나 경험이 있을 때 객관성을 잃어버린다. 그래서 귀납적인 결론은 언제까지나 가설에 불과하다. 또한 청중이 아무리 동의할 만한 이야기라 할지라도 개인적이고 특수한 인간의 삶과 관련된 이야기는 모두의 동의를 얻어낼 수 없을뿐더러 결코 하나님의 말씀과 비견할 만한 가치나 권위를 가지고 있지도 않다. 하지만 성경 말씀은 진리이기에 본문의 특정한 사건이나 해석된 내용을 개별적이고 특수한 귀납적 설교의 자료로 삼아서 진리를 찾는 여정을 펼쳐나간다면 청중은 반드시 성경을 통해 하나님께서 우리에게 말씀하시려는 진리에 도

---

14 김창훈, "한국 교회 강단의 회복을 위한 청교도 설교 연구", 280, 281.

달할 수 있다. 성경 본문에는 인간의 삶의 이야기로 결코 대체할 수 없는 신적 영감과 권위가 있다.

기능상 귀납적인 구조를 구성하기 위해서는 설교의 내용으로 사용할 자료를 성경 본문에서 찾아야 한다. 신설교학자 크래독은 연역적으로 설교하는 설교자들에게 한 가지 의미심장한 질문을 던졌다. 그것은 연역적인 설교자들도 그들이 설교를 준비할 때는 귀납적인 성경 연구를 통해 의미에 도달하면서 왜 청중에게는 그러한 놀라운 발견의 기쁨과 영광을 주지 않느냐는 것이었다.

> 대부분의 설교에 있어서, 목회자가 귀납적으로 연구한다면, 그는 하나의 결론에 도달한다. 그리고 그 결론은 주일 아침에 그의 설교의 출발점이 된다. 왜 주일 아침에 그가 더 일찍 걸었던 귀납적인 여정을 다시 밟지 않는가? 그리고 청중이 그와 같은 결론에 도달할 거라고 보지 않는가?[15]

아이러니한 점은 이처럼 귀납적인 해석을 설교에서 실현해야 한다는 주장과 달리 그가 제시하는 설교 방식은 성경의 귀납적인 해석 과정이나 내용을 반영하지 않는다는 사실이다. 그가 귀납적 구조로 설교해야 하는 이유로 이러한 문제를 제기했다면 그에 대한 답으로 성경 본문을 귀납적으로 전개해 나가는 방식을 선택하고 강조했어야 했다. 하지만 그는 질문과는 전혀 다른 방식의 답을 제시하였다. 자신이 경험한 귀납적 여행과는 다른 새로운 여정을 재구성해서 청중에게 설교해야 한다고 말한 것이다.

이처럼 신설교학은 성경이 아닌 인간의 공통 경험과 이야기 등으로 귀납적 설교를 구성해야 한다고 말하는데, 이는 성경과 하나님의 말씀에 대한

---

15 Fred B. Craddock, *As One without Authority*, 48.

그들의 철학과 해석학과 신학적 입장 때문이다. 그들의 성경에 대한 관점은 버트릭(David G. Buttrick)의 표현을 통해 확실히 알 수 있다. 그는 "성경의 어떤 구절들은 기독교와 관련성이 없거나 부차적인 내용들이다"라고 말했다.[16] 즉, 신설교학은 성경의 영감과 무오를 부정한다. 또한 버트릭은 칼 바르트(Karl Barth)처럼 하나님의 계시의 말씀은 기록된 성경만이 아니라 우리가 전하는 설교를 통해 새롭게 실현된다고 보았다. 예언적 메시지와 계시의 말씀이 성경에서 끝나지 않고 오늘 설교자의 설교를 통해 계속되고 있다는 주장이다.

그들은 이런 주장의 근거를 성경에서 찾고 있다. 성경 안에는 설교자들의 구두 설교를 글로 기록한 내용이 있다. 그런데 그 설교를 기록한 순간 그 내용은 계시의 말씀이 되었다. 마찬가지로 바로 오늘 우리가 설교하는 내용도 설교 행위를 통해서 하나님의 새로운 계시의 말씀이 된다는 말이다. 따라서 설교할 때 반드시 성경 본문을 해석하고 그 의미를 찾아 밝히는 식으로 설교할 필요가 없다. 설교자가 청중의 삶과 관련해서 설교를 시작하고 하나의 이야기나 비유를 들려주는 식으로 마무리할지라도 그 설교는 얼마든지 새로운 계시로서의 하나님의 말씀이 될 수 있기 때문이다. 당연히 이러한 주장은 비성경적이며 신학적으로 심각한 문제가 있다.

개혁주의 신학자들은 선포되는 설교가 하나님의 말씀이 되기 위해서는 반드시 성경에 근거하고 성경 본문이 말하는 바를 따라야 한다고 말한다. 이 사실은 매우 중요하다. 브라이언 채플(Bryan Chapell)의 말처럼 "설교자는 성경이 말하는 바를 나타내야 하기에 설교자가 설교하려는 내용은 성경이 결정해야 한다."[17] 설교자가 성경을 떠나서 설교를 성경적으로 구성하

---

16 David G. Buttrick, *A Captive Voice*, 17.

17 Bryan Chapell, *Christ-Centered Preaching*, 32.

려는 시도 자체에서 심각한 오류가 시작된다. 하나님의 말씀을 들으려면 설교 행위 자체에서 그 가능성을 찾지 말고 그 설교가 성경 본문을 근거로 하고 성경 본문에 지배를 받고 있는지의 여부에서 가능성을 찾아야 한다. 설교자는 청중이 하나님의 음성을 명쾌하게 들을 수 있도록 성경에서 시작해야 한다.[18]

'기능상 귀납적'인 설교의 전반부는 크래독이 제기한 질문이 추구하는 바를 그대로 실행하면서 귀납적인 전개를 시작한다. 바로 설교가 진정한 의미에서 하나님의 말씀이 되도록 성경 본문을 해석해서 찾은 의미와 과정을 귀납적인 구조로 구성해서 사용하는 것이다. 설교자들이 성경을 해석할 때는 언제나 귀납적인 과정을 따른다. 설교의 구조가 연역적이어도 해석은 귀납적으로 해야 한다. 여러 차례 설교해서 매우 익숙한 본문일지라도 이전의 모든 전제와 결론을 버리고 다시 본문이 말하고 있는 의미를 새롭게 귀납적으로 연구해서 찾아야 한다. 단어를 연구하고 문장과 문맥을 살펴보고 신학적인 내용과 저자의 의도를 파악하는 등 해석의 모든 도구와 방법을 사용해서 본문이 말하고 있는 가장 중요한 핵심 주제를 파악해야 한다.

그리고 '기능상 귀납적'인 설교는 이렇게 귀납적으로 해석한 '내용'을 설교에 반영해야 한다. 또한 귀납적으로 해석한 '과정'까지도 창의성을 발휘해서 함께 반영하면 더욱 좋다. 해석의 과정 자체가 귀납적이기 때문에 중심 주제로 나아가도록 구성하는 귀납적 구조에서 해석된 내용과 함께 사용한다면 비교적 쉽게 성경 본문을 중심으로 하는 기능상 귀납적 구조를 완성할 수 있다. 이 과정에서 "설교자는 곧장 해결책으로 달려가는 대신에 청중으로 하여금 본문이 전제하고 있는 긴장을 함께 경험하도록 하는 것이 중

---

18 Kenton C. Anderson, *Choosing to Preach*, 55.

요하다."¹⁹ 이 부분은 본 설교 방법론의 핵심을 이루는 내용 중의 하나다. '기능상 귀납적 구조'는 귀납적 해석의 내용과 과정을 창의적으로 설교에 함께 반영해야 한다. 이 내용 이해가 구조 이해에 필수적이기에 좀 더 상세히 설명하겠다.

첫째, 기능상 귀납적인 전반부는 성경 본문을 해석한 '내용'을 설교의 내용으로 삼아야 한다. 성경적인 설교는 기본적으로 성경 본문의 중요성을 알고 본문의 내용과 의미를 설교의 주된 내용과 골자로 삼는다. 성경적인 설교는 본문이 설교를 주도하는 설교다. 성경적인 설교는 설교의 구조를 통해 반드시 본문이나 구절의 내용을 표현해야 한다.²⁰ 기능상 귀납적으로 전개되는 혼합적 설교의 전반부는 신설교학의 귀납적 설교와 달리 주로 성경 본문을 해석한 내용을 귀납적으로 전개하는 것을 중요한 특징으로 한다.

> 위대한 설교의 첫 번째 요소는 하나의 명쾌한 성경적 메시지를 가진다는 것이다. 그것은 하나의 이야기나 헌신적인 생각이 아니다. 그것은 영리한 생각들의 집합체나 단순히 움직이는 이야기들이 아니다. 그 메시지는 말씀 안에 고정되고, 말씀으로부터 표면화되며, 말씀에 의해서 움직여지는 것이다.²¹

설교를 위해서 성경을 해석하는 이유는 본문의 내용과 의미를 전달하기 위해서다. 해석은 전달을 목표로 하며 전달되지 않는 해석은 설교라고 할 수 없다. 성경적인 설교를 실행하려는 설교자는 해석을 통해 찾은 본문의 의미를 설교에서 전달해야 한다. 전달하는 행위도 중요하지만 무엇을 전달하느냐를 제쳐두고 전달만 생각할 수는 없다. 무엇을 전달하느냐의 문제

---

19 Steven D. Mathewson, 204.
20 Eric J. Alexander, 26.
21 Jerry Sutton, 78.

가 더 중요하다. 설교에서 전달할 내용은 성경 본문을 해석한 내용과 의미여야 한다. 해석의 목적이 본문의 의미를 전달하려는 것이기에 설교의 내용은 본문을 해석한 내용과 의미가 중심을 이뤄야 한다.

예배는 하나님과 그의 백성이 만나는 시간이다. 그 가운데 설교가 차지하는 비중이 매우 높다. 청중이 하나님을 만나고 하나님의 음성을 들을 수 있는 가장 주된 방법이 설교다. 그런데 언제부터인가 설교에서 하나님의 음성을 듣는 일보다 단순히 전달이 잘 되는지의 문제가 더 중요해졌다. 물론 전달되지 않으면 아무리 잘 준비한 설교라도 전혀 소용이 없겠지만 전달 자체가 설교의 목적이 될 수는 없다. 설교자는 성경 본문을 통해서 오늘 이 시대에 주시는 하나님의 말씀을 전하고 그것을 통해 청중이 말씀을 깨닫고 경험하고 하나님을 경배하는 시간이 되게 해야 한다. "하나님의 교회는 성경이 말씀하는 절대 진리를 가장 바람직한 신학과 설교를 통해 세워나가야 한다."[22]

그렇기 때문에 기능상 귀납적으로 전개되는 전반부에서 우리가 더 힘을 많이 쏟아야 하는 부분은 청중이 공감할 만한 이야기나 흥미진진한 이야기의 소개가 아니다. 하나님의 말씀을 해석하고 그 말씀의 의미를 밝히는 일이 그 중심이 되어야 한다. 설교의 내용에 문제가 없다면 그다음에 효과적인 전달을 고려해야 한다. 혼합적 설교는 이를 위해서 구조를 수단으로 사용한다. 구조를 통해 청중의 집중력을 높인다. 귀납적으로 설교의 전반부를 전개하는 중요한 이유 중의 하나가 바로 여기에 있다. 귀납적인 전개는 결론을 뒤로 연기해서 점차 긴장감과 흥미를 고조시키는 수사법이기 때문이다. "설교는 긴장을 유지하도록 구성되어야만 한다."[23] 그래야

---

22 류응렬. "새 설교학: 최근 설교학에 대한 개혁주의적 평가", 192.

23 Michael Rogness, 65.

청중이 흥미를 느끼며 설교에 집중하고 설교의 전 과정에 참여하게 된다. 따라서 설교자는 본문의 의미를 밝혀가는 과정에서 청중이 좀 더 집중해서 들을 수 있도록 기능상 귀납적인 방식을 사용해서 그 효과를 극대화해야 한다.

둘째, 성경 본문의 의미와 내용으로 귀납적 전개를 구성할 때, 할 수 있다면 성경 본문을 해석한 '과정'까지 창의적으로 설교에 반영해야 한다. 본문의 내용뿐만 아니라 설교자가 성경 본문을 해석하는 과정까지 설교 자료의 배열로 담아낼 수 있다면 설교의 구조는 저절로 귀납적 형태를 취하게 된다. 본문을 해석하는 과정이 귀납적이기 때문이다.

물론 해석과 설교는 분명히 서로 다른 영역이다. 성경 본문의 해석을 설교로 연결하려면 라메쉬 리차드(Ramesh Richard)의 표현처럼 '목적의 다리'를 건너야 한다.[24] 과거에 기록된 본문의 상황과 현재를 살아가는 청중 사이의 간격을 메우기 위해서다. 설교자는 이 간격을 어떻게 뛰어넘어 하나님의 말씀을 오늘의 청중에게 적실하게 전할 수 있을지 고민해야 한다. 이러한 라메쉬 리차드의 주장은 전적으로 옳다. 하지만 현대 설교학은 때로 이 목적의 다리를 과도하게 넘어서 설교의 언어나 내용의 전반적인 영역을 전부 현대 청중의 언어와 사상으로 표현하라고 말하는 것처럼 보인다. 설교자는 그런 흐름 속에 본문의 내용과 단서와 이야기와 의미를 직접 표현하기를 주저한다. 이런 상황에서 해석의 과정까지 담아내라는 말은 과도하기 짝이 없어 보일 것이다. 하지만 청교도들이나 칼빈주의자들은 성경 본문을 해석해서 찾은 신학적인 의미를 그 과정과 함께 전하는 일에 적극적이었다. 이는 설교학적으로 전혀 문제가 없다. 오히려 현재 설교학에서 이를 더욱 효과적으로 시행할 수 있는 방안을 찾아야 한다. 그 일환으로 우리는 귀납적인 구

---

24 Ramesh Richard, 105-114.

조의 효과적인 전달의 측면을 고려하며 해석의 과정까지 창의적으로 담아내려는 노력을 계속해야 한다.

설교를 본문에 의거하여 귀납적으로 전개하기 위해서는 성경 본문을 직접 해석하는 과정을 배열로 담아내는 것만큼 성경적이면서 동시에 효과적인 방법은 없다. 성경 본문을 정확하게 해석해서 나타나는 의미는 전시대적으로 통용 가능한 신학적 의미이기 때문에 현대 청중과 무관하지 않고 얼마든지 바로 적용할 수 있는 의미와 원리가 된다. 만약 청중에게 본문에서 의미를 도출하는 과정을 보여 줄 수 있다면 청중은 과거에 기록된 성경에서 나온 의미가 단지 과거의 청중에게만 주신 의미가 아니라 바로 오늘 나에게 말씀하시는 살아 계신 하나님의 말씀으로 받아들이게 된다.

그래서 에스라가 그의 레위인 동료들과 함께 율법을 읽고 해석할 때 그곳에 있던 유대인들 모두가 자신을 향한 하나님의 음성을 듣고 감격하고 울면서 말씀 앞에 결단했다. 또한 베드로를 비롯한 사도들과 스데반 집사가 구약의 내용을 귀납적으로 전개하고 의미를 밝힐 때 모두 마음에 찔림을 받았다. 바울이 그리스도를 중심으로 귀납적으로 설교를 전개했을 때 많은 회중이 그 말씀을 반복적으로 들려달라고 부탁했다. 성경을 해석하는 과정을 통해 의미에 도달할 때 청중은 선명하게 하나님의 뜻을 깨달을 수 있었기 때문이다.

하나님의 말씀인 성경 본문을 해석하고 그 의미를 밝히되 그 귀납적인 과정을 효과적으로 설교에 담아낼 수 있다면 이 시대 청중은 설교를 자신을 향한 하나님의 메시지로 이해하고 받아들이게 될 것이다. 신설교학은 말씀이 아니라 청중의 삶을 다뤄야 청중이 설교에 집중할 거라고 설명하지만, 성경을 귀납적으로 전개할 때도 청중은 높은 집중력을 가지고 설교에 몰입할 수 있다. 그러면서 진리의 말씀을 깨닫고 그 앞에서 결단하게 된다. 우리는 이를 확신하며 해석의 내용을 효과적으로 전할 수 있도록 해석의 과정까지 적절하게 구조에 담아내야 한다.

③ 귀납적인 흐름의 결론: 새로운 연역적 흐름의 중심 사상

귀납적인 전개는 말하고자 하는 중심 사상을 설교의 가장 마지막까지 미루다가 청중의 궁금증이 고조되었을 때 비로소 밝힌다. 청중은 설교의 마지막에 가서야 설교자가 의도한 의미를 깨달을 수 있다. 그런데 혼합적인 설교는 전반부를 귀납적으로 전개하기 때문에 그 전반부의 마지막, 곧 설교의 중반부에서 중심 사상을 제시한다. 청중은 설교의 전개 과정을 모르고 설교를 듣기에 귀납적인 전개의 효과는 고스란히 혼합적인 설교에서도 나타나게 된다. 기능상 귀납적으로 전개되는 구조의 혼합식 설교도 같은 효과를 드러내는데 그 귀납적 흐름을 이루는 내용이 성경이라는 점에 차이가 있을 뿐이다. 당연히 청중은 흥미를 느끼며 설교에 집중하게 된다.

설교의 중반부에 제시되는 설교의 중심 사상은 성경 본문의 중심 주제에서 나오며 하나님께서 본문을 통해 말씀하고자 하는 의미다. 설교를 통해 설교자가 말하려는 바는 설교자가 임의로 의도한 것이 아니라 바로 본문을 통해 하나님께서 의도하신 메시지가 된다. 진리의 말씀이 설교의 중심을 이루는 것이다. 이런 방식은 성경적인 설교를 이루는 중요 개념 중 하나다. 청중은 기능상 귀납적으로 전개되는 혼합적 설교를 통해 성경 본문에 나오는 진리의 말씀이 의미하는 바를 정확히 깨달을 수 있다. 그것도 귀납적으로 전개되는 설교의 과정에 직접 참여해서 말씀을 경험하기 때문에 그 말씀을 생생하게 받아들이게 된다.

그리고 이 귀납적 흐름의 결론 부분은 연역적 전개의 새로운 출발점이 된다. 설교는 여기서부터 새로운 전환점을 맞이하게 되고, 청중은 하나님께서 본문의 중심 메시지를 통해 지금 자신에게 무엇을 말씀하실지 기대하게 된다. 청중은 단지 과거의 이야기를 듣기 위해 교회에 온 것이 아니라 지금

자신을 향해 말씀하시는 하나님의 음성을 듣기 위해 교회에 나온다. 그리고 설교자는 이 지점에서부터 연역적으로 전개되는 설교의 후반부를 통해 청중에게 그들의 삶과 관련된 적용을 제시함으로써 그들로 높은 기대와 흥미를 유지한 채 설교에 몰입하게 한다.

혼합적 설교의 중심 사상은 '신학적 의미'이면서 동시에 모든 시대에 통용 가능한 '일반적인 원리'다. 보통 성경 해석의 결과로 주어지는 결론은 신학적인 의미로 볼 수 있다. 과거에만 적용 가능한 원리가 아니라 현대에도 여전히 적용 가능한 원리다. 그 원리는 추상적이지 않고 구체적으로 삶에 직결된다. "신학이 그리스도인의 생활을 알려 준다."[25] 신학적인 원리는 연역적인 전개를 통해 성도의 삶에 밀접한 관련을 맺어가게 된다. 그 안에는 교리적인 내용뿐만 아니라 윤리적인 내용까지 전부 포함되어 있다. 설교자는 복음에서 윤리성을 배제하지 말아야 한다. 윤리는 설교자들이 강조해야 하는 하나님의 선명한 뜻 가운데 하나다. 바울의 서신들을 보면서 우리는 복음 아래에서 윤리적 실천이 얼마나 중요한지 깨달을 수 있다.[26] 그리스도 안에서 신분을 회복한 성도는 회복된 신분에 합당한 삶을 살아야 한다. 기능상 귀납적으로 전개되는 혼합적 구조는 이 부분에서 성경 해석의 결과로 주어진 결론을 교리적인 측면이나 윤리적인 측면에서 어떤 의미가 있으며, 그것이 우리에게 왜 중요하며, 그것을 통해 무엇을 기대할 수 있는지 등을 고려하면서 설교자 자신과 회중의 삶에 적용하려는 마지막 준비 작업을 해야 한다.

해석의 목적은 본문을 통해서 주시는 하나님의 말씀을 듣는 것이다. 이

---

25 O. Wesley Allen Jr., 34.

26 이에 대해서는 권성수, 『성령설교』, 94-101에 나오는 '복음의 윤리성'과 104-122에 나오는 '그리스도 중심성' 부분을 읽어 보라. 또한 James W. Thompson의 *Preaching Like Paul*을 참조하라.

때 주의할 점은 성경 내용을 설명하는 주해적인 해설이 아니라, 하나님과 자신과 교회와 회중과 이 세계에 대한 실제적인 통찰에 관한 메시지로 들려야 한다는 것이다. 중심 사상은 본문 해석의 결과를 제시하는 것이기 때문에 하나의 신학적 메시지로 귀결되어야 한다. 그 말씀은 단지 과거에 국한된 것이 아니라 모든 시대에 적용 가능한 원리여야 한다. 본문의 주제는 미래적인 의미로의 연결점을 가지고 있어야 한다. 그래서 전반적인 전개의 최종적인 결론이자 새로운 출발점은 본문의 중심 주제를 신학적인 의미, 곧 모든 시대의 청중에게 적용할 수 있게 일반화한 원리와 의미로 제시되어야 한다.

그래서 귀납적 결론은 적용의 시작이 된다. 성경에 나오는 보편적인 원리는 과거 그 본문을 접하는 독자나 청자에게는 직접적인 적용이 이뤄졌던 내용이었다. 그런데 그 말씀이 시대를 초월하는 보편적인 진리에 관한 내용이라면 그 내용은 오늘의 독자나 청자에게도 역시 적용 가능한 원리가 된다. 그래서 성경에서 나온 신학적인 결론을 설명하는 자체만으로도 청중은 지금 자신에게 말씀하시는 하나님의 음성을 듣게 된다. 그 말씀을 자신에게 주시는 말씀으로 듣는 자체에서부터 적용이 시작된다. 그 출발점에서 구체적이고 실제적인 적용이 이뤄진다. 이 내용을 도표화하면 다음과 같다.

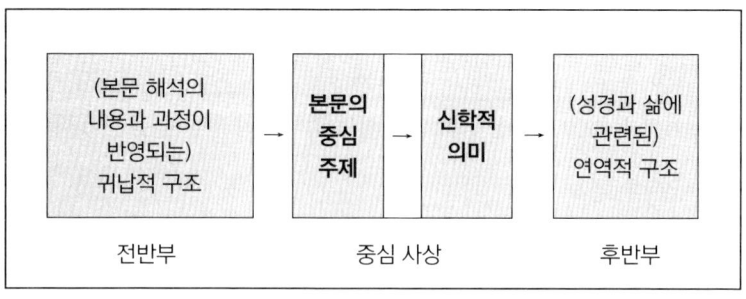

표4. 본서에서 제시하는 혼합적 설교의 기본 구조

이렇게 제시된 신학적 의미, 혹은 성경 본문의 일반 원리는 연역적 설교의 전제보다 논리적으로 훨씬 높은 정당성을 얻는다. 왜냐하면 과거로부터 미래로 연결할 때 어떤 개연성을 갖지 못한다는 연역적 구조의 문제를 해결하기 때문이다. 브라이언 스킴스(Brian Skyrms)는 "타당한 연역 논증은 너무나 보수적이어서 과거 및 현재로부터 미래로 건너뛸 수 있는 융통성은 없다"라고 말했다.[27] 귀납법은 과거로부터 이어지는 미래를 상당히 예측할 수 있게 하지만 연역법은 과거에서 미래로 삶과 신앙을 연결하는 데 어려움과 문제가 있다. 만약 이 연결을 가능케 하려면 일단 전제로 제시되는 과거의 사건과 내용의 의미가 반드시 오류가 없는 사실이자 진리여야 한다. 전제에 전혀 오류가 없을 때 비로소 그 진리가 가지는 의미를 미래로 연결할 기회가 주어진다.

당연히 설교자들은 귀납적 해석의 결과로 얻은 본문의 의미를 연역적으로 구성해서 전달하는 것이기에 연역적 설교는 정당하고 현재와 미래를 말하는 데 아무런 오류가 발생하지 않는다고 말하고 싶을 것이다. 하지만 연역법의 개연성의 문제를 직관적으로라도 알고 있는 후현대주의 청중과 진리에 대한 가능성조차 거론하지 않으려는 상대주의적 관점을 가진 청중은 성경의 전제들을 아무런 이해 없이 연역적인 구조를 통해 현재와 미래로 연결하려는 시도를 들으려 하지 않는다. 그래서 오늘날 연역적인 방식으로 진행되는 설교를 듣는 많은 청중은 설교의 내용을 판단하면서 듣고 그 내용을 단순히 설교자의 견해 정도로 여기면서 듣는 것이다. 이는 말씀에 대한 불신이 조장한 현상이다.

혼합적인 구조는 바로 이런 점에서도 매우 중요한 강점을 가진다. 청중이 성경 본문을 귀납적으로 해석하고 의미 창출 과정에 직접 참여해서 의

27　Brian Skyrms, 45.

미를 경험하기 때문에 귀납적 과정을 통해 주어지는 결론을 신뢰하게 되고, 또한 그 신뢰하는 마음으로 연역적으로 전개되는 후반부의 내용과 적용을 듣게 되기 때문이다. 새롭게 시작되는 연역적 구조의 전제는 귀납적인 추론의 과정을 거쳐 왔기에 과거로부터 현재와 미래로 연결할 수 있는 정당성을 획득한다. 청중은 직접 진리 발견에 동참했기에 연역적인 과정에서 이뤄지는 말씀의 상황화와 내면화와 개인화에 반발하지 않는다. 오히려 자발적으로 말씀에 귀를 기울이며 자신에게 적용하며 결단하기를 기뻐한다. 성경 본문을 해석하는 과정을 따라 귀납적인 전개를 효과적으로 진행했다면 청중은 신뢰와 확신 속에서 연역적으로 진행되는 나머지 설교에 집중하게 되는 것이다.

2) 밝혀진 의미를 중심으로 연역적으로 전개되는 후반부

혼합적 구조는 귀납적으로 전개되어 온 전반부의 결론에서부터 다시 연역적인 구조의 후반부를 시작한다. 새롭게 제시하는 혼합적 설교 구조를 정확하게 표현하면, '내용을 기능상 귀납적으로 전개하다가 본문의 신학적 의미를 정확히 보여 준 후에 청중의 신앙과 삶에 적용하며 연역적으로 움직이는 설교'라고 할 수 있다.

설교자가 본문이 하나님의 말씀이라는 확신과 함께 설교란 본문을 통해 들려주시는 하나님의 말씀을 이 시대의 청중에게 적실하게 들려주는 행위라는 기본 개념을 가지고 있다면, 이제 설교의 구조를 연역적으로 전개해야 한다. 왜냐하면 그런 목적을 가진 설교자는 본문에 순종하려는 연역적 자세로 본문을 향하고, 본문에서 하나의 아젠다(agenda)를 일으키기보다는 단지 본문이 말하는 것이 무엇인지를 묻고 순종하려는 자세를 취해야 하기 때문이다.[28] 그래서 성경적인 설교를 하려는 설교자는 성경 본문이 말하는 바에 귀를 기울이게 되고, 성경 본문이 권위를 가지고 설교자에게 드러내는 의미를 먼저 받아서 청중에게 전달하게 된다.

귀납적인 전반부에서 성경을 사용할 때는 본문의 의미를 나중에 밝히도록 미루는 방식으로 구성한다. "설교의 흐름이 귀납적일 때에는 어떤 성경을 사용하든지 예증이고, 중앙에 있는 결론에 도달하기 위해서 나타내는 증거가 된다."[29] 하지만 연역적으로 전개하는 후반부에서는 성경에서 나온 중심 사상을 드러내고 밝히고 확장한다. 결론에 이르기까지 그 의미를 설명하고 논증하고 적용한다. 후반부의 연역적 설교는 제시된 의미에 새로운 말을 덧붙이는 시간이 아니다.

> 연역 논증은 새로운 정보를 다루지 않는다. 이미 확보된 정보들을 재배열해 효과적으로 결론을 도출하는 형식을 다룬다. 그런 점에서 연역 논증은 일종의 퍼즐게임이다. 완전한 퍼즐 조각들이 확보되어 있다면 반드시 원하는 모양으로 짜 맞출 수 있다. 연역 논증은 완벽하게 확보된 퍼즐 조각들을 제대로 짜 맞추도록 이끄는 효과적인 방법이다.[30]

설교에서 그 퍼즐 조각 하나하나는 전부 하나님의 말씀이고 그 퍼즐 조각들의 배열을 통해 하나님의 말씀이 가진 의미와 목적을 드러낸다. 그 목적은 당연히 귀납적으로 전개해 온 본문의 중심 주제를 청중의 삶에 내려앉게 하는 데 초점을 맞춰야 한다. 본문이 목적하는 바가 보여 주는 삶과 신앙의 넓은 지평을 바라보게 하며 하나님의 뜻을 따르는 백성으로 살아가도록

---

28 Kenton C. Anderson, *Choosing to Preach*, 52.
29 Ralph L. Lewis and Gregg Lewis, *Inductive Preaching*, 114.
30 채석용, 79-80.

도전한다.

　이와 같은 혼합적인 구조를 시각화해서 보면, 귀납적인 부분은 마치 최고의 가이드와 함께 험준하고 낯선 산의 정상을 향해 등정하는 과정과 같다. 자신의 오감을 통해 직접 산을 체험하고 경험하면서 정상을 향하는 것처럼 본문의 의미를 향해 탐험하고 경험하며 나아간다. 그리고 산의 정상은 귀납적 전개의 마지막 부분으로 그곳에서 본문의 중심 주제를 듣게 된다. 이어지는 후반부의 연역적 전개는 이제 다시 하산하는 것이 아니라 정상 위에서 넓게 펼쳐져 있는 풍경을 관찰하는 것과 같다. 또한 앞으로의 일들을 전망하고 꿈꾸고 기대하는 것과 같다. 즉 산의 정상에서 벅찬 감동으로 하나님의 나라를 꿈꾸고 하나님께서 주신 소명을 점검하며 하나님의 뜻을 이해하게 된다.

　그런데 그러한 조망을 설교자가 직접 보여 준다. 연역적인 구조는 개인적인 체험의 과정이 아니라 설교자가 권위 있게 명제적으로 진술하며 적용하는 내용을 보고 듣는 과정이다. 그래서 산에서 내려오는 체험이 아니라 산 위에서 보고 듣는 체험을 한다. 이는 전혀 알지 못하는 지역에서 훌륭한 관광 가이드가 그 지역의 특징과 구조와 역사를 매우 구체적이며 흥미롭게 들려주는 것과 유사하다. 혼자 다닐 때는 볼 수도 없고 깨닫지 못했던 놀라운 이야기를 많이 듣게 된다. 마찬가지로 청중은 비로소 설교자와 함께 걸어온 영적 등반의 의미와 그 본문을 여행했어야 하는 이유, 그리고 자신의 신앙과 구원과 삶을 향한 하나님의 구체적인 비전을 깨닫게 된다. 이와 같은 혼합적인 구조를 그림으로 표현하면 다음과 같다.

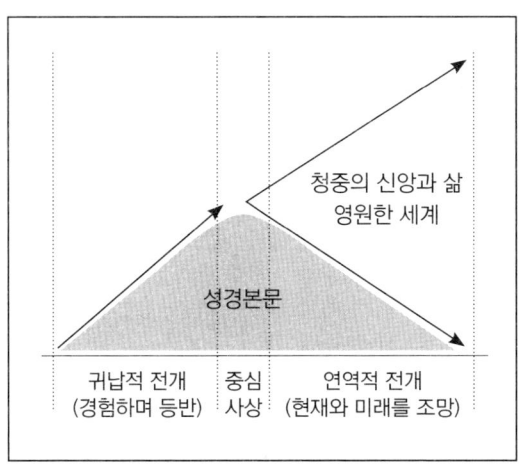

그림 1. 새로운 혼합적 구조의 이해

혼합적인 구조에서 연역적인 부분은 그림에서 표현한 것과 같이 산에서 내려오는 과정이 아니다. 논리의 전개로 보면 귀납적 구조는 중심 사상을 향해 오르는 것 같고, 연역적 구조는 다시 중심 사상에서부터 내려오는 것 같다. 하지만 기능상 귀납적으로 전개되는 혼합식 구조에서 연역적인 부분은 중심 사상을 통해 현재와 미래를 전망하고 하나님의 의도를 따라 정확히 보게 하는 기능을 한다.

일반적인 연역적 설교는 마치 본문이라는 커다란 산을 오르지 않고 보이지도 않는 그 산과 그 너머의 세계를 전망하는 것과 같다. 귀납적으로 본문을 등반하는 과정이 생략되어 있기 때문이다. 그래서 연역적인 구조는 자칫 과거와 미래를 연결하는 개연성에 논리적 오류를 나타낼 수 있다. 이 문제를 해결하기 위해서는 그 너머를 볼 수 있도록 본문이라는 높은 산의 정상에 올라야 한다. 귀납적인 구조는 체험을 통해 설교의 목적을 이루기에 그 높은 산을 함께 등정하는 과정이다. 그리고 정상에 오르면 비로소 연역적인 전개를 통해 그 산 전체를 알 수 있고 또 그 산 너머에 있는 세계도 볼 수 있다. 눈으로 보면서 역사와 현재와 미래를 함께 듣고 깨달을 수 있다. 과거에서 미래로 연결하는 개연성에 확신을 줄 수 있는 것이다.

그런데 연역적인 후반부는 전반부에서 귀납적인 전개를 거쳐서 도달하기에 구조적으로 요구되는 몇 가지 특이점이 있다. 연역적인 후반부는 이를 반영해서 체계화해야 한다. 그 내용을 살펴보자.

① 하나의 중심 사상으로 진행되는 내용

전통적인 연역적 설교는 대부분 세 개의 대지로 구성되어 있고 이는 신설교학의 집중포화를 받는 이유 중의 하나가 되었다. 그렇지 않더라도 연역적인 설교는 여러 개의 대지로 구성되는 경우가 다반사고 그 각각의 대지는 각기 다른 주제를 설명하는 경우가 많다. 하지만 혼합적인 구조의 설교 안에서 진행되는 연역적인 전개는 단 하나의 주제만 가져야 한다. 이것이 첫 번째 특이점이다.

원래 성경적인 설교는 본문을 통해 말씀하시는 원저자이신 하나님의 뜻을 해석해서 전하기에 하나의 중심 사상을 찾아서 설교를 구성한다. 마찬가지로 혼합적인 구조의 설교는 성경적인 설교의 철학적 신학을 담아내는 설교이기에 당연히 본문이 말씀하는 하나의 주제를 가져야 한다. 그런데 이 내용을 혼합적인 설교의 연역적인 전개를 다루는 부분에서 가장 먼저 강조하는 이유가 있다. 그 중요한 이유는 전반부의 귀납적인 전개가 이를 분명하게 요구하기 때문이다.

귀납적인 전개는 결론으로 주어지는 하나의 중심 사상을 향해 나아간다. 설교의 자료를 모아 배열할 때 설교의 중심 사상으로 나아가는 데 필요한 내용으로 선별한다. 중심 사상과 관련이 없는 자료들은 귀납적 구조 안에 들어올 틈이 없다. 그렇게 찾은 귀납적 설교의 결론은 하나이며, 그 하나는 설교의 중심 사상이 된다. 그리고 설교의 중심 사상은 성경 본문의 중심 주제이면서 오늘 우리의 청중에게 적실한 적용의 원리적 의미를 담고 있다.[31] 혼합적 설교의 연역적인 전개는 바로 여기서부터 출발하는 것이다.

연역적인 전개는 귀납적 전개의 결론으로 주어진 의미를 다시 한번 해석하거나 설명하거나 예증하거나 적용하는 방식으로 이뤄진다. 귀납적인 전개에서 주제를 벗어나는 설교 자료들을 사용할 수 없는 것처럼 이어지는 연역적 설교에서도 주제를 벗어나는 내용을 다뤄서는 안 된다. 혹시 연역적인 전개에서 몇 개의 대지를 펼칠지라도 각각의 대지는 귀납적 결론의 범위 안에 한정되어 있어야 한다. 그래서 전체적인 주제의 통일성을 깨뜨리지 말아야 한다. 설교 전체는 논리적 통일성을 갖춰 명료해야 한다. 그래서 설교자가 말하려는 주요 사상이 도도하게 흐르는 하나의 강물처럼 확연하게 보이도록 만들어야 한다.[32]

만약 설교가 논리적이지 않고 복잡해서 의미를 쉽게 이해할 수 없다면 그 설교는 내용의 진실성까지 의심받을 것이다. 또한 논리적으로 명료하지 않으면 설교 내용이 전달되지 않는다. 제대로 전달되지 않으면 당연히 쉽게 이해할 수도 없다. 그런데 혼합적인 설교는 두 구조를 한 구조 안에 결합해서 사용하기에 단순하게 보면 자칫 산만하고 통일성이 깨질 우려가 있는 방식이다. 설교자는 이 사실을 염두에 두고 혼합적으로 전개되는 모든 내용이 명료성과 하나의 주제를 중심으로 하는 논리적 통일성을 잃지 않도록 구성해야 한다. 설교는 강물처럼 흘러야 하는데 그 강물은 언제나 하나의 주제의 물길 안에 머물러 있어야 한다.[33] 물길에서 벗어나 범람하지 않아야 한다. 곧 하나의 중심 사상이 설교 전체를 지배하도록 해야 한다.

이를 위해 첫째, 성경 본문에서 하나의 중심 주제를 찾아야 한다. 설교

---

31 류응렬, "설교의 개요, 이렇게 작성하라", 222.
32 정인교, 『정보화 시대 목회자를 위한 설교 살리기』, 162.
33 Bill D. Whittaker, 164.

자는 먼저 정당한 비평적 해석을 통해 본문에서 하나의 설교 주제를 찾아야 한다. 이는 해석의 최우선적 목표다. 중심 주제는 하나님께서 본문을 통해 말씀하고자 하는 의미를 말한다. 그 의미를 찾아 전하는 것이 성경적인 설교의 목표이기에 우리는 반드시 하나의 중심 주제를 찾아내야 한다.

둘째, 본문의 중심 주제를 설교의 중심 사상으로 삼아서 그 주제를 위주로, 그리고 그 주제를 가장 잘 드러낼 수 있는 방식으로 설교 자료를 배열해야 한다. 설교자는 "하나의 중심 명제를 가지고 한 편의 설교에 적절한 분량만큼만 설교하고 있는지, 설교의 모든 부분이 중심 명제를 부각시키고 있는지를 고려해야 한다."[34] 좀 더 설명이 필요한지, 혹시 중심 사상을 통해 설득해야 할 내용은 없는지, 중심 사상을 진리로 확인시키기 위해 어떤 논증이 필요한지 살펴보면서 설교 내용을 전개해야 한다. 그 주제를 어떻게 적용해야 가장 적절할지, 어떻게 해야 가장 효과적으로 주제를 드러낼지, 몇 가지 방향으로 중심 사상을 강조하고 강화해야 할지를 숙고하며 결정해야 한다.

그때 중심 주제를 효과적으로 드러내려는 의도를 가지고 다시 성경 본문을 살펴봐야 한다. 설교에서 중심 사상을 효과적으로 강조하고 적용하는 방법 가운데 하나는 성경 본문의 전개 방식을 반영하는 것이다. 물론 본문의 모든 배열을 그대로 따를 필요는 없지만, 본문이 드러내는 구조의 실마리들을 설교 전개에서 사용하는 것은 본문에 더욱 충실한 방법이며, 그로 인해 본문과 마찬가지로 설교에서도 중심 주제를 두드러지게 할 수 있다.

마지막으로, 설교의 모든 부분이 설교의 중심 사상과 명확하게 연결되도록 전개해야 한다. 설교는 "하나의 중심적, 주요 주제를 취해야 하고, 설교의 다른 모든 부분은 이 중심 주제에 명확하게 관련되어 있어야 한다."[35] 이

---

34 Reg Grant and John Reed, *The Power Sermon*, 『파워 설교』, 김양천, 유진화 외 공역 (서울: 프리셉트, 1996), 243.

35 Michael Rogness, 52.

것이 하나의 주제를 중심으로 설교를 전개한다는 말의 의미이자 방법이다. 혹시 중심 사상과 연관이 없는 내용이 있다면 과감하게 생략해야 한다.

전통적인 3대지 설교는 한 편의 설교에서 세 가지 주제를 말하는데, 그 세 가지 주제가 서로 아무런 관련이 없는 때가 많다. 그래서 청중은 설교 내용을 잘 이해하거나 기억하지 못한다. 하지만 중심 사상이 명확하고 설교의 나머지 부분이 중심 사상과 긴밀하게 연결되어 있다면 청중은 쉽게 설교의 내용을 이해하고 또 오래 기억할 수 있다. 따라서 혼합적인 구조는 하나님의 의도에 충실한 하나의 중심 사상을 따라 전체 내용을 배열해야 한다. 대지뿐만 아니라 예화 하나, 설명 한 번, 청중을 위한 적용 하나도 중심 사상과의 분명한 연관성 아래에서 다뤄야 한다. 그래서 전달과 이해의 측면에서도 효과적인 방식이 되도록 구성해야 한다.

② 적용과 함께 어우러지는 전개

혼합적 설교는 연역적인 부분에서 구체적이고 직접적인 적용을 실행해야 한다. 귀납적인 부분에서도 구조의 특성상 청중은 간접적으로 적용되는 내용을 듣게 된다. 또한 설교자가 귀납적으로 설교를 전개하면서 본문과 청중의 관계성을 드러내고자 부분적으로 직접 적용을 시도할 수 있다. 이런 과정은 자칫 무료해질 수 있는 설교에 생명력을 불어넣는다. 그리고 이어지는 연역적인 부분에서는 더욱 적극적으로 적용을 시도해야 한다.

설교자는 청중에게 본문을 통해 지금 말씀하시는 하나님의 음성을 생생하게 들려주어야 한다. 연역적인 부분에서도 본문의 내용을 얼마든지 다룰 수 있지만, 상당 부분은 본문에서 밝혀진 의미를 청중의 실제 신앙과 삶에 연결하는 적용이어야 한다. 성경의 중심 주제를 밝히는 두 번째 부분이 '내용'의 견지에서 설교의 초점이라면, 연역적으로 전개되는 세 번째 영역

은 '청중의 경험'의 견지에서 최고봉이 되어야 한다.[36]

혼합적 설교에서 직접적인 적용을 시행해야 하는 몇 가지 이유가 있다. 첫째, 귀납법의 한계를 극복하기 위해서다. 귀납적 설교의 문제 중 하나는 직접 적용을 거의 시행하지 않는다는 점에 있다. 신설교학의 귀납적 설교는 적용을 청중에게 맡기고 열린 결론으로 마무리한다. 적용은 간접 적용으로 충분하다고 믿기 때문이다. 하지만 간접 적용은 개인의 경험과 판단에 따라서 그 내용이 완전히 달라질 수 있다. 하나님께서 본문을 통해 의도하신 바와 전혀 상관없는 적용이 시도될 수 있다. 혼합적인 구조의 설교는 이 문제를 극복해야 한다. 그래서 연역적으로 전개되는 부분에서 직접 적용을 시행함으로 하나님의 의도를 정확히 깨닫고 붙잡게 해야 한다.

우리는 할 수 있는 대로 구체적인 적용을 시행해야 한다. 적용이 시작되어야 설교가 시작되는 것이다. 적용을 통해 우리를 향한 하나님의 뜻을 정확하게 들을 수 있어야 한다. 그 적용이 모든 청중에게 꼭 들어맞는 것은 아닐지라도 설교에서 이뤄지는 적용을 통해서 각자의 삶에 본문의 말씀을 적용할 수 있는 분명한 가이드 라인을 얻게 된다. 그렇다고 간접적인 적용을 지양하라는 말은 아니다. 우리 시대 청중을 향한 하나님의 말씀을 직접 적용하는 데 주저할 이유가 전혀 없다는 말이다. 이를 적극적으로 실행해야 한다.

성경의 설교자들은 원 독자와 청중을 향해 직접 적용하기를 주저하지 않았다. 성경은 간접적으로도 적용하지만 필요할 때마다 의미를 직접 적용하면서 신앙과 삶의 변화를 촉구하고 있다. 성경은 두 방식의 적용 시행에 제한을 두지 않는다. 성경적으로 설교하려는 설교자는 성경처럼 간접 적용과 직접 적용을 필요에 따라 적절하게 사용할 수 있어야 한다. 하지만 혼합

---

36 O. Wesley Allen Jr., 33.

적 구조에서는 전반부에 이뤄진 귀납적 전개의 특성상 주로 간접 적용이 이뤄지기에 연역적인 후반부에서는 의미를 청중의 삶과 신앙에 직접 적용하면서 구체적인 하나님의 뜻을 밝히는 것이 좋은 방법이다.

둘째, 청중을 설교에 끝까지 집중하게 하기 위해서다. 필자가 제시하는 혼합적 설교는 귀납법이 가지고 있는 성경 외적인 요소들의 문제를 '기능상' 귀납적인 구성으로 바꿔서 해결하게 한다. 그 과정에서, 비록 기능상 귀납적인 구성이지만, 원래 귀납법이 가지고 있는 특유의 흥미로운 전개로 청중을 설교에 몰입하게 할 수 있다. 하지만 이어지는 연역적 전개에서 청중은 쉽게 집중력을 잃고 다시 산만해질 수 있다. 그래서 연역적으로 전개할 때 청중의 흥미를 계속 유지하게 하는 방안을 찾아야 한다. 연역적 전개에서 청중의 관심을 지속시킬 수 있다면 성경적인 설교의 효과는 훨씬 더 커진다. 따라서 혼합식 구조에서 일단 주제를 제시한 뒤에 직접적인 적용을 통해 그 주제가 청중의 삶에 내려앉을 수 있는 실질적인 내용을 다뤄야 한다.

청중은 성경 본문의 메시지가 자신의 삶에 밀접하게 연결될 때 더욱 흥미를 느끼고 설교에 집중할 수 있다. 브라이언 채플(Bryan Chapell)은 "성도의 삶에 적용할 수 있는 실질적인 교훈을 제시할 수 있을 때만, 설교는 사람들의 주목을 받을 수 있다"라고 말했다.[37] 청중은 설교가 바로 자신을 향한 메시지라는 사실을 깨달을 때 더욱 말씀에 귀를 기울이게 된다. 그리고 당장 자신이 씨름하던 문제와 직결되는 경험과 그 문제가 말씀 안에서 해결되는 경험을 할 수 있다. 이처럼 자신의 삶을 구체적으로 다루는 설교를 외면하기란 쉽지 않다. 우리는 이런 효과를 위해서도 직접적인 적용을 실행해야 한다. 자칫 연역적 구조의 특성상 지루해질 수 있는 문제를 극복해야 한다.

셋째, 연역적 전개에서 직접 적용이 필요한 또 다른 이유는 설교에 집중

---

[37] Bryan Chapell, *Christ-Centered Preaching*, 56.

하는 청중의 신앙과 삶의 실질적인 변화와 성장을 위해서다. 이는 두 번째 이유와 연결된다. 청중은 말씀을 들으며 자신의 삶을 향한 하나님의 구체적인 뜻을 깨달아야 한다. 오늘을 살아가는 실존의 의미를 말씀에서 찾고, 내일을 살아갈 구체적인 비전과 소망을 본문의 말씀을 통해 깨달을 수 있어야 한다. 그래서 그 뜻을 따라 살아가도록 결단할 수 있어야 한다. 우리가 설교하는 이유는 하나님의 뜻에 순종하는 백성을 세우기 위해서다. 세속에 속한 옛사람의 삶을 청산하고 더욱 성숙한 신앙으로 변화된 새 사람의 삶을 살아가게 하기 위해서다.

> 성경의 역사는 독자들의 현재에 영향을 주기 위해 과거에 있었던 하나님의 역사를 묘사한다. 설교자는 그때를 오늘날에 어떤 차이를 만들기 위해 설교한다.[38]

이 차이를 일으키기 위해서 설교자는 일단 들리는 설교를 해야 한다. 그리고 들리는 설교를 위해서 본문의 중심 주제를 청중에게 직접적으로 적용하고 적실하게 적용해야 한다. 들을 수 있도록 청중의 삶의 문제를 다루고 하나님의 뜻을 구체적으로 밝혀나가야 한다. 그러면 성령의 역사 속에 청중은 서서히 변화와 성장의 길로 나아가게 될 것이다.

넷째, 과거에 기록된 성경이 오늘의 청중을 향한 하나님의 말씀이라는 사실을 깨닫게 하기 위해서다. 하나님은 과거 역사 속에만 머물러 계신 분이 아니다. 이신론(Deism)의 주장처럼 과거에 사역을 다 마치시고 멀리 떠나계신 분도 아니다. 하나님은 바로, 지금, 우리의 삶 구석구석에 임재하고 우리를 위해 쉬지 않고 일하시는 분이다. 설교자는 이 사실을 설교의 적용

---

[38] Kenton C. Anderson, *Choosing to Preach*, 66-67.

을 통해 깨닫게 해야 한다. 크래독은 전통적인 연역적 설교를 비판하면서 "사실 강해 설교, 혹은 성경적인 설교는 과거를 위해 현재를 희생하는 고문체의 죄를 범해 왔다"라고 말했다.[39] 이는 성경 본문의 의미를 전달하는 설교가 실제 현대 청중과는 거리가 먼 과거의 이야기로만 구성되어 있다는 말이다. 그리고 연역적인 설교는 과거의 기록인 성경을 분석하고 의미를 밝히느라 현대인의 삶과 신앙의 문제는 별로 중시하지 않는다고 비판하는 것이다. 그런데 원래 연역적 설교는 과거의 기록을 통해 현재와 미래를 보는 데 불합리한 방식이다. 논리학으로 볼 때 연역적 구조는 과거와 현재, 혹은 미래를 연결하는 논리적 근거가 미약하기 때문이다.[40] 따라서 과거에 기록된 본문의 의미를 단순히 연역적으로 구성해서 전달하면 과거에서 현재로의 연결은 논리적인 비약을 나타낼 가능성이 커진다. 그러니까 더욱 연역적인 설교는 과거의 이야기를 다루는 일에 침착되어 있는지도 모르겠다.

그래서 크래독은 귀납적 설교를 제시했다. 과거보다 현재를, 성경보다 청중을 더 중시하는 방식을 제시한 것이다. 그런데 막상 그가 제시한 설교 방법론에는 적용과 결론에 심각한 문제가 있다. 간접적인 적용과 열린 결론을 통해 설교의 의미와 수용조차 청중에게 맡겨 버린 것이다. 그러면 과거도 잃어버리고 현재의 해석도 청중의 몫이며 미래의 결단과 방향도 청중이 알아서 판단해야 할 과제가 되어 버린다. 그 모든 과정에서 하나님의 의도와 뜻은 하나의 선택사항일 뿐이다. 결국 크래독은 구조의 변화를 통해 현재 청중의 상황과 실제 부딪혀 오는 여러 문제를 중요하게 다루도록 하는 데 공헌했지만, 아이러니하게도 하나님의 말씀과 청중의 삶 사이에 다리를 놓는 중요한 작업을 외면했다. 과거에서 현재로 나아오는 논리에 오류나 비

---

[39] Fred B. Craddock, *As One without Authority*, 17.

[40] Brian Skyrms, 45.

약이 있다면 이를 해결했어야 하는데, 과거를 떠난 채 현재와 미래를 생각하게 하는 더 큰 오류를 범했다. 그래서 궁극적인 해결은 이뤄지지 않았고, 오히려 성경을 고문서 취급하며 설교의 변방으로 유배시켜 버렸다. 연역적 설교에서 빈번하게 나타나는 위험을 귀납적 설교에서 완벽하게 실현한 것이다. 정말 성경을 고문서로 만들어 버렸다.

하지만 혼합적 구조의 설교는 이 문제를 귀납적 전개 부분에서 해결할 수 있다. 기능상 귀납적으로 전개되는 설교에 청중이 직접 참여해서 과거의 역사를 통해 주시는 의미의 정상에 올라 현재를 분석하고 미래를 조망할 수 있는 근거를 마련한다. 그리고 이 시점에서부터 연역적인 전개에서 이뤄지는 모든 적용은 고문체의 죄에서 해방되어 하나님의 생생하면서도 구체적인 음성을 듣게 한다. 이제는 논리적 근거가 미약해서 권위적으로 강요해야만 의미를 전달할 수 있는 것이 아니라, 살아 계신 하나님의 의도를 청중의 삶 속에 이해할 수 있는 방식으로 자연스럽게 스며들게 할 수 있다.

따라서 설교자는 더욱 큰 확신으로 직접적이면서 구체적으로 적용하기에 힘을 쏟아야 한다. 본문의 의미를 설명했다면, 그 후에 적실하게 적용하며 설교를 이어가야 한다.[41] 청중의 삶에 밀접하게 관련되어 있고 청중의 필요를 채워 줄 수 있고 문제를 해결해 줄 수 있도록 적용해야 한다. 구체적이고 지적이고 행동에 동기를 부여하는 방식으로 직접적인 적용이 이뤄져야 한다.[42]

다섯째, 성경적인 설교의 목적이 적용에 있기 때문이다. 성경적인 설교의 철학적 신학은 적용을 요구한다. 예수님의 성육신 자체가 적용의 근거가 되고, 성경을 기록한 목적은 교훈과 책망과 바르게 함과 의로 교육하는 데

---

41 R. Albert Mohler Jr., "강해설교", 200.
42 O. Wesley Allen Jr., 34.

있다(딤후 3:16). 성경에 나오는 설교들도 실제 당시 독자와 청자들의 신앙과 삶에 밀접하게 관련된 내용을 직접적으로 적용했다. 이처럼 성경적인 설교에서 직접적인 적용은 반드시 실행되어야 할 필수 요소다.

위대한 설교는 단순히 성경 본문만을 설명하는 것이 아니라 의도적으로 성경의 세계와 현재 인간의 상태를 연결한다.[43] 우리는 성경적인 설교를 온전히 시행하기 위해서라도 직접적으로 적용하는 일에 더욱 큰 확신으로 임해야 한다.

③ 분명한 결론

혼합적 설교의 결론은 성경의 중심 주제를 따라 분명하게 내려져야 한다. 청중에게 결론을 알아서 내리도록 맡기지 말고 하나님의 말씀이 그 결론을 결정하게 해야 한다. "하나님의 말씀으로서 성경 본문은 하나님 백성으로서 우리의 정체성을 말해 주고 우리의 세계관을 결정할 권한이 있다."[44]

혼합적 설교는 본문의 권한을 따라 닫힌 결론으로 마무리해야 한다. 절대적인 진리를 부인하려는 이 시대에 하나님의 말씀이 얼마나 확실한 진리이며 분명한 권위를 가졌는지, 그리고 얼마나 현대인의 삶에 직접적인 연관성을 가지고 있는지를 설교를 통해 드러냈기 때문에, 성경의 권위로 마지막을 매듭짓고 도전하며 마무리하는 일을 망설일 이유가 없다. 청중은 본문의 진실성을 깨달을 뿐만 아니라 본문의 의미가 자신을 향한 하나님의 메시지라는 사실도 깨달을 수 있기에 이후에 내려지는 분명한 결론을 거부할 이유가 없다. 오히려 내적 확신으로 순종하여 결단에 이르게 된다.

설교는 한 편의 영화나 우화를 들려주는 시간이 아니다. 하나님의 뜻을

43　Jerry Sutton, 79.

44　R. Albert Mohler Jr. "강해설교", 201.

정확하게 알려 주기 위해서 성경을 통해 주신 의미를 전하는 시간이다. 만약 하나님께서 입술에 두신 뜻을 전할 의도가 없다면 설교할 필요가 없다. 자유주의 신학의 실천을 따라 청중이 알아서 결론을 내리도록 방치하지 말고 성경 본문이 말하는 바를 분명하고 명확하고 확실하게 전달해야 한다. 긴 여정의 종지부를 선명하고 찍고 강단에서 내려와야 한다.

3) 새로운 혼합적 방식: '귀납적 연역법'

설교자들은 시대가 변할 때마다 새롭게 형성되는 사람들의 의식의 형태에 적합한 수사적 방법을 지속적으로 개발해야 하기에 설교의 형태는 언제나 실험적일 수밖에 없다.[45] 필자 역시 변화한 우리 시대에 성경적인 설교를 실행하기 위한 쉽지 않은 도전에 임하고 있다. 하지만 그 근거를 적어도 성경적인 설교의 신학과 철학, 그리고 성경에 나오는 설교의 모델에서 찾고 있기에 충분히 정당성을 확보하고 있다. 도전은 하되 실험적인 도전이 아니라 성경적인 도전에 임하고 있다.

지금까지 설명한 혼합적 설교의 구조는 일반적으로 생각하는 혼합식 구조와 다른 특징을 가지고 있다. 일반적인 혼합식 구조는 개인의 공통 경험이나 이야기에서 시작하는 귀납적 설교와 성경 본문을 근거로 하는 연역적 구조의 결합으로 이뤄진다. 그런데 본서의 혼합식 구조는 본문을 '기능상' 귀납적으로 전개하는 전반부와 청중의 삶에 밀접하게 관련이 있는 내용을 연역적으로 구성하는 후반부로 이뤄져 있다. 전개하는 방식에는 차이가 없지만, 그 안의 내용은 서로 바뀌어 있다. 이 구조의 형태를 명확하게 이해해야 한다.

일반적인 혼합식 구조의 형태와 내용은 이미 설교학에서 암묵적으로

---

[45] David G. Buttrick, *A Captive Voice*, 67.

약속된 수사 형식의 지배를 받는다. 하지만 필자가 제시하는 혼합식 구조는 성경에 있는 설교들에서 가장 많이 발견되는 방식을 형식화한 것이다. 그래서 혼합적인 구조 중에서도 보다 성경적이라고 할 수 있다. 그리고 이 구조를 일반적으로 떠올릴 수 있는 혼합적인 설교 구조와 차별하기 위해 새로운 명칭을 붙이려고 한다. 그 명칭은 '귀납적 연역법'(inductive deduction)이다.

혼합적인 설교는 마무리를 연역적으로 끝내기 때문에 어떤 면에서는 '확장된 연역적 구조'라고 할 수 있다. 물론 전반부가 귀납적으로 전개되다가 마치 적용을 길게 덧붙인 것 같은 구조이기에 '반 귀납적인 형식'으로 칭하기도 한다. 하지만 필자가 제시하는 혼합적 구조는 말씀을 귀납적으로 전개하다가 중반부에서 의미를 제시하고 이어지는 후반부에서 청중의 삶을 향하는 적용을 위주로 하는 연역적인 전개로 마무리된다. 청중은, 비록 귀납법과 연역법이 한 구조 안에서 함께 사용되지만, 설교의 결론을 들으면서 연역적인 말씀의 마무리를 경험하게 된다. 마치 처음부터 긴 서론을 가진 연역적인 설교를 들었다고 생각할 정도로 연역적 구조의 영향력 속에 머물게 된다. 그렇기 때문에 이 구조를 어떤 수식어로 묘사하든지 일단 '연역법'이라고 표현하는 것이 적절하다.

하지만 전반부의 내용은 분명히 귀납적으로 전개된다. 연역적 설교에서 문제를 제기하는 서론의 역할과 성격에서 벗어나 설교의 절반 분량, 혹은 그 이상이 귀납적으로 진행된다. 연역적인 설교의 서론이라고 하기엔 비정상적으로 길다. 이는 당연히 서론이 아니라 분명한 목적을 가지고 귀납적으로 구조를 전개하는 방식이다. 단순 연역법이 아니라 귀납적인 전개가 함께 혼합되어 있는 구조다. 연역법이라고 명명할지라도 이 귀납적인 부분을 배제하고서는 본 구조의 성격을 완전하게 설명할 수 없다. 따라서 기본적인 논리 전개 방식인 두 구조가 함께 사용된 혼합적 구조를 방법론적으로 정확히 명명하자면 '귀납적 연역법'이라는 표현이 가장 적절하다.[46] 이는 기능상 귀납적으로 전개되다가 의미를 제시하고 연역적으로 적용하고 결론을 맺는 방식이다.

귀납적 연역법의 형식은 완전히 새로운 방식이 아니다. 성경 속의 설교자들과 성경적으로 설교하려던 설교자들이 이미 실행했던 방식이다. 하지만 분명한 목적을 가지고 그렇게 한 것이 아니라 그들이 사용한 구조가 최선의 형태를 갖췄을 때 귀납적 연역법의 형식을 취하게 되었다. 누군가가 정확하게 정리하고 규정했던 방법론이 아니라는 말이다. 성경에 분명히 나타나고 있지만 명확하게 이론으로 정립되지는 않았다.

그런데 필자보다 앞서 레그 그랜트(Reg Grant)와 존 리드(John Reed)는 귀납적 구조와 연역적 구조가 함께 사용된 혼합적 구조로서 '귀납적-연역적 구조'(inductive-deductive structure)로 부를 수 있는 모델을 설명한 적이 있다. 그들은 유진 로우리(Eugene L. Lowry)의 이야기식 설교를 그렇게 분석했다.[47] 그들은 총 다섯 단계로 구성되는 이야기식 설교의 플롯 중에서 앞의 세 단계는 귀납적으로 진행되고 다음의 두 단계는 연역적으로 전개된다고 보았다. 또한 로우리 자신도 이야기식 설교의 플롯은 귀납적으로 진행되다가 반전을 거치면서 바르트(Karl Barth)식 연역적 흐름으로 하나님의 말씀을 선포할 배경을 마련해야 한다고 말했다.[48] 자신의 설교 이론을 귀납법과 연역법의 혼합적인 흐름으로 설명한 것이다.

하지만 이는 사실과 다르다. 실제 유진 로우리의 '이야기식 설교'는 네 번째 단계에서 의미를 제시하고 마지막 다섯 번째 단계는 청중의 손에 대부

---

46 이제부터는 본서에서 '혼합적 구조'라고 말해 온 것을 '귀납적 연역법'이라는 표현으로 바꿔서 사용하겠다.
47 Reg Grant & John Reed, 254.
48 Eugene L. Lowry, *The Homiletic Plot*, 61.

분 맡겨 버리면서 급하게 마무리되기에 연역적인 방식이 아니라 귀납적인 방식이다. 간접적인 적용과 열린 결론이라는 귀납적 설교의 특징을 그대로 나타내고 있다. 혹시 연역적인 설교로 보이는 부분이 있다면 이는 설교자가 아니라 설교 이후에 청중에게 주어진 몫이다. 청중은 각자의 판단 속에서 설교를 혼합적으로 완성한다. 실제 이야기식 설교는 이야기 설교, 소설 설교, 대화 설교 등과 마찬가지로 귀납적 설교의 다양한 형태 중 하나다.

귀납적 연역법의 구조는 개혁주의 전통에서 청교도주의자들이나 칼빈주의자들이 즐겨 사용했던 방식과 매우 유사하다. 그들이 사용한 구조는 기본적으로는 연역적이고, 전제적이었다.[49] 하지만 단순 연역법의 구조는 아니었다. 전통적인 설교의 3대지 연역적 설교는 더더군다나 아니었다. 그들이 사용한 방식은 굳이 구분하자면 3대지로 구성되어 있지만, 이는 비판을 받는 전통적인 3대지 형식이 아니다. 그들의 방식은 첫 번째 부분은 성경 자체를 주석하는 내용으로, 둘째 부분은 그 주제들과 요점들을 신학적 분석을 통해 제시하는 내용으로, 마지막은 적용과 결론을 제시하는 형식으로 이뤄져 있다.[50] 이 구조는 분명히 혼합적 구조의 틀로 보이는데 실상은 연역적 구조로 평가되었다. 그 이유는 전반부에서 본문의 각 절을 해석하고 설명할 때 연역적으로 보이는 방식으로 끌어갔기 때문이다. 그들은 하나하나 본문의 의미를 차례로 밝혀나갔다. 그리고 가장 중요한 의미를 설교 중반에 제시한 것이다. 만일 귀납적인 전개를 분명히 목표했다면 약간의 수정만으로 충분히 귀납적인 구조로 전환되었을 것이다. 그래도 모든 해석의 과정을 거쳐서 중간에 종합된 의미를 제시한다는 면에서는 분명히 귀납적이다. 이 방식은 분명 개혁주의 전통에서 목표로 하는 성경 중심의 설교였다.

---

49 O. Wesley Allen Jr., 3.

50 Thomas G. Long, "Puritan Plain Style", 22,23.

귀납적 연역법은 성경적으로 설교하려는 설교자들이 역사 속에서 알게 모르게 취해 왔던 방식이다. 성경 속의 설교자들로부터 개혁주의 설교자들과 현시대의 설교자들에 이르기까지 성경을 하나님의 방식대로 바르게 전하려 했던 성경적인 신학의 입장 때문에 종종 이 구조와 비슷한 형식을 사용해 왔다. 그렇지만 필자가 말하는 '귀납적 연역법'이 과거의 설교 방법들과 똑같은 것은 아니다. 귀납적 연역법만의 구별되는 독특성이 있다. 살펴보았듯이 귀납적 연역법은 성경을 귀납적으로 해석한 내용과 그 과정까지 설교에 반영한다. 성경 본문을 주해한 내용을 전부 밝히거나 그 신학적인 분석을 설명하는 것이 아니라 성경 본문이 제시하는 중심 주제를 향해서 기능상 귀납적인 과정을 거쳐 설교의 중심 사상으로 연결하는 형식이다. 성경을 전반부에서 다룬다는 점에서는 비슷하지만, 성경의 내용을 설명하는 것과 귀납적인 목적하에 의미를 찾아가는 것은 완전히 다르다. 그리고 그 결과 드러나는 의미는 설명 차원에서 제시되는 것이 아니라 귀납적인 과정을 통해 경험하며 함께 동의하고 받아들이는 결론이다. 따라서 귀납적 연역법은 이전에 있었던 설교 방법론과 분명히 차이가 있는 독특한 구조라고 할 수 있다.

그렇지만 이 설교 방법론은 유능한 설교자들에 의해서 이미 사용되어 왔고 지금도 사용되고 있는 것이 확실하다. 성경 본문을 설교하려는 설교자들이라고 그 본문을 전개하는 방식을 반드시 연역적으로만 구성하는 것은 아니다. 본문의 의미를 감추고 성경 본문의 의미를 밝히다가 그 의미를 중심으로 하나님의 말씀을 선포하는 방식은 성경적인 설교를 하려고 노력하는 설교자들에게서 얼마든지 분석될 수 있는 형식이다. 웨슬리 알렌(O. Wesley Allen Jr.)은 청교도의 설교가 가장 바람직한 형태로 이뤄졌을 때 이런 구조를 취했다고 말했다.[51] 성경적인 설교 신학과 철학을 가지고 다양한 구조를 적용하려고 시도하는 중에 그 신학과 철학을 가장 효과적으로 구현할 수 있는 구조를 사용할 때가 있을 거라는 사실은 쉽게 예측할 수 있다. 따라서 다소 실험적으로 보일 수도 있지만 사실 구조를 통해 성경적인 설교를 완성하는 귀납적 연역법은 가장 성경적이면서도 아주 오래된 구조이며 동시에 이 시대 청중에게 적응성이 뛰어난 새로운 구조다.

귀납적 연역법의 기본 구조는 다음과 같다. 각각의 구조를 이루는 내용까지 이해해야 한다.

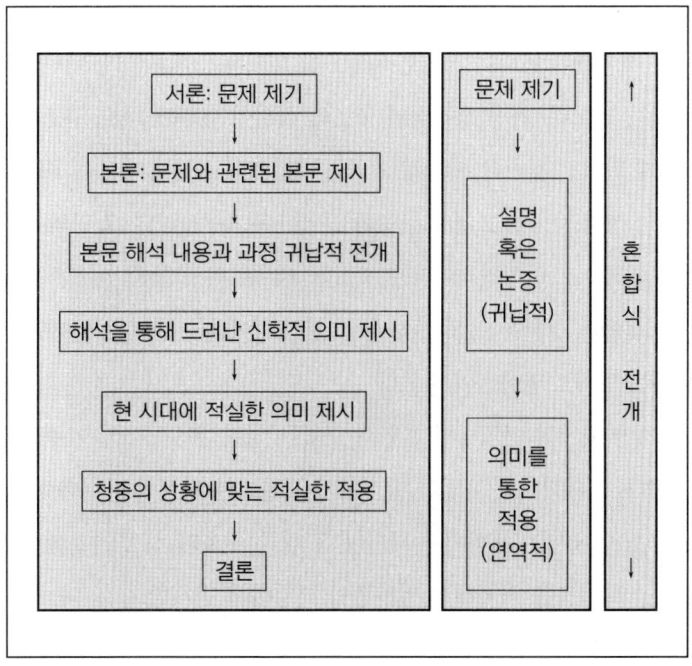

표 5. 귀납적 연역법의 기본 구조

---

51 O. Wesley Allen Jr., 29 참조.

4) 귀납적 연역법 구조의 확장

설교 구조와 관련된 최근의 연구들은 대부분 구조의 다변화로 귀결되고 있다. 그리고 설교자에게 더 많은 구조를 습득해서 필요에 따라 적절하게 사용할 수 있는 능력을 요구하고 있다. 비록 유진 로우리(Eugene L. Lowry)는 모든 설교자가 일괄적으로 자신의 구조 이론을 따라서 설교해야 한다고 말했지만,[52] 지금은 신설교학 학자나 전통설교학 학자나 개혁주의 설교학자나 가릴 것 없이 대부분 다양한 구조로 설교해야 한다는 데 의견을 모으고 있다.

그런데 필자는 귀납적 연역법 구조가 성경적인 구조라고 말하고 있다. 여기서 '성경적 구조'라는 단어는 이를 제외한 나머지 구조들을 비성경적으로 만드는 듯이 보일 것이다. '성경적'이라는 단어 자체가 원래 그 외의 것들을 모두 배제해야 한다는 강력한 뉘앙스를 내포하기 때문이다. 어떤 의미에서는 맞는 말이다. 가장 성경적인 구조의 실천이 있다면 다른 구조들을 자연스럽게 밀어낼 것이다. 귀납적 연역법의 구조가 성경에서 보여 주고 있는 구조이며 성경적인 설교 철학과 신학을 담아내는 구조라면 그 외의 다른 구조는 상대적으로 비성경적이라는 말이다. 개혁주의 신학은 언제나 가장 성경적인 신학과 실천을 목표로 하기에 '성경적'이라는 단어를 붙이면 '절대적'이라는 의미로 받아들이게 된다.

하지만 귀납적 연역법의 혼합식 구조는 성경적인 구조의 아주 기본적인 틀이다. 절대적으로 유일한 형식이거나 완성된 형식이 아니다. 이 기본적인 구조 안에서 이제까지 논의되어 온 많은 구조와 성경 본문에 나오는 구조적인 특징들을 적용해서 얼마든지 다양하게 전개할 수 있다. 전통 설교학의 3대지 연역적 구조나 신설교학이 제시하는 다양한 구조들도 그 틀 안에 수용할 수 있다. 비성경적이거나 철학적 신학조차 없이 사용하고 있

---

[52] Eugene L. Lowry, *The Homiletical Plot*, 16, 76, 78.

는 구조들의 문제를 귀납적 연역법의 기본적인 구조 안에서 해결할 수 있고, 동시에 그 구조들이 가지고 있는 실용적인 효과와 가치들도 지켜낼 수 있다. 또한 설교자의 창의적인 노력을 통해 귀납적 연역법의 혼합식 구조는 매우 다양한 형식으로 발전할 수 있다. 그런 의미에서 설교의 형식은 여전히 "계속해서 발전되어 가고, 개발되어 가야 할 설교자의 노력과 창조성의 세계다."[53]

귀납적 연역법 구조의 세부적인 형태까지 확정하는 시기는 보통 성경을 해석하고 설교의 자료를 모두 모은 후 설교의 내용을 작성하기 바로 직전 단계다. 원래 자신이 알고 있는 하나의 구조만을 모든 설교에서 똑같이 사용하는 설교자는 이런 과정을 거치지 않는다. 설교의 내용을 자신에게 익숙한 형식에 담아서 적절히 배치하면 그만이다. 하지만 귀납적 연역법의 큰 틀 안에서 설교 형식을 창의적으로 만들어 갈 때는 설교 준비의 마지막에 가서야 구조의 최종 형태를 결정하게 된다. 그래도 끝나지 않는다. 설교를 작성하다 보면 여러 변수가 더해지고 놓쳤던 부분에 대한 이해를 새롭게 하면서 몇 번이고 다시 수정하게 된다. 이 작업은 강단에 오르는 마지막 순간까지 계속된다. 고정화된 익숙한 방식이 아니라 본문과 청중과 설교자의 목적에 따라 혼합적 구조 안에서 최상의 형태를 향한 고민이 계속되기 때문이다.

그래서 귀납적 연역법으로 설교하면 청중이 쉽게 그 구조를 파악하지 못할 수 있다. 같은 형식의 설교를 몇 차례 들어도 설교 구조 파악이 쉽지 않을 것이다. 명료성이나 논리성이 떨어져서 그런 것이 아니다. 그만큼 귀납적 연역법은 다양한 변수에 따라 다변화될 수 있기 때문이다. 귀납적인 구조와 관련해서도 크래독은 같은 말을 했다.

---

53 김운용, 『설교의 새로운 패러다임』, 179.

때때로 그렇게 만들어진 형식은 실제로는 주목할 만한 개요가 되지 못하고 확실하게 청중들이 기억하지 못할 경우가 있을 것이다. … 형식은 일단 메시지가 그 목적에 도달했다면 적절하게 스스로 사라져야 할지도 모른다. 청중들이나 심지어 다른 설교자들까지 그 개요를 알아차릴 수 없었다면, 그것은 설교가 힘 있고 흥미롭고 움직임이 있고 추진력이 있다는 훌륭한 칭찬이다.[54]

이와 같은 현상은 귀납적 연역법의 혼합식 설교에서도 똑같이 나타날 수 있다. 귀납적 연역법의 다양성은 구조에 대한 별다른 고민 없이 설교에 집중하게 할 것이며, 흥미롭고도 강력한 메시지에 대한 기억만 남길 것이다. 그렇게 되기까지 하나의 구조만 고집하지 말고 귀납적 연역법의 큰 틀 안에서 다양한 구조를 창의적으로 만들어 가야 한다. 이제 그 가능성을 어떻게 실현할 수 있을지 몇 가지 방향으로 살펴보자.

① 배열을 통한 다양화

설교 자료의 배열 순서를 달리하는 것은 같은 혼합식 구조 안에서도 다양한 방식으로 설교를 구성할 수 있는 하나의 방법이다. 전체 틀이 기본적으로 귀납적 연역법일 뿐이지 그 안에 들어가는 자료는 얼마든지 다양한 방식으로 배열될 수 있다. 논증, 설명, 예증, 열거, 대조, 반복 등의 다양한 수사 방식을 창의적으로 배열하면 설교의 구조를 다양하게 발전시킬 수 있다. 이 수사법들은 단어를 배열할 때뿐만 아니라 문장이나 문단을 배열할 때도 적절하게 사용될 수 있고, 이에 따라 구조는 천차만별로 달라질 수 있다. 구조에 따르는 수사적 효과 역시 달라진다. 그래서 문단 안에서 배열의 다양화를 통해 구조의 다변화를 꾀하면 매주 신선한 형식으로 청중에게 설교할

---

[54] Fred B. Craddock, *Preaching*, 189.

수 있다.

또한 배열의 수사법을 능숙하게 사용할 줄 아는 설교자라면 같은 본문과 같은 자료를 가지고 완전히 다른 내용의 설교를 새롭게 구성할 수도 있다. 형식은 내용과 의미에 직접적으로 영향을 끼치기 때문이다. 다양한 구조뿐만 아니라 다양한 내용까지 만들어 낼 가능성이 귀납적 연역법에 담겨 있다.

② 성경 본문을 통한 다양화

귀납적 연역법은 전반부에서 성경 본문을 해석한 결과와 과정을 함께 설교의 구조에 반영한다. 따라서 성경 본문의 전개 방식에 따라 얼마든지 다른 설교의 구조가 나올 수 있다. 또한 후반부의 연역적 전개에서도 본문에 나오는 중심 주제와 관련된 소지의 개수와 중심 주제가 전개되는 방식에 따라서도 다양한 구조가 만들어질 수 있다. 하나의 소지라면 하나의 전개와 적용을, 둘 이상의 소지라면 둘 이상의 전개와 적용을 구조에 담아낼 수 있는 것이다. 이처럼 본문의 구조적 다양성은 설교 구조의 다양성에 크게 일조하게 된다.

그런데 여기서 말하는 '본문의 전개 방식'은 '성경의 장르'와는 다른 개념이다. 필자는 본문의 구조는 설교 구조에 직접 영향을 주지만 본문이 속한 특정 장르는 구조에 그리 큰 영향을 주지 않는다고 본다. 장르는 해석에는 결정적인 영향을 주지만 설교의 구조 구성에는 그렇지 않다. 이는 최근의 설교학과는 다른 의견이다. 최근의 설교학에서는 성경의 장르가 설교의 형식에 반드시 영향을 주어야 한다고 말한다. 이는 앞에서도 이미 논의한 바이지만 토마스 롱(Thomas G. Long)의 말을 통해 간단하게 전체 경향을 살펴보자.

성경 본문에 집중하고 그 말씀하는 바에 열려 있고자 힘써 온 설교자들은, 예를 들어 시편을 본문으로 한 설교는 기적 이야기를 본문으로 한 설교와는 달라야 한다는 것을 알고 있었다. 이는 단지 두 본문이 말하고 있는 '내용'이 다르기 때문만이 아니라, 그 내용을 말하는 '방식'이 다르기 때문이기도 하다. … 따라서 설교를 준비할 때 이런 점들을 충분히 강조하고 도입하는 설교 전개 과정이 필요하다.[55]

이처럼 최근의 설교학은 성경의 장르와 설교의 구조를 직접 연결해야 한다고 말한다. 이는 해석학의 영향으로 발전한 사상이다. 해석학은 장르별로 차별화된 해석 방식을 요구한다. 설교학은 이런 주장을 설교 방법론에 적용해서 성경에 나오는 다양한 장르의 특징적인 형식을 따라 설교해야 한다고 말한다. 하지만 제임스 톰슨(James W. Thompson)의 분석에 따르면, 실제 장르와 설교 구조의 관계는 내러티브 장르를 제외하면 거의 진척되지 않았다.[56] 간혹 내러티브 외의 장르들에 대한 설교 방법을 제안한 이론들이 있는데 실제 설교에서 형식과 구조로 사용하기 어렵다. 장르별로 다르게 해석해야 한다는 관점은 통찰력 있지만, 설교의 구조와 관련해서도 그래야 한다는 주장은 설교 현장과 완전히 동떨어진 탁상공론에 지나지 않아 보인다.

그래서 개인적으로 설교의 형식까지도 성경의 장르를 그대로 따라야 한다는 주장에 동의하지 않는다. 시가서를 '시'의 형식으로 설교할 수 없다. 내러티브라고 해서 반드시 '이야기식 설교'로 설교해야 한다는 이론은 성경이 원하는 바라고 단정 짓기 어렵다. 실제 성경에서 그런 예를 찾아볼 수도 없다. 설교자들이 굳이 하나님께서 우리에게 의미를 전달해 주신 방식을

---

55 Thomas G. Long, *Preaching and the Literary Forms of the Bible*, 11.
56 James W. Thompson, 11.

그대로 따라 해야 할 필요가 없다. 이에 대한 신학적인 근거도 미흡하고 실제적인 효과도 기대하기 어렵다. 무엇보다도 문학과 연설은 완전히 다른 영역이다. 설교자들이 행하는 '설교'라는 양식은 성경을 통해 말씀하시는 하나님의 방법과 완전히 다르다. 마치 편지와 연설이 서로 다른 것이나 소설과 뉴스가 서로 다른 것과 같다. '역사서'를 반드시 내러티브 형식으로 설교해야 한다면, '시가서'와 '예언서'와 '묵시'와 '서신서'는 도대체 어떤 형식을 반영해야 할 것인가? 성경적인 설교는 그 형식이 성경의 장르를 따르는 설교라는 이론은 아직도 풀어야 할 숙제가 너무 많다. 풀 수 없는 과제처럼 보인다.

하지만 특정 본문을 전개한 방식은 설교 구조에 직접 영향을 줄 수 있다. 또한 마땅히 영향을 주어야 한다. "설교의 구조를 위한 가장 중요한 규칙은 각각의 본문이 그 자신의 구조를 공급하도록 해야 한다는 것이다."[57] 여기서 '각각의 본문'은 '장르'가 아니라 본문의 내용을 배열한 방식을 의미한다. 예를 들어 본문에서 의미를 전할 때 강조했던 부분이 있다면 설교를 구성할 때도 그 부분을 강조할 수 있다. 본문이 중심 주제와 관련해서 분명하게 두 개의 대지를 보여 준다면 설교자는 설교의 형식에 그 두 개의 대지가 중심 사상과 연관성을 가지고 드러나게 해야 한다. 본문이 대조의 형식을 취하고 있다면 설교자 역시 설교의 구조에 대조의 형식을 적용해서 사용할 수 있다. 설교자들은 본문의 저자들이 사용한 수사법을 따라 설교를 설계할 수 있어야 한다. 본문이 형식에 의미를 담아낸 것은 형식을 통해 의미를 규정하기 위해서다. 그 방식이 본문의 중심 주제를 드러낸 방식이기에 해석의 과정까지 반영하는 귀납적 연역법 구조의 설교에서는 매우 중요한 지침이 될 수 있다.

---

57 John R. W. Stott, *Between Two World*, 229.

이처럼 저자들이 사용한 본문의 수사법을 고려하면서 설교를 구성한다면 귀납적 연역법의 설교는 다양한 구조로 확대될 수 있다. 설교자는 본문을 하나의 수단으로 이용하지 말고 본문에 순종하며 본문이 제시하는 구성을 따라 설교 구조를 다양하게 구성해야 한다.[58] 그렇지 않고 자신에게 익숙한 방식만을 고집한다면 여러 면에서 문제가 발생하게 된다. 또한 본문의 전개 방식을 외면하고 개인의 목적을 따라 설교를 조직하면 본문과의 이질감으로 인해 인공적인 부자연스러움(artificiality)을 느끼게 할 것이다.[59] 이 문제를 방비하기 위해서라도 귀납적 연역법의 기본 구조를 가지되 그 안에 본문의 중심 주제를 드러내는 방식과 대지를 전개하는 방식, 그리고 요점을 드러내는 형식을 적절히 반영해야 한다. '형태 근본주의'를 주창하지는 않더라도 적어도 본문의 전개 방식은 존중해야 한다.[60] 이러한 고려는 곧 설교 구조의 통제된 다양성을 허락할 것이다.

③ 연역적, 귀납적 구조의 다변화를 통한 확장

전통적으로 연역적인 구조라고 하면 보통 3대지 구조를 떠올린다. 그러나 사실 전통적인 설교의 연역적 구조는 매우 다양한 형식을 가지고 있다.[61] 이는 신설교학자 루시 로즈(Lucy Atkinson Rose)도 동의한 바다.[62] 귀납적 구조 역시 다양한 형식을 가진다. 최근까지도 귀납적 형식의 새로운 방법론이 나올 정도로 귀납적인 설교는 다양한 구조로 발전될 수 있다.

혼합적 구조도 마찬가지다. 지금 설명하고 있는 귀납적 연역법도 혼합

---

58   Haddon W. Robinson, *Biblical Preaching*, 20.
59   John R. W. Stott, *Between Two Worlds*, 229.
60   Ken Langley, 55.
61   Dennis M. Cahill, 20-21.
62   Lucy Atkinson Rose, 51.

적 구조 안에서 구분될 수 있는 하나의 대표적인 형식이다. 그리고 그 안에서 얼마든지 다양한 구조로 발전할 수 있다. 특히 그 안에 있는 귀납적 구조와 연역적 구조의 다양성만큼이나 더 다양해질 수 있다. 각각 기본적인 논리 구조가 변한다면 그에 따라 전체로서의 구조도 다양한 형태로 발전되고 확장될 수 있다.

귀납적 연역법은 성경적인 설교를 위한 기본적인 뼈대다. 크래독이 자신의 귀납법을 설교의 기본 뼈대로 제시하고 그 무한대의 확장 가능성을 말했듯이 귀납적 연역법도 고정된 형식이 아니라 변화에 열려 있는 혼합적 구조의 기본적인 형태다. 하나의 중심 사상을 가지고 목적과 방향을 따라 움직이면서 얼마든지 다양한 구조로의 변환을 통한 신선함을 줄 수 있다. 매번 같은 보드로 같은 장소에서 파도를 타도 항상 새로운 도전이 되고 새로운 스릴을 경험하듯이 설교자도 기본적인 귀납적 연역법의 틀 안에서 설교할 때마다 새로운 도전을 경험할 수 있다. 청중에게도 매번 새로운 경험을 제공할 수 있다.

2. 구성을 위해 고려해야 할 사항들

하나의 구조를 설교에서 사용할 때 그 구조가 최선의 결과를 낼 수 있도록 철저히 준비해야 한다. 구조는 의미 형성에 결정적인 영향을 주기 때문이다. "형식이 없이 본질이 존재한다는 것은 불가능한 일이다."[63] 하나의 형식을 사용할 때 철저한 준비를 통해 그 형식이 의미 전달과 관련해서 최선의 목적을 이루게 해야 한다. 어설픈 구조 사용으로는 의미를 제대로 전달할 수

---

63   이현웅, 159.

없다.

　귀납적 연역법의 혼합식 구조는 아무래도 두 구조를 함께 사용하는 방식이기에 자칫 복잡해질 수 있다. 또한 '귀납적 연역법의 혼합식 구조'라는 명칭만 듣고 알아서 짐작하고 사용하면 논리적인 문제가 생길 수 있다. 구조를 제대로 구성하지 못하면 귀로 듣고 이해해야 하는 청중에게 혼란을 줄 뿐이다. 구조는 명료해야 한다. 설교자는 청중이 귀납적 연역법의 설교를 듣고 그 내용을 쉽게 이해할 수 있도록 철저하게 명료화 작업을 해야 한다. 쉬운 이해 뒤에는 반드시 치밀한 구조화의 노력이 숨어 있기 마련이다.

1) 명료한 구성

모든 설교의 구조는 명료해야 한다. 청중의 이해를 돕기 위해서다. 설교자는 자신의 설교를 들을 수 있는 사람만 알아서 좇아오라는 식으로 설교해서는 안 된다. 청중 가운데 가장 어리고 지력이 부족한 사람도 이해할 수 있도록 설교를 명료하게 구성해야 한다. 혼합적 구조의 설교 역시 단순하고 명료해야 한다. 혼합적이라고 반드시 복잡한 건 아니다. 잘 구성된 혼합적 설교는 좋은 이야기를 하나 듣는 것처럼 쉽게 이해될 수 있다. 그렇다면 명료한 구성을 위해 무엇을 고려해야 할까?

① 통일성

설교에서 '배열'을 결정할 때 중요하게 고려해야 할 첫 번째 요소는 '통일성'이다. 굳이 귀납적 연역법의 구조가 아니더라도 모든 설교에는 통일성이 요구된다. 설교를 구성하는 모든 대지와 요점은 당연히 설교의 주제와 맥을 같이해야 한다.

　구조의 통일성이 중요한 몇 가지 이유가 있다. 첫째, 청중을 위해서다. 청중은 설교 내용에 통일성이 있을 때 더욱 쉽고 명확하게 이해할 수 있다.

때로 설교자들은 본문에 나오는 모든 내용을 한 설교에서 전부 다 말하려 한다. 내용의 통일성이 없어도 본문에 나오는 의미와 사상을 전부 밝히는 방식이 성경적이라고 오해하기 때문이다. 이런 경우 청중은 설교자가 말하려는 내용을 정확히 이해할 수 없다. 이것저것 들은 것은 많지만 정작 설교의 중심 사상에 접근할 수 없다. 그러면 설교의 내용을 오래 기억하기도 어렵다. 설교에 통일성이 있을 때, 설교는 비로소 명료해지며 청중은 그 중심 주제와 전체 내용을 정확히 이해하고 요약할 수 있다. 그리고 그런 설교를 오래 기억하면서 실제 삶에 적용할 수 있다.

또한 청중의 심리를 고려해도 설교에 통일성이 있어야 한다는 사실을 알 수 있다. 인간은 무질서보다 질서를 선호하고 무정형의 삶보다 통일성을 원하는 심리로 살아간다.[64] 그래서 청중은 한 편의 설교를 들을 때에도 자연스럽게 통일성 있는 전개를 기대한다. 로날드 토비아스(Ronald B. Tobias)는 소설의 플롯의 다양성을 다루는 그의 책에서 이 사실을 중요하게 다뤘다.

> 독자나 관객은 소설이나 공연에서 무질서보다는 질서를 원한다. 혼돈보다는 논리를, 카오스보다는 코스모스를 원한다. 무엇보다도 전체를 묶어주는 일관성 있는 목적의 통일성을 원한다.[65]

비록 토비아스는 소설에 대해서 말한 것이지만 설교라고 해서 별반 다르겠는가. 청중은 통일성 있는 설교를 원한다. 통일성 없는 설교에는 심리적 거부감을 느낀다. 통일성 없는 설교는 설교에 대한 부정적인 생각과 감정을 심어 준다. 그래서 설교에 대한 기대감을 잃게 만든다. 통일성 없는 설교는

---

[64] 류응렬, "중심사상을 찾아가는 개혁주의 강해설교", 225.
[65] Ronald B. Tobias, *20 Master plots: and how to build them*, 『인간이 마음을 사로잡는 스무가지 플롯』, 김석만 역(서울: 풀빛, 1997), 40.

설교에 대한 흥미도 반감시킨다. "흥미 있는 것은 어떠한 것이든 반드시 통일성을 갖추고 있다."[66] 비록 설교에 재미있는 요소나 놀라운 이야기, 지금 청중에게 있는 고민에 직결되는 내용, 혹은 흥미로운 전개가 없을지라도 설교에 통일성만 잘 갖춘다면 청중의 흥미와 관심을 충분히 끌어낼 수 있다. 청중은 통일성 있는 흐름 때문에 설교에 더욱 몰입하게 된다. 이를 위해서라도 설교의 구조에는 반드시 통일성이 있어야 한다.

둘째, 통일성은 하나님께서 주신 말씀의 원리이기 때문이다. 성경 66권은 통일성을 가지고 기록된 하나님의 말씀이다. 성경은 40여 명의 인간 저자들이 1600여 년의 오랜 시간 동안 기록한 저작을 모은 책인데도 성경 각 권의 주제와 내용은 서로 완전히 통일되어 있다. 그 통일성은 단지 주제의 일치 정도가 아니라 점진적, 점층적으로 발전하며 점차 완성을 향해 나아간다. 마치 한 사람이 목적을 가지고 의도적으로 기록한 것처럼 각 권의 내용이 서로 자연스럽고 완벽하게 연결되어 있다. 이와 같은 성경의 통일성은 곧 설교자가 자신의 설교에서 고려해야 할 중요한 배열의 원리가 된다. 설교자는 하나님께서 성경을 통일성 있게 기록하신 것처럼 설교의 각 대지를 전체 주제와 통일성을 이루도록 구성해야 한다.

찰스 브라운(Charles R. Brown)은 강해 설교에 대한 이론에서 본문의 내용을 하나하나 전부 살펴보고 넘어가는 주해 설교와의 차이를 설명했다. 그리고 진정한 강해 설교는 본문의 중심 내용 아래 통일성과 진행성을 가진 구조로 계획된 설교임을 강조했다.[67] 통일성은 강해 설교, 즉 성경적인 설교 구성에서 필수적인 요소다. 성경적인 설교를 구성하고 싶다면 반드시 통일성을 염두에 두어야 한다. 특히 귀납적 연역법은 성경적인 설교의 철학적

66　James W. Cox, 158.

67　Charles R. Brown, *The Art of Preaching*, (New York: The Macmillan Company, 1948), 41-42.

신학을 구현하려는 방법론이기에 하나님께서 그러하셨던 것처럼 더욱 통일성을 가진 구조로 설교의 내용을 전개해야 한다.

그렇다면 어떻게 하면 통일성 있게 설교를 구성할 수 있을까? 류응렬 교수는 무엇보다 "통일성을 유지하려면 설교의 중심 사상과 목적이 명확해야 한다"라고 말했다.[68] 첫째, 중심 사상이 통일성 있는 설교를 구성하게 한다. 설교는 하나의 핵심 주제라는 끈에 나머지 모든 내용이 일목요연하게 엮여 정렬되어야 한다. 그 주제를 드러내고 예증하고, 그 주제를 청중에게 적용하는 방식으로 설교의 모든 내용을 통일시켜야 한다. 일리언 존스(Ilion T. Jones)는 "모든 좋은 연설, 이야기, 연극, 그리고 소설과 마찬가지로, 모든 좋은 설교는 하나의 메인 아이디어를 중심으로 연합되어야만 한다"라고 말했다.[69] 중심 사상이 명확하고 그 중심 사상을 통해서 설교 전체의 내용을 구성할 수 있다면 통일성은 자연스럽게 이뤄질 것이다.

둘째, 설교의 목적도 내용의 통일성을 갖추게 한다. 목적이 선명하면 내용이 다른 길로 벗어나지 않는다. 목적을 이루기 위해 계획하고 자료를 모으고 이를 일정한 방향으로 배열하게 되어 있다. 설교자는 분명한 목적을 가지고 설교를 준비해야 한다. 그래야 설교에 통일성을 갖춰 청중의 이해를 도울 수 있다.

통일성은 귀납적 연역법의 구조에 필수적이다. 귀납법과 연역법을 함께 한 구조로 사용하기에 통일성이 없으면 혼란스럽고 이해하기 어려운 복잡한 구조가 될 수밖에 없다. 말하려는 바를 정확하게 전달할 수 없고 내용의 흥미도 반감된다. 중심 사상을 드러내기 위한 목적으로 내용의 통일성을 이룰 때 비로소 혼합적 구조가 가지는 강점과 귀납적 연역법의 구조를 통해

---

68 류응렬, "설교의 개요, 이렇게 작성하라", 218.

69 Ilion T. Jones, 92.

전하려는 하나님의 말씀을 바르고 효과적으로 전할 수 있다. 성경적인 설교는 본문에 대한 신중한 연구와 분석을 토대로 얻은 중심 진리를 바탕으로 통일성을 가지고 전하는 설교여야 한다.[70]

② 진행성

둘째, 명료한 설교의 배열을 위해 '진행성'을 고려해야 한다. 설교 내용의 전개는 일정한 방향성을 따르는 조직적인 질서를 필요로 한다. 한 편의 설교는 다양한 내용과 예화와 이야기들과 단편적인 사상의 여러 조각으로 구성되어 있다. 그 다양한 조각들을 모아서 설교하려면 반드시 일정한 방향성을 가지고 움직여야 한다. "좋은 설교는 반드시 흐름이나 움직임을 갖는다."[71] 서로 분리되어 있어서 정체된 것 같은 각각의 덩어리를 던지듯이 말하지 말고 확실한 목적을 향해 움직이며 나아가도록 전개해야 한다.

> 설교의 구조는 분명한 움직임이 있어야 한다. 성경의 내용과 설교의 중심 사상을 효과적으로 전달하고 청중의 관심을 집중시키기 위해서 이러한 조각들을 움직임과 역동성의 견지에서 서로 연합되도록 배열해야 한다.[72]

전통적인 연역적 설교가 힘을 잃은 중요한 이유 중 하나는 설교에서 일정한 방향으로 나아가는 움직임이 없기 때문이다. 정체된 각각의 대지를 따로 전개해서 내용이 분리되어 있다. 버트릭은 전통적인 설교의 이런 특징을 반대하며 효과적인 설교 사역을 위한 '움직임'을 강조하는 설교학 이론

---

70 Charles R. Brown, 43.
71 Michael Rogness, 63.
72 Michael Rogness, 63.

을 전개했다.[73] 그는 설교란 모름지기 물 흐르듯이 자연스러운 흐름을 타고 움직여야 한다고 말한다. 귀납적 연역법의 설교는 몇 번의 굴곡이 있더라도 결국에는 설교의 중심 사상과 결론을 향해 나아가는 움직임이 있어야 한다.

귀납적 연역법은 두 지점을 향한 독특한 움직임이 있어야 한다. 먼저 본문이라는 산에서 흘러내린 물이 하나의 강줄기를 이루어 커다란 댐으로 향하도록 해야 한다. 그곳에 모인 물은 본문의 중심 주제이면서 동시에 설교의 중심 사상이다. 그리고 그 댐에서 방출한 물줄기가 도도하게 흘러 넓은 바다를 향해 나아가도록 구성해야 한다. 그 과정에서 전기도 만들고 공업용수와 농업용수와 식수로도 사용할 수 있다. 그 물줄기가 최종적으로 도착하는 넓은 바다는 설교의 결론이다. 댐에서 바다에 이르기까지 사용되는 물의 용도는 청중의 삶의 정황에 적실하게 내려앉는 적용이다. 귀납적 연역법은 이와 같은 두 곳의 목적지를 가지고 있다. 하나는 중심 주제이고 다른 하나는 설교의 최종 결론이다. 그곳에 이르기까지 설교의 내용은 자연스럽게 흘러가야 한다.

이때 설교의 움직임을 자연스럽게 하려면 단락에서 단락으로의 '전환'(conversion)을 중요하게 다뤄야 한다. 전환의 수사법을 통해 앞의 단락과 이어지는 단락의 연관성을 보여 주어야 한다. 설교 내용을 어떻게 구성할지에 대한 고민 이상으로 전환을 어떻게 해야 할지 깊이 고민하며 자연스럽고 적절한 전환을 이뤄가야 한다. 그러면 설교의 흐름이 자연스러워진다.

③ 점진성

설교의 명료성을 위해 다음으로 고려해야 할 사항은 '점진성'이다. 설교에서 '점진성'은 급하지 않게 서서히 앞으로 나아가는 성질을 의미한다. 설교

---

73 David G. Buttrick, *Homiletic: Moves and Structures* (Philadelphia: Fortress Press, 1987) 참조.

에 논리의 비약이 없어야 한다. 하지만 설교에서 점진성을 고려해야 한다는 말은 단순히 전개를 천천히 하라는 말이 아니다. 이는 설교의 내용을 일정한 방향으로 진행하되 단계별로 점차 발전시켜 나가야 한다는 의미이다. 그래서 점진성은 점층적 성질과 더불어 전개된다. 서서히 앞으로 나아가되 단계별로 낮은 곳에서 높은 곳으로 점차 고조되어 가야 한다. 암시적인 데서 분명한 데로, 덜 중요한 데서 더 중요한 데로 점점 나아가야 한다.

설교를 쉽게 이해할 수 있도록 명료하게 만들려면 설교의 내용이 결론으로 나아갈수록 점차 더 중요하고 핵심적인 사안으로 발전되어야 한다. 하나의 단락에서 다음 단락으로 넘어갈 때 점층적으로 긴장이 고조되고 내용의 중요성이 증대되어 마침내는 정점(Climax)에 도달하게 해야 한다. 설교의 형식에 있어서 이처럼 주장의 진전과 논증의 발전은 절대적이라고 할 만큼 중요하다. 더욱 효과적으로 능력 있게 말씀 사역을 수행할 수 있도록, 설교자는 의도적으로 절정을 향해 나아가는 구조를 구성해야 한다.[74] 귀납적 연역법을 점층적인 성격을 지닌 점진성을 염두에 두고 구성할 수 있다면 설교에 명료성을 갖추어 보다 효과적인 설교 사역이 될 수 있다.

설교에서 점진성을 사용해야 할 몇 가지 이유가 있다. 첫째, 점진성은 성경에 나오는 계시의 원리이기 때문이다. 성경은 점진성을 가지고 기록된 하나님의 말씀이다. 예언이 주어지고 반복되고 발전되다가 점차 현실로 성취된다. 처음에는 모형적, 상징적, 암시적으로 계시하던 내용을 점차 분명하고 구체적인 의미로 드러내고 완성한다. 특히 메시아를 향한 모형과 예언은 시간이 흐를수록 점차 고조되고 구체화되면서 신약에 이르러 예수 그리스도 안에서 성취되고 완성된다. 점진성과 점층성을 특징으로 한 구속 역사가 바로 성경이다.

---

[74] Martyn Lloyd-Jones, 77.

설교도 성경과 마찬가지로 점진성을 고려하며 구성되어야 한다. "설교란 정상을 향해 묵묵히 전진하는 등산과도 같다."[75] 설교자는 이러한 점층적인 성격을 가진 점진성을 통해서 설교의 정상을 향한 등반에 임해야 한다.

둘째, 점진법은 청중을 사로잡을 수 있는 수사법이기 때문이다. 사람에게는 중요하고 결정적인 내용을 마지막에 듣고 싶어 하는 심리가 있다. 익숙한 3대지 설교라 할지라도 청중은 비중이 덜한 내용을 먼저 듣고 마지막에 가서야 비중이 높은 내용을 듣고 싶어 하는 심리적 욕구가 있다.[76] 영화에서 비중 있는 내용이 먼저 나오고 점차 덜 중요한 내용이 이어진다면 시청자는 필연 흥미를 잃고 말 것이다. 용두사미로 끝나는 영화는 흥행에 실패할 수밖에 없다. 설교에서도 마찬가지다. 용두사미로 진행되는 설교는 청중의 흥미를 끌지 못한다. 그리고 흥미를 끌지 못하는 설교는 내용과 상관없이 청중의 외면을 받게 된다.

따라서 우리는 설교를 진행하면서 아직 중요한 얘기는 나오지 않았다는 사실을 보여 줄 수 있어야 한다. 그렇지 않으면 설교의 구조는 무미건조한 진술을 담아내는 그릇이 될 것이다. "점진적 발전을 통한 긴장감이 사라질 때 설교는 탄성을 잃은 고무줄에 불과하다."[77] 하지만 점차 고조되어 가는 설교를 들을 수 있다면 청중은 설교의 마지막까지 팽팽한 긴장감을 느끼며 집중할 것이다. 그 결과 구조의 점진성은 설교자에게는 설교의 힘을 실어 주고 청중에게는 더욱 완성된 메시지로 명료하게 들을 수 있게 해서 더욱 큰 은혜를 누릴 수 있게 한다. 우리는 이러한 이유로 방향성을 가지고 움직이는 설교에 점차 고조되어 가는 점진성을 필수로 장착해야 한다.

그런데 주의해야 할 점도 있다. 설교를 점진적으로 구성하려는 목적 때

---

[75] 류응렬, "설교의 개요, 이렇게 작성하라", 220.

[76] 박영재, 『설교가 전달되지 않는 18가지 이유』 (서울: 규장, 1998), 79.

[77] 류응렬, "설교의 개요, 이렇게 작성하라", 221.

문에 초반부에 제시하는 내용이나 사상을 별로 중요하지 않은 것처럼 다뤄서는 안 된다. 설교를 통해서 제시하는 모든 내용은 전부 가치 있고 의미 있어야 한다.[78] 질문을 하나 제기해도 청중을 사로잡을 수 있는 내용이어야 한다. 단 한마디의 말일지라도 없어서는 안 될 중요한 내용이어야 한다. 본문의 해석된 내용을 하나 제시할 때도 설교 전체에서 볼 때 중요한 퍼즐 가운데 하나여야 한다. 그 퍼즐 조각이 없으면 설교 전체의 내용과 논리성이 무너질 정도로 중요해야 한다. 점진적이고 점층적이라 해도 설교의 모든 내용은 하나도 예외 없이 중요하기에 그 출발의 가치를 절대 소홀히 여겨서는 안 된다. 하나님의 은혜는 설교의 전 과정에 흘러넘쳐야 한다.

④ 치밀성

귀납적 연역법을 따라 설교 자료를 배열할 때 '치밀성'도 고려해야 할 필수 사안이다. 설교의 구조를 구성할 때 치밀해야 한다. 청중이 설교를 들으면서 산만하고 불분명하고 밑도 끝도 없는 내용이라는 인상을 받지 말아야 한다. 요크(Hershael W. York)와 데커(Bert Decker)는 "모든 것 중에 가장 나쁜 자는 요점이 전혀 없이 한담하는 자인데, 비록 그 여정이 유용했어도, 그것은 확실히 가치가 없는 것이다"라고 말했다.[79] 설교자는 주된 사상을 어떻게 설명하고 드러내고 예증하고 반박하고 논증할지 일일이 결정하면서 구조를 치밀하게 구성해야 한다. 통일성을 갖추도록 치밀해야 하고 움직임을 갖도록 치밀해야 하고 점진성을 가지고 고조되도록 치밀하게 구성해야 한다. 만약 설교가 치밀하게 구성되어 효과적으로 연결되지 않으면 설교자가 아무리 다채롭게 얘기할지라도 청중은 흥미를 잃고 말 것이다.

---

[78] James W. Cox, 159.

[79] Hershael W. York & Bert Decker, *Preaching with Bold Assurance* (Nashiville: Broadman & Holman Publishers, 2003), 106.

설교를 치밀하게 배열하기 위해서는 적절한 자료의 선택이 중요하다.[80] 본문을 해석해서 나온 내용을 전부 다 설교를 위한 자료로 사용할 수 없다. 그 가운데 중심 주제에 맞춰 필요한 자료들만 선별해야 한다. 그 후에 목적에 맞게 정리하고 정렬해야만 비로소 최고의 효과를 낼 수 있다.[81]

또한 선택한 본문의 의미를 가장 잘 드러낼 수 있도록 예화나 청중의 삶에 관련된 이야기들을 잘 선별해야 한다. 오늘날 우리는 정보의 홍수 시대에 살고 있다. 하루에 인터넷에 올라오는 새로운 정보의 양만 따져도 그 수를 헤아리기 어렵다. 유튜브만 해도 하루에 올라오는 동영상 수가 미국 3대 TV 방송사에서 10년 동안 방영한 프로그램을 합친 수와 비슷하다고 한다. 우리는 많은 자료 중에서 30분에서 40분 분량의 설교를 위한 자료를 선택해야 하는데, 그 한 번의 선택이 설교에 주는 영향력을 알고 신중히 해야 한다.

예화를 선택할 때나 비유 하나, 문장 하나를 선별할 때도 치밀한 구성을 위해서 몇 번이고 다시 생각해야 한다. 그리고 그 자료들을 하나하나 연결해서 구조화할 때, 성경의 중심 주제를 가장 선명하게 드러내는 동시에 청중이 흥미를 느끼고 끝까지 집중할 수 있는 배열을 고민하면서 치밀하게 구성해야 한다. 명료한 설교 작성을 위한 치밀성의 강조는 아무리 해도 지나치지 않는다.

⑤ 간결성

명료한 설교 작성을 위해서 우리는 설교의 '간결성'을 염두에 두어야 한다. 간결성은 청중의 사고 과정을 돕는 데 매우 중요한 역할을 한다. 청중은 청각을 의지하며 단회적으로 말씀을 듣기 때문에 내용을 너무 복잡하게 배열

---

[80] 송인규, "강해설교란 무엇인가?" 『그말씀』, 통권 55호(1997년 2월), 271-272 참조.
[81] James W. Cox, 159.

하면 말씀 이해에 방해를 받는다. 설교의 구조와 내용은 할 수 있는 한 간결하게 준비해야 한다. 성경 본문의 의미를 해석한 내용을 전개하는 귀납적 전반부에서 중심 사상을 향해 이어지는 여정이 간결해야 한다. 그러면 청중이 설교 내용을 쉽게 이해하면서 따라올 수 있다. 밝혀진 의미를 중심으로 연역적으로 적용하며 전개하는 후반부에서도 너무 많은 내용을 동시에 다루지 말고 핵심적인 내용을 선택해서 간결하게 구성해야 한다. 청각을 통해서 받아들일 수 있는 인지 능력은 시각에 의해서보다 훨씬 떨어진다는 사실을 기억해야 한다.

하나의 문장을 준비할 때도 명료하게 전달하기 위해서 가능한 단문으로 작성해야 한다. 한 문장 안에 접속사가 하나 이상만 들어가도 청중이 느끼는 사고의 부담은 몇 배로 증가한다. 하물며 단락을 연결하는 구조에서 너무 많은 가지를 뻗는다면 어떻게 되겠는가. 그 설교를 듣는 청중은 설교의 요점을 제대로 이해하지 못하고 언어의 망망대해에서 헤매게 될 것이다. 그러므로 설교는 하나님의 말씀이 목적하는 바를 드러내는 한에서 가장 간결한 구조를 취해야 한다. 그것이 가장 효과적인 설교의 구성을 이루는 하나의 전략이다.

설교를 준비할 때, 청자가 아니라 독자를 염두에 두고 구조를 계획할 수도 있을 것이다. 만약 독자를 염두에 두고 설교문을 작성한다면 구조가 좀 더 복잡해도 큰 문제가 되지 않는다. 읽는 목적으로 기록되는 설교는 듣는 목적으로 구성되는 설교보다 훨씬 복잡하고 화려해도 괜찮다. 그러나 수사적인 배열을 고려할 때는 그 대상이 청자라는 사실을 명심해야 한다. 그래서 설교는 명료해야 한다. 그리고 이를 위해 간결하게 구성해야 한다. 혹시 글을 복잡하게 쓸 수 있는 사람일지라도 설교문을 작성할 때는 언어와 구조를 훨씬 쉽고 간결하게 준비해야 한다.

⑥ 자연스러움

귀납적 연역법은 혼합적 구조이기 때문에 복잡하고 명료성이 떨어지는 구조로 오해하기 쉽다. 그리고 실제 이 구조를 능숙하게 사용하지 못하면 우려가 현실이 될 가능성이 커진다. 이 문제를 해결하기 위해 설교의 구조는 설교의 중심 사상을 명확하게 드러내야 하고 그 흐름이 자연스러워야 한다. 한 편의 설교를 통일성 있고 움직임이 좋고 점진적으로 목적으로 향해 나아가도록 적절한 자료를 선택해서 치밀하게 구성했다면, 이제 마지막 남은 과제는 자연스러움이다. 설교의 전개가 자연스럽지 않으면 명료성은 크게 떨어진다.

설교는 자연스러운 움직임을 가져야 한다. 앞의 말과 뒤의 내용이 서로 자연스럽게 이어지지 않으면 청중은 혼란스러워하며 설교의 논리적인 흐름을 이해하지 못한다. 그러면 결국 설교의 목적을 이루지 못할 것이다. 설교의 전개가 자연스러울 때 설교 내용은 명료해지며 당연히 청중은 자연스럽게 설교의 내용을 이해하며 따라오게 될 것이다. 설교의 흐름은 인위적이거나 억지스러워서는 안 된다. 마치 물이 흐르듯이 자연스럽게 진행되어야 한다.

설교 구조를 자연스럽게 만들기 위한 몇 가지 실천 원리가 있다. 첫째, 본문이 제시하는 논리적인 순서나 이야기의 흐름을 적절하게 사용하면 자연스러운 구조를 구성할 수 있다. 예를 들어, 본문이 어떤 사건이나 교훈에 대해 말할 때 먼저 '원인'을 보여 주고 그 후에 '결과'를 보여 준다면, 설교의 구조를 본문의 흐름을 따라 구성하면 된다. 그러면 구조가 자연스러워질 수 있다.

바디매오가 눈을 뜬 기사는 커다란 여리고 성에 있는 여러 맹인 중에 유독 그 한 사람만 시력을 회복한 놀라운 사건이었다(막 10:46-52). 그런데 그 내용을 전개하는 본문은 먼저 바디매오가 치유받을 수 있었던 중요한

'원인'을 몇 가지로 보여 준다. 그 후에 원인들을 통해 일어난 치유의 '결과'를 보여 주었다. 이와 같은 구조는 예수님의 기적 사건에서 흔히 볼 수 있는 전개 방식이다. 이야기이기 때문에 당연히 귀납적인 흐름으로 전개되었다. 설교자는 이런 기적 사건을 설교할 때 본문에서 제시한 순서를 따라 자연스럽게 원인과 결과의 인과관계로 설교를 구성할 수 있다. 그러면 설교의 구조는 자연스러워질 것이다.

둘째, 청중의 심리적 욕구 순서를 따르면서 설교의 배열을 자연스럽게 할 수 있다. 청중의 심리적인 요소는 배열을 자연스럽게 하는 데 중요한 요인이 된다.[82] 인간은 과거에 어떤 사건이 발생했다는 말을 들으면 자연스럽게 그것에 어떤 의미가 있으며 현재에는 어떤 교훈이 되는지 생각한다. 또는 과거에 발생한 사건이 아직 미종결 사건이라면, 그것이 어떻게 발전되고 있으며 어떻게 완성되어 갈 것인지 생각하게 된다. 이는 사람의 인식이 흘러가는 자연스러운 과정이다. 이와 같은 청중의 심리적 욕구의 자연스러운 흐름을 따라 설교 자료를 배열한다면 설교는 명료해질 것이며 청중은 훨씬 더 쉽게 설교 내용을 이해할 수 있을 것이다.

셋째, 질문이나 전환과 같은 수사법을 잘 사용해야 한다. 대지를 전개할 때 아무런 이유 없이 갑자기 어떤 결과를 제시한다면 청중은 이를 쉽게 받아들이지 못한다. 또는 문제를 제기하다가 적절한 전환 없이 갑자기 다른 이야기로 옮겨가면 크게 당황할 수밖에 없다. 단락에서 단락으로 넘어갈 때 전환이 적절하게 이뤄질 수 있도록 분명한 단서를 제공하고, 적절한 접속사를 사용하고, 당위성을 밝히는 과정을 거쳐야 한다. 질문도 좋은 전략이다. 그래서 청중이 단락에서 단락으로 넘어가는 이유, 하나의 단락에서 전혀 다른 새로운 단락으로 전환되는 이유를 쉽게 이해하게 해야 한다. 그리고 이

---

[82] 박영재, 『설교가 전달되지 않는 18가지 이유』, 69-79 참조.

방법들은 모두 수사법이다. 설교자가 그와 같은 수사법을 적절하게 사용할 수 있다면 설교는 자연스러운 흐름을 갖게 되고 청중은 논리적으로나 심리적으로 자연스럽게 설교의 흐름에 참여하게 될 것이다.

자연스러움은 한 편의 설교를 작성할 때 그 완성도를 좌우하는 중요한 요인이다. 설교의 배열을 명료하게 하려면 전개의 자연스러움을 항상 고려해야 한다.

2) 구조를 고려한 충실한 해석

설교자는 한 편의 설교를 위해서 오랜 시간 동안 성경 본문을 철저하게 연구하고 해석한다. 짧은 시간 설교하기 위해 긴 시간 동안 성령을 의지하며 필요한 비평적 해석 방법으로 본문을 대한다. 그런데 이때 설교자의 신학이 해석 작업에 직접적인 영향을 끼칠 수밖에 없다. "설교자는 단순히 성경을 설교하지 않고 신학적 렌즈를 통해서 성경을 해석한다."[83] 따라서 성경을 해석할 때도 어떤 신학을 가지고 어떤 사안에 중점을 두느냐의 문제를 반드시 생각해야 한다.

또한 해석은 항상 전달을 목적으로 해야 한다. 전달되지 않는 해석은 설교가 아니다.[84] 본문을 정확하게 해석해서 의미를 발견하려는 이유는 그것을 전달하기 위해서다. 설교자가 단순히 본문을 묵상하려는 목적으로 해석하는 것도 큰 유익이 있겠지만, 적어도 설교를 위해서 해석할 때는 청중에게 본문의 의미와 내용을 전달하려는 목적으로 시행해야 한다. 그리고 전달을 목적으로 한 해석의 내용과 과정을 설교 안에 녹여내야 한다.

특히 귀납적 연역법은 개혁주의 신학을 통해 성경을 바르게 해석하고

---

[83] Ronald J. Allen, *Thinking Theologically*, 4.
[84] 정창균, 『고정관념을 넘어서는 설교』, 25.

그 내용을 전달하려는 목적으로 시행하는 설교 방식이다. 이를 위해서 설교를 구성할 때 해석과 관련해서 몇 가지 고려해야 할 중요한 사안이 있다.

① 저자 중심 해석

귀납적 연역법의 구조로 구성하는 설교의 절반 이상은 성경 본문의 내용을 다룬다. 설교자의 역할은 성경 본문이 보여 주는 바에 순종하면서 해석한 내용을 다시 그 과정까지 포함해서 귀납적으로 청중에게 보여 주는 데 있다. 따라서 성경 본문을 어떤 관점으로 해석했는지는 설교의 의미에 있어서 그 어떤 방법론보다 더 결정적인 역할을 한다. 개혁주의는 성경 본문에 순종하기를 신학 작업의 최우선적 가치로 안다. 이는 본문을 따른다는 의미라기보다 저자이신 하나님을 따르고 순종한다는 의미다. 해석에 있어서는 더욱 그렇다.

개혁주의 해석학은 본문을 통해 말씀하시려는 저자의 뜻을 찾으려는 저자 중심 해석을 한다. 원저자이신 하나님께서 많은 단어 중에 유독 어떤 특정한 단어를 자주 사용하셨다면 분명한 목적이 있기 때문이다. 우리는 해석을 통해 그 뜻을 찾아야 한다. 또한 수사법과 본문의 구조를 통해 하나님께서 강조하시는 의미가 반드시 있다. 이를 찾아 해석해야 한다. 신학적, 문법적, 문예적, 역사적 해석 등의 해석 방법은 모두 성경을 통해 하나님께서 말씀하시는 바를 정확하게 찾아내기 위한 목적으로 사용되어야 한다. 성경적인 설교는 원저자가 성경을 통해 제시하는 의미와 흐름을 충실하게 따르는 설교다.[85] 그리고 성경적인 설교는 해석의 결과로 하나의 중심 주제를 발견하고, 그 주제를 중심으로 연결되는 본문의 내용을 체계화하는 방식이다.

저자 중심 해석은 기본적으로 성경 신학적인 해석보다는 본문 자체를

---

85 Donald R. Sunukjian, 13.

통해 주시는 고유의 의미를 밝히는 데 주력한다. 성경 신학적인 해석은 구속사의 틀에 특정 본문의 위치를 결정하는 데 해석의 목적을 두고 있기에 자칫 성경 본문을 통해서 말씀하시는 하나님의 직접적인 의도를 희석할 위험이 있다. 따라서 일차적으로 본문 자체를 해석해서 그 의미를 밝혀야 한다. 물론 본문이 성경 신학적인 내용을 분명하게 드러내려는 목적으로 기록되었다면 성경 신학적인 해석을 가장 중시해야 하지만, 그렇지 않다면 본문을 해석할 수 있는 가장 적절한 다른 방법을 찾아야 한다. 그리고 그 해석이 구속사적으로 전체 성경에서 벗어나지 않도록 확인하고 최소한의 흐름을 유지하는 데 역할을 다하게 하면 된다. 다른 신학도 마찬가지다. 항상 신학이 본문의 의미를 왜곡시킬 위험을 안고 있다. 어떤 신학도 본문을 통해 말씀하시려는 하나님의 고유한 의미를 왜곡시켜서는 안 된다. 그만큼 저자이신 하나님의 의도를 찾아서 전하는 일이 성경적인 설교의 중요한 해석의 목표다.

하지만 신설교학은 성경 본문의 의미를 해석하는 데 별로 관심이 없다. 저자의 의도를 찾는 일을 가치 없게 여긴다. 그들은 본문의 의미를 해석하기보다 독자나 청자가 자신의 경험에 맞춰 스스로 의미를 찾아가도록 유도한다. 이는 신설교학에게 영향을 준 자유주의와 실존주의 신학의 영향 때문이다. 또한 후현대주의 세계관과 사상의 영향을 받았기 때문이다. "후현대주의는 성경 본문의 저자가 의도하는 의미라는 개념을 무시한다."[86] 그래서 신설교학자들은 본문이 아니라 인간의 삶의 정황을 해석하는 데 더 관심이 많다. 자유주의 신학자들의 '해석학적 대역전'(hermeneutic great reversal) 현상이 신설교학의 성경 해석에 고스란히 나타난다.

성경적인 설교는 저자 중심 해석학으로 성경을 대한다. 인간의 상황이

---

86 Steven D. Mathewson, 48.

해석의 기본적인 전제가 될 수 없다. 신해석학의 독자 중심 해석으로 성경의 진리를 훼손시킬 수 없다. 본문 중심 해석학으로 하나님의 의도를 무시해서도 안 된다. 그리고 저자 중심으로 성경을 해석한다는 사실은 성경적인 설교학의 성경관을 분명히 보여 주는 것이다. 다른 성경 해석학들도 당연히 성경에 대한 관점에서 각자의 이론이 나왔다.

귀납적 연역법은 개혁주의와 보수주의 성경관에서 출발한다. 성경은 하나님의 정확무오한 말씀이며 하나님께서는 기록된 말씀을 통해서 오늘도 여전히 말씀하신다는 사실을 믿는다. 그래서 성경을 통해 주시는 하나님의 음성을 듣고 그 내용을 청중에게 전달하는 것을 최우선적 목표로 삼는다.

귀납적 연역법은 성경을 통해 하나님께서 말씀하시도록 설교의 절반 정도를 할애한다. 설교자가 저자 중심의 해석을 하는 것에 멈추지 않고, 귀납적인 구조를 통해 청중이 함께 설교의 과정에 참여해서 성경 본문을 통해 하나님께서 하시는 말씀을 듣게 한다. 청중은 설교자가 본문을 잘 해석해서 전하면 할수록 그다음에 말씀을 듣기 위해 더 많이 찾을 것이다.[87] 귀납적인 전반부는 순수하게 이를 목적으로 한다. 본문을 통해 하나님께서 말씀하시는 바를 귀납적으로 전개해서 청중과 함께 설교자가 깨달은 의미를 경험하게 하는 것이다.

따라서 청중은 이 과정에 직접 참여하면서 설교자가 얼마나 정확하게 본문을 통해 주시는 하나님의 목소리에 귀를 기울였는지 쉽게 파악할 수 있다. 그리고 본문을 해석하는 과정을 통해 하나님께서 무엇을 말씀하시는지 직접 깨달을 수 있다. 바로 이런 이유로 인해서 설교자는 더욱 철저하게 저자 중심 해석으로 본문을 대해야 한다. 이 시대에도 여전히 "후현대주의의 외형에 대항하여 우리는 본문의 의미를 이해할 가능성을 계속 옹호하며 이

---

[87] Walter Brueggemann, 20.

를 촉진해 나갈 수 있다."[88]

② 중심 사상을 찾는 해석

귀납적 연역법으로 설교하려면 본문에서 하나의 중심 주제를 찾아야 한다. 본문 해석의 기본적인 목적은 중심 주제를 찾는 데 있다. 성경 본문을 바르게 선택했다면 그 본문에는 하나의 중심 주제가 드러나게 되어 있다. 본문의 나머지 부분은 이를 드러내기 위한 조직적인 구성이다. 스티븐 메튜슨(Steven D. Mathewson)은 "본문에서 다양한 아이디어는 모두가 일관성 있게 이보다 더 크고 통합적인 중심 사상을 구성하기 위하여 각자의 역할을 하고 있다"라고 말했다.[89] 설교자는 해석을 통해서 이 많은 아이디어 가운데 하나의 중심 주제를 찾아야 한다. 본문을 해석하는 가장 중요한 목표는 저자의 의도를 파악하고 이를 하나의 문장으로 정리해 내는 것이다.

설교자는 그렇게 찾은 본문의 중심 주제를 귀납적 연역법의 구조에 담아 전개한다. 설교의 중심 사상을 향해 귀납적으로 전개하다가 본문의 중심 주제가 가지고 있는 신학적이고 일반적인 의미를 설교의 중심 사상으로 드러낸 후에 이를 연역적으로 전개하면서 청중에게 적용하고 설교를 마무리하는 것이다. 따라서 해석을 통해 본문의 중심 주제를 찾지 못했다면 귀납적 연역법의 설교를 구성할 수 없다. 설교의 구조를 명확하게 하고 그 구조를 통해 본문에서 말씀하시는 하나님의 뜻을 전하려면 해석의 과정에서 반드시 본문의 중심 주제를 찾아야 한다.

그리고 중심 주제를 찾는 과정에서 본문의 나머지 부분이 중심 주제와 어떻게 연결되어 있는지 살펴야 한다. 중심 주제와 나머지 내용의 연관성을

---

[88] Kevin J. Vanhoozer, *Is There a Meaning in This Text?* (Grand Rapids: Zondervan, 1998), 24.

[89] Steven D. Mathewson, 59.

밝혀내야 한다. 의미는 항상 문맥이 결정한다. 문맥은 하나의 중심 사상을 드러내기 위한 목적으로 조직적으로 구성되어 있다. 또한 문맥을 이루는 모든 내용은 중심 주제를 통해 정확한 의미와 역할을 부여받게 된다. 본문의 각 부분은 중심 주제와 어떤 식으로든 연결되어 있다. 따라서 성경을 바르게 해석하려면 문맥 안에서의 중심 주제의 의미와 문맥과 중심 주제의 상호 연관성을 동시에 파악해야 한다.

귀납적 연역법 구조에서 중심 주제를 발견하고 나머지 본문과의 연관성을 명확하게 이해했다면 적어도 귀납적으로 전개되는 설교의 전반부를 작성할 때 큰 어려움이 없을 것이다. 설교에서 중심 사상을 찾기까지의 해석 과정과 그 과정을 통해 발견한 본문과의 연계성을 설교하면 되기 때문이다. 설교자는 본문의 세부적인 도해도를 손에 들고 있기에 더욱 큰 확신으로 설교에 임할 수 있다. 또한 설교자의 확신은 기름에 불을 붙이는 것과 같아서 능력 있는 설교 사역을 이뤄낼 것이다. 중심 사상을 찾기 위한 해석은 하나님의 의도를 정확하게 파악하게 할 뿐 아니라 이처럼 큰 확신으로 설교할 수 있도록 설교자를 도울 수 있다.

③ 본문의 전개 방식을 고려하는 해석

설교자는 성경을 해석할 때 본문의 전개 방식을 고려해야 한다. 단어 하나를 분석해서 의미를 찾는 작업도 필요하다. 본문의 중심 주제인 신학적 의미를 찾아 해석하는 일은 무엇보다 중요하다. 동시에 그 주제를 드러내기 위해서 하나님께서 사용하신 본문의 구조 자체를 면밀하게 분석하는 일도 매우 중요하다. 구조를 파악할 수 있다면 의미를 쉽고 정확하게 해석할 수 있기 때문이다. 본문은 하나님께서 의도하신 중심 주제를 드러내기 위해 조직적으로 구성되어 있다. 그 전개 방식을 고려하면서 해석할 때 주께서 의도하신 진리를 발견하는 기쁨을 얻는다. 그리고 그렇게 찾은 본문의 전개 방식을 설교에 가져다 적절하게 사용할 수 있다. 설교를 구조화하는 "바람직한 방식은 주석을 통해 찾아낼 수 있는 적절한 배열에 유의하면서 설교 전체를 본문 고유의 리듬을 반복하면서 구성하는 것이다."[90]

본문의 전개 방식을 고려하는 해석에는 몇 가지 방법이 있다. 첫째, 본문의 내용과 전체 구조가 파악될 때까지 계속 관찰하면서 읽어야 한다. 성경 해석의 기본은 '관찰'에 있다. 성경을 단순히 읽는 작업은 해석의 기본이다. 그리고 언제나 기본이 가장 중요하다. 성경 본문을 완전히 이해할 때까지 몇 번이고 반복해서 읽어야 한다. 그때 구조를 살피면서 읽어야 한다. 본문의 전체 구조가 명확히 드러나고 그 구조를 통해 하나님께서 말씀하시는 바를 정확히 깨달을 때까지 계속 읽어야 한다.

관찰 작업을 통해 본문의 전체 구조와 내용을 정확히 이해했다면, 이어서 문맥 속에서 각각의 단어와 문장의 의미를 해석해야 한다. 본문의 구조를 이해했다는 말은 곧 본문이 중심 주제를 제시하는 방식을 이해했다는 말과 같다. 그렇다면 이제 그 중심 주제를 드러내기 위해서 각 단어와 문장이 문맥 안에서 어떻게 연결되어 있는지 낱낱이 밝히며 해석해야 한다. 이 작업을 마치면 설교자는 두 손에 설교할 수 있는 중심 사상과 그 주제를 드러내는 전개 방식, 그리고 다양한 설교 자료들을 받아 들게 될 것이다.

둘째, 본문의 전개 방식을 고려하면서 중요한 논제와 난제를 제시한 방식을 주의 깊게 살펴보아야 한다. 성경 본문은 하나의 중심 주제를 드러내기까지 내용을 심화시키며 전개하고 있다. 직관적으로 알 수 있는 의미도 있지만 대부분 반드시 해석해야 의미를 파악할 수 있도록 조직화했다. 설교자는 바로 그 부분을 정밀하게 해석해야 한다. 그리고 이때 신학적 해석 방법을 유용하게 사용할 수 있다. 성경 본문의 논제와 난제를 파악하는 데 설

---

[90] Karl Barth, 155.

교자의 성경 신학과 조직신학과 신앙의 유비는 중요한 역할을 한다.

그렇게 본문에서 찾은 중요한 논점이나 난제들은 설교에서 매우 중요하게 사용될 수 있다. 귀납적으로 의미를 찾아갈 때나 연역적으로 한 대지를 형성할 때 설교자가 사용할 수 있는 논리나 중요한 이야기를 제공한다. 청중도 그 부분을 해석하고 적용하는 과정을 따라오면서 본문의 의미를 더 정확하게 이해할 수 있고 성경에서 보화를 발견하는 기쁨을 누릴 수 있다. 따라서 많은 에너지가 들더라도 그 부분을 찾아서 해석하는 데 힘을 쏟아야 한다. '이 본문의 중심 주제는 무엇인가?', '이 본문이 기록되었을 때 이 말은 무슨 의미였을까?', '이 본문에 왜 이런 신학적 난제가 나타나고 있을까?', '이 문제의 답은 무엇일까?', '저자는 왜 이 내용을 본문에 수록하였을까?' 등을 항상 고민하면서 정확한 답을 찾아야 한다. 이러한 질문들과 그에 대한 대답을 찾는 과정은 귀납적 연역법 구조의 설교에서 매우 중요한 자료가 될 수 있다.

셋째, 성경에 나오는 수사법들을 주의 깊게 살펴보아야 한다. 수사법을 사용하는 일차적인 목적은 강조에 있다. 하나님께서 성경을 기록할 때 아이러니나 역설과 같은 수사법을 굳이 사용하신 이유는 말씀하시려는 바를 더욱 두드러지게 강조하기 위한 목적이 있기 때문이다. 의미를 뒤로 미루거나 비유를 사용하거나 교차 대구법을 통해서 앞뒤로 본문을 데칼코마니처럼 배열하는 이유 역시 의미를 강조하기 위해서다. 하나님께서 수사법을 사용해서 특정한 의미를 강조하신 데는 분명한 목적이 있다. 또한 때로 수사법은 중심 주제를 드러내는 가장 핵심적인 수단이 되기도 한다. 그래서 수사법을 잘 해석하기만 해도 본문의 중심 명제를 쉽게 찾을 수 있다.

본문에 나온 수사법은 성경에서 찾은 의미를 귀납적으로 전개할 때 매우 유용한 도구가 될 수 있다. 수사법을 해석하며 의미를 찾기까지의 과정을 설교 형식에서 그대로 가져다 사용할 수 있다. 그 과정은 귀납적이기 때문에 귀납적 전반부의 좋은 자료가 된다. 청중은 하나님께서 본문에서 강조하고 있는 내용이 무엇인지 이해하고 수사법을 통해서 본문의 핵심을 파악하게 될 것이다.

④ 적절한 해석 방법들을 통한 비평적 해석

해석에서 중요한 것은 본문을 해석하는 가장 적절한 방식을 찾고 결정하는 일이다. 때로 한 가지 해석 방법을 사용해서 본문의 의미를 정확히 이해할 수 있다. 하지만 특정 본문에 어떤 해석 방법이 가장 적절한지 알려 주는 사람은 없다. 또한 하나의 해석 방법이 모든 본문을 해석하는 데 항상 유용한 것도 아니다. 그보다 본문을 해석할 때 여러 해석 방법을 동시에 사용하는 것이 더 안전할 수 있다. 특정한 해석 방법의 일관적인 사용으로 인한 의미 왜곡의 위험성을 통합적인 접근으로 줄이거나 상쇄시킬 수 있기 때문이다. 여러 해석 방법을 동시에 사용해서 본문의 적절한 의미를 확정하는 것은 본문의 의미를 더욱 정확하게 찾을 수 있는 안정적인 방법이다. 하지만 여러 해석 방법을 선택할 때도 적절한 해석 방법들을 사용하기 위한 신중함이 필요하다.

이때 설교자가 가장 적절한 해석 방식들을 선택해서 본문의 의미를 찾는 과정을 '비평적 해석'이라고 한다. 본문의 비평적 해석은 어휘적, 문법적, 문화적, 신학적, 역사적, 지리적인 면 등에서 적절하게 정당성을 확보하는 방식을 찾아서 사용하는 것을 의미한다.[91] 설교자는 통합적인 방식으로 본문을 해석하되 비평적 해석을 통해 가장 적절한 해석 방법을 찾아 해석 작업에 임해야 한다.

그리고 비평적 해석은 귀납적 연역법의 구조에 중요한 역할을 할 수 있

---

91 D. A. Carson, *Exegetical Fallacies* (Grand Rapids: Baker Books, 1996), 16.

다. 비평적으로 해석할 때는 각각의 본문을 위한 특정 방법을 사용하는 정당한 이유가 있기 마련이다. 설교자는 본문을 해석할 때 그가 알고 있는 모든 해석 방법을 다 동원하지 않는다. 그 가운데 나름의 분명한 이유를 가지고 하나 혹은 그 이상의 해석 방법을 사용한다. 그렇기에 어떤 의미를 찾기까지 비평적으로 해석한 분명한 이유와 해석 과정을 가지고 있기 마련이다. 귀납적 연역법에서는 이게 중요하다.

귀납적 연역법에서 비평적 해석이 중요한 이유는 단지 정확한 해석을 하기 위해서만이 아니다. 귀납적 연역법이 의미를 찾기까지의 해석과 추론의 과정을 어느 정도 보여 주기를 요청하고 있기 때문이다. 설교자는 비평적 해석을 통해 본문에서 의미를 도출하기까지의 해석의 정당성을 확보할 수 있다. 그리고 이를 귀납적 연역법을 통해 논리적이고 합리적인 방식으로 제시할 수 있다. 그래서 청중이 본문에서 나온 의미를 정확하게 확인하고 이해할 수 있도록 도울 수 있는 것이다.

3) 중심 사상을 따라 구성

설교를 위해 자료를 배열할 때 반드시 주지해야 할 점은 본문의 중심 주제와 설교의 중심 사상을 가장 잘 보조할 수 있는 형태로 구체화해야 한다는 점이다.[92] 귀납적 연역법은 성경 본문의 중심 주제를 찾아서 설교의 중심 사상으로 삼고 이를 설교에서 드러내고 적용하며 전개하는 방식이다. 이는 귀납적 연역법 구성의 핵심 사안이다.

모든 설교에는 한 가지 중심 사상이 있어야 한다. 너무 많은 설교들이 아직도 미리 정한 목표를 맞추기 위해 소총으로 주의 깊게 접근하기보다 산

---

92 John R. W. Stott, *Between Two Worlds*, 228.

탄총처럼 쏴서 아무거나 맞으면 된다는 식으로 접근하고 있다.[93] 한 설교 안에 여러 주제를 목적 없이 난발하는 것이다. 하지만 "좋은 설교는 산만하게 이것저것을 늘어놓는 잡화상이 아니라 전개되어 가면서 그 중심 메시지가 드러나고, 느끼게 되며 보게 하는 설교다."[94] 또한 성경적인 설교는 하나의 중심 사상으로 전개되는 방식을 중요 개념으로 삼고 있다. 귀납적 연역법은 성경적인 설교 방식으로서 당연히 하나의 중심 사상을 가진 설교로 구성되어야 한다. 혹시 한 설교 안에서 여러 말씀을 동시에 전해도 그 모든 내용을 묶는 한 가지 중심 주제가 명확하게 드러나는 방식으로 설교해야 설교가 살아날 수 있다.[95]

귀납적 연역법은 반드시 본문의 중심 사상을 따라 설교를 구성하되 중심 사상을 가장 잘 드러낼 수 있는 방식을 찾아 전개해야 한다. 성경 본문에서 중심 주제를 드러내는 방식을 찾아 설교의 배열에 그대로 사용해도 된다. 또 중심 주제를 드러내기 위한 목적으로 이를 재배열해서 구성해도 괜찮다. 설교자는 설교의 핵심 아이디어들이 설교의 흐름 속에서 어느 지점에 나타나야 할지 고민하며 가장 적합한 자리를 찾아야 한다. 그리고 그 나머지 자료와 내용을 핵심적인 아이디어에 연결해서 이를 드러내고 강화하고 설명하고 적용하는 방식으로 전개해야 한다. 이때 설교의 중심 사상은 설교의 내용이 바른 방향으로 전개되도록 계속 도울 것이다.

여기서 한 가지 생각할 사안이 있다. 보통 설교를 준비할 때 본문을 해석하는 과정은 설교를 작성하는 과정과 따로 분리해서 이해하고 있다. 그래서 본문의 중심 주제는 설교의 중심 사상으로 적절하게 바꿔서 표현해야 한다고 말한다. 그런 의미에서 라메쉬 리처드(Ramesh Richard)는 성경을 해석

---

93 Graham Johnston, 94.
94 김운용, 『현대설교 코칭』, 202.
95 류응렬, "중심사상을 찾아가는 개혁주의 강해설교", 215.

하고 그 의미를 설교할 때 반드시 '목적의 다리'를 건너야 한다고 말했다. 그는 목적의 다리를 건너는 작업이 설교의 두뇌에 해당하는 부분이며 성경 본문과 설교 사이를 연결하는 고리라고 말했다.[96] 그의 말처럼 성경 본문의 중심 명제는 목적의 다리를 건너서 설교의 중심 명제로 표현되어야 한다. 스눅지언(Donald R. Sunukjian)도 같은 맥락에서 본문의 중심 주제를 '영원한 진리'(timeless language)로 바꿔야 한다고 말했다. 과거에 기록된 본문의 의미에서 모든 시대에 적용 가능한 원리로 바꾸라는 뜻이다. 또한 그는 한 발 더 나가서 '집으로 가져갈 진리'(take-home truth)를 만들어 설교를 통해 구체화하라고 말했다.[97] 이는 모든 시대에 통용 가능한 우주적인 원리를 오늘의 청중에게 가장 적합한 언어로 바꾸라는 말이다. 그의 말처럼 설교자는 성경 본문의 중심 메시지를 통시적인 원리로 바꾼 후에 현시대 청중에게 적용 가능한 진리, 혹은 집으로 가져갈 수 있는 문장으로 만들어 제시해야 한다.

귀납적 연역법은 성경 본문이 말하는 바를 과거 역사적 정황 속에서 이해하고 해석해서 비교적 그 의미와 과정을 그대로 제시하는 데 설교의 절반가량을 할애한다. 따라서 성경 본문의 중심 주제와 그 주제를 도출하기까지의 과정을 설교에서 고스란히 드러내고 있다. 그러나 이때도 설교자는 과거의 사건이나 이야기를 해석하는 과정과 그 의미를 전개하면서 목적의 다리를 건너 '통시적인 진리', 혹은 '우리 시대에 적용 가능한 원리'로 바꿔서 표현해야 한다. 그러면 청중은 성경 본문의 중심 주제가 설교의 중심 사상이 되어 자신의 삶에 적실하게 내려앉는 경험을 할 것이다. 스눅지언의 표현대로 말하자면, 설교자는 귀납적인 과정을 통해 '과거의 의미'를 '영원한 진리'로 바꿔서 보여 줘야 하며, 연역적인 전개를 통해 이 '영원한 진리'를 다시

---

96   Ramesh Richard, 106,107.

97   Donald R. Sunukjian, 65-73.

'집으로 가져갈 수 있는 진리'로 바꿔 청중의 삶에 적실하게 적용해 주어야 한다.

4) 청중을 염두에 둔 구성

전통적인 설교는 본문의 의미를 밝히는 데에만 모든 관심을 두고 힘을 쏟았다는 비판을 받는다. 청중에게 전달되는지 어떤지는 관심이 없고 그저 권위를 가지고 선포하기만 했다는 것이다. 신설교학은 그 결과로 오늘날 청중이 더 이상 설교를 들으려 하지 않게 되었다고 말한다. 크래독은 이런 비판 중에 "기대감이 낮은 곳에는 성취감도 일반적으로 더 낮다"라고 말했다.[98] 하나님의 말씀에 대한 기대가 없는 곳에서는 말씀 사역이 활발하게 일어나지도 않는다는 말이다.

청중에게 설교가 전달되지 않는 이유가 설교자나 전통적인 설교 방식에만 있는 것은 아니다. 청중 가운데는 성경적인 세계관과 다른 이데올로기를 갖고 있어서 말씀을 진지하게 듣지 않고 흘려보내는 사람들이 있다. 자신이 가지고 있는 가치관과 개인적인 경험과 이해와 인식 체계 등을 포함한 여러 요인 때문에 설교에 집중하지 못하거나 부정적으로 판단하며 듣는다. 설교자는 그런 청중을 이해하거나 그런 청중에게 어떻게든 말씀을 전달하려고 고민해야 한다. 그렇지 않고 지금까지처럼 설교자 중심의 설교를 계속한다면 앞으로 텅 빈 교회에서 홀로 설교하게 될 날이 올지도 모르겠다.

그래서 신설교학은 나름대로 새로운 형식으로 청중의 시선을 사로잡으려는 여러 시도를 해왔다. 필자도 구조의 변화를 통한 설교학의 새로운 도전에 편승하여 성경적인 설교의 구조로서 귀납적 연역법을 제시하고 있다. 하지만 귀납적 연역법의 설교는 전통적인 설교와 마찬가지로 청중이 별로

---

98 Fred B. Craddock, *As One Without Authority*, 6.

궁금해하지 않는 성경 본문의 내용을 말하기 위해 설교의 많은 부분을 할애하는 방식이다. 따라서 설교 형식의 특징을 잘 살리지 못한다면 청중은 설교에 귀를 기울이지 않을지도 모른다. 이를 구조적인 특징으로 얼마든지 극복해 낼 수 있지만, 그래도 우리는 구조를 정교하게 다듬는 일에 공을 들여야 한다. 형식을 통해 청중을 배려하고 청중 중심으로 설교를 전개하면서 청중의 관심을 끌어야 한다. 청중이 호기심을 가지고 들을 수 있도록 형식을 통해 설교를 매력적으로 만들어야 한다.[99]

본문 해석의 내용과 과정을 설교의 직접적인 자료로 사용할 때 그 자료를 어떻게 배열하느냐에 따라서 청중이 집중해서 들을 수 있는 다양한 설교의 구성이 가능해진다. 귀납적 연역법은 이런 과정을 통해서 청중의 시선도 집중시키며 본문의 내용도 정확히 전달하는 설교로 구성해야 한다. 문제는 청중을 염두에 두고 청중이 집중할 수 있도록 설교를 구성하기 위해 얼마나 고민하느냐에 있다. 라메쉬 리처드는 청중에 대한 배려는 구조화에 대한 노력으로 나타난다면서 다음과 같은 말을 했다.

> 설교는 본문을 중심으로 구성해야 할까 아니면 성도를 중심으로 구성해야 할까? … 이 질문에 대한 답으로서, 설교의 흐름의 형식은 성도를 염두에 두고 구성되어야 한다고 제안하고 싶다. **본론의 내용은 본문 중심이다.** 성도에 대한 고려는 설교의 형식적인 또는 외형적인 면에 영향을 미치게 된다. 본문에 대한 고려는 설교의 내용과 내적인 면에 영향을 미치게 된다. 그러나 어떤 경우에도 설교가 설교자를 중심으로 구성되어서는 안 될 것이다.[100]

---

99 Calvin Miller, 12.
100 Ramesh Richard, 132,133.

과거에는 청중을 깊이 고려하지 않았다. 심지어 중세 가톨릭은 성경이나 설교나 성가대의 찬양조차 청중이 알아듣지 못하는 라틴어를 사용해서 의도적으로 비밀스럽게 감췄다. 하지만 오늘날 설교자들은 절대 청중을 쉽게 생각하거나 가볍게 대해서는 안 된다. 문장 하나를 구성하고 수사법 하나를 사용할 때, 그리고 예화 하나를 준비할 때도 항상 청중을 염두에 두고 진행해야 한다. 청중을 위해야 한다. 성경적인 설교는 성경만 중시하는 설교가 아니다. 반드시 청중을 고려해서 그 내용이나 형식을 구성해야 한다. 귀납적 연역법의 구조를 구성할 때도 청중이 호기심을 가지고 더 잘 집중할 수 있는 방식, 청중에게 더욱 효과적으로 말씀을 전달할 수 있는 방식을 찾아야 한다.

5) 적실한 적용이 있는 구성

하나님께서 설교자에게 말씀하시는 것을 듣는 것이 해석이라면, 적용은 하나님께서 설교자들에게 요구하시는 일이다.[101] 사실 해석의 목적은 단지 하나님의 말씀을 바르게 이해한다는 차원을 넘어서 해석을 통해 밝혀진 의미를 적실하게 적용하는 데까지 이른다. 설교자는 먼저 하나님의 말씀을 듣고 이어 하나님의 말씀에 순종해야 한다. 말씀은 우리에게 적용을 요구한다. 그렇다면 설교에서 적용은 선택의 문제가 아니다. 설교자로서 반드시 해야만 하는 설교에 있어 필수적인 과정이다.

때로 어떤 설교자들은 적용이 있는 설교를 도덕적인 설교로 오해한다. 그리고 그리스도 안에서 정점을 이루는 구속 사역을 전하지 않고 단순히 인간의 삶이나 태도를 다루려는 설교를 도덕적, 윤리적인 설교로서 잘못된 설교라고 말한다. 하지만 구속사적 설교에도 반드시 인간의 반응과 믿음과 순

---

101   T. Norton Sterrett, *How to understand your Bible*, 『성경 해석의 원리』, 한국성서유니온 편집부 역(서울: 성서유니온선교회, 1978), 55.

종이라는 윤리적 요소가 설교의 본질적 요소로 담겨 있어야 한다.[102] 이는 바울의 구속사적 설교에서도 핵심적인 부분이었다. 제임스 톰슨(James W. Thompson)은 "미래적 행동에 대해 독자들을 교훈하려는 목적이 모든 바울 서신의 특징이다"라고 말했다.[103] 구속사를 강조하고 성경 본문에서 하나님의 구속 사역에 집중하는 해석은 성경에서 모범을 발견하여 청중의 삶에 적용하는 설교와 대치되지 않는다.[104] 오히려 구속사적 설교에서 윤리적인 적용을 시행하는 일은 권장되고 실행되어야 한다. 모든 설교는 적실한 적용을 반드시 필요로 한다.

설교자는 설교를 준비할 때 무엇보다 본문의 지배를 받아야 한다. 분명한 목적의식을 가지고 본문에 순종해야 한다. 그리고 해석된 본문의 내용과 의미가 설교의 내용을 통제하도록 해야 한다. 그러나 설교는 그 상태에서 끝나지 않는다. 설교의 내용은 역사 속에서만 적실한 것이 아니라 현재 청중에게도 적실해야 한다. 본문을 통한 적용이 시도되어야 하는 중요한 이유다.

본문의 해석 작업이 정확하게 이뤄졌다면 그 의미는 이제 과거의 것으로만 국한되지 않는다. 시대를 초월해서 적용 가능한 신학적인 의미와 원리로 발전되어 나타난다. 설교자는 이를 찾아서 우리의 청중에게 밝히고 적용해야 한다. 그 의미를 따라 청중이 어떻게 살아야 할지 말해 줄 수 있어야 한다. 하나님께서 성경이 기록된 당시 회중과 청중에게 하신 말씀은 그들의 신앙과 태도와 삶을 바꿔 나갔다. 하나님은 믿음에 대해서, 그리고 믿는 자의 삶의 원리와 방식에 대해서 숨김없이 말씀하셨다. 설교가 하나님의 말씀이라면 우리도 이처럼 구체적으로 적용하는 일에 거리낌이 없어야 한다. 오히려 더욱 큰 확신으로 임해야 한다.

102　Edmund P. Clowney, 80,81.
103　James W. Thompson, 63.
104　류응렬, "구속사적 설교", 82.

귀납적 연역법은 설교의 전반부에서 성경 본문이 하나님의 말씀이며 오늘 우리에게 원하시는 뜻이 있다는 사실을 밝힌다. 만일 청중이 진리에 이르기까지의 귀납적인 전개 과정에 동참했다면, 이후 그 진리가 자신에게 어떤 의미가 있고 그 진리를 따르려면 어떻게 해야 할지 깨닫길 원한다. 성경을 통해 자신에게 말씀하시는 하나님의 구체적인 음성을 듣고자 한다. 그러므로 설교자는 청중에게 적실한 적용이 이뤄지도록 설교해야 한다.

6) 성령의 조명과 역사 의존

성경 본문의 원저자이신 성령의 의도를 찾아서 그 의미를 밝히는 설교는 근본적으로 성령을 의지해야 한다. "나쁜 설교문과 좋은 설교문의 차이는 대체로 설교자의 책임이지만, 좋은 설교와 위대한 설교의 차이는 설교자와 더불어 청중의 마음에 역사하시는 성령의 역사에 달려 있다."[105] 우리는 수사법이나 해석학이나 설교 방법론 등의 기술적인 측면만 개발하고 의지해서는 안 된다. "인간의 이성은 스스로 하나님에게로 가는 길을 찾아갈 수 없다."[106] 오늘날 설교학의 논의는 기술적인 논의에서 벗어나질 못하고 있고 필자도 그 한계 아래에 있음을 인정할 수밖에 없다. 그러나 궁극적으로 성경을 중심으로 하고 성경을 설교하려는 시도는 바로 성경이 살아 계신 하나님의 말씀이며 성령 하나님은 지금도 성경 말씀을 깨닫게 하시고 그 말씀을 신앙과 행동의 규범이자 새 생명을 주는 능력이 되게 하신다는 믿음에서 출발해야 한다. 성경 중심적인 설교는 곧 성령의 조명과 간섭과 역사를 믿는 믿음에서부터 출발하는 설교다.

설교자는 설교 기술을 하나 익히기 전에 먼저 성령께 순종하는 법을 배

---

[105] Timothy Keller, 23.
[106] 권성수, 90.

위야 한다. 항상 성령께 민감하게 깨어 있어야 한다. 성령의 지배를 받아야 한다. 성령의 조명과 역사를 따라 설교의 전 과정을 준비하고 그 내용을 전달해야 한다. 설교자는 설교가 "자신의 능력이나 열심이 아니라 하나님의 성령이 사람의 가슴에 임할 때 이루어지는 기적의 역사라는 것을 인정해야 한다."[107] 설교자가 자신의 말로 십자가의 복음을 전해도 그 말에 능력을 부여하시는 분은 성령이시다. 설교자는 바울처럼 설득력 있는 지혜와 말을 의존할 것이 아니라 오직 성령의 나타나심과 능력을 의지해서 설교해야 한다 (고전 2:4-5).

설교의 전 과정을 성령께 맡겨라. "오직 성령의 절대적인 은혜를 인정하고 사모하는 설교자, 본문 선택에서부터 설교를 작성하고 전달하기에 이르기까지 오직 성령님의 은혜로 변화를 열망하는 설교자를 통해 하나님은 지금도 생명의 역사를 이루어 가신다."[108] 그렇다고 수사법이나 설교의 방법론을 배우고 익히는 일에 게을러도 된다는 말은 아니다. 이에 관해 켄톤 앤더슨(Kenton C. Anderson)은 "기술은 마스터하되 성령께서 승리하시게 하라!"라고 말했다.[109] 우리는 이 말을 기억해야 한다. 더 좋은 설교, 더 효과적인 설교, 더 성경적인 설교를 위해서 설교자는 끊임없이 배우고 익혀야 한다. 그러나 그 모든 과정도 성령을 의지한 채로 행해야 하며 결국 그 모든 방법론도 성령께 순종하도록 해야 한다. 설교자는 단지 기술에만 능숙한 사람이 아니라 하나님께 온전히 붙들린 기술자가 되어야 한다. 아무리 설교자가 그 어떤 뛰어난 연설자나 수사학자보다 더 말을 능수능란하게 잘할지라도 성령의 조명과 역사가 없다면 청중은 그 설교를 이해할 수도 받아들일 수도

---

[107] 류응렬, "개혁주의 강해설교가 나아가야 할 다섯 가지 방향", 226.
[108] 류응렬, "개혁주의 강해설교가 나아가야 할 다섯 가지 방향", 227.
[109] Kenton C. Anderson, *Preaching with Conviction: Connecting with Postmodern Listeners* (Grand Rapids: Kregel, 2001), 50.

믿을 수도 없게 될 것이다. 오직 성령께 붙들린 사역자가 되어야 한다.

3. 귀납적 연역법 구조의 유익과 효과

이제 귀납적 연역법이 설교학적으로 어떤 유익과 효과가 있는지 살펴보겠다. 귀납적 연역법은 혼합식 구조이기에 3장의 혼합적 구조의 기능과 효과에서 다뤘던 내용 대부분이 이에 해당한다. 따라서 이해가 부족하다면 일반적인 혼합적 구조의 기능과 효과를 다시 한번 읽으면서 귀납적 연역법의 효과를 함께 이해하면 좋을 것 같다. 여기서는 혼합적 구조 안에서도 귀납적 연역법만의 독특한 특성과 관련된 유익과 효과들을 주로 서술하겠다.

1) 성경적인 구조

마틴 로이드 존스(Martyn Lloyd-Jones)는 사도행전 7장의 스데반 설교와 13장의 바울 설교를 설교자들이 따라야 할 가장 이상적인 설교 형식의 모델이라고 말했다.[110] 그는 다양한 구조로 설교해야 한다고 말하기보다 설교자가 따라야 할 단 하나의 성경적인 설교의 구조로 이 모델을 제시하였다. 그는 분명히 "설교자로서 우리의 직무는 하나의 설교 형식에 넣기 위해서 설교의 주제들을 두들겨 만드는 것"이라고 말했다.[111] 최근의 설교학자들 대부분은 다양한 구조로 설교하라고 말하고 있지만, 로이드 존스는 성경의 모델을 따라 가장 이상적인 설교 형식을 정해서 이를 설교의 구조로 사용해야 한다고 말하면서 이 설교들을 예시한 것이다.

---

110 Martyn Lloyd-Jones, 74.

111 Martyn Lloyd-Jones, 79.

그가 이처럼 강조했던 유일한 설교 형식은 귀납적 연역법과 매우 유사하다. 그는 우리가 따라야 할 설교의 구조는 설교의 정점에 이르러서야 비로소 드러나게 될 진리를 위해서 성경 본문의 내용을 점진적으로 밝혀나가다가 정점에서 드러난 진리를 청중에게 적용하는 방식이라고 설명했다.[112] 이 형식이 정확하게 필자가 제시하는 귀납적 연역법이라고 할 수는 없지만, 설명만으로 보면 기본적인 틀이 매우 유사하다. 그는 이 정점을 향해서 '귀납적으로' 본문의 진리를 전개해 나가야 한다는 아이디어를 가지고 있지는 않았을지 모른다. 하지만 설교의 일정 부분을 점진적으로 전개한 뒤에 진리를 제시한다는 것은 논리상 귀납적인 방식이다. 그리고 이 설교 구조는 로이드 존스가 만든 형식이 아니라 성경에서 찾았다는 점을 다시 한번 강조하고 싶다.

또한 이미 앞에서 몇 번이나 다뤘듯이 성경적 설교의 구조를 제시하고 실행했던 칼빈주의자들, 청교도주의자들, 개혁주의자들은 설교의 전반부에서 성경을 해석해서 얻은 내용을 중심으로 전개하다가 중반부에서 그 중심 주제를 드러내는 구조를 따라 설교했었다. 하지만 그 전개 방식이 연역적인지 혹은 귀납적인지를 구체적으로 밝히지는 않았다. 학자들은 보통 그들의 방법을 연역적이라고 평가했다. 실제로 그들은 점층법을 사용해서 점차 더 중요한 의미, 그리고 모든 것을 포괄할 만한 의미, 나아가서 적용이 가능한 신학적 의미를 제시하는 방식으로 연역적인 전개를 더 많이 사용했다. 하지만 연역적인 전개를 점층적으로 전개했다면 단순 3대지 연역적 구조보다 훨씬 효과적으로 전달되었을 것이다. 논리상으로 보면 중심 의미를 뒤로 미뤄서 제시하기에 귀납적이라고 할 수 있지만, 엄밀히 말하면 귀납적 전개 방식은 아니다. 이미 전제를 제시한 뒤에 설명이 이어지고 그 내용을 점층적

---

112 Martyn Lloyd-Jones, 73-80 참조.

으로 강화하고 확장하다가 결론을 제시하는 연역적 전개였다.

따라서 그들의 설교는 필자가 제시하는 성경적인 설교의 구조와 매우 유사하지만 결정적인 부분에서 차이가 있다고 할 수 있다. 바로 설교의 중심 사상을 드러내기까지의 전개 방식이다. 비록 그들도 설교의 중심 사상을 뒤로 미루긴 했지만, 그 이전의 전개 방식은 연역적인 방식이 주를 이뤘다. 그것은 점층법의 수사법을 사용한 연역적 구조였다. 하지만 알렌(O. Wesley Allen Jr.)은 그들의 구조는 귀납적으로 전개되는 방식을 취하기도 했었고, 그때 설교의 효과는 가장 컸다고 분석했다.[113] 그들도 때에 따라 귀납적인 전개 방식으로 설교의 전반부를 끌어갔던 것이다. 그럴 때 그들은 성경 본문을 해석하되 어떤 결론이나 전제 없이 진행하다가 점차 말하고자 하는 바 정점의 중심 메시지를 향해 논증과 강화와 설명의 과정을 이어갔다. 그리고 설교의 정점에 이르러 설교를 통해 밝히려는 중심 사상을 제시하고 이어서 그 의미로 적용하거나 결단을 촉구하는 연역적 방식으로 마무리했다. 필자가 성경을 분석해서 제시한 귀납적 연역법의 구조를 그대로 실행한 것이다. 그때 그들의 설교는 가장 효과적이었고 큰 능력이 나타났다. 바로 이 형식이 성경에 나오는 설교의 모델이 보여 주는 성경적인 설교의 형식이다.

이와 같은 역사적 증거들과 성경에 나오는 설교의 구조를 함께 살펴볼 때, 귀납적 연역법의 구조는 하나님께서 의도하신 성경적인 설교의 형식과 매우 유사하다는 사실을 확인할 수 있다. 앞서 기본적인 혼합적 구조에서 성경에 나오는 성경적인 설교의 모델들과의 유사성, 그리고 특별히 고별 설교의 형식과의 유사성을 살펴보았다. 또한 거대 담론으로서의 성경 전체 구조와의 유사성을 밝혔는데, 귀납적 연역법이 혼합적 설교 중에서도 가장 성경에 나오는 설교의 모델에 가깝다. 전반부에서 성경의 진리를 기능상 귀납

---

113 O. Wesley Allen Jr., 26.

적으로 전개하는 방식이나 후반부에서 그 말씀을 통한 구체적인 적용을 시행하는 형식에서 일맥상통한다. 이는 역사적으로 성경적인 설교를 실천하고자 했던 많은 설교자에게서 공통으로 발견되는 구조이기도 하다. 또한 이는 성경적인 설교의 철학과 신학을 구조적으로 구현한 것이라는 사실은 이미 앞에서 몇 차례나 걸쳐 논증했다. 바로 이러한 사실들에서 귀납적 연역법의 가장 큰 강점이자 우리가 이 구조를 사용해야 하는 이유와 목적을 찾을 수 있다. 귀납적 연역법의 구조는 성경적인 설교를 적절하게 실천하게 하는 방식이다.

그동안 설교학계는 성경적인 설교의 철학과 신학을 실천하기 위해 다양한 구조로 설교해야 한다고 말해 왔다. 하지만 어떤 구조들은 성경적인 설교의 철학을 온전히 담아낼 수 없었고, 어떤 구조들은 오히려 자유주의 신학의 이론을 구현하는 것이었다. 실천신학은 조직신학과 성경 신학 등에서 결코 분리될 수 없는데도 설교학에서는 마치 다른 영역인 것처럼 다뤄 왔다. 하지만 귀납적 연역법은 성경적인 설교를 실천할 수 있는 매우 적절한 형식이다. 하나님께서 의도하신 성경적인 설교를 성경적인 구조를 통해 전달하게 한다. 그러므로 우리는 귀납적 연역법의 구조를 통해 성경적인 설교를 완성하고 계속 실천해야 한다.

2) 기본적 혼합적 구조의 보완과 발전

혼합적 설교에는 많은 유익과 강점이 있다. 그리고 귀납적 연역법은 혼합적 설교의 한 형식이기 때문에 그 유익과 강점의 상당 부분을 공유한다. 그 중에서 어떤 부분은 더욱 효과적으로 만들기도 한다. 이제 귀납적 연역법이 혼합적 구조 중에서도 더 탁월하게 기능하는 몇 가지 부분들을 살펴보고자 한다.

① 전제의 보편타당성 확보

귀납적 연역법은 성경 말씀의 의미를 전제로 하고 논리를 전개하기에 분명히 전제의 보편타당성을 확보하고 있다. 그로 인해 도달하는 중심 사상도 성경을 바르게 해석했다면 객관적인 진리가 된다. 신설교학의 귀납법의 문제는 전제의 보편타당성을 확보하기 어렵다는 데 있다. 귀납적 설교는 일상의 이야기나 청중의 공통적인 경험을 다루면서 결론으로 나아가는데, 그렇게 제시된 전제들이 결론에 이르는 확실한 증거라는 사실을 그 누구도 보증하지 못한다. 개연성 있는 이야기를 통해 전하려는 중심 사상으로 연결하는 방식은 설교의 목적을 위해 얼마든지 인위적으로 가공할 수 있는 수사적 기술이다. 전제로 제시되는 단편적인 이야기는 결론에 이르는 데 객관성을 가진 사실이 아니다. 이처럼 전제가 불완전하기에 결론도 하나의 가능성이 될 뿐이다. 나아가서 귀납적으로 전개되어 도달한 의미는 대체로 본문을 해석해서 나온 의미가 아니라 본문과 상관없이 설교자가 전하고자 의도한 의미일 때가 많다. 그러면 보편타당성을 검증조차 할 수 없다. 또한 그 의미의 정확한 이해는 청중 개개인에게 달려 있기에 더욱 객관성을 상실한다. 일반적인 혼합적 설교도 개별적이고 특수한 사례에서 귀납적인 전개를 시작하기에 이 문제에서 완전히 자유로울 수 없다. 그래도 연역적으로 전개되는 후반부에서 성경을 통해 그 문제를 보완하고 해결하기에 뒤늦게라도 전제의 보편타당성을 확보할 수 있다.

그런데 귀납적 연역법은 성경에서 귀납적 여정의 단서를 찾고 마지막에 제시하려는 의미도 본문의 중심 주제에서 나오기에 전제 자체의 보편타당성을 완전히 확보한 상태에서 설교를 시작한다. 그래서 더욱 큰 확신으로 설교에 임할 수 있다. 청중은 설교가 진행될수록 의미의 진실성을 확인하게 되고 귀납적 결론으로 듣게 되는 설교의 중심 사상은 확고부동한 진리의 말씀으로 인식하게 된다.

귀납적 연역법이 가지는 전제의 보편타당성은 적어도 두 가지 측면에서 설교학적으로 큰 도움을 준다. 첫째, 귀납적인 설교의 일반화의 오류의 문제를 일반적인 혼합적 구조의 설교보다 더 빠르고 온전하게 해결한다. 신설교학의 귀납적 설교는 개인의 경험으로부터 성경적인 의미로 나아가는 구조를 취한다. 그런데 이러한 연결은 개인의 경험을 일반화하는 과학적, 논리적 오류에 빠질 위험이 크다. "설교자는 무엇을 말할 것인가를 결정하기 위해서 이 세계의 분석에 의존해서는 안 된다."[114] 그리고 성경적인 의미도 본문에서 나온 '성경의' 진리가 아니라 설교자 나름대로 '성경적이라고 생각하는' 의미에 지나지 않는다. 그렇다면 엄밀한 의미에서 신설교학의 귀납적인 설교는 설교라기보다 기독교적 사상을 전하는 강의라고 하는 편이 낫다.

일반적인 혼합적 구조는 이러한 귀납적 설교의 일반화의 오류를 해결할 수 있다. 하지만 일반적인 혼합적 구조도 전반부에서는 신설교학의 귀납적 방식으로 전개되는 경우가 많기에 이 문제를 고스란히 떠안고 있다. 이런 약점을 해결하기 위해 후반부에서 연역적인 전개를 통해 개인의 경험에서 나온 주관적인 결론이 과연 성경적으로 옳은지, 그 진리의 말씀이 개인의 삶에는 어떻게 다시 연결될 수 있는지를 보여 주면서 귀납적 설교가 안고 있는 문제를 극복한다. 이는 칼 포퍼(Karl Raimund Popper)가 귀납적 진리는 다시 연역적으로 증명해야 한다고 말한 원리를 설교학에 적용한 것으로 볼 수 있다.

이처럼 기본적인 혼합적 설교의 개념에서는 개인의 경험으로 제시되는 전제를 일반화할 때 나타나는 문제를 연역적으로 해결한다. 필자는 앞서 그것을 혼합적 설교의 기능이자 강점으로 제시했었다. 그런데 귀납적 연역법

---

[114] Dietrich Ritschl, 21.

은 그 기능을 수행하면서도 이런 문제를 더 빠르고 온전하게 해결할 수 있다. 그 방법은 바로 특수한 사례와 결론의 보편타당성을 확보하는 것이다. 전부 다 그런 것은 아니지만 어떤 논증의 경우에는 "전제의 진리성이 결론의 진리성을 보증하며, 전제들과 결론 사이의 입증 관계가 가장 강하다."[115] 귀납적 연역법의 구조가 바로 그렇다.

귀납적인 설교는 개인과 공동의 특수한 경험이나 사례로부터 출발한다. 일반적인 혼합적 설교도 이런 구조와 기능을 그대로 사용한다. 그런데 귀납적 연역법은 그 특수한 경험이나 사례를 성경 본문에서 찾는다. 성경 본문을 분석하고 하나하나 해석하면 특수하고 개별적인 단어나 이야기, 또한 상황들과 사건들이 나온다. 성경을 해석하는 과정에서 귀납적인 해석이 중요한 이유는 바로 그러한 단서에서 일반적인 원리를 찾을 수 있기 때문이다. 그리고 설교를 구성할 때도 본문을 해석할 때와 마찬가지로 성경에 드러나 있는 개별적이고 독특하고 특별한 상황과 사건과 내용에서부터 출발한다. 이런 경우 바른 해석의 과정을 거쳤다면 그 결과로 제시되는 일반화된 원리와 내용과 결론은 항상 옳다. 성경의 단서에서 시작한 설교가 결론의 진실성을 보증해 준다. 전제의 진실성이 결론의 진리성을 보증한다. 설교에서 제시하는 의미가 하나의 가정이 아니라 분명한 진리라는 사실을 명확하게 드러내 준다. 따라서 진리의 말씀인 성경을 통해 전제의 보편타당성을 확보하는 귀납적 연역법은 일반화의 오류를 손쉽게 해결해 주는 방식임이 분명하다.

둘째, 전제의 보편타당성은 청중의 삶에 구체적인 지침을 제공해 줄 수 있다. 귀납적인 설교는 성경을 하나의 예시로만 사용하기 때문에 청중의 개인적인 삶에 구체적인 지침을 제공하지 못한다. 단지 코치로서 청중이 어떤

---

115 Brian Skyrms, 17.

방향으로 나아가야 할지 빛을 비추어 주는 정도의 역할을 감당할 뿐이다.[116] 설교자가 설교를 통해 할 수 있는 일은 딱 여기까지다. 전제로 제시하는 다른 사람의 경험과 일례, 그리고 동의할 수 있는 이론과 이해할 수 있는 사건들도 비유적인 역할 수행을 할 뿐이다. 그것을 모든 시대와 모든 사람에게 그대로 가져다 적용할 수 없다. 인간의 경험은 진리가 아니기 때문이다. 다른 상황과 이론이 등장하기까지만 인정받을 수 있는 하나의 가설에 불과하다. 그러한 이야기들이 신앙과 삶의 규범이 될 수 없다. 그래서 혼합적 설교에서는 연역적으로 전개되는 후반부를 통해 이 문제를 성경적으로 다시 증명하고 확증한 후에 적용을 제시하면서 해결한다.

그런데 귀납적 연역법은 전제의 보편타당성을 확보하는 것으로 이 문제를 더욱 빠르고 손쉽게 해결할 수 있다. 특수한 사례가 보편타당하면 그 사례를 누구에게나 적용할 수 있다. 강제력과 구속력 있는 메시지를 전하는 일도 가능하다. 예를 들어, 인간은 물속에서 숨을 쉴 수 없다는 보편타당한 전제가 있다면, 수영을 잘하지 못하는 사람은 깊은 물에 들어가지 말라고 경고하며 적용하는 일이 당연히 가능하고 정당하고 또 필요하다. 굳이 따로 증명하지 않아도 이 말을 직접 적용해서 전달할 수 있다. 귀납적 연역법은 전제의 보편타당성을 확보하고 이를 통해 본문의 의미를 밝히는 과정을 거치기에 주어지는 중심 사상의 진실성을 보장하며, 이어서 후반부의 연역적 전개에서 수고스러운 증명과 논리적 설득이 없어도 하나님의 말씀을 구체적으로 적용할 수 있는 근거를 갖게 한다.

이처럼 귀납적 연역법은 전제의 보편타당성을 확보하는 것을 통해 귀납적 설교와 일반적인 혼합적 설교보다 더 효과적으로 진리를 전달하고 적용하게 한다. 이는 귀납적 연역법이 갖는 매우 중요한 유익 가운데 하나다.

---

[116] Ralph L. Lewis and Gregg Lewis, *Inductive Preaching*, 45.

성경을 하나님의 완전한 말씀으로 믿는다면 이 사실은 설교 사역에 큰 확신을 준다.

② 귀납적 논리 전개의 구조적 문제 해결

귀납적 전개에는 또 하나의 매우 중요한 논리적 문제가 있다. 이는 전제가 아무리 옳아도 결론이 옳지 않을 수 있다는 문제다. 이 문제는 전제를 논증해 가는 논리 과정의 문제에서 비롯될 수 있고 또한 말씀을 듣는 청중의 개인적인 판단에 의해서도 야기될 수 있다. 예를 들어 "마라탕은 맵고 얼얼하다"라는 공통의 경험에서 귀납적 논리를 전개할 수 있다. 그런데 그 전개 과정에서 개인적인 판단이 잘못 들어갈 수 있다. "주인의 얼굴을 보니 화가 가득했다. 아마, 아내와 싸웠나 보다", "인간은 보통 부부싸움을 할 때 가장 비이성적인 행동이 나온다", "그래서 맛있는 마라탕을 맵고 얼얼하게 만들어서 주변에 불편을 주는 것이다"라는 식으로 전개할 수 있는 것이다. 아마 결론은 "그러므로 주변 사람에게 피해를 주지 않기 위해서는 내 마음이 먼저 편해야 한다"라는 식이 될 것이다. 지극히 개인적인 판단이 귀납적 전개를 완전히 왜곡시켜 버리고 그 결론까지 완전히 잘못 내리게 만든다. 비록 전제가 사실일지라도 과정에서 잘못된 전개가 이뤄지면 이처럼 전혀 엉뚱한 결론을 제시할 수 있는 것이 귀납법이다.

귀납법은 논리 전개 과정에서 논자의 개인적인 판단과 의도적인 목적의 개입 여부에 따라 잘못된 결론에 이르게 한다. 따라서 설교는 귀납적 흐름을 이루는 과정까지도 객관적으로 인정할 수 있는 바른 연계성을 가진 진행이어야 한다. 설교의 전개를 통해 청중도 동의하고 받아들일 수 있는 개연성 있는 내용을 전해야 비로소 진리로 인식될 수 있으며 제 역할을 다하

게 할 수 있다.[117]

이 문제는 귀납적 설교의 논리 전개에서 중요하게 고려되어야 한다. 귀납적인 전개 과정에서 객관성을 상실하면 청중의 외면을 받거나 청중을 잘못된 길로 인도하게 된다. 먼저 청중이 동의할 수 없는 사실을 귀납적으로 전개하면 오히려 설교자의 무지와 논리적 한계를 드러내기 때문에 청중은 더 이상 설교자를 신뢰하지 않게 될 것이다. 그래서 우리는 귀납적 연역법을 통해 귀납적인 흐름의 객관성을 확보하고 믿을 수 있는 결론을 제시하게 해야 한다.

두 번째 문제는 더욱 심각하다. 의미에 이르기까지 청중의 경험을 바른 해석과 적용의 원리를 따르게 하지 않으면 청중은 경험을 통해 잘못된 진리에 도달하게 된다. 이단이 아무리 성경을 정경으로 사용할지라도 자신의 잘못된 교리로 사람들을 현혹할 때 청중은 반복되는 잘못된 경험을 통해 비성경적인 이단 사설로 무장하게 되고 그 교리를 위해 가족과 재산과 생명까지 걸게 되는 것과 마찬가지다. 따라서 죄로 말미암아 왜곡된 인간의 지성에 논리 전개의 과정을 걸지 말고 성경이 보여 주는 대로 해석의 과정까지 따를 수 있어야 한다. 귀납적 연역법에서 기능상 귀납적으로 전개되는 부분의 논증이 성경 해석 과정에 충실할 때 논리의 억측을 피할 수 있다.

귀납적 연역법은 바로 이 부분에서 논리 전개의 정당성을 확보한다. 성경을 해석한 의미와 해석의 과정까지 설교에 반영하기 때문에, 본문을 정당한 도구로 바르게 해석했다면 설교에서 귀납적으로 전개할 때 나타날 수 있는 논리의 모순과 전개 과정을 통한 왜곡의 문제를 해결하며 청중으로 바른 진리를 경험하게 한다. 그리고 연역적 전개로 귀납적으로 전개된 앞부

117　박영재, 『설교자가 꼭 명심할 9가지 설득의 법칙』, 51.

분의 내용을 뒷받침하면서 그 내용을 확증한다.[118] 따라서 귀납적 연역법은 논리의 진실성을 강화하고 결론의 진실성을 보장하는 효과적인 방법이 될 수 있다.

③ 성경에 대한 자유주의와 실존주의 신학의 문제 해결

자유주의 신학자들의 성경관은 설교자로서 볼 때 매우 우려스럽다. 그들은 성경을 정확무오한 하나님의 말씀으로 믿지 않는다. 성경 안에 인간 저자의 개인적인 기록들과 신화적인 요소가 함께 담겨 있다고 본다. 따라서 자유주의 신학자에게 주어진 필수적인 과제는 다양한 성서 비평을 통해 성경에서 순수한 하나님의 말씀을 분리해 내는 일이다.

그리고 실존주의 신학자들의 성경에 대한 공통적인 입장은 성경만이 유일한 하나님의 말씀은 아니라는 데 있다. 그들은 자유주의 신학과 달리 칼 바르트의 입장을 지지하면서 성경으로 다시 돌아가자고 외친다. 그러나 그들 역시 자유주의 신학의 영향을 받고 있다. 또한 기록된 성경 말씀만이 하나님의 말씀은 아니라고 주장한다. 성경을 오류가 없는 완성된 계시라고 강조하는 사람이 있으면 그를 부정적인 의미에서 근본주의자로 치부한다. 그들은 계시의 말씀은 지금도 설교를 통해 계속되고 있다고 본다. 설교는 하나님으로부터 계시의 말씀을 듣는 사건이다. 그 설교가 성경 본문을 근거하지 않더라도 말이다.

따라서 자유주의 신학자나 실존주의 신학자에게 있어서 성경 본문 자체는 그렇게 중요하지 않다. 신설교학에서 청중의 경험을 중시하고 설교를 통해 청중이 스스로 적용할 수 있게 해야 한다고 주장하는 이유는 바로 이런 성경관과 신학의 절대적인 영향이 있기 때문이다.

---

[118] Steven D. Mathewson, 207.

수사학자이자 철학자인 아리스토텔레스(Aristoteles)는 연사가 절대적인 논리적 증거가 없는 문제들을 제시할 때 이야기식 전제들을 통해 경험을 창출하는 방식을 취해야 한다고 말했다.[119] 설교학적인 측면에서 이를 다시 진술하면, 청중에게 경험을 통해 진리를 받아들이게 하려는 방식은 절대적인 진리로서의 성경을 믿지 않는 설교자들이 청중을 자신의 목적대로 설득하고 싶을 때 사용하는 좋은 방법이라는 말이 될 것이다. 비록 신설교학자들이 이러한 이론을 염두에 두고 경험을 형성하는 방식으로 설교 방법론을 창안하지는 않았겠지만, 설교 방법론을 만들 때 직관적으로 효과적인 설득 수단을 깨달을 수 있었을 것이다. 신설교학자들은 이 시대에 가장 영향력 있는 연설가들이기 때문에 수사적 기술에 능숙하다. 성경의 무오성을 믿고 본문의 진리를 설교해야 한다는 확신이 없는 상태에서 설교할 때 수사적으로 그 방법이 가장 효과적이라는 사실을 발견하는 일은 그리 어렵지 않을 것이다.

이처럼 귀납적 설교나 그 이후에 등장하고 있는 신설교학자들의 이론들은 절대적인 논리적 증거가 없는 문제들을 다룰 때 효과적인 연설 방법이다. "연사가 청중에게 어떤 이야기식 '전제들'을 제시하면 청중은 유사한 개념이나 사건에 관한 자신들의 경험을 총동원하여 결론을 내린다"라는 사실을 설교학적으로 적용해서 사용하는 방법이다.[120]

따라서 우리가 귀납적인 설교를 혼합적 구조에서 그대로 취할 때 이론적으로 이 문제에 걸리게 된다. 뒤이어 전개되는 연역적인 구조를 통해 다시 경험으로 깨달은 의미가 성경의 진리라는 사실을 보여 주기 때문에 결국에는 해결할 수 있겠지만, 근본적으로 이런 실천 아래 내재되어 있는 문제를 구현한 후에 다시 문제를 수습하는 형태다.

---

119 Bryan Chapell, "설교에 내러티브를 어떻게 응용할 것인가", 통권 108호(1998년 6월호), 38.

120 Bryan Chapell, "설교에 내러티브를 어떻게 응용할 것인가", 38.

하지만 귀납적 연역법은 이 문제를 안고 출발하지 않는다. 성경에 대한 확신이 없어서 논리적 증거가 없는 것으로 설득하려고 이야기식 구조를 취하는 방식이 아니기 때문이다. 귀납적 연역법은 청중의 경험을 통한 깨달음의 수사적 효과만을 허락한다. 객관적인 진리가 없는 시대에 주관적으로 진리를 받아들이는 방식이 '경험'이며, 이 시대의 청중은 이런 인식 체계를 통해 진리를 수용하기 때문에 그 방법을 사용한다. 귀납적 연역법의 구조를 사용하는 설교자는 어떻게 보면 적군의 무기로 아군의 목적을 실행하는 자들이다. 하지만 이미 오래전 성경에서부터 사용한 방식이기에 확신하며 실행할 수 있다.

귀납적으로 설교를 전개하는 이유는 진리에 대한 불신 때문이 아니다. 근거 없는 성경의 의미를 효과적으로 전달하려는 목적 때문도 아니다. 오직 진리의 말씀을 효과적으로 드러내기 위해서다. 청중의 경험을 통해 성경의 진술 자체가 완전한 논리성을 가진 진리라는 사실을 보여 주기 위해서다. 그 목적으로 성경 본문을 귀납적으로 전개한다. 따라서 신설교학의 귀납적 설교나 일반적인 혼합식 구조의 설교와는 확연히 다른 차이를 나타내게 된다.

④ 가설로 귀결되는 귀납적 결론의 문제 해결

이는 첫 번째에 다룬 전제의 보편타당성을 확보하는 것과 바로 직결된다. 논리학에서 가장 중요한 것은 전제의 진실성이다.[121] 논리를 전개하는 과정도 중요하지만, 가장 중요한 것은 일단 전제의 진실성에 있다. 잘못된 전제는 연역적으로 전개되든 귀납적으로 전개되든 잘못된 결론에 도달할 수밖에 없기 때문이다. 논리를 전개하는 과정이 아무리 정당해도 첫 번째 단추를 잘못 끼우면 마지막 단추도 잘못 채워질 수밖에 없다. 아래에서 시작하

---

[121] Brian Skyrms, 15,16.

나 위에서 시작하나 마찬가지다. 귀납적 구조는 연역적 구조의 권위를 가지고 직선적으로 하달하는 전제의 문제를 해결하고자 청중 개개인에게 존재와 실존의 유비를 통해 스스로 의미를 발견하도록 했을지 모르지만, 어쩌면 하나의 사례를 통해 가설로 귀결되는 귀납적 구조에 진실성이란 애초부터 없었을지 모른다. 그래서 분명하고 정확한 진술을 꺼리고 청중의 편에 모든 해석과 적용과 결론의 책임을 넘겨 버린다. 실존주의 철학은 결국 인간의 이성적 무능을 전제로 하기에 진실을 알 수 없다고 하고 이를 강요하지도 않는다. 그저 실존하는 인간이 각자 경험과 주관으로 진리에 도달하도록 인도했다면 설교자로서 그 역할을 다한 것이다.

그러나 우리에겐 진리의 말씀인 성경이 있다. 성경은 성령의 감동으로 기록되었고 더하거나 감해서는 안 되는 하나님의 절대적인 권위의 말씀이다. 따라서 선포되는 설교가 하나님의 말씀이 되기 위해서는 반드시 성경 본문에 근거해야 한다. 비록 인간의 이성은, 굳이 실존주의자들의 주장을 빌리지 않더라도, 죄로 말미암아 타락해서 하나님의 말씀을 바르게 해석하고 적용하는 데 무능력하지만, 성령께서 유기적 조명(organic illumination)으로 설교자들을 도우셔서 하나님의 말씀을 필요한 만큼 문제없이 깨닫고 전하게 하신다.[122] 그리고 설교자에게 성경 본문에서 필요한 만큼 보게 하시고 해석하게 하시고 설교를 준비하게 하시는 등 설교의 전 과정에 직접 관여하셔서 하나님의 말씀을 능력 있게 전하게 하신다. 물론 이 모든 과정은 반드시 성경 본문을 설교하고자 하는 설교자의 의지와 성경 본문에 순종하고자 하는 결단과 복종의 자세가 있을 때 가능하다. 만약 설교자가 실존주의 신학 아래서 해석과 적용과 결론을 직접 제시하지 않고 간접적인 방식으로 실존적

---

[122] '유기적 조명'은 프레드 클루스터(Fred H. Klooster)가 '유기적 영감'과 함께 사용한 말로서, 이에 대한 간략한 이해는 권성수의 『성령 설교』, 242, 243을 참조하라.

유비를 통해 경험하게 하려는 의도를 가지고 설교한다면 논리적으로 문제가 있는 한 편의 상상력이 동원된 이야기로 끝날 것이다. 그 이야기가 하나님의 말씀이 된다는 실존주의 신학의 주장은 진화론의 명확한 증거의 끈을 발견하는 정도로 불가능한 확률이 아닐까.

따라서 설교자들은 전제의 진실성을 정당하게 제시할 수 있는 성경 본문의 진리로부터 설교의 모든 구조를 형성해 나가야 한다. 귀납적인 논리 구조가 진리를 전하는 논리가 되려면 반드시 그 전제의 진실성에서부터 시작돼야 한다. 귀납 논증은 "전제의 진리성이 결론의 진리성을 보증한다."[123] 오류가 없는 하나님의 말씀만이 그 논리성의 진실성을 주장할 수 있는 근거가 될 수 있고, 그 말씀의 의미를 밝혀나가는 귀납적 과정을 통해 청중은 단지 권위를 가진 강요가 아니라 진실을 밝히는 계몽의 과정이라는 사실을 깨닫게 될 것이다.

일반적인 혼합식 구조는 자칫 가설과 진리의 끈을 이해할 수 없는 논리의 비약처럼 보일 수 있는 구조이지만 귀납적 연역법의 구조는 귀납과 연역의 연결이 진리를 더욱 확고히 하며 존재와 실존의 유비가 아니라 존재와 실존의 정확한 연결 부분을 확인시켜 주고 수용하게 하는 방식으로 진리를 밝히는 등불이 될 수 있다. 따라서 설교의 중심 사상이 하나의 가설이 아니라 분명한 진리이며 하나님의 뜻이라는 사실을 확고히 한다.

⑤ '경험'을 통한 이해의 문제 해결

귀납적 설교가 추구하는 청중의 '경험'을 통한 말씀의 전달은 일차적으로는 설교자가 말하고자 하는 바의 명확한 절대적 증거가 없을 때 사용하는 수사적 수단이다. 이는 아리스토텔레스가 진술한 수사법의 일종이었다. 그리고

---

[123] Brian Skyrms, 16.

혼합적 구조의 설교는 이 문제를 효과적으로 해결할 수 있다고 이미 앞서 밝혔다. 그런데 귀납적 설교에서 '경험'의 측면은 또 다른 문제들로 연결된다.

첫째, 경험을 통한 일반화는 의미의 주관주의와 상대주의와 다원주의로 나아간다는 문제가 있다. 다원주의는 상대방을 인정하는 관용과 여유를 최고의 덕목으로 여기는 경향이다.[124] 의미의 상대성을 인정하고 진리가 주관화가 되면서 다원주의는 후현대주의의 중요한 특징이 되었다. 이처럼 개인의 경험을 통한 일반화를 허용하면 후현대주의의 경향 수용을 기독교 안에서 더욱 가속하는 결과를 가져온다. 또한 인간의 경험을 중시하다 보면 신학적 상대주의에 빠져들어서 하나님의 말씀보다 인간의 경험이 설교의 핵심으로 자리 잡게 된다. 청중은 흥미를 느끼며 설교에 집중할지라도 자신이 듣고 싶은 대로 듣고 적용하고 싶은 대로 적용하게 된다.

신해석학의 독자 중심 해석학은 개인의 경험을 오히려 당연한 해석의 주체로 만들었다. 그래서 "이해라는 것은 어차피 편견(전제)을 포함할 수밖에 없기 때문에 '편견에 대한 편견'을 버려야 한다고 말한다."[125] 이 새로운 해석학을 신설교학에서 받아 경험을 통해 청중이 각자 알아서 의미를 찾고 나름대로 적용해야 한다고 주장한다. 이는 진리의 상대성과 주관성을 인정해야 한다는 말이다. 하지만 주관성을 인정할수록 설교는 그 고유 가치를 잃게 된다. "설교는 설교의 내용이 얼마만큼의 객관성을 지니고 있느냐에 따라서 가치가 결정된다."[126]

성경은 개인이 나름대로 판단하거나 마음대로 적용할 수 있는 책이 아

---

[124] 김창훈, "포스트모더니즘과 설교", 279.

[125] 권성수, 30. 이는 가다머(Hans-George Gadamer)의 해석학의 이론으로 오늘날 신해석학의 경향과 그 영향으로 탄생한 신설교학의 이론을 설명하면서 진술한 내용이다.

[126] 박영재, 『설교자가 꼭 명심할 9가지 설득의 법칙』, 55.

니다. 오히려 성경 말씀이 우리의 생각과 마음과 삶을 판단해야 한다(히 4:12). 개인의 사사로운 생각이나 경험을 통해 성경의 의미를 새롭게 결정할 수 없다. 세상이 변하고 상식이 바뀌어도 성경은 영원히 변하지 않는 진리의 말씀이다. 따라서 인간의 주관적인 판단이 아니라 정당한 해석을 통해서 정확한 의미를 이해해야 한다. 개인의 경험을 존중해서 상대적인 진리 이해를 허용한다면 성경은 더욱 하나님의 말씀으로서의 권위와 정경으로서의 가치를 잃게 된다.

혼합적인 구조는 연역적으로 전개되는 후반부에서 성경 본문으로 개인의 주관적인 판단과 그로 인한 상대성의 문제를 바로 잡아 준다. 그런 의미에서 혼합적인 설교는 성경의 진리의 상대화의 위험을 막을 수 있다. 하지만 이는 문제를 일으키고 수습하는 형국이다. 청중을 고려한 전개이기에 비록 문제가 발생할지라도 그냥 감수하자는 태도다. 그런데 귀납적 연역법은 설교가 진행되는 과정에서 이뤄지는 경험이 나름의 판단과 적용의 길을 열어 주는 방식으로서가 아니라 성경의 진리를 바르게 깨닫게 해주는 수단으로 사용된다. 그래서 결론의 일반화의 오류의 문제는 사라지고 경험을 통해 본문의 정확한 의미를 깨닫게 함으로 주관적인 이해의 문제를 방비하고 상쇄할 수 있다.

둘째, '경험'을 통한 이해는 인간의 경험만으로 다 이해할 수 없는 진리가 있다는 데서 문제를 드러낸다. 인간은 무경험의 영역은 추론할 수 없는 한계를 가지고 있다. 그리고 "만일 경험을 통해서 불러일으킬 수 없는 것이라면 그것은 결코 설교가 될 수 없다."[127] 성경에는 인간의 이성이나 경험, 인간의 논리나 합리로 절대 설명할 수 없는 진리가 많다. 따라서 귀납적 설교는 성경의 한정된 부분만 다룰 수 있다. 성경의 진리를 인간의 경험이나

---

[127] Charles L. Campbell, 142.

사례를 통해서 다 드러낼 수 없기 때문이다. 그리고 인간의 이성으로 설명할 수 있고 이해할 수 있는 논리적이고 합리적인 내용이라 할지라도 경험을 통해서 의미를 발견하는 일에 개인적으로 실패한다면 설교는 아무런 기능도 하지 못하게 된다. 다양한 사람 중에는 실제 설교를 들으면서 개인적인 경험으로 바른 의미에 도달하지 못하는 사람이 있기 마련이다. 또한 경험 자체가 완전한 예상 가능성을 약속하지도 못한다.[128] 이런 청중에게 스스로 경험을 통해 의미를 발견하라는 설교는 아무런 신앙의 유익을 줄 수 없다.

혼합적 설교는 비록 경험을 통해 이해할 수 없는 내용이 있을지라도 다시 연역적인 전개를 통해 그 의미를 확인해 주고 깨닫게 하며 적용해 줄 수 있는 좋은 구조의 설교다. 그리고 귀납적 연역법의 혼합식 설교는 개인에게 어떤 선 이해나 전제가 없어도 하나님의 말씀의 논리적인 전개를 따라 의미를 발견할 수 있게 한다. 믿음으로 이해해야 하는 본문도 귀납적인 흐름을 통해 믿음의 방식을 드러내고 의미를 수용하게 한다.

경험이라는 차원도 다르다. 유비적인 경험이 아니라 이해의 과정에 참여하는 경험이다. 또한 연역적인 후반부에서는 그 의미를 통해 하나님께서 개인에게 어떤 말씀을 하는지 구체적으로 들려주면서 주어진 의미를 강화할 수 있다. 따라서 어떤 이유에서든지 청중이 설교자가 말하는 중심 사상을 받아들일 준비가 되어 있지 않을 때, 귀납적으로 전개하다 연역적으로 마무리하는 방식은 설명과 예증과 적용을 통해 공통의 결론에 도달하게 하는 효과적인 방식이다.

셋째, 설교에서 사용하는 인간의 개인적인 공통 경험이 교회에서 예배드리기 위해 모인 청중 모두가 공유하는 내용이 아닐 수 있다는 점에 문제가 있다. 아무리 보편적인 이야기라도 누군가는 그와 정반대의 경험을 했을

---

[128] Ralph L. Lewis and Gregg Lewis, *Inductive Preaching*, 32.

수 있다. 또 누군가에게는 전혀 공감되지 않는 내용일 수 있다. 그래서 청중 가운데 어떤 이들은 설교의 내용을 곡해하거나 오해할 수 있다.

그런데 귀납적 연역법은 기독교 공동체에서 모두가 공유하고 있는 내용을 귀납적으로 전개한다. 교회에 모여 있는 청중과 설교자가 공유할 수 있는 내용은 성경 외의 이야기가 아니라 바로 성경 본문의 내용이다. 따라서 인간의 경험이 아니라 성경 본문을 귀납적으로 전개할 때 청중은 오히려 공유하는 사상의 의미를 밝히는 귀납적 과정에 흥미를 느끼며 적극적으로 참여하려는 동기를 부여받게 된다. 자신의 경험과 성경의 내용이 다를지라도 본문의 말씀에 자신의 경험과 지식을 복종하게 하며 들을 수 있다. 교회 안에서는 그래도 인간의 경험보다 성경이 훨씬 더 많은 사람이 공유할 수 있다는 사실을 명심해야 한다. 귀납적 연역법은 이처럼 모두가 경험할 수 없어서 이해에 한계를 가질 수 있는 문제들도 역시 쉽게 해결할 수 있다.

⑥ 선결문제 미해결의 오류 해결

데이비드 흄(David Hume)이 제기한 귀납법의 가장 큰 문제는 전제로 제시한 사례의 불확실성에 있다. 이 문제 역시 첫 번째 다룬 '전제의 보편타당성'을 확보하지 못한다는 문제와 연결된다. 하나의 사례나 진실성을 어느 정도 인정받을 수 있는 통계 자료도 언제나 확률이 높은 하나의 가능성에 지나지 않는다. 그것은 절대적인 진리를 밝히는 논리적 증거가 될 수 없다. 귀납적 방법론은 과학적으로 옳은 결론을 줄 수 있다는 가정에 근거한 전개에 지나지 않는다. 이를 '선결문제 미해결의 오류'(petitio principii)라고 한다. 일명 '거지 논법'이다. 그리고 데이비드 흄 이후에 귀납법을 주장하는 학자들은 모두 그가 제기한 문제를 해결하려는 방향으로 논리를 전개해 나갔는데, 그들은 "선결문제 미해결의 오류를 범하지 않고서도 과학적 귀납을 귀납적으로

강한 논증을 이용하여 정당화할 수 있다"라고 주장한다.[129]

그 대표적인 방법으로 제시하는 것이 바로 '반귀납적 논증'이다. 이 논증은 귀납적 추론의 결과를 확언하지 않고 아예 처음부터 가능성으로 제시하는 방법이다. 예를 들어 "내가 이제까지 관찰한 까마귀의 색은 모두 검었다. 그러므로 까마귀는 모두 검다"라고 하면 귀납적인 구조이지만 "내가 이제까지 관찰한 까마귀의 색은 모두 검었다. 그러므로 앞으로 발견할 까마귀의 색도 검은색일 가능성이 크다"라고 하면 그것은 아무런 문제가 없다는 것이다. 귀납적 전제가 오류가 있다고 할지라도 그 결론에 부정적인 영향을 주지 않는다. 결론에서 그 오류의 가능성을 포함한 의미를 제시하기 때문이다. 하지만 설교학에서는 반귀납적 구조는 의미가 없다. 설교는 확신을 주고 믿음을 형성시켜야 하는데, 누가 가능성에 자신의 구원과 영생을 걸겠는가? 기독교는 가능성의 종교가 아니라 유일한 진리의 종교다. 범신론의 세계관 속에서는 모든 종교를 일종의 가능성 정도로 취급하지만, 기독교는 타협할 수 없는 진리의 종교다. 믿음의 종교이며 믿음을 통해서 실제를 형성한다. 따라서 귀납법은 여전히 논리적인 방식으로 해결할 수 없는 문제를 안고 있다. 일반 논리학에서도 반귀납적 논증은 마치 도박하는 사람이 다음에는 운이 따를 것이라고 가정하는 것과 같이 허구를 창출해 낼 뿐이라 결과적으로 무의미한 방법론이라고 말하고 있다.[130]

하지만 귀납적 연역법은 이 문제에 얽매이지 않는다. 바로 진리의 말씀인 성경에서부터 시작하기 때문이다. 개혁주의 신학자들과 목회자들은 이 사실을 분명히 믿는다. 성경은 오류가 없는 하나님의 말씀이요 진리의 말씀이라는 사실을 믿고 고백한다. 그리고 이 믿음을 설교의 과정을 통해 청중

---

129 Brian Skyrms, 52,53.

130 Brian Skyrms, 63.

이 직접 경험하게 한다. 더욱 큰 확신으로 본문의 말씀을 전하고 그 결과 더욱 큰 능력을 나타내게 된다. 성경의 해석된 의미를 기능상 귀납법의 방식을 따라 전개하면서 진리의 말씀으로서의 성경에 대한 의심에 사로잡힌 청중에게 진리의 말씀을 확신시켜 줄 수 있다. 그리고 성경이 의미하는 바에 대한 청중의 확신은 그 말씀의 구체적인 적용까지 자신을 향한 하나님의 세밀하고도 분명한 음성으로 받아들이게 한다. 그로 말미암아 선결문제 미해결의 오류를 해결한다.

⑦ 변증적 성격에서 교의적 목표로 전환

자유주의 신학은 '변증성'을 중요한 특징으로 한다.[131] 하나님의 말씀과 의미를 이 세상에 선포하기보다 진리를 변호하면서 청중을 이해시키려 한다. 변증법이나 변증적 노력은 기독교의 진리를 드러내는 데 필요한 수단 가운데 하나지만 복음을 전하고 하나님의 구원을 선포하는 데 주된 방법은 아니다. 그런데도 진리 전달의 가장 중요한 수단으로 삼으려는 시도가 자유주의 신학에서 계속되고 있다. 이 시대에는 더욱 시장이 요구하는 설교(marketplace preaching)를 좀 더 변증적으로 할 수 있어야 한다고 말한다.[132]

하지만 핵심적인 기독교 진리를 변증이라는 수단으로 세워갈 수 없다. 변증은 또 다른 반론을 불러일으킨다. 티모시 켈러(Timothy Keller) 정도의 인문학적 소양과 변증 능력을 갖추지 못했다면 섣부른 변증은 오히려 기독교 진리를 상대화시킨다. 또한 설교를 듣기 위해 모여 있는 대다수 청중은 기독교 진리를 변증하는 내용을 듣기 위해서가 아니라 기독교의 진리와 하나님께서 주시는 말씀을 듣기 위해 모인다는 사실을 잊으면 안 된다. 설교자

131　Charles L. Campbell, 31-44 참조.
132　Graham Johnston, 81-84.

들은 대개 믿지 않는 세상이 아니라 교회라는 특정한 믿음의 공동체에 설교한다. 따라서 기독교의 설교는 변증적 목적보다 교의적 목적으로 시행되어야 한다.

변증적인 설교는 성경을 많이 다루지 않는다. 기독교에 대한 문외한도 이해할 수 있는 방식으로 기독교의 진리를 설명하려고 한다. 신앙의 전제들을 모두 버리고 상대방의 입장에 서서 대화하려는 의지를 나타낸다. 신설교학의 귀납적인 설교는 이 목적을 이루는 데 효과적인 방법론으로 제시되었다. 귀납적인 설교는 변증적 목적의 결과물로 볼 수도 있다. 또한 일반적인 혼합적 설교도 변증적인 성격을 지닌다. 정확히 말하면 변증적 목적으로 시작해서 교의적으로 마무리하는 방식이다.

귀납적 연역법은 이러한 변증적 기능을 목적으로 하지 않는다. 성경 본문을 통해 진리를 강조하고 강화하는 방식으로 볼 수 있다. 하나님의 말씀으로서의 성경을 믿는 개혁주의, 보수주의 신학은 이 일을 멈출 수 없다. 비록 시대가 변했어도 말씀의 능력과 말씀을 통해 일하시는 성령의 능력은 우리를 구원하고 변화시키는 데 인간의 그 어떤 능력이나 방법보다 훨씬 낫다. 최고의 지성과 합리로 사람들을 설득할지라도 근본적으로 성령께서 말씀을 통해 일하시지 않으면 아무 소용이 없다. 따라서 하나님의 기록된 말씀을 전하고 그 속에 감추어진 비밀을 밝히는 일을 주저하지 않는다. 하나님의 말씀은 모든 시대에 변치 않는 진리이며 지금도 살아서 역사하는 능력이다. 귀납적 연역법은 이에 대한 확신으로 하나님의 말씀을 전하는 방식이다. 전반부에서 이뤄지는 기능상 귀납적인 전개는 변증적 목적이 아니라 성경 본문에 집중하게 하려는 목적과 본문의 의미를 진리로 경험하게 하려는 목적에서 시행한다. 이후에 교리적인 설교를 위한 정당성을 확보하려는 시도다.

하나님의 말씀에 대한 신뢰는 연역적인 설교를 통해서도 얼마든지 형성될 수 있다. 한국의 정황에서는 여전히 연역적인 설교가 권세 있는 말씀으로 선포되고 있다. 비록 젊은이들을 중심으로 하는 설교에서는 수직적이고 권위적인 말씀 사역에 변화가 일어나고 있지만, 여전히 한국의 청중은 연역적 설교를 통해 하나님의 뜻을 듣고 있다. 하지만 더 변화할 세대에는 단순 연역적 방식은 점차 큰 장벽에 부딪힐 것이다. 귀납적 연역법을 제시하는 현실적인 이유는 이런 변화의 시대에 말씀 사역을 여전히 능력 있게 수행하려는 목적 때문이다. 기능상 귀납적으로 논리를 전개할 때 청중은 흥미를 느끼며 설교에 집중하며 말씀의 의미를 파악할 수 있다. 그러나 신설교학의 귀납적 설교와는 달리 하나님의 기록된 말씀이 그 전개의 중심을 이룬다. 그리고 이어지는 연역적인 전개에서 흥미롭게 듣고 경험하며 깨달은 진리 때문에 기대하는 마음을 가지고 그 말씀의 현재적 의미와 적용을 듣는다. 교훈과 책망과 바르게 함과 의로 교육하는 기능이 더욱 능력 있게 이뤄질 수 있는 것이다.

귀납적 연역법은 귀납적 전개에서 성경 본문을 해석한 내용과 과정을 반영하기에 변증적이라기 보다는 교의적이다. 찰스 캠벨(Charles L. Campbell)이 한스 프라이(Han's W. Frei)의 신학을 설명하면서 진술한 것처럼, 기독교 메시지를 일반적인 철학적 변증법을 통해서가 아니라 믿음의 논리와 내용의 개념적인 재진술을 통해서 의미를 찾게 하는 방식이다.[133] 비록 기능상 귀납적인 구조를 취하지만 자유주의의 신학의 주된 과업보다는 개혁주의의 신학적 목표 수행을 추구한다. 오직 살아 계신 하나님의 말씀에 뿌리를 두고 세상을 향해 나아가는 논리적 귀납법의 형식이다.

⑧ 설교의 능력 강화

귀납적 연역법의 설교는 확신을 잃어버린 강단에 능력과 열정을 불러일으

---

133 Charles L. Campbell, 49.

킬 수 있다. 무엇보다도 하나님의 계시의 말씀인 성경에 근거하고 성경을 주신 목적을 실천하며 성령께서 역사하실 수 있도록 성경의 지시에 순종하는 방식이기 때문이다. 그리고 둘째, 귀납적 연역법은 연설자에게 수사적 힘을 실어 주는 방식이어서 설교 사역에 더욱 큰 도움이 된다.

두 번째 부분부터 살펴보자. 귀납적 연역법은 연설자에게 수사적 능력을 더해 준다. 논리적으로 "전제가 결론에 절대적으로 결정적인 증거를 제시할 때, 즉 전제의 진리성이 결론의 진리성을 보증할 때 최고로 강한 형태의 논증이 된다."[134] 연역법이나 귀납법 모두 구조의 앞부분에 제시하는 내용이 있다. 연역법은 중심 명제를 먼저 드러내면서 설교를 시작하고, 귀납법은 단편적인 단서나 질문, 어떤 이야기와 같은 것으로 시작한다. 그리고 두 전개 방식 모두 앞에 드러낸 내용의 진실성이 확보된다면 그 결론의 확실성에 더할 나위 없는 보증수표가 된다. 하지만 현대 청중은 연역법의 전제로 제시되는 명제를 무조건 진리로 수용하지 않는다. 또한 귀납법은 전제의 진실성이 가장 확실한 결론의 증거가 될 수 있지만, 인간의 경험을 전제로 내세우는 신설교학의 방식은 전제의 진실성이나 결론의 진리성을 보증해 주지 못한다. 전제는 단편적인 사례일 뿐이고 결론은 예외가 없을 때만 진실인 일종의 가설이라는 한계를 넘어서지 못한다. 그런데 귀납적 연역법은 이 문제를 해결해 낸다.

귀납적 연역법은 성경 본문을 하나의 단서나 이야기로 삼아서 기능상 귀납적으로 전개해 나간다. 그래서 그 의미를 발견하는 과정에서 경험을 통해 진리를 이해하고 확신하게 된다. 청중은 이 과정을 통해서 하나의 가능성 있는 결론을 듣게 되는데, 그 결론은 진리의 말씀에서 시작되었고 그 말씀의 확실성을 논증하는 과정을 거쳤기에 모든 시대와 사람들에게 공히 보편적이고

---

[134] Brian Skyrms, 18.

절대적인 의미를 가진 진정한 하나님의 말씀으로 주어진다. 설교자는 이 방식을 통해 하나님의 말씀을 전하는 분명한 확신으로 설교하게 되며 청중도 그 확신 있는 말씀을 통해 진리를 발견하고 능력을 경험하게 된다.

그리고 그 결과로 주어진 말씀을 다시 연역의 과정을 거쳐서 설교의 결론으로 나아가는데, 연역법의 전제로 주어지는 설교의 중심 명제는 귀납적 과정을 통해 검증한 진리의 말씀이기 때문에 순종해야 할 마음을 주고 강력한 진리의 수용이 이뤄지게 한다. 연역 논증은 전제의 진리성이 결론의 진리성을 보증하는 논증 방식이다.[135] 진리에서 시작한 귀납적 논증이 의미를 제시하고 이후에 연역적으로 전개되어 마무리될 때는 그 말씀의 진리성을 확신하게 될 뿐만 아니라 그 말씀이 나의 삶을 향한 진리의 말씀이라는 사실까지 확신하게 한다.

둘째, 성경에 기록된 하나님의 말씀이 성경의 중심이 될 때 하나님께서 친히 그 설교가 하나님의 말씀이 되게 하신다. 그리고 이것이 성립되기 위해서는 당연히 성경 본문에 대한 철저한 순종이 필요하다. 설교자는 본문을 통해 하나님께서 말씀하시는 바에 철저히 순종해야 한다. 본문의 내용과 본문의 구조와 본문을 기록한 하나님의 의도를 충실하게 반영해서 설교를 구성해야 한다. 바로 여기에서부터 능력 있는 설교의 모든 요건이 나온다. 하나님은 당신의 뜻에 순종하는 자를 통해서 일하시고 순종하는 자를 위해서 일하신다. 설교자는 본문의 말씀에 철저히 순종해서 설교 사역에 하나님의 역사가 나타나게 해야 한다.

귀납적 연역법은 청중을 중시하고 청중이 들을 수 있도록 구조적 노력을 기울이지만 근본적으로 하나님의 말씀을 바르게 해석하고 전하는 것을 목적으로 하기에 하나님께서 역사하실 수 있는 가장 기초적이면서 필수적

---

135 Brian Skyrms, 19.

인 가교를 놓을 수 있다. 개혁주의 신학은 이에 대한 확신으로 설교 사역에 임하며 귀납적 연역법은 이를 가능케 하는 설교 방식이다. 우리는 더욱 큰 확신으로 진리의 말씀을 전하고 하나님의 더욱 큰 역사를 기대해야 한다.

3) 성경 본문에 더욱 충실

존 파이퍼(John Piper)는 "기독교의 모든 설교는 성경 본문을 해석하고 적용하는 것이어야 한다"라고 말했다.[136] 귀납적 연역법은 성경 외에 하나님의 말씀을 대체할 수 있는 것이 없다는 신학에서 출발한다. 모든 성경은 성령께서 원저자이시기에 신적 권위가 있고 이에 무엇을 더하거나 감할 필요 없이 완전하다. 원전으로서의 본문은 일절 오류가 없으며, 우리의 구원을 이루고 하나님의 뜻대로 살아가게 하는 유일한 규범이며 지침이다. 성경적인 설교는 진리의 말씀인 성경에 대한 이러한 믿음을 가지고 본문을 해석해서 전하는 사역이다. "설교는 성경을 벗어나지 않은 진리여야 할 뿐만 아니라 성경이 말씀하시는 것을 전할 수 있어야 한다."[137] 성경이 아니라면 기독교 설교는 아무런 의미도 가치도 없다. 귀납적 연역법은 이 사실을 확신하며 설교 구조를 통해 실현한다.

또한 성경은 과거의 기록이지만 현대를 살아가는 우리에게 주시는 하나님의 말씀이다. 왜냐하면 "신적 계시는 모든 상황에서 모든 시대, 모든 민족에게 해당되는 의미를 갖고 있는 영원한 진리를 담고 있기 때문이다."[138] 성경은 단순한 과거 역사의 기록이 아니다. 오늘을 살아가는 모든 사람을 위한 하나님의 말씀이다. 개혁주의는 이 사실을 확신하며 하나님의 말씀으

---

[136] John Piper, 60.
[137] 김운용, 『현대설교 코칭』, 127.
[138] Louis Berkhof, *Systematic Theology*, 『조직신학-상』, 권수경, 이상원 역(서울: 크리스챤다이제스트, 1991), 153.

로서의 성경을 그 무엇보다 소중히 여긴다. 그리고 성경적인 설교를 통해 이러한 성경관과 신학을 실천하고자 한다. 오직 성경에 나오는 진리의 말씀을 바르게 해석해서 오늘의 청중에게 적용하며 전달하는 것을 목표로 한다. 아무리 청중이 중요해졌어도 메시지를 희생한 대가로 청중의 관심을 끌려하지 않는다.[139] 본문을 설교하는 일은 그 어떤 것과도 양보할 수 없는 설교의 가장 중요한 본질이기 때문이다.

귀납적 연역법은 이러한 성경관과 설교관을 구조를 통해 실현한다. 원래 성경에 대한 신학이 설교 방법론을 결정한다. 성경관은 철학이며 신학이어서 설교학에서 특정한 구조화로 실천되어 나타나게 되어 있다. 성경의 권위와 무오성에 대한 각자의 믿음은 설교 방법론을 좌우한다. 존 맥아더(John MacArthur)는 이 사실을 다음과 같이 강조했다.

> 우리의 설교는 성경이 영감되고 무오한 하나님의 말씀이라는 우리의 확신을 반영하는 성경적 강해여야 하지 않겠는가? 만약에 우리가 모든 성경은 하나님에 의해 영감되었고 무오하다는 것을 믿는다면, 우리는 "교훈과 책망과 바르게 함과 의로 교육하기에 유익하니 이는 하나님의 사람으로 온전하게 하며 모든 선한 일을 행할 능력을 갖추게 하려 함이라"(딤후 3:16-17)라는 사실을 동일하게 믿어야 하지 않겠는가? 그 장엄한 진리가 우리의 설교 방법을 결정해야 하지 않겠는가?[140]

이처럼 성경관은 설교 방법론에 영향을 주게 되어 있다. 그 결과로 조직된 설교는 다시 성경관에 영향을 준다. 그리고 귀납적 연역법은 성경관과

---

[139] Graham Johnston, 61-63.

[140] John MacArthur, "The Mandate of Biblical Inerrancy", 17.

설교 방식에 선순환의 영향을 준다. 이는 성경 본문에 충실한 설교 방법론이며 성경에 대한 관점을 성경적으로 다시 새롭게 한다. 그래서 우리는 더욱 큰 확신으로 귀납적 연역법을 통해 복음을 전해야 한다.

① 설교의 정점이 본문의 중심 메시지

귀납적 연역법의 구조는 설교의 주제를 본문의 중심 메시지에서 찾으며 이 사실을 모든 청중과 함께 경험으로 인식하게 한다. 이를 위해서 먼저 저자가 전하려는 의미를 찾기 위해 본문을 해석한다. 그리고 설교를 통해 해석된 의미를 드러내는데, 귀납적 연역법은 구조를 통해 그 의미를 선명하게 드러내려는 목적으로 설교를 조직화한다. 그래서 메시지의 의미 없는 나열이 아니라 수사력을 극대화하려는 의도로 설교의 정점에서 본문의 중심 주제를 밝힌다. 귀납적 전개의 결론이자 연역적 전개의 출발점이 바로 이 지점인데, 설교의 중심 사상은 본문의 중심 주제를 원리화한 내용이다.

일리언 존스(Ilion T. Jones)는 "개요는 클라이맥스(climax)를 반드시 가지고 있어야 한다"라고 말했다.[141] 이는 수사력을 높이기 위한 목적이다. 설교에 정점이 있다는 말은 설교가 일정한 움직임을 가지고 흥미롭게 전개되어야 한다는 사실을 전제한다. 귀납적 연역법은 이 흥미로운 여정을 성경의 중심 메시지에 귀결시킨다. 그래서 논리적 정점에 이르러 성경 본문의 의미를 깨닫게 하고 영적으로 큰 도전을 받게 한다. 이런 효과는 계속되는 설교에 기대감을 주고 결국 설교의 목적을 이루게 한다. 청중은 자신의 모든 세계가 말씀으로 새롭게 되는 경험을 한다. 설교자는 하나님의 구체적이며 세밀한 음성을 청중에게 적실하게 들려줌으로써 더욱 능력 있는 설교 사역을 감당할 수 있다.

---

[141] Ilion T. Jones, 98.

그런데 모든 설교가 다 구조의 정점에서 본문의 중심 메시지를 전하는 것은 아니다. 오늘날 귀납적 설교와 서사 설교로 대변되는 신설교학은 설교의 정점에서 제시할 의미를 반드시 '성경'에서 찾아야 한다고 말하지 않는다. 그들은 플롯과 클라이맥스로의 움직임의 중요성을 역설하고 이를 구조적으로 실현하도록 이론을 전개하지만, 정점에서 제시할 내용을 본문의 중심 주제로 하라는 말을 의도적으로 배제한다. 성경 본문의 의미를 밝힐 이유가 없기 때문이다.

신설교학자 유진 로우리(Eugene L. Lowry)는 자신이 제시하는 내러티브 설교를 따라 플롯의 정점으로 나아가서 복음을 경험하게 하는 방식으로 설교하라고 역설했다.[142] 하지만 그 정점은 본문의 중심 주제가 아니라 인간의 삶에서 찾아내서 가공한 인공적인 산물이다. 때로 성경적인 사상을 제시할 때도 있겠지만 이는 본문에서 찾은 중심 메시지가 아니다. 신설교학은 해석된 본문의 메시지를 설교에서 밝히려는 시도 자체를 아예 의심하고 부정한다. 인간의 삶에서 메시지의 결론을 만들어 내고 이에 성경적인 정신을 담아서 전달하면 되는 것이다.

신설교학자 버트릭(David G. Buttrick)은 성경에서 의미를 찾는 방식을 "이성주의의 등장과 함께 18세기에 발전한 방법"이라고 규정했다.[143] 성경을 해석해서 본문의 의미를 찾는 방식이 기독교 역사 속에서 시행되어 온 정당한 방법이 아니라는 말이다. 그리고 성경에서 의미를 찾아 설교하려는 방식이 오히려 설교의 객관성을 떨어뜨린다고 말했다.[144] 그는 계몽주의 시대 이후 지금까지 설교자들이 인간이 새롭게 만든 방식을 따라 성경에 편향되어 본문의 의미를 개요에 담아 전하는 오류를 범했다고 본다. 그리고 그에 대

---

142 Eugene L. Lowry, *The Homiletic Plot*, 13, 16, 76, 78.

143 David G. Buttrick, *A Captive Voice*, 73.

144 David G. Buttrick, *A Captive Voice*, 81, 82.

한 대안으로 설교의 움직임을 강조한다. 설교의 대지를 없애고 무형식의 움직임을 따라 여행하다 보면 자연스럽게 하나님의 뜻을 발견하게 된다는 것이다. 그러니 설교에서 제시하려는 중심 사상은 본문과 상관이 없을 수밖에 없는 것이다.

신설교학자 크래독(Fred B. Craddock)은 성경 본문을 해석하고 그 의미를 주제와 내용으로 삼아 전하는 강해 설교보다 주제 설교를 귀납적으로 진행하는 것이 더 바람직하다고 말했다.[145] 역시 성경 본문에서 의미를 찾아 설교해야 한다는 신학이 없기 때문이다. 비록 하나님의 말씀으로서 성경을 설교하라는 강조가 그의 저서들 곳곳에 나오지만, 그가 견지하는 성경관은 개혁주의 성경관과 완전히 다르다. 그는 성경 본문을 설교하지 않아도 얼마든지 성경적인 설교가 될 수 있고 계시로서의 가치를 지닌다고 말한다. 또한 말씀의 의미는 성경이 규정하는 것이 아니라 청중 개개인이 스스로 경험을 통해 찾는 거라고 말한다.

신설교학은 이처럼 과거의 어떤 설교 방법들보다 설교의 '정점'을 강조하지만, 막상 그 정점의 의미를 성경에서 찾지는 않는다. 청중의 삶을 텍스트로 삼아 중심 메시지를 찾고 그 의미의 결정과 수용까지 개인에게 맡겨서 본문의 의미와 아무런 상관없는 설교를 만들어 낸다. 성경 본문은 가끔 변두리에서 보조적으로 활용될 뿐이다. 이는 하나님의 말씀으로서의 성경에 대한 확신이 없어서 일어나는 현상이다. 그들은 성경을 하나님의 완전한 계시로 인정하지 않기에 본문에서 메시지를 추출하는 방식에 대한 타당성에 의문을 제기한다. 그리고 신해석학을 따라 청중에게 의미 이해의 주도권을 주고 움직임이 있고 반전과 절정이 있는 구조를 통해 청중이 알아서 의미를 깨닫도록 의도한다. 하나님의 뜻을 구하기보다 청중의 개인적인 이해와 적

---

[145] Fred B. Craddock, *As One Without Authority*, 26.

용을 더욱 중시한다. 결과적으로 신설교학은 하나님의 말씀을 주관성과 상대성의 함정에 빠뜨리고, 청중 개인의 주관적인 경험을 객관적 진리 인식의 정당한 도구로 삼는 문제를 초래했다.

하지만 귀납적 연역법은 설교의 전반부에서 인간의 경험이나 이야기가 아니라 성경에 나오는 진리의 말씀을 바르게 해석한 내용을 귀납적으로 전개한다. 또한 의미의 정점에서 본문의 중심 주제를 전달한다. 신설교학처럼 인간의 가능성을 신뢰하거나 인간의 판단이 의미를 결정한다는 주장을 따르지 않고 오직 성경이 모든 것을 주도하게 한다. 물론 인간의 인식이 하나님의 말씀을 수용하고 해석하는 데 결정적인 역할을 한다는 슐라이어마허(Friedrich Daniel Ernst Schleiermacher)의 분석을 완전히 부정할 수는 없다. 또한 똑같은 말씀을 들어도 청중의 경험과 지식의 전제가 말씀의 의미를 다르게 수용하게 한다는 사실도 무시할 수 없다. 하지만 설교자로서 오직 하나님의 말씀인 성경만을 설교해야 한다는 의무와 책임까지 외면해선 안 된다. 성경의 무오성과 신적 영감의 완전성을 믿고 기록된 말씀이 의미하는 바 중심 메시지를 설교의 정점에서 제시함으로써 그 실천도 최선의 형태로 만들려고 노력해야 한다.

귀납적 연역법은 오직 성경만을 설교해야 한다는 개혁주의 설교 신학을 따라 말씀의 의미를 수사적으로 최선의 형태로 구현하는 구조다. 그 가장 중요한 정점에서 본문의 중심 주제를 전하고 이를 통해 성경적인 설교를 여러 수사적 효과와 함께 온전히 실천하게 한다는 면에서 큰 강점을 가진 설교 방식이다. 더욱 큰 확신으로 더욱 큰 능력을 나타낼 수 있다.

② 본문의 자의적 해석 근절

신설교학은 성경 해석이나 설교 이해를 개인의 판단과 체험에 의존한다. 그들이 말하듯이 이야기를 들려주는 것만으로도 성경적인 설교가 될 수 있는 이유는 그 이야기를 듣는 청중이 적절하게 이야기의 의미를 성경적으로 발견할 수 있고 적용할 수 있다고 믿기 때문이다. 의미를 발견하는 과정을 '해석'이라고 하는데, 해석까지 청중에게 맡기는 것이다. 찰스 라이스(Charles Rice)는 인간의 체험을 강조하면서 청중 개개인의 체험을 "가장 잘 해석할 줄 아는 해석자이며 성경을 가장 잘 주석하는 주석가"라고 말했다.[146] 정당한 해석 방법을 알지 못해도 자신에게 가장 필요한 적절한 의미를 스스로 찾을 수 있다고 믿는다.

그러나 이처럼 의미 이해와 적용을 개인의 체험에 맡기면 어쩔 수 없이 청중은 자의적 해석에 이를 수밖에 없다. "그들의 마지막 옳고 그름에 대한 호소는 그들 자신의 자아(ego)에게 이뤄진다."[147] 이는 하나님께서 원하시는 방식이 아니다. 하나님은 자의적 해석을 공인하신 적이 없다. 설교를 통해 들은 하나님의 말씀을 알아서 이해하고 받아들이라고 하신 적도 없다. 자의적 해석은 오히려 하나님에게서 멀어지게 만드는 자기 우상화의 결과다. 성경을 해석하고 설교를 들으면서 철학에 근거한 신해석학을 따라 하나님의 뜻에서 멀어지게 만드는 이런 시도를 경계해야 한다.

귀납적 연역법은 자의적 해석에서 청중과 설교자를 지켜줄 수 있다. 귀납적 연역법의 구조로 설교하는 설교자는 본문의 의미를 귀납적으로 펼쳐야 하기에 성경 본문을 정당한 해석 방법으로 해석한 뒤 의미를 찾는다. 당연히 성경 해석을 소홀히 할 수 없고, 본문의 정확한 의미를 전하고자 설교 준비를 더욱 철저히 하게 된다. 이는 과거로부터 지금까지 성경적인 설교를 시행했던 설교자들에게서 공통으로 발견되는 모습이다. 그들은 오직 성경 본문의 의미를 전달하려고 했다. 빛을 드러내기를 갈망하는 본문에 잠잠히

---

146 Charles Rice, 29.
147 Calvin Miller, 44.

집중했다. 그 뜻을 밝히는 데 심혈을 기울였다. 설교자는 그런 과정을 거치면서 권위 있는 하나님의 말씀에서 비롯된 의미의 정당성을 확신하며 설교에 임하게 된다.

또한 청중은 귀납적 전개를 통해 설교자가 본문을 자의적으로 해석하지 않았다는 사실을 이해하면서 듣게 된다. 그리고 귀납적인 과정에 참여하면서 성경의 진리가 밝혀지는 과정을 경험하고 진리의 이해에 도달하게 된다. 성경이나 설교 내용을 자의적으로 해석할 여지가 없을 정도로 귀납적 전개는 의미 창출의 논리성에 청중을 집중하게 한다. 청중은 이를 통해 성경을 통해 주시는 하나님의 말씀을 선명하게 듣는다. 스스로 나름의 의미를 창조하지 않고 성경이 보여 주는 진리에 도달한다. 자의적 해석의 오류에서 벗어나 저자의 의도를 따라 바르게 말씀의 의미를 깨닫게 되는 것이다.

이 지점에서 설교자로서 겸손하게 인정하고 고민해야 할 사안이 하나 있다. 그것은 자의적 해석의 문제는 설교자에게서 더 빈번하게 일어날 수 있는 문제라는 사실이다. 이는 개혁주의, 보수주의 설교자들도 쉽게 범할 수 있는 실질적인 문제다. 우리는 성경 본문을 자의적으로 해석할 때가 많다. 본문에 의도를 가지고 접근해서 의미를 뽑아낸 후에 설교에서 자신이 하고 싶은 말을 할 때가 있다. 또한 본문을 제대로 해석하지 못해서 마음대로 해석해 버리고 이를 설교할 때도 있다. 우리는 이런 일들을 주의해야 한다.

독자로서 설교자의 책임은 먼저 본문 안에서, 본문과 함께, 그리고 본문을 통해서 저자가 해놓은 것을 파악하는 일이다.[148] 설교에 앞서 본문에 나오는 저자의 의도와 의미를 정확하게 해석해야 한다. 오늘날 청중의 지력과 지식수준은 목회자가 생각하는 이상으로 높아져 있다. 고등 교육을 받은 청중이 많고 성경에 대한 지식도 날로 높아지고 있다. 목회자의 설교를 무조

---

[148] Kevin Vanhoozer, 218.

건 하나님의 말씀으로 들었던 시절이 있었을지 모르겠지만 지금은 그렇지 않다. 오늘날에는 성경과 신학에 정통한 청중도 많이 있다. 또한 방송과 유튜브 등의 인터넷 설교를 통해서 다양한 설교를 들을 수 있고 이를 어느 정도 객관적으로 판단할 수 있게 되었다. 따라서 자의적으로 해석해서 설교하면 점점 더 청중의 외면을 받을 수밖에 없다.

설교자는 본문을 바르게 해석해서 하나님의 뜻을 찾기를 즐거워하고 그 일에 헌신해야 한다. "본문의 의미하는 것을 정확히 발견하는 것이야말로 설교자의 '가장 소중하고 성스러운 의무'다."[149] 귀납적 연역법은 그 일에 자발적으로 헌신하도록 설교자를 자극한다. 설교자로 본문에 집중하고 바른 해석을 통해 본문의 의미를 밝히는 데 주력하게 한다. 귀납적인 전개를 통해 본문의 의미와 의미를 발견하기까지의 과정을 청중에게 드러내야 하기 때문이다. 그래서 자신이 하고 싶은 말을 성경을 빌려서 하는 것이 아니라 본문이 전하려는 말씀에 순종하며 전하게 된다. 바른 해석을 통해 오직 하나님의 계시의 말씀인 성경 본문으로 설교의 중심이 되게 한다.

성경을 바르게 해석하려면 첫째, 본문에 대해 가지고 있는 모든 가정과 선 개념과 선입견을 버려야 한다.[150] 그리고 처음 본문을 접하는 사람처럼 상세히 관찰하면서 그 내용을 이해해야 한다.

둘째, 관찰을 통해 본문의 내용을 이해했다면 이제 해석에 들어가야 한다. 문예적, 문법적으로 해석하고 문맥 속에서 어떤 의미를 드러내는지 찾아야 한다. 신학적인 해석과 신앙의 유비를 통해 오류가 없게 해야 한다. 또한 성경은 특정한 문화와 지리와 역사와 환경 속에서 기록되었기 때문에 본문의 고유한 역사적, 문화적 특징을 따라 의미를 밝혀야 한다. 나아가서 성

---

[149] 김운용, 『현대설교 코칭』, 171.

[150] Kenton C. Anderson, *Choosing to Preach*, 52-53.

경 신학을 따라 구속사 안에서 본문의 위치를 이해해야 한다. "계시의 진행을 추적함에 있어, 성경 신학은 성경 원저자의 단일성 및 구원 사역과 계시에 있는 하나님의 사역의 유기적 연속성에 근거를 두고 있다."[151] 설교자는 구속역사의 연속성 안에서 본문의 위치와 의미를 해석해야 한다. 그리고 이 모든 방법 중에 각 본문에 맞는 해석 방법들을 찾아 비평적으로 해석해야 한다.

셋째, 비평적 해석을 통해 목표하는 바는 원저자이신 하나님의 의도와 본문의 중심 주제를 찾는 일이다. 혹시라도 자의적인 해석이 되지 않도록 하나님의 뜻에 집중해야 한다. 자유주의 신학자들만 본문의 의미를 훼손시키는 것이 아니다. 개혁주의와 보수주의 신학자들도 신학을 가지고 본문에 접근하거나 어떤 전제를 가지고 본문에 접근하다가 자의적으로 해석할 수 있다. 우리는 본문을 신학 체계 속에 잠기게 해서 그 목소리를 변질시키는 모든 시도를 주의해야 한다.[152] 오직 본문의 의미, 본문을 기록한 저자가 말하고자 하는 의미를 찾는 데 해석의 목적을 두어야 한다.

넷째, 적절한 해석 작업을 가능케 하시는 성령님을 철저히 의지해야 한다. 자의적인 해석으로 하나님의 뜻을 왜곡시키지 않도록 도움을 간구하며 해석에 임해야 한다.

③ 추출식 성경 해석 근절

설교학에서 주의해야 할 해석 방법 중에 '추출식 성경 해석'이 있다. 이는 전체적인 맥락에서 본문을 이해하기보다 설교자가 정한 주제를 위한 보조 도구로 삼기 위해 본문에서 설교자가 원하는 내용만을 추출해서 설교에 사용

---

151   Edmund P. Clowney, 87.

152   Walter Brueggemann, 39.

하는 방식을 말한다.[153] 때로 설교자는 자기가 하고 싶은 말이 있어서 본문에서 필요한 내용만 추출해서 설교에 사용할 때가 있다. 그것은 분명히 본문에 나오지만 사실 본문의 중심 주제는 아니다. 또한 문맥 속에서 결정되는 의미도 아니다. 설교하려는 본문은 범위를 어떻게 정하느냐에 따라서 중심 주제가 달라질 수 있는데 추출식 성경 해석은 설교자의 의도를 따라 설교자가 하고 싶은 말의 정당성을 확보하기 위해서 본문의 범위도 마음대로 정한다. 그래서 본문의 뜻을 전하는 것처럼 보일 때조차 하나님께서 의도하신 원래 목적과 다른 의미를 전달하게 된다.

그런데 귀납적 연역법으로 설교하면 이 문제도 해결의 실마리를 찾을 수 있다. 귀납적 연역법은 성경 해석의 과정과 내용이 전반부를 이루고 있다. 그래서 설교자의 해석 방향과 내용이 투명하게 드러난다. 성경 본문의 해석이 모두가 동의할 수 있는 정당한 방식으로 이뤄졌는지를 노출하는 것이다. 청중은 설교를 들으면서 본문의 의미를 설교하는지 아니면 뭔가 다른 의도로 본문을 이용하고 있는지를 파악할 수 있다. 따라서 귀납적 연역법의 설교를 구성하려는 설교자들에게서 애초부터 추출식 성경 해석을 근절하게 한다.

④ 성경의 권위 회복

귀납적 연역법은 설교할 때 본문에 더욱 충실하게 하고 설교의 중심 메시지가 본문에서 나오게 하며 성경을 자의적으로 해석하거나 잘못 해석하는 오류로부터 설교자를 지키는 데 효과적인 방법론이다. 하지만 설교에만 유익이 있는 것은 아니다. 교회와 청중이 성경을 보는 관점에 그 유익이 흘러 들어가게 한다. 그래서 성경의 권위와 성경에 대한 신뢰를 다시 회복시켜

---

153 김운용, 『설교의 새로운 패러다임』, 111.

준다.

　귀납적 연역법을 사용하는 설교자는 성경에 대한 왜곡된 신학과 잘못된 견해를 가진 사람들에게 성경이 진정한 진리이며 살아 계신 하나님의 말씀이라는 사실을 깨닫게 한다. 성경을 불신하고 의심하는 청중일지라도 설교를 통해서 본문을 진지하게 고찰하고 본문의 의미를 발견해 가는 과정에 함께했기 때문에 성경 메시지의 진실성을 깨닫게 된다. 이는 마치 원석을 보석으로 가공하는 과정을 직접 눈으로 보거나, 자장면의 면을 만드는 과정을 보는 것, 혹은 가져간 쌀로 직접 떡을 만드는 과정을 보거나, 깨를 볶고 기름을 짜서 참기름을 만드는 과정을 직접 보는 것과 같다. 이렇게 만드는 과정을 직접 보게 될 때 소비자는 그 상품을 신뢰하며 그 상점의 제품을 이용할 것이다.

　귀납적 연역법은 이처럼 청중에게 기록된 성경 본문을 해석하는 과정을 내용과 함께 보여 줌으로써 본문의 진실성과 진리의 확실성을 깨닫게 한다. 그래서 성경의 권위를 높여 준다. 청중은 그 말씀을 들으면서 설교가 정말 성경에 근거했다고 확신하게 되고 신뢰하는 마음으로 이어지는 말씀을 수용하며 자신의 삶에 적용할 수 있다. 그런 과정을 거치며 성경의 권위는 점차 높아지게 된다. 그래서 귀납적 연역법은 성경을 위해서 일하는 구조라고 할 수 있다.

　이러한 귀납적 연역법의 설교가 더욱 필요한 이유는 우리가 사는 후현대주의 시대가 모든 진리를 부정하고 있기 때문이다. "이제 어떤 하나를 절대 진리라고 말하지 않는다."[154] 진리는 점차 주관적인 판단을 따라 상대성을 띠게 되었고 이러한 현상은 다원주의 사회를 만들었다. 다원주의는 종교에도 영향을 주어서 종교 상대주의를 낳았고 절대 진리를 주장할 수 없게

---

[154] 이현웅, 41.

되었다. 그래서 기독교는 그 어떤 시대보다 더 어려운 비상 상황을 맞이하게 된 것이다. 상대성을 인정하고 다원주의를 받아들이면서 기독교의 진리를 부정하고 기독교를 편협한 사상 정도로 이해하게 되었다.

진리를 부정하고 개인의 판단과 의견을 중시하는 주관주의는 언제나 상대주의와 짝을 이루게 되고 상대주의는 또한 모든 권위를 해체해 버린다. 타자와 동등한 관계를 설정해서 권위와 질서를 깨뜨린다. 그래서 후현대주의는 진리도 없고 의지할 만한 권위도 없이 표류하는 불안한 시대가 되었다. "우리가 신적 계시를 상실하면, 남는 모든 것은 인간의 추측과 불확실성뿐이다."[155] 그리스도인도 동시대를 살아가면서 이런 시대적 특징을 공유하고 있다. 그래서 기독교 안에도 질서와 권위를 부정하는 풍조가 확산하게 되었다. 성경을 권위 있는 하나님의 말씀으로 받아들이지 않고 설교를 통해 하나님의 말씀을 들을 때도 설교자의 해석이 아니라 개인의 이해와 수용에 더 큰 권위를 부여하고 있다. 설교를 들으며 자신이 가지고 있는 주관적인 권위의 필터를 통해 말씀을 받아들일지를 결정한다.[156] 이러한 분위기가 오늘날 교회가 마주하고 있는 현실이다.

무엇보다 성경을 대하는 자세가 문제다. 케빈 밴후저(Kevin J. Vanhoozer)의 말대로 "포스트모던 독자는 더 이상 하나님이나 저자를 믿지 않는다."[157] 그리고 후현대주의 시대의 신해석학은 "본문을 가부장적이며 압제적이고 완전히 받아들일 수 없는 무가치한 것으로 간주"하고 있다.[158] 성경의 권위가 무너져 버렸다. 그로 인해 설교의 진실성까지 의심받게 되었다. "일단 성

---

155 Graham Johnston, 88.

156 Kenton C. Anderson, *Preaching with Conviction*, 51.

157 Kevin J. Vanhoozer, 48.

158 R. Albert Mohler, Jr., 『말씀하시는 하나님』, 24.

경의 권위가 훼손되고 감퇴하면, 설교는 거짓된 것이 되어 버리고 만다."[159] 그리고 진리의 말씀을 무시하는 이러한 풍조는 기독교의 심각한 위기를 가져오고 있다.

신설교학은 이런 상황에서 무너진 성경의 권위를 회복시키고 기독교의 진리를 믿게 하는 일에는 별로 관심이 없다. 물론 그들은 기독교와 설교의 위기를 해결하는 방법을 성경에서 찾을 이유도 없다. 그래서 근본적인 해결책을 제시하지 못하고 눈에 보이는 전달의 현상적인 문제만 해결하려고 노력했다. 귀납적 설교와 서사 설교들은 그렇게 무대 위로 올라오게 되었다. 하지만 그러한 설교학적 대응은 성경의 진리를 더욱 의심하게 만들었고 성경의 권위에 심각한 도전을 받게 했다. 진리의 말씀인 성경에서 나오지 않은 설교는 설교자의 견해와 감정을 진술하는 장이 되었고 이는 바뀐 문화와 뒤에 오는 세대에게 더욱 타당성을 의심받게 했다.[160] 성경에 대한 불신에서 출발한 설교학의 변화는 청중에게서 진리의 말씀을 빼앗았다. 권위를 불신하는 청중은 신설교학의 작업으로 인해 더욱 성경을 신앙과 삶의 유일한 규범으로 여기지 않게 되었다. 기독교는 점차 일종의 정신 수양원이나 문화 센터 정도로 취급받게 되었다.

그러나 이러한 시대에도 여전히 기독교가 소망이다. 기독교만이 진리 없이 표류하고 의지할 권위를 찾지 못해서 방황하는 청중에게 다시 붙잡을 수 있는 진정한 진리를 전해 줄 수 있다. 문제는 풀라고 주어졌으며, 괄호는 채우라고 주어졌다. 가장 큰 위기는 가장 좋은 기회의 때다. 기독교는 이러한 시대에 오고 가는 세대의 유일한 소망이요 붙잡을 수 있는 진리로 무장해서 우뚝 서야 한다. 더욱 큰 확신으로 말씀 사역에 임해야 한다. 권성수 교

---

159 R. Albert Mohler Jr., "강해설교", 207.

160 Bryan Chapell, *Christ-Centered Preaching*, 32.

수의 말처럼 "'모든 것이 상대적이다'라고 믿는 후현대주의 상황에서 기독교는 절대적 진리를 전할 수 있는 좋은 기회를 맞이한 것"이다.[161]

청중은 자기 자신을 진리의 주체로 삼았기 때문에 사실 불안하다. 의지할 사상이 없고 붙잡을 깃발이 없다. 그래서 그 불안감을 해소하려고 신비주의를 신봉하게 되었다. 자신의 이성과 논리의 한계를 뛰어넘는 초자연적 일들에 관심을 가지게 되었다. "과학적 합리주의 시대에 한때 금기시한 주제였던 영성과 신앙을 인간 발전에서 중시하게 되었다."[162] 신비주의를 추앙할 만큼 이 시대 청중은 붙잡을 수 있는 절대적 진리를 갈구하고 있다. 그들에게 진리의 빛을 비춰 주어야 한다.

그래서 우리는 진리를 믿을 수 있는 방식으로 전달하는 귀납적 연역법의 구조를 사용해야 한다. 귀납적 연역법은 일반 연역법처럼 하나님의 말씀을 진리라고 강요하지 않는다. 청중으로 귀납적인 경험을 통해 스스로 성경의 진리에 도달하게 한다. 청중은 그렇게 깨달은 의미를 진리로 인식하고 이어지는 적용과 결론을 통해 자신의 삶을 향한 하나님의 구체적인 말씀을 듣는다. 또한 그렇게 깨달은 의미를 나름대로 느끼는 주관적인 의미가 아니라 성경 본문에서 나온 객관적인 의미로 인식하게 된다. 진리로서의 성경에 대한 인식은 이어 성경의 권위를 회복시켜 준다. 성경을 해석하려는 시도에서부터 성경의 권위는 회복되기 시작한다. 성경의 권위는 누군가 성경을 해석하기 시작할 때 그 사람의 신학 방법에서나 교회의 생활에서 작용하게 된다.[163] 귀납적 연역법은 성경을 하나님의 말씀으로 인정하고 본문을 해석해서 의미를 찾아 전달하려는 것을 목적으로 하기에 이를 시도하는 순간부터 성경의 권위는 회복되기 시작한다.

---

161 권성수, 86.
162 Graham Johnston, 17.
163 Kevin J. Vanhoozer, 47.

그리고 해석된 본문의 내용과 의미를 귀납적으로 전개하면서 청중에게 전달하면 청중은 설교자가 성경을 통해 얻은 확신과 기쁨을 고스란히 느끼면서 진리로서의 성경의 의미를 깨닫게 된다. 진리에 대한 확신은 청중으로 성경을 신앙과 삶의 유일한 규범이 되게 하고 이는 다시 성경의 권위를 회복하게 한다.

우리는 이를 확신하며 더욱 진리의 말씀을 전하는 일에 열심을 품어야 한다. 성경의 권위를 인정하지 않는 시대일수록 더욱 큰 확신으로 성경을 설교해야 한다. "세월이 아무리 흐르고 사상이 아무리 변해도 하나님의 영감으로 기록된 성경은 정확 무오한 절대기준"이다.[164] 그 믿음과 확신으로 성경을 바르게 해석해서 이를 효과적으로 전달하기 위한 귀납적 연역법의 구조에 담아 전한다면 성경의 권위를 다시 회복하게 될 것이다. 설교는 단순히 가치 있는 종교적 통찰의 기록쯤으로 여기는 곳에서는 사장되고 하나님의 영감으로 된 무오한 말씀으로 존중하는 곳에서는 번성한다.[165] 우리는 진리로서의 성경을 믿고 본문의 의미를 전하기 위해 더욱 힘써야 한다.

후현대주의가 상대주의를 절대화하여 권위의 모든 집을 무너뜨리면서 성경의 권위와 복음의 권위까지 무너뜨리고 있다. 이런 상황에서 설교자는 절대로 성경적 복음의 권위를 포기하거나 양보하면 안 된다. 복음은 본질적으로 인간 삶의 경험 위에 세워진 것이 아니다. 복음이 오히려 인간 삶의 경험을 '파괴하고 건설하는' 것이다. 가변적인 삶은 절대적이지만, 불변적인 복음은 절대적인 것이다.[166]

---

164 권성수, 90, 91.
165 John Piper, 59.
166 권성수, 549.

성경적 설교는 높은 성경의 권위로 메시지를 전하는 것이다.[167] 이제 성경의 권위를 인정하면서 더욱 큰 확신으로 설교 사역에 임하자. 동시에 청중도 성경의 권위를 인식할 수 있도록 구조화해서 전달하자. 성경이 그 일을 행할 수 있도록 들리는 설교를 해야 한다. 비록 성경의 권위에 대한 일반적인 인식을 전제할 수 없는 시대가 되었지만,[168] 그렇기에 더욱 설교자와 청중 모두에게 성경의 권위를 회복시켜 주는 방식으로 설교하기에 힘써야 한다.

⑤ 현시대를 위한 말씀으로 인식

귀납적 연역법의 구조로 설교할 때 얻을 수 있는 또 하나의 유익은 성경이 단지 과거의 역사 속에 말씀하시고 일하신 하나님에 대한 기록이 아니라 오늘을 살아가고 있는 독자와 청중을 위해 말씀하시는 영원한 진리라는 사실을 깨달을 수 있다는 점이다. 원래 "성경은 단순히 옛날에 발생한 일에 관한 이야기가 아니라 인간을 향한 하나님의 영원한 말씀"이다.[169] 과거의 특정한 시대에 특정한 독자와 청자에게 주신 말씀이지만 동시에 바로 우리 시대를 위한 하나님의 말씀이다(not to us, but for us). 단지 이스라엘의 역사로만 치부할 수 없는 통 시대적인 말씀이다.

우리는 신설교학의 설교를 통해서 권위 있는 하나님의 말씀은 사라지고 잘 들리는 형식의 설교와 청중의 필요를 채워 주는 메시지만 남은 안타까운 현실을 보고 있다. 신설교학은 자신들의 설교론을 이 시대를 위한 최선의 선택이라고 변호한다. 하지만 진짜 현대의 정황에 적합한지 질문해야

---

167 Terry G. Carter, J. Scott Duvall, J. Daniel Hays, *Preaching God's Word* (Grand Rapids: Zondervan, 2005), 21.

168 Fred B. Craddock, *As One Without Authority*, 14.

169 Louis Berkhof, 154.

한다. 기독교의 내일을 위해 정말 필요한 과정인지 물어야 한다. 과연 그렇다고 할 수 있을까?

시대가 아무리 변할지라도 성경의 진리는 영원히 변치 않는다. 우리는 이 사실을 확신하며 성경적인 설교를 계속해야 한다. 성경만이 이 시대에도 영원한 진리임을 확신하며 말씀을 전하기에 힘써야 한다. "다원적이면서, 기독교의 진리에 대해서 다분히 폭력적인 이 시대에서 복음을 선포하고자 하는 사람은 복음의 영향력을 확신하면서 그것의 전달의 성공에 전적으로 마음을 두는 사람이다."[170] 진리에 대한 확신, 복음에 대한 확신, 말씀의 영향력과 삶을 변화시키는 능력에 대한 확신, 구원을 이루는 유일한 길을 보여준다는 확신, 우리는 이런 확신으로 진리의 말씀을 청중에게 전달하려는 수사적 노력에 힘을 써야 한다. 분명히 시대의 변화와 더불어 청중이 변화되었다. 익숙한 소통 방식과 원하는 설교 스타일이 달라졌다. 설교자는 이런 변화를 알아야 한다. 그러나 청중이 바뀌었다고 진리까지 바뀔 수는 없다. 진리를 담는 도구인 형식만 새 부대로 바꾸면 된다.

이런 시대에 성경 본문을 해석한 내용과 그 의미를 찾는 과정까지 함께 설교하는 귀납적 연역법은 성경을 다시 청중에게 돌려주는 방식이다. 청중은 귀납적 연역법의 설교를 통해 성경을 과거의 말씀으로서가 아니라 오늘 자신에게 주시는 하나님의 말씀으로 받아들이게 된다. 또한 "본문에 근거한 설교는 부인하지 않고 포용하는 방향으로, 절망하지 않고 수용하는 방향으로 이 세계를 하나님의 세계로 다시 묘사"하게 한다.[171] 삶과 분리된 신앙, 그리고 신앙과 분리된 말씀이 아니라, 성경에서 우리의 신앙이 나오고 그 신앙을 통해서 우리의 삶이 변화되는 일련의 과정이 성경 본문에서부터 시

---

170 김운용, 『설교의 새로운 패러다임』, 53.
171 Walter Brueggemann, 17.

작되고 설교를 통해 완성된다.

청중은 과거에 기록된 하나님의 말씀이 의미하는 바를 귀납적 전개 부분을 통해 깨달을 수 있다. 그리고 결론인 중심 명제를 통해 영원한 진리를 발견한다. 이는 권위를 가지고 수직적으로 강요하는 진리가 아니라 정당한 과정을 거쳐 모두의 동의를 얻어낸 진리다. 그리고 그 진리가 과거의 본문에서 해방되어 자신에게 살아서 움직이는 말씀, 즉 자신의 모든 삶과 마음을 판단하고 모든 세속적 가치관을 분해하고 다시 진리 가운데 복종하게 하는 말씀으로서의 능력을 체험하게 한다. 청중은 설교의 중심 메시지를 구조의 효과를 통해 자신을 향한 말씀으로 받아들이게 된다. 이어지는 연역적인 설명과 적용은 그 말씀을 실제로 자신의 삶에 어떻게 연결할 수 있는지 보여 주는 시간이다. 그 과정을 거쳐 성경의 진리가 삶에 스며드는 경험을 하게 된다.

설교자는 시대적 상황이 이러할수록 더욱 큰 확신으로 성경의 진리를 강조해야 한다. 우리 시대의 청중은 불확실성에 싫증을 느끼고 확실하고 정직한 해답을 강구하고 있다. 신설교학처럼 새로운 방법을 취해서 진리를 엿듣게 하는(overhearing) 방식이 아니라 영원한 진리로서의 하나님의 말씀을 직접 듣게 하는 방식으로 오늘의 청중을 위한 메시지로서의 성경의 지위를 회복해 가야 한다. "좋은 설교는 하나님의 뜻이 선명하게 드러나는 설교다."[172] 귀납적 연역법의 구조를 통해 이 시대를 향한 하나님의 메시지를 선명하게 드러내고 청중으로 성경을 믿고 그 빛을 통해 영원한 구원으로 나아가게 해야 한다.

---

172 김운용, 『현대설교 코칭』, 32.

⑥ 건강한 기독교 공동체의 형성과 부흥

신설교학은 설교의 목적을 청중 개개인이 효과적으로 하나님의 말씀을 체험하는 데 두고 있다. 그들이 설교의 구조를 제시하는 목적은 실존적인 체험을 통해 하나님을 만나고 진리를 경험하게 하려는 것이다. 하지만 찰스 캠벨(Charles L. Campbell)의 말처럼 "설교자의 직무는 개개인의 청중을 위해 경험을 창조하는 것이 아니라 공동체를 세우는 것이다."[173] 설교를 통해 하나님께서 주신 진리 가운데 순종하는 믿음의 백성을 세워가야 한다. 예수 그리스도를 주로 고백하고 성경에 기록된 대로 믿는 백성의 모임인 건강한 교회를 세우기 위해 설교해야 한다. "설교한다는 것은 교회적으로 행하는 것이고, 청중으로 이뤄진 몸을 하나의 공동체로서 믿고 행하려고 의도하는 이론을 세우는 것이다."[174] 개인의 주관적 경험과 이해를 위한 목적은 믿음의 공동체를 세우기 위한 목적의 가치와 감히 비견될 수 없다.

설교자의 직무가 공동체를 형성하는 것과 관련이 있는 이유는 그것이 성경 본문의 중요 기능 중 하나이기 때문이다. 성경이 아니더라도 연설을 위한 모든 텍스트는 "그 자신의 청중을 암시하고 있으며, 본문의 목소리를 듣는 그들에게 그에 어울리는 공동체가 되라고 요청한다."[175] 휴머니즘 텍스트, 불교나 유교적 텍스트, 개인의 특별한 상처나 감동스러운 경험의 텍스트, 자유시장 경쟁의 텍스트 등 다양한 텍스트는 각자 자신의 공동체 형성에 관여한다. 성경도 마찬가지다. "성경 본문은 교회를 창조한다."[176] 기독교 공동체는 하나님께서 주신 성경 말씀을 통해서 그 독특한 성격을 규명한다. 기독교 공동체의 비전과 목적과 성격은 오직 성경에 근거한다.

---

[173] Charles L. Campbell, 221.
[174] James W. Thompson, 97.
[175] Walter Brueggemann, 42.
[176] Walter Brueggemann, 42.

그래서 성경을 어떤 관점으로 보고 어떻게 설교하느냐의 문제는 매우 중요하다. 설교자가 기독교의 경전인 성경을 가지고 있어도 그 성경을 어떻게 보느냐에 따라서 가르치고 선포하는 내용이 완전히 달라진다. 같은 성경을 보면서 이단이 나오기도 한다. 따라서 하나님의 특별계시의 완성인 성경을 어떠한 관점으로 보고 어떻게 설교하느냐에 기독교 공동체의 명운이 달려 있다 해도 과언이 아니다. 실제 기독교의 부흥과 쇠락의 역사는 설교 사역의 중흥의 역사와 맥을 같이하고 있다.

성경에 대한 관점은 설교의 내용과 설교의 구조에 영향을 준다. 그러한 설교는 어떤 식으로든 청중의 삶의 변화와 성숙에 관여한다. 또한 청중은 설교를 통해 다시 성경에 대한 인식과 태도의 영향을 받게 된다. 따라서 성경관과 설교관의 관계는 오늘과 미래의 교회 공동체의 성격을 결정하게 된다. 진리의 말씀을 붙잡고 경전에 대한 확신과 하나님께 대한 순종으로 더욱 믿음 위에 든든히 서 가는 교회를 세울 것인지, 하나님의 말씀은 사라지고 인간적인 대화와 개인의 경험만 중시하는 종교적 분위기의 명맥만 겨우 유지하는 교회를 만들 것인지는 성경에 대한 자세와 성경을 설교하는 내용과 방법에 달려 있다. 그렇다면 우리는 무엇을 더욱 확신해야 하겠는가?

이야기를 중시하는 설교학자들은 공동체를 형성하는 기능을 '이야기'로 돌린다.[177] 하나의 이야기가 공통의 경험을 창조하고 공통의 경험을 가진 사람들은 하나의 공동체를 형성하게 된다는 의미에서 그렇다고 한다. 그런데 그들 가운데 신설교학은 공동체를 형성한다고 말하면서도 개인의 체험을 중시하는 아이러니한 상황을 만들고 있다. 서사적 설교와 어떤 식으로든 관계를 맺고 있는 신설교학은 공통적으로 이야기가 공동체를 형성하는 데 기여한다고 생각하지만 실제로 그들은 개인적인 경험을 통해 의미를 창출

---

[177] 백동조, 100,101; 김운용, 『새롭게 설교하기』, 320; 이연길, 『이야기 설교학』 (서울: 쿰란 출판사, 2003), 44.

해야 한다고 믿기 때문에 하나님의 백성으로서의 공동체를 세워가는 데 아무런 도움이 되지 못한다.

분명 이야기에는 공동체를 형성하는 힘이 있다. 하지만 이야기에만 그런 기능이 있는 것은 아니다. 정확히 말하면 언어가 공동체를 형성하는 보다 우선적인 원인이다. 바벨탑 사건은 언어를 흩어 버려서 교만한 공동체를 무너뜨린 기록이다. 굳이 이야기가 아니더라도 언어 자체가 공동체를 형성하고 그 공동체가 목적으로 하는 역할과 기능을 수행하고 있다. 하지만 언어가 없으면 공통의 경험을 기반으로 한 기억도 만들 수 없고 공동체를 존속하기도 어렵다. 이야기가 공동체를 더욱 결속시키겠지만, 언어 자체가 공동체의 성격과 비전과 가치관을 형성한다. 또한 가장 거대한 이야기는 성경에 기록되어 있다. 설교자가 만들어 내는 이야기가 아니라 성경의 이야기가 기독교라는 공동체를 세우는 직접적인 원인이 된다. 그 안에서 기독교 전체 공동체는 비전과 성격과 규범 등의 공동체성을 전부 부여받게 된다. 그러니까 단지 이야기를 전할 것이 아니라 성경을 설교해야 한다.

따라서 기독교 공동체, 하나님께서 의도하시고 말씀하신 생명력 있는 영적 공동체를 형성하기 위해서는 반드시 하나님의 말씀인 성경 본문을 설교해야 한다. 성경에 기록된 하나님의 말씀을 설교해야 한다. 그리고 그 말씀이 주도적으로 청중의 삶에 의미를 창출하게 해야 한다. 오직 성경을 설교하는 것만이 기독교 공동체를 형성하고 유지하고 발전시키고 부흥케 하는 방법이다. 성경을 부인하고 인간의 저작물로 전락시켜서 낱낱이 분해한 자유주의 신학은 기독교 공동체의 쇠락을 가져왔을 뿐이다. "일부 미국 교회들이 쇠퇴하는 것은 사실이지만 가장 많이 줄어들고 있는 교회들은 사실상 가장 자유주의적이고 가장 타협적인 교회들이다."[178]

---

178 Philip Jenkins, *The Next Christendom*, 『신의 미래』, 김신권, 최요한 공역(서울: 웅진씽크빅, 2009), 34.

설교자는 성경에 대한 더 큰 확신으로 설교를 통해 성경의 메시지를 나타내고 선포하는 것과 회중을 성경 본문에 직면하도록 인도하는 일에 준비되어 있어야 한다. 이러한 성경에 대한 확신과 성경을 설교하려는 태도는 하나님의 말씀에 순종하고 그 말씀을 통해 새로운 하나님의 역사를 이뤄가기를 소원하는 역동적인 교회를 세워갈 것이다. 하나님께서 성경을 기록하신 중요한 목적이 여기에 있다. "설교는 공동체 의식을 창조하고 유지한다."[179]

귀납적 연역법은 이 모든 일을 이 시대에 더욱 효과적으로 감당케 한다. 과거 기독교적 세계관과 분위기 속에서 단순한 연역법만으로도 진리를 선포하는 데 어려움이 없었던 시대와는 달리 권위적이고 수직적인 선포를 거부하는 시대에 여전히 하나님의 말씀이 진리라는 사실을 전할 수 있는 효과적인 방식이다. 청중은 자신들과 함께 고민하고 함께 진리로 나아가는 과정을 거치는 설교자의 설교를 통해 믿음을 갖고 건강한 기독교 공동체를 확고히 세워갈 것이다. 그래서 정신만 남는 기독교가 아니라 진리로 무장한 기독교 공동체를 세워낼 것이다. 표류하고 방황하는 교회가 아니라 영적으로 건강하고 흔들림 없는 교회를 세우게 될 것이다.

4) 청중을 중시하는 구조

귀납적 연역법은 성경뿐만 아니라 청중도 함께 중시한다. 전통적인 연역적 설교는 청중보다는 성경과 설교의 내용을 중시했다. 하지만 교회는 오랜 시행착오를 거쳐 설교를 듣는 청중의 중요성을 깨닫게 되었다. 이제 신설교학뿐만 아니라 "개혁주의 전통에 서서 설교학을 연구하고 전하는 자들도 성경 본문과 그 의미에 깊은 관심을 기울이는 만큼 말씀을 듣는 청중에게도 깊은

---

[179] James W. Thompson, 84.

관심을 기울여야 한다."[180] 귀납적 연역법의 구조는 이 목적을 능히 이루게 한다.

① 성경 본문과 청중을 함께 중시

설교자는 성경 본문과 청중을 함께 중시해야 한다. 성경적인 전달자는 청중의 마음을 움직이는 동시에 진리의 말씀을 전달하는 데 힘을 쏟아야 한다. 과거에는 청중에 대한 중요성을 별로 인식하지 못했다. 지금도 전통적인 설교나 성경적인 설교를 추구하는 설교자들 가운데 상당수는 오로지 본문을 강조하고 연구하느라 그 메시지를 받아들일 청중을 별로 고려하지 않는다. 하지만 신설교학을 중심으로 하는 최근의 설교학은 청중의 중요성과 함께 설교는 청중에게 반드시 전달되어야 한다는 사실을 무엇보다 강조하고 있다. 그 결과 이제 많은 설교자가 "설교는 성경을 이 시대와 청중의 신앙과 삶에 연결하는 것"이라는 사실을 자각하게 되었다.[181] 청중에게 말씀을 연결하지 않으면 아무리 성경 본문을 철저히 해석하고 놀라운 진리의 말씀을 준비할지라도 아무 소용이 없다는 사실을 깨달았기 때문이다. 본문이 중요하면 할수록 더욱 청중에게 효과적으로 전달되어야 한다.

제임스 톰슨(James W. Thompson)은 "설교는 복음적이면서 또한 목회적이어야 한다"라고 말했다.[182] 설교자는 성경이 말하는 바를 전하면서 동시에 청중의 상황과 필요에 맞게 적실하게 전해야 한다. 청중을 이해하고 배려하는 모습이 설교에 담겨야 한다. 현시대 청중의 변화와 세계관과 가치관을 바르게 파악하고 우리의 청중이 말씀을 집중해서 정확히 이해하며 들을 수

---

180 백동조, 62.

181 김창훈, "설교는 무엇인가? - 설교에 있어서 네 가지 관심", 『신학지남』, 통권 280호(2004년 가을호), 137.

182 James W. Thompson, 10.

있도록 섬겨야 한다. 청중에게 사상을 강제로 주입하거나 강요하지 말고 청중이 흥미를 느끼며 자발적으로 참여할 수 있도록 도와야 한다. 그래서 본문의 진리가 청중의 삶을 비추는 빛이 되게 해야 한다. 설교는 성령 안에서 성경 본문과 신자의 삶을 하나 되게 하는 해석 작업이다.[183]

그렇다고 혹시 청중을 중시하느라 본문을 등한시해선 안 된다. 본문과 청중이 모두 중요하지만, 굳이 더 중요한 것 하나만 고르라면 당연히 본문이다. 신설교학은 청중의 중요성을 역설했지만 성경과 본문의 의미에 대해서는 별로 관심이 없었다. 심지어 찰스 라이스(Charles Rice)는 성경을 설교하지 않고 어떤 문학 작품을 읽고 설교하는 것도 기독교의 설교가 될 수 있다는 비성경적인 설교 방식을 옹호하는 극단적인 입장에 섰다.[184] 청중에 대한 관심이 중요하지만 그렇다고 설교의 유일하거나 최우선적인 목적이 될 수는 없다. 설교자는 청중만을 중시하는 피상적인 목적에서 벗어나서 성경 본문이 설교의 중심이 될 수 있도록 구조를 구성해야 한다. 청중의 관심을 끌면서 막상 그들로 하나님의 진리를 대면하게 하지 못한다면 그 설교는 실패한 설교다.

귀납적 연역법은 청중과 본문을 동시에 중시한다. 기록된 성경 본문을 계시의 완성으로 믿고 그 본문을 정당한 해석 작업을 통해 하나님의 의도를 발견하고 이를 적실하게 전하려는 목적으로 설교를 구성한다. 성경 본문을 설교하고, 성경 본문이 직접 설교하게 한다. 동시에 청중이 흥미를 느끼며 집중해서 설교를 들을 수 있게 한다. 청중은 구조와 내용의 조화와 구조의 수사적 효과 때문에 설교의 마지막까지 집중력을 잃지 않고 귀를 기울이게 된다.

---

183 이성민, 『해석학적 설교학』 (서울: 대한기독교서회, 2007), 59.
184 Charles Rice, 97.

류응렬 교수는 "비록 진리의 말씀을 전하는 것이 설교자의 기본적인 사명이지만 청중에게 가장 효과적으로 전달하는 역할 역시 설교자의 책임이다"라고 말했다.[185] 귀납적 연역법이 이 사명과 책임을 다하게 돕는다. 설교자로 성경 본문과 청중을 함께 중시하며 그 책임을 다하게 한다. 성경 본문에 대한 확신으로 설교하면서 동시에 그 내용이 청중의 머리와 마음에 도달하게 한다. 따라서 하나님의 메시지 전달이라는 설교의 성경적 목적을 이루게 할 뿐만 아니라 청중이 흥미와 긴장을 가지고 설교에 쉽게 집중하며 따라오게 하는 목적도 이룰 수 있다.

정성영 교수는 켈리 스미스(Kelly Miller Smith)가 제시했던 귀납적으로 서론을 전개하다가 연역적으로 돌아서는 '축소한 연역법'의 설교 방식을 평가하면서 "설교는 실제적이고 청중의 필요에 부응하는 청중 중심인 동시에 말씀 중심이어야 하기에 이 설교 방법이 현대 설교에서 많이 요구된다"라고 말했다.[186] 이 구조는 서론 부분에서 귀납적인 방식으로 설교를 전개하며 청중의 관심을 끌다가 설교의 본론에서부터 연역적으로 설교하는 방식을 말한다. 이 구조는 실제로 연역적 구조로 설득력 있게 설교하는 설교자들이 자주 사용하는 방식이다. 본서에서 말하는 귀납적 연역법은 설교의 절반이나 혹 그 이상을 기능상 귀납법으로 전개하다가 연역법으로 전환하는 방식이기에 '축소한 연역법'과 다르지만, 귀납적인 초반부와 연역적인 후반부로 구성된 형식이 추구하는 효과는 같다. 그 효과는 바로 성경 본문을 설교의 중심으로 하면서 동시에 청중이 쉽게 집중하여 듣게 한다는 점이다.

설교의 귀납적인 움직임은 청중의 참여를 받아들임으로써 청중의 관심을 불러일으키고 그 관심을 오래 유지하게 한다. 귀납법은 청중을 고려하면

---

185 류응렬, "중심사상을 찾아가는 개혁주의 강해설교", 225.
186 정성영, 56.

서 나온 방식이기에 청중을 향한 효과에는 의심할 나위가 없다. 문제는 이어지는 연역적인 설교에 있다. 전통적인 설교의 연역적인 방식은 청중을 일방적으로 말씀을 듣기만 하는 수동적인 위치에 놓는다.[187] 현대 청중은 그런 식으로 선포되는 설교에 대해 거부감을 가진다. 그래서 설교자가 하나님의 말씀을 확신을 가지고 잘 준비해서 선포해도 청중은 쉽게 설득되지 않는다. 귀 기울여 들으려 하지 않는다.

그러나 귀납적 연역법에서는 다르다. 후반부의 연역적인 전개에서 자신과 관련된 이야기와 적용을 듣기 때문에 높은 집중력을 가지고 설교에 몰입하게 된다. 자신과 직접 관련된 이야기를 들으면서 귀를 닫기란 쉬운 일이 아니다. 오히려 적극적으로 설교에 참여해서 과연 성경 본문이 믿을 만한 방식으로 현실을 다시 서술하며 얘기하고, 새로운 인간성을 불러일으키고, 거룩함에 뿌리내리게 하며, 이웃 간에 실천할 수 있는 메시지를 제시하는지 지켜보며 듣는다.[188] 이처럼 귀납적 연역법의 연역적인 부분은 청중의 삶의 자리에 하나님의 말씀을 적용하는 성격이 강하기 때문에 연역적인 전개를 통해서도 청중의 흥미를 계속 지속시킨다. 그들의 질문에 답을 제공하며 끝까지 몰입하게 한다. 본문을 통해 밝혀진 의미를 모든 시대에 적용할 수 있는 영원한 진리(endless truth), 혹은 집으로 가져갈 진리(take-home truth)로 바꿔서 설교의 중반부에 제시하기 때문에, 청중은 그 진리를 따라 구성되는 연역적인 후반부에서 자신을 향한 적실한 적용을 계속해서 듣게 된다. 결과적으로 청중은 성경 본문을 흥미롭게 여행한 뒤에, 그 여행에서 찾은 의미로 자신의 삶과 신앙을 돌아보고 변화와 성장을 위한 도전을 받는다. 흥미로운 본문의 여행이 더 흥미롭고 때로 진지한 각자의 삶의 여행으로 한

---

[187] 류응렬. "새 설교학: 최근 설교학에 대한 개혁주의적 평가", 187.
[188] Walter Brueggemann, 34.

발을 크게 내딛게 한다. 귀납적 연역법은 이처럼 성경 본문과 청중을 함께 중시하는 방식이다.

② 청중이 본문과 삶의 해석 과정에 동참

보통 설교자들은 한 편의 설교를 준비하기 위해서 본문을 해석하는 데 오랜 시간을 사용하고 있다. 하지만 그 해석의 내용과 과정을 설교에서 드러내지는 않는다. 해석의 결과 찾은 본문의 신학적인 의미도 청중에게 전달할 때는 '목적의 다리'를 건너서 현시대를 위한 중심 사상으로 바꿔서 전한다. 그리고 설교의 중심 사상을 드러내기 위해 창조적인 재구성의 작업을 통해 현시대 청중이 인식할 수 있는 방식을 따라 설교 내용을 전개한다. 해석하면서 많은 시간을 들여 깨달은 의미와 그 의미를 찾기까지의 과정은 종종 생략하거나 청중을 위한 언어와 내용으로 바꿔서 전하는 것이다.

그래서 착한 청중은 설교를 들으면서 '성경의 메시지'를 이해하고 받아들이기 위해서가 아니라 '설교자의 메시지'를 이해하기 위해서 해석적 사고를 한다. 설교자가 본문과 전혀 상관없는 메시지를 전해도 어떤 의문을 품지 않고 나름대로 은혜를 받으려고 듣는다. 성경에 나오지 않거나 성경을 왜곡한 내용을 들어도 문제 인식을 하지 못한다. 이 일이 반복되면 청중은 설교자가 말하는 내용이 얼마나 성경인가 보다 얼마나 쉽고 재미있고 적절한지를 더 중시하게 된다. 하지만 설교자는 청중이 설교를 들을 때에도 설교자의 메시지가 아니라 성경의 메시지를 해석하고 이해할 수 있도록 도와야 한다.

청중은 설교 시간에 그냥 가만히 앉아만 있는 수동적 존재가 아니다. 머릿속으로 계속 내용을 해석하고 가늠하면서 듣는다. 마치 설교자가 성경 본문을 읽을 때 자동으로 의미를 해석하는 것과 마찬가지로 청중도 자동으로 설교를 해석하면서 듣는다. 이 원리를 이해할 수 있다면 설교자는 설교를 통해서 청중이 성경 본문을 직접 해석할 수 있도록 도와야 한다. 설교를 해석할 뿐만 아니라 설교를 통해 성경 본문을 직접 해석할 수 있게 해야 한다. 나아가서 깨달은 의미로 자신의 삶도 직접 해석할 수 있도록 도와야 한다. 이는 마치 설교자가 설교를 준비할 때 성경 본문과 청중의 삶을 함께 해석하는 원리와 같다.

귀납적 연역법은 청중이 설교를 통해 본문의 의미와 자신의 삶을 해석하는 데 도움을 줄 수 있다. 청중은 자신이 듣고 있는 말씀이 권위 있는 성경에서 나왔다는 사실을 인식할 수 있고, 나아가 설교를 자신을 향한 하나님의 음성으로 알아 적극적으로 받아들이게 된다. 이는 귀납적 연역법의 특징 때문이다. 귀납적 연역법은 일정 부분까지 설교 내용을 귀납적으로 전개한다. 그리고 "귀납법의 하나의 부가적인 이점은 마음의 적극적인 움직임을 나타낸다는 것이다."[189] 청중은 성경 본문을 귀납적으로 전개하는 부분에서 적극적으로 반응하며 참여할 수 있다. 해석자가 이미 걸어온 본문 해석의 길을 청중도 같은 경험을 하며 걸을 수 있다. 청중은 그 과정을 통해 본문을 통해 말씀하시는 하나님의 음성을 경험하며 듣게 된다. 귀납적인 설교는 청중의 마음에 먼저 "긴장감을 형성하고 이후에 어떤 깨달음을 준다."[190] 귀납적인 흐름이 단지 흥미와 집중력만 높여 주는 것은 아니다. 청중은 중심 사상으로 나아가는 여정에 적극적으로 참여했기 때문에 본문의 의미를 분명하게 깨닫게 되는 것이다.

또한 그 이후 진행되는 연역적 전개에서 이뤄지는 자신의 삶에 대한 해석에도 직접 동참한다. 말씀의 의미를 발견하고 깨닫는 순간부터 청중은 그 말씀을 통해 자신의 삶을 들여다보길 원한다. 그 말씀이 자신의 삶을 어떻

---

189 Ralph L. Lewis and Gregg Lewis, *Inductive Preaching*, 44.
190 Steven D. Mathewson, 114.

게 해석하는지 깨닫길 원한다. 직접 성경을 읽을 때는 막연했던 삶의 적용을 설교자의 통찰과 설교 메시지를 통해서 해결 받기를 원한다. 적용은 성경 본문을 통한 삶의 해석이다. 청중에게서 시작된 귀납적 여행은 연역적으로 삶을 해석하는 적용의 과정에서도 멈추지 않고 지속된다. 그들은 직접 성경 본문의 해석에 참여했듯이 그 본문이 자신의 삶을 해석하는 과정에도 참여한다. 그 과정에 흥미도 계속 유지된다. 자신을 향한 구체적인 메시지를 듣기 때문이다. 설교가 바로 자신을 향한 메시지라는 사실을 깨달으면서 더욱 높은 집중력으로 설교에 몰입한다. 그리고 그 결과 진리의 말씀 앞에 결단하고 그 말씀을 주시는 하나님 앞에 순종을 다짐한다.

이처럼 귀납적 연역법은 청중을 성경 본문의 해석 과정과 삶의 해석 과정에 직접 동참하게 한다. 청중은 설교자가 의도하지 않아도 스스로 해석의 과정을 거치면서 설교를 이해하는데, 귀납적 연역법은 그들이 해석하는 내용이 성경 본문과 자신의 삶이 되도록 작용한다.

③ 청중에게 성경 본문 이해의 기쁨 제공

설교자들은 귀납적으로 하나님의 말씀을 해석한다. 그리고 해석을 통해 놀라운 하나님의 말씀을 경험하고 하나님의 음성을 듣는다. 본문의 의미를 깨닫고 열정과 통찰과 지혜를 얻는다. 이와 같은 해석의 과정에서 하나님의 말씀을 깨달았을 때의 기쁨은 경험해 보지 않으면 절대 알 수 없다. 설교자가 진리를 깨달았을 때는 예레미야처럼 청중에게 전하지 않으면 견딜 수 없는 불붙은 마음을 소유하게 된다(렘 20:9).

그런데 설교자는 이 헤아릴 수 없을 정도로 큰 기쁨을 청중과 제대로 공유하지 못한다. 그 기쁨은 본문의 말씀을 깨닫기까지의 과정이 있었기 때문에 얻게 된 기쁨이다. 해석의 과정을 거치지 않고 누군가의 설명만 들어서는 절대 알 수 없는 기쁨이다. 그저 유비적으로 간접 경험을 통해 짐작하는 방식이라면 그 기쁨은 크게 반감된다. 크래독은 "왜 본문의 메시지를 이해하는 데서 오는 귀납적인 경험을 회중과 함께 재창조하지 않는가?"[191]라는 질문을 제기했다. 해석을 통해 의미를 발견하는 경험은 놀라운 것이다. 이를 청중과 공유해야 한다.

전통적인 설교는 성경을 해석한 내용을 연역적인 구조로 재구성해서 전달한다. 그런데 이런 방식은 진리를 발견하는 기쁨을 주지 못한다. 그저 발견된 진리를 강제로 받아들이게 할 뿐이다. 진리에 도달하기까지의 과정에서 오는 희열과 그 진리를 발견했을 때의 기쁨을 제대로 전달하지 못한다.

그렇다고 귀납적인 설교가 이 문제를 해결할 수 있는 것도 아니다. 귀납적인 설교 구조는 성경 말씀을 귀납적으로 연구하는 과정을 따르는 것이 아니라 마치 인간의 삶의 정황이 텍스트인 것처럼 그 개인적이고 실제적인 삶에서부터 시작한다. 그리고 삶의 의미를 밝혀나가고 그것이 바로 본문을 통해 주시는 하나님의 말씀이라고 전한다. 물론 그 과정에서 개인의 삶에서 시작해서 성경 본문으로 들어가는 작업이 이뤄질 수 있겠지만, 오늘날 다양한 귀납적 설교 양식들을 보면 말씀을 해석하고 그 속에 담긴 의미를 제시하는 일을 별로 중시하지 않는다. 그렇다면 역시 청중은 설교자가 본문을 통해 누렸던 기쁨을 알 수 없다. 삶의 해석을 통한 기쁨을 얻을 뿐이다. 그 기쁨도 놀랍겠지만 하나님의 말씀을 해석하고 이해하면서 얻는 기쁨과는 감히 비견할 수 없다. 귀납적 여행의 즐거움은 있을지 몰라도 성경 본문의 광산에서 하나님의 뜻이라는 금맥을 발견하는 기쁨을 공유하지는 못한다. 그 금덩어리를 손에 들었을 때의 감격을 알 도리가 없다.

설교자는 성경 본문을 관찰하고 해석하는 과정에서 놀라운 성령의 조명과 은혜를 경험한다. 진리를 발견할 때의 기쁨과 희열은 상상 이상으로 크

---

191 Fred B. Craddock, *As One Without Authority*, 99.

고 놀랍다. 오랜 시간 아무것도 보장되어 있지 않은 땅을 파다가 금광을 발견하는 때의 기쁨과 견줄 수 있을 것이다. 낯선 곳에서 길을 잃고 어두운 산길을 헤매다가 지쳐서 포기하고 싶을 때 멀리서 밝은 불빛을 발견할 때의 심정과 비슷하리라. 설교를 준비하면서 진리의 말씀을 깨달았을 때 하나님께서 주시는 기쁨과 설렘과 고동치는 심장의 느낌은 경험해 보지 않은 사람은 짐작조차 할 수 없다. 깨달음을 통한 다이돌핀(didorphin)이 끊임없이 분비된다. 설교자의 머릿속에는 이 말씀을 듣고 기뻐서 춤추는 청중의 모습이 그려진다. 그 말씀 때문에 인생이 변하는 청중의 가까운 미래를 설렘으로 기대한다. 그런데 우리는 정작 설교할 때는 이러한 기쁨과 감격과 영적 은혜를 제대로 전달하지 못한다. 인식적으로 어떤 진리를 발견했을 때 맛보게 되는 깨달음의 희열과 통찰의 기쁨을 반감시킨다. 인지적인 번뜩임과 감정의 동조 없이 그저 발견한 진리를 투박하게 던져 주고 있다. 그러면서 기대와 달리 무료한 표정으로 설교 시간을 견디고 있는 청중의 얼굴을 보며 당황해한다.

설교자가 진리를 깨달을 수 있고 그 과정에서 큰 기쁨과 감격을 얻을 수 있었던 이유는 귀납적으로 하나님의 말씀을 연구하고 하나의 단서가 다른 단서와 어떻게 연결되는지 발견하면서 결국 본문에 감춰져 있던 보물을 발견했기 때문이다. 의미를 깨달았기 때문이다. 귀납적인 해석의 과정이 없었다면 하나님께서 본문을 통해 보여 주시는 진리를 발견하는 기쁨도 없었을 것이다. 그저 본문과 관련해서 자신이 이미 잘 알고 있는 내용을 설교 주제로 삼거나 피상적으로 드러나 있는 내용만 전달할 것이다. 은혜와 기쁨과 감격 없이 설교를 준비하는 설교자는 본문에 대한 깊은 묵상과 해석의 과정을 거치지 않은 것이다.

성경의 귀납적인 해석과 성경을 기능상 귀납적으로 전개하는 설교는 모두 성경을 통한 기쁨을 느끼게 한다. 기능상 본문을 귀납적인 방식으로 전개하는 설교를 들으면서도 청중은 상당한 흥미를 느끼며 설교에 집중하고 설교의 의미를 발견할 때의 큰 기쁨을 함께 느낄 수 있다. 이는 귀납법의 본래적인 효과다. "효과적으로 진행되면 귀납법은 설교자의 논리를 예리하게 만들어 줄 뿐만 아니라 귀납법적으로 배열된 설교를 통해서 청중은 긴장감을 느낌과 아울러 마지막 단계에서는 무언가 새로운 사실을 발견했다는 느낌을 갖게 된다."[192]

설교자는 청중의 심리도 자신과 똑같다는 사실을 알아야 한다. 단지 해석된 내용을 연역적으로 전하기만 하면 청중은 그 내용을 통해 감동하거나 깊이 깨닫거나 진리를 발견할 때 느끼는 놀라운 은혜와 감격을 알 도리가 없다. 설교자는 청중도 성경 본문의 이해를 통해서 기쁨을 느낄 수 있는 방식으로 설교해야 한다. 그것이 바로 본문을 해석한 내용과 해석의 과정까지 반영한 귀납적 연역법에서 기능상 귀납적으로 전개하는 전반부의 역할이다. 설교자는 이 과정을 통해 청중에게 성경 본문에서 하늘의 보화를 발견하는 기쁨을 제공할 수 있다.

귀납적 연역법의 혼합적 구조는 성경 말씀을 해석하는 과정을 반영하고 그 내용을 드러냄으로써 설교자가 느꼈던 바로 그 감격을 청중과 함께 공유한다. 설교자가 성경에서 깨달은 진리의 말씀을 설교하면서 청중과 함께 발견해 간다. 설교자는 진리의 말씀을 더욱 흥미진진하게 전개하면서 청중을 진리 가운데로 인도할 수 있다. 청중은 기쁨 중에 진리의 말씀이라는 확신을 소유하게 되고 말씀의 적용을 통해 삶을 결단하고 신앙의 도전을 받으며 성화의 길로 나아가게 된다.

④ 대화를 통해 청중 참여 도모

설교자만 일방적으로 말하는 시대는 지나갔다. 이 시대는 쌍방의 대화와 소

---

192 Steven D. Mathewson, 199.

통을 중시한다. 이처럼 현대는 커뮤니케이션을 중시하는 소통의 시대이기 때문에 설교 역시 청중 참여를 통해 대화식으로 이뤄져야 한다.[193] 물론 청중이 직접 말을 하면서 대화에 참여하는 것은 아니다. 설교를 들으면서 언어적 사고와 감정적 반응을 통해 설교의 과정에 참여하는 것이다. 예를 들어, 설교자가 어떤 질문을 하면 그 질문에 대해서 청중은 머릿속으로 대답하며 반응한다. 설교자가 어떤 이미지를 귀납적으로 구체화할 때 청중은 머릿속으로 그 이미지를 떠올리며 반응하고 경험하게 된다. 설교자가 이야기를 묘사하면 청중은 감정적으로 반응하면서 참여하게 된다. 이처럼 청중도 설교 시에 다양한 사고 작용을 통해 대화에 참여할 수 있는 것이다.

그런 면에서 볼 때 전통적인 설교에서 강조하는 본문의 해석과 구체적인 적용의 전 과정 역시 신설교학이 비판하는 것처럼 맹목적인 선포로만 이뤄진 것은 아니다. 본문의 권위를 인정하고 설교를 본문에서부터 시작해도 설교자의 수사적 역량에 따라 얼마든지 청중과 함께 호흡하고 함께 대화하면서 설교할 수 있다. 하지만 역시 귀납적인 방식이 소통에 훨씬 더 큰 효과를 나타낸다.

> 귀납적인 설교는 증거, 예시들, 예화들을 나열하면서 청중들이 증거를 판단할 기회를 얻고 암시들을 통해 생각하면서 설교의 목적인 결론에 설교자와 함께 도달할 때까지 선포와 주장을 연기한다. 이와 같은 과정은 설교의 과정에 청중들을 일부가 되게 함으로써 포함시킨다. 귀납적 설교는 설교자와 함께하거나 심지어 설교자보다도 더 앞서서 생각하게 할 수 있다. 그것은 청중을 참여시킨다. 그러므로 그 설교 자체는 청중의 경험의 일부가 된다.[194]

---

[193] R. Albert Mohler Jr., "강해설교", 24-28.
[194] Ralph L. Lewis and Gregg Lewis, *Inductive Preaching*, 43.

귀납법은 청중이 설교 과정에 직접 참여할 수 있고 설교자와 상호 대화가 가능하다는 점에 연역법이 따를 수 없는 강점이 있다. 그리고 대화를 특징으로 하기에 경험을 통한 진리의 습득이 가능해진다. 크래독이 귀납적 설교를 주장한 이유 중의 하나는 설교는 '대화'여야 한다는 철학 때문이었다. 그의 영향과 지도 아래서 루시 로즈(Lucy Atkinson Rose)는 "대화식 설교"에 대한 책을 쓰기도 했다.[195] 하지만 크래독은 '대화'라는 용어를 통해 하나님과 청중을 동등한 위치에 두었다. 하나님께서 말씀하시는 의미가 있어도 청중 개개인의 선택과 반응에 따라서 완전히 새로운 의미로 바뀔 수 있다. 권위의 추는 오히려 청중에게로 좀 더 기울어진다. 설교자는 중간에서 하나님과 청중 사이에 형성되고 결정되는 의미에 직접 관여할 권한이 없다. 청중이 자신들의 전제와 과거 경험을 통해서 하나님과 직접 대화하면서 의미를 만들고 적용하면 되는 것이다. 크래독은 그런 견지에서 "결론을 열어 놓는 대화에 대해 관심을 갖는 현재의 분위기에서, 고전적 전통의 설교들은 점점 더 받아들여지지 않게 될 것이다"라고 말했다.[196] 고전적 설교라는 일컫는 연역적 설교는 설교자가 대화의 과정을 주도하고 청중은 침묵 속에 자신에게 강요되는 의미를 받아들여야만 하기 때문이다.

크래독이 말하고 있는 '대화'의 개념과 목적을 개혁주의 설교자가 그대로 사용할 수는 없다. 하지만 순수한 의미에서 설교의 과정에 청중이 직접 대화를 통해 참여해야 한다는 통찰만큼은 외면해선 안 된다. 만약 청중이 하나님께서 말씀하신 의미를 발견하는 과정에 직접 참여해서 대화를 통해 하나님의 뜻을 깨달아 갈 수 있다는 측면에서 말한 것이라면, 이는 적극적으로 환영하고 받아들여야 한다. 그리고 귀납적 연역법은 바로 이런 측면

---

195 Lucy Atkinson Rose, *Sharing the Word*, 『하나님 말씀과 대화 설교』, 이승진 역(서울: CLC, 2010).

196 Fred B. Craddock, *As One Without Authority*, 26.

에서의 청중의 참여를 이뤄내는 데에 효과적이다.

　귀납적 연역법은 기능상 귀납적으로 전개되는 전반부에서 귀납적 구조가 가지는 청중과의 대화를 통한 의미 형성 과정을 거쳐 중심 주제로 나아가는 효과를 가진다. 하지만 귀납적 연역법은 그 대화를 통해 청중의 개인적인 사견이 의미에 영향을 주지 않도록 적절하게 방어할 수 있다. 적어도 두 가지 방식으로 대화가 개인적이고 주관적인 의미 결정으로 나아가지 않도록 규제한다.

　첫째, 성경 본문의 통제된 흐름을 따라 귀납적으로 전개하기 때문에 주로 본문에 대한 대화를 나누게 한다. 청중은 설교자가 주도하는 말씀과의 대화에 참여하고 그 대화는 본문에 의해 철저히 통제된다. 하나의 질문이나 하나의 문제를 해결하는 과정이나 균열과 통합의 모든 과정은 성경 본문과 그 본문을 해석하기 위해서 비평적으로 선택한 해석 방법론의 인도를 받는다. 청중은 설교를 들으면서 내면에서 설교자의 말보다 더 빨리 반응하고 대답할 수 있지만, 그 모든 반응은 다시 본문의 계획대로 수정된다. 그 과정에서 자신의 견해가 성경적으로 변해 가는 은혜도 경험한다.

　혹시 본문의 의도와 전혀 다른 방향으로 사고를 전개할지라도 귀납의 과정을 통해 저절로 수정되어 간다. 만약 일반적인 삶의 경험이라면 그처럼 통제력을 나타낼 수 없다. 그만큼의 권위가 없기 때문이다. 하지만 하나님의 말씀의 인도를 따라 귀납적으로 걸어가는 여정에 동행하고 있기에 본문을 기능상 귀납적으로 전개하는 방식에 참여한 청중은 본문이 명시하는 분명한 표지판을 따르게 되어 있다. 새로운 길을 개척하는 것이 아니라 이미 준비된 이정표를 따른다. 귀납적 여행의 단서가 '가능성'이 아니라 '진리'이고, 여정이 계속될수록 그 사실은 더 명확해진다. 따라서 청중이 참여하는 대화는 이미 하나님께서 본문을 통해 의도하신 길에서 벗어날 수 없게 된다.

둘째, 연역적으로 전개되는 후반부에서 진행되는 설명과 논증과 예증과 적용이 청중의 사고를 조정해서 다시 본문의 의미로 돌아오게 한다. 혹시 귀납적으로 의미를 찾아가는 과정에서 청중 안에 여전히 해결되지 않은 의문이 남아 있을지라도 연역적인 후반부에서 더욱 본문의 의미를 강화하고 적실하게 적용하기 때문에 청중은 다시 한번 본문의 말씀 앞에 설 기회를 얻는다. 청중이 품고 있는 불확실한 믿음은 오히려 후반부의 설명과 논증과 예증과 적용과 더불어 상호 작용하게 되어 있다. 그래서 본문은 청중이 이전에 가지고 있었던 개인적인 견해와 전제들을 성경의 진리로 변화시키고 바꾸는 능력을 나타낸다. 따라서 신설교학이 신해석학과 실존주의 철학을 따라 진행하려는 '대화'와는 전혀 다른 성격의 대화를 진행할 수 있게 된다.

이처럼 귀납적 연역법은 신설교학이 말하는 대화의 측면보다 훨씬 더 효과적으로 성경적인 대화를 가능케 한다. 그리고 이를 통해 개혁주의의 철학적 신학을 내재한 설교의 목적을 실현한다.

대화와 관련해서 살펴봐야 할 또 다른 중요한 측면이 있다. 그것은 "설교를 통해 이뤄지는 대화의 주도권을 누가 갖는가?"라는 부분이다. 신설교학의 귀납적 설교에서는 청중이 대화의 주도권을 갖는다. 그것도 공동체로서의 청중이 아니라 개인으로서의 청중이다. 청중이 대화의 주도권을 가지고 스스로 모든 것을 확정하고 결정하고 결단한다. 그 과정에 설교자가 개입할 수 없다. 그럴 권위를 내세워선 안 된다. 하나님의 기록된 말씀에도 주도권이 없다. 성령께서 모든 과정을 도우신다고 하지만, 설교에 있어서 실제 대화의 주도권은 청중 개개인에게 있다. 귀납적 설교는 전체 연설에 영향을 줄 수밖에 없는 마지막 발언권을 청중에게 넘긴다. 청중은 스스로 최후 발언을 하며 설교를 통해 받은 의미를 직접 규정한다.

그렇다면 귀납적 설교는 기독교의 설교로 적합하지 않다. 설교는 하나님께서 말씀하시는 시간이다. 인간은 하나님의 대화 테이블에 초청받아서 하나님의 말씀을 듣고 질문하고 그 말씀에 반응하면서 대화에 참여해야 한다. 아무리 인간의 역할이 커지고, 아무리 이 시대가 하나님과의 대등한 관계에서 대화하는 것을 선이라 말할지라도 이 사실은 절대 변하지 않는다. 대화의 주도권은 하나님에게 있고 대화의 마지막 마이크 역시 하나님의 손에 들려 있어야 한다. 하나님께서 모든 의미를 규정하고 결정하셔야 한다.

    귀납적 연역법은 그 마지막 마이크를 하나님의 손에 드리는 구조다. 청중은 하나님께서 성경을 통해 말씀하시는 열정적인 발화에 직접 반응하고 참여한다. 그러나 자신의 생각과 견해와 느낌이 설교의 마지막을 결정하지 않는다. 설교자는 하나님의 말씀이 청중의 삶을 판단하게 하고 분명한 하나님의 뜻을 따라 설교의 결론을 내린다. 열린 결론을 통해 청중이 알아서 진리의 판단자가 되게 하지 않는다. 닫힌 결론으로 하나님의 뜻을 분명히 전한다. 청중이 할 일은 그 진리를 판단하는 것이 아니라 그 진리대로 살기를 결단하는 것이다. 청중은 스스로 답해야 하는 어려운 과제를 안고 집으로 돌아가는 것이 아니라 분명하고 구체적인 답을 가지고 돌아가야 한다. 따라서 설교는 이런 기능을 가능케 하는 기능상 귀납적으로 진행되다가 연역적으로 전환되는 혼합적 구조로 진행되어야 한다.

    이는 귀납적 연역법 설교가 가지는 강점이고 기능이고 효과다. 귀납적 연역법은 더욱 능력 있는 설교 사역을 가능케 한다. 이 방식은 귀납적 설교가 해결하지 못한 설교의 문제와 위기를 극복하게 한다. 불확실성의 시대에 여전히 의지할 수 없는 일련의 가능성만 제시하는 것이 아니다. 선택과 책임을 청중에게 맡기지 않는다. 진리의 말씀이 모든 불확실한 것들을 정확히 규정하고 신앙과 삶의 의미를 분명히 결정하게 한다. 하나님의 말씀이 모든 것을 판단하고 새롭게 하게 한다.

⑤ 경험을 통한 설득

연역적인 설교로 대변되는 전통적인 설교의 목적은 '설득'에 있다. "설교의 목표가 사람들로 하여금 행동의 결단을 내리도록 유도하는 데 있다면, 설득하는 것은 설교자의 의무"다.[197] 실제 설교의 상당 부분은 설득으로 이뤄져 있다. 그리고 성경을 진리의 말씀이라고 확신하는 분위기에서는 설득은 효과적인 설교의 목적이 될 수 있었다. 하지만 자신의 견해를 수정할 만큼 불변하는 진리가 있다는 사실을 인정하지 않는 현대의 청중에게는 단순한 연역적 방식으로 설득하기가 어려워졌다. 후현대주의 청중은 누군가 자신을 설득하려는 행위를 무례하게 여긴다. 설득은 자신이 토론에 참여해서 허용할 때만 수용 가능한 발화 양식이다. 각자의 생각이 있고 각자의 삶이 있어서 남을 간섭하거나 통제하지 않고 알아서 살아가는 것을 선이라고 보기 때문이다. 만약 누군가 진리라는 말로 자신을 설득하려 한다면 그 말을 들어 보지도 않고 짐짓 거부해 버릴 것이다.

그러나 "모든 연설의 궁극적인 목표는 회중으로 연설자의 주장에 동조하도록 설득하는 것"이다.[198] 설교는 오늘날에도 여전히 하나님의 말씀을 통해 청중을 설득하는 시간이다. 하지만 이전의 연역적인 방식으로는 청중을 설득하기 어려워졌으니 다른 방식을 찾아야 한다. 무엇보다 현대인을 효과적으로 설득하기 위해서는 그들의 머리만이 아니라 가슴까지 움직일 수 있어야 한다. 또한 권위로 설득하는 것이 아니라 청중이 스스로 진리를 받아들이도록 해야 한다.

변화의 동기는 지적이거나 감정적이다. 우리가 어떤 주장이나 의견을 더 쉽게

---

197 Craig A. Loscalzo, "청중과 동일시화 하는 설교", 『그말씀』, 통권 121호(1999년 7월호), 63.

198 정인교, 『정보화 시대 목회자를 위한 설교 살리기』, 272.

받아들이는 것은, 머리와 가슴이 그럴 준비가 되어 있을 때이기 때문이다.[199]

바로 이러한 후현대주의 청중의 특징을 고려하며 가슴을 움직이기 위해 나온 방식이 귀납적 구조의 설교 방법론이다. 문자 이후 시대를 살아가는 오늘의 회중에게는 진리를 설명만 해서는 안 되고 그의 지성과 의지와 감성을 포함한 전인을 향한 메시지가 되도록 해야 한다.[200] 귀납적 설교는 그 방법을 청중 스스로 경험하며 깨닫게 하는 데서 찾았다. 오늘날 귀납적 설교를 시작으로 새로운 설교학 운동은 '구조의 변화를 통한 경험'을 설교의 중요 목적으로 삼고 있다. 청중이 직접 경험을 통해 하나님의 진리를 발견할 수 있다면 마음을 열고 그 진리를 받아들이게 되기 때문이다.

하지만 귀납적 설교가 추구하는 경험 중심은, 반복하지만, 자칫 주관주의로 흐를 위험이 있다. 그들이 강조하는 체험은 실존적 체험이기 때문이다. 그리고 경험에 대한 강조는 결국 경험이 없이는 결코 하나님을 인정하지 않으려는 신학적 상대주의(theological relationalism)를 야기한다.[201] 계시된 하나님의 말씀보다 인간의 경험이 설교의 핵심 요소를 이룬다. 또한 청중은 점차 우리를 구원하는 복음에 귀를 기울이지 않고 자신의 고민이나 삶의 문제나 시대적 이슈와 관련된 흥미로운 이야기에만 관심을 가질 위험이 있다. 실제로 귀납적 설교의 예시들을 보면, 성경 본문이나 구속적 메시지보다 이 시대에 관한 이야기들로 가득 차 있다.[202] 따라서 귀납적 설교는 영적인 성도나 성경 본문의 의미를 정확하게 듣기 원하는 청중의 반발을 일

---

199 양태종, 27.
200 계지영, 171.
201 Charles L. Campbell, 141.
202 Fred B. Craddock, *As One Without Authority*, 131-156에 예시한 귀납적 설교들을 읽어 보라.

으킬 수 있다.

그런데 귀납적 연역법은 설교에 있어서 설득과 경험의 두 목적을 함께 이뤄낼 수 있다. 청중은 기능상 귀납적으로 움직이는 전반부를 통해서 말씀을 경험하고 의미를 발견한다. 이는 개인의 실존적인 체험이 아니라, 성경 말씀이 주도하는 의미 표출의 과정에 동참하는 것으로서의 경험이다. 우리 삶의 이야기를 집중 조명하는 귀납적 흐름이 아니라 성경 본문의 진리를 밝히는 귀납적 흐름이다. 그렇기 때문에 청중은 복음을 더욱 확실하게 깨닫고 진리로 받아들이게 된다. 경험을 통한 진리의 확신이다. 또한 자신이 진리를 밝히는 과정에 직접 참여해서 경험했기 때문에 그 진실성과 권위에 순복하고 뒤이어 진행되는 연역적 전개에서 하나님의 말씀이 자신을 설득하도록 내어 드린다. 하나님의 말씀을 통해 자신의 인격과 의지와 성품과 삶과 신앙이 변화되기를 원한다. 귀납적 연역법은 이처럼 전통적 설교의 목적인 '설득'을 신설교학의 목적인 '경험'을 통해 이뤄가기 때문에 두 설교학의 목적을 동시에 이룰 수 있다.

⑥ 인식과 기억에 효과적

설교자는 청중이 얼마나 설교에 집중하고 얼마나 설교 내용을 제대로 이해하면서 듣는지 확인해야 한다. 말씀을 받아들이는 여부에 관심을 가져야 한다. 그리고 설교를 통해 깨달은 말씀을 얼마나 오래 기억하며 삶의 원리와 규범으로 삼는지 살펴봐야 한다. 안타깝게도 많은 설교자가 청중의 인식과 기억 여부에 별로 관심이 없는 것 같다. 청중은 설교를 통해 아무런 은혜를 받지 못하는데 설교자는 청중이 자신의 설교에 많은 은혜를 받는다고 생각한다. 때로 설교에 집중하지 못하는 청중을 보면서 정신을 똑바로 차리라고 야단하기도 한다. 설교를 잘 듣지 못하는 청중이 있다면 설교자 자신의 문제를 살피고 들을 수 있는 설교를 준비해야 할 텐데 그 모든 원인을 청중에게 돌리고 있다. 사실 누구보다 설교자에게 더 큰 문제가 있지 않을까? 한 편의 잘 만들어진 영화를 보면서 매번 잠에 빠지는 사람은 없다. 상영시간이 두 시간이나 지속되어도 졸지 않고 집중한다. 그러면 시청자들이 의지력을 발동해 영화에 집중하거나 혹은 영적으로 깨어 있기 때문일까? 아니다. 시청자가 몰입할 수 있도록 영화가 잘 만들어졌기 때문이다. 설교에 집중하지 못하는 청중의 분위기는 설교를 잘 준비하지 못한 설교자의 책임이 가장 크다. 설교자는 설교를 들을 마음이 없는 청중의 시선을 빼앗고 잠을 자려고 작정한 청중도 깨우는 설교를 준비해야 한다. 그리고 이러한 수사적 힘은 대개 설교의 구조에 있다.

신앙생활이 오랜 성도들은 성경을 비교적 많이 알고 있다. 초신자를 제외하면 교회에 모인 대다수의 회중은 성경을 오랜 시간 읽고 배웠다. 또한 설교를 헤아릴 수 없을 정도로 많이 들었다. 그래서 성경을 봉독하는 시간에 이미 설교자가 무슨 말을 할지 대충 짐작할 수 있다고 말하는 성도들도 있다. 그러다 보니 더 좋은 설교를 하려고 고민하는 설교자는 주로 청중이 짐작하기 어려운 내용을 찾으려고 노력한다. 청중보다 훨씬 통찰력 있고 영성 있다는 말을 듣고 싶은 것이다. 성경에서 새로운 내용을 찾거나, 성경 외적인 자료에서 새로운 이야깃거리를 찾으려고 한다. 하지만 놀랍게도 여전히 청중은 그런 설교에도 새로움을 느끼지 못한다.

좋은 설교는 뭔가 새로운 내용을 전하는 설교가 아니다. 복음은 계속 새로워지는 사상이 아니다. 진리는 변하지 않기에 진리다. 은혜는 새로운 정보에서 오는 것이 아니다. 인식의 차원에서 볼 때 "새로운 것을 깨닫게 하는 인식의 충격보다는 자기도 그것을 알고 있다고 하는 인식의 수긍이 훨씬 더 좋은 것"이다.[203] 감동은 주로 공감에서 온다. 그리고 다른 사람의 공감을 쉽

---

[203] Fred B. Craddock, *Preaching*, 160.

게 얻어내는 연설자는 모두가 잘 알고 있는 얘기를 체계적으로 정리해서 쉽게 말할 줄 아는 사람들이다. 사람은 자신이 모르는 이야기보다 잘 알고 있는 얘기들을 쉽고 명료하게 잘 표현해 내는 연설자의 통찰에 더 관심을 가진다. 설교자는 새로운 얘깃거리를 찾기보다 익히 익숙한 내용일지라도 명료하고 선명하게 드러낼 수 있는 좋은 구조를 사용하는 데 더욱 힘을 쏟아야 한다. 새로운 내용보다 새로운 질서를 보여 줄 수 있어야 한다. 좋은 구조를 통해 설교 전달을 도모하는 것이 인식과 기억에 훨씬 효과적이기 때문이다.

귀납적 연역법은 구조의 특성상 인식과 기억을 효과적으로 돕는다. 그 근거로 두 가지 이유를 말할 수 있다. 첫째는 귀납적인 전반부의 구조적 특징 때문이다. 귀납적 연역법의 전반부는 본문의 내용에 대한 궁금증을 유발하고 본문에서 말하려는 의미를 깨닫는 데 집중하게 한다. 또한 귀납적 전개 과정에 참여하여 본문의 의미를 발견하게 하고 그 과정에서 깊은 통찰을 통한 깨달음을 얻게 한다. 귀납적 전개는 메시지의 마지막에 주제가 드러나기 때문에 청중에게 강한 인상을 남긴다.[204] 청중은 귀납적 결론인 설교의 중심 사상을 듣기까지의 과정에 직접 참여해서 경험을 통해 의미를 깨달았기 때문에 심리적인 충격 속에 귀납적 결론을 진리로 받아들인다. 그리고 이어지는 연역적인 구조는 경험을 통해 깨달은 본문의 진리가 자신에게 어떤 의미가 있는지 구체적으로 듣게 한다. 그때 청중은 후현대주의의 끝없는 방황 속에서 의지할 수 있는 참된 진리를 얻게 된다. 어둠을 뚫고 나아갈 길을 발견하게 된다. 그 깨달음은 오랫동안 기억에 남아 그의 삶을 이끄는 동력이 된다. 귀납적 연역법의 구조는 이런 과정을 통해 청중의 인식과 기억을 돕는다.

둘째, 귀납적 연역법은 중심 사상을 따라 명료하게 구성되는 구조이기

---

[204] 김주미, 67.

때문이다. 귀납적인 연역법의 구조는 복잡한 명칭과 달리 한 가지 주제를 중심으로 정상에 등반해서 그 주제를 통해 전체를 조망하는 구조다. 설교 전체를 끌어가는 중심 명제가 명확하고 그 중심 명제를 통해 설교의 모든 내용이 하나로 묶여 있다. 그러나 무미건조하지 않다. 중심 사상을 향한 흥미로운 여정과 이후의 삶에 내려앉는 적용은 명료함 속에서 역동성을 느끼게 한다. 하나의 중심사상은 청중의 마음을 사로잡고 설교의 마지막까지 그 눈을 돌리지 못하게 만든다. 그래서 청중은 설교 전체 내용을 쉽게 이해하고 깨달은 진리의 말씀을 오래 기억하게 된다. 또한 사람의 기억은 현재와 내일을 살아가는 지혜와 능력이 되기에 오래 기억에 남는 말씀은 어떤 식으로든 청중의 삶에 영향을 주어 변화의 길로 나아가게 한다. 마음에 오래 남아 있는 진리의 말씀은 성령께서 우리의 성화를 위해 사용하시는 거룩한 재료가 되게 한다. 귀납적 연역법의 구조는 이처럼 인식과 기억에도 매우 효과적이어서 설교를 통해 의도하신 하나님의 목적을 온전히 이루게 한다.

⑦ 적용에 효과적

"설교는 청중에게 설교 내용에 단순히 동의하는 일 이상의 무언가를 행하도록 요구하는 것이다."[205] 설교자는 진리를 전할 뿐만 아니라 그 진리를 붙잡고 살아가도록 설교해야 한다. 그것은 바로 성경 말씀에 근거한 구체적인 적용을 통해 이뤄진다. 설교에서 적용은 필수적이다. 적용이 없으면 청중은 자신을 향한 하나님의 음성을 듣지 못한다. 순종하고 따라야 할 진리를 붙잡지 못한다. 그렇다면 설교는 그 목적을 다하지 못한 것이다. 결과적으로, 적용이 없는 곳에는 설교도 없다.[206]

---

205 Craig A. Loscalzo, 64.

206 Calvin Miller, 79.

그런데 현대 설교학은 직접적인 적용을 터부시하는 경향이 있다. 많은 설교자가 직접적인 적용을 문제 삼아서 끊임없이 토론의 중심으로 가져오려고 한다. 한국의 정황에서는 아직 학문의 영역에서만 이러한 이론과 흐름을 이해하고 있지만, 만일 누군가 간접적인 적용으로 충분하다는 이론에 대해서 반론을 제기한다면 마치 낙후된 설교학 이론과 실천 속에서 헤매는 것 같다는 공격을 피하기 어려울 것이다. 직접적인 적용은 사라져야 한다는 발언에 무게가 실릴 날이 그리 멀지 않은 듯 보인다. 따라서 적용과 관련한 일반적인 논쟁 부분을 먼저 간단히 살펴보아야 한다.

a. 직접적인 적용을 터부시하는 첫 번째 이유 - "적용은 주관적이어서"
설교학자들 가운데는 적용의 무용성을 주장하거나 직접적인 적용에 대해 회의를 표출하는 사람들이 의외로 많다. 그들이 적용을 터부시하는 대표적인 이유는 적용은 하나님의 말씀이 아니라 설교자 개인의 견해라는 생각 때문이다. 시드니 그레이다누스(Sidney Greidanus)는 말씀의 해석과 적용의 단계를 '객관성-주관성'의 관계로 설명한다.[207] 말씀을 해석하는 단계까지는 객관성을 인정할 수 있어도 적용으로 들어가는 순간부터 설교자 개인의 주관적인 생각과 견해가 삽입된다는 말이다. 그래서 설교자가 직접 적용해서는 안 되며, 적용은 성경을 설교할 때 저절로 이뤄진다고 주장했다.[208] 그러나 "이런 논란은 인간의 증언을 '진짜'와 '가짜'라는 불행한 이분화로 끌고 갈 것이다."[209] 조금 과장하자면, 이런 식이라면 설교를 들으면서 성경 외의 모든 인간의 말은 가짜로 치부될 수 있다. 또한 성경을 해석해서 의미를 제시하는 것도 인간의 작업인데, 그 역시 '주관성'의 문제를 피하기 어렵다. 결

---

207 Sidney Greidanus, *Sola Scriptura*, 86-91.
208 Sidney Greidanus, *Sola Scriptura*, 157, 172.
209 Dietrich Ritschl, 33.

국 "마지막에는 설교에서 성서의 인용구만이 진짜의 올바른 선포이고 나머지는 다른 성서인 인용구 사이의 연결의 역할을 하는 데 지나지 않는다는 회의로 끌고 갈 것이다."[210] 그렇다면 굳이 설교할 필요가 없다. 성경만 읽으면 된다. 해석도 적용도 모두 주관성의 문제를 뚫고 나갈 정당한 논리적 근거를 찾을 수 없다.

적용은 설교자 개인의 주관적인 견해가 아니다. 이는 인간 설교자가 새롭게 만들어 낸 본문 외의 사사로운 의견이 아니다. 본문이 말하는 바를 현대의 언어로 표현하는 것이다. 캘빈 밀러(Calvin Miller)는 "적용은 설교가 규범적으로 바뀌는 곳이며 만약 설교가 여기서 실패한다면, 그것은 단지 하나의 연설에 지나지 않게 되고 아마도 매우 훌륭하지도 않은 것이 된다"라고 말했다.[211] 그의 말처럼 적용은 진리의 말씀을 정당한 해석을 통해 규범적으로 제시하는 부분이다. 설교자가 주관적으로 판단해서 본문과 상관없는 말을 만들어 전하는 시간이 아니라 본문이 의미하는 바를 규범적으로 전하되 적실하게 전하려는 노력이다. 설교의 목적은 본문을 통해 말씀하시는 하나님의 뜻에 순종하는 백성을 만드는 데 있다. 그렇다면 단순히 본문의 내용을 들려주는 것만으로는 부족하다. 규범적으로 적용하는 직접적인 메시지를 전해야 한다.

'객관성과 주관성'의 논쟁을 통해 적용을 설교에서 분리해 내려는 시도는 성경을 옹호하는 것처럼 보이지만 결국 자유주의자들의 신학 작업으로 연결되는 지름길이 될 공산이 크다. 설교에서 말씀과 적용의 분리는 곧 성경에서 하나님의 말씀과 인간의 말을 분리해 내려는 시도와 크게 다르지 않다. 리츨(Dietrich Ritschl)은 이런 '객관성-주관성' 논쟁이 하나님의 성경과 인

---

[210] Dietrich Ritschl, 33.

[211] Calvin Miller, 80.

간의 성경을 따로 분리해서 우리 손에 두 개의 성경을 들려 주는 결과로 이끄는 논리적 문제라고 반박한다.[212]

설교에서 적용은 주관적이기에 배제해야 한다는 주장은 논리적으로 문제가 많다. 만약 설교자가 성경 본문을 정확하게 해석하고 그 본문에서 하나님께서 의도하신 신학적인 의미, 영원한 진리를 발견할 수 있다면 그 말씀을 통해 청중의 삶에 적실하게 적용하는 시간도 청중을 향해 말씀하시는 살아 있는 하나님의 음성이 된다. 본문의 의미를 정확하게 해석하지 않고, 본문의 내용을 전하려 하지 않으면서 적용한다면 그것은 당연히 주관적인 인간의 말이다. 이런 경우에는 설교 내용 전부가 다 인간의 말일 것이다. 하지만 성경 본문을 정당한 해석 방법으로 정확히 해석했다면 그 의미를 오늘의 청중에게 전하는 모든 내용이 다 적용이며 성경 말씀을 전하는 설교에서 빠뜨릴 수 없는 중요한 하나님의 메시지다. 주관적이라고 성급하게 결론을 내리면서 무조건 터부시할 것이 아니라 본문의 의미를 정확히 해석해서 자연스럽게 따라올 수밖에 없는 객관성을 가진 말씀이 되게 해야 한다. 적용은 이 시대 청중을 위해서 반드시 해야 하는 설교의 핵심 과정이다. 찰스 스펄전(Charles Spurgeon)의 말처럼 설교자가 적용을 시작할 때 비로소 설교가 시작된다.

b. 직접적인 적용을 터부시하는 두 번째 이유 – "적용은 성령의 고유한 영역이어서"

직접적인 적용을 반대하는 또 다른 이유는 적용은 성령의 영역이라고 믿기 때문이다. 그래서 설교자는 간접적인 적용을 제시하는 것으로 충분히 자신의 의무를 다했다고 본다. 이 이론은 신설교학의 간접 적용과 열린 결론

---

212 Dietrich Ritschl, 33.

의 근거이기도 하다. 당연히 적용은 성령께서 하신다. 그러나 이 사실이 설교자의 직접적인 적용을 금지할 이유가 되지 않는다. 오히려 성령은 설교자를 통해서 적용의 직무를 수행하신다. 유기적 영감으로 성경을 기록하신 성령께서 유기적 조명으로 설교자에게 성경을 깨닫게 하시고, 설교자를 통해 그 진리의 말씀이 의미하는 바를 설교자 자신과 현대의 청중에게 적실하게 적용하게 하신다. 설교자는 이 사실을 믿고 더욱 성령께 순종하기 위해 자신을 내어 드리고 성령께서 깨닫게 하시고 보여 주는 바를 따라 적극적으로 하나님의 말씀을 이 시대 청중에게 적실하게 적용하며 전해야 한다. 성령께서 적용하신다는 사실이 어떤 방식으로든 설교자의 책임을 저하하거나 훼손시킬 수 없다.

그런데 신설교학은 적용을 성령의 사역이라면서 간접 적용과 열린 결론으로 설교를 마무리하라고 말한다. 직접 적용을 성령 사역과 관련해 이론적으로 반대하고 있다. 하지만 간접 적용만으로 적용이 충분히 이뤄질 수 있을까? 간접적인 적용은 해석학적 순환을 통해 유비적으로 이해하게 하는 방식인데, 유비적인 인식은 오해와 곡해의 여지가 크다. 또한 주관주의로 흘러갈 수밖에 없다. 성령의 적용하심을 따라 이해하기보다 개인의 경험과 판단을 따라 이해하게 된다. 따라서 간접적인 적용을 통해 설교의 내용을 바르게 이해하고 정확히 적용하고 분명히 결론을 내렸는지 시험지를 채점하듯이 점검하지 않으면 청중은 각기 오답지를 들고 삶의 자리로 나아가게 될 것이다.

하나님은 성경에서 설교의 직접적인 적용의 본을 반복해서 보여 주심으로 설교자의 역할을 깨닫게 하셨다. 그런데 성령의 사역이라고 그 명령을 외면한다면 우리는 설교자로서 책임을 다하지 않는 것이다. 오히려 성령은 그의 도구인 설교자에게 적용해야 할 말씀을 깨닫게 하시기에 우리는 더욱 성령의 인도를 따라 성경 본문이 말씀하는 의미를 우리의 청중에게 적실하게 적용하는 일을 성실히 수행해야 한다. 직접적인 적용과 간접적인 적용을 모두 시행하면서 성경의 정확한 의미를 청중의 삶에 내려앉게 해야 한다.

c. 귀납적 연역법이 적용에 효과적인 첫 번째 이유 – "구조적 특징 때문에"

그렇다면 귀납적 연역법이 왜 직접적인 적용을 통해 하나님의 뜻을 드러내는 데 효과적일까? 첫째, 논리적인 면에서 볼 때 귀납적 연역법은 적용에 매우 효과적인 구조이기 때문이다. 우리가 알고 있는 "귀납 논리학이 지닌 매우 중요한 용도 중의 하나는 미래를 예측하는 것이다."[213] 이는 연역적 논리로 증명할 수 없는 영역이다. 연역적으로 과거의 사실을 미래의 예측과 연결하면 논리적인 모순만 낳는다. "타당한 연역 논증은 너무나 보수적이어서 과거 및 현재로부터 미래로 건너뛸 수 있는 융통성은 없다."[214] 우리는 쉽게 연역적인 전개를 통해 과거로부터 미래를 조망한다. 예를 들어, 모세가 손을 들어 홍해를 가른 사건을 연역적으로 설교할 때 "우리도 하나님을 믿고 하늘로 손을 뻗으면 불가능한 일을 가볍게 할 수 있습니다"라는 식으로 대지의 전제를 제시한다. 그리고 열심히 홍해 사건을 설명하고 적용할 것이다. 하지만 우리는 분명히 알고 있다. 현실의 상황에서 믿음을 가지고 손을 멀리 뻗어도 그런 기적은 일어나지 않는다는 사실을 말이다. 이것이 연역적 전개의 논리적 모순이다. 과거를 현재나 미래로 연결할 때 개연성이나 타당성이 전혀 없는 말을 무조건 던지듯이 제시하면서 전개할 수 있다.

과거로부터 현재로의 연역적 진술이 정당성을 얻을 수 있는 경우는 앞에 제시하는 전제의 진리성이 확보되었을 때로 한정된다. 모두가 동의하고 있는 진실을 전제로 제시하는 경우 과거에서 현재로의 연역적 전개에 논리적 모순이 없다. "잠을 충분히 자면 피로가 풀린다"라는 진술은 모두가 동의

---

213 Brian Skyrms, 44.
214 Brian Skyrms, 45.

할 수 있는 진술이다. 이 경우 연역적으로 전개되는 현재와 미래로의 적용은 논리적으로 오류가 없다. "그러므로 휴식을 충분히 취하고 건강하게 생활하십시오"라는 미래로의 연결은 정당하다. 하지만 전제의 진실성이 확보되지 않고 모두의 동의를 얻을 수 없는 내용이라면 현재와 미래로의 연결은 억측이나 편견이 된다. 예를 들어, "하루에 4시간만 자도 피로가 풀린다"라는 진술은 대부분이 동의할 수 없는 내용이다. 어떤 사람은 4시간만 자도 괜찮은지 몰라도 대부분은 매일 4시간의 취침만으론 턱없이 부족하다. 그런데도 현재와 미래로 적용하면서 "여러분도 앞으로 4시간만 자면서 인생을 아끼십시오"라고 결론을 맺는다면 대체로 수긍할 수 없는 결론이 될 것이다. 그래서 성경에 대한 완전한 확신이 없는 청중이 연역적인 설교를 들으면 어리석은 논리 전개로밖에 보이지 않는 것이다. 우리는 연역법의 논리적 문제를 분명히 알아야 한다. 연역법은 과거 이스라엘의 역사와 현재 우리의 삶을 연결하는 데 적절한 논리 전개 방식이 아니다. 다시 말해서 적용이 본문에서 나왔다고 보기에 논리적 근거와 연계성이 너무 희박하다.

하지만 귀납법에는 과거의 사실을 통해 미래를 예측하게 하는 논리적 기능이 있다. 귀납법으로 홍해 사건을 해석하면 본문을 통해 말씀하시는 하나님의 의도의 본질을 파악하게 된다. "그들처럼 우리도"가 아니라 "그 사건 가운데 역사하시고 의도하시고 보여 주시는 하나님의 의미"를 향한 여정을 계속하게 된다. 그래서 본문의 합당한 결론에 함께 도달하게 한다. 귀납적인 설교의 전개는 이러한 과정을 보여 주기 때문에 결론에 이르기까지의 논리적 추론 과정을 보여 주고 그 결과 합당한 결론에 이르게 한다. 그리고 그 자리에서부터 현재와 미래를 향한 예측에 정당성을 부여한다.

귀납적 연역법이 진리 논증에 효과적이고 청중의 미래적인 삶과 신앙에 효과적으로 적용할 수 있는 근거는 바로 여기에 있다. 성경에 기록된 과거 사실들의 의미를 밝히는 귀납적 과정을 통해 얼마든지 우리에게 적용 가능한 보편적인 의미를 도출할 수 있고 이를 근거로 연역적으로 적용하는 방식이기 때문이다. 후반부의 연역적 전개에서 적용의 정당성을 얻을 수 있는 이유는 귀납적 전개를 통해 연역적 전제의 정당성과 진실성을 확보했기 때문이다. 게다가 후반부에 진행되는 연역적 전개를 통해서 어쩌면 가능성으로 인식될지도 모르는 논리적 한계를 다시 설명과 논증과 예증 등의 진술을 통해 해결할 수 있다.

후현대주의 청중은 성경의 메시지에서 아무런 현실 적합성을 찾지 못한다고 여긴다.[215] 이는 과거 설교 방식에서 전통적인 연역법의 형식이 주를 이루었기 때문이다. 논리적으로 모순이 가득한데도 진실처럼 말하는 강단을 신뢰하지 않게 된 것이다. 하지만 귀납적 연역법의 과정을 거쳐서 진리의 말씀을 적용한다면, 이는 논리적 개연성을 확보하는 구조이기에 성경의 현실 적합성을 주지시킬 것이다. 귀납적 연역법은 연역법의 논리적 문제와 귀납법의 결론의 '가능성'의 한계까지도 최대 커버할 수 있는 효과가 있다. 그래서 하나님의 말씀이 어떻게 우리 삶에 적합한 의미를 제시하고 결론을 내리는지 선명하게 보여 줄 수 있다.

d. 귀납적 연역법이 적용에 효과적인 두 번째 이유 – "성경적, 신학적 특징 때문에"

둘째, 귀납적 연역법은 성경적, 신학적으로 볼 때도 적실한 적용을 가능케 하는 효과적인 구조이기 때문이다. 성경을 그 무엇보다 중시하는 개혁주의 철학적 신학을 담아내는 귀납적 연역법은 오직 진리인 하나님의 말씀에 근거한 적용만이 가능하다고 믿고 말씀이 인도하는 적용점을 순종하면서 제시한다. 사람의 말에서 나온 적용이라면 비록 간접적인 적용이라도 지양해

---

215 Graham Johnston, 64.

야 하지만, 하나님의 말씀에서 나온 적용은 명령이라도 주저할 필요가 없다.

설교자는 하나님께서 계시의 완성으로 주신 성경 말씀을 해석하고 그 말씀이 의미하는 바에 통제된 적용을 청중에게 전달하는 자다. 이때 적용의 가능성은 누군가의 삶을 움직일 수 있는 더 높은 권위와 더 확실한 진리에 있다. 따라서 설교자가 만약 성경을 확신하지 못한다면 그 말씀의 적용은 불가능해진다. 누군가의 삶을 움직일 수 있는 실질적인 권위가 성경 외에 어디에도 없다는 확신으로 설교해야 한다. "적용은 하나님의 말씀이 절대적 진리라는 확신 속에 가능하다."[216] 적용을 청중에게 맡기는 것은 성경의 절대 진리성에 대한 불신에서 비롯되었다. 진리가 없기에 스스로 알아서 판단하도록 하는 것이다. 사람들을 향한 권위 있는 존재와 그분의 말씀에 대한 확신이 없다면 누구도 직접적인 적용이나 말씀을 따르는 결론을 내릴 수 없다. "성경의 권위는 하나의 본문을 청중의 삶에 적용하는 데 절대적으로 본질적이다."[217]

하나님의 말씀으로서 성경에 대한 확신과 능력과 권위를 믿는 설교자는 성경이 인도하는 대로 적실하게 적용한다. 적용은 설교자 자신이 성경 본문에 순종하는 행위다. 하나님의 말씀을 통해 성령께서 이 시대 청중에게 전하려는 바를 전달하는 직무를 수행하는 것이다.

귀납적 연역법은 오직 하나님의 말씀에 철저히 순종하는 설교 방법론이다. 성경의 내용뿐만 아니라 성경이 말하고자 하는 진리를 해석의 과정을 통해 직접 보여 주고 그 진리로부터 직접적인 적용을 시도한다. 청중은 해석의 결과만이 아니라 해석의 과정과 내용을 함께 들었기 때문에 본문이 의미하는 바의 정당성을 깨닫게 되며, 그 본문에서 나오는 적용이 하나님의

---

216 류응렬, "새 설교학: 최근 설교학에 대한 개혁주의적 평가", 203.
217 Calvin Miller, 90.

뜻이라는 사실을 인식하고 순종해야 할 당위성을 확신하게 된다. 그리고 설교자의 권위가 아니라 성경의 권위와 하나님의 권위가 자신의 삶을 향해 요구하는 음성을 듣는다. 설교자는 '권위 없는 자처럼' 자신을 낮추는 태도를 보이는 것이 아니라 정말 '권위 없는 자'가 되어 하나님의 말씀에 순종하는 모습을 보여 주게 된다. 그러나 본문에 대한 확신으로 적용을 시행하여 말씀의 능력을 경험하게 된다. 청중은 개인의 견해가 아니라 진리인 성경 말씀이 직접 자신을 향해 내미는 손을 보며 자신의 삶을 맡기게 된다.

> 그렇게 할 때, 권위는 이뤄지고 그때 설교의 나머지 부분을 통해서 주장된다. 일단 회중과 설교자는 함께 중앙 부분(역자 설명: 성경의 의미가 밝혀지는 부분)에 이르게 되면, 본문은 권위를 가지고 주장될 수 있고 적용들과 선포들은 거기로부터 연역적으로 발전될 수 있다.[218]

구조적으로 볼 때, 귀납적으로 전개되는 전반부를 통해 성경은 청중도 인정할 수밖에 없는 권위를 소유하게 되고, 그 권위의 연역적 선포는 청중이 인정하고 순종하게 되는 자신의 삶을 향한 적실한 메시지가 되는 것이다. 이처럼 귀납적 연역법은 성경적으로나 신학적으로 볼 때 적용에 매우 효과적이라는 사실을 알 수 있다.

5) 설교자가 얻는 유익

귀납적 연역법의 구조로 설교할 때 설교자가 얻을 수 있는 유익은 많다. 엄밀히 말하면 귀납적 연역법의 유익과 효과를 다루는 모든 내용이 설교자가 얻을 수 있는 유익이라고 할 수 있다.

---

218 Ralph L. Lewis and Gregg Lewis, *Inductive Preaching*, 114.

① 설교를 위해 쏟은 에너지의 효율성 극대화

귀납적 연역법은 설교자가 한 편의 설교를 위해서 사전에 쏟은 에너지의 효율성을 극대화한다. 설교자는 한 편의 설교를 준비하기 위해서 많은 시간과 지식과 경험과 열정과 노력을 본문 연구에 쏟는다. 그리고 그 모든 에너지를 소비한 결과 한 편의 설교를 얻는다. 그런데 막상 설교할 때는 그 모든 에너지를 효율적으로 드러내지 못한다. 또한 쏟아부은 에너지만큼 좋은 결과를 얻지도 못한다. 그렇다면 우리는 설교를 위해 쏟고 있는 에너지의 효율성을 극대화할 방법을 찾아야 한다.

설교자가 진리의 말씀을 해석하기까지 수고한 모든 노력과 하나님의 뜻을 깨닫고 느꼈던 감격, 본문을 해석하면서 얻을 수 있었던 전인격적 통찰과 받은 은혜를 이 시대를 위한 언어와 내용으로 변환시켜서 전하는 것만으로도 분명히 의미는 있다. 하지만 그 설교를 준비하기까지의 모든 중요한 통찰과 은혜, 그리고 그것을 얻기 위해 에너지와 열정을 쏟아부어서 얻은 해석된 내용과 과정을 설교에서 얼마든지 표현하면서 더 큰 은혜가 되게 할 수 있다. 또 그래야 한다.

보통 한 편의 설교는 빙산의 일각과 같다. 청중이 보고 듣는 것은 수면 위에 드러나 있는 10%에 불과하다. 나머지 90%는 수면 아래 감춰져 있다. 설교자는 설교를 통해서 본문이 가지고 있는 의미와 그 의미를 찾기까지의 해석 과정에서 드러난 내용의 90%는 수면 밑에 묻어 두고 일부분만 드러낸다. 물론 본문의 모든 내용을 다 드러내려는 시도는 오히려 설교를 망치는 지름길이다. 하지만 중심 주제를 찾기까지의 해석이나 주제와 관련된 여러 내용은 설교에서 더 많이 드러낼 수 있다. 동시에 본문에서 중심 주제를 찾기까지의 과정과 그로 인한 깨달음의 기쁨은 설교자에게만큼이나 청중에게도 큰 통찰과 기쁨을 줄 수 있다. 진리의 말씀에 대한 수용도가 달라지고 그에 대한 지적, 감정적인 반응과 적극적인 순종에 결정적인 영향을 줄 수 있다. 단지 진술하는 차원이나 설명하는 차원에서 전달할 것이 아니라 설교자가 그 중심 주제를 발견하기까지의 과정을 함께 제시할 때 청중은 같은 내용을 들으면서도 완전히 다른 방식으로 들을 수 있다. 또한 설교자는 설교를 준비하기까지 자신이 쏟은 에너지를 그냥 사라지게 두지 않고 이를 수면 위로 드러내어 효율성의 극대화를 이뤄낼 수 있다.

귀납적 연역법은 10시간의 설교 준비과정을 단 30분에 담아 표현할지라도 질적으로 100%를 지향하며 설교할 수 있게 한다. 설교자가 한 편의 설교를 위해 쏟아부은 힘을 무의미하게 만들지 않는다. 해석의 과정 자체를 필요한 만큼 설교의 내용으로 삼기 때문이다. 또한 해석하느라 걸린 긴 시간이 단지 성경의 의미를 발견하는 데만 사용되어 사라지게 하지 않는다. 긴 시간 동안 해석한 내용과 해석의 과정의 핵심적인 부분이 고스란히 설교의 내용이 되게 한다. 그리고 그 힘은 청중의 지적인 반응과 감정적이고 의지적인 반응을 함께 끌어내는 데 능력 있게 사용된다.

② 설교의 영광과 권위 회복

기독교의 시각에서 볼 때 성경과 설교, 그리고 설교자 중 과연 어디까지 권위를 가지는 것일까? 전통과 역사와 교회를 중시하는 목회자는 셋 모두에게 권위를 부여하려 한다. 비록 개혁주의 목회자라 할지라도 얼마든지 전통적이고 제도적일 수 있고 설교자인 자신에게도 특별한 권위를 부여하려 할 수 있다. 교회는 설교자의 말씀 사역과 함께 비전과 방향이 결정되고 성도들은 말씀을 맡은 설교자에게 사랑과 존중의 마음을 항상 표현한다. 그래서 "설교 사역에는 설교자 자신을 의지하고 높이게 만드는 아주 교묘한 위험이 도사리고 있다."[219]

---

219 John Piper, 57.

반면 성경을 신앙과 삶의 규범으로 삼는 목회자들은 기록된 성경과 성경에 근거한 설교의 권위만 정당한 권위로 인정할 것이다. 설교자는 직분과 은사로서 그 무엇과도 비교할 수 없는 영광스러운 설교 사역을 감당하고 있지만, 성경은 설교자 자신도 죄인이고 자신에게 내세우고 자랑할 만한 어떤 권위도 없다는 사실을 깨닫게 한다. 하지만 진리의 말씀인 성경과 하나님의 말씀을 선포하는 설교에는 분명히 영적 권위가 있다. 설교자는 권위가 없어도 그의 설교 사역은 영적 권위를 가진다. 적어도 본문을 바르게 해석하고 전하는 차원에서는 말이다.

그런데 현대인은 설교의 권위를 인정하지 않는다. 믿는 이들 가운데도, 혹시 성경의 권위는 더러 인정할 수 있어도, 설교의 권위를 잘 받아들이지 않는 이들이 많다. 자유주의 신학자, 혹은 자유주의의 영향을 받은 목회자의 경우에는 아무 권위도 인정하지 않는다. 무엇보다 기록된 계시의 말씀인 성경의 권위부터 인정하지 않는다. 당연히 성경 말씀을 전하는 설교에 권위가 있을 리 만무하다. 설교자는 일부러 권위 없는 자로 느껴지도록 처신하며 말씀 사역에 임하라고 한다. 그 이유는 표면에 내세운 청중에 대한 배려가 아니라 사실 성경에 대한 불신 때문이다. 많은 현대 설교에서 권위를 찾아볼 수 없는 것은 성경의 권위에 대한 자신감과 확신의 결여에서 직접적으로 기인된다.[220]

기독교의 진리와 능력은 성경의 권위와 신적 계시의 완전성을 인정하는 데서부터 시작된다. 그리고 성경의 권위를 인정하는 사람들은 성경을 바르게 설교할 때 나타나는 설교의 권위도 진지하게 받아들인다. 성경 본문을 바르게 해석하고 설교하는 설교자를 통해서 영광스러운 하나님의 권위 있는 말씀을 순종하는 마음으로 듣는다. 성경의 권위는 진정한 설교의 권위와

---

220 R. Albert Mohler, Jr., 『말씀하시는 하나님』, 108; R. Albert Mohler Jr., "강해설교", 207.

직결되고 그로 말미암아 설교 사역은 영혼을 구원하는 구속 사역에 쓰임 받아 영광스러워진다.

그런데 오늘날 많은 설교학자가 성경의 권위는 인정하지 않으면서 설교의 영광을 회복하려 한다. 이는 실현 불가능한 목표다. 성경의 권위를 인정하지 않으면 설교의 영광도 회복할 수 없다. 믿을 만한 근거가 없는 설교, 신적 권위에서 나오지 않는 설교, 설교자의 견해 이상이 될 수 없는 설교를 믿음으로 수용하고 순종하는 모험을 감행할 정도로 어리석은 사람은 없다. 그런데도 경전으로서의 성경을 부인하면서 설교의 영광은 되찾으려는 시도가 계속되고 있다. 특히 신설교학의 흐름은 이러한 아이러니한 행보를 계속해 왔다.

그중에 대표적인 사람이 데이비드 버트릭이다. 그는 신설교학 학자들 가운데서도 가장 정면으로 성경의 권위에 도전한다. 그는 성경을 과거에 기록된 인간의 문서쯤으로 취급한다. 그런 성경을 설교하려는 시도는 과거에 집착하느라 계시의 현재성을 외면하는 어리석은 행위로 본다. 그리고 성경을 설교하려는 우상 숭배적인 집착에서 벗어나라고 말한다. 그런데 그와 동시에 설교 행위에는 하나님의 권위가 나타나고 신적 계시가 완성된다고 말한다. 성경의 권위는 부정하면서 설교의 영적 권위는 인정하고 높이려 한다. 성경을 설교하지 않으면서도 "설교는 인간의 말이 아니라 하나님의 말씀"이라고 말한다.[221] 그가 이렇게 말하는 이유는 계시의 말씀은 오늘날 설교자의 설교 행위를 통해서 실현된다고 보기 때문이다. 성경의 설교들도 사도들이나 선지자들의 설교였을 뿐인데 기록되는 순간 하나님의 말씀으로 인정받게 되었다면서, 지금도 설교자가 설교할 때 성령께서 역사하사 계시의 말씀이 되게 하신다고 주장한다. 성경이 없어도 계시는 여전히 설교자를 통해

221　David G. Buttrick, *A Captive Voice*, 38.

계속되는 것이다. 그러니 성경의 권위는 부정해도 설교의 권위는 높이려는 것이다.

하지만 과연 설교자의 말을 하나님의 계시와 동일시할 수 있을까? 인간은 스스로 하나님을 알 만한 지식이 없다. 성령께서 우리의 말을 통해 하나님의 뜻을 전할 수 있지만, 성령의 역할은 예수 그리스도께서 분명히 규정하셨듯이 '가르치고 이미 주신 말씀을 생각나게 하시는 일'이다(요 14:26). 새로운 계시의 말씀은 이제 없다. 하나님의 계시는 요한계시록을 끝으로 마무리되었다. 더 이상 기록된 계시의 말씀에 새로운 것을 더하거나 감해서는 안 된다(계 22:18-19). 우리가 전하는 하나님의 말씀이 진정한 의미에서 하나님의 말씀 되게 하기 위해서는 무엇보다 권위 있는 성경을 설교하는 데서부터 출발해야 한다. 정경으로서의 성경은 과거의 기록이지만 바로 오늘, 지금, 내게 주시는 생생한 하나님의 권위 있는 유일한 말씀이다. 설교가 권위를 가질 때는 오직 하나님께서 기록해 주신 말씀을 바르게 해석해서 그 의미를 전할 때뿐이다. 따라서 성경의 권위는 인정하지 않으면서 설교의 권위를 높이려는 모든 시도는 부정되어야 한다.

버트릭을 비롯한 신설교학이 성경의 권위를 인정하지 않으면서 설교의 권위를 높이려는 이유는 칼 바르트의 영향을 받았기 때문이다. 바르트는 하나님의 말씀을 세 형식으로 나눈다. 첫째, 설교된 말씀, 둘째, 기록된 말씀, 셋째, 계시의 말씀이다. 전부 그 자체로 하나님의 말씀이다. 기록된 말씀을 설교할 때만 하나님의 말씀이 아니라 성경과 상관없이 설교해도 하나님의 말씀이다. 말씀의 세 형식을 잘 이해해야 한다. 바르트는 성경의 무오성을 인정하지 않을 뿐 아니라 자유주의 신학자들과 마찬가지로 구속사로 통일되는 성경 신학을 인정하지 않는다.[222] 자유주의자들에 대한 반발로 신정통

---

[222] Edmund P. Clowney, 29.

주의를 일으켰지만, 그의 성경관은 자유주의의 영향에서 완전히 벗어나지 못했다. 차이가 있다면 오류가 많은 책이어도 성경을 여전히 하나님의 말씀이라고 보는 데 있다. 그리고 그 불완전한 말씀은 설교자를 통해 언어의 형식으로 선포될 때 진정한 하나님의 말씀으로 실현된다고 보았다.

리츨(Dietrich Ritschl)은 이런 바르트의 신학적 입장을 정면에서 반박하면서 성경은 그 자체로서도 완전하며 설교는 기록된 하나님의 말씀인 성경에서부터 뚫고 들어가야 비로소 "유일한 하나님의 유일한 말씀이 된다"라고 말했다.[223] 설교는 하나님의 말씀이 될 수 있지만, 그 유일한 가능성은 오직 성경 본문을 바르게 설교할 때로 한정된다. 성경적인 사상을 담고 있다면 무엇을 가지고 어떻게 설교해도 다 하나님의 말씀이 되는 것이 아니다. 성경 본문을 설교하고 본문이 의미하는 바를 정확히 전할 때야 비로소 하나님의 말씀이 될 수 있다.

설교자가 이 세상의 이야기를 아무리 성경적으로 전할지라도 그것이 하나님의 말씀으로서 기능하거나 하나님의 말씀으로 인정받을 수 있는 것은 아니다. 신설교학이 주장하는 이론은 성경은 불신하면서도 죄로 인해 스스로 하나님을 알 수 없고 스스로 선을 행할 능력도 전혀 없는 인간은 전적으로 신뢰하고 무한 긍정한다. 성경 본문을 의지하지 않더라도 인간의 말을 통해 얼마든지 하나님의 말씀을 선포할 수 있다고 보는 것이다. 성경의 권위는 부정하면서 설교의 권위와 영광은 한껏 드높이려 한다. 하지만 이런 신학적 입장으로는 설교를 하나님의 말씀 되게 하지 못한다. 주장이 아무리 논리적이고 그럴듯해 보여도 설교를 통해 새로운 하나님의 계시가 계속된다는 주장은 성경의 증거가 전혀 없는 사변가들의 사사로운 의견에 불과하다. 그것도 이성주의 시대 이후 철학자들의 논리를 따른 것일 뿐이다. 철학

---

[223] Dietrich Ritschl, 31.

자들의 의견을 정설로 받아들여서 진리의 말씀인 성경까지 부정한다. 그러므로 하나님의 말씀이 아니라 인간의 말을 신학의 증거로 삼는 신설교학의 이론을 마치 이 시대 강단의 위기를 해결할 수 있는 진정한 구원 투수처럼 생각해선 안 된다. 현대에 인간의 설교가 진정한 의미에서 하나님의 말씀이 될 수 있는 유일한 길은 오직 성경을 설교할 때뿐이다.

그런데 성경을 설교할 때도 반드시 명심해야 할 부분이 있다. 바로 청중이 성경적인 설교자의 설교를 얼마나 잘 듣고 정확히 이해하고 하나님의 말씀으로 받아들이는지의 문제다. 설교자가 아무리 설교를 성경적으로 완벽하게 준비했어도 그 내용을 청중에게 전달하지 못하면 아무 의미가 없다. 성경 본문의 의미를 해석하고 그 말씀을 청중에게 전달할 때 설교는 비로소 하나님의 말씀이 된다. 그때에야 설교의 영광을 회복할 수 있는 최소한의 조건이 갖춰진다. 하나님의 말씀으로서의 권위도 회복할 수 있다. 그렇다고 단순히 잘 들리는 설교로 구성하라는 말이 아니다. 오직 성경 본문을 잘 들리게 설교할 때 하나님의 말씀으로서의 영광과 권위를 온전히 회복할 수 있는 최소한의 가능성이 시작된다는 말이다. 두 요소가 다 중요하다. '기록된 성경 말씀'과 '청중에게 잘 전달되는 과정'이 설교를 하나님의 말씀 되게 하는 중요한 두 요소다. 어느 하나도 빼놓을 수 없다.

귀납적 연역법은 성경의 권위를 철저히 믿고 성경 본문에 철저히 순종하는 설교 구조다. 성경에서 시작해야 한다는 이론에서 끝나지 않는다. 청중에게 상당히 거칠게 보일 수 있는 방식으로 성경 본문을 낱낱이 보여 준다. 그리고 그 본문의 의미를 통해 적용과 결론을 제시한다. 비록 그 과정은 거칠어 보여도 청중은 설교에 쉽게 집중하며 들을 수 있다. 외장 시멘트로 건물의 외벽을 마무리하는 공법은 거칠고 쉬워 보이는데 대리석이나 타일로 마무리하는 것보다 훨씬 많은 수고가 들어간다. 귀납적 연역법은 본문을 투박하게 제시하는 듯 보이지만 설교자의 창의력과 구조화의 깊은 고민과 귀납적 과정과 연역적 과정을 정교하게 구성하는 노력이 함께 수반되어 그 어떤 구조보다 설교의 목적을 효과적으로 이루게 한다. 본문만을 설교하려는 철학적 신학을 실현하되 청중이 잘 들을 수 있고 또한 집중해서 참여할 수 있도록 최선의 수사적 노력을 다한다. 하나님의 말씀 사역에 동역자가 되어서 귀한 사역을 감당케 한다. 그 결과 말씀의 권위만 회복하는 것이 아니라 설교 자체의 영광과 권위도 회복해 낸다.

설교가 영광스럽고 권위 있는 것은 설교자의 인격이나 노력 때문이 아니다. 성경 본문을 설교할 때 하나님의 말씀이 될 수 있기에 비로소 영광과 권위를 얻을 수 있다. 설교자는 이 영광스러운 설교를 전달하는 영광스러운 사명을 가진 사람이다. 그런데 전달자가 그 영광과 권위에 대한 확신이 없기에 우회적인 방법으로 설교하려 하고 하나님의 말씀을 전달해야 하는 자가 오히려 영광스러운 메시지를 변질시키고 있다. 설교자는 이제 더욱 큰 확신으로 하나님의 계시를 기록한 성경을 설교해서 하나님의 말씀으로서 설교가 가지는 영광과 권위를 회복해 내야 한다.

이처럼 귀납적 연역법은 하나님의 말씀으로서의 설교의 영광과 권위를 회복시킬 수 있다. "설교에 권위를 더하기 위해서 성경이 무엇이라고 말하고 있는지에 대해 언급하는 것이 가장 강력한 방법"이라는 사실을 알고 이를 실행한다.[224] 청중이 이를 통해 설교가 진실로 하나님께서 주신 계시의 말씀에서 비롯되었다는 사실을 확신할 수 있다면, 성경뿐만 아니라 설교의 영광도 반드시 회복하게 될 것이다.

③ 설교의 학문적 역량 증대
현대 설교학의 화두는 과거 설교학의 주된 학문의 대상과 완전히 다르다.

---

[224] Calvin Miller, 133.

과거와 달리 지금은 무엇을 설교해야 할지가 아니라 어떻게 설교해야 할지가 논의의 중심에 있다. 설교를 전달하지 못하면 회중은 진리를 알지 못하고 설교는 결국 학문의 영역에만 머물게 될 거란 위기의식이 일어났기 때문이다. 실제 강단의 위기는 그보다 더 복잡한 다른 이유들과 함께 초래되었지만 일단 표면에 드러난 전달의 문제를 해결해야 했다.

전달에 대한 고민과 이를 해결하고자 하는 연구는 자연스럽게 설교학에서 커뮤니케이션 이론을 발전시켰다. 그리고 수사학의 영역에서 구조의 변환을 통해 그 문제를 해결하고자 했다. 그 결과 귀납적 구조를 필두로 구조에 대한 다양한 이론이 제시되었다. 이제 설교자들은 다양한 형식에 내용을 담아 설교할 기회를 얻은 것처럼 보인다. 기독교의 위기도 해결할 수 있을 것처럼 보인다. 하지만 이는 오히려 강단의 위기를 더 심화시켰다. 왜냐하면 그 사역을 주도한 진영의 신학과 철학으로 인해 본문은 사라지고 기교만 남았기 때문이다. 신설교학이 주도한 구조적 변화는 무엇보다 비성경적인 신학의 실천이었다. 그렇다고 무조건 신설교학의 이론을 덮어 버리라는 말을 하려는 것이 아니다. 성경에 대한 확신과 본문을 해석해서 원저자이신 하나님의 말씀을 설교하는 것을 설교자의 주된 임무로 알고 있는 개혁주의 설교자들은 이러한 변화를 오히려 학문적 역량을 키우는 중요한 기회로 삼아야 한다. 구조적 변화가 가지고 있는 시대적 통찰을 직시하고, 구조에 담겨 있는 수사적 효과를 이해해서 설교자로서의 역량을 키우고 설교학의 발전을 이뤄내야 한다.

개혁주의 설교자는 성경의 진리와 무오성과 신적 영감과 완전성을 확신한다. 그래서 성경적으로 설교하기 위해 본문을 바르게 해석하는 데 힘을 쏟는다. 설교에서 성경의 무오성과 권위에 대한 신뢰는 곧 해석학이 설교학의 주된 역할을 담당해야 한다는 것을 의미하기 때문이다.[225] 그래서 개혁주의 설교자는 정당한 성경 해석법을 배우고 제대로 사용하는 실력을 연마해야 한다. 신설교학의 영향으로 전달을 고민하고 구조의 효과에 눈을 떴을지라도 해석학을 등한시하거나 본문 해석을 게을리해선 안 된다. 오히려 개혁주의 신학의 눈으로 오늘날 설교학의 흐름을 바르게 평가하고, 문제가 있는 철학적 신학을 가려내고, 신설교학의 강점을 정확히 보고 필요 적절하게 사용하려고 노력해야 한다. 그래서 수사학, 커뮤니케이션 이론, 성경 장르와 구조의 특징, 다양한 설교 구조들에 대한 이해 등 청중을 위해서 설교자가 갖추어야 할 여러 영역에 숙련되고 정통해야 한다.

신설교학 이론에 여러 유익이 있어도 그 이론만으로는 오히려 설교의 위기를 가중할 수밖에 없다. 바른 해석학과 바른 신학과 바른 성경관 위에 서 있는 설교자들이 신설교학의 이론 가운데 필요한 내용을 적절하게 적용해서 사용할 수 있어야 한다. 귀납적 연역법은 이런 모든 학문적 역량을 요구하기에 귀납적 연역법의 구조로 설교하려고 노력할수록 설교자의 학문적 역량은 크게 늘게 된다. 귀납적 연역법은 그런 목적으로도 연구되었고 하나님의 정확무오한 말씀으로서의 성경을 확신하는 개혁주의 설교학의 자리에서 설교학 전체를 아우르는 학문적 논의를 담아내고 있다. 귀납적 연역법을 바르게 이해하고 이를 설교 사역에 익숙하게 적용할 수 있다면 분명 설교자로서 학문적 역량이 크게 증대될 것이다.

④ 존재의 관계적 결합과 기능적 결합의 실현

각 개체로서의 존재가 있다. 그 존재들은 서로 관계를 맺을 때 서로에게 의미가 되고 무엇이라도 가능성을 내포하게 된다. 그리고 그 관계 안에서 각

---

225 Sidney Greidanus, *Sola Scriptura*, 4.

자의 기능이 상승효과를 내고 새로운 결과를 창출하면서 공동체는 개체로서는 상상할 수 없는 일을 이뤄내기도 한다. 존재들이 실존적으로 관계 맺고 기능적으로 연합하여 작용할 때 공동체는 새로운 일을 얼마든지 시도할 수 있다.

이런 측면에서 볼 때, 이제까지 전통적인 설교학과 신설교학은 양자 모두 관계적 결합과 기능적 결합에 실패했다. 설교를 통해 이룰 수 있는 더 큰 가능성의 기회를 처음부터 외면했고 설교를 통해 나타날 수 있는 새롭고 놀라운 일들을 축소시켰다. 하지만 혼합적인 설교, 그리고 귀납적 연역법의 구조를 통한 설교는 전통적 설교학과 신설교학의 관계적 결합과 기능적 결합의 길을 열 수 있고 이를 통해 설교의 목적을 효과적으로 이뤄낼 수 있다. 필자는 본서에서 지금까지 그 이론들을 전개해 왔다. 이는 우리가 예측하고 기대할 수 있는 것 이상의 새로운 효과도 나타낼 수 있다. 그런 측면에서도 귀납적 연역법은 유용한 도구임이 분명하다.

설교학에는 '존재'라고 할 수 있는 분리된 각각의 영역들이 있다. 이를 크게 구분하면 성경, 청중, 성령, 설교자다. 전통 설교학은, 비록 경중은 있었지만, 이 객체로서의 존재를 모두 인정하고 학문적 논의의 대상으로 삼았다. '성경 본문'을 해석해서 '청중'의 상황에 적용하되 '성령'께서 이 모든 일을 주장하셔야만 한다는 사실을 알고 이를 실행하려 했다. 하지만 정작 객체에 대한 이해만큼 그들의 관계를 잘 연결하지는 못했다. 그 일을 위해서 또 다른 존재인 '설교자'가 자신의 기능을 통해 각자의 관계를 맺어 줘야 했는데 설교자는 '청중'에게 '성경'을 전달하고 적용하려고만 했지, 그들을 이해하려고 하지는 않았다. 청중이 설교를 어떻게 받아들일지, 어떻게 반응할지, 어떻게 해야 말씀이 효과적으로 전달될 수 있을지, 그 말씀이 청중의 현재 상황에 얼마나 필요한지 등에 대해서는 별로 관심이 없었다. 관심과 이해 없이 성경 말씀을 연역적으로 선포하고 그 말씀대로 살라고 강요해 왔다. '청중'은 '말씀'과 관계를 맺어야 했지만 '설교자'가 제대로 기능하지 않아서 수동적인 자리에 밀려나 침묵하며 들어야 했다. '성령'을 의지할 때도 그저 알아서 해줄 것이라는 막연하지만 맹목적인 믿음을 가졌다. '청중'을 위해 일하시는 분은 '성령'이시고 하나님의 뜻에 따라 '성령'께서 알아서 역사하실 것이라고 보았다. 이처럼 설교자의 주요 기능인 존재 간의 관계 설정에 문제가 있어서 성경의 기능이나 청중의 기능이나 성령의 기능이 서로 결합되지 못하고 최소한의 영역 안에 머물러 있게 되었다.

신설교학은 다른 모습을 취하면서 역시 서로 간에 바른 관계를 맺지 못하게 만든다. 신설교학은 '청중'이라는 존재에 대해서는 너무 잘 이해했다. 그리고 '청중'을 위해서 설교하기를 목적으로 삼았다. '청중'의 상황, 그리고 이 시대의 흐름과 상황에 대한 이해는 너무 빨랐다. 하지만 '성경'이라는 존재는 상대적으로 소홀하게 대했다. '성경'에 대한 확신도 없다. 따라서 성경 본문의 의미를 밝혀서 그 본문이 의미하는 바를 전하려는 설교사역은 애초에 부정되었다. '성경'을 '청중'에게 적용하려고 하지 않았다. 역시 '성령'은 알아서 자신의 역할을 하실 것이라고 믿었다. 비록 '설교자'가 아무런 시도를 하지 않더라도 말이다. '성경'을 외면하면서도 성경적인 설교를 하려 했고, '청중'에게 '성경' 없는 성경적 설교를 제시하려 했다. '설교자'가 존재의 관계적, 기능적 연합이라는 목표를 이루는 기능을 수행하지 않으면서 '성령'께서 나머지를 알아서 해줄 것이라고 믿었다. 그래서 '성경' 존재 자체에 대한 불신과 '설교자' 존재의 기능을 외면하는 데서부터 바른 관계 설정의 가능성조차 사라지고 존재의 연합으로 나타나는 기능은 오히려 교회에서 성경의 가치와 권위를 외면하게 만드는 방향으로 작용하게 되었다.

귀납적 연역법은 이 문제를 해결해서 설교를 통해 하나님께서 계획하신 일들을 온전하고 순적한 방식으로 이뤄지게 하는 기회를 제공한다. 귀납적 연역법은 '성경'이라는 존재를 가장 중시한다. 하지만 동시에 '청중'을 외면하지 않는다. 듣고 이해하는지와 상관없이 '성경'을 막무가내로 주입하는 것이 아니라 이해와 경험과 깨달음의 과정을 거쳐 진리로 확인하고 확신하게 한다. 하지만 그 과정의 결과 깨닫게 되는 것은 진리를 판단하는 주체로서의 개개인이 아니라 개인을 판단하는 주체로서의 진리다. 그리고 그 진리가 자신의 삶에 구체적으로 적용되는 것을 경험한다. 이는 '성경'과 '청중'의 관계의 바른 연합으로 이끌어 준다. '청중'은 직접 진리를 발견하는 과정에 몰입하고 진리를 확신하며 그 진리가 인도하는 방향으로 삶을 내어 드리게 된다. '성경'은 이 관계의 연합을 통해 자연스럽게 자신의 기능을 수행하게 된다. 그리고 이 관계의 연합과 성경의 기능적 움직임은 설교 이후에 '청중'의 생각과 판단과 신앙과 삶을 위한 새로운 기능을 시작하고 '청중'은 직접 그 기능을 실현하는 주체가 되어 말씀을 통해 자신과 세상을 바꿔나가는 주역이 될 수 있다. '성령'은 바른 말씀을 해석하고 그 말씀을 '청중'에게 어떻게든 전달하려는 '설교자'의 기능 속에서 역사하셔서 '말씀'을 관찰하고 해석하는 과정에서부터 작성, 전달, '청중'의 인식에서의 역사, '청중'의 영에서의 역사, 그리고 '청중'의 삶의 현장에 이르기까지 전 과정을 통해서 하실 일을 모두 행하게 된다. 설교자의 의지가 성령의 역사를 이루는 절대적인 원인은 아니지만, 존재들의 바른 결합으로 성령께서 가장 원하시는 조건이 형성되기 때문에 기능의 연합과 그로 인해 이뤄질 수 있는 새로운 일들을 기대할 수 있게 되는 것이다.

이처럼 설교자가 성경과 청중과 성령과 설교자 자신이라는 존재의 중요성을 인정하되 바른 관계를 맺도록 하면 각 존재의 기능은 연합을 통해 홀로 기능할 때의 한계를 넘어서 완전히 다른 새로운 변화와 역사를 이뤄갈 수 있는 계기를 제공하게 된다. 귀납적 연역법은 이런 존재의 관계론적, 기능론적 연합을 이루는 데 적절한 방식이며 설교자는 이 설교 구조를 통해 설교의 목적을 더욱 온전히 이뤄낼 수 있다.

⑤ 설교자의 본연의 임무에 충실

"설교자는 원래 의미로는 말씀의 전달자, 즉, 하나님의 메시지를 나르는 자, 넘겨주는 자다."[226] 따라서 설교자가 말씀을 전하지 않는다면 본연의 직무를 다하지 않는 것이다. 전통적인 방식의 설교자는 말씀을 전하는 직무에 충실했다. 하지만 일률적인 구조와 청중의 인식 체계에 대한 이해 부족으로 그 사역을 제대로 감당하지 못했다. 신설교학은 청중을 중시하고 청중에게 효과적으로 전달할 수 있는 방식을 찾아 설교했지만 반대로 정경을 설교하려는 목적을 버리게 되었다. 쉽게 말하면 연역적인 구조는 말씀은 있어도 전달에 약했고, 귀납적인 구조는 전달력은 좋은데 말씀이 없는 문제를 안고 있다.

　　귀납적 연역법은 설교자의 본연의 임무에 충실하게 한다. 바로 하나님의 말씀을 바르게 해석하고, 그 말씀을 청중에게 효과적으로 전달하는 일이다. 하나님은 이 일을 위해서 설교자를 부르셨고, 설교자는 당연히 이 직무에 충실해야 한다. 귀납적 연역법은 오직 하나님의 말씀을 전해야 한다는 철학적 신학을 실현하는 구조이며, 동시에 효과적으로 전달할 수 있는 구조적 특징을 가지고 있는 방법론이다. 따라서 설교자를 통해 하나님께서 하시고자 하는 일, 설교자를 부르신 목적에 충실할 수 있게 한다. 설교자는 귀납적 연역법을 통해서 단순히 설교를 잘하는 사람이 아니라 하나님께서 주신 소명에 더 온전히 순종하는 자가 될 수 있다.

6) 현시대의 설교학적 필요성 충족

귀납적 연역법은 현시대에 설교와 관련해서 나타나는 여러 문제를 해결할 수 있고 시대적으로 요청받고 있는 여러 필요를 채워 줄 수 있다. 현시대는 후현대주의 시대로 불리고 있다. '후현대주의'라고 분류한 이유는 현대주의

---

[226] Sidney Greidanus, *Sola Scriptura*, 5.

에서 출발했으나 많은 변화를 거쳐 현대주의와의 연속성을 가졌으면서도 완전히 다른 독특한 특징을 지니고 있기 때문이다. 그중에서 사고의 변화를 빼놓을 수 없다.

이 시대는 여전히 현대주의의 특징인 이성적, 합리적, 과학적 사고 아래 살고 있지만 다른 한편으로는 이를 거부하고 감성적, 직관적인 사고를 추구하고 있다. 어떤 이들은 후현대주의 시대의 사람들을 감성적이고 직관적인 사고만 하는 듯이 묘사하지만, 여전히 이성적이고 합리적이고 논리적인 사고가 중심을 이루고 있다는 사실을 부정할 수 없다. 후현대주의는 논리성을 중시하면서도 감성을 추구하고, 이성주의 사고 속에서도 직관적이고 감각적으로 판단한다. 합리성을 따지면서도 심리적으로 신비한 것에 관심을 가지고, 체계와 규범을 구축하면서도 융통성 있는 유연한 사고를 선과 능력으로 여긴다. 객관을 규정하면서 주관을 더 중시한다. 현대주의의 유산을 그대로 물려받았는데 그 가운데 개인의 주관과 감정과 직관을 때로 더 중요하게 여기면서 무엇인가 규정할 수 없는 새로운 다변화의 시대로 점차 확장되어 가고 있다.

설교자는 이러한 시대적 변화를 반드시 인식할 수 있어야 한다. 하지만 그와 동시에 후현대주의의 특징도 곧 지날 거라는 사실도 알아야 한다. 영원한 것은 성경에 기록된 진리의 말씀밖에 없다. 하나님의 진리는 시대와 문화를 초월한다. 시대의 변화가 나타내는 특징 때문에 진리를 변질시켜서는 안 된다. 오히려 변화무쌍하고 진리 없이 방황하는 이 시대에 진리의 말씀을 바르게 전해 주어야 한다. 그리고 성경과 후현대주의의 세계를 연결하는 다리는 오직 하나님의 진리를 오늘의 문화 속으로 침투시키는 방법밖에 없다.[227]

---

[227] Graham Johnston, 10.

그리고 그 방식을 찾아야 한다는 사실을 알아야 한다. 설교자는 모든 시대와 문화를 초월하는 성경의 진리를 청중에게 전달할 수 있도록 설교 방식을 새롭게 해야 한다. 후현대주의 청중이 설교 사역을 통해 하나님의 말씀을 변함없는 진리로 받아들이도록 성령의 은혜를 구해야 한다. 또한 설교자들도 더욱 성경적인 철학과 신학으로 무장하고 이를 실천하기 위한 분명하고 의식 있는 방법론을 확립해서 진리를 전하는 사역에 매진해야 한다. 이런 점에서 귀납적 연역법이 후현대주의 시대에 어떻게 쓰임 받을 수 있을지 살펴보자.

① 성경적인 설교 회복

급격하게 변하는 이 시대에 설교학은 일반 학문의 영역과 서로 학문적 교류를 하면서 점차 연구 범위를 넓혀가고 있다. 이러한 학문적 지평의 융합은 긍정적인 측면도 매우 많지만, 주의하고 조심해야 할 부분도 역시 많다. 청중의 심리를 이해하고 살피는 심리학과 접목된 설교는 성경을 통해 청중을 위로하고 설득하는 데 도움이 될 수 있다. 하지만 설교가 심리학 강연이 되어 버리는 현상이나 말씀 대신에 통계학에 기반을 둔 심리학을 더 중시하는 경향을 주의해야 한다. 또한 의사소통에 대한 강조도 설교학에 영향을 주고 있다. 설교를 보다 효율적으로 전하기 위해 커뮤니케이션 이론을 습득하고 수사적인 전문성을 가지고 설교할 때 분명 전달력이 좋은 설교를 할 수 있을 것이다. 반면 수사 이론과 커뮤니케이션 이론을 중시하다가 본문을 설교하는 목적조차 망각하게 되어서 자칫 마틴 로이드 존스(Martyn Lloyd-Jones)의 우려처럼 '설교꾼'(pulpiteer)을 양산할 위험성도 내재하고 있다.[228] 설교에서 가장 중요한 성경 본문은 사라지고 오로지 청중만 남아서 그들과의 소통

228　Martyn Lloyd-Jones, 14,15.

의 기술만 발전할 수 있는 것이다.

신설교학이 비판을 받는 결정적인 이유는 바로 여기에 있다. 신설교학은 대중의 심리에 민감하고 설교의 전달 측면을 강조하면서 설교의 내용의 측면을 약화시켰다. 이런 성격을 가지게 된 근본 원인은 당연히 '성경관' 때문이다. 성경에 대한 그들의 신학과 전제 자체에 문제가 있어서 성경 외에 다른 대안을 찾아 청중을 사로잡을 방안을 모색한 것이다. "대부분의 현대 신학자들은 성경이 스스로 일관된 기준을 제시하는 것을 부정하고 있기 때문에, 성경의 유추로 기꺼이 돌아오려 하지 않는다."[229] 그리고 이러한 신학적 입장은 신설교학이라는 실천학문을 통해 청중의 손에서 성경 본문을 빼앗아 버렸다. 자신의 신학의 문제를 교회와 회중에게로 확대해 버린 것이다. 그리고 교회에서 이런 설교를 반복하다 보면 다음 세대 설교자들은 지금보다 더 성경을 설교하려 하지 않을 것이다. 그들은 하나님의 완전하고 무오한 말씀으로서의 성경에 대해서 들어 본 적도 없을 테니 말이다. 이처럼 신설교학이 성경 본문의 절대적 권위와 가치를 약하게 만든 부분은 설교자로서 반드시 회복하고 풀어내야 할 숙제가 되었다.

성경 본문을 잃어버리고 청중만 강조한 결과, 미국이나 유럽에서는 성경적인 설교의 비전과 사명이 사라지고 있다. 성경적인 설교의 개념이 희석되고 있다. 캘빈 밀러(Calvin Miller)는 미국의 정황에서 "지금은 세상을 위해 하나님께서 무언가 말씀하실 것이 있다는 정보를 주는 설교가 너무 없다"라고 진단했다.[230] 성경적인 설교는커녕 설교가 하나님의 말씀을 전하는 시간이 아니라 일종의 종교 강연으로 전락해 가고 있다. 한시라도 빨리 대책을 찾지 않으면 한국 강단에도 이런 비상사태가 벌어질 날이 속히 다가올 것이

---

[229] Edmund P. Clowney, 11.

[230] Calvin Miller, 17.

다. 개혁주의 설교자들은 새로운 설교 기술을 개발하거나 습득하기에 앞서 먼저 성경적인 설교가 이뤄지고 있는지 점검해야 한다. 청중에게 적실한 새로운 방법이나 용어를 찾기보다 차라리 하나님의 백성을 세워서 성경의 언어를 집중하며 들을 수 있도록 해야 한다.[231]

설교는 인간이 만들어 낸 고안물이 아니다. 설교는 하나님께서 교회를 위해 주신 하나님의 말씀을 듣는 방법이다. 오랜 시간에 걸쳐 인간이 사용해 보고 임상 실험한 결과 그 유용성이 입증되어 기독교 진리의 계승이나 보존을 위해서 설교하기로 선택한 것이 아니라 하나님께서 설교하라고 명령하셨기에 설교하는 것이다.[232] 시대를 위해서 설교를 더 잘 전달하려는 노력은 필요해도 하나님께서 말씀하시고 원하시는 설교의 근본을 훼손하면서까지 설교할 이유는 없다. 설교의 내용을 완벽하게 전달했을지라도 그 내용이 성경 본문에 근거하고 성경 본문을 통해 하나님께서 전하려고 의도하신 말씀이 아니라면 단지 인간의 말을 효과적으로 전달한 것일 뿐이다. "설교에 있어서 무엇보다도 중요한 것은 설교를 통해서 설교자의 뜻이나 사상, 생각을 드러내는 것이 아니고 성경에 있는 하나님의 뜻을 바르게 분별하여 전하는 것이다."[233]

설교의 전달과 내용, 이 양자는 모두 포기할 수 없는 핵심 사안이다. 하나를 추구하려다 다른 하나를 놓쳐서는 안 된다. 하지만 만약 반드시 하나를 포기해야 한다면 차라리 전달을 포기해야 한다. 성경을 설교하고 성경적으로 설교하는 것만큼은 절대로 양보할 수 없다. 성경을 설교하는 차원을 넘어서 성경에 순종하면서 설교해야 한다. 인간의 목적과 필요를 위해서 인간의 학문으로 설교학의 본질적인 논의의 축을 옮겨 와서는 안 된다. 앞으

231　Charles L. Campbell, 153.
232　R. Albert Mohler, Jr., 『말씀하시는 하나님』, 59.
233　김창훈, "설교는 무엇인가?", 137.

로도 설교학은 계속 발전하겠지만 성경에서 말하고 있는 성경적인 설교에 대한 연구의 범위 안에서 이뤄져야 한다. 또한 이를 통해서 성경적인 설교로의 개혁은 항상 새롭게 일어나야 한다.

귀납적 연역법은 변화하고 있는 이 시대의 청중에게 효과적으로 설교 사역을 계속하려는 고민 속에서도 오직 하나님의 말씀인 성경만 설교해야 한다는 개혁주의 철학적 신학에서 나온 방법론이다. 시대가 아무리 변해도 성경적인 설교는 여전히 변하는 시대와 청중에게 적실해야 한다는 철학의 실천이다. 귀납적 연역법의 구조는 급변하는 시대에 성경적인 설교를 실천하고 회복하려는 중요한 설교학적 목적과 결과적인 유익이 있다.

② 들리는 성경적인 설교 회복

이제까지 성경적인 설교는 전통 설교학과 마찬가지로 성경의 철학과 신학을 따르는 설교의 내용에 대한 논의에만 집중되어 있었다. 구조에 대한 논의는 중요하지 않았다. 그러다 보니 '성경적'인 설교에 대한 이론도 주로 '내용'의 측면에서 다뤄지고 있다. 설교의 전달이나 청중에 대한 관심, 설교의 구조 등에 대해서는 '성경적'이라는 명칭을 붙여서 따로 연구하지 않았다. 신설교학은 그 일을 실행했어도 핵심적인 부분에서 잘못된 방향으로 나아가는 오류를 범했다. 전통적인 설교학과 성경적인 설교학은 '내용' 측면에서는 성경적이었으나 '전달' 측면에서는 성경적이지 못했다. 그러다 보니 설교의 내용이 좋아도 청중은 설교를 들으려 하지 않는 기현상이 벌어졌다. 버트릭이 이러한 설교자들의 고집과 그로 인한 문제를 비판한 내용을 흘려버려선 안 된다.

우리는 성경을 설교하고, 성경으로부터 방법론을 끌어내고, 세속적 수사학의 기교들로부터 벗어나기를 결심했다. 그 결과, 우리는 성경적 소음들을 만들었

다. 오히려 사실상 우리는 매우 설교를 잘하지 못했다.[234]

설교는 일단 들려야 한다. 들리지 않으면 소음처럼 여겨진다. 설교는 시끄럽고 거슬리는 소음이 되어선 안 된다. 설교는 그 내용이 좋은 만큼 전달도 잘 되어야 한다. 사실 내용이 좋다는 것은 설교자 편에서의 생각일 뿐이다. 청중의 자리에서 정말 좋은 설교는 일단 잘 들리는 설교다. 청중은 쉽게 이해할 수 있는 명료한 설교를 '좋다'고 한다. 정말 좋은 설교라면 일단은 잘 전달되어야 한다.

귀납적 연역법은 성경적인 설교를 구조까지 성경적으로 실현하고자 하는 의도에서 나온 설교 방법론이다. 하지만 단지 성경적인 구조의 구현만이 목적이 아니라 구조를 통해 청중에게도 좋은 설교를 하려는 목적을 함께 반영하였다. 구조를 위한 노력은 그 무엇이든 청중을 위한 고민이 반영된다. 구조를 고민하지 않고 천편일률적으로 연역적 방식으로 설교하는 것은 청중을 고려하지 않는 처사다. 설교자는 자신을 돌아봐야 한다. 그리고 "변함없는 말씀일지라도 끊임없이 변화하는 시대와 사회, 그리고 청중에게 적실하게 전달하기 위해 설교자는 부단히 노력해야 한다."[235]

귀납적 연역법은 전반부에서는 귀납적 전개를 통해 청중을 사로잡고, 후반부에서는 청중의 삶에 밀접한 내용과 적용을 통해 청중의 관심을 집중시킨다. 청중은 호기심과 흥미를 불러일으키는 귀납적인 움직임에 직접 참여하면서 설교를 듣고, 자신의 삶과 관련해서 연역적으로 전개되는 내용에 귀를 기울인다. 성경적인 설교를 하되 청중이 집중해서 들을 수 있도록 설교하는 것이다.

---

234 David G. Buttrick, *A Captive Voice*, 3.
235 류응렬, "새 설교학: 최근 설교학에 대한 개혁주의적 평가", 187.

그런데 여기서 '잘 들린다'라는 의미는 귀에 쏙쏙 들어온다는 차원에서 말하는 것이 아니다. 설교의 의미를 정확히 이해하는 방향에서 잘 들린다는 뜻이다. "효과는 반드시 청중들에게 성경의 메시지를 분명하게 이해하게 했다는 견지에서 이해되어야만 한다."[236] 단지 듣게 한다는 목적이 아니라 성경의 메시지를 들리게 하는 것이 진정한 목적이 되어야 한다. 귀납적 연역법은 잘 들리는 설교를 위해 고심하되 성경 본문의 해석과 의미를 밝히고 적용하는 데 목적이 있기에 진정한 의미에서 '효과적'인 설교 방식이라고 할 수 있다.

③ 청중이 성경적인 설교로 인식

개혁주의 설교자는 성경이 정확무오한 하나님의 말씀이라는 사실에서 신학과 해석학과 설교학을 시작한다.[237] 설교는 개인이 꾸며내는 이야기가 아니다. 설교는 하나님이 설교자의 입에 두신 말씀을 전달하는 사역이다. 성경적으로 설교하는 설교자의 역할은 하나님의 말씀에 순종하며 하나님께서 하시려는 말을 대신 전달하는 것이다. 아무리 창조성이 뛰어나고 상상력이 풍부한 설교자라도 자기 마음대로 현실을 그려내는 설교를 구상해서는 안 된다. 설교의 내용은 설교자 바깥에서 들어와야 한다. 성경에서 설교자에게로 들어와야 한다. "성경적 설교가 되기 위해서는 먼저 성경이 설교의 내용을 지배해야 하며, 설교가 성경 본문이 제시하는 것과 일치할 때 가능해진다."[238]

그런데 성경적인 설교인지의 여부는 설교자들 안에서만 논의할 문제가 아니다. 청중도 역시 설교를 들으면서 성경적이라는 인식을 할 수 있어야 한다. 청중이 '성경적인 설교'라는 의미를 정확히 알지 못해도 설교를 들

---

236   Graham Johnston, 62.
237   류응렬, "개혁주의 강해설교가 나아가야 할 다섯 가지 방향", 209.
238   김운용, 『현대설교 코칭』, 200.

으면서 설교가 본문에서 나왔고 그 본문이 말하려는 바를 이 시대의 언어로 적절하게 전달되고 있다는 사실을 인식할 수 있어야 한다.

말하는 자가 전달하는 내용을 이해하며 전하는 것도 중요하지만 듣는 사람이 그것을 어떻게 이해하며 듣느냐의 문제도 그에 못지않게 중요하다. 보통 말하는 대로 들리지 않는다. 사람들은 판단과 해석의 과정을 통해서 받아들일 내용만, 받아들이고 싶은 대로 이해하고 수용한다. 이런 상황에서 설교자가 "난 성경적으로 설교했다"라고 안주할 것이 아니라 청중이 과연 하나님의 말씀을 정말 하나님의 말씀으로 듣고 있는지 점검해야 한다. 설교자가 느끼는 것 이상으로 청중들 역시 설교를 들으면서 성경적인 설교라고 인식할 수 있어야 한다. 설교의 내용 중에 받아들이고 싶은 내용은 오직 나를 향한 본문의 의미여야 한다.

장기적으로 볼 때, 청중이 설교를 들으면서 성경적인 설교로 인식할 수 없다면 점차 교회의 설교는 그 역할과 기능을 제대로 수행하지 못하게 된다. 그러면 당연히 교회 전반에 심각한 문제가 나타나게 된다. 설교를 통해 신앙과 삶의 유일한 표준인 성경을 들을 수 없어서 진리를 잃고 표류하게 된다. 설교는 어디에서나 들을 수 있는 좋은 강연 이상이 되지 않는다. 그로 인해서 그리스도인은 경건하고 거룩하게 살지 않게 되고, 기독교 공동체는 고유한 영적 특질을 잃어버리고, 기독교는 진리의 실종으로 점차 세속화될 것이다. 결국 기독교는 하나의 정신이나 문화로 전락하고 말 것이다. 그것도 세속의 침투를 받아 종국에는 소수의 가치로 여겨질 것이다. 이는 청중이 하나님의 말씀을 성경에 근거한 성경적인 설교로 바르게 인식하고 이해하지 못할 때 일어나게 될 자연스러운 현상이다.

교회의 회중은 세상에서 얻을 수 있는 그런 유의 즐거움을 찾으려고 교회에 오는 것이 아니다. 비록 시대의 변화와 그 영향으로 주의력 결핍증이 만연할지라도, 비록 바쁘게 살다 지친 몸을 이끌고 와서 마음먹은 것처럼 설교에 집중하지 못할지라도, 회중은 기본적으로 하나님의 말씀을 듣고자 교회에 모인다. 설교 자체에 대해 부정적 뉘앙스가 만연한 세대이지만 설교자에게는 여전히 하나님의 말씀을 전할 기회가 주어져 있다. 하지만 교회에서도 세상의 강연과 별반 다르지 않은 설교를 계속하면 기독교 공동체는 고유의 신앙을 잃고 무너질 수밖에 없다. 설교자는 주어진 시간에 무엇을 말할지 진지하게 고민해야 한다. 과연 세상 사람들을 사로잡을 수 있는 화술로 그들을 위로하고 살아갈 힘을 주는 좋은 강연자가 될 것인가, 아니면 청중이 교회에 올 때 기대하고 있는 하나님의 말씀을 전하되 성경 본문의 의미를 밝혀 바르게 전하는 설교자가 될 것인가 스스로 판단해야 한다.

설교자에게 설교하는 순간만큼은 하나님이 말씀하셨다는 사실을 기반으로 설교할 권한과 기회가 주어져 있다. 설교자는 하나님의 말씀을 전할 기회를 세상의 이야기로 채울 것인지 성경 본문의 메시지를 전하는 데 주력할 것인지 선택해야 한다. 성경 말씀을 듣는 시간이 지나면 회중은 다시 하나님의 부재를 당연시하며 자신들의 상아탑을 쌓으면서 부와 명예와 욕망으로 점철된 세상 신을 좇아 살아가는 세상으로 돌아가야 한다. 이런 상황에서 설교자가 기독교 신앙과 본문을 통한 하나님의 뜻을 전하지 못하면 주말에 상당히 고상한 정신 수양이나 하는 청중들만 양산하게 될 것이다.

오늘을 지배하는 본문은 성경이 아니라 인간의 현실 상황이 되어 버렸고 설교는 인간의 삶을 통해 의미를 찾는 방식으로 전환되고 있다. 설교 본문이 인간의 삶으로 대체되어 버리고 설교의 모든 주도권은 각 개인에게 넘겨졌다. 신설교학의 이론이 강단에서 지배적인 것이 되었다면 성경 본문은 그 가치를 잃어버리고 진정한 본문은 인간의 현실의 삶으로 대체되어 버렸다. 이런 상황에서 이제 "설교자는 이 복음의 대안적인 본문이 어째서 진정한 본문인지 보여 주어야만 한다."[239] 예전과 같이 단지 설교의 명제를 본문을 따라 전제적이고 일방적인 방식으로 전달하는 설교가 아니라 뚝심을 가지고 설교를 통해 성경 본문 자체의 의미를 밝히고 그것을 보여 주는 설교를 해야 한다. "설교의 출처가 바로 하나님의 말씀에서 나온 것을 청중이 보게 될 때 설교에 권위가 부여된다."[240]

　　귀납적 연역법의 설교는 청중의 자리에서 성경적인 설교로 인식하고 받아들이게 하는 방식이다. 성경 본문을 해석한 내용과 해석하기까지의 과정을 설교의 전개를 통해 직접 보여 주면서 청중이 성경 본문의 의미를 정확하게 이해하게 한다. 그리고 적용도 본문의 의미로부터 직접 이뤄져서 청중은 자신의 삶에 대한 이야기를 본문의 의미가 결정하고 주도한다는 사실을 분명히 인식하게 된다. 성경적인 설교는 설교자만의 주장이 아니라 이처럼 청중의 동의로 확정된다. 귀납적 연역법의 설교는 그 동의를 끌어내는 방식이다.

④ 청중도 설교 내용이 본문에 근거했다는 사실 인식

청중은 설교자보다 설교를 통해 듣는 본문의 내용과 의미에 익숙하지 않다. 설교를 시작하기 전에 본문을 읽는 시간은 그 내용을 이해하기에 턱없이 부족하다. 설교자는 당연히 본문의 의미를 정확하고 세세하게 알고 있다. 설교자는 설교를 위해서 오랜 시간 본문을 묵상하고 의미를 찾기 위해 고민하면서 연구했기 때문이다. 이 사실은 매우 중요하다. 설교자도 그 본문의 의미를 정확하게 이해하고 해석하기 위해서 오랜 묵상과 해석의 과정을 거쳐야 했다면 청중이 단 한 번 성경을 읽고 그 내용을 정확하게 이해하거나 기억

---

[239] Walter Brueggemann, 27.
[240] 정성영, 46.

하리라 생각해서는 안 된다.

설교자는 문학적, 문맥적, 역사적, 신학적 해석 과정을 거쳐서 본문의 가장 정확한 의미를 찾아내기 위해서 많은 시간을 투자한다. 그 후에야 본문을 어느 정도 이해하고 그 본문과 현시대를 연결하는 의미를 발견할 수 있다. 이 과정을 거쳐서 청중의 상황에 맞는 적절한 설교를 준비한다. 그런데도 여전히 본문 안에는 의미를 확정하기 어려운 내용들이 있다. 또한 자신이 하나님의 의도대로 본문의 의미를 제대로 발견하고 가장 성경적인 설교를 준비했는지 확신하기 어려울 때도 있다.

그런데 청중은 본문 이해에 이런 긴 과정을 거치지 않는다. 설교자가 설교하는 본문이 언제나 낯설다. 그렇다고 매번 설교 본문을 충분히 관찰하고 묵상한 후에 예배에 참석할 수 있는 것도 아니다. 그래서 청중은 본문에 대해서 아무런 준비 없이 설교를 듣는 자리에 나와 있다. 성경을 모른다. 본문에 대한 이해가 없다. "오늘날 사람들은 성경 내용에 관하여 대단히 무지하다."[241] 초대교회의 상황이나 로마 가톨릭에 의해 성경이 감춰져 있었을 때의 상황과 지금이 얼마나 큰 차이가 있겠는가. 성경 공부와 큐티가 활성화되어 있어도 모두가 성경을 읽고 이해하고 공부하는 데 열심을 내는 것은 아니다. 또한 성경을 읽어도 개인의 이해가 중요해져서 정확한 의미를 깨닫지 못한다.

따라서 설교자가 본문에서 발견한 진리로 설교를 구성해서 일방적인 형식으로 전한다면, 청중은 그 진리가 성경 본문과 어떤 관련이 있는지 이해할 도리가 없다. 본문에서 나온 진정 성경적인 설교인지 확인할 방법이 없다. 다만 설교자를 신뢰하기에 그가 전하는 메시지를 성경적일 거라고 믿고 듣는 것이다.

---

[241] 류응렬, "예수님처럼 설교하라?", 『신학지남』, 통권 301호(2009년 겨울호), 169.

이제 설교가 본문에서 나왔다는 사실을 청중도 깨달을 수 있어야 한다. 청중도 설교의 중심 내용과 적용의 근거가 본문의 말씀에서 나왔다는 사실을 알아야 한다. 그렇지 않아도 후현대주의 시대를 사는 청중은 분명히 말씀을 근거로 한 설교를 들으면서도 하나님의 말씀으로 듣지 않고 설교자 개인의 견해라고 인식하며 듣는 경우가 많다. 그렇기 때문에 설교자는 더욱 말씀이 개인의 의견이나 생각이 아니라 하나님의 말씀인 성경에서 나왔다는 사실을 보여 줄 수 있어야 한다.

혹시 설교자가 자신이 준비한 설교가 본문에서 나왔다는 사실을 굳이 알리려 하지 않아도, 청중 가운데는 설교가 성경을 근거로 하는지 궁금해하며 살피는 이들이 있다. 청중은 "어떻게 설교자가 먼저 텍스트를 발견하고, 어떻게 그렇게 의미를 밝혀내고, 어떤 방법으로 그것을 진리라고 발견하게 되었는지 알기를 원한다."[242] 설교자는 호불호에 따라서 본문을 드러내기를 선택할 것이 아니라, 청중의 필요를 채워 주기 위해서라도 책임 있게 설교가 성경 본문에서 시작되었고 철저히 본문의 통제를 받고 있다는 사실을 보여 주어야 한다.

가장 바람직한 것은 설교자가 성경적인 설교에 대한 확신으로 본문의 의미를 밝혀 주는 것이다. 설교자가 정말 성경적인 설교를 해야 한다는 분명한 확신이 있다면 성경 본문을 어떻게 해서라도 보여 주려 할 것이다. "만약에 '주께서 이처럼 말씀하셨다'라는 권위로 설교하는 것이 우리의 목표라면, 확고하고 직접적으로 성경에 근거해서 설교하는 것이 중요하다."[243] 따라서 우리는 '어떻게 설교할 것인지'에 대해서 고민하고 연구하기에 앞서 성경적 설교의 정확한 개념을 알고 성경적인 설교의 실천을 일단 시작해야

---

242 Calvin Miller, 125.
243 Terry G. Carter, J. Scott Duvall, J. Daniel Hays, 23.

한다. 귀납적 연역법은 설교자의 그런 마음을 실현하게 하는 성경적인 설교 방법론이다.

⑤ 본문을 중심으로 하는 윤리적 비전 형성

우리는 지금 기독교 사회의 퇴락을 경험하고 있다. 아프리카를 중심으로 기독교가 부흥하고 있어서 종교학자들이 예상하는 것만큼 빠른 속도로 그리스도인의 숫자가 줄고 있지는 않지만,[244] 이제 기존 기독교 사회에서 기독교의 부흥은 멈췄고 오래전에 그 영향력과 공신력을 잃었다. 이제 교회 회중의 상당수는 세속주의 세계관에 물들어 기독교 세계관을 따르지 않고 있다. 교회 안에도 서로 다른 세속적 가치관을 따라 살아가는 사람들이 함께 모여 있다. 이들은 각자 나름의 입장에서 마음대로 설교를 판단하며 듣는다. 설교를 통해 구원과 진리에 관계된 구속의 복음을 듣기보다 윤리적인 비전을 듣기 원하며 이 땅에서 어떻게 살아야 더 행복할지 듣고 싶어 한다. 그렇다고 이들의 필요를 세속적이라고 무조건 터부시하거나 무시할 수도 없다. 그들을 이해하고 새로운 방식을 찾아 기독교의 윤리와 세계관과 비전을 심어 주어야 한다. 설교자는 경쟁하는 윤리적 비전들을 들으며 자라온 세대에게 분명한 하나의 윤리적 비전을 제시해야 하는 상황에 직면해 있다.[245]

바울 사도의 서신들을 보면, 그는 복음을 증거한 후에 반드시 기독교적 윤리를 제시했다. 복음은 이 땅에서의 삶의 문제와 긴밀하게 연결되어 있기 때문이다. 그리스도인들은 복음으로 변화되어 이 땅을 말씀으로 새롭게 해야 한다. 하나님의 나라를 이 땅 위에 세워가야 한다. 그 나라 안에는 서로 맺어야 할 관계성이 있고 서로 지켜야 할 윤리가 있다. 공동체의 규범이 필

---

[244] Philip Jenkins, 37–42.

[245] James W. Thompson, 10.

요하고 삶의 방식을 규정해야 한다. 기독교는 윤리적 비전을 필요로 하는 청중에게 하나님께서 원하시는 복음을 따르는 삶을 제시할 수 있어야 한다. 언제나 기독교는 적대적인 상황에서도 교회를 세우고 그리스도의 복음을 효과적으로 전해 왔다. 이 시대의 상황에 굴복하거나 타협하지 말고 말씀에 근거한 기독교 진리를 높이 세워야 한다.

　기독교의 윤리와 삶의 방식을 통해 현재와 미래를 보게 할 때는 반드시 성경 본문을 따라야 한다. 기독교인의 삶의 방식은 오직 성경이 결정해 준다. 물론 이러한 접근이 항상 환영받는 것은 아니다. 성경 본문에 충실한 설교는 때로 위험한 행위로 인식되고 있다. 왜냐하면 우리가 사는 어디에나 설교 이전에 존재하던 현상을 그대로 유지하려는 세력이 강하게 버티고 있고 이념적인 저항이 대부분의 회중 안에서 꾸준하게 일어나고 있기 때문이다.[246] 설교자가 성경 본문에 충실한 설교를 할수록 그 내용은 이 시대 청중의 삶과 반대 방향으로 전개될 수 있다. 이 시대는 기독교와 거리가 먼 삶의 방식과 이념과 윤리를 채택하고 있고 세상의 분위기는 점차 반기독교적으로 변해 가고 있기 때문이다. 따라서 청중 가운데 본문에 충실한 설교와 그 내용을 적실하게 적용으로 연결하는 설교를 들으면서 교회와 설교자에게 반발하는 일이 생길지도 모른다.

　이러한 분위기에서 우리가 쉽게 받을 수 있는 유혹은 성경 외적인 영역에서부터 성경으로 설교하는 방식이다. 청중이 동의할 수 있는 방식, 곧 청중이 이해하고 공감할 수 있는 방식으로 설교하려 한다. 때로는 전혀 성경을 말하지 않고 세상의 이야기를 하면서 차츰 기독교적 분위기와 결론으로 유도하려 한다. 하지만 이런 방식으로는 타협과 절충, 그리고 다원주의의 수용 외에 다른 결론을 맺기 어렵다. 오히려 설교자는 더욱 큰 확신으로 오직

246　Walter Brueggemann, 1.

성경이 모든 설교 내용을 주도하도록 해서 설교자와 청중의 토론과 대화가 아니라 성경과 청중의 대화가 이뤄지게 해야 한다. 설교자는 자신의 지혜와 능력으로 하나님을 효과적으로 변호할 수 없다. 설교자의 직무는 하나님을 전하는 것이다. 살아 계신 하나님은 인간에 의해서 보호받을 만큼 나약하시지 않다. 설교자가 오직 살아 있는 하나님의 말씀을 바르게 선포할 때 하나님께서 그 말씀을 통해 청중을 만나 주신다. 설교는 믿음의 행위다. 설교는 인간의 능력을 의지하지 않고 오직 하나님만을 의지하는 신앙의 행위다. 우리는 더욱 큰 확신으로 말씀을 전해야 한다.

이 믿음으로 설교자가 할 일이 있다면 성경의 내용을 잘 들리게 구성해서 전달하는 일이다. 구조화의 수사적 노력으로 최대한 설교에 집중할 수 있도록 하면 성경 본문을 통해 역사하시는 성령의 강권적인 역사가 이 시대의 사상과 문화의 포로가 되어 있는 청중에게 자유를 주고 진리 안에서 윤리적 비전을 형성케 하고 삶의 방향을 찾도록 도와줄 것이다. 구원받은 자의 삶과 신앙의 태도를 깨닫게 할 것이다. 그래서 그들로 이 땅 위에서 하나님의 나라를 이뤄가게 할 것이다. 귀납적 연역법의 구조는 성경 본문을 통해 성령께서 친히 역사할 수 있도록 오직 본문을 제대로 해석하고 그 본문을 효과적으로 전달하려는 설교자의 확신 있는 헌신을 일으킬 수 있다.

⑥ 설교는 개인의 견해라는 관점 수정

이 시대의 많은 청중은 설교를 하나님의 메시지로 보지 않는다. 그리고 메시지를 들을 때에 자신이 듣고 싶은 대로 듣는다. "청중은 선택적으로만 수용한다."[247] 그것은 일차적으로 설교자들이 바른 메시지를 전하지 못한 데에 책임이 있다. 그러나 이는 또한 시대의 정신이기도 하다. 절대 진리를 인

---

[247] 정인교, 『정보화 시대 목회자를 위한 설교 살리기』, 264.

정하지 않는 청중은 설교자의 메시지를 한 사람의 개인적인 견해로 받아들인다. 그리고 각자 알아서 그 견해에 동의하거나 반대하면서 비판적으로 듣는다. 심지어 설교를 들으면서 "일종의 지적인 무례이며, 영혼과 정신에 대한 폭행 혹은 강간이며, 변명의 여지가 없다고 보는 사람들도 있다."[248] 자신 외부에서 자신의 신념과 삶과 행위를 판단하고 교정하려 하기 때문이다. 이 시대는 절대 진리라는 개념은 약화되고 객관적인 의미는 상대화되고 있다.

이처럼 설교를 단지 한 설교자의 견해로 보는 이들에게 설교는 하나님께서 주신 성경 본문에서 나온 하나님의 말씀이라는 확신을 주어야 한다. 성경 본문과 상관없는 말을 하면서 자신의 말을 무조건 하나님의 말씀이라고 주장해서는 안 된다. 하나님의 말씀인 근거를 보여 줄 수 있어야 한다. 논리적 근거도 없는 무조건적 강요는 폭력이다. 이런 측면에서 봐도 본문을 읽고 그 본문에 대한 충분한 해설을 통해서 본문이 의미하는 바를 밝혀 주고 그 내용에 근거해서 이 시대를 향한 적실한 메시지를 전하는 귀납적 연역법은 꼭 필요한 성경적인 설교의 구조라고 할 수 있다. 청중에게 말씀을 정확하게 제시함으로써 이런 문제를 해결할 수 있는 길을 열어 줄 수 있는 효과적인 방식이다.

⑦ 성경을 설교하는 것 외에 다른 설교는 없다는 인식

월터 브루그만(Walter Brueggemann)은 '텍스트 대 텍스트'라는 독특한 개념을 통해 성경 본문을 강조했다. 보통 설교자들은 '텍스트 대 컨텍스트'를 말하지만, 그는 청중의 상황(context)이 오히려 성경 본문(text)을 해석하는 주도적인 본문(text)이 되었기 때문에 그것을 상황으로 보지 말고 텍스트로 봐야 한다고 말한다. 그는 이러한 자신의 견해에 논란이 있을 수 있다고 했지

---

248 Kenton C. Anderson, *Choosing to Preach*, 23.

만.[249] 그의 이론이 시사하는 바는 크고 중요하다. 청중은 진공상태에서 설교를 들으러 오는 것이 아니라 자신의 삶과 관련된 '텍스트'를 가지고 온다. 그리고 때로 자신의 텍스트로 설교자의 텍스트와 경쟁하려 한다.

이러한 새로운 갈등 구조에서 설교자의 역할은 경쟁적인 텍스트를 들고 온 청중에게 "현실을 다시 묘사하는 대안적인 텍스트"로 성경 텍스트를 제시해 주는 것이다.[250] 똑같이 청중의 세계를 묘사하는 텍스트를 가지고 그들의 공감을 끌어내고 그들의 경험을 형성해서 그들의 텍스트를 보완해 주는 것이 아니라, 완전히 다른 성경의 텍스트로 이 시대 텍스트의 대안을 제시해서 바른 방향으로 인도해야 한다. 이 시대의 이야기로 이 시대를 묘사하고 설명하면서 더 나은 방향을 제시하는 것은 성경이 의도하는 설교가 아니다. 성경의 이야기로 이 시대를 재해석하고 이 시대의 가치관을 새롭게 하는 것이 성경이 말씀하고 있는 설교의 진정한 목적이다.

하지만 신설교학은 성경의 텍스트를 불신하며 청중이 들고 온 텍스트와 같은 이 세상에서 가져온 텍스트로 설교하라고 한다. 아예 텍스트를 교체해 버리는 것이다. 그래야 진리를 부정하고 성경의 권위에 도전하는 청중에게 성경적인 설교를 들려줄 수 있다고 여긴다. 이는 논리적으로 그럴듯해 보인다. 하지만 성경적으로는 잘못되었다. 성경적인 설교는 세상의 텍스트를 좀 더 공감할 수 있는 같은 텍스트로 수정하는 정도가 아니라 완전한 성경의 텍스트로 새로운 대안을 제시하는 방향으로 나아가야 한다. 조금 더 선하고 긍정적인 인간의 삶이 아니라 인간의 삶을 뛰어넘어 구원을 주시는 하나님의 능력이 담긴 성경 본문을 설교해야 한다. 진정한 성경적인 설교는 오직 성경 본문을 설교할 때 이뤄진다. 성경 외에 설교할 수 있는 다른 본문은 없다.

---

249 Walter Brueggemann, 23.

250 Walter Brueggemann, 24.

찰스 캠벨(Charles L. Campbell)은 성경 본문을 설교해야 하는 이유를 오히려 청중의 상황 자체에서 찾고 있다. 레슬리 뉴비긴(Lesslie Newbigin)의 "현대 서구사회는 이제 새로운 선교지로 이해되어야 한다"라는 말을 인용하며, 오히려 설교해야 하는 정황은 복음을 전할 때 직접적인 의사소통의 방법을 필요로 했던 사도 바울의 상황과 똑같다고 말했다. 우리 시대는 예수에 대해서 안다고 말하지만 사실 제대로 아는 것이 별로 없다. 기독교 복음의 진수를 알지 못하고 십자가에 대해 알아보려는 시도조차 하지 않고 외면해 버린다. 앞으로의 후기 기독교 사회는 초기 기독교 사회의 모습과 더 가까워질 것이다. 따라서 우리의 설교는 간접적인 방식으로 적용하고 청중이 체험을 통해 스스로 의미를 결정하고 결단하게 하는 방향이 아니라 바울처럼 직접적인 방식으로 성경 본문을 따라 복음을 선포하는 방향으로 나아가야 한다.[251] 설교자는 본문에 근거한 복음을 선포하고 가르치고 설득해서 청중에게 하나님의 나라의 진리와 그리스도를 통한 구원의 역사와 우리를 향한 하나님의 구체적인 뜻을 전할 의무가 있다.

교회에서 선포하는 설교는 하나님의 말씀이다. 일반 강론이나 연설이 아니다. 강단은 목회자 개인의 사적인 견해를 밝히고 피력하는 자리가 아니다. 당연히 하나님의 말씀은 성경에 근거해야 한다. 이 시대에 새로운 계시가 있거나 새롭게 하나님의 말씀으로 내세울 수 있는 다른 어떤 것도 없다. 아무리 시대가 바뀌었고 또 계속 변해 갈지라도 하나님의 말씀을 설교하는 일은 그 무엇으로도 대체할 수 없다. 만약 시대가 바뀌어서 진리의 말씀을 설교하는 일이 어려워졌다면 바울이 자신의 공동체가 직면한 상황에서 이해를 추구하는 설득을 통해 설교했듯이, 청중이 자신의 정황에서 새롭게 성경을 깨달을 수 있도록 이해를 추구하는 설교를 계속해야 한다. 청중을 성

---

[251] Charles L. Campbell, 128.

경 말씀을 통해 새롭게 이해시켜 주어야 한다.

"설교자는 객관적이고 분명한 진리의 말씀 자체를 거부한 세대를 향해 진리의 말씀을 담대하게 전하는 자다."[252] 설교자는 하나님의 말씀을 설교하는 것 외에는 다른 설교는 없다는 사실을 알아야 한다. 우리 시대의 말씀 사역에 있어 가장 중요한 문제는 신학에 있다. 설교자는 오직 성경 본문을 설교해야 한다는 분명한 설교 신학을 굳게 붙잡아야 한다. 오직 성경 본문만이 말하고 깨뜨리며 파괴하고 창조하는 하나님의 살아 있는 말씀임을 명심해야 한다.[253] 이 사실을 더욱 확신해야 한다.

하나님의 말씀을 정확하게 해석해서 그 내용과 과정을 반영하는 귀납적 연역법의 설교는 언제나 본문 중심의 설교로 설교자를 붙들 수 있다. 비록 청중의 필요를 살피고 청중에게 잘 들리는 설교를 하기 위해 고민할지라도 절대로 본문에서 멀어지지 않는다. 수사적인 고민도 오직 본문을 설교하려는 목적을 이루기 위한 하나의 선택일 뿐이다. 하지만 본문에 밀착해서 설교를 진행하면서도 얼마든지 청중을 위한 설교를 할 수 있다. 이는 성경적인 설교의 목적이기에 우리는 본질을 잃지 않으면서도 이 시대가 요구하는 방식으로 설교해야 한다.

⑧ 하나님께서 의도하신 본문의 의미 전달

후현대주의 청중은 본문의 '의미'의 문제에 대해서 과거와 다른 부정적인 견해를 가지고 있다. 포스트모더니티는 일종의 '해석의 문화'이며 그 해석의 문화 중심에는 '의미에 대한 불신'이 있기 때문이다.[254] 그래서 "전통적으로 해석은 텍스트에서 '의미'를 끄집어내는 절차"를 의미했지만, 오늘날에

---

252 R. Albert Mohler, Jr., 『말씀하시는 하나님』, 61.
253 Walter Brueggemann, 45.
254 Kevin J. Vanhoozer, 25-29.

는 심지어 그 '의미'라는 용어 자체를 사용하지 않을 것을 요구하고 있다.[255] 오히려 의미를 결정하는 주체는 기록된 저작물이나 저자에게 있지 않고 그 저작을 읽는 독자 개개인에게 있다. 절대적인 의미는 없고 오직 개인적인 수용만 있을 뿐이다. 이처럼 오늘날의 청중이 '의미' 자체에 대해서 부정적인 견해를 가지고 있기에 진리의 말씀이 삶을 변화시키는 능력이 되지 못하고 있다.

이는 시대정신의 문제만은 아니다. 설교자들도 성경 본문에서 하나님께서 의도하신 의미를 찾아 전하는 일에 최선을 다하지 않았다. 본문을 읽은 뒤에도 본문과 상관없는 내용을 일정한 형식을 갖춰 전달하는 설교가 많았다. 이처럼 설교의 내용이 본문과 관계없이 주로 개요 형식으로 함께 엮어지는 일련의 간결한 '요점들'로 획일화되면, 성경의 본문에서 그 성경적인 내용을 실종시켜 버리는 일이 벌어진다.[256] 본문에 근거한 절대적인 진리로서의 의미의 실종을 초래한 일에 대한 가장 큰 책임은 우리 설교자들에게 있다. 설교자는 아무리 시대가 바뀌고 청중이 변할지라도 본문을 설교하는 일을 포기해서는 안 된다. 형식을 바꿀지라도 본문을 가장 적절하게 전할 수 있는 형식으로의 전환이어야지 그저 잘 들리는 방향으로의 전환이어서는 안 된다. 하나님의 말씀은 변하는 세대 속에서도 절대적인 의미를 지니고 있으며 그 의미가 어떻게 청중의 삶에 적실하게 연결될 수 있는지 보여주어야 한다. 의미의 결정은 오직 본문을 통해 의도하셨던 저자이신 하나님에게 달려 있다. 설교자는 하나님의 의도에 순종하면서 청중에게 하나님께

---

255 Jeffrey Sout, "What Is the Meaning of a Text?" *New Literary History* 14(1982) 1-12; Stephen Fowl, "The Ethics of Interpretation or What's Left Over After the Elimination of Meaning", *SBL 1988 Seminar Papers*, 69-81. quoted in Kevin J. Vanhoozer, 36.

256 R. Albert Mohler, Jr.,『말씀하시는 하나님』, 25.

서 의도하신 의미를 정확하게 전달해야 한다.

오늘날 청중의 지적 수준은 높아졌어도 기독교의 진리를 말씀대로 알지는 못한다. 성경적인 무지가 이 시대를 지배한다. 따라서 설교를 들으면서 스스로 알아서 바른 결론을 내릴 수 없다.[257] 성경적으로 바른 사고를 할 수 없기 때문이다. 청중은 기독교를 잘 이해하지 못한 상태에서 설교를 듣고 스스로 의미를 결정하고 결론을 내린다. 그런데 청중은 "본문을 통하여 하나님의 목소리를 들어야 할 객체지 본문에 의미를 부여할 수 있는 주체가 아니다."[258] 이 일은 설교자에게 부여된 의무이며 책임이다. 설교자가 청중에게 본문의 정확한 의미를 찾아 전해 주어야 한다. 의미를 찾아 준다는 말은 곧 성경이 신앙과 삶을 향한 분명하고 적실한 메시지를 가지고 있다는 말이다. 그리고 청중도 그에 대한 확신이 생길 때 본문이 보여 주는 의미를 따라 자신의 삶을 변화시켜 나갈 것이다. 설교자는 끝까지 성경 본문의 의미를 전달해 주는 설교의 목적을 포기해서는 안 된다.

여기서 성경의 의미와 관련해 생각해야 할 한 가지 중요한 문제가 있다. 이는 성경 본문이 말하고자 하는 바의 정직성에 관한 문제다. 설교자가 본문을 해석할 때 그가 가지고 있는 신학에 많은 영향을 받을 수밖에 없다. 설교자에게 이미 형성되어 있는 조직신학이나 성경 신학을 따라 본문에 나오는 사상이나 개념을 설명하게 되는 것이다. 가능하면 본문의 의미를 바르게 드러내고 싶어도 우리의 신학은 이를 쉽게 허용하지 않는다. 그래서 의도치 않게 신학으로 본문의 의미를 왜곡하는 오류를 범한다.

설교가 무엇인가? 설교는 하나님께서 말씀하시는 시간이다. 하나님께서 설교의 주체가 되신다. 만일 인간이 설교의 주체라면 설교는 '하나님에

---

[257] 권성수, 36.

[258] 류응렬, "개혁주의 강해설교가 나아가야 할 다섯 가지 방향", 212.

대해서' 말하는 시간이 되어야 하는 것이 맞다. 그러나 리츨(Dietrich Ritschl)의 말처럼 "설교는 단순히 하나님이 어떤 분이고 무엇을 하시는지에 대한 서술이라거나, 하나님이 누구였고 무슨 일을 하셨는가의 반복이라든가, 하나님이 누구시며 무엇을 하셨을까 하는 명상이라고 할 수는 없다."[259] 설교는 하나님께서 말씀하시고자 하는 바를 인간 설교자를 통해서 전달하는 시간이다. 하나님께서 마이크를 쥐고 계신다. 우리는 그분의 스피커다. 하나님께서 그리스도를 드러내고자 하신다면 그때 그리스도를 전하면 된다. 하나님께서 당신에 대해 말씀하길 원하는 본문이라면 그때 하나님의 성품과 사역과 능력과 영광을 전하면 된다. 무조건 하나님에 대해서 말하려는 생각은 신학에 지배를 받아 편향된 설교론에 치우친 결과다. 신학은 설교에 영향을 줄 수밖에 없지만, 신학을 따르기에 앞서 하나님께 순종해야 한다. 설교를 통해 하나님께서 말씀하시도록 해야 한다. 그것이 성경적인 설교다.

따라서 설교자는 본문을 통해 하나님께서 말씀하시는 의미를 정확히 찾아서 전해야 한다. 켄톤 엔더슨(Kenton C. Anderson)은 우리가 설교에서 성경 본문을 설교해야 하는 이유는 바로 하나님의 음성을 듣기 위해서라고 한다.[260] 하나님은 기록된 본문을 통해서 말씀하신다. 본문을 통해서 하나님께서 무엇을 말씀하고자 하는지 정확하게 해석해서 하나님의 음성이 설교의 중심 사상이 되게 해야 한다. 어떤 특별한 목적이 있을지라도 일차적으로는 본문을 통해 하나님께서 말씀하시는 중심 주제를 설교의 중심 사상으로 삼아 이를 선명하게 드러내는 설교를 해야 한다. "설교는 반드시 하나님을 위하여 말하는 것이 되어서는 안 되고, 하나님께서 스스로 말씀하시도록 해야 한다."[261]

259　Dietrich Ritschl, 31.
260　Kenton C. Anderson, *Choosing to Preach*, 33-46 참조.
261　Calvin Miller, 101,102.

해석의 내용과 과정이 반영되는 귀납적 연역법의 설교는 성경적인 설교의 해석학을 따라 본문을 저자 중심으로 해석해서 본문의 중심 주제와 본문의 의미를 전하는 것을 설교의 중심 과업으로 삼는다. 하나님께서 본문을 통해 말씀하시도록 한다. 자신의 신학을 따라 본문의 의미를 억지로 만들어 내지 않는다. 본문이 보여 주는 그대로 설교하고 청중으로 설교를 들으면서 본문을 통해 말씀하시는 하나님의 음성을 듣게 한다. 해석의 내용과 과정을 보여 주는 방식의 특성상 청중은 하나님의 의도를 정확하게 깨닫게 된다. 귀납적 연역법은 이처럼 오직 설교를 통해 하나님께서 말씀하시도록 하는 방법론이다.

무의미의 시대를 살아가는 청중 가운데는 가치관과 진리의 붕괴를 자연스럽게 받아들이는 사람도 있지만, 표류하는 시대에 붙잡을 수 있는 진정한 가치와 진리를 추구하는 사람들도 있다.[262] 우리는 본문을 통해 진리를 밝히고 의미를 찾아 주되 설교자의 신학이 담긴 해석의 결과가 아니라 성경 본문을 통해서 하나님께서 의도하신 바를 전해야 한다. "설교자가 기꺼이 그와 같은 채널이 될 때, 하늘은 바싹 마른 인간의 필요의 영역에 넘치도록 단비를 내린다."[263] 귀납적 연역법은 이러한 설교의 목적을 감당하며 청중을 하나님 앞으로 인도하기 위해서 구조를 조직화한다. 본문에서 저자가 의도하는 의미를 찾아내고, 그 의미를 본문의 중심 주제와 설교의 중심 사상으로 연결해서 드러내기 위해 설교를 구성한다.

⑨ 수사법과 복음의 바른 관계 설정

신설교학은 수사법을 강조하는 반면에 성경 본문의 의미와 복음의 진수를

---

[262] 백동조, 274.

[263] Calvin Miller, 102.

희석했다. 수사법은 복음을 바르고 효과적으로 전하게 하는 보조 도구로서 기능해야 한다. 수사법은 복음의 시종이 되어야 한다. 수사법의 목적이 복음을 전하려는 목적보다 앞설 수는 없다. 권성수 교수의 말처럼 "세상의 모든 다른 사상과 수사는 복음에 비하면 왕겨에 불과하다."[264]

복음이 없는 수사법은 교회와 신앙에 아무런 도움이 되지 않는다. 신설교학은 새로운 시대의 청중을 위해서 그들에게 익숙한 방식을 택했지만, 성경 본문에서 떠난 내용을 다루었기 때문에 결과적으로 교회와 기독교의 침체를 가져왔다. 실제 신설교학의 설교 방식의 근간이 되는 실존주의와 자유주의 신학으로 세워진 교회들은 오늘날 쇠퇴하고 자취를 감춰가고 있다.[265] 신설교학의 작업은 강단의 위기를 극복하지 못했고, 설교학은 발전한 것 같지만 실제 교회는 점점 더 침체에서 벗어날 수 없을 정도로 쇠락하게 되었다.[266] 설교에 있어 헤게모니는 성경 본문과 그 안의 복음에 있어야 하며 수사법은 이에 순종하는 자리에서 최선의 역할을 다해야 한다.

반대로 전통적인 설교학에서는 수사법이 설교에 미치는 영향에도 불구하고 수사법을 경시하는 풍조가 만연했다. 수사법을 사용하면서도 수사법을 외면했고 효과적인 설교 사역에는 항상 수사법의 도움이 있었는데도 수사법을 멸시해 왔다. 이는 인간이 하나님의 역사를 신뢰하지 않고 스스로 좋은 설교를 만들기 위해서 하는 노력이라고 보았기 때문이다. 개혁주의 신학이 강할수록 더욱 인간의 노력은 무시되었고 오직 하나님께만 모든 것을 맡기는 형태로 설교 사역을 감당했다. 이는 개혁주의 신학의 문제가 아니라 그 안에 있는 사람들의 문제다. 그들은 숟가락으로 밥을 먹으면서도 나는 밥을 먹을 때 숟가락을 사용하지 않는다고 말하는 것처럼 수사법을 대했다.

---

[264] 권성수, 548.
[265] Philip Jenkins, 34.
[266] Charles L. Campbell, 121.

하지만 오늘날에는 개혁주의 신학자들 역시 수사법의 중요성을 잘 알고 있다. 그것이 결코 성경과 그 안에 기록된 복음에 비할 바는 아니지만 그렇다고 경쟁 구도로 볼 필요도 없다는 사실을 확인했다. 복음과 수사법은 서로 협력 관계다. 하지만 동등한 위치에서의 협력 관계는 아니다. 수사법은 복음을 효과적으로 전하기 위한 도구로서 섬기는 위치에 있다. 설교자가 성경 말씀을 청중에게 전하기 위해서 사용하는 연설의 효과적인 도구가 수사법이다.

우리는 설교할 때마다 설교 내용을 조직화하고 효과적으로 전달하기 위한 적절한 도구로서의 수사법 사용에 능숙해야 한다. 인간의 학문인 수사법은 하나님의 말씀을 전하는 설교 사역에 가장 높은 가치를 올려 드리며 섬겨야 한다. 그래서 설교자는 가장 효과적인 수사법을 적절하게 사용하기 위해서 부단히 노력해야 한다. 하나님을 섬기기 위해 그분에게 최고의 가치를 올려 드리려는 태도로 그리해야 한다. 설교자는 말씀을 빛나게 만들 수 있는 수사법을 하나님을 섬기는 도구로 내어 드리는 일에 부지런해야 한다.

귀납적 연역법은 이 시대에 효용성 있는 수사법인 배열을 통해 말씀을 섬기는 방식이다. 복음을 희석하면서 전달을 강조하는 수사적 노력이 아니라 복음을 가장 효과적으로 드러내기 위해서 사용하는 수사법이다. 이 시대를 위해 배열의 수사법을 선택했지만, 그 수사법을 오직 성경을 섬기고 성경 말씀을 높이고 드러내도록 사용한다. 수사법을 부인하지도, 수사법에 화려한 왕관을 씌우지도 않고 오직 수사법이 성경적인 설교를 하는 데 최선의 도구가 되게 한다. 그래서 귀납적 연역법으로 설교하면 할수록 더욱 복음을 드러내고 성경의 진리를 밝히는 도구로의 기능을 수행하게 될 것이다.

⑩ 지성의 한계를 극복하는 새로운 대안

크래독이 귀납적 설교를 통해 간접 적용과 열린 결론의 정당성을 주장한 이유 중의 하나는 인간의 지성이 하나님께 직접 이를 수 있는 길은 존재하지 않는다는 실존주의 신학에 대한 확신 때문이었다.[267] 그리고 그는 이 문제에 대한 해답을 실존주의 철학자 하이데거(Martin Heidegger)에게서 찾았다. 이성과 지성의 한계의 문제를 오직 존재 자체와 그 존재의 경험을 통해 극복할 수 있다고 본 것이다. 그래서 설교자 자신이 직접 하나님의 말씀을 적용하는 것은 하나님의 말씀에 설교자 개인의 편협하고 개인적인 의견을 더하는 행위이고, 그 결과 설교의 타락을 가속할 거라고 말한다. 그는 이 문제를 해결하기 위해서 설교자에 의해서 의도된 적용이 아니라 청중 개개인이 직접 경험한 말씀을 통해 스스로 하나님의 뜻을 듣고 각자에게 필요한 적용을 알아서 하는 간접 적용을 주장한다.

그의 말처럼 인간은 분명 이성과 지성의 면에서 한계와 문제를 가진 존재다. 이는 성경의 증언이기도 하다. 무엇보다 인간은 브라이언 채플(Bryan Chapell)의 말처럼 타락 상태(Fallen Condition)에서만 이해될 수 있다. 인간의 이성은 죄로 말미암아 왜곡되었다. 감정과 의지 역시 마찬가지다. 설교자 역시 죄의 영향 아래에 있는 인간으로서 해석과 설교 준비와 전달에서 완벽할 수 없다. 하지만 인간으로서의 설교자의 한계 때문에 설교에서 성경 본문의 내용을 직접 적용하고 분명한 결론으로 마무리하는 일의 오류를 개개인의 청중의 개별적인 체험으로 극복할 수 있다고 보는 것은 어불성설이다. 만약 인간으로서의 이성의 한계로 인한 지성의 문제로 설교자가 성경 본문을 설교하고 적용하기를 멈춘다면 하나님은 돌들을 들어서라도 외치게 하실 것이다.

설교자는 이성과 지성의 한계 때문에 오히려 더욱 간절히 기도하고 더욱 말씀을 깊이 연구하고 해석해야 한다. 그 과정을 통해 자신의 견해가 아

---

267 Fred B. Craddock, *As One Without Authority*, 57,58.

니라 성경 본문이 말씀하려는 오늘 우리의 청중을 향한 적용의 메시지를 찾아야 한다. 자신의 말과 아이디어로 설교를 구성하지 않도록 성령의 인도를 구하고 성경이 이끄는 대로 순종해야 한다. 또한 성경을 연구하고 해석하는 노력만큼 청중의 상황과 문제와 어려움을 정확하게 이해하기 위해 노력하면서 설교의 적용과 결론을 성경적으로 제시해야 한다. 이 모든 일에 주저하거나 피하지 말고 더욱 큰 확신으로 임해야 한다.

이와 같은 목적을 이루는 데 귀납적 연역법의 혼합식 구조는 매우 효과적으로 작용할 수 있다. 주지하다시피, 먼저 기능상 귀납적으로 진행되는 전반부를 통해서 청중은 설교의 중심 메시지가 바로 하나님의 말씀인 성경에서 비롯되었다는 사실을 깨달을 수 있다. 그리고 이후에 그 말씀을 적용하는 연역적인 흐름을 통해서 그 의미를 현대에 어떤 방향으로 제시하고 적용할지 듣는다. 설교의 중심 사상이 본문의 말씀에서 비롯되었다는 사실을 이해한 청중은 과거의 말씀을 오늘에 연결하시어 구체적으로 적용하시는 살아 계신 하나님의 음성을 생생하게 듣게 된다. 설교자 개인의 의도가 가미된 지성적 결과물이라고 하기엔 너무 명백하게 성경적이다.

혹시 자신과 별로 상관없는 적용을 들을 때도 설교자의 직접적인 적용은 하나님의 말씀이 의미하는 바가 어떻게 우리 삶에 연결될 수 있는지 깨닫게 하는 데 비유적인 역할을 하게 된다. 직접적인 적용을 통해 간접적인 적용의 효과를 나타내는 것이다. 이를 통해 청중에게 막연하게 의미를 알아서 적용하도록 맡기는 것이 아니라 그 의미를 어떻게 적용할 수 있는지에 대한 구체적인 예를 보여 주게 된다.

이처럼 귀납적 연역법은 개별적이고 구체적인 정황에서 시작하는 귀납적 흐름이 아니라 성경 본문의 의미를 향해 움직이는 귀납적 흐름을 통해 진정한 말씀의 의미를 확인하게 하고, 그 의미를 구체적으로 적용해서 청중으로 직접적으로나 비유적으로 적용되는 말씀을 들으면서 자신의 삶을 향한 살아 있는 하나님의 말씀을 듣게 하는 방식이다.

인간 지성과 이성의 한계 때문에 적용을 피하지 말고 구조의 특성을 통해 이를 극복할 수 있는 대안을 찾아야 한다. 인간의 지성의 한계는 설교자뿐만 아니라 모든 인간에게 동일하게 나타난다. 말씀을 듣는 청중이 설교자보다 더 심각한 이성과 지성의 한계를 경험할 수도 있다. 설교자는 하나님의 말씀을 듣고 직관적으로 느끼는 것이 아니라 오랜 시간 동안 말씀과 회중의 삶을 함께 묵상하고 숙고하면서 하나님께서 직접 말씀을 통해 적용해 주시는 것을 듣는 시간을 보낸다. 그러나 청중은 예배를 드리기 전에 미리 본문을 깊이 연구하고 오지 않는다. 또한 설교를 들은 후에도 깊이 숙고할 틈도 없이 삶의 현장으로 바삐 돌아간다. 그곳에서도 설교에서 들은 말씀을 오랫동안 묵상하고 적용할 시간이 없다. 그런 청중에게 알아서 적절히 적용하라는 것은 사실 적용하지 말라는 말과 진배없다. 신설교학은 이야기로 설교하면 존재 자체와 존재의 경험으로 충분히 알아서 필요한 적용을 하게 된다고 하는데, 실제 동화책이나 좋은 영화를 보면서 그처럼 구체적인 적용을 활발히 하는 사람이 있을까? 오히려 감정의 순화나 공감을 하는 정도에서 그칠 때가 훨씬 많지 않은가. 따라서 하나님의 말씀을 바로 이해하지 못한 청중 개개인이 내리는 적용과 결론이 오랜 시간 설교를 묵상하고 연구하고 바른 의미를 해석한 뒤에 설교를 전하는 설교자보다 더 나을 수 없다.

또한 청중은 믿음의 분량과 영적 수준이 다르고 단순히 하나님의 말씀을 깨달을 수 있는 지적 수준에서도 각기 차이를 보인다. 비록 그들을 변화시키는 것은 분명 인간 설교자의 능력이 아니라 성령의 역할이지만 성령은 기본적으로 각자의 분량 안에서 역사하신다. 유기적 영감을 통해 각 사람의 분량을 따라 역사하신 것처럼 조명하실 때도 인간 개인의 지식과 경험과 감정과 상황과 한계 등을 통해서 역사하신다. 믿음의 내용으로 볼 때, 설교자들이 일반 성도보다 훨씬 높은 수준을 가지고 있고 훨씬 성화된 존재라고 주장할 수 없다. 하지만 하나님의 말씀을 이해하고 적용하는 데 있어서만큼은 설교자만큼 잘 할 수 있는 사람이 별로 없다. "그래서 어떻게 하란 말인가?"라는 질문을 남겨 두지 말고, "이렇게 살아야 합니다"라는 결론을 제시해야 한다. 청중은 그때 비로소 하나님의 말씀의 현재적 의미를 구체적으로 깨닫고 자신의 삶을 돌이켜 주의 뜻을 따라 살기로 결단할 수 있다. 성령은 그렇게 설교자가 말씀을 적용하려고 노력할 때 역사하셔서 청중 안에 가장 적절하고 필요한 적용이 이뤄지게 하신다.

귀납적 연역법을 통한 설교가 이 역사를 가능케 한다. 설교자는 연역적으로 전개되는 후반부에서 본문의 말씀에서 나온 설교의 중심 사상을 구체적으로 적용하는 일에 온 힘을 쏟아붓기 때문이다. 그래서 귀납적 연역법의 혼합식 구조는 설교자로 자신의 연약함으로 인해서 마땅히 전해야 할 구체적인 적용을 포기하지 않게 하며 청중으로 자신을 향한 하나님의 뜻을 깨닫고 그 뜻을 따라 실천하며 살아가도록 하는 기능을 수행한다.

⑪ 진리의 전달로서 설교에 대한 확신

이 시대는 절대적인 진리를 거부하고 모든 권위를 부정한다. 많은 사람이 뉴에이지의 범신론적 세계관을 따라 스스로 신이 되고자 한다. 교회에 모이는 회중도 같은 세계관 속에서 교육받고 경험하며 살고 있다. 그래서일까, 회중들 개개인에게 신적 결정권이 전가되었다. 모든 것을 스스로 판단하고 결정하려고 한다. 우리 시대 청중은 자기 밖에 있는 객관을 부정하고 절대적인 진리를 거부한다. 경험을 따라 판단하고 마음 가는 대로 살아간다. 이런 청중의 특징을 잘 이해하고 있어서인지 오늘날 설교자들은 과거 어느 시대보다 확신을 잃은 채로 설교하고 있다. 확신하며 전하는 말씀에 대한 예상되는 반발을 미리 두려워한다. 그래서 강단에서 진리의 말씀과 복음을 강력하게 선포하는 설교가 점차 사라져가고 있다. 청중이 듣기에 좋은 말만

하고, 무엇인가 전해야 할 메시지가 있어도 돌려서 비유적으로 말하면서 알아서 이해하도록 한다.

비록 현대 설교자들은 우회적이고 간접적인 방식의 설교에 대한 원인을 이 시대와 청중의 변화와 그들의 요청에서 찾고 있지만, 실상은 그런 변화에 대처하는 설교자의 확신의 결여에서 기인한 선택일 뿐이다. 필립 브룩스(Phillips Brooks)는 이 시대에 확신 있게 진리를 전하는 설교가 사라져가고 있는 진짜 원인을 설교자에게서 찾는다.

> 진리에 대한 의심과 사람들의 기대와 바람에 부응하겠다는 설교자들의 열망은 결정적 메시지가 없다는 인상을 만들어 내었다. 설교자들은 변덕스러운 사람들의 입맛을 맞춰 주는 요리사들처럼 되어갔고 사람들이 좋아하든 말든 그들에게 진리를 선포하려는 선지자의 이미지를 찾아보기 어렵게 되었다.[268]

설교자들이 먼저 진리를 의심한다. 청중과 동시대를 살아가고 있기에 진리에 대해 의심하는 경향을 가지는 것은 어쩌면 당연할지도 모르겠다. 게다가 설교자들은 청중도 지나치게 의식하게 되었다. 때로 청중의 요구를 말씀의 명령보다 더 중시한다. 그러다 보니 진리를 선포하는 설교에 대한 확신을 잃었다. 하나님의 말씀을 전하는 설교자의 영광스러운 직분을 망각했다. 그래서 하나님이 아니라 청중에게 중심을 둔 설교 방법론을 만들게 되었다. 아주 분명한 이론적 근거와 철학적 입장을 가지고 본문을 외면하고 청중을 위하는 설교를 제안한 것이다.

하지만 우리 시대는 과거에 이미 경험했던 일들을 반복하고 있을 뿐이다. 해 아래 새것은 없다. 사사 시대와 이 시대는 여러 면에서 상당히 유사하

---

268 Phillips Brooks, *On Preaching* (New York: Seabury, 1964), 31,32. quoted in Kenton C. Anderson, *Choosing to Preach*, 31.

다. 세속의 가치관에 휘둘리며 하나님의 말씀에서 눈을 돌려 버렸다. 또한 초대교회 때와도 매우 유사하다. 복음을 전하려는 상황이 배타적이고 종교다원주의에 친절해서 유일한 하나님과 복음을 전하려는 사역이 쉽지 않다.

설교자들은 이 시대가 과거 어느 때보다 초기 기독교 사회와 더욱 닮아 있다는 사실을 인지해야 한다. 무엇보다도 성경을 알지 못한다는 점에서 가장 유사하다. 사사 시대에 각자 소견에 좋은 대로 행할 수 있었던 원인은 말씀의 부재에 있었다. 초대교회 역시 성경을 잘 알지 못했기 때문에 사도들의 지속적인 가르침과 보살핌이 있어야만 진리 안에 거할 수 있었다. 오늘날의 상황도 마찬가지다. 비록 인쇄술의 발달로 모든 개인과 가정에 성경이 보급되었지만, 교회에 나와 있는 회중은 우리가 알고 있는 것보다 훨씬 성경을 알지 못한다. 더러 전문적인 신학지식을 가지고 있는 사람들도 있지만, 성경을 모르고 성경적으로 사고할 줄 모르는 사람이 더 많다. 이런 상황은 앞으로 더 심화하게 될 것이다. 그리고 기독교 진리에 대해서는 철저히 배타적이다. 교회 안의 회중도 성경보다 세상의 세계관과 세속적 가치로 더 무장되어 있다. 세상의 가치를 따라 살면서 성경 말씀 때문에 갈등한다. 설교자는 이런 시대적인 모습들을 읽을 수 있어야 한다.

> 교회는 지금 내러티브도 모르고 계명들도 알지 못하는 사람들의 기억상실증의 문제에 직면해 있다. 미래의 청중들은 바울이 만났던 청중들과 많은 공통점을 가지고 있을 것이다. 후 기독교 사회는 전 기독교 사회를 닮게 될 것이다.[269]

이러한 현상은 시간이 지날수록 더욱 가속도가 붙을 것이다. 그래서 이

---

[269] James W. Thompson, 130.

즈음에, 설교자들은 초기 기독교 사회에서 하나님의 말씀과 예수 그리스도의 복음을 전했던 효과적인 방식을 다시 되돌아봐야 한다. 앞으로의 기독교 사회가 이전의 기독교 사회를 닮아갈 것이 분명하다면 더욱 성경 본문을 가르치고 성경 본문의 의미를 적용하는 방식을 확신하며 설교함으로써 위기를 극복해 가야 한다. 초기 기독교 사회가 그러했던 것처럼 말씀에 대한 확신으로 성경 본문을 들고 승부해야 한다. 성령께서 날 선 검과 같은 말씀을 통해 모든 것을 다시 새롭게 할 것을 확신하며 더욱 본문을 설교하기에 힘써야 한다. 성경을 알지 못하고 확신 없이 살아가는 청중도 자신에게 말씀을 전하는 목회자가 믿음의 사람이기를 갈망하고 있기에 설교자가 더욱 확신으로 말씀을 선포해야 그 메시지에 귀를 기울일 것이다.[270]

귀납적 연역법의 혼합식 설교는 이러한 시대에 설교자에게 성경에 대한 확신과 성령에 대한 확신과 말씀 사역에 대한 더욱 큰 확신으로 설교에 임하게 한다. 권위 있는 성경의 지배를 받으며 설교자 개인의 사상이나 아이디어가 아니라 본문이 말씀하는 바를 확신 있게 전하게 한다. 귀납법과 연역법이 한 구조 안에서 사용될 때 나타나는 여러 긍정적인 작용을 믿고 더욱 철저히 준비하여 성경적인 설교를 실천하는 데 확신으로 임하게 한다. 우리 시대에도 성경적인 설교의 철학과 신학을 실천하려는 의지로 나아갈 때 성령께서 도우셔서 구원의 역사를 이루시리란 확신으로 청중을 섬기게 한다. 또한 청중의 변화에도 적절하게 대응할 수 있는 구조라는 확신을 주고, 청중을 설교에 몰입하게 하고, 구조적 특성상 성경의 말씀을 진리로 받아들이게 해서 자신에게 적용되는 말씀을 따라 하나님의 자녀로 거룩하고 온전하게 되리라는 확신으로 설교하게 한다.

귀납적 연역법의 혼합식 설교는 성경에 기록되어 있을 만큼 오래되었

270　Calvin Miller, 29.

으나 깊이 연구하거나 소개되지 않은 새로운 설교 방식이다. 이는 능히 현시대 강단의 위기를 극복하고 성경적인 설교를 온전히 실천하게 할 것이다. 더욱 큰 확신으로 귀납적 연역법을 통해 성경적인 설교의 실천에 임하자.

4. 나가면서: "더욱 큰 확신으로, 더욱 큰 능력을"

지금까지 귀납적 연역법에 대한 이론을 살펴보았다. 귀납적 연역법이 일반적인 혼합식 구조와 어떤 면에서 차이가 있는지, 그리고 귀납적 연역법이 정확히 어떤 방식을 의미하는지, 귀납적 연역법을 구성하기 위해서 어떤 요소들이 필요한지, 귀납적 연역법에 어떤 기능과 효과가 있는지를 전통 설교학과 신설교학의 구조 이론과 비교하면서 다양한 각도에서 살펴보았다. 이 과정을 통해 성경적인 설교로서 귀납적 연역법에 대한 충분한 이해가 있었으리라 생각한다. 그 내용을 설교학 용어로 다시 한번 정리하겠다.

첫째, 해석의 내용과 과정이 반영되는 귀납적 연역법은 '성경적인 설교'다. 왜냐하면 성경적인 설교의 철학과 신학을 실현하면서 동시에 성경에 나오는 설교의 모델들의 통일된 구조를 따르는 방식이기 때문이다. 귀납적 연역법은 성경 본문을 통해서 저자의 의도를 드러내는 설교다. 하지만 기능상 귀납적인 전개를 통해서 청중이 흥미로운 과정에 직접 참여해서 경험함으로 본문의 진실성을 깨닫게 하는 수사적 효과도 가지고 있다.

또한 청중에게 적실하게 적용하는 면에서도 귀납적 연역법의 혼합식 설교는 성경적인 설교 방식이다. 연역법의 과거로부터 현재와 미래로의 연결의 문제점을 극복하며 하나님께서 생생한 음성으로 본문을 통해 청중의 마음과 영혼의 문을 두드리게 한다. 따라서 설교자들은 귀납적 연역법의 혼합식 구조를 통해 성경적인 설교의 철학적 신학을 실천할 수 있다.

둘째, 귀납적 연역법의 혼합식 구조는 '개혁주의 설교'의 구조다. 귀납적 연역법은 성경의 무오성과 성경의 권위를 믿고, 하나님께서 성경을 통해서 말씀하신다는 것을 믿기 때문에 조직화하는 설교의 구조다. 성경에 대한 확신이 없다면 귀납적 연역법을 취할 수 없다. 또한 성경에서 제시하는 방식에 충실하려는 설교 방식이다.

개혁주의는 오직 성경을 통해 말씀하시는 하나님께 전적으로 순종하려는 신학이다. 모든 주권을 하나님께 돌리고 타락한 인간의 전적 무능 속에 하나님의 섭리를 구하고 기대한다. 귀납적 연역법은 성경을 통해 주신 하나님의 방법을 따라 설교하기를 목표로 하며, 그 결과에 대한 확신을 가지고 설교한다. 하지만 이에서 멈추지 않고 가장 성경적인 설교를 지향하여 항상 성경으로 다시 돌아가려고 끊임없이 개혁하고 성경에서 벗어나지 않으려고 끊임없이 주의하는 방식이다. 따라서 귀납적 연역법은 개혁주의 설교 방법론이라고 말할 수 있다.

셋째, 귀납적 연역법은 '강해 설교'의 철학을 설교로 실천하는 방법론이다. 사실 오늘날 강해 설교는 매우 다양한 방법론과 형식으로 나타나고 있다. 하지만 이는 강해 설교에 대한 오해라기보다는 강해 설교가 하나의 철학이기 때문에 나타날 수 있는 현상이다. 그 모든 형식은 강해 설교라는 철학 아래에서 현존하는 모든 설교 구조를 차용한 결과 나타난 현상이다. 문제는 차용된 구조 중엔 비성경적인 설교를 실천하려는 의도에서 기획된 것이 많다는 점에 있다. 더 나아가 진정한 의미에서 강해 설교의 철학을 담아내는 구조를 제시하지 않는 데 더 큰 문제가 있다. 이러한 문제 속에 귀납적 연역법은 강해 설교가 가지고 있는 성경적인 설교의 철학과 신학을 구현할 수 있는 방식이라는 점에서 보다 발전한 방법론이라고 할 수 있다.

귀납적 연역법은 성경적인 설교 방법론인데, 그 구체적인 내용은 상당 부분 강해 설교의 정의와 일맥상통한다. 다만 차이가 있다면 라메쉬 리처드가 말한 '본문의 해석과 본문의 중심 명제 발견'[271]까지의 단계나 해돈 로빈슨이 말한 강해 설교의 '구상 단계'[272]에서 논의되는 해석의 과정과 그를 통해 드러난 본문의 의미를 설교의 내용에 반영하여 주된 부분이 되게 해야 한다는 점에 있다. 그래서 해석의 과정과 해석의 결과까지 설교의 구성 요소가 되게 한다. 해돈 로빈슨은 구상 단계에서 다룬 내용은 실제 설교에서는 거의 직접적으로 드러내지 않는다. 그것을 이 시대의 언어나 적절한 적용으로 바꾸거나 그 의미들을 포함하고 있는 이야기로 구성하여서 전하기는 하지만 그 해석과 의미를 찾기까지의 과정을 직접적으로 설교에 나타내지는 않는다.[273]

그러나 필자는 강해 설교의 철학을 가지고 성경적인 설교를 준비하되 보통 강해 설교에서 설교의 전 단계로 해석과 의미를 찾는 과정을 설교의 본 내용에 잘 구성하여 포함시킬 것을 말하고 있다. 철학으로서의 강해 설교와 본질적으로는 같은 설교관을 가지고 있지만, 그 형식에 있어서는 조금 더 성경에 나오는 대로 정형화되어 있다. 이 부분에 독특성이 있으며, 이는 곧 설교관이나 설교 철학의 차이가 아니라 설교 방법론의 차이라는 것을 알 수 있다. 이를 통해서 설교자뿐만 아니라 청중까지도 성경적인 설교라는 사실을 분명히 인식할 수 있도록 돕는다.

마지막으로, 귀납적 연역법은 시대적 적응성도 뛰어나고 청중을 중시하는 방법론이다. 귀납적 연역법은 성경에 나오는 설교의 방식이면서 동시에 이 시대의 많은 문제를 극복하며 효과적인 설교 사역이 이뤄지도록 기능

---

[271] Ramesh Richard, 39-104.

[272] Haddon W. Robinson, *Biblical Preaching*, 87-137.

[273] 이에 대해서는 그가 강해를 통해 성경적인 설교의 예를 들어 보인, Haddon W. Robinson, *Biblical Sermon*, 『성경적인 설교』, 김동완 역(서울: 생명의 말씀사, 1992)을 참조하라.

한다. 그래서 하나님의 방식의 전 시대성을 확인하게 한다. 귀납적 연역법은 하나님의 방법은 과거의 유물이 아니라 마치 바로 오늘을 위한 방식으로 이 시대에 가장 적합한 기능들을 수행할 수 있다는 사실을 보여 준다. 만약 성경적인 방식이지만 이 시대의 적응성을 찾을 수 없다면 설교 방식으로 제시할 수 없었을 것이다. 하지만 연역법이나 귀납법, 그리고 다양한 설교 구조들이 안고 있는 문제들을 대부분 극복하면서도 가장 성경적으로 이상적인 설교의 목적을 이 시대에도 실천할 수 있는 방식이기 때문에 더욱 의미가 있다고 할 수 있다.

또한 귀납적 연역법은 청중이 설교에 흥미를 느끼며 몰입해서 살아 계신 하나님의 말씀을 생생하게 들을 수 있도록 돕는 방식이다. 무엇보다도 설교자만 성경적인 설교를 하는 것이 아니라 청중들도 성경적인 설교를 듣고 있다는 확신으로 적절하게 말씀 앞에 반응하게 한다. 그리고 기능상 귀납적으로 움직이는 전개를 통한 귀납적 구조의 효과와 진리의 말씀을 전개하며 적용하는 연역적 구조의 기능을 함께 극대화해서 청중 안에서 동의와 경험을 통해 진리를 수용케 하는 청중 중심의 방식이다. 따라서 귀납적 연역법은 단순히 과거의 방식을 고집하기보다 신설교학을 중심으로 하는 현대 설교학의 목적까지도 성경적으로 이뤄내게 한다.

이제 귀납적 연역법의 효과와 유용성과 필요성을 충분히 이해했으리라고 생각한다. 우리는 성경의 능력과 하나님의 역사를 믿고 더욱 큰 확신으로 성경적인 설교의 철학적 신학을 성경적인 구조에 담아 실천해야 한다. 더욱 큰 확신은 반드시 더욱 큰 능력으로 열매 맺을 것이다. 성경의 설교들의 형식, 개혁주의자들의 설교 형식, 청교도들의 설교 형식, 마틴 로이드 존스, 무디, 빌리 그래이엄을 비롯한 불꽃같이 쓰임 받은 말씀 사역자들의 형식, 우리 시대 여러 변화와 문제들을 능히 극복해 낼 수 있는 형식, 성경적인 설교를 완성할 수 있는 형식, 개혁주의 신학과 철학과 해석학을 실천할 수 있는 형식, 그러나 우리에겐 너무나 생소한 형식인 귀납적 연역법의 혼합식 구조가 이제 우리의 손에 들린 설교 형식으로 귀하게 쓰임 받기를 소망해 본다.

5장. 귀납적 연역법 구조의 설교 예시

마지막 장에서는 귀납적 연역법 구조의 설교를 실례로 보여 주고자 한다. 귀납적 연역법 구조의 전반부는 신설교학의 귀납법이 아니라 논리학에서 말하는 방식을 따라 기능상 귀납적으로 전개해 나간다. 그리고 그 내용은 본문을 해석한 내용과 해석의 과정을 담아낸다. 여기서 관건은 설교 작성을 위해 어떻게 적절하게 비평적 해석을 했느냐이다. 설교자가 사용한 해석 방법이 설교의 내용과 구조를 이루는 자료들을 달라지게 하기 때문이다. 그리고 후반부는 기능상 귀납적인 전개의 결과로부터 다시 시작되는 연역적 전개를 통해 의미를 확정하고 적용한다. 이 과정을 통해 귀납적 연역법의 설교 구조를 어떻게 구성하는지 실제 예를 들어 보이려고 한다.

사실 신학을 논의할 때 방법론은 무시되기 쉽다. 그러나 "설교 신학에서 설교 방법론을 분리하는 것은 하나만이 아니라 둘 다 고아로 떠나보내는 일종의 폭행"이다.[1] 크래독(Fred B. Craddock)은 이 말을 하고 자신의 자유주의 신학을 구조 이론에 담아냈다. 개혁주의 신학에서 하지 못한 연결, 이제라도 해야 하는 연결이다. 설교의 내용뿐만 아니라 구조 이론을 포함한 설교의 방법론도 근본적으로 신학적인 고려사항이다.

---

1 Fred B. Craddock, *As One Without Authority*, 43.

1. 비평적 해석의 내용과 과정의 설교 반영의 예

설교 전문을 제시하기에 앞서 먼저 기능상 귀납적인 방식으로 구성하는 전반부에서 비평적 해석의 과정과 내용을 어떻게 설교에 담아낼 수 있는지 예시하고자 한다. 귀납적 연역법의 구조는 이 부분의 전개가 핵심적인 특징을 보여 준다. 하지만 여기서 본문을 해석해 가는 과정 전체를 상세하게 다루지는 않을 것이다. 이미 해석된 결과를 가지고 설교에 어떻게 반영하는지를 설명하겠다.

귀납적 연역법의 전반부의 내용은 본문으로부터 세 가지의 의미와 세 가지의 설명 혹은 논증을 찾아서 전개해야 한다. 그 세 가지의 의미는 '본문의 의미', '신학적 의미', '현시대의 의미'다. 여기서 '현시대의 의미'는 '적용 가능한 원리'를 말한다. 그리고 이 의미를 찾아가는 과정에서 세 번의 '본문의 의미를 찾기 위한 해석의 내용 설명 혹은 논증', '신학적 의미로 전환에 대한 설명 혹은 논증', '현시대의 의미로 전환에 대한 설명 혹은 논증'이 필요하다. 이를 도표화하면 다음과 같다.

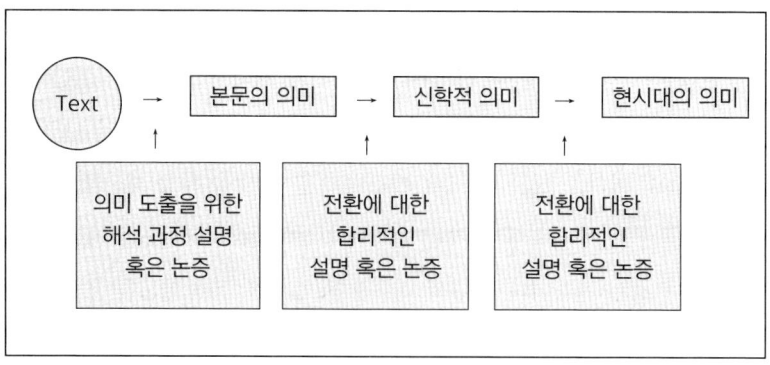

표6. 귀납적 연역법의 귀납적 전개 부분

우리는 한 본문을 해석하면서 오늘의 청중에게 하나님께서 의도하신 의미를 찾기까지 본문의 의미, 신학적 의미, 현시대의 의미를 찾아가는 과정을 거친다. 그리고 그 과정에서 의미를 도출하고, 도출한 의미를 전환하기 위한 해석을 한다. 귀납적 연역법은 이 과정을 버리지 않고 설교에서 사용해서 청중도 본문의 의미를 깨닫고 그 의미가 어떻게 자신의 삶까지 연결되는지 있는 그대로 볼 수 있게 한다. 물론 이 모든 내용을 반드시 다 설교의 자료로 사용해야 하는 것은 아니다. 왜냐하면 본문의 의미는 신학적 의미와 같을 수 있고, 신학적 의미는 또한 현시대에 직접 적용 가능한 직접적인 원리로 나타날 수 있기 때문이다. 그래서 본문의 의미가 무엇이냐에 따라서, 또 설교자가 설교의 형식을 어떻게 결정하느냐에 따라서 이 내용들을 적절하게 선택하고 설교에 반영할 수 있다.

귀납적 연역법은 기능상 귀납적으로 전개되는 부분이 중요하다. 일반 귀납법과의 차이를 나타내는 부분이고, 일반 연역법과도 본문을 다룰 때 다른 특징을 나타내는 부분이며, 일반 혼합식 구조의 귀납적 전개와 다른 방식으로 진행해 나가는 부분이기 때문이다. 뒤따르는 연역적 전개 부분은 굳이 설명하지 않아도 이미 대부분이 설교자가 행하고 있는 잘 아는 내용이다.

또 한 가지 반드시 주지하면서 준비해야 하는 부분은 '비평적 해석'과 관련된 내용이다. 설교자는 여러 해석의 도구로 본문을 해석해야 하는데, 그때 나름대로 본문에 맞는 가장 적절한 해석 방법을 찾아서 해석한다. 그리고 어떤 해석 방식을 선택했느냐에 따라서 설교의 내용은 달라질 수밖에 없다. 그렇다고 모든 설교자에게 특정 본문을 해석하는 방법을 꼭 집어 규정하면서 "이 본문은 바로 이 해석 방법으로만 해석해야 한다"라고 주장하기도 어렵다. 설교자 개개인에게 성경 본문의 의미를 해석할 수 있는 가장 적합한 원리를 찾을 수 있는 권한이 주어져 있는데, 보통은 설교자가 한 본문을 해석할 때 단 한 가지 해석 방법이 아니라 필요하다면 여러 방법을 동시에 사용한다. 나름대로 각 본문에 맞게 가장 정확한 의미를 찾기 위해서 적절한 해석 도구들을 선택하는 것이다. 이를 개혁주의 신학자 도널드 카슨(D. A. Carson)은 '비평적 해석'이라고 말했다.[2]

귀납적 연역법은 해석의 과정과 내용이 설교 전반부의 내용을 이루기 때문에 설교자가 어떤 해석 방법을 선택해서 의미를 도출했는지에 따라서 내용이 달라질 수밖에 없다. 또한 중심 사상을 보는 각도와 강조점도 달라진다. 필자가 여기서 간단하게 예시하는 본문들도 설교자에 따라서 해석 방법이 다르고 보는 각도가 다르기에 누군가는 동의할 수 없는 내용을 기록할지도 모르겠다. 하지만 여기서 보여 주고자 하는 것은 본문을 해석하는 과정과 내용을 설교에 어떻게 반영할 수 있을지에 대한 실례라는 사실을 기억하고 접근했으면 한다. 이제 본문에 대한 비평적 해석을 통해서 기능상 귀납적으로 전개되는 귀납적 연역법의 전반부를 어떻게 구성할 수 있는지 살펴보자.

1) 언어적, 문맥적 해석과 그 과정이 반영된 설교의 예

어떤 본문을 해석할 때 정당한 해석 방법을 선택하는 몫은 설교자에게 있다. 본문의 장르와 구성 요소와 위치 등을 고려하면서 가장 적절한 의미를 찾기 위해 비평적으로 해석해야 한다. 그리고 어떤 해석 방식을 선택할 때 반드시 그 해석이 가장 정당한 해석이라는 확신이 있어야 한다.

첫 번째로 언어적 해석과 관련된 예를 볼 텐데, 일부러 선지서의 한 본문을 선택했다. 선지서는 해석하기 어려운 장르다. 어떤 부분은 문자적으로 해석할 수 없는 묵시적, 예언적 성격을 가지고 있고, 단순히 문맥적으로 의

---

2 D. A. Carson, 16.

미를 파악하기 어려운 전개가 이어지기도 한다. 하지만 그 가운데도 얼마든지 언어적, 문맥적 해석을 통해 정당한 비평적 해석을 할 수 있다.

① 비평적 해석, 의미, 전환에 대한 설명

> 1) 본문: 이사야 26:3-4
> "주께서 심지가 견고한 자를 평강하고 평강하도록 지키시리니 이는 그가 주를 신뢰함이니이다. 너희는 여호와를 영원히 신뢰하라. 주 여호와는 영원한 반석이심이로다."
>
> 2) 본문의 의미, 신학적 의미, 현 시대의 의미
>   ① 본문의 의미
>   이스라엘 주변국들을 향한 하나님의 무서운 심판 중에도 하나님께서는 하나님을 신뢰하는 마음의 뜻이 흔들리지 않고 한결같은 자를 완전한 평안으로 지켜주신다.
>
>   ② 신학적 의미
>   아무리 세상이 어지럽고 환란이 일어날지라도 하나님에 대한 믿음이 흔들리지 않는 자에게 하나님은 완전한 평안을 허락하신다.
>
>   ③ 현시대의 의미
>   신앙 생활하면서 고난이 있더라도 효율성과 합리성을 좇지 말고 원칙 중심의 삶을 사는 자에게 하나님은 완전한 평안을 허락하신다.
>
> 3) 비평적 해석
>   ① 본문의 의미를 찾기까지의 해석 과정: '언어적, 문맥적 해석' 선택

a. 심지가 견고하다는 것이 무엇일까?

: '심지'는 마음 '심'(心)에 뜻 '지'(志)자로 구성되어 있다. 풀어서 쓰면 '마음의 뜻'이라는 의미다. 그래서 '심지가 견고한 자'는 "마음의 뜻이 흔들리지 않고 견고한 자를 의미"한다. 원어를 살펴봐도 그 의미는 '마음이 한곳에 머물러 변치 않는다'라는 뜻이다.

b. 그렇다면 여기서 저자는 어떤 마음의 뜻이 흔들리지 않아야 한다고 말하는 것일까?

: 본문을 살펴보니 "마음의 뜻이 견고하다"라는 말은 "주를 신뢰함"과 연결된다. 정확하게 어떤 뜻이라는 것을 밝히기는 어렵지만, 그 마음의 뜻은 주님을 신뢰하기 때문에 가질 수 있는 어떤 뜻이었다. 신앙과 믿음 가운데 품을 수 있는 뜻이었다는 것을 알 수 있다.

c. 이 마음의 뜻이 견고한 사람을 주께서 평강하고 평강하게 만들어 주신다고 했는데, 어떤 상황에서 평강을 주신다는 말일까?

: 문맥을 살펴보니 하나님께서 이방 나라들의 심판을 선언하고 계신다. 주변국들을 심판하셔서 무서운 고통과 전쟁과 자연재해가 올 것을 예언하고 있다. 그러나 주변국들과 왕들의 환란 가운데서도 하나님이 왕이 되셔서 친히 구원하시겠다는 말씀을 주고 계셨다.

d. 그렇다면 "평강하고 평강하게 만들어 주신다"라는 말은 무슨 의미인가?

: 이는 평강을 두 배로 주시겠다는 말 정도가 아니다. NIV 성경은 "double peace"의 의미가 아니라 "perfect peace"라고

번역하고 있다. 주변국들이 무서운 심판을 받는 중에도 하나님을 신뢰하는 것이 마음에서 한결같아 흔들리지 않는 사람에게 '완벽한 평안'을 허락해 주신다는 말이다.

② 신학적 의미로의 전환에 대한 설명

'신학적 의미'는 설교학자들에 따라서 '신학적 원리', 혹은 '영원한 진리'라고도 표현한다. 이는 모든 시대에 통할 수 있는 의미로의 전환을 말한다. "신학적 원리는 고대 성경 청자들과 오늘날의 그리스도인들 모두에게 의미와 적용을 갖는다."

본 이사야서의 말씀의 의미는 '주변국들의 심판과 환란'이라는 특정한 나라와 역사와 상황에 대한 것만 일반화시키면 나머지는 언제든지 통할 수 있는 신학적 진리를 담고 있다. 그렇기 때문에 그 의미를 일반화시켜서 "아무리 세상이 어지럽고 환란이 일어날지라도 하나님에 대한 믿음이 흔들리지 않는 자에게 하나님은 완전한 평안을 허락하신다"라고 신학적인 일반화를 통해서 재진술할 수 있다.

③ 현 시대의 의미로의 전환에 대한 설명

이제 마지막으로 그 의미가 이 시대에 어떤 의미를 가지고 있는지 이 시대의 언어와 상황에 맞게 수정해야 한다. 본문에서 영원한 진리, 신학적 의미를 찾았다면 그 내용을 근거로 이 시대에 적실한 적용을 할 수 있는 의미로의 전환이 필요하다. 설교자들의 청중 분석과 그로 인한 선택의 메시지는 여기에서부터 시작될 수 있다. 신학적인 의미를 발견하기까지의 과정은 온전히 성경 본문에 따라야 하지만, 그 이후로 적실한 적용은 각 교회의 상황과 청중의 상황을 위한 분석에 따라 다양하게 이뤄질 수 있다.

> 필자는 이 신학적인 의미에서 '믿음이 흔들리지 않는다'라는 것을 '원칙 중심의 삶을 사는 것'이라는 말로 바꿨다. 그 이유는 요즘 이 시대의 그리스도인들은 진리를 따라 원칙대로 사는 것보다 융통성 있게 살고 합리적으로 생각하는 것을 선이라고 생각하고 있기 때문이다. 예배도 때에 따라 선택할 수 있고 기도를 통해서 하나님께 깊이 나아가려고 하지도 않는다. 적당히 타협하면서 살아가는 모습을 다변화된 사회에서 살기 때문에 어쩔 수 없이 해야 하는 선택이라고 말하고 있다. 그러나 그러한 효율성과 합리성을 좇는 삶이 아니라 원칙 중심으로 일단 신앙의 어떤 부분을 결단했다면 그것을 끝까지 지켜 나가는 것이 하나님의 능력을 힘입는 삶이라는 것을 말해 주기 위해서다.

② 설교 개요

설교의 구조는 본문을 해석한 과정과 내용을 그대로 한 편의 설교 안에 귀납적 연역법의 혼합식 구조를 취하였다. 비평적 해석의 과정과 내용이 어떻게 귀납적 연역법의 구조로 나타날 수 있는지 살펴보자.

제목: 완벽한 평안(원칙 중심의 삶을 살라)

1. 서론

  1.1. 실존주의 철학의 탄생 배경 설명

    "인간의 가능성을 믿었는데 결과적으로 1, 2차 세계 대전을 겪으며 인간의 실존적 절망을 깨닫게 되었다."

  1.2. 문제 제기

    "인간에게 과연 가능성이 있을까?"

서론

2. 본론 　2.2. **본문의 상황 제시** 　　2.2.1. 문맥적 상황 설명 　　　　: 유다의 주변국들을 향한 하나님의 심판 　　2.2.2. 상황 중 메시지 　　　　: 그럼에도 불구하고 "평강하고 평강하게 지키시겠다" 　　2.2.3. 언어적 분석의 과정과 결과 설명 　　　　: '심지가 견고한 자' 　　　　　'주를 신뢰함' 　　　　　'평강하고 평강하게 지키심' 　　2.2.4. 본문의 의미 제시	기능상 귀납적 전개
2.3. **신학적인 의미 제시** 　　　: 본문의 의미가 신학적 의미로 바뀌는 과정과 이유 설명	의미 제시
2.4. **적실한 적용** 　　2.4.1. 신학적 의미로 구체적인 삶 보기 　　2.4.2. 현대의 융통성과 합리성을 좇는 신앙의 모습 설명 　　2.4.3. 신앙에 있어서 원칙을 지키는 것의 중요성 설명 　　2.4.4. 시대적 의미로의 전환 제시 및 예증을 통한 설명 　　　　: "원칙 중심의 삶을 살라"	연역적 전개
3. **결론** 　"영적인 삶은 곧 실제적인 삶에 영향을 미친다."	결론

　위에서 보았듯이 언어적 분석과 문맥적 분석으로 성경을 해석한 과정과 결과가 모두 설교에 그대로 반영되었다. 이 과정을 통해서 청중은 본문의 의미와 실제 우리 삶의 연결을 정확하게 이해할 수 있을 것이다. 또한 이

설교를 통해서 설교자 개인의 견해가 아니라 시대를 향해 성경을 통해 주시는 하나님의 메시지를 직접 인식하면서 들을 수 있을 것이다. 그 적용이 본문에 근거했다는 사실을 정확하게 제시해 주었기 때문이다.

2) 문예적, 역사적, 신학적 해석과 그 과정이 반영된 설교의 예

다음으로 문예적 해석과 역사적 해석을 통해서 성경을 해석하고 설교에 반영하는 예를 간략하게 보이려고 한다. '문예적 해석'이라는 말은 단순한 언어의 규칙을 따르는 문법적 해석과 구별해서 과거 역사 속에서 저자가 사용했던 수사법 등을 살펴봐야 하기에 사용한 용어다.

이번에는 여호수아 5장 1절에서 15절의 말씀을 살펴보려고 한다. 이 본문은 이스라엘 백성이 가나안 땅에 들어가기 전에 하나님께서 이스라엘 백성들 가운데 행하신 일들이 기록되어 있다. 하나님은 이 일들을 행하시면서 가나안 땅을 정복할 이스라엘 백성들을 준비시키셨다.

① 비평적 해석, 의미, 전환에 대한 설명

---

1) 본문: 여호수아 5장 1-15절

2) 본문의 의미, 신학적 의미, 현시대의 의미
　① **본문의 의미**
　　가나안 정복을 위해서 하나님은 '담대함'과 '구별됨'과 '하나님의 뜻에 대한 순종'을 먼저 준비시키셨다.

　② **신학적 의미**
　　그리스도인이 이 땅에서 사명자로 살아갈 때 하나님은 '담대함'과 '구별됨'과 '하나님의 뜻에 대한 순종'을 요구하신다.

③ 현시대의 의미

그리스도의 강한 군사로서 타락한 세상의 문화와 반기독교적인 상황에서 '담대함'과 '구별됨'과 '하나님의 뜻에 대한 순종'으로 무장하여 하나님의 나라를 확장시켜 나가자.

3) 비평적 해석
① 본문의 의미를 찾기까지의 해석 과정: '문예적, 역사적 해석' 선택

a. 왜 가나안의 모든 왕의 마음이 녹았는가?

: 역사 지리적인 해석을 통해서 당시 범람하던 요단강의 모습과 아담 성읍에서부터 사해 바다까지 말라 버린 요단강의 놀라운 모습을 제시하면서 그 내용을 설명할 수 있으며, 그것을 통해 하나님께서 이스라엘 백성들에게 보여 주고 싶으셨던 것이 무엇이었는지를 제시할 수 있다.

b. 왜 전쟁을 앞두고 할례를 행하라고 하셨는가?

: 성경 신학적인 해석을 통해서 할례의 의미를 세례의 의미와 연결해서 그 내용이 무엇인지 설명할 수 있다. 특별히 죄를 회개하는 것과 세상에서 구별되어야 한다는 내용을 중심으로 그 내용을 추론해 갈 수 있다.

c. 그것도 왜 요단강을 건너기 전이 아니라 적들이 가까이 있는 길갈에서 할례를 명령하셨는가?

: 지리적인 해석과 심리적인 분석을 통해서 이 세상 앞에서 구별됨은 당당해야 한다고 설명할 수 있다.

d. 왜 여호와의 군대 장관은 칼을 뽑아 들고 왔는가?

: 언어적 아이러니의 분석을 통해서 저자가 사용한 수사법의 의미를 밝혀 줄 수 있다. 여기서는 수사적 분석이 중요하다.

> ② 신학적 의미로의 전환에 대한 설명
>
> 　본문은 가나안 전쟁과 특히 여리고 전쟁이라는 구체적인 상황 속에서 주어진 메시지다. 그런데 '가나안'이라고 하는 지역이 갖는 독특한 성경의 의미가 있다. 그리고 '여리고 전쟁'은 그 속에서 매일 벌어지고 있는 그리스도인의 삶의 역동적 사역 속에서 이해될 수 있다. 이 부분을 고려해서 신학적인 의미로 쉽게 전환할 수 있다. 설교에서는 '가나안'에 대한 충분한 설명을 통해서 이 전쟁이 갖는 실제적 의미를 밝혀 주어야 한다.
>
> ③ 현 시대의 의미로의 전환에 대한 설명
>
> 　이 본문에서 신학적인 의미를 통해 이 세상을 볼 때, 가나안의 상징적인 의미인 이 세상은 그 어느 때보다 타락한 문화와 반기독교적인 경향을 가지고 있다. 이러한 시대에 하나님께서 우리의 삶이 사회생활을 하고 직장생활을 하면서 그리스도인으로서 영향력 있는 삶, 하나님의 나라를 확장해 나가는 삶이 되기 위해서 무엇을 갖추시길 원하시는지 말씀을 통해서 보여 줄 수 있다. 이 목적으로 적실하게 신학적 의미는 시대의 의미로 전환된다.

② 설교 개요

이 본문은 가나안 땅에 들어가기 전에 이스라엘을 준비시키신 몇 가지의 내용이 나온다. 이 중에서 세 가지를 선택해서 개요로 구성했는데, 본문을 따라 구조를 구성하기 위해서 설교 본문의 대지를 셋으로 잡았다. 이 설교의 경우 혼합식 구조는 한 편의 설교를 이루는 구성 방법이 아니라 각 대지를 구성하는 각각의 구조로 사용하였다. 이를 통해서 혼합식 구조가 다양하게 적용될 수 있다는 사실을 알 수 있다.

제목: 세상을 정복하는 그리스도인 1. 서론 　1.1. 리처드 니버(Helmut Richard Niebuhr)의 "Christ & Culture" 소개 　1.2. 문제 제기 　　"십자가는 변혁자의 삶을 요구한다. 이 시대와 문화를 복음으로 변화시키기 위해 하나님은 그리스도인을 준비시키신다. 우리는 어떻게 준비되어야 할까?"	서론
2. 본론 　2.2. 1대지 　　2.2.1. 본문의 상황 제시: 가나안 왕들이 전부 두려워함 　　2.2.2. 지리적, 역사적 상황 설명: 요단강 도하 사건 　　2.2.3. 본문의 의미 제시: "담대하라." 　　2.2.4. 신학적 의미 제시와 관계성 설명 　　2.2.5. 오늘날의 상황에 맞게 적실하게 적용	혼합적 구조 1
2.3. 2대지 　　2.3.1. 본문의 상황 제시: 할례를 요구함 　　2.3.2. 성경신학적 의미 제시: "구별되어라." 　　2.3.3. 적실한 적용 　　2.3.4. 본문의 상황 제시: 여리고 성 앞에서 할례를 요구함 　　2.3.5. 지리적인 해석과 심리적인 분석 통해 의미 제시 　　　: 세상 앞에서의 구별됨 　　2.3.6. 적실한 적용	혼합적 구조 2

2.4. 3대지
  2.4.1. 본문의 상황 제시
     : 칼을 뽑아 들고 온 여호와의 군대 장관
  2.4.2. 아이러니의 해석을 통한 의미 제시
     : "하나님께 순종하기를 결단하라."
  2.4.3. 이후 문맥의 해석을 통한 증명
  2.4.4. 적실한 적용
	혼합적 구조 3

3. 결론 "담대함과 구별됨과 하나님께 대한 순종으로 이 땅 위에 하나님의 나라를 이루어 가는 그리스도인이 되자."	결론

3) 나가면서

지금까지 두 편의 설교를 작성하는 방식을 살펴보았다. 이를 통해서 본문의 해석이 설교에 어떻게 그대로 반영되어야 하는지를 알 수 있었을 것이다. 그리고 이와 같은 방식은 해석을 충실히 한다면 설교자들이 얼마든지 설교에서 쉽게 사용할 수 있을 것이다.

    본문에 따라서 비평적인 해석 방법을 통해 본문에 대한 정당성을 확보한 해석의 내용과 과정을 귀납적 전개 안에 담아내라. 그리고 이후에 적실한 적용과 결론을 실행하여 성경적인 설교를 실천하라. 그러면 본서에서 누누이 강조하고 있는 여러 설교의 유익들을 경험하게 될 것이다. 하나님께서 원하시는 성경적인 설교, 그리고 이 시대에도 효과적으로 작용하는 설교, 개혁주의 철학적 신학을 담아낸 설교를 통해 하나님의 뜻을 밝히고 하나님의 영광을 드러낼 수 있다.

2. 귀납적 연역법 설교문 예시

이제 마지막으로 귀납적 연역법의 구조로 설교문 전체를 작성한 예시를 보이겠다. 본문은 출애굽기 33장 1절에서 3절까지 말씀이다. 이 본문을 해석할 때 비평적 해석으로 앞뒤의 문맥을 살피는 '문맥적 해석'과 본문의 단어들을 분석하는 '문자적 해석'을 가장 중점으로 했다. 설교의 구조는 귀납적 연역법의 혼합식 구조를 취했고, 기능상 귀납적으로 전개되는 전반부의 내용은 설교 본문의 전개 순서를 그대로 따랐다.

제목: 사소한 것에 목숨을 걸지 말라

본문: 출애굽기 33:1-3

⟨서론⟩

(모든 것은 다 사소하다)
1997년에 출간된 세계적인 베스트셀러가 있습니다. 그것은 리처드 칼슨의 『우리는 사소한 것에 목숨을 건다』라는 책입니다. 저자는 이 책의 서문에서 자신이 책을 쓰게 된 동기를 말합니다. 그는 이 책을 다른 사람에게서 영감을 받아 기록하게 되었다고 합니다. 그 사람은 당시 베스트셀러 작가인 웨인 다이어 박사입니다.

어느 날, 리처드 칼슨은 그의 작품 중에 한 권을 외국에서 번역 출판할 기회를 얻게 되었습니다. 자신의 책을 다른 나라에서 번역한다는 것은 참으로 영광스러운 일입니다. 그런데 한 가지 작은 문제가 있었습니다. 그의 책을 출판하기로 한 출판사에서 하나의 조건을 내걸었던 것입니다. 그 조건은 당시 유명했던 웨인 다이어 박사의 추천 서명을 책의 전면에 수록하자는 것이었습니다. 리처드 칼슨은 책을 출판하기 위해서 다이어 박사에게 연락을 취했습니다. 하지만 다이어 박사로부터 어떤 회신도 받지 못했습니다.

리처드 칼슨은 결국 추천받기를 포기했습니다. 다행스럽게도 출판사에서도 다이어 박사의 추천 없이 책을 내주겠다고 했습니다. 정말 다행이었죠. 그런데 그로부터 6개월 뒤, 리처드 칼슨은 자신의 번역 서적을 보고 깜짝 놀랐습니다. 번역서를 받아 보니 다이어 박사의 가짜 추천서가 들어가 있었던 것입니다. 출판사에서 거짓으로 만든 추천서였습니다.

이에 리처드 칼슨은 크게 당황했습니다. 당장 출판사에 책을 회수할 것을 요구했고, 다이어 박사에게 사과의 서신을 보냈습니다. 그런데 다이어 박사의 회신이 놀라웠습니다. 그는 바로 이 회신으로부터 영감을 받아서 새 책을 쓰게 된 것입니다.

다이어 박사는 이렇게 회신을 써서 보내왔습니다.

"리처드, 조화롭게 사는 데는 두 가지 규칙이 있소. 첫째, 사소한 것에 연연하지 말라. 둘째, 모든 것은 다 사소하다. … 그냥 쓰게 놔두시오."

바로 이 글에 리처드 칼슨은 큰 충격을 받았습니다. "모든 것은 다 사소하다." 사실 우리나라에 번역된 "우리는 사소한 것에 목숨을 건다"라는 책의 원제목은 "모든 것은 다 사소하다" 입니다. 이는 다이어 박사가 리처드에게 관용을 보이며 해준 말이었습니다.

여러분, 여러분이 만약 다이어 박사라면 어떻게 대처하겠습니까? 아마 노발대발 난리가 날 수도 있을 겁니다. 우리의 민족성을 생각해 볼 때, 인터넷에 고발하고 뉴스화시키고 당연히 법정 다툼까지 갔을지도 모르겠습니다. 최소한 어떻게 자신의 이름을 상업적인 목적을 위해 도용할 수 있냐고 따질 것입니다. 그런데 다이어 박사는 정말 대범한 모습을 보여 주었습니다. 그리고 그의 이런 모습은 리처드에게 한 권의 책을 쓰도록 영감을 불어

넣어 주었고, 그 책을 읽거나 듣는 우리에게까지 깊은 통찰과 감동을 주고 있습니다.

여러분, 사실 우린… 정말 사소한 일에 너무 연연하고 집착하며 살고 있지 않습니까?

사실 다이어 박사가 두 번째 말한 것처럼 살아가면서 발생할 수 있는 모든 일은, 조금만 달리 생각하면 모두 사소하게 볼 수 있는 일들입니다. 그런데 우리는 그 사소한 일들에 너무 집착하며 살아가고 있는 것 같습니다.

우리는 그다지 중요하지 않은 일 때문에 어떻게 할지 몰라 당황합니다. 작은 일에도 크게 흔들리고, 별것 아닌 일에 너무 집착합니다. 돌이킬 수 없는 일에 너무 마음을 많이 쓰고 연연해합니다. 그런데 진짜 문제는 이게 아닙니다. 정말 중요한 문제는 이렇게 사소한 일들에 연연하다가 정작 정말 중요한 일을 놓쳐 버리는 데 있습니다. 사소한 일 때문에 중요한 것을 잃으며 살아갑니다.

사실 다이어 박사의 말이 다 맞는 것은 아닙니다. 사소한 일이 있다면 상대적으로 중요한 일도 있습니다. 바로 이 점을 살펴보아야 합니다. 우리에게 있어서 진짜 문제는 그다지 중요치 않은 일들에 목숨을 걸다가 반드시 붙잡아야 할 최고의 가치들을 놓쳐 버리곤 한다는 것입니다.

특히 신앙에 있어서 이 문제는 정말 중요합니다. 조금만 달리 생각하면 사소한 문제들인데, 우린 그런 사소한 것에 모든 관심과 태도와 방향의 초점을 맞추고 있어서 정작 중요한 것을 놓쳐 버립니다. 신앙의 본질을 잃어버립니다. 사명을 잃어버리고 주의 뜻을 저버립니다. 이 문제에서 벗어나야 합니다.

이제 우리는 본문의 내용을 통해서 신앙생활에 있어서 사소한 일들은 무엇이며, 절대 잃어서는 안 되는 정말 중요한 것이 무엇인지를 살펴보고자 합니다.

〈전반부: 기능상 귀납적 전개〉
1. 이스라엘 백성은 어떤 사소한 일에 목숨을 걸었나?

(여호와가 되어 버린 금송아지)
오늘 우리가 읽은 본문에는 하나님께서 모세에게 말씀하시는 내용이 나옵니다. 그런데 이 말씀을 들여다보면 하나님께서 무엇인가에 마음이 아프시다는 것을 느낄 수 있습니다.

1절을 보십시오. 하나님께서 이스라엘 백성을 지칭하실 때 "나의 백성"이라고 하시지 않습니다. 하나님은 모세에게 "네가 애굽 땅에서 데리고 나온 백성", "너의 자손"이라고 말씀합니다. 이스라엘 백성을 '나의 백성'이라고 하지 않고, '너의 자손'이라고 말씀하고 있습니다. 이 말이 우연히 나왔겠습니까? 아닙니다. 분명한 목적을 가지고 하신 말씀입니다. 하나님께서 한 마디라도 의미 없이 하시는 것을 보셨습니까? 우리는 이 표현만으로도 지금 뭔가 큰일이 벌어졌다는 것을 짐작할 수 있습니다.

왜 하나님께서 이렇게 말씀하셨을까요? 저도 이 구절을 읽는 순간 그냥 넘길 수가 없었습니다. '왜 하나님께서 이렇게 말씀하셨을까'라는 생각에 사로잡혔습니다. 그리고 바로 앞에 일어난 사건에서 그 이유를 찾을 수 있었습니다. 이 본문의 바로 앞장인 출애굽기 32장에 그 이유가 되는 사건이 기록되어 있습니다. 우리는 이 사건을 알아야 합니다. 그래야 본문이 의미하는 바를 명확하게 이해할 수 있습니다.

출애굽기 32장에 보면 이스라엘 백성에게 매우 심각한 사건이 발생했다는 것을 알 수 있습니다. 그것은 바로 "금송아지 사건"입니다. 모세가 하나님으로부터 율법을 받기 위해 시내산 위로 올라간 지 40일이 되었습니다. 그런데 그 40일 동안 모세에게서 어떤 전갈도 없었습니다. 그러자 이스라엘은 두려움에 사로잡히게 됩니다. 겨우 40일 만에 말입니다. 지도자가 없자 이스라엘은 마치 부모 잃은 자식처럼 심리적으로 공허해져서 의지할 만한 다른 것을 요구하게 됩니다. 그래서 아론이 이스라엘 백성들의 금 고리들을 모아서 금으로 된 송아지 우상을 만들었습니다. 그리고는 이것이 "너희를 애굽 땅에서 인도하여 낸 여호와다"라며 그 앞에서 제사하고 춤추며 섬기도록 합니다.

여러분, 잘 보십시오. 지금 시내 산 위에서는 하나님께서 그의 백성을 위해서 십계명을 비롯한 말씀을 주고 계십니다. 성막에 대한 세세한 설명과 율법을 주시느라 오랜 시간을 보내고 있습니다. 그런데 시내 산 밑에서는 그 백성 이스라엘이 하나님께서 가장 가증하게 여기시는 우상을 만들어 섬기고 있습니다. 하나님은 백성을 위해서 일하고 계시는데, 그 백성은 하나님을 거역하고 있습니다. 하나님을 아프게 하고 있습니다. 이 복선을 읽어야 합니다.

우상은 하나님께서 정말 가증하게 여기시는 것입니다. 구약의 개인과 민족의 가장 큰 심판의 원인이 바로 우상숭배에 있었습니다. 하나님을 형상화하거나 다른 신을 만들어 섬길 때 하나님은 무섭게 진노하셨습니다. 십계명만 보아도 첫째, 둘째 계명이 우상과 관련된 내용임을 알 수 있습니다. 그런데 이스라엘 백성이 이런 우상을 섬기고 있습니다. 금으로 송아지를 만들어 놓고는 우리를 애굽에서 나오게 해준 전능한 신이라고 경배하고 축제를 벌였습니다. 이 얼마나 하나님의 마음을 아프게 하는 사건입니까?

〈자기를 위한 신앙, 그 참을 수 없는 사소함〉

무엇이 문제입니까? 왜 그들은 우상을 만들었던 것입니까? 그게 신앙적으로 볼 때 아주 사소한 이유 때문이었습니다. 이스라엘 백성은 그 사소한 일에 목숨을 걸었던 겁니다.

우상을 만든 것을 사소한 이유 때문이었다고 말한 데에는 이유가 있습니다. 첫 번째는 사실 결과를 두고 볼 때 모세가 40일 동안 내려오지 않은 것은 이스라엘에게 아무런 문제가 되지 않을 것이었기 때문입니다. 조금만 더 기다렸으면 되는 거였습니다. 곧 모세가 내려와서 다시 그들을 가나안으로 인도했을 겁니다. 조금만 더 기다렸으면 되는 걸, 그들은 그 조금을 더 기다리지 못했습니다.

그리고 두 번째 이유가 있는데 이게 중요합니다. 이스라엘 백성은 40일 동안 지도자가 없으니까 당장 눈에 보이는 의지할 대상을 필요로 했습니다. 지푸라기라도 붙잡고 싶었습니다. 연고도 없는 광야에서 앞날에 대한 두려움이 생겼던 겁니다. 혹시 전쟁이라도 나면 지도자 없이 오합지졸이 될 것 같았습니다. 가나안 땅으로 나아갈 수도 없고 애굽으로 돌아갈 수도 없는 상황이 될 것 같아서 걱정이 앞섰습니다.

바로 여기에 사소하다고 말한 두 번째 이유가 있습니다. 그들은 바로 '현실적인 문제들' 때문에 우상을 만들었던 것입니다. 의지할 대상, 앞날에 대한 두려움의 해소, 전쟁에 대한 걱정, 오도 가도 못할 상황에 대한 걱정 등의 현실적인 문제들이 그들로 하여금 우상을 만들게 했습니다. 당장 처한 상황에서 생존에 대한 두려움과 걱정이 우상을 만들어 냈습니다. 네, 그들은 바로 사소한 일에 목숨을 걸었던 것입니다.

사단은 우리에게 현실적인 문제들에 집착하게 만듭니다. 개인마다 현실적인 문제들 속에서 약한 부분이 있습니다. 사단은 그 약한 부분을 집중적으로 공략해서 신앙이 아니라 현실을 바라보게 만듭니다. 그것도 영적인 눈이 아니라 세속의 눈으로 보게 합니다. 낚시할 때 낚시꾼들은 대상 어종마다 다른 미끼를 사용합니다. 떡밥도 종류가 다르고 미끼가 되는 생물도 종류를 다양하게 사용합니다. 루어를 사용하기도 하고, 낚시 방법을 바꾸기도 합니다. 찌를 넣는 물의 깊이도 다르고, 낚시 바늘을 던져 놓는 위치도 다릅니다. 즉, 공략 방법이 다른 겁니다. 마찬가지로 사단도 우리 각자의 약점을 너무 잘 압니다. 그래서 각자에게 다른 미끼를 던집니다. 현실적으로 약한 부분들을 자꾸 공략해서 믿음을 흔들어 놓습니다. 그래서 결국 현실의 문제에 집착하며, 사소한 것에 목숨을 걸게 만듭니다.

우상이 왜 생겨났습니까? 바로 현실적인 문제들 때문입니다.

자연에 대한 두려움, 경외심 때문에 우상을 만들었습니다. 그래서 고대에는 산, 태양, 바다, 바위, 나무 같은 것을 섬겼습니다. 동굴에서 사는 사람들에게는 천둥 번개와 같은 자연 현상은 설명할 수 없는 무서운 일이었습니다. 그래서 그들은 그걸 신으로 섬겼습니다.

또한 인간의 자신의 소원을 담아서 신을 만들기도 합니다. 전쟁에서의 승리, 다산, 풍요를 위해서 우상을 만들어 섬겼습니다. 성경에 나오는 바알이나 아스다롯 같은 경우 바로 이런 이유로 만들어진 우상입니다.

때로 인간은 진리를 갈구하다 다른 인간을 섬기게 되었습니다. 불교나 유교의 경우죠. 이를 볼 때, 모든 우상은 인간의 현실적인 문제에 대한 내적인 두려움과 욕심과 소원 때문에 만들어진 것들입니다. 이 모든 것의 공통점은 바로 인간에게 닥친 현실적인 문제들이 우상을 만드는 원인이 되었다는 것입니다. 인간이 자신의 필요를 따라 가짜 신을 만들어 냈습니다.

그러니 우상을 섬기는 다른 종교들의 특징이 무엇이겠습니까? 네, 복을 비는 것입니다. 전부 기복적입니다. 복을 비느라 정신이 없습니다. 이 땅에서 잘 먹고, 잘 살고, 출세하고, 건강하게 되기 위해서 우상을 섬깁니다. 이 세상의 문제들에 집착하고 현실적인 문제들을 해결하는 것이 목적이 되어 있습니다. 불교를 보십시오. 기왓장 하나에 비싸면 몇억씩도 내고 이름과 소원을 쓴다고 합니다. 연등 하나 사려고 많은 돈을 냅니다. 금욕과 해탈을 내세우는 종교지만 들여다보면 인간의 욕구를 실현하려는 일들로 가득합니다. 현실에서 복 받아 잘 살려고 이런 어리석은 짓을 합니다. 유교에서 조상 숭배를 강조하는 이유가 단순히 효 때문입니까? 아닙니다. 조상을 잘 섬겨야 후손이 잘 산다는 믿음이 깔려 있습니다. 내가 잘 먹고 잘살려고 조상을 섬기는 것입니다. 그 옛날 정화수는 왜 떠 놓고 그 앞에서 절했겠습니까? 자식 과거에 급제하게 해달라고, 가정에 우환을 없애 달라고, 그저 현실적인 문제들을 해결하기 위해서 정화수를 떠 놓고 빌고 있는 겁니다. 무당은 왜 불러서 굿을 합니까? 다 자신의 현실적인 문제들을 해결하기 위해서입니다. 다 잘 먹고 잘살려고 하는 짓입니다.

그렇습니다. 우상을 섬기는 사람들은 모두 당장 눈앞에 닥친 현실에만 연연하고 있습니다. 인간이 사는 데 이런 걸 무조건 다 '사소하다'라고 말하는 건 문제가 있지만, 이것은 가장 중요하고 본질적인 문제에 비하면 아주 작고 사소한 것입니다. 그런데 이런 현실적인 문제에 자신의 모든 것을 다 쏟아붓고 거기에 집착하며 살아가고 있습니다.

(기독교인들은 다르다고? 글쎄요.)

그런데, 문제는 그리스도를 믿는 우리도 우상 숭배자들과 별반 다르지 않다는 것입니다. 이게 기독교의 타락입니다. 우리도 덜 중요한 현실적인 문제들에 연연하고 집착하느라 정말 중요한 것을 놓치는 경우가 많습니다. 돌아서 보면 실상 아무것도 아니고, 시간이 지나면 그리 큰 문제가 아닌 현실적인 문제들 때문에 목숨을 걸고 살아갑니다. 눈앞의 현실적인 문제 말고는 달리 보이는 게 없습니다. 그러니 그게 우상이 되는 것입니다. 하나님을 섬기려고 시작했다가 송아지를 섬기는 것입니다. 교회 안에서도 우리는 이렇게 우상을 섬기고 있습니다. 교회 안에서 현실적인 문제들을 숭배하고 있습니다.

우리 조금만 솔직해집시다. 여러분은 오늘 하나님 앞에 나와 예배드리면서 무엇을 원하고 있습니까? 여러분 마음에 가지고 계신 소원이 무엇입니까? 여러분이 예수 그리스도를 믿는 이유가 무엇입니까? 혹 요즘 기도하고 있는 제목은 무엇입니까?

혹시 눈앞에 닥친 현실적인 문제들 때문에 고민하고 있지 않습니까? 사업 때문에 기도하고 있고, 자녀들 때문에 기도하고 있고, 자신과 가족의 건강 때문에 기도하고 있지 않습니까? 안타까운 것은 이런 내용이 신앙생활의 가장 중요한 주목적이 되어 있다는 사실입니다. 즉 현실적인 문제들 때문에 신앙생활을 하고 있습니다. 현실적인 문제들로 하는 신앙생활이 안타까운 이유는, 이러한 문제들에 집착하다 보면 이런 것들이 반드시 우상이 되기 때문입니다. 그리고 정작 정말 중요한 다른 것을 놓치게 되기 때문입니다.

2. 사소한 일들에 집착할 때 하나님의 응답은 무엇인가?

(원하는 바 응답은 있으되)

그래요. 우린 신앙생활을 할 때 어쩌면 현실적인 문제들을 피해갈 수 없을지 모릅니다. 현실적인 문제들에 너무 집착하다 보니 그것이 우상이 되어버릴 정도가 되어도 인식하지 못할지 모릅니다. 그리고 누가 현실적인 문제들을 감히 사소하다고 쉽게 말할 수 있냐고 따질 수도 있습니다. 그런데 하나님은 어떻게 말씀하실까요. 우리에게 이것보다 더 중요한 게 있습니까? 우리가 이렇게 현실적인 문제들에 집착할 때 하나님은 어떻게 응답하실까요?

본문을 보세요. 하나님의 응답이 기록되어 있습니다.

하나님은 "전쟁에서 이기게 해주겠다.", "가나안 땅에 들어가게 해주겠다"라고 말씀하십니다. 무슨 말입니까? 놀랍게도, 하나님은 현실적인 문제들에 원하는 대로 응답해 주겠다고 말씀하신 것입니다. 현실적인 문제들 때문에 그들은 송아지 우상을 만드는 큰 죄를 지었는데도, 하나님은 그들이 원하는 대로 다 해주겠다고 말씀하셨습니다. 이거 정말 놀라운 사실 아닙니까?

지금 이스라엘 백성이 우상을 만들어 섬기는 일은 하나님이 결코 기뻐하시는 일이 아닙니다. 그런데도 하나님은 그들이 원하는 대로 해주겠다고 하십니다. 이스라엘 백성이 자신들의 현실적인 문제들 때문에 우상을 만들었지만, 하나님께서는 그들이 원하는 대로 그들의 필요를 채워 주고 그들을 위해 역사해 주겠다고 말씀하십니다. 그렇습니다. 하나님께서는 비록 우리가 우리의 욕심을 위해 구하고 우리의 현실적인 문제들에만 집착해도 응답해 주십니다. 여러분도 현실적인 문제들로 구하는 것이 있다면 기다려 보십시오. 하나님께서 어떤 방식으로든 응답해 주실 겁니다. 가장 좋은 것으로 채워 주시고 해결해 주실 것입니다.

심방을 하면서 성도들께서 주시는 기도의 제목을 받아 보면, 아무래도 현실적인 문제들이 많습니다. 또 저희 목회자들은 당연히 그런 기도의 제목들을 가지고 성도들을 위로하며 주의 도우심을 구합니다. 그리고 심방 후에 전화할 때나 다음 심방 때에 가 보면, 함께 기도했던 대부분의 기도 제목들이 응답받은 것을 보곤 합니다. 우리가 현실적인 문제들을 구해도, 그 구하는바 모든 일에 하나님은 신실하게 응답해 주십니다.

그런데 하나님은 우리의 이런 신앙을 두고 "자기를 위해서"(출 32:8)라고 정의해 주십니다. 중요합니다. 잘 들으십시오. 하나님은 이런 신앙을 "자기를 위한 신앙"이라고 말씀하십니다. 이런 기도를 "자기를 위한 기도"라고 말씀하고 있습니다. 성경을 보십시오. 32장과 33장에 세 번 이상 기록되어 있습니다. 그리고 하나님은 이런 신앙을 미워하십니다. 그런데 여러분, 이 성경 말씀을 아십니까? "누구든지 자기를 위해서 살고자 하는 자는 죽을 것이요…" 그렇습니다. 바로 자기를 위한 신앙에 심각한 문제가 생기는 것입니다.

(아, 내 안에 하나님이 없다)

이제 정말 중요합니다. 3절을 보십시오.

"나는 너희와 함께 올라가지 아니하리니…"

무슨 말씀입니까? 하나님께서 자기 자신을 위한 기도에 응답하긴 하시겠지만, 하나님께서 그 자리에 함께 가시진 않겠다는 말씀입니다. 이 심각함을 인지할 수 있겠습니까? 기도 응답은 해주겠는데, 하나님은 그 자리에 함께 있지 않겠다고 말씀합니다. 그렇다면 이게 원하는 복입니까?

여러분 중에 분명 이런 생각을 하시는 분이 있을 수 있습니다. "그래요. 난 내 현실적인 문제들 때문에 신앙생활을 하고 있습니다. 그런데 그게 무슨 문제입니까? 다 먹고 살려고 하는 것 아닙니까?", "그렇다면 하나님은 우리의 현실적인 문제들에는 응답해 주시는 분이 아닙니까?" 맞죠? 지금 이렇게 생각하는 분 계시죠?

군대 있을 때 가장 친했던 동기와 트러블이 생긴 적이 있었습니다. 그는 명문대에 다니고 있었고 많은 재능을 가진 믿음이 좋아 보이던 친구였습니다. 그런데, 자신은 먹고 살기 위해서 예수님을 믿는다고 주장하는 겁니다. 그리고 터놓고 말하면 모두가 다 그 이유 때문에 신앙생활을 하는 거라고 논리를 펼쳤습니다. 네, 우리 중엔 이게 무슨 문제냐고 생각하는 분들이 계실 것입니다. 먹기 위해서 믿고, 좋은 것 누리려고 믿고, 좋은 집에서 살려고 믿고, 병을 치료받으려고 믿고, 오로지 자기 자신을 위해서 믿는 사람들이 있을 겁니다. 네, 맘대로 하십시오. 그러나 기억해야 합니다. 그것이 신앙생활을 하는 가장 중요한 목적이라면, 바로 그 자리에 하나님은 없을 것입니다.

여러분, 하나님 없는 성공이 진정한 성공입니까? 하나님이 없으면 우린 아무것도 아닙니다. 세상에서 인정받고 출세하고 갖고 싶은 것 다 가지고 누리고 싶은 것 다 누려도 그 가운데 하나님이 계시지 않으면 그게 무슨 유익이 있겠습니까? 부자와 나사로 이야기에 나오는 부자를 생각해 보십시오. 세상에서 누릴 수 있는 것 다 누리고 살면서도 하나님이 그와 함께 계시지 않는 인생의 말로를 보십시오. 진정 이것을 원하시는 겁니까?

30대 후반에 사역했던 교회의 고등부에서 매년 1월이면 땅에 타임캡슐을 묻었습니다. 한 해 동안의 기도 제목을 기록해서 1월에 묻고 1년 동안 기도한 후에, 11월 추수 감사 주일에 파내어 하나님께서 우리의 기도에 얼마나 놀랍게 응답하셨는지를 보면서 감사하기 위한 행사입니다. 물론 선생님들과 저도 기도 제목을 써서 땅에 묻었습니다. 저는 그러던 어느 해인가 몇 년 동안 그렇게 모아 둔 기도 제목들을 살펴보게 되었습니다. 그러다 쇼크를 받았습니다. 그 종이들을 보면서 저는 이런 생각을 하게 되었습니다.

'아… 모든 기도 제목이 순전히 나를 위한 기도뿐이었구나… 현실적인 문제들밖에 없구나.'

기도 제목 한 가지 한 가지를 살펴보니 모두 현실적인 문제들뿐이었습니다. 제가 당장 필요한 것밖에 없었습니다. 그 기도 제목을 가지고 일 년 동안 꾸준히 기도해 왔던 것입니다. 그리고 하나님께서는 정말 사소한 것들까지 다 응답해 주셨습니다. 한 가지도 예외 없이 다 응답해 주셨습니다. 그런데 문득 이런 두려움이 들었습니다.

'이렇게 하나님께서는 다 응답해 주셨지만, 하나님께서 이런 나와 함께 하시지 않는다면 … 하나님이 함께 계시지 않는다면 ….'

사랑하는 성도 여러분, 여러분은 어떻습니까? 저의 고백에 여러분의 삶을 비추어 보십시오. 본문의 말씀을 바로 나를 향한 하나님의 음성으로 들으십시오. 여러분은 어떻습니까? 혹시 "나는 너와 함께하지 않겠다"라는 하나님의 음성이 들리지는 않습니까?

〈기능상 귀납적 전개의 결론: 의미 제시〉

아무리 축복을 받았다고 할지라도, 모든 기도에 응답을 받았다 할지라도, 하나님이 나와 함께하지 않는다면 그것이 진정한 축복입니까? 가정의 문제를 해결해 주시고, 개인의 고민과 소원에 응답해 주시고, 직장에서 인정받게 해주시고, 물질적인 축복도 주시고 … 내가 구하는 모든 것을 다 응답해 주셨다 해도… 만약 하나님이 그 가운데 계시지 않는다면 그것이 진정한 축복입니까?

크리스천의 가장 경악스러운 발견은 "아! 내 안에 하나님이 없다!!!"입니다. 한번 각자의 마음의 방과 삶의 방의 문을 열고 들어가 보십시오. 하나님이 그곳에 계십니까? 여러분의 마음과 여러분의 삶에 하나님이 계십니까? 우리의 모든 기도를 다 응답받았어도 정작 하나님이 나와 함께하시지 않는다면 그건 진짜 불행한 일입니다. 정말 가장 경악스러운 사건입니다.

세상은 하나님이 없어도 된다고 말합니다. 현실적인 것만 중요하다고 말하고 있습니다. 하나님 없이도 살 수 있을 것 같은 인생을 얘기합니다. 오히려 없어야 더 행복하다고 말합니다. 그러나 기억하십시오. 분명히 그 한계가 드러나게 되어 있습니다. 우리의 인생에는 기적이 필요합니다. 우리가 감당할 수 없는 일들로 가득 차 있는 게 인생입니다. 그리고 인생이 전부입니까? 그 이후의 내세는 어떻게 준비할 것입니까? 하나님이 반드시 함께 계셔야만 합니다.

엔트로피 법칙을 아십니까? 저도 한 권의 책만 읽어서 전부를 다 알지는 못하지만, 에너지의 흐름에 대해 말하고 있습니다. 열역학 2법칙으로, 쉽게 말하면 쓸 수 있는 에너지는 결국 쓸 수 없는 에너지로 간다는 법칙입니다. 이 이론에 의하면 모든 에너지는 결국 쓸 수 없는 에너지로 흘러가 언젠가 지구도 그리고 그 위에 살아가는 모든 생명체도 그 마지막 파멸을 맞이한다는 법칙입니다. 이것이 바로 하나님 없는 인간의 실존을 비유적으로 보여 줍니다. 한없이 진보할 것 같지만 한계가 있습니다. 결국은 멸망으로 치닫게 됩니다. 아무리 발전하고 아무리 많은 것을 누린다고 할지라도 하나님 없는 인생은 헛것입니다. 하나님이 없으면 우린 아무것도 아닙니다.

〈후반부: 연역적인 전개〉
3. 그렇다면 이제 우리는 어떻게 해야 할까?

(하나님의 얼굴을 구하라)
모세는 이런 하나님의 응답을 듣고 간절히 기도했습니다. 모세는 하나님께서 반드시 함께 가셔야 한다고 기도합니다. 12절 13절을 보세요. 이스라엘 백성을 주의 백성으로 여겨 달라고 간청합니다. 하나님은 이스라엘 백성을 모세의 백성이라고 말하고 있는데, 모세는 하나님의 백성이라고 말하고 있습니다.

모세의 간절한 기도로 하나님은 결국 14절에서 "내가 친히 가리라… 내가 너로 편케 하리라"라고 응답하셨습니다. 모세 때문에 하나님은 이스라엘과 동행하기로 마음을 돌이키셨습니다. 그렇습니다. 우리는 하나님께서 우리의 인생에 반드시 함께해 주실 것을 구해야 합니다.

역대하 6장의 솔로몬의 기사를 읽어 보십시오. 성경을 보니 솔로몬이 성전을 지어 놓고 여러 가지 현실적인 문제들을 구합니다. 죄를 사해 달라고 하며, 전쟁에서 승리하게 해달라고 합니다. 그리고 기근과 병에서도 구원해 달라고 기도합니다. 그때 하나님이 응답하시는 내용을 주목해 보십시오. "스스로 겸비하여 기도하며 내 얼굴을 구하면 … 내 마음과 귀가 항상 이곳에 있어 모든 말에 귀를 기울이리라"라고 말씀하고 계십니다. 모든 기도에 응답할 텐데, 이를 위해서 "내 얼굴을 구하라"고 말씀하십니다. 이것이 가장 중요합니다.

우리는 하나님의 얼굴을 구해야 합니다. 하나님을 사모하고 하나님으로 만족해야 합니다. 우리는 무엇보다 하나님의 손이 아니라 하나님의 얼굴을 구해야 합니다. 언제나 하나님의 손만 바라보는 인생이 아니라 하나님의 얼굴을 바라보는 인생이 되어야 합니다. 이는 우선순위의 문제입니다. 그러나 가장 중요한 문제입니다.

몇 년 전에 구정을 맞아 부모님 댁을 찾았습니다. 그때 저는 핸드폰이 망가져서 없었습니다. 그래서 아버지에게 구정 기간 내내 핸드폰을 사 달라고 요구했었습니다. 세배 드리는 것도 잊어버리고 이틀 동안 대화할 틈만 있으면 핸드폰을 얘기했습니다. 그러다 결국 받지 못했습니다. 그리고 헤어질 때야 세배를 드리지 않았다는 것이 기억나서 세배 드리고 돌아왔습니다. 그 후에 조카를 만나러 갔습니다. 조카가 삼촌이라고 세배를 해서 세뱃돈을 주었습니다. 그런데 조카는 거금을 주었는데도 그냥 방바닥에 던져 버리는 겁니다. 그러고는 저를 이리저리 끌고 다니고 놀자고 했습니다. 돈보다 저와 함께 있는 것을 더 기뻐했습니다. 저에게 말하고 저에게 자랑하고 저와 함께 노는 것을 더 좋아했습니다. 저는 집에 돌아온 뒤에도 그런 조카 생각이 머리에서 떠나지 않았습니다. 저를 기뻐하고 저와 함께하길 좋아했던 조카가 너무 사랑스러웠습니다. 조카가 해달라는 걸 전부 다 해주고 싶었습니다. 그리고 다시 조카와 다시 함께 있고 싶었습니다.

그러다 갑자기 정신이 번쩍 들었습니다. 아버지에게 제가 어떤 아들이었는지 생각하게 된 것입니다. 저는 교회 사역이 바쁘다는 핑계로 일 년에 기껏 명절 두 번 찾아가 인사하는 게 전부입니다. 그런데 그런 시간 동안 아버지를 기뻐하고 아버지와 함께 있고 싶어하기보다는 핸드폰 타령만 하고 돌아온 것입니다. 아버지의 얼굴이 아니라 손만 바라보다 왔습니다. 그러니 아버지께서 얼마나 서운하셨을까요. 함께 있고 싶었을 테고, 대화하고 싶었을 텐데, 전 핸드폰만 원했습니다. 아버지의 얼굴을 구하지 않고 아버지의 손만 바라봤습니다. 손에서 뭔가 얻을 게 없나 바라보기만 했습니다. 아버지의 마음이 어땠을까요.

예전에 산적같이 생긴 청년부 회장과 함께 동역했던 적이 있었습니다. 성격도 호탕하고 소신도 분명한 남자다운 녀석이었습니다. 그런데 그 청년부 회장이 자신도 아버지에게 애교를 부릴 때가 있다는 겁니다. 믿어지지 않았습니다. 상상이 되지 않았습니다. 산적 같은 놈이 무슨 애교를 부리나 싶었습니다. 그런데 그 청년회장이 하는 말이, 용돈 받을 때, 오직 그때만 되면 아버지한테 자기가 생각해도 닭살스러운 행동을 한다는 것입니다. 왜요? 아버지의 손에서 얻을 것이 있기 때문이죠.

여러분, 여러분의 자녀가 이런다면 마음이 어떻겠습니까? 항상 어떤 조건 때문에 여러분에게 다가온다면 여러분은 어떤 생각을 하겠습니까? 여러분이 사랑하는 사람이 조건을 보고 여러분을 사랑한다면 마음은 어떻겠습니까? 함께 있는 것에도 관심이 없고 사랑한다는 말에도 시큰둥하고 그저 달라기만 하고 요구하기만 한다면 여러분의 마음은 어떻겠습니까? 물론 들어줄 겁니다. 그러나 마음이 아플 겁니다. 자녀들이 아빠는 돈을 벌어다 주면 되고 엄마는 밥해 주면 된다고 생각한다면 여러분의 마음은 어떻겠습니까? 찢어지지 않겠습니까? 무척이나 아프고 외로울 것입니다.

바로 이런 겁니다. 하나님도 마찬가지입니다. 하나님도 바로 우리 때문에 마음이 아프십니다. 하나님도 우리 때문에 무척이나 외로우십니다. 왜요? 우리가 하나님을 원치 않기 때문입니다. 우리가 하나님의 얼굴을 구하지 않기 때문입니다. 하나님과 만나기를 사모하지 않기 때문입니다. 하나님 자체로 만족하지 않기 때문입니다. 그저, 하나님께서 주실 것만 바라보고, 그것만 원하고 있기 때문입니다.

우리는 하나님의 얼굴을 구하지 않습니다. 우리는 그저 하나님의 손만 바라봅니다. 하나님이 주시는 은혜만 바라보고 있습니다. 여러분, 우리는 하나님의 얼굴을 구해야 합니다. 하나님의 손이 아니라 하나님의 얼굴을 구해야 합니다.

인간의 마음속에 무저갱이 있는 것을 아십니까? 무저갱이 뭡니까? 요한계시록에 나오는 건데, 끝없이 깊은 구렁텅이를 말합니다. 바닥이 없습니다. 모든 인간은 그 속에 채울 수 없는 공허함이 있습니다. 끝없는 갈증이 있습니다. 아무리 채워도 채울 수 없습니다. 바로 이처럼 하나님이 주실 수 있는 것만 바라보는 인생에는 만족이 없습니다. 아무리 많은 것을 주셔도 결코 채워지지 않습니다. 그 공허함은 오직 하나님으로만 채울 수 있습니다. 하나님의 손에서 이제 시선을 하나님의 얼굴로 돌리십시오. 하나님을 만나야 우리의 문제는 비로소 해결될 수 있습니다. 하나님과 함께하는 인생이 가장 복된 인생입니다.

(주님 한 분 만으로 나는 만족해)

모세를 보십시오. 이스라엘 백성이 자신들의 욕심을 위해서 송아지 우상 사건을 만들어서 진노하신 하나님께 구한 것이 있습니다. 15절에서 "하나님이 함께 가셔야 합니다. 하나님이 필요합니다"라고 말합니다. 18절에서는 "하나님의 영광을 보여 주소서. 하나님의 얼굴을 보여 주소서"라고 말합니다. 무슨 말이 하고 싶은 겁니까? 모세는 바로 "하나님만 구했다"라는 것입니다. 하나님의 손이 아니라 하나님의 얼굴을 구합니다. 이게 하나님께 기쁨이 되었습니다.

모세는 하나님만으로 만족하며 하나님만을 구한 사람이었습니다. 시내산에 올랐을 때도 40일간 떡과 물을 먹지 않았습니다. 이는 금식이라는 목적을 가지고 먹을 것을 일부러 끊은 것이 아닙니다. 하나님과 대면한다는 사실이 행복했기에, 하나님과 함께 있다는 사실이 감사했기에 먹을 생각도 마실 생각도 하지 않았다고 생각합니다. 그러니 하나님께서 모세를 얼마나 기뻐하셨겠습니까?

사랑하는 성도 여러분, 다른 무엇보다 하나님의 얼굴을 구하세요. 하나님 만나기를 사모하세요. 하나님이 주시는 것이 아니라 그분 자체를 기뻐하세요. 예배를 통해서 무엇을 원하십니까? 하나님을 만나는 것을 최고의 목적으로 삼으십시오. 그리고 꼭 하나님을 만나고 돌아가십시오. 그냥 돌아가실 겁니까? 만나야 합니다. 임재를 경험해야 합니다. 손만 쳐다보다 갈 겁니까? 얼굴을 보고 가야 하지 않겠습니까? 만나도 돌아가야 하지 않겠습니까? 혜택 때문에, 조건 때문에, 하나님 앞에 나오시는 것이 아니지 않습니까? 여러분은 누군가와 데이트를 할 때, 그 손만 바라보다 헤어지지는 않지 않습니까? 그 손에서 나오는 돈가스와 같은 것, 작은 선물만 바라며 나가시는 분 있습니까? 상대방의 얼굴을 보고 상대방과 함께 있는 것이 설레고 기뻐서 데이트하는 것 아닙니까?

우리가 신앙생활하면서 가장 중요한 것은 바로 "하나님" 한 분만을 구하고, "하나님 때문에" 만족하는 겁니다. 이것이 신앙생활의 가장 중요한 본질입니다. 이것을 제외한 나머지는 다 사소합니다. 하박국 선지자의 말처럼 "무화과나무의 잎이 마르고, 감람나무의 열매가 없고, 외양간에 송아지가 없고, 우리에 양이 없어도 난 여호와로 즐거워하리"라는 신앙이 있어야 합니다. 하나님을 구하십시오. 하나님의 손이 아니라 그 얼굴을 구하십시오. 하나님께 나아왔다는 자체를 기뻐하시고 감사하십시오. 오직 하나님 한 분만으로 만족하십시오.

〈결론〉

(우선순위를 바로 세워라)
이제 말씀을 마치겠습니다. 오늘 우리는 하나님 자신을 제외한 모든 것은 다 사소한 것이라는 사실을 나누었습니다. 그렇습니다. 우리는 하나님의 손에서 나오는 것들, 즉 자신을 위해서 구하는 모든 현실적인 문제들을 중요하게 보지 말아야 합니다. 오직 하나님의 얼굴을 구하는 그의 백성이 되어야 합니다. 하나님 한 분만으로 만족하고 기뻐하는 신앙생활이 되어야 합니다.

그러나 한 가지, 꼭 기억하십시오. 비록 우리의 욕심으로 구하는 모든 것을 다 사소하다고 못 박았지만 사실 필요 없다고 말한 것은 아닙니다. 절대로 구하지 말라고 말한 것도 사실 아닙니다. 사실 하나님은 우리에게 그 모든 것을 주기를 원하십니다. 부모가 자녀에게 좋은 것을 주길 원하시는 것은 당연한 마음이지 않습니까.

이것은 우선순위의 문제입니다. 하나님을 그 무엇보다도 사랑하고, 하나님을 우선적으로 구하는 인생이 되어야 한다는 말씀입니다. 먼저 그 나라와 그 의를 구해야 한다는 말씀입니다. 순서가 바뀌면 우상이 됩니다. 물질, 자녀, 출세, 건강 등 이런 것들이 하나님보다 앞서면 우상이 될 수 있습니다. 먼저 하나님만으로 기뻐하고 우리에게 필요한 그 무엇보다도 하나님이면 만족하는 신앙이 되어야 한다는 말씀입니다. 그러면 나머지 것은 하나님께서 알아서 책임져 주십니다.

마태복음을 보십시오. 하나님은 "이미 다 아신다"라고 말씀하고 있습니다. 우리는 무엇을 입을지 먹을지 걱정하느라 하나님을 구하지 못하는데, 하나님은 이미 다 우리의 사정을 알고 계신다고 하십니다. 저는 이 말씀을 읽을 때마다 은혜를 받습니다. "이미 다 아신다… 이미 다 아신다…." 그렇습니다. 그저 우리가 하나님을 구하면, 신앙의 우선순위를 바로 잡으면, 하나님께서 이미 아시고 전부 책임져 주신다고 말씀하십니다. 그런데 우리는 이 중요한 말씀을 붙잡지 못하고 있습니다.

이삭의 축복을 아십니까? 이삭은 가뭄의 때에 거부가 된 사람입니다. 가뭄의 때에 농사한 것의 백배를 얻고 마침내 거부가 되었습니다. 그것보다 더한 축복은 우물을 파는 곳마다 생수가 터져 나온 축복을 경험한 것입니다. 어떻게 이런 감당키 어려운 큰 복을 받게 되었습니까? 바로 그는 당장 눈앞에 보이는 이득에 집착하지 않고 하나님만 바라보는 삶을 살았기 때문입니다. 광야에서 우물 하나는 마을이 조성될 정도로 큰 재산이었는데, 이삭은 몇 차례나 과감히 포기해 버립니다. 그런 재물은 없어도 하나님이 함께 계시면 되는 신앙이 있었기 때문입니다. 그러니 하나님께서 더 큰 복을 주셨던 것입니다. 그를 쫓아 버렸던 아비멜렉이 와서 용서를 구하고 동맹 맺기를 원했습니다. 그들이 마침내 거주한 땅에서 하나님께서 놀라운 축복을 더해 주셨습니다.

사랑하는 성도 여러분, 하나님을 가장 사랑하십시오. 하나님의 얼굴을 구하십시오. 그럴 때 하나님은 여러분을 기뻐하시고 여러분이 필요로 하는 이 땅 위에서의 모든 은혜를 더해 주실 것입니다. 하나님이 보실 때 가장 좋은 것으로 채워 주실 것입니다. 사소한 것들 때문에 우상을 만들어선 안 됩니다. 하나님을 제외한 모든 것들은 다 사소합니다. 우리를 기뻐하시는 하나님께 우리도 다른 모든 욕심을 버리고 오직 하나님만으로 만족하며 나아갑시다. 이것이 하나님께서 가장 기뻐하는 것이요 우리의 신앙의 가장 중요한 본질입니다.

결론

하나님께 부르심을 받은 모든 직분 중에 하나님의 귀한 말씀을 맡은 설교자만큼 큰 은혜를 받은 사람은 없는 것 같다. 인간의 부패한 입술, 타락으로 왜곡된 이성, 신앙과 일치하지 않는 삶의 괴리 속에서도 거룩하신 하나님의 말씀을 그의 백성에게 전하는 귀한 사역을 맡았기 때문이다. 무에서 세상을 창조하실 때 하나님의 수단은 말씀이셨다. 하나님의 말씀은 능력 있고 말씀 자체가 곧 하나님이신데 이 귀한 말씀을 감히 인간으로서 맡아서 전한다니, 이보다 더 귀한 사역이 어디 있을까. 우리 설교자들은 말씀의 가치와 하나님의 말씀을 맡아서 전하는 설교 사역의 진정한 가치를 깨달아서 인간의 이성이나 판단, 철학이나 개인의 의도대로 설교할 것이 아니라 오직 하나님께서 원하시는 대로 말씀을 전하는 사역에 충성을 다해 임해야 한다. 이 태도가 성경적인 설교를 위한 설교자의 기본적인 자세일 것이다.

설교자는 성경에서 지시하는 대로 순종하며 말씀을 전해야 한다. 말씀을 맡겨 주신 하나님께서 전해야 할 말씀의 내용과 전하는 방식까지 알려주셨다. 그 모든 내용은 성경에 기록되어 있다. 설교자는 하나님께 순종하면서 성경에 나오는 방식을 따라 성경의 진리를 전해야 한다. 당신의 말씀을 맡기신 거룩하신 하나님 앞에서 그의 엄위한 명령을 따라 항상 두렵고 떨리는 마음으로 복음 선포와 진리 전달을 위해 최선을 다해야 한다. 성경적인 설교, 이것이 바로 설교자가 알아야 할 가장 중요한 설교 방법론이다. 하지만 아직도 가장 성경적인 설교가 무엇인지 잘 모르는 겸손함으로 다시 성경으로 돌아가서 지난주보다 이번 주에, 그리고 이번 주보다 다음 주에 더 성경적으로 설교하기 위해 노력해야 하고, 또다시 이를 반복하는 끊임없는 개혁을 반복해야 한다.

    이를 위해서 이 시대가 그렇게도 학문적으로 관심을 기울이고 있는 "어떻게 설교해야 할지"에 대한 고민에 앞서 "무엇을 전해야 할지"를 분명히 알아야 한다. 우리가 설교 시간에 전해야 하는 메시지는 오직 성경밖에 없다. 하지만 단순히 과거의 기록으로서의 성경이 아니라 지금 우리에게 말씀하고 있는 생생한 하나님의 말씀으로서의 성경 말씀을 전해야 한다. 본문을 정확하게 해석한 뒤에 하나님께서 말씀하시고자 하는 의미를 찾아 이 시대의 청중에게 적실하게 적용하며 설교해야 한다. 가장 중요한 것은 성경 말씀이다. 성경 말씀을 해석해서 본문을 통해 하나님께서 의도하신 바를 전하지 않는다면 기독교 설교라고 할 수 없다. 설교자가 어떤 유형의 설교를 선택하든 "'성경의 본문'을 죽이거나 약화시키는 방향은 절대로 용납할 수 없다."[1] 이는 앞으로 설교학에 그 어떤 새로운 연구 과제가 주어질지라도 절대로 차치할 수 없는 가장 핵심적이고 본질적인 부분이다. 기독교 설교, 성경적인 설교는 반드시 성경 본문을 설교해야 한다. 오늘날 여러 방향으로 도전해 오고 있는 "어떻게 설교할지"에 대한 문제도 바로 이 부분을 가장 기본적이며 흔들 수 없는 진리로 삼고 거기서부터 출발해야 한다. 본문을 설교하는 것 없이 '어떻게 설교하는 것이 효과적인가?'에 대한 논의는 아무런 의미가 없기 때문이다.

---

1 권성수, 570.

하지만 동시에 놓치지 말아야 할 부분은 역시 설교자가 확신을 가지고 고수하고 있는 성경을 설교해야 한다는 철학과 신학이 과연 청중에게 제대로 전달되고 있느냐이다. 설교는 간단하게 말하면, 하나님의 기록된 계시의 말씀을 이 시대 청중에게 전달하는 행위다. 여기서 물론 무엇보다 중요한 것은 '기록된 계시의 말씀'에 있지만, 동시에 그 말씀을 '전달하는' 것까지 설교의 영역이다. 만약 성경 본문을 설교해야 한다는 사실을 가장 중요한 설교의 목적으로 삼고 있는 설교자일지라도 그 준비한 내용을 청중에게 제대로 전달하지 못했다면 엄밀히 말해서 설교했다고 할 수 없다. 성경 말씀을 전했지만 그 말씀을 받은 사람이 없다면 이는 설교에 실패한 것이다. 그렇기 때문에 성경적인 설교는 단지 성경적으로 설교를 구성했다는 측면에서만 논의될 사안이 아니라 성경적으로 구성한 설교를 청중에게 효과적으로 전달했는가의 측면까지 함께 논의되어야 한다.

사실 안타깝게도 이 부분은 그동안 전통적인 설교학에서 중요하게 보지 못했다. 그래서 성경적으로 설교하려고 했지만 실상 실패했다고 볼 수 있다. 성경적인 설교는 성경에 순종하며 준비한 설교를 청중에게 효과적으로 전달하고 나서야 비로소 온전히 실천했다고 할 수 있다. 그런 의미에서 이제까지의 성경적인 설교는 어떤 의미에서 반쪽짜리 성공이었던 셈이다. 그러나 반쪽짜리 성공을 두고 성공했다고 말하는 사람은 없다. 결국 실패한 것이다. 그래서 신설교학은 개혁주의 설교자들을 비롯해서 반드시 하나님의 말씀인 성경을 설교해야 한다고 말하는 설교자들을 아무 능력도 없는 낡은 전통주의, 혹은 근본주의라고 치부하고 있는 것이다.

신설교학자들은 이 문제를 해결하기 위해서 고민했다. 잘 준비한 설교가 청중에게 전달되지 않아서 실제로 설교 사역의 쇠퇴와 기독교의 침체를 야기했다고 보고 효과적인 전달을 위해서 고민하기 시작했다. 그리고 시대적인 변화와 그로 인한 청중의 변화로 야기된 문제를 해결하기 위해서 결국 수사법에서 대안을 찾았고, '구조'라는 새로운 수사 영역을 제시하였다. 그 이후 신설교학의 학문적 결과물은 모두 구조와 관련되어 있다. 그들은 다양한 구조 이론을 제시하였다. 그리고 그 구조들을 통해서 설교하는 행위를 '성경적인 설교'라고 부르기 시작했다. 신설교학이 중시하는 수사법은 전달하는 방법과 관련 있는 연설 기법이다. 연설자, 혹은 설교자가 어떤 수사법을 선택했느냐에 따라서 효과가 달라지고 결과에 큰 차이가 생긴다. "수사적 선택 하나하나는 마음과 감정과 반응에 직접 영향을 끼친다."[2] 그리고 이 시대는 그 어떤 수사법보다 '구조'를 통해 새로운 가능성을 보고 있다. 이 시대에 설교학은 "설교의 힘은 그것을 어떻게 치장하느냐에 있지 않고, 그것의 구조를 어떻게 하느냐에 달려 있다"라는 사실을 발견했다.[3] 특히 설교는 구조적이며, 구조는 설교 작업의 모든 부분에 관여한다는 사실을 알아야 한다.[4]

하지만 신설교학의 문제는 앞에서 지적했듯이 성경적인 설교를 위한 가장 우선적인 철학을 버린 데 있다. 바로 성경 본문을 설교해야 한다는 가장 기본적인 설교관을 버렸다. 오직 청중에게 효과적으로 전달하기 위한 방법만을 모색했고, 성경 본문을 해석해서 전하는 일은 효과적인 전달의 목적을 방해하는 것처럼 다루었다. 이 문제를 절대 좌시해서는 안 된다. 설교자들이 단지 설교의 효과만을 생각하느라 아무 방법이나 가져다가 사용해서는 안 된다. 왜냐하면 실용적인 측면을 내세웠지만 사실 그 대안이 나오기까지 너무나 자연스럽게 그들이 가지고 있는 자유주의, 실존주의 철학과 신학에 영향을 받았기 때문이다. 하나의 방법론은 반드시 철학적 신학의 영향을 받는데, 신설교학이 가지고 있는 신학은 서구의 자유주의 신학과 실존주

---

2 Jason Del Gandio, 57.
3 Halford Luccock, 118.
4 Dennis M. Cahill, 18.

의 신학에 근거한 것이기 때문에 그들의 방법론은 결코 성경적인 방법론이라고 할 수 없다는 사실을 명심해야 한다.

성경적인 설교는 성경의 내용을 성경적인 설교 구조에 담아서 전달하는 설교다. 의미는 구조를 통해 결정되기 때문에 구조를 잘못 선택하면 완전히 다른 의미를 전하게 된다. 비성경적인 방식으로 성경적인 설교의 내용을 제대로 전할 수 없다. 이는 성경적인 설교를 담아낼 수 있는 그릇이 아니다. 그리고 필자는 성경적인 설교의 철학과 신학을 담아낼 수 있는 성경적인 설교의 구조를 제시했다. 이는 성경에 나오는 설교들에서 공통적으로 나타나는 구조였다. 또한 개혁주의가 추구하는 성경적인 설교의 철학과 신학을 구현해 낼 수 있는 방식이었다. 그뿐만 아니라 이 구조는 설교학적으로 많은 기능과 효과를 가지고 있었으며, 무엇보다도 급변하고 있는 이 시대의 여러 사조와 분위기와 세계관 속에서도 효과적으로 작용할 수 있는 방식이라는 사실도 알 수 있었다. 그 구조는 바로 '혼합적인 구조'다. 그 가운데서도 더욱 성경에 적합한 구조로서, 바로 기능상 귀납적으로 전개되다가 의미를 제시하고 연역적으로 보충하며 적용하고 결론을 내리는 '귀납적 연역법'의 구조다.

성경적인 설교, 급변하는 시대의 조류를 따라 함께 발맞추고 있는 설교학의 흐름 속에서도 하나님께서 주신 방식대로 순종하고자 하는 성경적인 설교는 설교자들이 끝까지 고수해야 하는 설교 철학이며 신학이며 방법론이다. 우리는 더욱 큰 확신으로 성경적으로 설교해야 한다. 단순히 내용만 성경적으로 준비해서 전할 것이 아니라 귀납적 연역법의 혼합식 구조를 통해 성경적인 설교의 철학적 신학을 실천하고, 성경적인 설교 내용을 청중이 흥미롭게 듣고 쉽게 이해하고 온전히 받아들일 수 있도록 해야 한다. 귀납적 연역법의 구조는 그 일을 가능케 할 것이다.

앞으로도 성경적인 설교를 위한 고민은 계속되어야 한다. 개혁신학의 기치를 따라 성경으로 돌아가려는 시도는 결코 멈추어서는 안 된다. 본서는 그 과정에서 바른 방향을 향해 앞으로 한 발을 내딛은 결과물이며, 앞으로도 이 발걸음은 계속되어야 한다.

참고도서

1. 국내 도서

강준만. 『대학생 글쓰기 특강』. 서울: 인물과 사상사, 2005.
권성수. 『성령 설교』. 서울: 국제제자훈련원, 2009.
김운용. 『새롭게 설교하기』. 서울: 예배와설교아카데미, 2005.
김운용. 『설교의 새로운 패러다임』. 서울: 장로회신학대학교 출판부, 2004.
김운용. 『현대설교 코칭』. 서울: 장로회신학대학교 출판부, 2012.
김주미. 『현대인의 글쓰기』. 서울: 한국문화사, 2005.
계지영. 『현대설교학 개론』. 서울: 한국장로교출판사, 1998.
박영재. 『설교가 전달되지 않는 18가지 이유』. 서울: 규장, 1998.
박영재. 『설교자가 꼭 명심할 9가지 설득의 법칙』. 서울: 규장, 1997.
박영재. 『청중욕구 순서를 따른 16가지 설교구성법』. 서울: 규장, 2000.
배상복. 『일반인을 위한 글쓰기 정석』. 서울: 경향 미디어, 2006.
백동조. 『적용이 있는 효과적인 이야기식 설교』. 목포: 행복나눔, 2012.
양태종. 『수사학 이야기』. 서울: 동아대학교 출판부, 2002.
유부웅. 『성서적 설교와 한국교회 강단』. 서울: 문장, 1984.
이강률. 『청중이해와 설교전달』. 경기도: 한국학술정보, 2008.
이성민. 『해석학적 설교학』. 서울: 대한기독교서회, 2007.
이연길. 『이야기 설교학』. 서울: 쿰란 출판사, 2003.
이현웅. 『현대설교 코칭』. 서울: 예배와설교아카데미, 2011.
장두만. 『청중이 귀를 기울이는 설교』. 서울: 요단출판사, 2009.
정성영. 『설교 스타일』. 서울: 한들출판사, 2004.
정장복. "성서적 설교의 기본 요건", 『성경과 설교』. 서울: 한국성서학연구소, 1993.
정병관. 『복음혁명을 주도하는 크리스천 커뮤니케이션』. 서울: 총신대학교출판부, 2009.
정인교. 『설교학 총론』. 서울: 대한기독교서회, 2003.
정인교. 『정보화 시대 목회자를 위한 설교 살리기』. 서울: 생명의 말씀사, 2000.

정창균. 『고정관념을 넘어서는 설교』. 수원: 합동신학대학원출판부, 2002.
채석용. 『논증하는 글쓰기의 기술』. 서울: 서울메이트, 2011.
홍문표. 『기독교 문학의 이론』. 서울: 창조문학사, 2005.

2. 번역 도서

Achtemeier, Elizabeth. *Preaching from the Old Testament*. 『구약, 어떻게 설교할 것인가』, 이우제 역. 서울: 이레서원, 2004.
Barth, Karl. *Homiletik: Wesen und Vorbereitung der Predigt*. 『칼 바르트의 설교학』, 정인교 역. 서울: 한들출판사, 1999.
Berkhof, Louis. *Systematic Theology*. 『조직신학-상』, 권수경, 이상원 역. 서울: 크리스챤다이제스트, 1991.
Cox, James W. *Preaching*. 『설교학』, 원광연 역. 경기도: 크리스챤다이제스트, 1999.
Edwars, J. Kent. *Deep Preaching*. 『깊은 설교』, 조성헌 역. 서울: CLC, 2012.
Eswine, Zack. *Preaching to a Post-Everything World*. 『현대인을 위한 성경적 설교』, 이승진 역, 서울: CLC, 2010.
Gandio, Jason Del. *Retoric for Radicals: A Handbook for 21st Century Activists*. 『다른 세상은 가능하다』, 김상우 역, 경기도: 도서출판 동녘, 2011.
Geisler, Norman L. ed., *Challenges to Inerrancy: A Theological Response*. 『성경무오: 도전과 응전』, 권성수 역. 서울: 엠마오, 1988.
Goldberg, Natalie. *Wild Mind Living the Writer's Life*. 『글쓰며 사는 삶』, 한진영 역. 서울: 페가수스, 2010.
Grant, Reg & Reed, John. *The Power Sermon*. 『파워 설교』, 김양천, 유진화 외 공역. 서울: 프리셉트, 1996.
Greidanus, Sidney. *Preaching Christ from the Old Testament – A Contemporary Hermeneutical Method*. 『구약의 그리스도, 어떻게 설교할 것인가: 하나의 현대적 해석학 방법론』, 김진섭, 류호영, 류호준 공역. 서울: 이레서원, 2002.
Jenkins, Philip. *The Next Christendom*. 『신의 미래』, 김신권, 최요한 역. 서울: 웅진씽크빅, 2009.
Keller, Timothy. *Preaching*. 『팀 켈러의 설교』, 채경락 역. 서울: 두란노, 2016.
Long, Thomas G. "*Puritan Plain Style*", ed. Ronald J. Allen. 『34가지 방법으로 설교에 도전하라』, 허정갑 역. 서울: 예배와 설교 아카데미, 2004.

Macquarrie, John. *Heidegger and Christianity*. 『하이데거와 기독교』, 강학순 역. 서울: 한들 출판사, 2006.

Mohler, R. Albert Jr. *He Is Not Silent*. 『말씀하시는 하나님』, 김병하 역. 서울: 부흥과 개혁사, 2010.

Mohler, R. Albert Jr. "강해설교: 기독교 예배의 핵심", in *Give Praise to God*, ed. Philip Graham Ryken & Derek W. H. Thomas & J. Ligon Duncan Ⅲ. 『개혁주의 예배학』, 김병하, 김상구 역. 서울: 개혁주의신학사, 2012.

Piper, John. *The Supremacy of God in Preaching*. 『하나님을 설교하라』, 박혜영 역. 서울: 복있는 사람, 2012.

Richard, Ramesh. *Scripture Sculpture*. 『삶을 변화시키는 7단계 강해설교준비』, 정현 역. 서울: 디모데, 1998.

Ritschl, Dietrich *A Theology of Proclamation*, 『설교의 신학』, 손규태 역. 서울: 대한기독교 서회, 1990.

Rose, Lucy Atkinson. *Sharing the Word*. 『하나님 말씀과 대화 설교』, 이승진 역. 서울: CLC, 2010.

Skyrms, Brian. *Choice and Chance: An Introduction to Inductive Logic*. 『귀납 논리학』, 김선호 역. 서울: 서광사, 1990.

Sterrett, T. Norton. *How to understand your Bible*. 『성경 해석의 원리』, 한국성서유니온 편집부 역. 서울: 성서유니온선교회, 1978.

Tobias, Ronald B. *20 Master plots: and how to build them*. 『인간이 마음을 사로잡는 스무가지 플롯』, 김석만 역. 서울: 풀빛, 1997.

Whittaker, Bill D. *Preparing to Preach*. 『설교 리모델링』, 김광석 역. 서울: 요단출판사, 2002.

Wiersbe, Warren & David. *The Elements of Preaching*. 『설교의 정석』, 남병훈 역. 서울: IVP, 2012.

Williams, Joshep M. & Colomb, Gregory G. *The Craft of Argument*. 『논증의 탄생』, 윤영삼 역. 서울: 홍문관, 2008.

Wright, John Wesley. *Telling God's Story*. 『하나님 말씀 중심의 설교』, 박현신 역. 서울: CLC, 2010.

3. 원서

Alexander, Eric J. *What is Biblical Preaching*. New Jersey: P&R Publishing, 2008.
Allen, Ronald J. ed. *Patterns of Preaching*. St. Louis: Chalice Press, 1998.
Allen, Ronald J. *Thinking Theologically*. Minneapolis: Fortress Press, 2008.
Allen, O. Wesley Jr. *Determining the Form: Structures of Preaching*. Minneapolis: Fortress Press, 2008.
Anderson, Kenton C. *Choosing to Preach*. Grand Rapids: Zondervan, 2006.
Anderson, Kenton C. *Preaching with Conviction: Connecting with Postmodern Listeners*. Grand Rapids: Kregel, 2001.
Arthurs, Jeffrey D. *Preaching with Variety*. Grand Rapids: Kregel Publications, 2007.
Vos, Geerhardus. *Biblical Theology*. Grand Rapids: Eerdmans, 1948.
Broadus, John A. *On the Preparation and Delivery of Sermons*. Ed. J. B. Weatherspoon. Nashville: Broadman Press, 1944.
Brooks, Phillips. *Lectures on Preaching*. London: Richard D. Dickinson, 1881.
Brown, Charles R. *The Art of Preaching*. New York: The Macmillan Company, 1948.
Brueggemann, Walter. *The Word Militant*. Minneapolis: Fortress Press, 2007.
Burke, Kenneth. *Counter-Statement*. Berkeley: University Press, 1968.
Buttrick, David G. *Captive Voice: The Liberation of Preahcing*. Louisville: Westminster/John Knox Press, 1994.
Buttrick, David G. *Homiletic: Moves and Structures*. Philadelphia: Fortress Press, 1987.
Cahill, Dennis M. *The Shape of Preaching: theory and practice in sermon design*. Grand Rapids: Baker Books, 2007.
Campbell, Charles L. *Preaching Jesus: New Directions for Homiletics in Hans Frei's Postliberal Theology*. Grand Rapids: Wm. B. Eerdmans Pubishing, 1997.
Carroll, Jackon W. *God's Potters: Pastoral Leadership and the Shaping of Congregations*. Grand Rapids: Eerdmans, 2006.
Carson, D. A. *Exegetical Fallacies*. Grand Rapids: Baker Books, 1996.
Carter, Terry G. ; Duvall, J. Scott. ; Hays, J. Daniel. *Preaching God's Word*. Grand Rapids: Zondervan, 2005.
Chapell, Bryan. *Christ-Centered Preaching: Redeeming the Expository Sermon*, 2nd ed. Grand Rapids: Baker, 2005.
Clowney, Edmund P. *Preaching and Biblical Theology*. Grand Rapids: Eerdmans, 1961.

Corbett, Edward P. J. & Connors, Robert J. *Classical Rhetoric for the Modern Student*. New York: Oxford University Press, 1999.

Craddock, Fred B. *As One without Authority*, 4th ed. St. Louis: Chalice Press, 2001.

Craddock, Fred B. *Overhearing the Gospel*, revised and expended ed. St. Louis: Chalice Press, 2002.

Craddock, Fred B. *Preaching*. 25th Anniversary ed. Nashville: Abingdon, 2010.

Davis, H. Grady. *Design for Preaching*. Philadelphia: Fortress Press, 1958.

De Klerk, J. J. *Predikantswerk*. Pretoria: N. G. Kerkboekhandel, 1977.

Dreher, Breno. *Biblishe Predigten*. Stuttgart: Verlag Kkatholishes Bibelwerk, 1968.

Duvall, J. Scott. & Hays, J. Daniel. *Grasping God's Word*. Grand Rapids: Zondervan, 2005.

Edwards, O. C. Jr. *"History of Preaching,"* in *Concise Encyclopedia of Preaching*. Ed. William H. Willimon and Richard Lischer. Louisville: Westminster of John Knox, 1995.

Elliott, Mark Barger. *Creative Styles of Preaching*. Louisville: Westminster John Knox Press, 2000.

Eslinger, Richard L. *The Web of Preaching: New Options in Homiletic Method*. Nashville: Abingdon Press, 2002.

Eslinger, Richard L. *A New Hearing: Living Options in Homiletic Method*. Nashville: Abingdon Press, 1987.

Frank, Milo O. *How To Get Your Point Across In Thirty Seconds Or Less*. New York: Pocket Books, 1996.

Frei, Hans. *Types of Christian Theology*. ed. George Hunsinger and William C. Placher. New Haven: Yale University Press, 1992.

Gardner, Howard. *Multiple Intelligences: The Theory in Practice*. New York: Basic, 1999.

Gibson, Scott M. *Preaching the Old Testament*. Grand Rapids: Baker Books, 2006.

Grainger, Peter. *Firm Foundations: Over 200 examples of how to structure a sermon, New and extended ed*. Ross-shire: CFP, 2011.

Greidanus, Sidney. *Sola Scriptura: Problems and Principles in Preaching Historical Texts*. Eugene, OR: wipf & stock Publishers, 2001.

Johnson, Darrell W. *The Glory of Preaching*. Downers Grove: IVP Academics, 2009.

Johnston, Graham. *Preaching to a Postmodern World*. Grand Rapids: Baker Books, 2001.

Jones, Ilion T. *Principles and Practice of Preaching*. Nashville: Abingdon Press, 2001.

Lewis, Ralph L. & Gregg Lewis. *Inductive Preaching: Helping People Listen*. Westchester: Crossway Books, 1983.

Lewis, Ralph L. & Gregg Lewis. *Learning to Preaching like Jesus*. Westchester: Crossway Books, 1989.

Lloyd-Jones, Martyn. *Preaching and Preachers*. London: Hodder & Stoughton, 1971.

Long, Thomas G. *"Form," in Concise Encyclopedia of Preaching*. Ed. William H. Willimon and Richard Lischer. Louisville: Westminster John Knox, 1995.

Long, Thomas G. *Preaching and the Literary Forms of the Bible*. Philadelphia: Fortress Press, 1989.

Long, Thomas G. *The Witness Of Preaching*. Louisville: Westminster John knox Press, 1989.

Lowry, Eugene L. *How to Preach a Parable: Designs for Narrative Sermons*. Nashiville: Abingdon Press, 1989.

Lowry, Eugene L. The Homiletic Plot. Atlanta: John Knox, 1980.

Lowry, Eugene L. *The Sermon: Dancing the Edge of Mystery*. Nashville: Abingdon, 1997.

Luccock, Halford E. *In the Minister's Workshop*. New York: Abingdon, 1944.

MacArthur, John. *"Moving from Exegesis to Exposition," Preaching: How to Preaching Biblically*. ed. John MacArthur. Nashville: Thomas Nelson, 2005.

MacArthur, John. *"The Mandate of Biblical Inerrancy: Expository Preaching," in Preaching: How to Preaching Biblically*. Ed. John MacArthur. Nashville: Thomas Nelson, 2005.

Mack, Burton L. *Rhetoric and the New Testament*. Minneapolis: Fortress Press, 1990.

Marty, Martin E. *"Preaching Rhetorically: Thanks, Aristotle and Apostles," in The Folly of Preaching: Models and Methods*. Ed. Michael P. Knowles. Grand Rapids, Eerdmans, 2007.

Mathewson, Steven D. *The Art of Preaching Old Testament Narrative*. Grand Rapids: Baker Academic, 2002.

McDougall, Donald G. *"Central Ideas, Outlines, and Titles," in Preaching: How to Preaching Biblically*. Ed. John MacArthur. Nashville: Thomas Nelson, 2005.

McMickle, Marvin A. *Shaping the Claim*. Minneapolis: Fortress Press, 2008.

Miller, Calvin. *Preaching: The Art of Narrative Exposition*. Grand Rapids: Baker Books, 2006.

Montoya, Alex. *Preaching with Passion*. Grand Rapids: Kregel Publications, 2000.

Quicke, Michael J. *30-degree Preaching: Hearing, Speaking, and Living the Word*. Grand Rapids: Baker Academic, 2003.

Rice, Charles. *Interpretation and Imagination: The Preacher and Contemporary Literature*. Philadelphia: Fortress Press, 1970.

Robinson, Haddon W. *Making a Difference in Preaching*. Ed. Scott M. Gibson. Grand Rapids: Baker Books, 1999.

Robinson, Haddon W. *Biblical Preaching: The Development and Delivery of Expository Messages*, 2nd ed. Grand Rapids, MI: Baker, 2001.

Robinson, Haddon W. *Biblical Sermons*. Grand Rapids: Baker Book House, 1989.

Robinson, Haddon W. & Robinson, Torrey W. *It's All in How You Tell It: Preaching First-Person Expository Messages*. Grand Rapids: Baker Books, 2003.

Rogness, Michael. *Preaching to a TV Generation: The Sermon In The Electronic Age*. Lima, Ohio: The CSS Publishing Company, 1994.

Sunukjian, Donald R. *Invitation to Biblical Preaching*. Grand Rapids: Kregel Publication, 2007.

Sutton, Jerry. *A Primer on Biblical Preaching*. Bloomington: CrossBooks, 2011.

Stott, John R. W. *Between Two Worlds: The Art of Preaching in the Twentieth Century*. Grand Rapids: Eerdmans, 1982.

Stott, John R. W. *The Preacher's Portrait*. Grand Rapids: Eerdmans, 1961.

Thompson, James W. *Preaching Like Paul*. Louisville: Westminster John Knox Press, 2001.

Vanhoozer, Kevin J. *Is There a Meaning in This Text?* Grand Rapids: Zondervan, 1998.

Vos Geerhardu. *Biblical Theology* (Grand Rapids: Eerdmans, 1948)

Wiersbe, Warren W. *Preaching and Teaching with Imagination: The Quest for Biblical Ministry*. Grand Rapids: Baker, 1999.

Willimon, William. *Shaped by Bible*. Nashville: Abingdon, 1990.

Wilson, Paul Scott. *The Practice of Preaching*. Nashville: Abingdon, 1995.

York, Hershael W. & Decker, Bert. *Preaching with Bold Assurance*. Nashville: Broadman & Holman Publishers, 2003.

4. 학술지, 정기 간행물

김창훈. "'강해 설교'의 이해", 『신학지남』 통권 283호. 2005년 여름호.

김창훈. "설교는 무엇인가? - 설교에 있어서 네 가지 관심", 『신학지남』 통권 280호. 2004년 가을호.

김창훈. "설교에 있어서 '이매지네이션'의 활용", 『신학지남』 통권 제 303호. 2010년 여름호.

김창훈. "포스트모더니즘과 설교", 『신학지남』 통권 289호. 2006년 겨울호.

김창훈. "한국 교회 강단의 회복을 위한 청교도 설교 연구", 『신학지남』 통권 297호. 2008년 겨울호.

류응렬. "'강해 설교의 아버지' 해돈 로빈슨의 설교신학", 『신학지남』 통권 290호. 2007년 봄호.
류응렬. "강해설교 전개형식의 기초와 방법론", 『신학지남』 통권 288호. 2006년 가을호.
류응렬. "개혁주의 강해설교가 나아가야 할 다섯 가지 방향", 『신학지남』 통권 284호. 2005년 가을호.
류응렬. "구속사적 설교", 『신학지남』 통권 296호. 2008년 가을호.
류응렬. "새 설교학: 최근 설교학에 대한 개혁주의적 평가", 『신학지남』 통권 282호. 2005년 봄호.
류응렬. "설교는 들음에서 나며: 설교자와 경건한 읽기", 『신학지남』 통권 286호. 2006년 봄호.
류응렬. "설교의 개요, 이렇게 작성하라", 『신학지남』 통권 287호. 2006년 여름호.
류응렬. "예수님처럼 설교하라?", 『신학지남』 통권 301호. 2009년 겨울호.
류응렬. "중심사상을 찾아가는 개혁주의 강해설교", 『신학지남』 통권 285호. 2005년 겨울호.
송인규. "강해설교란 무엇인가?", 『그말씀』 통권 55호. 1997년 2월호.
이상원. "R. 불트만의 비신화화 프로그램에 대한 비판적 연구", 『신학지남』 통권 294호. 2008년 봄호.
정창균. "고정된 설교의 틀에서 벗어나라", 『그말씀』 통권 108호. 1998년 6월호.
주승중. "설교, 전달도 중요합니다", 『그말씀』 통권 121호. 1999년 7월호.
하재송. "개혁주의 성경관: 딤후 3:16을 중심으로", 『신학지남』 통권 308호. 2011년 가을호.

Chapell, Bryan. "설교에 내러티브를 어떻게 응용할 것인가", 『그말씀』 통권 108호. 1998년 6월호.
Fasol, Al. "청중에게 전달되는 설교 방법", 『그말씀』 통권 121호. 1999년 7월호.
Langley, Ken. "본문의 화음을 울리는 장르별 설교를 익히십시오", 『그말씀』 통권 175호. 2004년 1월호.
Loscalzo, Craig A. "청중과 동일시화 하는 설교", 『그말씀』 통권 121호. 1999년 7월호.

더욱 큰 확신으로
ⓒ 윤용현

1판 1쇄 인쇄 2024년 9월 9일
1판 1쇄 발행 2024년 9월 13일

지은이   윤용현
발행인   조애신
책임편집   이소연
디자인   임은미
마케팅   전필영
경영지원   전두표

발행처   도서출판 토기장이
주소   서울시 마포구 동교로 71-1 2F
출판등록   1998년 5월 29일 제1998-000070호
전화   02-3143-0400
팩스   0505-300-0646
이메일   tletter77@naver.com
인스타그램 togijangi_books_

ISBN   978-89-7782-530-7

• 이 책은 저작권 법에 따라 보호를 받는 저작물이므로 무단 전재와 무단 복제를 금합니다.
• 이 책의 전부 또는 일부를 이용하려면 반드시 저자와 도서출판 토기장이의 동의를 받아야 합니다.

도서출판 토기장이는 생명 있는 책만 만듭니다.
"우리는 진흙이요 주는 토기장이시니 우리는 다 주의 손으로 지으신 것이니이다" (이사야 64:8)